いまを知る　パレスチナとイスラエルの現在地 →p.148

2023年10月，ガザ地区を実効支配するハマスがイスラエルに越境攻撃をおこない，イスラエルはその反撃としてガザ地区への地上侵攻をおこなった。かつての植民地支配の影響に民族対立が絡んだパレスチナ問題は，ますます深刻化している。

パレスチナでイスラーム組織ハマスとイスラエルが軍事衝突

2023年のハマスの越境攻撃によって，1,000人をこえるイスラエル人が殺害され，外国人を含む多数の人々が人質として拉致された。

ハマスとは，ガザ地区で結成されたイスラーム武装組織である。パレスチナ自治政府に参加した時期もあったが，武装闘争によってガザ地区を武力で制圧し，実効支配していた。

ハマスの軍事行動の背景には，イスラエルによるガザ地区の封鎖や，たび重なる攻撃に対するガザ市民の怒りや絶望がある。また，イスラエルとアラブ諸国との間で進みつつあった関係正常化に危機感をもったハマスが，この流れを阻止しようとする意図があったと考えられる。

↑ガザ地区とイスラエルの境界付近で破壊されたイスラエル軍戦車の前で喜ぶパレスチナの人々(2023年10月)

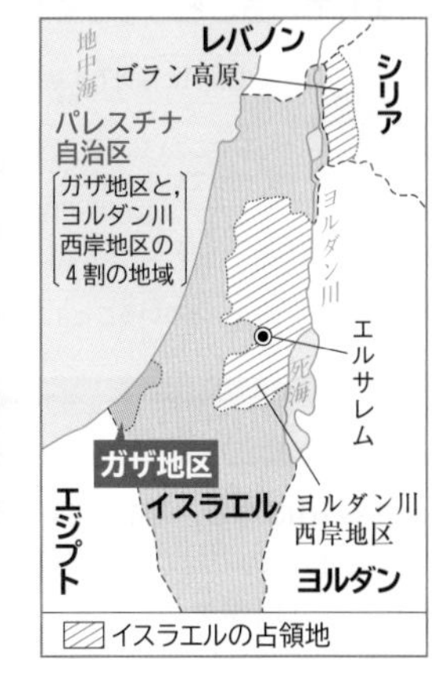

パレスチナをめぐる関係図

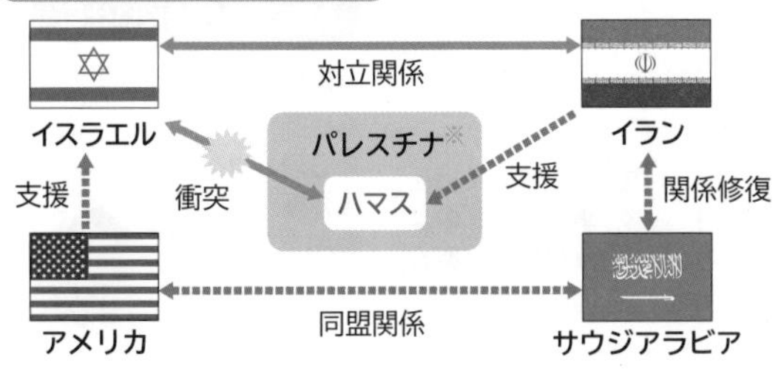

※ヨルダン川西岸地区は，パレスチナ自治政府(ファタハ)が統治している。

ハマスの攻撃直後はハマスに対する非難が起きたが，その後イスラエルがガザに侵攻し，その被害が拡大するにつれて，イスラエルへの批判と停戦を求める声が大きくなった。国際紛争解決の役割を担う国連の安全保障理事会では，イスラエルを支持するアメリカが，イスラエルにとって不利な決議案を拒否権を使って否決する一方で，アメリカが提出した決議案にロシアや中国が拒否権を発動するなど，紛争解決のために力を発揮できず機能不全に陥っている(→p.126)。

Q p.148も参照し，パレスチナ問題の背景にある，欧米による植民地支配の影響や，ユダヤ・アラブの各民族がたどってきた歴史について考えよう。

⇧**画像生成AIで作成した「高校生とロボットが学校で一緒に勉強をしているイラスト」** ことばを入力することで，その状況にあったオリジナルの画像が生成される。 Image by AI素材.com

いまを知る

生成AIが学びを，仕事を変える？

➡p.168～181

生成AIとは，既存のデータなどを学習し，新たな文章や画像などを生み出すAI(人工知能)である。新たなものを生み出す創造性は，これまで人間特有の能力と考えられてきたが，その見方を大きく転換させる可能性を秘めている。

進化が進むAI

Q ChatGPTとの「会話」にはどのような特徴があるだろうか。

※会話文はChatGPT3.5 2023年8月2日実行(一部省略)

AIはすでに日常の多くの場面で利用されている(➡p.170)。これまでのAIは，データを学習し，既存の答えを導くことが中心であった。それに対し生成AIとは，新たなコンテンツを創造するものである。2022年に公開されたChatGPTがもっともよく知られている。ChatGPTでは，質問を入力すると，その答えとなる文章を提示してくれる。それまで自分たちで考えなければならなかったものに対して瞬時に答えを与えてくれるが，与えられる答えには誤りが含まれていることも珍しくない。

生成AIとは何ですか？

生成AIとは，人工知能の一種であり，データや情報を生成する能力をもつシステムの総称です。与えられたデータから新しいコンテンツを生成することができます。

（すごいな，何でも知っているんだな）では，高等学校の「公共」とは？

高等学校における「公共」という用語については，一般的に特定の科目名としては使用されていません。

え，どういうこと！？

ChatGPT

生成AIのしくみ

指示を入力 → ディープラーニング(深層学習) 人間の脳のしくみを模倣したニューラルネットワークにより学習能力を高める → 文章を生成

昔々

あるところに

この質問なら次にくるのはこういう言葉だろう…

ウェブ上の文書などを大量に学習

ビッグデータ

(文章生成AIの場合。文部科学省資料などをもとに作成)

学びのなかで，生成AIをどう使う？

生成AIに対し，学校も無縁ではいられない。日本では，文部科学省が「生成AIにすべてを委ねるのではなく，自己の判断や考えが重要」であり，「情報の真偽を確かめることの習慣づけ」が欠かせないとして，暫定的なガイドラインを提示した。各大学も指針を打ち出しており，上手に利用すれば有益であるが，使いこなすには専門的な知識が必要なこと，レポートなどでの無断使用は不正にあたることなどが示されている。

生成AIの学校での扱い

不適切な例 ✕	●性質やメリット・デメリットなどを学習せずに自由に使わせる ●レポート・小論文などについて，生成AIがつくったものを自分の成果物として提出する ●定期考査・小テストなどで使わせる
適切な例 ○	●グループの考えをまとめたり，アイデアを出す活動の途中段階で，たりない視点を見つけて議論を深めるために活用する ●英会話の相手として活用する ●情報モラル教育の一環として，教師が生成AIの誤った回答などを使用し，その性質や限界について生徒に気づかせる

生成 AI で仕事も変わる？

AIの進化は私たちの仕事をどう変えるのだろうか。AIが人間の仕事を奪うという指摘はこれまで繰り返しなされてきた。ただし，「奪われる仕事」といっても，それらの仕事が完全になくなると決まっているわけではない。仕事を奪われる危機よりも，AIを活用してどのように仕事の幅が広がるかを考えることの方が大切である。

AIに奪われにくい仕事

- 医師
- 教師
- 心理カウンセラー
- 介護
- AIエンジニア

Q 奪われにくい仕事には，どのような特徴があるだろうか。

「膨張する世界」の行く先

➡p.234

世界人口は2022年に80億人をこえ，2100年には約110億人になると国連が推計するなど急激な人口増加が続いている。そのようななかで，2023年，ついにインドの人口が中国を抜いて世界一となる見こみである。「グローバル・サウス」ともよばれる新興国・発展途上国の代表的存在ともいえるインドは，国際社会の場でも存在感を強めている。また，アフリカも人口が増え続け，2100年には世界の約４割を占めると推計されている。

一方で，主要７か国（Ｇ７）の人口は世界の１割を切り，少子化が急激に進む中国も人口減少に突入した。人口の増加と減少が世界で同時に起こるなかで，これからの国際社会のパワーバランスはどのように変化していくだろうか？

駅で電車を待つ大勢の人々（2023年４月，インド・ムンバイ）　インドでは30歳以下が人口の約半数を占めているが，若者の雇用の受け皿不足が深刻な問題になっている。

アジア

クーデターにより政権を掌握した国軍に抗議する市民（2021年７月，ミャンマー）　三本の指を立てたポーズは，国軍への「抵抗」の意思を意味する（➡p.58）。

2022年にRCEP協定（➡p.227）が発効し，ASEANは日本からも投資先や市場として注目を集める。宗教や経済格差を乗りこえ，統合を進められるか？

2004年　インドネシア・スマトラ島沖地震
2014年　タイで軍事クーデターが起こる
2015年　AEC（ASEAN共同体）発足（➡p.228）

日本

４年ぶりに飲食をともなう宴会が解禁された上野公園で花見を楽しむ人々（2023年３月，東京都）

新型コロナウイルス感染症からの経済活動の回復が進む一方で，2022年の出生数は80万人を割りこみ，過去最低となった。「異次元の少子化対策」（➡p.211）を掲げる岸田政権は，少子化に歯止めをかけることができるのであろうか？

2011年　東日本大震災→福島第一原子力発電所事故（➡p.246）
2019年　消費税率が10％に（➡p.203）
2022年　成年年齢を18歳に引き下げる民法の改正法が施行（➡前見返し裏）

韓国・北朝鮮

金正恩総書記（北朝鮮）

文在寅大統領（韓国）※当時

南北首脳会談（2018年４月，板門店）　朝鮮戦争（➡p.142）後，初めて北朝鮮の指導者が訪韓した。

日韓関係は文化面では好調な一方で，政治・経済面は悪化。北朝鮮も不穏な動きを見せている。日本はこれらの近隣諸国とどのようにつきあっていくのか？

2000年代より，北朝鮮が何度も核実験を強行（➡p.138）
2011年　北朝鮮の金正日総書記死去。後継は三男・金正恩
2018年　南北首脳会談

中国

シリアに送られた中国製の新型コロナワクチン（2021年４月）

国際社会でも存在感を高める一方で，アメリカとの間で覇権争いが激化している（➡p.224）。経済発展の裏では，少子高齢化が急激に進み（➡p.235），強権的支配も国際社会から非難を浴びている。「大国」中国はどこに向かうのか？

2010年　GDPが日本を抜き世界第２位に（➡p.223）
2016年　常設仲裁裁判所が，中国が主張する南シナ海での権利を認めない判決を下す
2019年～20年　香港で民主化を求めるデモが激化→中国政府に抑えられる（➡p.58）

↑ラジオで選挙について語りあう高校生と選挙管理委員会の職員（2019年３月，香川県）

いまを知る

成年年齢18歳に！どうなる？どうする？

ついに2022年４月より，成年年齢を20歳から18歳に引き下げる民法の改正法が施行された。高校生のうちにやってくる「おとな」について，私たちも身近な問題として考えなければならない。

成年年齢が18歳になると，何が変わる？

	2022年３月31日まで	2022年４月１日以降
結婚	男性：18歳以上 女性：16歳以上	男女とも18歳以上
ローンや携帯電話，クレジットカード，雇用関係の契約	20歳未満は親の同意が必要	18歳であれば親の同意なく可能
民事裁判を一人で起こす	20歳以上	18歳以上
公認会計士・行政書士・司法書士などの資格取得	20歳以上	18歳以上
パスポート取得	20歳未満は５年有効パスポートだけ取得可能	18歳以上なら10年有効パスポート取得可能
性同一性障害のある人の性別変更申し立て	20歳以上	18歳以上
国籍変更	複数の国籍をもった時に20歳未満なら，22歳になるまで	複数の国籍をもった時に18歳未満なら，20歳になるまで

民法改正にともない，「成年」「未成年」で区別している約130の法律は，適用対象が自動的に18歳に引き下げられる。条文に「20歳」と明記されている法律についても，「18歳」などとする法改正がおこなわれた。18歳から責任ある「おとな」として，さまざまな判断をすることが求められる。

海外の成年年齢

明治政府が成年年齢を20歳と定めたのは，当時の欧米諸国の成年年齢が20代前半であったことが，理由の一つといわれる。その後，欧米では，学生運動の高まりもあり，1960～70年代に成年年齢を18歳に引き下げる国が増加した。現在は，世界的に見ても「18歳成年」が主流となっている。

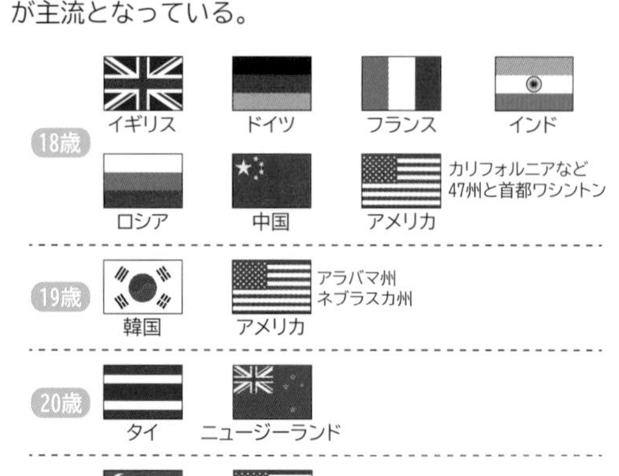

18歳
イギリス
ドイツ
フランス
インド
ロシア
中国
アメリカ
カリフォルニアなど47州と首都ワシントン
19歳
韓国
アメリカ
アラバマ州 ネブラスカ州
20歳
タイ
ニュージーランド
21歳
シンガポール
アメリカ
ミシシッピ州

18歳になったら何が変わるのか，変わらないのか，右ページの二次元コードからクイズで確認しよう。

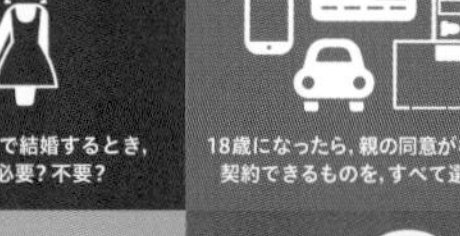
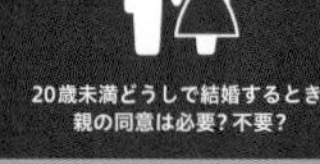

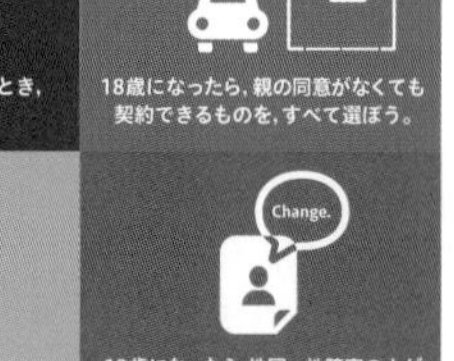

成年年齢は，いつから18歳になったの？
18歳になったら，お酒が飲める？
18歳になったら，タバコが吸える？
18歳になったら，競馬・競輪・競艇などの公営ギャンブルができる？
20歳未満どうしで結婚するとき，親の同意は必要？不要？
18歳になったら，親の同意がなくても契約できるものを，すべて選ぼう。
18歳になったら，選挙で投票できる？
PASS
18歳になったら，有効期間10年のパスポートを取得できる？
18歳になったら，司法書士の資格を取得できる？
年金
18歳になったら，国民年金の納付義務がある？
18歳になっても，親の同意を得ずに契約した場合は，未成年者取消権を行使できる？
Change.
18歳になったら，性同一性障害の人が性別変更の申し立てをできる？

18歳になって困ったら…ここに相談！

これらの相談先は18歳になる前でも使えるので，心配なことがあれば，相談したり調べたりしてみよう。

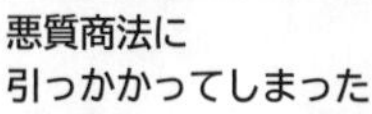

悪質商法に引っかかってしまった ➡p.92

- 消費者ホットライン（消費者庁）☎188
- 国民生活センター
- 法テラス ☎0570-078374

就職先がブラック企業だった ➡p.158

- 総合労働相談コーナー（厚生労働省）
- 労働基準監督署
- NPO法人　POSSE
- 過労死110番全国ネットワーク

パートナーに暴力を受けた ➡p.83

- みんなの人権110番 ☎0570-003-110
- 法テラス ☎0570-078374

選挙で誰に投票すればいいのかわからない ➡p.110

- ボートマッチ（選挙期間中にサイト開設）
- 明るい選挙推進協会
- 各政党のウェブサイト

裁判員に選ばれた ➡p.96

- 裁判員制度（最高裁判所）
- もし，あなたが裁判員に選ばれたら（政府広報オンライン）

今後の課題

Q それぞれの課題について，どのような対策がとれるか話しあおう。

❶成年年齢引き下げの周知

成年年齢が18歳になったといっても，喫煙・飲酒などは，健康に影響するため年齢が引き下げられない。公営ギャンブル（競馬・競輪・競艇など）も20歳以上からしか認められず，これらの周知が課題となっている。

また，少年法の適用年齢の引き下げも議論されていたが，現行の「20歳未満」を維持することとなった。18・19歳も「特定少年」として少年法が適用される（➡p.95）。

❷悪質商法への対策 ➡p.93

これまでは10代のうちは，親の同意なく結んだ契約は取り消せたが，民法の改正により，18歳になると「おとな」として判断能力があるとみなされるため，取り消しができなくなる。消費者被害が若年化する恐れがあるとして，2018年に消費者契約法の改正法が成立し，社会生活上の経験不足を不当に利用して契約を迫るなどの行為も取り消すことができるようになった（➡p.91）。

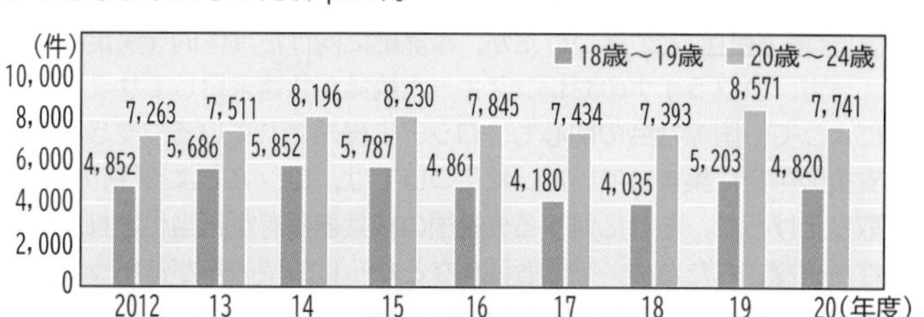

契約当事者18～24歳の年齢別相談件数（平均値）（国民生活センター資料）　成年年齢をこえると悪質商法に関する相談が増えることがわかる。

❸裁判員年齢引き下げの周知と課題 ➡p.96

成年年齢とともに，裁判員の対象年齢も18歳以上に引き下げられた。これにより，刑事司法に多様な意見をより反映し，司法に対する国民の理解も促進することが期待されている。しかし，社会経験が少ない18・19歳が人の人生を左右する判断を下す心理的負担や，裁判に出席する際に授業や試験で不利益をこうむらないようにする対応などの課題に対して，十分な議論がされていないという批判もある。

模擬裁判のようす　18歳になる前から，模擬裁判などを通じて，法や司法制度の意義について考えることが求められている。

❹成人式のあり方

成年年齢の引き下げが実施されて最初に「成人の日」を迎える2023年には，18～20歳の三学年が成人式をおこなう可能性があった。しかし，18歳の1月は受験や就職活動のシーズンと重なること，高校生のうちに成人式を迎える違和感などの理由から，ほとんどの地方公共団体が成人式の対象年齢を20歳としている。

「阿蘇市二十歳を祝う集い」（2023年1月，熊本県）　成年年齢の引き下げを受けて，式典の名称を変更した例も多かった。

↑原爆ドームをのぞむ広島平和記念公園で，原爆死没者慰霊碑に献花後，記念写真に臨むＧ７サミット参加メンバー（2023年５月，広島県）

いまを知る

核兵器のない世界へ～Ｇ７広島サミット

➡p.129, 146, 223

2023年５月19～21日，広島で第49回主要国首脳会議（Ｇ７サミット）が開催された。被爆地広島で核兵器のない世界への決意を世界に示すことが重要視されたこのサミットでは，どのような成果をあげることができたのだろうか。

Ｇ７広島サミット　成果と課題

サミットでは各国首脳らに対して，原爆死没者慰霊碑で祈りの場が設けられたり，広島平和記念資料館の視察を通じて被爆の実相にふれてもらう機会が設けられたりすることで，核軍縮への機運を高める工夫がなされた。また，サミットでは，核軍縮に焦点をあてた初めての声明「広島ビジョン」がまとめられた。核兵器のない世界を「究極の目標」と位置づけたが，核廃絶に向けた具体的な決定はなされなかった。

一方，ウクライナのゼレンスキー大統領が急遽来日してサミットに参加したことによって，国際社会の関心も，ロシアに侵略されているウクライナに対するＧ７の支援の中身に集まっていた。核については，ロシアによる「核の脅し」が問題として取り上げられ，それに対する先進国の核兵器保有が正当化され，核の抑止力の必要性が確認されたため，被爆者団体などからは失望の声があがっている。

↑Ｇ７と招待国首脳による会合　サミットには，Ｇ７に加えて経済発展の著しい８か国の新興国・発展途上国も招待された。これらの国々は「グローバル・サウス」ともよばれる。

Ｇ７　日本・アメリカ・イギリス・ドイツ・フランス・イタリア・カナダ　＋　招待国　ブラジル・インド・オーストラリア・コモロ・クック諸島・インドネシア・韓国・ベトナム

↑原爆死没者慰霊碑に花をささげる岸田首相（左）**とウクライナのゼレンスキー大統領**（右）

ロシアのウクライナ侵攻以降，大統領がアジアを訪問するのは初めて。大きな注目が集まった。

Ｑ ゼレンスキー大統領のサミット参加は，どのような影響を与えたのだろうか。ウクライナ・サミット参加国・国際社会の面から考えよう。

ウクライナの現状，混迷する国際情勢

Ｑ p.146のウクライナの地図と比較し，ロシアの進軍について考えよう。

2022年２月にロシアがウクライナに侵攻してから約２年たつが，戦線はおおむね膠着状態に陥っている。NATO加盟国（➡p.143）をはじめとする西側諸国による武器供与などの支援の下で，ウクライナ軍が反転攻勢を開始したとみられているが，戦況に大きな変化は見られていない。

2023年２月に，国連でウクライナからのロシア軍撤退などを求める決議案の採択がおこなわれた際には，30以上の国が反対票もしくは棄権票を投じた。ロシアからエネルギーを輸入することで，ロシアを結果的に支援している国もあり，ウクライナにおける戦闘の長期化は避けられない状況となっている。

⬆**廃棄予定だった花で彩られたオブジェ**(2020年11月，奈良県) 新型コロナウイルス感染症の拡大により発生した花の大量廃棄(フラワーロス)を解消しようと，全国でさまざまなイベントが開催された(➡p.177)。

いまを知る 持続可能な社会をめざして

現代社会には，紛争や環境破壊，貧困など，さまざまな課題がある。持続可能な社会を実現するために，国際社会はどのような取り組みを進めているのだろうか。また，私たちには何ができるのだろうか。

SDGs(持続可能な開発目標)とは

SDGs(エスディージーズ)(持続可能な開発目標)は，現代社会の課題に対して，国際社会が2030年までに取り組むべき目標を示したものである。先進国を含(ふく)むすべての国が行動し，「誰一人取り残さない」ことで，持続可能な社会の実現をめざす。

SDGsの目標は，「公共」の学習内容とかかわりが深いものも多い。学習のなかで，持続可能性に着目することも重要である。

『クローズアップ公共』の学習内容とSDGsとのかかわり

一例であり，実際には多くの事例が複数の目標とかかわりあっている。

1 貧困をなくそう
- 子どもの貧困(➡p.84)
- 南北問題(➡p.232)

2 飢餓をゼロに
- 食料問題(➡p.235)

3 すべての人に健康と福祉を
- 社会保障(➡p.206)
- 人口問題(➡p.234)

4 質の高い教育をみんなに
- マララさんのことば(➡p.54)
- 教育を受ける権利(➡p.85)

5 ジェンダー平等を実現しよう
- 男女差別(➡p.81)
- ジェンダーを考える(➡p.252)

6 安全な水とトイレを世界中に
- 発展途上国の水問題(➡p.232)

7 エネルギーをみんなに そしてクリーンに
- 資源・エネルギー問題(➡p.242)

8 働きがいも経済成長も
- ワーク・ライフ・バランス(➡p.163)

9 産業と技術革新の基盤をつくろう
- 日本の国際貢献(➡p.248)

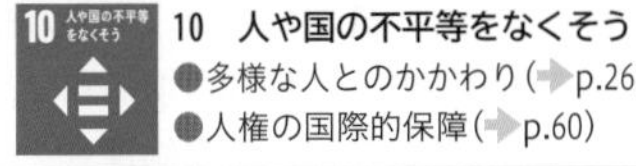

10 人や国の不平等をなくそう
- 多様な人とのかかわり(➡p.26)
- 人権の国際的保障(➡p.60)

11 住み続けられるまちづくりを
- 地方自治(➡p.116, 254)
- 災害と地域(➡p.118)

12 つくる責任つかう責任
- エシカル消費(➡p.91)
- 企業の社会的責任(➡p.174)

13 気候変動に具体的な対策を
- 地球温暖化(➡p.240)

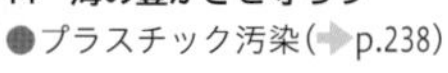

14 海の豊かさを守ろう
- プラスチック汚染(➡p.238)

15 陸の豊かさも守ろう
- 公害(➡p.188)
- 地球環境問題(➡p.236)

16 平和と公正をすべての人に
- 紛争(➡p.146)
- フェアトレード(➡p.251)

17 パートナーシップで目標を達成しよう
- 国際協力(➡p.150)

全体的な学習
- SDGsと日本(➡p.152)
- 私たちにもできる国際協力(➡p.250)

私たちにできること

Q SDGsの目標をふまえたうえで自分のふだんの生活をふり返り，改善すべきことがあるか考えよう。

レベル1 ソファに寝たままできること

- 電気を節約しよう。電気機器をタップに差し込んで，使っていない時は完全に電源を切ろう。
- SNSで女性の権利や気候変動についておもしろい投稿を見つけたら，友人とネットワーク上でシェアしよう。
- 必要のない時には照明を消そう。
- オンラインショッピングでは，環境にやさしい取り組みをしている企業を調べて買うようにしよう。

レベル2 家のなかでできること

- ドライヤーや乾燥機を使わずに，髪の毛や衣服を自然乾燥させよう。
- 生鮮品や残り物，食べきれない時は早めに冷凍しよう。
- 紙やプラスチック，ガラスびん，アルミをリサイクルしよう。
- できるだけ簡易包装の品物を買おう。
- エアコンの温度を，冬は低め，夏は高めに設定しよう。

レベル3 外出先でできること

- 買い物では地産地消をこころがけよう。
- 大きさや形が規格にあわないだけで，品質には問題ない「訳あり品」を積極的に買おう。
- 詰め替え可能なボトルやコーヒーカップを使おう。
- 買い物にはマイバッグを持参しよう。
- 使わないものは寄付しよう。

目次

巻頭

第1編 公共の扉

第1章 公共的な空間をつくる私たち

第2章 公共的な空間における人間としてのあり方生き方

第3章 公共的な空間における基本的原理

第2編 自立した主体として よりよい社会の形成に参画する私たち

第1章 法的な主体となる私たち

第2章 政治的な主体となる私たち

第3章 経済的な主体となる私たち

第3編 持続可能な社会づくりの主体となる私たち

巻末

本書で使用したおもな国名の正式国名			
中国	中華人民共和国	イギリス	グレートブリテンおよび北アイルランド連合王国
韓国	大韓民国		
北朝鮮	朝鮮民主主義人民共和国	ロシア	ロシア連邦
アメリカ	アメリカ合衆国	ソ連	ソビエト社会主義共和国連邦
ドイツ	ドイツ連邦共和国		

現代社会の課題をさまざまな視点から考える

学習した内容を生かし，実社会で役立つ情報や考え方を実践的に身につける

現代社会の複雑な事象を会話形式でわかりやすく展開

倫理，歴史などの学習事項を年表や写真を使って「見てわかる」特集

第3編は＋SDGsとして，SDGsの目標と関連の深い題材を取り上げました。

私たちと一緒に学習しましょう！

さくら

ユウト

はるか

ダイチ

中村先生

高橋先生

本書の構成と利用方法

本文ページの構成　➡1テーマ見開き2ページでまとめました

冒頭にテーマを考えるための問いを示しています。

テーマに関して，興味・関心を高める題材，「自分ごと」として考えられる題材を取り上げました。

キャラクターのセリフで気づきや問題意識をもてるようにしました。

資料と **解説**

テーマに関する定番のものだけでなく，教科書の記述を深めた資料，教科書の資料とは異なる視点からまとめた資料を取り上げました。
資料には必ず「解説」をつけ，「読んでわかる」資料集となるようにしました。

資料の読み解きに役立つコーナーも随所に取り上げました。

- Q　資料から考える課題
- 資料でおさえておくべきポイント
- 「幸福，正義，公正」などの見方・考え方（➡p.10～11）を活用した問い

18 青年期を生きる私たち

課題▶今，私たちが生きている青年期とは，どのような時期なのだろうか。

未来の自分に伝えたいこと，今の自分に伝えたいこと

アンジェラ・アキ「手紙」

自分自身と「対話」する

高校生になると，自分自身について悩んだり，友人関係に苦しんだりすることもある。過去の自分を悔やんだり，将来の見えなさにもがきたくなったりすることもあるかもしれない。
シンガーソングライターのアンジェラ・アキさんの「手紙」はそんな青年期の心を歌いあげ，多くの中学生・高校生の共感をよんだ。あなた自身は，将来の自分に対し，何を問いたいだろうか。そして，今の自分に何を語りたいだろうか。

悩みや苦しみから何が生まれるのだろうか。

1 青年期とは

Q 青年期とはどのような時期か，さまざまな思想家のことばから考えよう。

2 発達課題

3 アイデンティティ

プラスα　テーマにかかわるミニ情報や，学習内容を補足する内容を取り上げました。

冒頭のテーマを考える問いとつながる形で，学習内容を確認する「確認」と，考えをいかす・深める「活用」の2つの問いを用意しました。

こんな時に『クローズアップ公共』を使おう！

教科書とあわせて使う資料集として

豊富な写真や資料で，教科書の学習内容の理解を深めることができます。特集ページ「**VIEW**」では，「公共」の学習内容をサポートする歴史・倫理分野などの資料を用意しました。

「いま」を考える課題集として

現代社会の課題を問いをもとに考えることができます。巻頭特集「**いまを見る**」「**いまを知る**」，特集ページ「**いまを読み解く**」など，時事的な問題をさまざまな視点から考え，自分の意見をもつことをめざしました。

学習内容を実社会でいかす事例集として

導入「**クローズアップ**」やコラム「**Topic**」，特集ページ「**学びを社会へ**」では，学習内容にかかわる実社会の事例を積極的に取り上げました。学習内容をいかして社会参画する際に役立ちます。

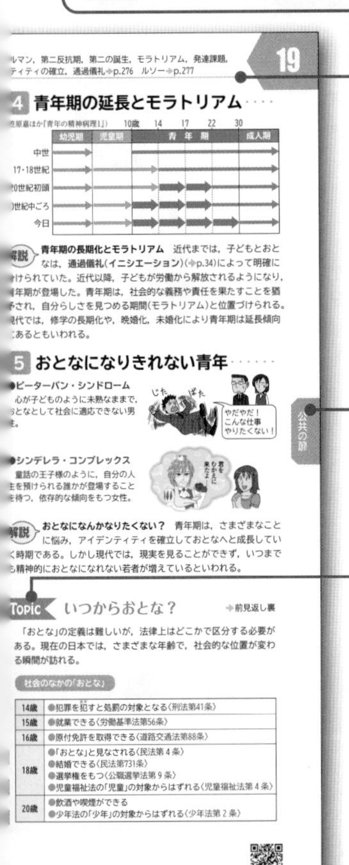

重要用語や本文ページで説明しきれなかった用語を中心に，巻末の用語解説(➡p.276～284)で取り上げました。

分野ごとにツメをつけています。

Topic

高校生に身近な内容や，最新の動向を取り上げたコラムです。

学習にプラス！「プラスウェブ」

https://dg-w.jp/b/48c0127

紙面に掲載した二次元コードをスマートフォンやタブレットで読みこむことで，書籍専用サイト「プラスウェブ」にアクセスすることができます。

掲載内容

●要点の整理　●一問一答問題
●問いの解答例　●用語解説
●日本国憲法の語句解説・英文　●法令集
●外部リンク
学習内容に関連したウェブサイトや動画など

＊利用にあたっては，一般に通信料が発生いたします。
＊本書の発行終了とともに当サイトを閉鎖することがあります。

特集ページの構成　➡学習を広げる・深める４つの特集ページ

いまを読み解く

「課題の把握」→「複数の視点で考察」→「ふり返り，まとめ」とステップをふんで現代社会の課題を考えることができるようにしました。

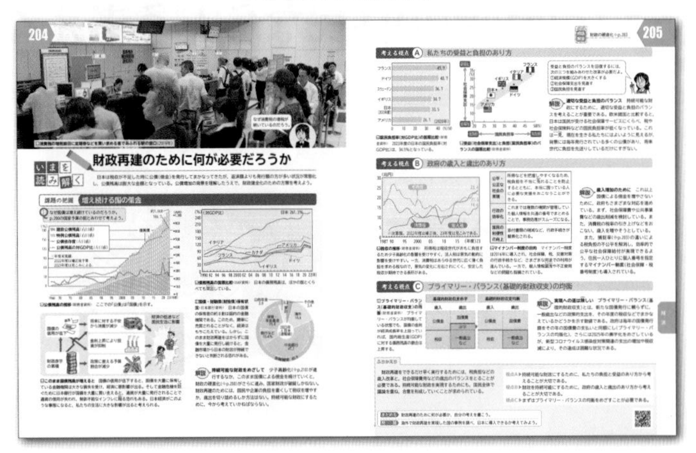

学びを社会へ

会話形式で学習内容をふり返り，「WORK」で実社会につながる内容を実践的に学べる構成です。

VIEW

写真や年表などを大きく使い，歴史や倫理分野が「見てわかる」特集です。

ゼミナール

４コママンガや会話文を使って，難しい事項を理解しやすくしました。

社会的な見方・考え方

現代社会で起こっているさまざまな問題を解決するためには，どうすればよいのだろうか。おたがいの主張をできるだけ尊重しながら，解決する方法はないだろうか。

あなたが町の住民ならどう考える？～鉄道路線の廃線

〇〇線沿線は人口減少が進み，これまで沿線の地方公共団体が財政支援をおこなっていましたが，赤字が続いていました…。
〇〇線廃線

翌日の学校で
〇〇線廃線だって！
私よく使ってるのに，困るよ～。
でもいつ乗ってもすいてるから，経営は厳しかったんだろうね…。

廃線について，みんなどんな意見をもっているんだろう。いろいろな人に意見を聞いてみよう。

鉄道会社の担当者

沿線の地方公共団体の人口は減少が続き，今後も継続することが見こまれます。また，財政支援をいただいている地方公共団体の税収も減少する一方で，利用者の減少に歯止めがかからず，やむなく廃線を検討しています。地元の皆さんに愛される路線だけに，私たちも大変苦しい思いです。

廃線となる路線沿線住民の声

利用者は減っているが，路線とともに地方公共団体の生活が成り立っており，赤字だから廃止という判断は反対だ。

廃線となれば駅の利用客が来なくなり，経営には大きな痛手となる。廃線後の集客次第では，店をやめることも検討している。

普段から車を利用しており，廃線となっても特に大きな問題はない。むしろ廃線を機に，車でのアクセスを改善してはどうか。

廃線は残念だが，いつまでも赤字の路線のために貴重な税金を使う必要はない。限られた税収を有効に利用してほしい。

車の運転が難しいため，電車は毎日の生活にも欠かせない。廃線となると交通手段がなくなり，生活にも大きな影響が出る。

さくら▷インタビューをしてみると，鉄道路線の廃線に対してさまざまな思いがあるようだね。

はるか▷沿線の人でも，廃線が嫌だというものばかりではないんだ。

ユウト▷そうだね。廃線に対して賛成の人・反対の人と，それぞれの立場の「**幸福**」が対立していて，どう考えればよいか難しいね。

ダイチ▷それでもどちらかを選ばなければならないわけだから，賛成する人と反対する人の多数決をとったりして決めていくというのはどうかな。

高橋先生▷それも一つの方法だけど，少数であっても反対する人々の意見を無視してもよいのかな。

ダイチ▷どういうこと？

さくら▷確かに，「車の運転が難しい」という高齢者の方の意見を見てみると，生活をするうえで影響が大きそうだね。

はるか▷外出が難しくなりそう。

高橋先生▷多数決で決めることも大切だけど，それとともにどうすれば多くの人々が納得できるかを考え，望ましい社会にしていこうとする「**正義**」の考え方も大切だよ。

ユウト▷でも，望ましい社会のためにといわれても，具体的にはどうすればよいのだろう。

高橋先生▷そこで必要なのが「**公正**」の考え方だよ。仮に廃線とする場合でも，どうすれば反対する人々の生活への影響を最小限にできるかなど，公正な解決方法を考えることが必要になるんだ。

●ユウトとはるかは，廃線に関する自分の考えをまとめた

僕は廃線に賛成です。もちろん，可能であれば存続することがよいですが，赤字経営が続き，それを穴埋めするための地方公共団体からの財政支出も増える一方です。今後も利用者増加が見こまれないようであれば，別の方法を考えるべきです。賛否両論がありますが，鉄道は廃線として，その分の予算を地域振興などに使えば，全体としての幸福度は上がるのではないでしょうか。

私は廃線に反対です。確かに経営状況は厳しく，今後も明るい見通しをもつことはできません。しかし，路線を利用する高齢者や路線駅で店を営む人に意見を聞くと，廃線により生活に深刻な影響が出ます。いくら財政面の問題があるからといっても，人々の生活を大きく変えてしまうような廃線を選択するべきではないと思います。

●ユウトとはるかの意見の根底には，どのような考えがあるのだろう？

ユウトの意見の根底

行為の結果である個人や社会全体の幸福を重視する考え方

鉄道路線の廃線による幸福の増加分と，廃線によって影響を受ける住民の幸福の減少分を合算し，社会全体の幸福が最大限になるようであれば路線の廃線を進めるべきである。

はるかの意見の根底

行為の動機となる公正などの義務を重視する考え方

鉄道路線の廃線を実現することで，生活に深刻な影響をおよぼす可能性がある住民がいる以上は，社会への利益がいくら大きいものだとしても路線の廃線を進めるべきではない。

さくら▷このようにまとめてみると，どちらも「幸福」を考えながら，何を重視するかで意見が異なることがわかるね。

高橋先生▷ユウトさんは生活に影響が出る人もいるけれども，それを廃線で実現する「幸福」の増加分で補えばよいという考え方だね。

ユウト▷はい。廃線によって浮いた予算で地域の活性化をして，それによる収益で生活の補償などをすれば，反対する人々も納得するのではないかな。

高橋先生▷ユウトさんの考え方は，イギリスのベンサムが唱えた功利主義の考え方に基づいているといえるね(➡p.38)。彼は「最大多数の最大幸福」という考え方を唱え，社会全体としての幸福の最大化を求めるべきだと主張したんだ。

はるか▷私はその考え方には同意できないよ。社会全体の幸福が最大化されても，今回のようにそれによって犠牲を払わなければならない人も出てくる。そう考えると，最大化されればよいというものではないと思うな。

高橋先生▷なるほど。はるかさんはなぜそう考えたのかな。

はるか▷うーん…インタビューをした時に，鉄道は交通手段だけではなく，人々の生活を形成している一部だと強く感じたからかな。

高橋先生▷はるかさんの考え方は，ドイツの哲学者カントの考え方に基づいているといえるね(➡p.40)。彼は行為の動機を重視し，人間が普遍的におこなうべき行為を示したんだ。

ダイチ▷何を重視するかで二つの考え方があるんだね。

●クラスでは，どうすればより多くの人が納得できる方法となるかが話しあわれた

ユウトの提案

まず，路線は廃線とします。そのうえで，交通の便が悪いところに住んでいる人に対し，街の中心部への移住を促してはどうでしょうか。地方公共団体が補助金を出すことで移住を促せば，今ある交通手段を増やす必要もなく，街そのものがコンパクトになります。鉄道に代わる手段を用意するにしても予算が必要です。便利なところに住むことができれば，不満も解消すると思います。

さくらの提案

路線の廃線は仕方ないと思いますが，それに代わる交通手段がないと「交通弱者」が生じます。地方公共団体が代替バス路線を開設したり，タクシー利用のための補助金を出したりしてはどうでしょうか。今後の利用見こみや地方公共団体の財政を考えれば鉄道存続は難しいですが，それによる影響も大きいです。廃線の影響を少しでも緩和できる方法を考えるべきだと思います。

はるかの提案

鉄道路線は存続させたうえで，路線の魅力を高めるための取り組みをするべきだと思います。現在全国各地に存在する経営状態が厳しい路線では，さまざまな工夫をすることで収益を上げようとしています。生活を支える交通手段としてだけではなく，観光を目的とした列車を運行させたり，関連したグッズを販売するなどして，まずは経営の改善をするべきだと思います。

クラスのみんなからいろいろな提案が出されたね。立場が異なればさまざまな「幸福」があるし，それぞれの考えの違いを理解することが大切だね。

その通りだね。みんな鉄道路線とともに地方公共団体の未来を考えている点では同じだから，より多くの人が納得できる合意形成をめざしたいね。

鉄道路線の廃線の是非をめぐって，異なる立場で幸福が対立している。社会で生じるさまざまな問題に関して「幸福」が対立しており，その解決には「正義」や「公正」といった考え方が重要になってくる。

正義を考える際，その根底にある二つの考え方，すなわち，行為の結果である個人や社会全体の幸福を重視する考え方と，行為の動機となる公正などの義務を重視する考え方をもとに，公正に判断することが求められる。

一方で，私たちが生活する公共的な空間では守られるべき基本的原理もある。**基本的人権**や**個人の尊重**，**民主主義**や**法の支配**などである(➡p.54)。たとえば，いくら全体の幸福が高まるといっても，個人の人権が侵害されるような解決策は好ましくない。「幸福，正義，公正」の枠組み，それに関係する考え方とともに，公共的な空間における基本原理もふまえて，より良い解決策を考える必要がある。

現代社会では複雑な課題も少なくない。地球規模の課題から地域社会の課題まで，それぞれの課題をとらえ，よりよい社会をつくりあげる担い手としての役割が，私たちには求められている。

⬆**議会で高校生が町の課題について提案する「高校生議会」**(山梨県)

課題を探究しよう

現代社会には多くの解決すべき課題があり，立場によってさまざまな意見がある。私たちがよりよい社会を築いていくためには，社会の課題を丹念に調べ，調べた内容をわかりやすくまとめ，他者にわかりやすいことばで伝える力が求められる。「公共」の学習を通じて，この社会に存在する課題についてより多く考えられるようになろう。

テーマはどう決めればいいの？

夏休みの宿題で「地域の課題を調べて，解決策を提案しよう！」といわれたんだけど，どんな課題を調べればいいんだろう？
僕たちが地域の課題なんて調べられるのかな……？

なんだか難しく考えすぎてないかい？
高橋先生！

テーマはこれまでの経験からさがせばいいんだ。ふだん気になっている地域の課題や，ニュースを見て疑問に思うことなどを取り上げてはどうだい？

ふだん気になっていることを思い出してみればいいのか……。
あっ，そういえば！

課題探究の流れ

「深い学び」につながるPointも意識しながら，学習を進めよう！

❶課題の設定
これまで学習したことや自分の経験をもとに，テーマを設定する。
Point　テーマを立てた段階で，ひとまず自分の考えを「仮説」としてもっておき，最終的な自分の考えと比較してみよう。

❷情報の収集と読み取り・分析
複数の資料から必要な情報を選択・分析する。
Point　情報を適切に読み取るために，メディア・リテラシー(➡p.15)を鍛えよう。

❸課題の探究
❷の情報をもとに，課題の解決に向けて考える。
Point　「幸福，正義，公正」の視点(➡p.10)から考えたり，ほかの人の意見も聞いたりして，多面的・多角的※に考えよう。

❹自分の考えの説明・論述
❸の活動をもとに，自分の考えをレポートやスライドなどでまとめる。
Point　相手によく伝わるように，論理的な構成や表現にも注意しよう(➡p.14)。

❺ふり返り
❶～❹の活動をふり返り，何がわかったのか，さらに何を学びたいかについて考える。
Point　ふり返りで考えたことをもとに，新しい課題を設定して考えを深めていこう。

学習の「ふり返り」が特に大切だよ！

※多面的……日常生活や社会で発生する事象を，たとえば，政治的，経済的，社会的といったさまざまな側面から分析し，とらえる。
多角的……日常生活や社会で発生する事象について，たとえば，国民，企業，政府の立場など，異なった立場から分析し，とらえる。

① 課題の設定

テーマを設定するために，まず日常生活で疑問に感じていることや，新聞やニュースを見てさらに調べてみたいことなどから，テーマの候補を書き出してみるとよい。この書き出したなかから，自分が最後まで意欲をもって取り組める課題か，調査や分析の資料集めができるか，時間をかけて調査・分析する価値のある課題かどうか，などをふまえて検討し，テーマを決めよう。

自分が取り組むテーマが決まったら，課題の仮説や文献，調査の収集，手順などをまとめた流れ図を作成するとよい。テーマの設定には，グループで意見交換したり，先生から意見をもらったりすると，より具体的で，分析する意義があるテーマにすることができる。

最近ニュースで全国に「女性議員ゼロ議会」が多いと見てびっくりしたよ。(➡p.265)
僕も小さな町で議員のなり手がいなくて，地方議会の廃止が検討されたというニュースを見たよ。(➡p.116)
市町村の大きさにかかわらず，議会がないと，予算や条例など決めるべきことも決められないよなあ……。
じゃあ，夏休みの宿題は，「地方議員のなり手不足と今後の地方議会のあり方」にしたらどうかな？

② 情報の収集と読み取り・分析

自分が分析するテーマが決まったら，わからないこと，分析に必要なことを，書籍や新聞，取材など，さまざまな方法で調べよう。情報収集では，メディアや調査方法の特徴(➡p.15)をふまえておくほか，以下の点に注意しよう。

- すぐにインターネットを活用せず，何が信頼性が高いかをよく考えてから，情報収集しよう。
- 書籍や新聞を活用する場合でも，情報が古かったり，偏(かたよ)った考えに基づいていたりすることもあるので，できるだけ多くの情報源を調べ，どの情報源が活用できるか考えてみよう。
- 現地を直接訪問したり，事実を直接体験した人の話を聞いたりするなど，できるだけ一次情報※を得るようにしよう。

※一次情報……できごとを直接体験したり見聞きした人による情報。一次情報を間接的に伝える情報を，二次情報という。

③ 課題の探究

情報の読み取り・分析をもとに，課題の解決に向けて考察，構想しよう。その際，「幸福，正義，公正」(➡p.10)や，公共的な空間における基本的原理(➡p.54)などの見方・考え方なども利用して，多面的・多角的に考えよう。

「幸福，正義，公正」から考える

公共的な空間

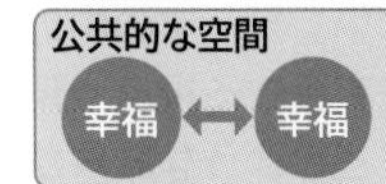

さまざまな人々の「幸福(よりよい生き方や社会のあり方)」は，対立や衝突(しょうとつ)することもある

すべての人にとって，望ましい解決策を導(みちび)き出す

望ましい解決策を考えるときに必要な視点

- 手続き，機会，結果の公正さ
- 選択・判断の基準としての公正さ

義務

情報収集で役立つマナー＆スキル

OPAC(図書館オンライン蔵書目録)の使い方

多くの図書館では，コンピュータによる蔵書管理が進んでおり，図書館に行かなくても，インターネット上で蔵書検索・予約ができるようになっている。

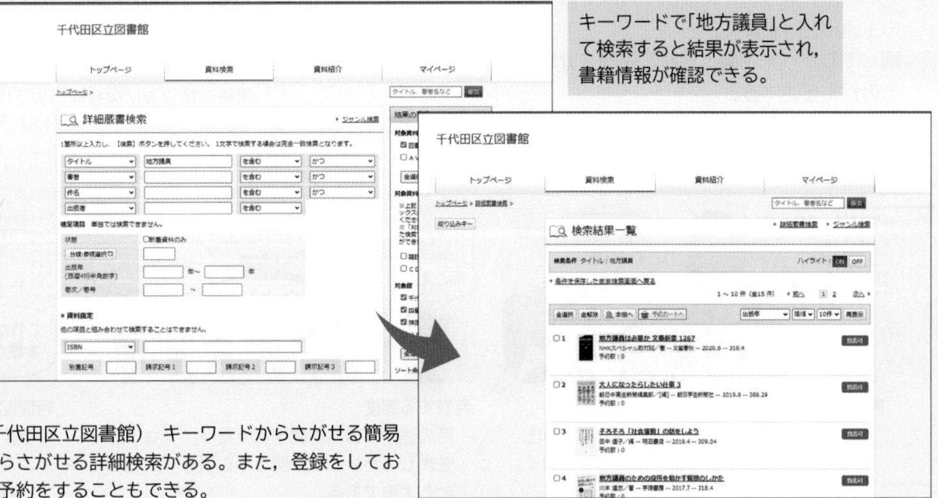

タイトル，著者，出版社，図書分類コードなど，さまざまな情報から検索できる。

キーワードで「地方議員」と入れて検索すると結果が表示され，書籍情報が確認できる。

➡図書館の蔵書検索の例(千代田区立図書館)　キーワードからさがせる簡易検索，書籍の細かい情報からさがせる詳細検索がある。また，登録をしておけば，検索結果から書籍の予約をすることもできる。

取材依頼文の書き方

取材を希望する場合には，電話や手紙，メールを使って取材の申しこみをおこなう。最初は電話で相手が希望する申しこみ方法を伺(うかが)うとよいが，どの場合でも，右の依頼文例に示す内容は伝えるようにしよう。

また，取材を終えたらその場でお礼を述べるとともに，調査結果をまとめたものを礼状と一緒に送るようにしよう。

拝啓

突然お手紙を差し上げます失礼をお許しください。私は第一高校の鈴木さくらと申します。

早速ではございますが，私は公共の授業で，夏休みの課題に取り組むことになりました。テーマを「地方議員のなり手不足と今後の地方議会のあり方」とし，複数の地方公共団体の地方議員のなり手不足や女性議員ゼロ議会について，調べています。

そこで，このことについて取材させていただきたく思っております。もしよろしければ，○月○日の午後五時頃に○○市選挙管理委員会でお話を伺いたく思っておりますが，いかがでしょうか。

突然のお願いで大変恐縮ですが，よろしくお願い申し上げます。

敬具

五月二十五日

第一高校　鈴木さくら

○○○○様

封筒の表

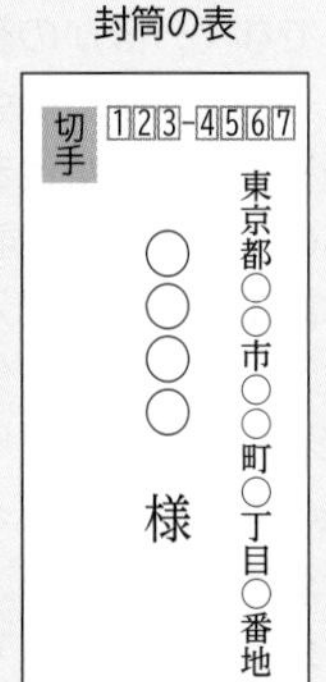

封筒の裏

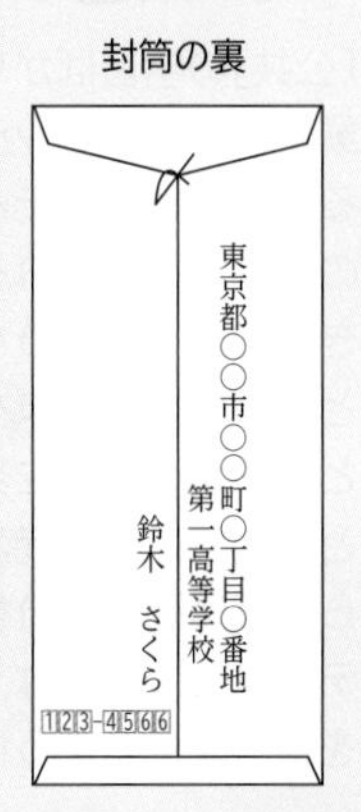

④ 自分の考えの説明・論述

●レポートでまとめる

情報をわかりやすくまとめるには，整理してまとめることが大切である。

あなたが設定したテーマに対し，事例や，あなたの主張の根拠になるかなどを考えるために，書籍や新聞の記事，数値例などの情報をカードなどに書き出しておくとよい。テーマの中の用語の定義，分析する過程で気づいた課題を克服する視点や現状分析，あなたの主張などから，何が原因でどのような結果が生じているのかを中心に抜き出していこう。

この情報を書き出したカードを並べかえたり，事例などはグループ化したり，分析して得られた克服方法などを新しく書いたりしていくと，レポートの構成がはっきりしていく。

レポートは下のような構成で書こう。いきなり文章を書くのではなく，メモ(各段落に書く内容を具体化したメモ)を作成してから，書くようにしよう。

レポートの構成例

序論	その課題を取り上げた理由や背景などを示して，レポートの主題(主張)を書く。
本論	調べてわかった定義，現状と課題を分析し，自分の主張とその根拠を述べる。
結論	調べてわかった内容をまとめて，自分の主張を再度述べる。

●プレゼンテーション

プレゼンテーションとは，あなたが設定したテーマに対し，調べた内容を分析し，得られた結果を，わかりやすく相手に伝えることをいう。プレゼンテーションは，以下のような流れでおこなうとよい。

条件の確認
発表時間や会場の広さ，参加者の数や目的，使用できる設備などを確認する。

発表内容の検討
プレゼンテーションの構成は，レポートと同様，導入(序論)→本論→結論でまとめるとわかりやすい。自分の考えを整理し，伝えたいことを明確にしておく。

発表資料の作成
文章だけでなく，図や数値例などが入った統計データ，写真などを効果的に使用し，聞き手を引きつけ，テーマに関心をもってもらえるように資料作成を工夫する。

リハーサル
決められた発表時間を守るのが原則である。時間をはかり，実際の資料を使用しながら，リハーサルしてみよう。友人の前で，よい点や改善点などを指摘してもらいながらおこなうとよい。

発表
原稿の棒読みにならないように，聞き手に視線を向けて堂々と発表する。制限時間にも気をつけよう。

プレゼンテーション実施の際の留意点

原稿やメモを読み上げない
スライドを見れば，説明する内容を思い出して話すことができるように練習しておく必要がある。

発表する態度
話の途中で適当な間をとったり，ジョークをまじえたりして，聞き手を引きつけることも大事である。

時間配分
与えられた時間をオーバーしてしまうようでは，最終的な結論を十分(じゅうぶん)に伝えられなくなってしまう。

⑤ ふり返り

「公共」の学習ばかりでなく，ほかの教科や高校卒業後にもプレゼンテーションする機会が想定される。さまざまなテーマで発表したとき，質疑応答の機会が設けられるので，次回の発表に向け，聞き手に以下のような評価シートに記入してもらうとよい。さまざまなテーマで調べ，分析した情報とあなたの主張を発表し毎回ふり返りをおこなうと，次回以降の発表の完成度が上がるだろう。さらに深い問いや分析をするためにも，関心があるテーマについては，発表後も継続して考える機会を持ち続けるようにしよう。

	評価基準	点数
発表内容	課題の分析は，網羅的におこなわれていたか。	
	多面的・多角的な視点を活用して，課題を分析していたか。	
	課題に対し分析をおこない，適切な提言や主張があったか。	
	課題に対する主張に根拠や説得力があったか。	
	資料は文字だけでなく，図や統計などを活用し工夫されていたか。	
	質疑応答への対応は，具体的でわかりやすい言葉で説明されたか。	
発表態度	声の大きさや緩急をつけたプレゼンテーション，間(ま)，資料ページの確認など，発表態度は工夫されていたか。	
	発表時間は短すぎず長すぎず，適切であったか。	
まとめ	全体を通じて課題に対する発表内容に説得力があったか。	

↑**評価シートの例**　評価基準は，議題やプレゼンテーションのしかたによって異なる。

メディア・リテラシー

情報があふれる現在，自分にとって必要な情報を調べる力や，書籍や新聞，インターネットなどで集めた情報を適切に判断，選択，活用する力(**メディア・リテラシー**)が重要なものになっている(➡p.108)。

① 何が本当のことなの？～情報操作

情報の発信者が，受信者の考えを自分の都合のよい方向へもっていこうとして，情報やその発信に手を加えることを**情報操作**という。情報操作をおこなうのは，テレビ番組をおもしろくしようとする制作者や，国民の意識を都合のよいように操作しようとする権力者など，さまざまな人である。

私たちが情報を受け取る際には，それが信頼できる情報なのか，批判的な視点ももって判断しなければならない。

② ある日の新聞の一面 (2015年9月19日) ※権利関係上，一部を加工している。

讀賣新聞
安保法案 参院採決へ
内閣不信任案 否決
米、利上げ見送り
東京株続落
成立 未明の可能性
津波 岩手で80センチ
3日連続 深夜の攻防

朝日新聞
安保法 成立へ
海外での武力行使に道
自公、違憲批判押し切る
民意軽視の政治 問い続ける
抗議の波 各地で

毎日新聞
安保法案成立へ
平和国家の転換点
集団的自衛権可能に
安倍内閣不信任案 否決
国家の過ちに謙虚であれ

日本経済新聞
安保法案 成立へ
集団的自衛権 行使可能に
戦後政策の大転換
野党、違憲と批判
三菱重、洋上に火力発電船
最優先の治療 私が決める
IoTに新通信規格

東京新聞
戦後70年「戦える国」に変質
安保法案 成立へ
憲法違反の疑い
集団的自衛権 可能に
不戦の意志貫こう
来年参院選 国民が審判

中國新聞
安保法 成立へ
戦後政策 大転換
集団的自衛権 行使可能に
米FRB 利上げ見送り
世界経済先行き警戒
首相 批判の幕引き狙う
厚労相ら給与全額返納

新聞の一面には，各新聞社の特徴がよく出ている。全国紙であれば，どのニュースを扱うか，ニュースをどのようなことばで表現するかによって，新聞社の主張が見えてくる。また，地方紙であれば，全国的なニュースはもちろん，その地方のニュースも大きく扱われる。まずは新聞の一面を読む習慣を身につけよう。

また，さまざまな分野についての解説や新しい動向，専門家の意見などが掲載されているため，「公共」の学習や課題探究のヒントとしても役立つ。

「社説」を読もう

社説は，論説委員という専門の担当者が執筆しており，その時々のニュースや現代社会に対する各新聞社の主張・立場を示すコーナーである。同じニュースでも社説をくらべると，各社の違いがはっきりとわかる。事実に対してさまざまな意見があることを，複数の新聞の社説を読んで考えよう。

③ さまざまな情報収集方法

情報収集で使用するメディア・調査方法の特徴

それぞれのメディアや調査方法には利点と留意すべき点がある。p.13も参考にしながら，特徴をいかして適切な情報を集めよう。

メディア	書籍	・書籍は情報の信頼性が高いものが多く，テーマに即して深く分析されているので，自分の課題やテーマを分析するためにも活用しやすい。 ・書籍は最新の情報が反映されにくいので，情報やテーマが古くなっていることもありうる。
	新聞	・新聞は情報の信頼性が高く，かつ全国紙や地方紙など多くの種類があるので，さまざまな分野の情報を集めることができる。 ・情報の速報性については，インターネットやテレビと比べ劣る。
	インターネット	・スマートフォンやパソコンなどを利用すれば，場所を選ばず，世界中の最新情報を得ることができる。 ・インターネットの情報は公的機関など信頼性が高いものから，個人が発信するものまでさまざまな情報があるので，情報を判断する力が求められる。
調査方法	図書館	・百科事典や新聞などを活用して探究したいテーマに関する基本的な情報を得ることができ，司書やレファレンスサービスを利用すれば，資料収集の相談もできる。 ・図書館の規模によっては蔵書数に限りがあり，テーマの分析に必要な情報や資料を確実に手に入れることができない場合もある。
	取材・インタビュー	・実際に見たり，専門家に直接話を聞いたりできるので，課題探究や分析のヒントが得られやすい。 ・取材相手の時間や労力を無駄にしないために，事前に質問内容を伝え，取材相手の了解を得てインタビューの音声を記録しておくとよい。
	アンケート	・テーマについて，さまざまな立場からの意見，分析，事例を得ることができる。 ・問いの趣旨がはっきりしない，答えにくい質問などがアンケートにあると，アンケートが無意味になる場合もありうる。

④ 統計グラフの活用

●グラフを読み取る

具体的な数値例を表形式でまとめた統計データは，それぞれの情報は得られるが，特徴はつかみづらい。しかし，数値をグラフにすると，情報の特徴がとらえやすくなる。目的に応じて，適切な表現方法を選択しよう。

棒グラフ 各項目の数量の大小を比較する。

産業別の労働組合組織率

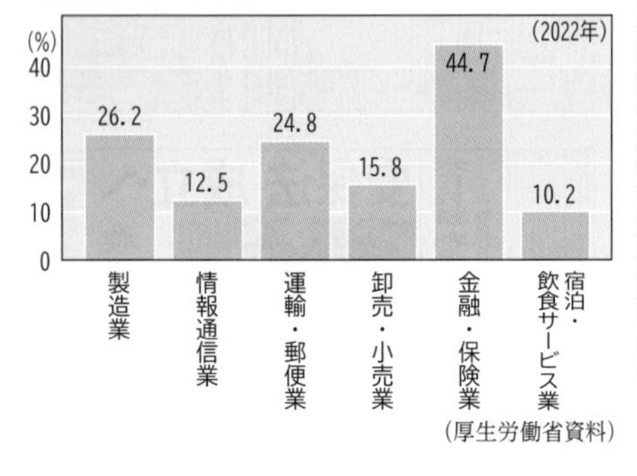

(厚生労働省資料)

●読み取れること
・労働組合組織率の高い産業，低い産業
・各産業の労働組合組織率

●読み取れないこと
・労働組合組織率の推移
・労働組合の産業別割合

折れ線グラフ 経過時間による変化を示す。

一票の格差の推移と最高裁判決

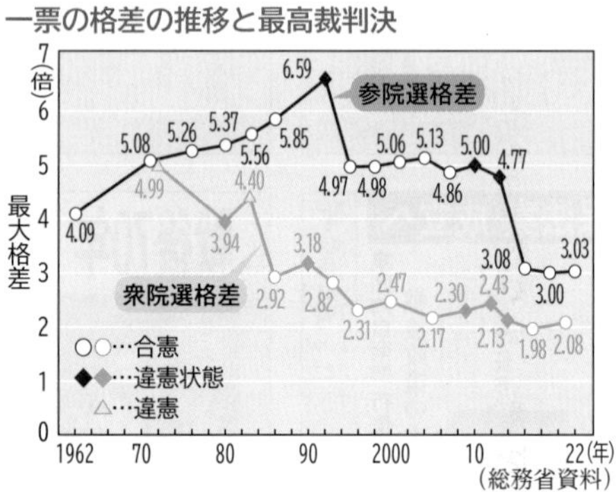

(総務省資料)

●読み取れること
・各選挙での最大格差の推移
・各選挙の格差に対する最高裁判決

●読み取れないこと
・選挙区ごとの格差
・各選挙の投票率

円グラフ 全体のなかでの割合を示す。

国籍別在留外国人の割合 (2022年)

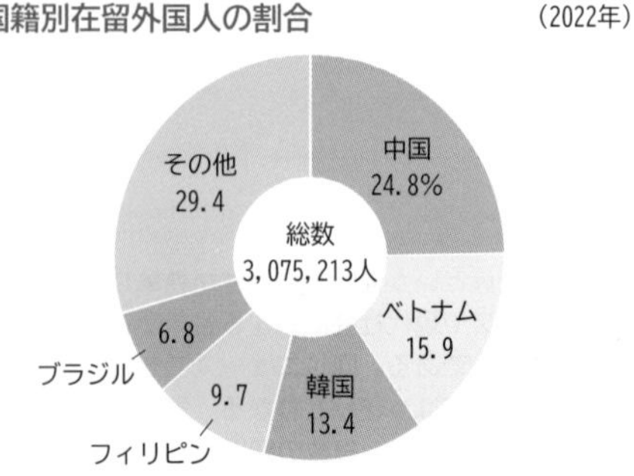

(法務省資料)

●読み取れること
・国籍別在留外国人の割合

●読み取りにくいこと
・国籍別の在留外国人の実数

●読み取れないこと
・在留外国人の推移

レーダーチャート 複数の項目の大きさや量を比較する。

南北問題

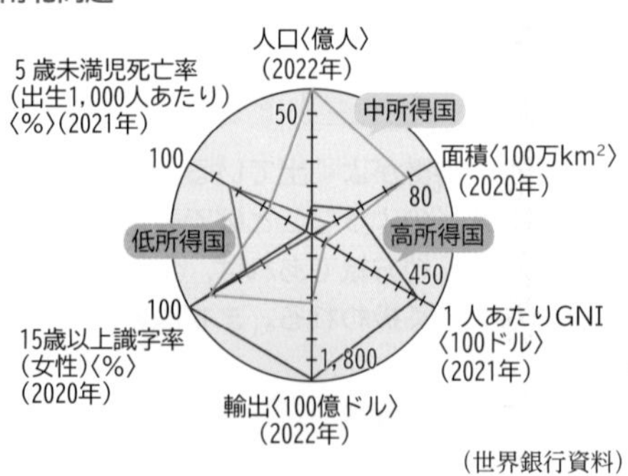

(世界銀行資料)

●読み取れること
・各項目に対する先進国・発展途上国の値
・所得の高低によるおおまかな特徴

●読み取れないこと
・国ごとの具体的な値
・先進国・発展途上国にあてはまる国

●グラフを作成する

統計データを分析したり，さまざまな課題探究の成果を発表したりする時，グラフは大変有効な手段になる。不適切なグラフを作成すると，そのグラフから受ける印象とグラフの実態がずれてしまう場合があるので，グラフを作成するには以下の点に注意しよう。

第一に，主題を明らかにし，グラフにする意義や，グラフで何を表現するかをはっきりさせる。第二に，的確なグラフを選択する。各グラフにはそれぞれ特徴があり，統計データの種類や分析の目的により使い分ける必要がある。第三に，デザインを工夫する必要がある。グラフは，示し方によっては見る人に誤った印象を与えることがある。見る人に誤解させない，適切なデザインを考えてみよう。第四に，統計データの補足事項も書く必要がある。グラフは表示するデータの単位や定義を明確にしないと，正確な情報が伝わらないことがある。数値の単位をしっかりと記載し，注意事項などがある時には補足説明をつける必要がある。参照した資料名なども記載しておきたい。

こんなグラフに注意！

グラフは情報をわかりやすく伝えてくれるが，使い方を誤ると，受け手に誤った印象を与えることがある。なかには，グラフを改変して意図的に受け手の印象を操作する者もいる。グラフを読む時も，正しいことが示されているのか確認するようにしたい。

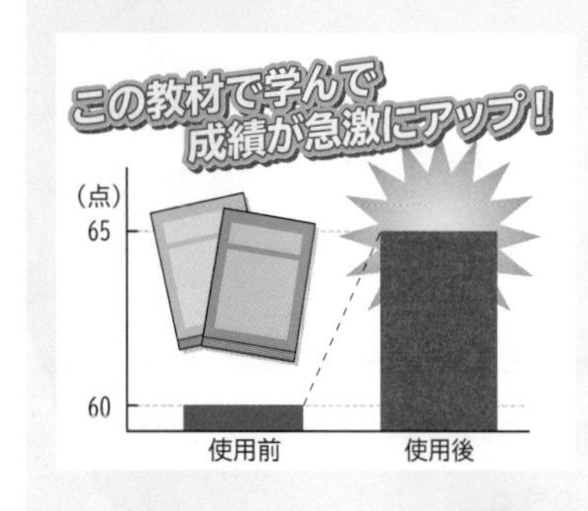

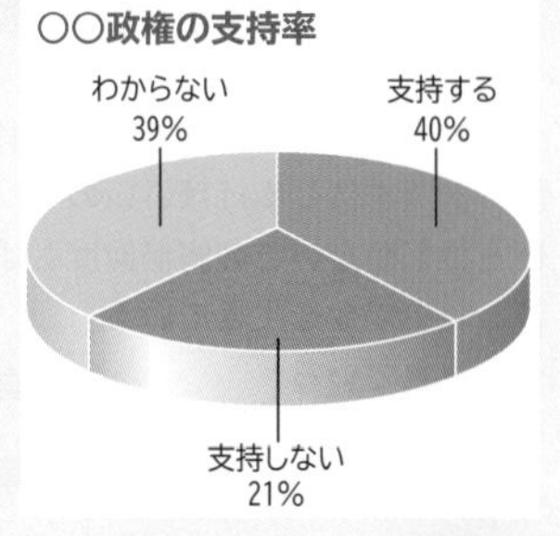

すごくアップしてる！
すごい教材なんだな。

⑤ 著作権を大切に

こんなことしていませんか…？

❶市販されている本や写真を大量にコピーして，友人に配る。

ダイチのブログ
○月△日
先日ハワイ旅行に行ってきた
さくらがくれた写真を紹介します

❷自分のブログやSNSに，友人の撮った写真を勝手に載せる。

❸ほかのバンドのヒット曲を自分のバンドで演奏し，聴衆から料金を取る。

❹映画館で映画を撮影し，動画投稿サイトに投稿する。

上のイラストで示されたようなことを，自分や友人たちはしていないだろうか。❶～❸は，著作者（著作権をもつ人）に無断でおこなうと著作権法違反となり，著作者から損害賠償を請求されることもありうる。また，❹のように映画館で無断でスクリーンを撮影し，その映像を海賊版として販売したり，動画投稿サイトに公開したりする者がいるが，これらの行為は映画盗撮防止法に違反している。

著作権は，知的な創造物にかかわるさまざまな権利を守ることで，著作者の努力や創作意欲を支援し，経済的権利を守るためのものである。もし，この権利が守られなければ，多くの費用や時間，労力をかけて本を書いたり，作曲したり，映画をつくったりする意欲が低くなることも考えられる。それは結局，文化や芸術などを衰退（すいたい）させてしまうことになる。著作権の意義を理解し，著作物を適切に扱っていこう。

名称	おもな内容	権利の所有者
著作者人格権	著作者の人格的な権利。次のような権利をもつ。 ①著作物の内容を勝手に変えられない。 ②いつ，どのような形で作品を公表するか決められる。 ③作品を公表するときの氏名の表示方法を決められる。	作家，作曲者，作詞者，画家，写真家，脚本家，映画制作会社 など
著作財産権	著作者の経済的な権利。狭い意味での著作権。	同上
著作隣接権	著作物の伝達者がもつ権利。自分の演奏や上演に対して，次のような権利をもつ。 ①録音・録画できる。　②放送する。 ③ウェブページから公衆の求めに応じて自動的に送信できるようにする。	演奏者，俳優，CD制作者，放送事業者，有線放送事業者

↑著作権の内容　著作者人格権以外の権利は，他人に譲渡することができる。著作権の保護期間は原則として著作者の死後70年である。

著作権をもつ人は，正当な報酬（ほうしゅう）を得ることで生活し，作品をつくっている。一方，他人の著作物を自由にコピーしたり，安い費用で楽しみたいと思う人もいる。この対立を解決する方法を次の実例で考えてみよう。

デジタル録画機が開発された時，何度も簡単にコピーでき，かつそのコピーが劣化しないため，映画制作者たちは収入の低下を恐れて，録画機のメーカーに機械の販売を中止するように求めたことがあった。数年間の議論の末，録画機本体の価格に，著作権料を上乗せして販売し，集まった著作権料を著作者に支払うことで決着した。

公共の学び方

青年期を生きる私たち

課題▶今，私たちが生きている青年期とは，どのような時期なのだろうか。

クローズアップ 未来の自分に伝えたいこと，今の自分に伝えたいこと

アンジェラ・アキ「手紙」

十五の僕には誰にも話せない　悩みの種があるのです
……
今　負けそうで　泣きそうで　消えてしまいそうな僕は
誰の言葉を信じ歩けばいいの？
ひとつしかないこの胸が何度もばらばらに割れて
苦しい中で今を生きている
今を生きている
……

15歳の自分から未来の自分へのことば

未来の自分から15歳の自分へのことば

十五のあなたに伝えたい事があるのです
自分とは何でどこへ向かうべきか　問い続ければ見えてくる
荒れた青春の海は厳しいけれど
明日の岸辺へと　夢の舟よ進め
今　負けないで　泣かないで　消えてしまいそうな時は
自分の声を信じ歩けばいいの
……
人生の全てに意味があるから　恐れずにあなたの夢を育てて
keep on believing

↑**アンジェラ・アキ**　1977年生まれ。徳島県出身。日本で中学校生活をすごし，その後アメリカで学ぶ。日本での歌手活動の後，アメリカへ留学。現在はミュージカル制作などにもかかわっている。

自分自身と「対話」する

高校生になると，自分自身について悩んだり，友人関係に苦しんだりすることもある。過去の自分を悔やんだり，将来の見えなさにもがきたくなったりすることもあるかもしれない。

シンガーソングライターのアンジェラ・アキさんの「手紙」はそんな青年期の心を歌いあげ，多くの中学生・高校生の共感をよんだ。あなた自身は，将来の自分に対し，何を問いたいだろうか。そして，今の自分に何を語りたいだろうか。

悩みや苦しみから何が生まれるのだろうか。

1 青年期とは

Q 青年期とはどのような時期か，さまざまな思想家のことばから考えよう。

マージナルマン（境界人）
レヴィン（1890～1947，独）➡p.21
おとなでも子どもでもなく，位置づけがはっきりしていない時期。

疾風怒涛の時代
ホール（1844～1924，米）
感情が激しくゆれ動く時期。

第二反抗期
ビューラー（1893～1974，オーストリア）
親や教師などの権威に対して批判的になる時期。幼児期の第一反抗期に対してこうよぶ。

心理的離乳
ホリングワース（1886～1939，米）
親に依存したい気もちが離れ，精神的に自立しようとする時期。

第二の誕生
ルソー（1712～78，仏）➡p.57，111
親から生まれたことを，「第一の誕生」とする。「第二の誕生」とは，親から自立し，自分の人生を生きようとする自覚がめばえることをいう。

わたしたちは，いわば，二回この世に生まれる。一回目は存在するために，二回目は生きるために。はじめは人間に生まれ，つぎには男性か女性に生まれる。
……これが私のいう第二の誕生である。ここで人間はほんとうに人生に生まれてきて，人間的ななにものもかれにとって無縁のものではなくなる。
（ルソー：著，今野一雄：訳『エミール』岩波書店）

性のめざめ
第二次性徴（生殖器以外の性差）があらわれる。
声が変わった！
ヒゲが生えてきた！
おとな
青年期
自分は何のために生まれてきたんだろう…？
子ども
自我のめざめ
自分を確立しようとする。

モラトリアム（猶予期間）
エリクソン（1902～94，米）

アイデンティティを確立するために社会的な義務や責任を猶予（免除）されている期間のことを**モラトリアム**という。エリクソンは，青年期を葛藤したりもがき悩んだりする時期としてとらえていた。この時期に獲得してきた知識や体験を整理することで，アイデンティティが確立する。

解説 **青年期とは何か**　**青年期**とは，人間の**ライフサイクル**のなかで，子どもからおとなへと変わり，成長をとげる時期である。その意味では，青年期は人生の一コマにすぎないかもしれないが，最も大切な一コマであるともいえるだろう。これまで多くの思想家たちが，青年期とはどのような時期なのか，探究してきた。

プラスα **スチューデント・アパシー**　学校に入学して急に無気力になってしまうことをスチューデント・アパシーという。何のために勉強しているのか，本当にこの選択でよかったのか，こうした迷いから生じるスチューデント・アパシーは，みずからのアイデンティティへの問いかけなのだ。

2 発達課題

アメリカの心理学者ハヴィガーストが唱えた発達課題

老年期	・身体，健康の衰退への適応 ・減少した収入への適応 ・配偶者の死への適応 など
中年期	・経済的生活水準の確立と維持 ・子どもたちへの援助 ・老年の両親への適応 など
壮年期	・結婚 ・家庭生活 ・子どもの養育 ・就職 ・社会的責任 など
青年期	・同年齢の男女との関係 ・男性または女性としての役割理解 ・両親やほかのおとなからの情緒(じょうちょ)的独立 ・経済的自立への自信 ・職業の選択と準備 ・結婚と家庭生活の準備 ・社会制度などの知識，民主主義の問題を処理するために必要な言語と合理的思考 ・社会的責任のある行動 ・自己の世界観をもち，他人と調和できる
児童期	・友達と仲よくする ・読み，書き，計算の基礎的技能 ・自立的な人間形成 など
乳幼児期	・歩行 ・話すこと ・排泄(はいせつ) ・他者との情緒的な結びつき ・「正」「不正」の区別のできる良心の発達など

解説 **各時期に達成すべき課題** **発達課題**とは，人生の各時期に達成されるべき課題である。達成できれば「幸福」感を得られ，上の発達段階へステップアップしていく。逆に，失敗した場合は「不幸」感が増し，周囲から認められないので，次の発達段階へ進めない。

3 アイデンティティ（自我同一性）の確立

エリクソンが唱えたアイデンティティの三つの規準

①自己の斉一性(せいいつせい)

この自分はまぎれもなく独自で固有な自分であり，いかなる状況においても同じその人であると他者からも認められ，自分でも認めること。

②時間的な連続性と一貫性

以前の自分も今の自分も，一貫(いっかん)して同じ自分であると自覚すること。

③帰属(きぞく)性

自分は何らかの社会集団に所属し，そこに一体感をもつとともに，周囲からも認められていること。

解説 **自己の自覚と社会への参加** **アイデンティティ（自我同一性）**とは，「これが本当の自分だ」と感じられるような，ほかの誰でもない自分らしさのことをいう。エリクソンはアイデンティティについて，自己の自覚と同時に社会集団への帰属意識が規準であると考えた。

確認▶青年期の特質を，三つあげよう。
活用▶今の「私」のアイデンティティにとって大切なものを考えよう。

4 青年期の延長とモラトリアム

（笠原嘉ほか『青年の精神病理1』）

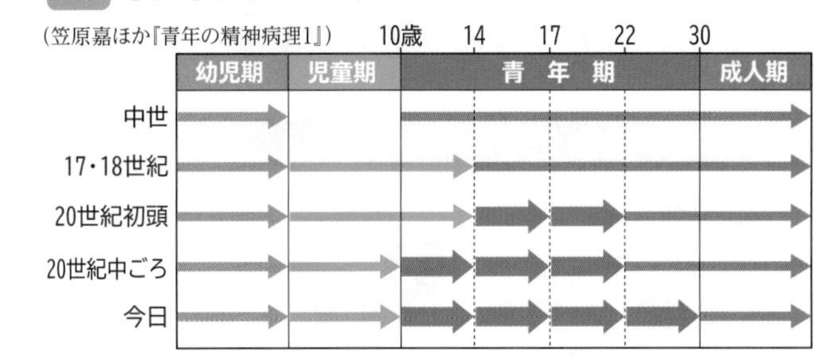

解説 **青年期の長期化とモラトリアム** 近代までは，子どもとおとなは，**通過儀礼（イニシエーション）**（→p.34）によって明確に分けられていた。近代以降，子どもが労働から解放されるようになり，青年期が登場した。青年期は，社会的な義務や責任を果たすことを猶予され，自分らしさを見つめる期間（モラトリアム）と位置づけられる。現代では，修学の長期化や，晩婚化，未婚化により青年期は延長傾向にあるともいわれる。

5 おとなになりきれない青年

●**ピーターパン・シンドローム**

心が子どものように未熟なままで，おとなとして社会に適応できない男性。

●**シンデレラ・コンプレックス**

童話の王子様のように，自分の人生を預けられる誰かが登場することを待つ，依存的な傾向をもつ女性。

解説 **おとなになんかなりたくない？** 青年期は，さまざまなことに悩み，アイデンティティを確立しておとなへと成長していく時期である。しかし現代では，現実を見ることができず，いつまでも精神的におとなになれない若者が増えているといわれる。

Topic いつからおとな？

→前見返し裏

「おとな」の定義は難しいが，法律上はどこかで区分する必要がある。現在の日本では，さまざまな年齢で，社会的な位置が変わる瞬間が訪れる。

社会のなかの「おとな」

14歳	●犯罪を犯(おか)すと処罰の対象となる〈刑法第41条〉
15歳	●就業できる〈労働基準法第56条〉
16歳	●原付免許を取得できる〈道路交通法第88条〉
18歳	●「おとな」と見なされる〈民法第4条〉 ●結婚できる〈民法第731条〉 ●選挙権をもつ〈公職選挙法第9条〉 ●児童福祉法の「児童」の対象からはずれる〈児童福祉法第4条〉
20歳	●飲酒や喫煙ができる ●少年法の「少年」の対象からはずれる〈少年法第2条〉

欲求と適応

課題▶私たちは悩みや欲求に対して，どのように行動しているのだろうか。

クローズアップ 挫折した時どうする？

自分が欲求不満な時にどんな行動をとっているか思い返してみよう。

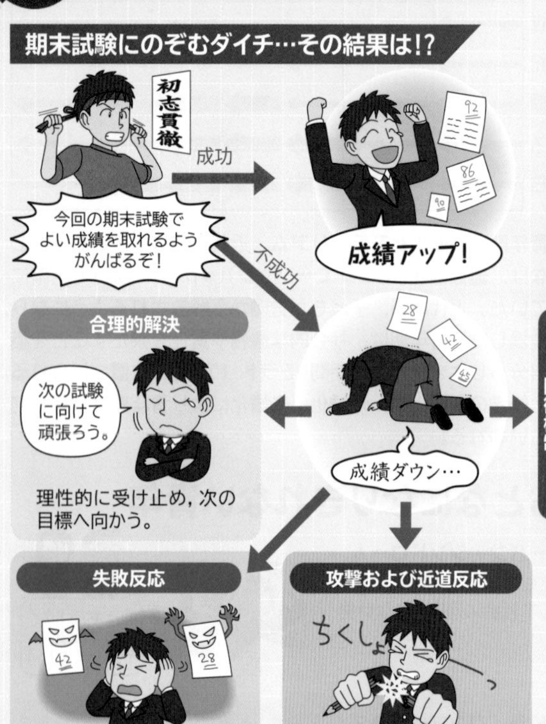

抑圧
試験?一体何のことかな?
嫌なことを意識の外に締め出す。

合理化
今回の試験はそんなに重要じゃないんだ…。
もっともらしい理由をつけて自分を納得させる。

反動形成
赤点だけど平気さ！
えっへん
思っていることと反対のことをしてしまう。

退行
やだよぉ～っ！
発達がより初期の段階に戻ったり，より未熟な行動をとる。

同一視(摂取)
さくらはいい点とったらしい。さすが僕の友達！
すぐれた他者の能力を自分のもののように想像する。

投射
ダメな生徒だと思ってるんでしょう！
ええ～っ?
自分がもっている感情を他者がもっていると思いこむ。

逃避
ゲームは楽しいなー
その場から逃げ，空想の世界にひたる。

代償
漢字テストはまあまあだったからよしとしよう…
別の欲求の満足に置き換える。

昇華
行くぞ全国大会！みんな特訓だ！
社会的に価値のあるものに情熱を向ける。

置き換え

私たちは，誰もが**欲求**をもって生きている。しかし，欲求はつねに満たされるわけではない。この状態を**欲求不満(フラストレーション)**という。オーストリアの精神分析学者**フロイト**は，欲求が満たされない時，無意識に自分を傷つけずに安定を保とうとするはたらきが私たちの心にはあると述べた。これを**防衛機制**という。

1 悩みごとの相談

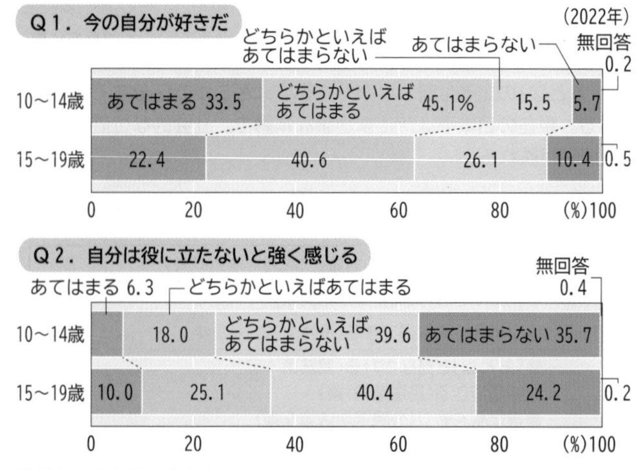

⬆**若者の人生観・充実度に関する調査**(内閣府資料)　それぞれの問いに対する答えは，10～14歳と15～19歳で大きく変わる。子どもからおとなへと変わる青年期は，自分に対する評価も大きくゆれ動く時期といえる。

Q 自分に満足できないと感じるのはなぜなのだろうか。

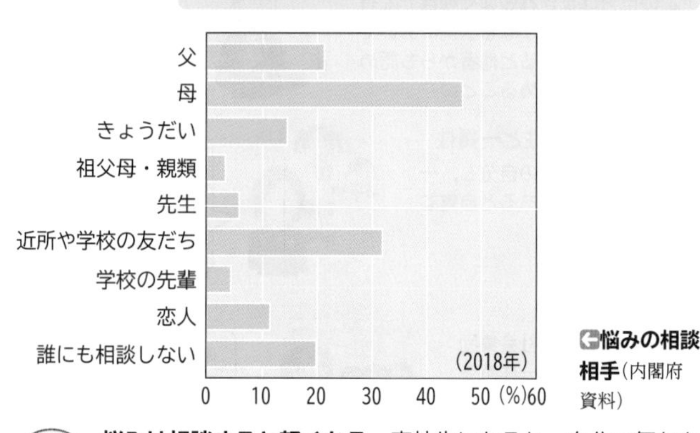

⬅**悩みの相談相手**(内閣府資料)

解説 **悩みは相談すると軽くなる**　高校生になると，自分で何かを判断し，行動するという経験が増え，その分悩みも増える。その際自分で深く考えることも重要だが，心おきなく話せる友人や家族に相談したり，時には否定されることも覚悟して人生経験豊かなおとなのアドバイスを受けたりすることで，心が軽くなったり，新しい発見を得ることもあるだろう。

プラスα **「葛藤」の由来**　欲求の対立を示すことばに，なぜ植物の字が使われているのだろうか。実は漢字のとおり，欲求が葛や藤のようにからみあっている状態から生まれたことばである。

2 葛藤(コンフリクト)

接近－接近型
(どっちもしたい)

さくらと遊園地に行く　　さくらと映画に行く

回避－回避型
(どっちもしたくない)

板井歯科
歯の痛みを我慢する　　歯医者に行く

接近－回避型
(したいけど，したくない)

ケーキをたくさん食べる　　体重が増える

解説 **欲求の対立**　私たちは欲求を満たそうと行動する。しかし，それは「あれか，これか」という選択の連続である。欲求が対立して迷うことを**葛藤(コンフリクト)**という。ドイツの心理学者レヴィン(→p.18)は，葛藤を上の三つに分類した。この状態が長く続くと，情緒不安定などに陥ることがある。

3 マズローの欲求階層説

Q 成長のために重要な欲求は何だろうか。

↑**マズロー**(1908～70)
アメリカの心理学者。

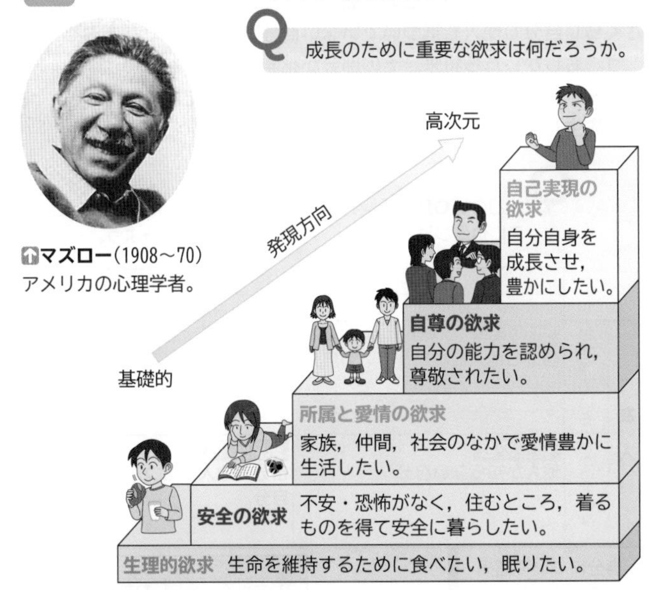
高次元
発現方向
基礎的
自己実現の欲求
自分自身を成長させ，豊かにしたい。
自尊の欲求
自分の能力を認められ，尊敬されたい。
所属と愛情の欲求
家族，仲間，社会のなかで愛情豊かに生活したい。
安全の欲求
不安・恐怖がなく，住むところ，着るものを得て安全に暮らしたい。
生理的欲求
生命を維持するために食べたい，眠りたい。

解説 **欲求を満たしていく旅**　**マズロー**は欲求を上のように五段階に区分し，下の段階の欲求が満たされて初めて上の段階の欲求が生まれるとした。この意味で，人生は欲求を満たしつつ自己実現していく旅としてとらえることもできるだろう。

生理的欲求から自尊の欲求までの四つの欲求は「欠乏欲求」とよばれ，欠けているものを満たそうとするものである。それに対し自己実現の欲求は成長欲求とよばれ，今よりも高い段階をめざす欲求である。

4 無意識のはたらき

←**フロイト**(1856～1939)　オーストリアの精神分析学者。精神的な病の治療を通じて，人間の「無意識」の存在やそのはたらきを明らかにしようとした。『夢判断』など多くの著作がある。

フロイトが考えた「心の構造」図

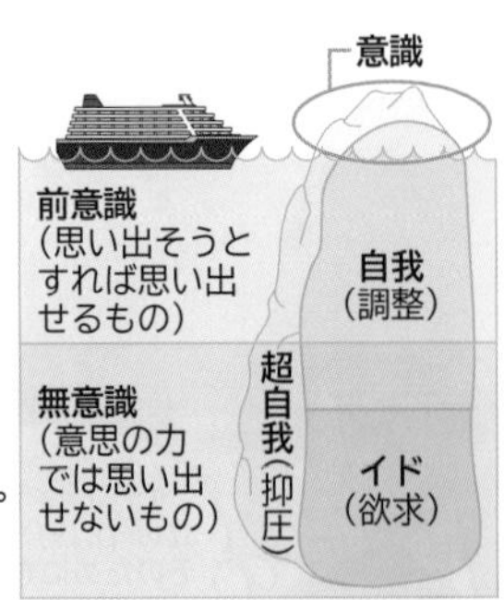
意識
前意識
(思い出そうとすれば思い出せるもの)
自我
(調整)
無意識
(意思の力では思い出せないもの)
超自我(抑圧)
イド
(欲求)

- **イド(エス)**
  本能的な要求(リビドー)。ひたすらその満足を求める。
- **超自我**
  欲求を抑圧する道徳的な良心・罪悪感。自己観察の役割をもち，イドに対立する。
- **自我**
  イドと超自我を調整し現実に適応する。

解説 **「無意識」の発見**　精神科医であったフロイトは，ある時，患者がコップから水を飲むことができなかったことに注目した。この患者は催眠状態の時，以前自分が使っていたコップから犬が水を飲むのを見て強い嫌悪感を覚えたことを思い出した。こうしてフロイトは，人間には自分自身に強くはたらきかけることがあるにもかかわらず，意識されない「**無意識**」があると考えた。

5 集合的無意識

Q フロイトとユングの思想の違いは何だろうか。

←**ユング**(1875～1961) →p.22
スイスの精神科医・心理学者。フロイトの後継者と見られていたが，個人的無意識にとどまらず，人類全体に共通して蓄積される集合的無意識を説き，フロイトと対立した。

ユングによる「無意識」の階層

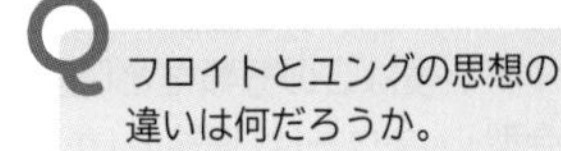
意識

自我	意識の中心。本能的欲求を満たしつつ，現実社会に適応できるように調整する
個人的無意識(文化的無意識)	個人的な記憶や経験に基づいている無意識
集合的無意識	個人をこえて，人類に共通する無意識。普遍的無意識ともよぶ

(青木紀久代，神宮英夫『カラー版　徹底図解　臨床心理学』新星出版社)

↑映画「ハリー・ポッター」シリーズの主人公ハリー(右)とダンブルドア校長(左)

解説 **「元型」には何があるか**　**ユング**は，人間の集合的無意識のなかには，共通のイメージの型・パターンがあると考え，それを元型(アーキタイプ)とよんだ。たとえば，さまざまな物語で，主人公を導くひげを生やした賢い老人が登場するのは，人類が無意識にそうした元型をもっているからなのかもしれない。

確認▶防衛機制の種類を，具体例とともに三つあげよう。
活用▶集合的無意識の具体例にはどのようなものがあるか，話しあってみよう。

自分を知ろう

「自分」とは最も近く，最も遠い存在であるといわれる。私たちはこの「自分」とつきあい，人生を選択していかなければならない。進学，就職，結婚など，これから人生の決断のポイントは無数にある。青年期の真っただ中にある今，さまざまな観点から自分を見つめなおしてみよう。

価値観は人それぞれ

自分はどんなタイプ？

高橋先生▷はるかさんが気づいたように，価値観は人それぞれだけど，いくつかの典型的な例にあてはめることができるよ。シュプランガーは，追求する価値から人を6つのタイプに分類したんだ。

ダイチ▷僕はこの分類だと「経済型」にあてはまりそう。さくらは「社会型」，ユウトは「理論型」かな。

高橋先生▷以前授業で学んだユング(➡p.21)も，心理的エネルギーである「リビドー」が外へ向かうか，内へ向かうかで性格を分類できると考えたんだよ。

さくら▷その分類だと，ダイチやはるかは外向型，ユウトや私は内向型にあてはまるかな。でも少し違うかな……。

ユウト▷実際には個性はそれぞれだから，どれかにぴったりあてはまるというものではないよね。でも，ユングやシュプランガーの分類は，自分を知るヒントにはなりそうだね。

学者	性格の分類	
シュプランガー (1882～1963，独) 人が追求する文化的な価値によって六つの性格に分類した。	理論型	真理や理論に価値を求める。
	経済型	経済的な豊かさに価値を求める。
	審美型	美しいものに価値を求める。
	宗教型	人間をこえたものに価値を求める。
	権力型	他人を服従させることに価値を求める。
	社会型	社会福祉や奉仕などに価値を求める。
ユング (1875～1961，スイス) 心理的な傾向から，内向型か外向型かに加え，精神の機能を四つ(思考・感情・感覚・直観)に分類した。 右図の対角線の相手とは正反対の機能をもち，相性があわないことが多い。	内向型	控え目で，思慮深い。実行力に乏しいが，我慢強い。
	外向型	陽気で独立心が強いが，あきっぽい。社交的である。
	思考 ものごとを論理的に捉える 直観 そのものから別のひらめきを思いつく	感覚 ものごとをそのまま感じ取る 感情 自分の好き嫌いでものごとを判断する

⇧シュプランガーとユングによる性格の分類 このような分類は類型論とよばれ，大まかに人をとらえ，全体像をつかむことができる。

私にとっての私，あなたにとっての私

はるか▷私は先日，さくらに「寂しがりだよね」といわれたの。自分では思ったことがなくて，ちょっと驚いた。

高橋先生▷そんな時は「ジョハリの窓」を活用して，他人に自分のことを聞いてみると，新しい発見があるかもしれないね。

ユウト▷確かに「自分」には，自分も他人もわかっている自分，他人が知らない自分，他人しか気づいていない自分，そして，自分も他人も気づいていない自分という面があるね。

さくら▷自分も他人も気づいていない自分って，なんだかおもしろそう。もしかしたら将来，その部分が花開くかもしれないよ。

ダイチ▷今，知っている自分がすべてではないんだ。

高橋先生▷そう，自分の可能性を信じるのも大事なことだよ。

Q p.23の**WORK2**❶❷であげた内容は，ジョハリの窓だとどこに位置づけられるか，下の図に書きこんでみよう。

		自分 わかっている	自分 わかっていない
友人	わかっている	**開放の窓** 自分も他人もわかっている自分	**盲点の窓** 他人しか気づいていない自分
友人	わかっていない	**秘密の窓** 他人が知らない自分	**未知の窓** 自分も他人も気づいていない自分

自分について指摘してもらったり，自己開示を進めたりすると……

		自分 わかっている	自分 わかっていない
友人	わかっている		
友人	わかっていない		

「開放の窓」が広がる！

⇧ジョハリの窓 自分も他人も知っている「開放の窓」に基づくコミュニケーションが最も自然体で，楽である。コミュニケーションを通して自分を知り，また自分を知ってもらうことで「開放の窓」を大きくしていくことができる。

 →p.276

WORK 1 私はどんな人？

ことばにすることで，改めて自分自身がどんな人間か，考えることができる。そこから新たな希望や夢が生まれるかもしれない。時間を決めて，できる限りたくさん書き出してみよう。

❶今の自分を考え，「私は…です」と書き出してみよう。
❷今の自分を考え，「私は…ができます」と書き出してみよう。
❸未来の自分を考え，「私は…になります」と書き出してみよう。

❶私は ……………… です
❷私は ……………… ができます
❸私は ……………… になります

WORK 2 私を前向きにとらえよう

私たち人間は，誰もが不完全な存在である。友人の協力を得ながら，自分の長所も短所も含め，前向きにとらえられるようになろう。きっと，自分の可能性に気づくことができるだろう。

❶自分の長所，短所を書き出してみよう。
❷友人に自分の長所をあげてもらおう。
❸❷も参考にしながら，❶であげた短所を長所にいいかえてみよう。
（例：「おしゃべり」→「明るい」，「優柔不断」→「慎重」）

❶自分の長所	❶自分の短所
❷友人から見た自分の長所	❸短所を長所にいいかえる

WORK 3 自分の「やり抜く力」はどのくらい？

項　目	あてはまらない↔あてはまる				
1．新しいアイデアやプロジェクトが出てくると，ついそちらに気をとられてしまう。	5	4	3	2	1
2．私は挫折してもめげない。簡単にはあきらめない。	1	2	3	4	5
3．目標を設定しても，すぐ別の目標に乗りかえることが多い。	5	4	3	2	1
4．私は努力家だ。	1	2	3	4	5
5．達成まで何か月もかかることに，ずっと集中して取り組むことがなかなかできない。	5	4	3	2	1
6．一度始めたことは，必ずやりとげる。	1	2	3	4	5
7．興味の対象が毎年のように変わる。	5	4	3	2	1
8．私は勤勉だ。絶対にあきらめない。	1	2	3	4	5
9．アイデアやプロジェクトに夢中になっても，すぐに興味を失ってしまったことがある。	5	4	3	2	1
10．貴重な課題を克服するために，挫折を乗りこえた経験がある。	1	2	3	4	5

（アンジェラ＝ダックワース：著，神崎朗子：訳『やり抜く力』ダイヤモンド社）

❶1～10の項目について，自分がどのくらいあてはまるか選び，自分の点数を出そう。
❷奇数項目だけの点数を合計しよう。
❸偶数項目だけの点数を合計しよう。

これは，自分の「やり抜く力」をはかる「グリット・スケール」というテストである。「やり抜く力」は「情熱」と「粘り強さ」からなるとされ，❷の合計は「情熱」，❸の合計は「粘り強さ」を意味する。

注意しなければいけないのは，ここではかることができるのは，「今の自分を自分自身でどう思っているか」ということだ。別の機会に同じテストをやってみてほしい。異なる結果が出るかもしれない。

ふりかえり

- □ 人のさまざまな個性，性格をタイプ分けするものとして，シュプランガーやユングの分類がある。
- □ 自分も他人も知っている自分，自分だけが知っている自分，他人だけが知っている自分，未知の自分がある。
- □ グリット・スケールのようなテストを活用することは，自分を知り，さらに自分を伸ばしていくための手助けとなる。

SOS ▶子供のSOS相談窓口（文部科学省）☎0120-0-78310
調べる ▶自己分析にも役立つ性格診断（カリクル）

私たちが生きる社会

青年期に生きる私たちは，さまざまなことを考え，悩みながら「自分」を確立しようとしている。そのような私たちが生きる社会は，どのような特徴をもっているのだろうか。私たちは社会とどのようにかかわっていけばよいのだろうか。先哲のことばもふまえながら考えよう。

大衆社会　私たちは「誰でもない誰か」

街を歩く多くの人々

解説 **他者のなかに生きる私たち**　近代社会は，大量生産，大量消費の時代をもたらした。これにより私たちの生活は便利で豊かになった一方で，内面的な責任感や倫理観を失わせ，社会や人々の考えに左右される受動的な人間を生み出したともいわれている。

リースマン(1909～2002)

現代人は他人を基準にしている。

■アメリカの社会学者。主著『孤独な群衆』

伝統指向型	中世封建社会を典型とする伝統社会で支配的な類型。個人の主体的意識は乏しく，伝統や，家族などの血縁集団の権威に同調する。
内部指向型	流動的で開放的な近代資本主義社会に見られる類型。みずからの意思で判断し，良心に従い，主体的・自律的に行動する。
他人指向型	20世紀の大衆社会に支配的な類型。自己の無力感と漠然とした不安から，他人の意向に絶えず気を配り，同調する。

リースマンの類型

リースマンは人間の行動パターンを三つに分類し，**大衆社会**に生きる現代人は，主体性をなくし他人の行動を基準とする「**他人指向型**」であると述べた。私たちは，明確な自己をもてずに「誰でもない誰か」として，他者のなかに生きることを求めているのかもしれない。

管理社会　歯車としての人間

映画「モダン・タイムス」(1936年製作・アメリカ)　映画俳優のチャップリンは，発展する資本主義社会において，人間が機械の歯車のようになった姿を風刺をこめて表現した。

ウェーバー(1864～1920) ➡p.57

私たちの社会は，官僚制(ビューロクラシー)のなかに置かれている。

■ドイツの社会学者・経済学者。主著『職業としての政治』『職業としての学問』

アドルノ(1903～69)

近代の啓蒙的理性が，ナチスのような野蛮をつくり出した。

■ドイツの思想家。主著『啓蒙の弁証法』(ホルクハイマーとの共著)

フロム(1900～80)

人々は自由から逃走した。

■ドイツの思想家。主著『自由からの逃走』

解説 **自由を求め，自由を手放す**　現代社会では，官庁や企業，学校などの組織が，規則によって人々を管理し，統治するシステムをとっている。ウェーバーはこれを**官僚制(ビューロクラシー)**とよんだ。官僚制では合理的な組織運営が重視され，人間は組織の歯車のような存在になりやすいとされる。また，フランクフルト学派のアドルノやフロムは，自由を手に入れた近代の人間が，自由という重荷から逃れ，みずから権威に服従しようとする**権威主義的パーソナリティ**をもつようになったと述べている。私たちは自由であるように見えて，実は気がつかないうちに支配されているのかもしれない。そして，自由は束縛からの解放であると同時に，孤独であり不安なものでもある。現代において私たちは「自由」なのか，改めて考えてみる必要がある。

対話的理性 民主主義の基盤

⬆授業で話しあう高校生

ハーバーマス(1929～)

コミュニケーションによって公共圏をつくらなければならない。

■ドイツの思想家。主著『公共性の構造転換』

解説 **対話を通して公共性を形成** フランクフルト学派に属するハーバーマスは，近代の政治的・経済的なシステムが私たちの生活を支配しようとしていることに危機を感じ，**対話**(コミュニケーション)を通して合意形成をはかることで，公共性を形成すべきだと主張した。私たちに求められているのは，民主主義(➡p.56)の基盤となる，討議によって合意を形づくっていく対話的理性なのである。

文化相対主義 文化に優劣はない ➡p.27

⬆インドネシアからの留学生と一緒に料理をする高校生(香川県)

レヴィ-ストロース(1908～2009)

西洋社会と「未開」社会の間に文化の優劣はない。

■フランスの文化人類学者。主著『野生の思考』

解説 **栽培の思考と野生の思考** レヴィ-ストロースは，ブラジル奥地の先住民社会を調査し，先住民社会は西洋のように科学化された思考(栽培の思考)はもっていないが，論理的な思考(野生の思考)はもっていると述べ，西洋中心の文明観を批判した。

私たちはともすれば，自分たちがほかよりも優(すぐ)れているという**自民族中心主義(エスノセントリズム)**(➡p.26)に陥るが，実際にはそれに優劣をつけることはできない。多様な価値観が共存する現代社会で，レヴィ-ストロースの思想から学ぶものは大きい。

Topic 私たちは権力にとらわれている？

フーコーは，絶対的な真理を否定し，真理は時の権力によって都合のよいようにつくられるものだと主張した。また，ベンサム(➡p.38)が考案した監獄「パノプティコン」に，人々を抑圧する権力のしくみを見いだした。フーコーによれば，監獄や学校，病院などは，監視者の視線を意識させることによって，人々が自発的に権力に従うようにさせる構造をもっている。権力が人々の生活に内面化され，私たちは無意識のうちに権力に抑圧されているのである。

フーコー(1926～84)

権力が真理をつくるのだ。

■フランスの思想家。主著『狂気の歴史』『監獄の誕生』

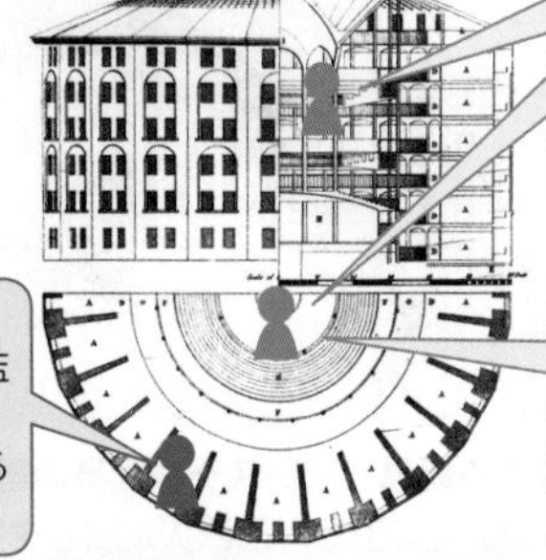
囚人(しゅうじん)は，監視されていない時も監視されていることを前提にふるまうようになる
監視者
いつでも囚人にわからないように監視できる。
独房の囚人
暗い所にいる監視者は見えず，監視されているかわからない。
監視塔
光のあたらない監視塔から囚人を監視できる。

⬆**監獄「パノプティコン」** パノプティコンでは監視者がすべての囚人を見ることができるが，囚人は監視者の動きを見ることができない。囚人は監視者が見ていない時でも「見られている」という感覚になり，監視者に従うようになる。

26 多様な人々とのかかわり

課題▶多様な人々とともに生きる社会では，どのような考え方が必要なのだろうか。

クローズアップ ありのままの自分を求めて

井手上 漠（いでがみ ばく） 2003年生まれ。島根県出身。中学3年の時に「少年の主張全国大会」で自分の悩みと生き方への強い思いを綴った「カラフル」を発表し，全国2位の成績をおさめた。2018年には「ジュノン・スーパーボーイ・コンテスト」でDDセルフプロデュース賞を受賞し，現在はさまざまなメディアで活動している。

自分が多数派／少数派だと感じることはあるかな。

カラフル　井手上 漠

昔から女の子のする遊びが楽しくて自分に合っている気がしていました。サッカーをするよりお人形で遊ぶ方が何倍も楽しかったのです。そんな僕が「自分は人とは違う。変わっている」と気がついたのは小学校高学年の頃でした。

……そのときの僕はありのままの自分ではいられなかったのです。楽しくはなくてもできるだけ男子と関わろうとしてみました。無理をするのは思っていたよりも何倍も何倍も苦しかったです。色のない，白黒の毎日でした。

そんな僕を認めてくれたのは母でした。

母は言いました。

「漠は漠のままでいいんだよ。それが漠なんだから」と。

……母が味方でいてくれるなら僕はありのままの僕でいよう，周りの目なんて気にしない，自分らしくいよう，母のためにも楽しく生きようと強く強く思いました。

……もし今，ありのままの自分を認めることができず，悩んでいる人がいたら僕は伝えたい。あなたはこの世界にいなければならない人だということを。

世の中にはいろいろな人がいます。自分と同じ人間は世界中のどこを探してもいません。考えることも好きなことも大切なことも一人ひとり違うのです。一人ひとりが違うからこそ，相手に興味がわき，もっと知りたいと思ったり，愛しく思えたりするのではないでしょうか。

雨上がりの空にかかる虹が美しいようにさまざまな色が輝き，調和すればこの世界はもっと美しくなると思うのです。一人ひとりが自分を自由に表現できる世界。

そんなカラフルな世界を一緒に作っていきましょう。

1 多様性を阻むもの～偏見

多様な人々との共生を阻む考え方として，差別や偏見がある。

異文化の摩擦と共生

西欧人がいろいろな形で中東に対して関心を持ったけれど，それは中東の現実とは違って，西欧人が勝手に決めつけたものでしかない。たとえば『アラビアン・ナイト』などに代表されるような世界が，西欧では好奇心の対象にされてしまうとか，オリエントに対する植民地的な関心があるがゆえに，オリエントを従属的に描くとか，また，極端に性的なイメージで描くといったことがあります。……

サイードは，こうした西欧におけるオリエントに対するさまざまな言語を分析して，それを西欧から見たオリエントに対する偏見として位置づけました。

（青木保『異文化理解』岩波書店）

解説 **異文化に対する偏見**　パレスチナ出身の思想家エドワード＝サイード（1935～2003）は，西欧人が関心をもった中東に，自分たちの文化的な優位性を示すため，勝手にイメージを押しつけて描く偏見を**オリエンタリズム**とよんだ。このようにオリエンタリズムは自民族中心主義（エスノセントリズム）(➡p.25)に関連する。日本のアジア諸地域に対する描き方にも，同じような問題はないか考えてみよう。

ステレオタイプ

ある時，さまざまな国の乗客を乗せた大型客船が沈没し，船長は乗客たちに速やかに船から脱出して海に飛びこむように指示しなければならなかった。

以下の①～⑤のことばは，どの国の人に伝えたものだろうか。

アメリカ　イギリス　イタリア　ドイツ　日本

①飛びこむのがこの船の規則となっています
②飛びこめばあなたは紳士ですよ
③飛びこめばあなたは英雄ですよ
④飛びこめば女性にもてますよ
⑤みんな飛びこんでますよ

（早坂隆『世界の日本人ジョーク集』中央公論新社をもとに作成）

解説 **柔軟に考えよう**　型にはまった行動や思考様式を**ステレオタイプ**という。世界の人々をステレオタイプにそって類型化することで，理解しやすくすることはよくおこなわれる。

しかし，ステレオタイプにとらわれすぎると，差別や偏見につながることもある。外国の映画などで描かれる日本人は，しばしばステレオタイプを誇張して描かれており，私たちが違和感を感じることも少なくない。また，逆に私たちが外国を理解しようとする時に，「○○人だから」と先入観をもって見てしまうことはないだろうか。ステレオタイプにとらわれず，さまざまな面からとらえることが大切である。

ダイバーシティ　ダイバーシティとは「多様性」を意味する。年齢，性別，人種，宗教，趣味嗜好など，多様な人々が集まりそれぞれの視点を生かすことで，同質的な組織では得られないアイデアやひらめきが期待できる。

2 性の多様性 →p.80，252

一般的に性は「男」と「女」の２つに分けて考えがちですが，これは生まれつきの「体の性」（戸籍上の性）で決められています。しかし，性には「体の性」の他に，自分自身が感じる「心の性」，恋愛の対象の「好きになる性」，自分の性をどのように表現したいかという「性別表現」の４つの要素で考えてみることができます。

「体の性」と「心の性」は必ずしも同じとは限りません。また，「好きになる性」も異性だけとは限りません。そして，「心の性」「好きになる性」は男と女に明確に分けられるものではなく，その男女の間はグラデーションであり，境界はありません。また，言葉づかいやファッションなど，自分の性をどのように表現したいかという「性別表現」も人によって違います。100人いれば100通りの性のあり方があり，人それぞれさまざまなのです。

体の性	男	女
心の性	男	女
好きになる性	男	女
性別表現	男	女

（NPO「SHIP」広報誌「性の多様性を認め，自分らしく生きられるために」）

解説 **性はグラデーション**　同性を好きになる人や，自分自身の性別に違和感がある人を性的少数者（マイノリティ）といい，**LGBT**※ともよばれる。しかし，これは人を「男」と「女」だけに二分類し，「異性を愛するのが普通である」「女らしさ／男らしさ」などと考えている人から見て少数というだけで，特別な存在ではない。

※女性の同性愛者（Lesbian：レズビアン），男性の同性愛者（Gay：ゲイ），両性愛者（Bisexual：バイセクシャル），出生時に割り当てられた性別と自認する性別が異なる人（Transgender：トランスジェンダー）の頭文字をとったことば。

3 障害の多様性

東京パラリンピックの陸上競技（2021年）　パラリンピックは，オリンピック終了後に同じ場所で開催される，障害のあるアスリートが出場するスポーツの祭典である。さまざまな障害がありながらも身体能力を発揮する姿は多くの人に感動と勇気を与える。一方で，出場できる「障害者」は限られた人々であり，かえって分断を生むのではないかという意見もある。

解説 **障害は個性か**　一口に障害といっても，その内容はさまざまであり，一人ひとりの違いとしてとらえ，障害を特別視しないで受け止めることが重要である。その意味で障害を「個性の一つ」とする意見もあるが，一般的には，個性は生活上の支障になるようなものではない。「障害は個性」という考えが，適切な支援の妨げになってはいけない。

4 文化相対主義と多文化主義

コスプレを楽しむムスリムの女性たち（マレーシア）　イスラームの教義にのっとって肌の露出を避けているが，そのなかでも好きなキャラクターになりきり，おしゃれやかわいさを楽しんでいる。

解説 **多様性への理解**　私たちから見たら不自由に思われる慣習や文化も，当事者にはそうではないのかもしれない。文化には違いはあっても優劣はないとする考え方は，**文化相対主義**とよばれる。オリエンタリズムに見られる偏見や，自民族中心主義による差別に陥らないようにしなければならない。

たがいの文化や価値観などの多様性を尊重し，共存することをめざす**多文化主義（マルチカルチュラリズム）**の考え方を理解することも重要である。

Topic 注文をまちがえる料理店

「注文をまちがえる料理店」は，認知症の状態にある高齢者などがホールスタッフをつとめるイベント型のレストランである。その症状から注文や配膳を間違えることもあるが，スタッフもお客さんも「まちがえちゃったけど，まあ，いいか」と楽しんでもらいたいという気持ちから企画された。

ソーシャルインクルージョン（社会的包摂）とは，すべての人々を孤独や孤立，排除や摩擦から援護し，社会の構成員としてつつみ支えあうという理念である。多様な人々とかかわりあう社会では，間違いや失敗も許しあい，違いを受け入れる寛容な姿勢が一つの鍵といえるだろう。

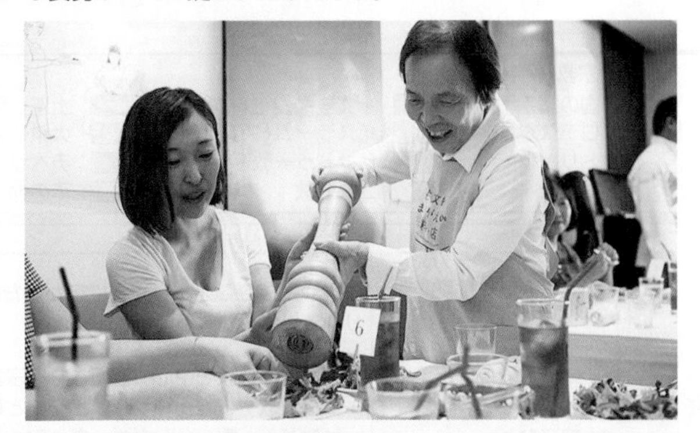

レストランで働くスタッフ（右）とサポートするお客さん（左）　イベントは期間限定で全国各地で開催された。

確認▶人々にはどのような面で多様性が見られるか，資料からあげよう。
活用▶多様な人々とともに生きる時に必要な姿勢について，具体的な体験からふり返ってみよう。

宗教とのかかわり

課題▶世界にはどのような宗教があり，それぞれの宗教にはどのような特徴があるのだろうか。

クローズアップ

さまざまな信仰をもつ人への配慮

⇧**羽田空港に設けられた祈祷室**　ムスリム(イスラームの信徒)は，定められた時刻の礼拝が規定されているため，落ち着いて礼拝できる環境が整っていることが望ましい。祈祷室は宗教や宗派を問わず利用でき，礼拝前に体を清めるための洗浄施設も設置されている。

⇧**ハラルメニューを提供する大学食堂**　「ハラル」とは，イスラームの教義上「許されていること」の総称。ムスリムは豚肉やアルコールをとることが禁止されていたり，ヒンドゥー教徒は牛肉を食べなかったりと，宗教や宗派により食事の規定が異なる。

　宗教が規定する食事や服装，日常生活のおこないには，日本での日常生活と異なるものも少なくない。グローバル化により，外国人観光客(➡p.218)や外国人労働者(➡p.161)が増える現在，空港や駅，飲食店などでは，異なる文化をもつ人と，ともに暮らすためのさまざまな工夫が見られる。

街のなかで，さまざまな宗教の信者に配慮した場所や工夫をさがしてみよう。

1 世界の宗教

※一人が複数の宗教にかかわっていることもある。

世界の宗教分布

多数派の宗教

中国の諸宗教	イスラーム(シーア派)	上座仏教
プロテスタント	イスラーム(スンナ派)	大乗仏教
カトリック	ヒンドゥー教	チベット仏教
東方正教	ユダヤ教	その他

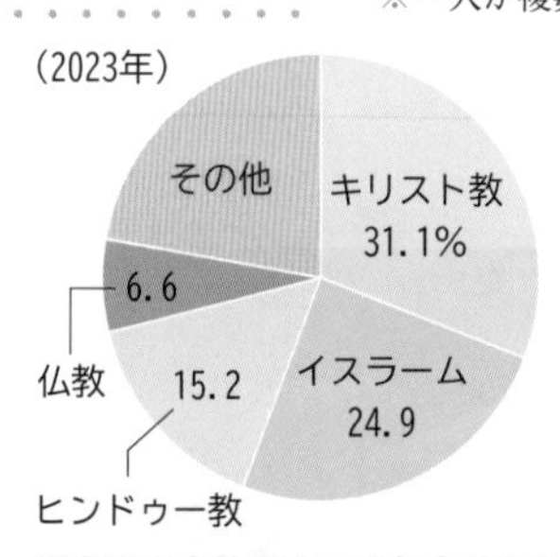

⇧**世界の宗教別人口の割合**(『世界国勢図会』2023/24年版)

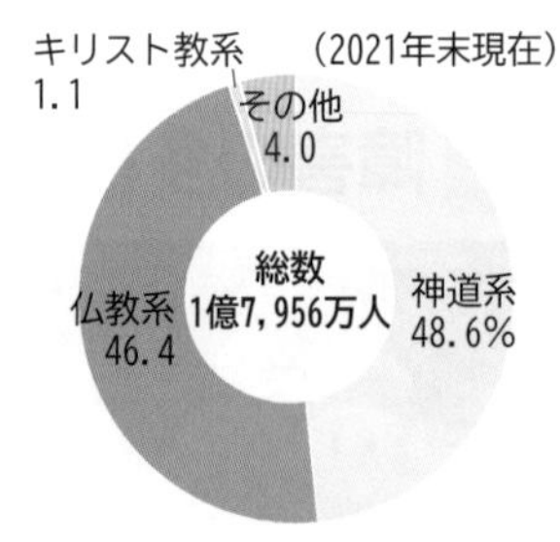

⇧**日本の宗教別人口の割合**(文化庁資料)

解説　**民族をこえた宗教**　宗教を人生のよりどころとしたり，宗教から生きる力や勇気を与えられたりしている人は多い。なかでも，国境をこえて多くの人に信仰されているキリスト教・イスラーム・仏教は，**三大世界宗教**といわれる。

　日本では宗教を意識する機会は少ないと感じる人もいるかもしれない。しかし，宗教を背景とする年中行事(➡p.35)や習慣は多く，生活にとけこんでいるともいえる。

世界宗教	キリスト教 イスラーム 仏教	国境や民族をこえ，世界中に広がった宗教。どこでも，誰にでも通ずる普遍的な教えをもち，簡単なおこないなど，わかりやすい特徴をもっている。
民族宗教	ユダヤ教 ヒンドゥー教 神道など	ある民族・部族を中心に信仰される宗教。 ・**ユダヤ教**……唯一神ヤハウェを神とし，選民思想やメシア(救世主)信仰などを特色とする。『旧約聖書』が聖典である。 ・**ヒンドゥー教**……シヴァ，ヴィシュヌなどの神を信仰する多神教で，おもにインドで信仰されている。
原初信仰	アニミズム(➡p.32) シャーマニズムなど	自然や精霊を崇拝し，憑依や呪術などをともなうことが多い。一般に創始者や教典はない。

プラスα

アッラー　イスラームもキリスト教もユダヤ教から派生し，同じ唯一の神を信仰する兄弟宗教である。アラビア語では，ユダヤ教徒もキリスト教徒の神を「アッラー」とよぶ。

2 三大世界宗教

■キリスト教　聖典：『旧約聖書』『新約聖書』

イエス（前４頃～30頃）

人にしてもらいたいと思うことを人にしなさい。

※キリストとは，ギリシャ語で救世主のこと。ヘブライ語では救世主をメシアという。

解説 **無償で無差別な神の愛を説く宗教**　**イエス**は，当時のユダヤ教の形式化した律法主義を批判し，**神の愛**（**アガペー**）を説いた。みずからをユダヤ人の「王」，「神の子」であるとした罪で裁判にかけられ，十字架の刑に処せられた。この時，イエスの死をもって人類の原罪がつぐなわれたと考えられている。

⬆**復活祭**　十字架の刑に処されたイエスは3日後に復活したとされており，その復活を祝う祭り。卵にカラフルな色や絵を描いたイースター・エッグがつくられる。

⬆**聖墳墓教会**（イスラエル）　ユダヤ教・キリスト教・イスラームの三つの宗教の聖地エルサレム（➡p.148）にあり，イエスが処刑されたといわれる場所に建っている。

■イスラーム　聖典：『クルアーン（コーラン）』

ムハンマド（570頃～632）

※預言者ムハンマドの偶像化と偶像崇拝は禁止されている。

アッラーの前では，ムスリムは，すべて平等である。

六信	神（アッラー）・天使・聖典・預言者・来世・天命	
五行	信仰告白（シャハーダ）	「神のほかに神はなし。ムハンマドは神の使徒なり」と唱えること。
	礼拝（サラート）	１日に５回，決まった時間に聖地メッカに向かって祈ること。
	喜捨（ザカート）	めぐまれない人を助けるために支払う，所得に応じた救貧税。
	断食（サウム）	ラマダーン月（イスラーム暦９月）の１か月間，日中の飲食を断つ。
	巡礼（ハッジ）	一生に一度は聖地であるメッカに参り，儀礼を体験する。

⬆**六信・五行**　イスラームでは，ムスリムが日常生活でおこなうべきことも規定している。**六信**は信仰すべき六つの対象をさし，**五行**は宗教的な義務である。

解説 **唯一神「アッラー」を信仰する宗教**　唯一絶対の神「**アッラー**」が最後の預言者**ムハンマド**を通じて人々に伝えたことばをまとめた『**クルアーン**（**コーラン**）』を聖典とする。

すべてのムスリムが神の前において平等であるとされ，聖職者はいない。このような思想は，国籍や民族に関係なく全人類を対象にするもので，世界宗教に発展した要因と考えられる。

断食中こそ宴

ラマダーン中は昼食がないので，日没後の食事がメインとなる。ラマダーン中は昼間の断食との対比において，食の楽しみが際立つ。……食事は通常よりも豪華なもので，普段あまり食されないものが出されることもある。そしてひとびとは週末だけでなく，連日のように招き招かれる。……断食後の食事は，彼らにとって大きな楽しみとなる。つまりfast（断食）あらばこそ，fest（宴）が強調されるのだ。家族や親族が大勢集まり，豪華な食卓を囲む「宴会」は，半日の断食の苦しみを吹き飛ばす。（大川真由子：著，渡邊欣雄：編『世界の宴会』勉誠出版）

■仏教　聖典：仏典（『スッタニパータ』など）

ゴータマ＝シッダッタ（ゴータマ＝ブッダ）（前463頃～前383頃）

「人生はなぜ苦痛なのか」「そこから抜け出すにはどうしたらいいのか」その答えを見つけなければ。

解説 **苦からの解脱を説く宗教**　**ゴータマ**は，苦しみの原因は物事や人に執着することであると考え，すべてのものは移りゆくものであることを悟れば，心の安らぎが得られると説いた。また，自分も他者も苦しみに陥らないようにするために，**慈悲**の重要性を説いた。

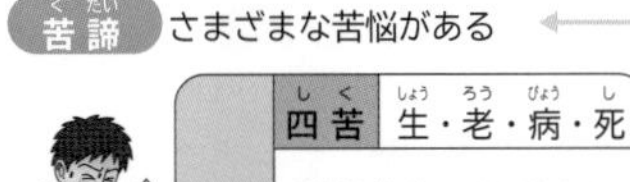

苦諦　さまざまな苦悩がある
集諦　誰にでも煩悩がある
病気の原因
四苦　生・老・病・死
八苦　愛別離苦　怨憎会苦　求不得苦　五蘊盛苦
病気の症状
道諦　八正道（中道）を実践する
正見　正しい人生観をもつこと
正思　正しい考え方をすること
正語　正しく語ること
正業　おこないを正しくすること
正命　衣食住の生活を正しくすること
正精進　正しい努力をすること
正念　正しい心をもつこと
正定　正しい精神統一をすること
滅諦　悟りを得る＝解脱
病気の治療
病気の回復
…四諦　ゴータマが説いた四つの真理。病気の治療にたとえて説明されるようになった。

⬆**四諦と八正道**　ゴータマは四諦とよばれる四つの真理を説き，苦しみを正しく理解して正しい道（**八正道**）を実践することで，解脱できるとした。

キリスト教の「**愛**」と仏教の「**慈悲**」はどう違うんですか？

キリスト教は，神の愛（アガペー）とまわりの人を愛すること（隣人愛）を大切にしているよ。アガペーは，どのような人にも注がれる無償・無差別の愛なんだ。また，仏教における慈悲とは，生きとし生けるものの不幸を取り去り，幸福を与えることをさすんだ。他者への思いやりという点では，どちらにも共通の思想が流れているんだよ。

確認▶三大世界宗教の開祖と聖典，基本的な考え方をまとめよう。
活用▶異なる信仰をもつ人々が安心して生活できるために必要なことを話しあってみよう。

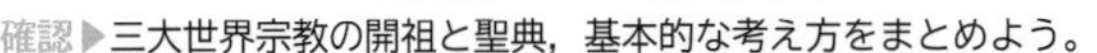

30 伝統文化とのかかわり

課題▶私たちの生活に伝統文化はどのようにかかわっているのだろうか。

クローズアップ 伝統文化を継承する高校生

自分の学校や地域の活動で，伝統文化を生かしたものはないか調べてみよう。

日本には，長い歴史のなかで受けつがれてきたさまざまな伝統文化がある。全国の高校でも，現代文化と融合させたり現代の情勢をふまえたりしながら，部活動などで伝統文化に取り組む生徒は少なくない。なかには新しい発想で伝統文化を発展させるなど，高校生ならではの生き生きとした取り組みが注目されている。

⇧地域の伝統文化である大島紬の泥染め体験をおこなった高校生（鹿児島県立奄美高等学校家政科）　製作した作品は高校生が企画・運営するレストランのテーブルクロスやコースターとして使用し，大島紬のPRに役立てる。

⇧新型コロナウイルス感染症対策をとりながらお茶をたてる高校生（横浜市立横浜商業高等学校茶道部）　茶道室に入る前の手洗いや消毒などを徹底するだけでなく，お干菓子を個包装のままいただくなど，従来の作法をふまえながら所作を工夫している。伝統的な茶道の基本である「思いやりの精神」を再確認しての活動となっている。

⇨弓道の大会に向けて練習する高校生（千葉県立津田沼高等学校弓道部）　古くから狩猟の道具として用いられていた弓矢が，武士の心身鍛錬の技術として発達した。現在でも弓道は多くの学校の部活動などで取り入れられている。

1 日本の文化と西洋の文化

■しかり方で見る文化の違い

「人前で恥ずかしいことをするな」
よしなさい 人が見てるよ！
「騒ぐことはいけないことだ」
静かにしなさい！

⇧電車のなかで子どもがうるさくしていたら……　「罪の文化」をもつ西洋人は，「公共の乗り物でうるさくしてはいけない」と理屈抜きにしかる。一方，「恥の文化」をもつ日本人は，「人が見ているからおとなしくしなさい」というしかり方をする傾向がある。

解説 **罪の文化と恥の文化**　アメリカの人類学者ルース=ベネディクト（1887～1948）は，第二次世界大戦の敵国である日本の文化を研究し，西洋文化がキリスト教（➡p.29）の原罪意識に基づく「**罪の文化**」であるのに対し，日本は和を重んじ，他人から非難を受ける行為を避けようとする「**恥の文化**」であると述べた。

■建築の違いで見る文化の違い

壁で仕切られた西洋建築

襖や障子をはずせば隣の部屋と一体化する日本建築

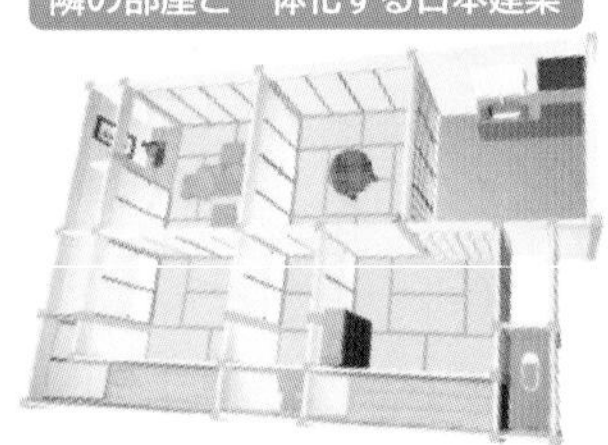

解説 **壁の文化と障子の文化**　重厚なレンガや石を積み重ねていく西洋建築に対して，日本では細長い木材を組みあわせて骨組みをつくる。西洋建築では，部屋の用途をはっきり決め，壁で仕切っていく。一方，高温多湿な日本は，風通しをよくするために，いつでも取り払える襖や障子で仕切るので，状況に応じて多目的に使用できる部屋となる。

これらの建築は，目的意識がはっきりしており，思考を段階的に着実に積み上げていく西洋文化と，柔軟に「組み立て組み替え」をおこなう日本文化をそれぞれ象徴しているともいえる。

プラスα **祝いごとになぜ赤飯をたくか**　赤飯の由来は諸説あるが，赤が火や太陽をあらわす縁起のいい色であるからという説や，縄文時代に中国から伝わった赤みをおびた米の色を引きついだという説がある。現在の赤飯は，小豆をまぜて赤色にしている。

用語解説 恥の文化，対抗文化→p.276

2 日本人の意識構造と人間関係

Q このようなことを感じた経験はないか，ふり返ってみよう。

ウチとソト	「甘え」の構造	ホンネとタテマエ	タテ社会の人間関係
日本人には，家族や友達などのウチと他人であるソトを区別する意識が強い。この意識が極端になると，ウチしか見えなくなり，ソトを無視するか，排斥するようになる。電車内で見かける迷惑な大声での会話は，ソトを無視する典型である。	日本人には，身内に対する「甘え」が顕著である。しかし，身内に対する「甘え」も他人に対する隔たりも，無遠慮な態度である点では同じである。精神科医の土居健郎は，著書『甘えの構造』で，これを「人を人と思わない態度」と述べた。	集団の規制力が強い日本社会では，会議などの公的な場ではホンネを隠してタテマエを語り，みんなが同調する。そして，会議が終わってから仲間どうしで「実は…」とホンネをいいあうといった光景が見られる。	企業の賃金体系や学校での部活動など，日本社会のいたるところに見られる年功序列はこの例である。その反対に同じ年齢，同僚との間ではヨコ並び意識がある。

解説 **若い世代にも影響を与える意識**　青年期(→p.18)はおとなに反抗し，若者文化は生活文化や伝統を否定する**対抗文化(カウンター・カルチャー)**として強調されることも多い。しかし，青年自身の内にある価値観や生き方のなかには，日本の伝統文化がさまざまな形で影響を与えていることも多い。

3 伝統文化の現在

日本の伝統文化も，現代文化やグローバル化の影響などを受けて変化している。

■現代文化との融合

←新作歌舞伎「風の谷のナウシカ」　伝統的な歌舞伎の演出を用いながら，現代の人気アニメの原作がもつ壮大な世界観を表現して人気を集めた。

解説 **現代文化を受けて変化する伝統文化**　伝統文化は，過去のものを守り続ける一方で，その時々の時代や世相を取り入れて発展してきた。それぞれの時代に価値があるからこそ，伝統として受けつがれてきたのである。

■国際化の影響

↑横綱白鵬関の土俵入り(東京都・明治神宮)　白鵬関はモンゴル出身の力士で，2021年に引退した。横綱の土俵入りは，柏手を打ち，四股を踏んで，「天長地久(天地の存在は永遠であること)」を祈り邪気を払う儀式である。

解説 **グローバル化を受けて変化する伝統文化**　相撲は，本来神事であり，土俵入りや褌など，昔ながらのスタイルがさまざまな面で見られる。一方，「Sumo Wrestling」とよばれるように，相撲はスポーツとして発展を続け，外国人力士も増えている。

Topic 伝統文化遺産で町おこし

経済発展により物質的な豊かさを享受する一方で，精神的な豊かさと潤いを求めて，文化財や伝統文化に対する関心が高まっている。日本の昔ながらの建物や体験は，外国人観光客の人気も高い。そのため，各地で史跡や伝統的建造物群などを活用した「まちづくり」も活発になっている。

→倉敷美観地区の町並み(岡山県倉敷市)　倉敷は，江戸時代に物資の集散地として発展した。現在も，美観地区一帯は条例に基づき，白壁の屋敷や川沿いの柳並木など，かつての町並みが残されている。住民らによるNPOでは，美観地区の町家を再生する活動もおこなわれている。

確認▶日本の文化や意識構造の特徴を三つあげよう。

活用▶伝統文化が現在どのように発展しているか，具体的な事例を調べよう。

32 倫理 VIEW

日本の伝統的な考え方

ふだんは意識しないが，私たちの生活のなかには日本特有の意識構造が見られる(➡p.31)。歴史を通じて蓄積され，継承されてきた日本の伝統的な考え方には，どのようなものがあるのだろうか。

地理的な条件と人間の心はどう関係するのだろう？

日本の風土 和辻哲郎の風土論

その地域の風土が，そこに生きる人間のあり方に影響を与えている。モンスーン型に属する日本では，自然に対して受容的で忍従的な精神が形づくられてきた。

⬆和辻哲郎(1889～1960) 近代日本の哲学者。人間は他者との関係性のなかで生きる間柄的存在であると考え，倫理を「人間の学」と定義した。

	モンスーン型	沙(砂)漠型	牧場型
地域	南・東南・東アジア	北アフリカ，西アジア	ヨーロッパ
自然	自然は恵みをもたらすとともに脅威でもある	人を寄せつけない乾燥した土地と厳しい自然	牧草地帯に囲まれた穏やかな自然
人間のあり方，生活	自然に対して受容的で忍従的 定住生活	自然に対して戦闘的で対抗的 移動生活	合理的な精神が発達 開拓と定住

⬆**和辻哲郎の風土の類型** この考えに対しては，民族や文化のとらえ方がステレオタイプ(➡p.26)であるなどの批判があるが，風土と文化が二項対立的なものではなく，相互に影響を与えあいながらつくられていくものと示した点で，興味深い視点となっている。

日本の心 日本文化の重層性

日本の文化って何だろう？

日本は古来からの文化を残しつつ新たな文化を受け入れてきたから，いろいろな文化があるんだよ。

■日本の古代思想

アニミズム

⬇映画「もののけ姫」に登場する樹木に宿る精霊「こだま」

八百万の神ということばに示されるように，自然界のあらゆるものに神が宿っていると考えられた。

罪・穢れ

⬇禊をする人々(神奈川県)

忌み避けられる罪や穢れは，禊や祓によって取り去ることができると考えられた。禊は水で穢れを洗い落とすことである。また，祓とは供物や祝詞によって罪を払い落すこと，いわゆる「おはらい」を意味する。

清き明き心(清明心)

⬇清明心の像(京都府・上御霊神社)

他者や社会に対して嘘・偽りのない心を示す。明きとは，「赤き」でもある。古来，赤とは何も隠しごとのない純真なさまを示すものであった。その反対は黒である。

■日本の思想の流れ

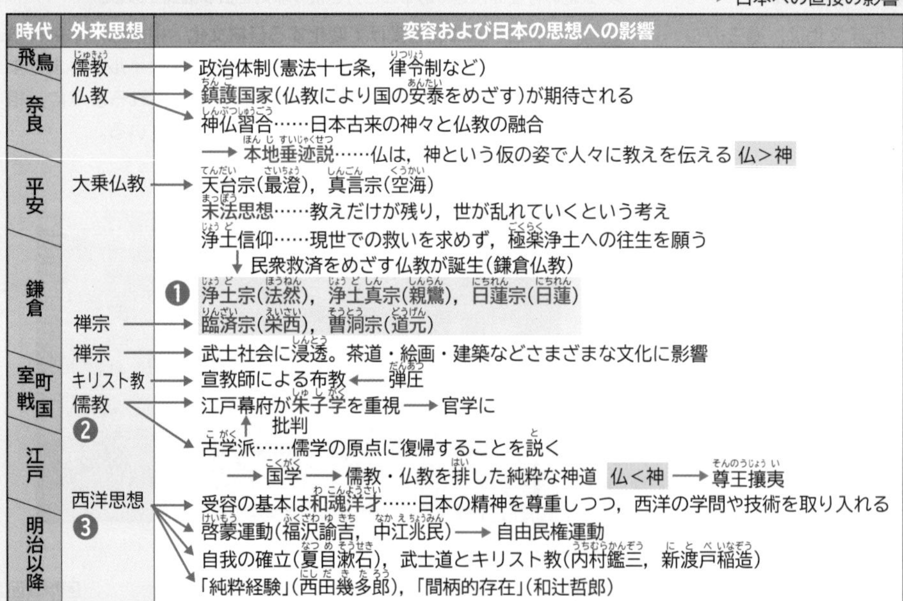

→ 日本への直接の影響

時代	外来思想	変容および日本の思想への影響
飛鳥	儒教	→ 政治体制(憲法十七条，律令制など)
奈良	仏教	→ 鎮護国家(仏教により国の安泰をめざす)が期待される
		→ 神仏習合……日本古来の神々と仏教の融合
		→ 本地垂迹説……仏は，神という仮の姿で人々に教えを伝える 仏＞神
平安	大乗仏教	→ 天台宗(最澄)，真言宗(空海)
		末法思想……教えだけが残り，世が乱れていくという考え
		浄土信仰……現世での救いを求めず，極楽浄土への往生を願う
		↓ 民衆救済をめざす仏教が誕生(鎌倉仏教)
鎌倉		❶ 浄土宗(法然)，浄土真宗(親鸞)，日蓮宗(日蓮)
	禅宗	→ 臨済宗(栄西)，曹洞宗(道元)
室町戦国	禅宗	→ 武士社会に浸透。茶道・絵画・建築などさまざまな文化に影響
	キリスト教	→ 宣教師による布教 ← 弾圧
江戸	儒教 ❷	→ 江戸幕府が朱子学を重視 → 官学に
		↑ 批判
		→ 古学派……儒学の原点に復帰することを説く
		→ 国学 → 儒教・仏教を排した純粋な神道 仏＜神 → 尊王攘夷
明治以降	西洋思想 ❸	→ 受容の基本は和魂洋才……日本の精神を尊重しつつ，西洋の学問や技術を取り入れる
		→ 啓蒙運動(福沢諭吉，中江兆民) → 自由民権運動
		→ 自我の確立(夏目漱石)，武士道とキリスト教(内村鑑三，新渡戸稲造)
		→ 「純粋経験」(西田幾多郎)，「間柄的存在」(和辻哲郎)

Q 外来思想や宗教が日本思想にどのような影響を与えたか確認しよう。

解説 **日本文化の重層性** 日本思想は，古代の**アニミズム**などの思想のうえに，外国からさまざまな宗教や文化を受容し，融合しながら形成されてきた。特に仏教は，長い歴史のなかで神道と混ざりあっている(**神仏習合**)。

❶どうすれば救われる？　鎌倉時代の仏教のひろがり

専修念仏
ひたすら「南無阿弥陀仏」と称えることで誰でも極楽浄土に往生できる。

⇧**法然**(1133～1212)　浄土宗の開祖。

絶対他力
すべては阿弥陀仏様のお力である。念仏を称えるよりも，阿弥陀仏様にすがる心をもつことが大事だ。

⇧**親鸞**(1173～1262)　浄土真宗の開祖。

坐禅
戒律を守り，坐禅を組みながら思索することが重要だ。

⇧**栄西**(1141～1215)　臨済宗の開祖。

只管打坐
ただひたすら坐禅に打ちこむことが最高の修行であり悟りなのだ。

⇧**道元**(1200～53)　曹洞宗の開祖。

現世利益
法華経こそ唯一最高の教えだ。「南無妙法蓮華経」と題目を唱えることで，この世で救われる。

⇧**日蓮**(1222～82)　日蓮宗の開祖。

解説 **民衆の不安にこたえた仏教**　平安時代まで，仏教は貴族たち特権階級のものであった。武士が台頭するなど権力が流動化していく鎌倉時代以降，仏教は民衆の不安にこたえ，どのようにすれば救われるのかを説いた。鎌倉仏教は易行(誰にでもできる修行)を特徴とし，多くの人々に浸透した。

❷どんなことを学ぶべきか？　江戸時代の学問

朱子学　朱熹の教えに基づいて儒学を学ぶ

上下定分の理
自然にも天と地とがあるように，人間にも尊卑(上下)があるのだ。

⇧**林羅山**(1583～1657)　江戸幕府に仕え，朱子学の官学化に貢献。

古学　孔子や孟子の原典から直接儒学を学ぶ

誠
孔子の仁愛の教えを根本に，いつわりのない純粋な心(誠)を心がけよ。

⇧**伊藤仁斎**(1627～1705)　古義学派の祖。

国学　日本の古典から学ぶ

もののあはれ
日本人の情緒は，美や悲しみを素直に感じる自然な心にある。純粋で素朴な日本人の真心を大切にせよ。

⇧**本居宣長**(1730～1801)　『古事記』研究などに従事し，国学を大成。

解説 **模範は中国か日本か**　江戸時代は，**朱子学**が特に重視された。朱子学は中国の朱熹(朱子)の教えに基づく儒学である。**林羅山**の上下定分の理は，江戸時代の封建制的秩序を根拠づけた。これに対して**古学**は，直接孔子(➡p.42)や孟子(➡p.43)の原典から学ぶもので，**伊藤仁斎**のほか，荻生徂徠なども知られる。こうした儒学に真っ向から反対し，日本の古典から学ぼうとしたのが，**本居宣長**によって大成された**国学**である。本居宣長は，『源氏物語』にある「もののあはれ」が文学の本質で，日本古来の情緒であると説いた。

❸西洋から何を学ぶのか？　近代の西洋思想の受容

独立自尊
独立心と数理学(実学)が日本の近代化に必要だ。人権は生まれながらに天から平等に与えられている(天賦人権論)。

⇧**福沢諭吉**(1835～1901)　日本の啓蒙思想家。主著『学問のすゝめ』

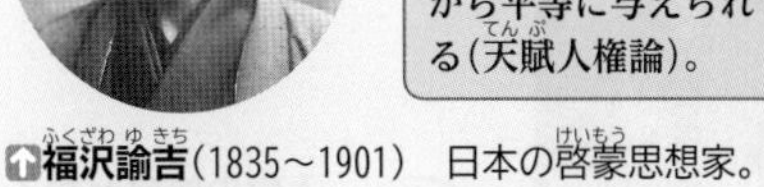

自己本位
他人を尊重しつつも自分の精神を大切にする自己本位が大切である。

⇧**夏目漱石**(1867～1916)　近代日本の作家。自我の問題を文学に描く。主著『こゝろ』など

2つのJ
私は，Jesus(イエス)とJapan(日本)という2つのJに生涯をささげる。

⇧**内村鑑三**(1861～1930)　日本の武士道の精神とキリスト教の両立を追求した。

純粋経験
主観と客観が融合している純粋経験にこそ真実がある。

⇦**西田幾多郎**(1870～1945)　近代日本の哲学者。主観と客観を区別する西洋思想に対して独自の日本哲学を確立。

解説 **近代的自我と日本**　明治期以後，西洋の近代的自我の考え方が日本に入ってきた。**福沢諭吉**は天賦人権の思想を紹介し，**夏目漱石**は文学を通して他人を尊重しつつ個人の主体性を確立する生き方を求めた。**内村鑑三**は，みずからの信仰を，日本人の道徳的規範である武士道(自分を犠牲にして主君に仕える)のうえにキリスト教をつなぎあわせたものと表現した。**西田幾多郎**は，主観と客観という二元論的な西洋哲学の枠組みにとらわれない独自の日本哲学を発展させた。

公共の扉

祭りと年中行事

課題▶祭りや年中行事は，私たちの日常生活とどのようにかかわっているのだろうか。

日本の四季と祭り

それぞれ，どのような由来があるのかな。

⬇秩父夜祭（埼玉県秩父市，12月1～6日）

写真提供：秩父観光協会

⬇弘前さくらまつり（青森県弘前市，4月下旬頃）

写真提供：弘前公園総合情報サイト

冬　春　秋　夏

⬆長崎くんち（長崎県長崎市，10月7～9日）

⬆よさこい祭り（高知県高知市，8月9～12日）

祭りは，一年を通じて日本各地でおこなわれている。本来の祭りは，神を「まつる」宗教行事で，神に豊作や健康を祈るための行事であった。しかし，現在では観光化が進み，地域活性化の役割を担う祭りも多い。また，雪まつりのように山車や神輿を使用しない祭り，「文化祭」などのような人が多く集まるイベントなど，祭りのさす意味あいは多様になっている。

1 日本人の一生と通過儀礼

Q 自分や身近な親族の通過儀礼で，参加したことがあるものをあげよう。

⬆宮参り　⬆七五三　⬆結婚式　⬆還暦祝い

民俗学では，日本人の一生を，通過儀礼によって上記のような階梯にわける。

解説　人生の節目となる儀式　誕生・成人・結婚・死亡などの人生の節目に際しておこなわれる儀式を，通過儀礼（イニシエーション）（➡p.19）という。現代に残るものも多い。

プラスα　バンジージャンプの起源は通過儀礼　バンジージャンプは，南太平洋にあるバヌアツのペンテコスト島でおこなわれていた「ナゴール」という通過儀礼を起源とする。バンジーとは，ゴム紐のことである。

2 日本の年中行事

Q 自分が経験したことがある年中行事について，どのようなことをしたかふり返ってみよう。

12月　1月　2月

●12月31日 大晦日
末長い幸せや長寿を祈って年越しそばを食べる。

冬至
夏至とは逆に，一年で最も日が短くなる日。現在は12月22日頃。柚子湯に入って，カボチャを食べる習慣がある。

●11月15日 七五三
子どもの成長を祝い，赤飯を食べる。

彼岸
春分の日(3月20日頃)と秋分の日(9月23日頃)があり，春分はぼたもち，秋分はおはぎをそなえて先祖を供養する。

十五夜
中秋の名月(現在は9月頃)を観賞し，収穫に感謝する。ススキを飾り，月見団子をそなえる。

盂蘭盆会(盆)
旧暦の7月13～16日(または8月)におこなわれる先祖供養の儀式。最初の夜にはむかえ火をたいて先祖の霊をあの世からむかえ，最後の夜には送り火をたいて送り出す。

むかえる
先祖の乗り物として，野菜の馬や牛を用意する地域もある。

野菜でつくった馬　精霊流し

送る
先祖の霊にささげたおそなえ物などを川や海に流す。

正月 門松などを飾って，五穀豊穣や家内安全を約束する「歳神」を家々へむかえる。

●1月1日 元日
おせち料理

数の子：子の数が多いことにちなみ，子孫繁栄を願う。
海老：「腰が曲がるまで」を意味し，長寿を願う。
黒豆：一年中「まめ」に働けますようにと無病息災を願う。
昆布巻き：「よろこぶ」にちなむ。

ハレとケ
人々の生活は，労働に従事する普段の日(**ケの日**)と，仕事を休み，祭りや祝い事をする日(**ハレの日**)があった。現在はその区別があいまいになっているが，年中行事や冠婚葬祭をハレの日として地域全体で祝う習慣は，今も各地で見られる。

●7月7日 七夕
中国の民間信仰に由来する，牽牛星(彦星)と織女星(織姫星)にちなむ行事で，笹に願いを書いた短冊を飾る。

夏越の祓い
1年の中間で折り返しにあたる6月30日に，半年の罪や穢れを祓い，残り半年の無病息災を祈願する。

節分
現在では特に立春の前日(2月3日)をさすことが多い。豆をまいて鬼を追い払う。

●3月3日 上巳(桃)の節句 ひな祭り
ひな人形を飾り，桜もちを食べる。

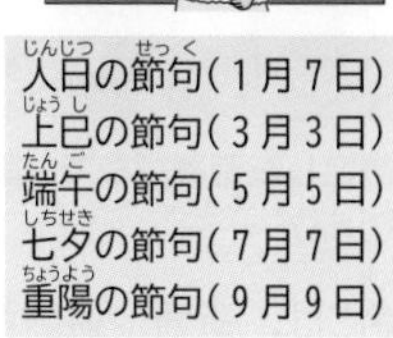

五節句
稲作の開始から収穫まで，農耕文化と深く結びついており，現在も年中行事として私たちの生活に根づいている。

人日の節句(1月7日)
上巳の節句(3月3日)
端午の節句(5月5日)
七夕の節句(7月7日)
重陽の節句(9月9日)

●5月5日 端午の節句
鯉のぼりや五月人形を飾り，かしわもちを食べる。

夏至
旧暦(太陰太陽暦)で夏の真ん中の日にあたり，一年で最も日が長くなる日。現在は6月22日頃。

11月　10月　9月　3月　4月　5月　8月　7月　6月

解説 **日本文化の重層性(➡p.32)をあらわす年中行事**　毎年同じ時期に同じやり方でおこなう伝統的な行事を，**年中行事**という。日本の農耕文化や仏教と関係が深いものも多いが，クリスマスやバレンタインなど，欧米由来のものを日本流にアレンジして，年中行事として定着したものもある。

Topic 日本のハロウィーン

ハロウィーンは，もともとは秋の収穫を祝い悪霊などを追い出す，古代ケルト人の祭りであったといわれる。アメリカでは，子どもが魔女やお化けに仮装して近所の家をまわり，お菓子などをもらうイベントとして定着している。

日本では2000年代頃から，イベントのない10月を盛り上げようと，テーマパークや菓子メーカーなどがハロウィーンイベントを企画するようになった。宗教色が薄く，若者や子どもによるコスプレ・仮装のイベントとしてアレンジされた日本独自のハロウィーンは，海外でも注目されている。

➡**オンライン配信でおこなわれた「池袋ハロウィンコスプレフェス」**(2020年)　ハロウィーンの時期にコスプレをしてパレードなどをおこなうイベントが開催されていたが，新型コロナウイルス感染症の拡大を受けて，外出はせず，インターネット上で楽しめるイベントが開催された。

確認▶年中行事について，中国由来のものと欧米由来のものをあげよう。
活用▶祭りや年中行事，通過儀礼について，興味のあるものを一つ選び，その由来を調べよう。

公共の扉

自立した主体をめざして

課題▶自立した主体になることが，なぜキャリア形成やよりよい社会の形成につながるのだろうか。

クローズアップ 災害時に私たちができること

⇧津波を想定した避難訓練で，園児と避難する高校生(和歌山県)

⇧台風で被災した家の片づけを手伝う高校生(長野県)

⇧豪雨による被災地に寄せられた支援物資の仕分け作業をおこなう高校生(岡山県)

災害時には，避難や避難所運営，被災地の片づけなど，多くの人が協力する必要があり，高校生が主体となって活躍できることもたくさんある。自分の通う高校が避難所になる場合は，校内のどこに何があるのかを案内したり，用具の運搬を手伝ったりするなど，避難所の設営にも積極的に参加しよう。「力仕事」「子どもと遊ぶ」など，自分ができることを書いて服に貼りつける「できますゼッケン」を活用するのもよいだろう。自分のできることを生かしながら，たがいに助けあうという視点をもつことが重要だ。

自分に何ができるか考える習慣を，身につけていこう。

1 生きがいをもち学び続ける

⇧**大学で学びなおしをする人々**　大学や大学院に進学する社会人や高齢者が増えている。

解説 **多様な学びの機会と社会参加**　趣味や仕事，家族や友人との交流など，人が**生きがい**を感じることはさまざまである。生きがいを求めることは，青年期だけでなく，生涯を通じての目標である。

また，変化の激しい現代社会では，主体的に学び続ける**生涯学習**を求める人も増えている。学習のなかで得た知識や考えを社会に還元することが生きがいになることもある。生きがいを求めるなかで，社会とのかかわりは欠かせない。

2 ボランティア

⇦**東京オリンピックの競技会場を清掃するボランティア**(2021年)　新型コロナウイルス感染症の影響により活動内容は限られたが，東京オリンピック・パラリンピックでも多くのボランティアが活躍した。

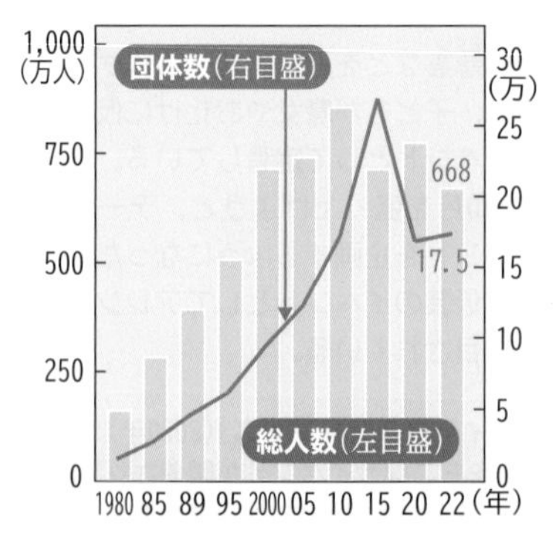

⇧**ボランティア数の推移**(全国社会福祉協議会資料)

解説 **社会に定着したボランティア**　**ボランティア**は，自発性・無償性・公共性・先駆性を理念とした奉仕活動である。日本では，1995年の阪神・淡路大震災の時に多くの人々が被災地でボランティア活動に従事し，ボランティア元年とよばれた。その後も2011年の東日本大震災や2016年の熊本地震などで，支援型のボランティア活動が各地で活躍した。

そのほかにも，障害をもつ人のサポートや外国人観光客の案内などの交流型，自然環境を守る環境保護型など，さまざまな形がある。

プラスα **学ぶことと考えること**　古代中国の思想家である孔子(➡p.42)は，『論語』のなかで「学びて思はざれば則ち罔し。思ひて学ばざれば則ち殆し」と述べ，独断や偏見を取り除くためには，学ぶことと考えることの両方が必要だと説いた。

用語解説 キャリア→p.276

3 自分のキャリアを切りひらこう

■高校がもし100人の村だったら

(法政大学　児美川孝一郎教授資料)

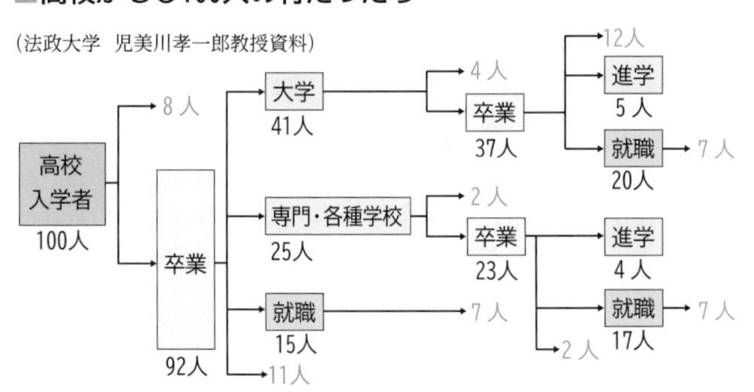

解説 **将来の選択肢は多様**　ある年の高校3年生の高校入学から卒業後の進路を100人の村に見立てると，青字で示した人数は，学校を中退したり，卒業後に就職や進学の道を選ばなかったり，会社をやめて転職したりした人である。その数は60人を占める。学校を卒業し，最初に入った会社をやめずに働き続ける人は，半分にも満たない。自分の満足のいく選択ができるよう，今のうちから考えていこう。

■高校生の進路意識 (2021年)

(全国高等学校PTA連合会資料)

将来について気がかりなことはあるか

ある	ない	将来について考えたことがない	無回答
69.6	24.0	5.3	1.0

気がかりなこと

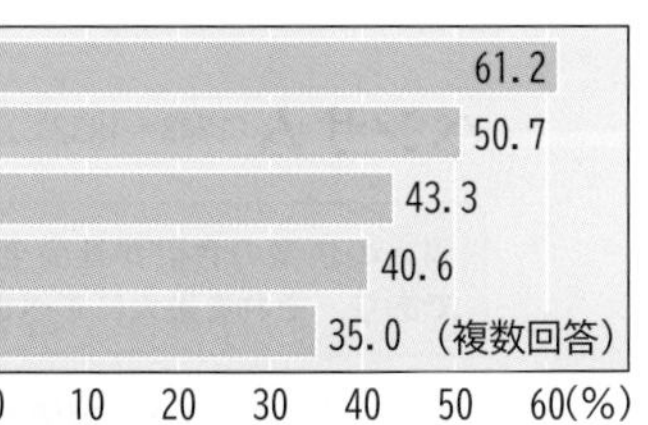

社会で働くにあたって必要と考える能力

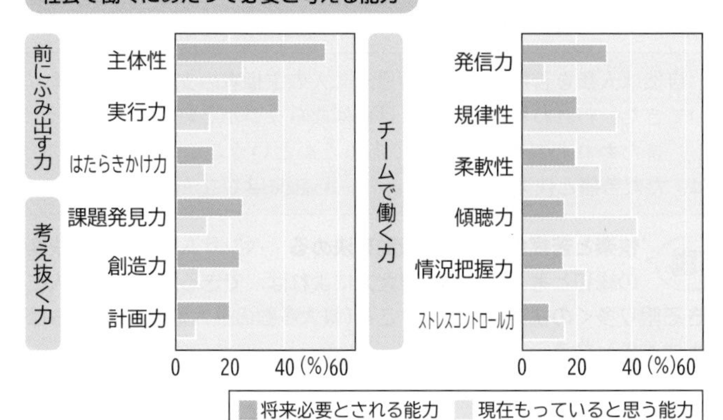

解説 **将来必要な力を身につけるために**　将来に不安をもつ高校生は多い。しかし，高校生が社会で働くにあたって必要と考える主体性，実行力，発信力などの力は，高校生活のなかでもみがいていくことができるものである。自分がどのような人間であるかを知り，目の前のことに真剣に取り組んでいくことが，将来につながる。

確認▶学校生活とキャリア開発とのかかわりについてまとめよう。
活用▶キャリアデザインの視点に立って，進路について考えよう。

4 職場体験活動(インターンシップ)

⇧警察官姿で指紋採取の鑑識活動を体験する高校生

解説 **将来を考える第一歩**　職場体験活動などのいわゆるインターンシップは，学生が企業や地方公共団体などで一定期間働く経験をするものである。職場体験活動に参加することで，進路選択の参考になり，就職後のイメージがしやすくなる。自分の将来を考える第一歩として，職場体験活動は有効なものである。高校で職場体験活動を紹介していたら，積極的に利用しよう。

Topic 高校生活を大切に

高校を卒業すると，進学にしても就職にしても，社会に向けて一歩をふみ出す。高校では，自分の将来と学習内容を直接的に結びつけるのが難しい人も多いかもしれない。しかし，高校生活には社会に出てから必要な力をみがく機会がたくさんある。たとえば，行事や清掃分担などについて，クラスのなかで意見を述べあい努力した時間は，コミュニケーション能力を培っていく。感染症の流行によって通常の学校行事ができなくなり，その対応にせまられた生徒は，課題対応能力が育成されただろう。また，部活動で目標達成に向けて仲間と練習した経験や後輩への指導は，人間関係形成や社会形成能力につながる。

失敗を恐れることはない。むしろ失敗こそが大事な経験と考えて，積極的に活動していくことが大切である。日々の活動を通して，将来の社会的・職業的自立に必要な力が身についていくことを意識してみよう。

⇧高校生活で得たものが将来にもつながる

結果から考える公正さ

課題▶正しい行為はどのように決まるのだろうか。

クローズアップ 結果から正しさを判断できる？

ここに人が逃げこんだか？
来ていません！

⇧現実の社会では，つねに同じことがよい結果をもたらすとは限らない。嘘が人を傷つけることもあるし，嘘によって人を幸せにすることもあるかもしれない。功利主義は，行動の動機や内容よりもむしろ結果を重視する。

結果に基づく倫理判断

私たちの行動の善／悪，正／不正はどのように決まるのだろうか。**功利主義**は，行動の「結果」に注目する。結果がよければ，その行為は正しいとみなされるのだ。

一見するとわかりやすい考え方だが，これに全面的に賛成できるだろうか。

やっぱり結果がすべてなのかな。

思考実験「トロッコ問題」から考えよう

あなたは線路の分岐点にいる。目の前の線路を制御不能になったトロッコが走っている。トロッコの行き先には5人の作業員が線路上で作業をしており，このまま何もしなければ，5人の作業員がトロッコにひかれて死んでしまう。しかし，あなたが分岐点で線路を切りかえれば，1人の作業員が作業をしている線路へと切りかわり，その作業員がトロッコにひかれて死ぬかわりに5人は助かる。そして，あなたは線路を切りかえる以外の手段はとれない。

あなたは線路を切りかえるだろうか。

あなた
トロッコ
5人の作業員
1人の作業員

Q 自分の選択の理由を説明しよう。また，功利主義で考えると，どちらを選択するか考えよう。

1 功利主義とは～ベンサムの思想

幸福は快楽の総和である。快楽が大きければ幸福，苦痛が大きければ不幸である。

■功利性の原理

功利性の原理とは，その利益が問題になっている人々の幸福を，増大させるように見えるか，それとも減少させるように見えるかの傾向によって，または同じことを別のことばで言いかえただけであるが，その幸福を促進するように見えるか，それともその幸福に対立するように見えるかによって，すべての行為を是認し，または否認する原理を意味する。
(『道徳および立法の諸原理序説』山下重一：訳「世界の名著38」中央公論社)

解説 **幸福を促進する行為が善である**　功利性とは「役に立つこと」を意味する。ある行為が結果として幸福を促進するのに役立つかどうかを善悪の判断基準とする考え方が，功利主義である。結果として人々の幸福が増大するなら善，減少するなら悪と判断されることになる。

ベンサム(1748～1832)

個人の快楽の合計が社会全体の幸福であり，それを最大にすべきだ。

■イギリスの哲学者・経済学者・法学者。
主著『道徳および立法の諸原理序説』

■最大多数の最大幸福

自然は人類を苦痛と快楽という，二人の主権者の支配のもとにおいてきた。われわれが何をしなければならないかということを指示し，またわれわれが何をするであろうかということを決定するのは，ただ苦痛と快楽だけである。
(『道徳および立法の諸原理序説』)

解説 **快楽と苦痛が私たちの行動を決める**　**ベンサム**は，幸福を快楽の総和と考える。この考え方によれば，できる限り多くの人にできる限り多くの快楽をもたらすこと(**最大多数の最大幸福**)を私たちはめざすべきとなる。

■快楽の計算

人に優しいことばをかけた時の快楽は？
大変だね。荷物もつよ。
ありがとう！

強度	持続性	遠近性	適用範囲
ほんの少しの快楽	いい気分で一日を送ることができた	すぐその場で気分がよくなる	相手も自分もいい気分
＋1	＋5	＋5	＋2

※表は7つの基準から4つを取り上げた。

解説 **幸福は計算できる**　ベンサムは，幸福を強度，持続性，確実性，遠近性，多産性，純粋性，適用範囲という7つの基準にのっとって計算することができると考えた。計算の結果，その数値が大きかった行為がより正しい行為なのである。

プラスα **功利主義の源流アダム=スミス**　「見えざる手」を唱えたイギリスの経済学者アダム=スミス(➡p.182)は，「公平な観察者」による共感からの公益を強調した。この思想は，行為を外からの観察によって評価する点で功利主義の源流といえる。

2 快楽には質がある～ミルの思想

J.S.ミル(1806～73)

満足した豚であるより，不満足な人間である方がよく，満足したおろか者であるより不満足なソクラテスである方がよい。

■イギリスの経済学者。主著『自由論』『功利主義論』

ある種の快楽は他の快楽に比べてより望ましくより価値があるという事実を認めることは功利性の原理と完全に両立しうる。……快楽は量によってのみ評価されなければならないとするのはおかしなことである。

私は，功利はすべての倫理的問題の究極的な判定基準であると考える。しかしそれは，進歩する存在としての人間の恒久的な利害に基礎をおく，もっとも広い意味での功利でなければならない。

(『功利主義論』川名雄一郎：訳「功利主義論集」京都大学学術出版会)

解説 **質の高い快楽を求めるべき**　ミルは，ベンサムがいうように快楽を量だけで計算できるとは考えなかった。快楽には質の高いものと質の低いものとがあるため，単純に量だけで比較することはできないとした。具体的には，動物的快楽よりも精神的で知的な快楽をより質の高いものと考えた。

ミルが精神的な快楽を重視したのは，人間は進歩する存在だと考えたからである。人間は動物とは異なる固有の快楽を求めるべきとした。

3 ベンサムとミルの考え方の違い

ベンサム(量的功利主義)		ミル(質的功利主義)
快楽を求め，苦痛を避けようとする利己的な存在	人間観	他人の幸福を願う良心をもつ利他的な存在
量的にとらえる。測定可能	快楽のとらえ方	質的にとらえる。測定不可能
外的制裁：4つの制裁 (物理，政治，道徳，宗教)	行為の規範	内的制裁：良心に従う

最大多数の最大幸福		
個人・全体の幸福の調和	理想社会	社会全体の幸福の増進
19世紀前半，資本主義社会の繁栄期	時代背景	19世紀後半，資本主義社会の弊害があらわれる

解説 **量的功利主義と質的功利主義**　ベンサムは快楽を数量的に計算できるものと考えた。計算が可能なのは，快楽に質の違いを認めないからである。それに対してミルは，快楽に質の違いがあることを認め，計算に単純化することはできないと考えた。ベンサムの立場を量的功利主義，ミルの立場を質的功利主義という。

確認▶功利主義とはどのような考え方か，説明しよう。
活用▶功利主義の利点と問題点を，実社会の具体例もふまえ考えよう。

4 功利主義と民主主義

功利主義はどんな社会をめざすのだろうか。

■ベンサムの考えた平等

すべての人は1人と数えられ，誰も1人以上には数えられない。

(ベンサム『道徳および立法の諸原理序説』山下重一：訳「世界の名著38」中央公論社)

解説 **快楽はみんな平等**　ベンサムは快楽を計算する際に，誰でも平等に1人と数えるべきだと述べている。社会にはさまざまな人間がいるが，苦痛と快楽の増減を気にしながら生きているという点で同じなのだ。私の快楽1も，政治家の快楽1も，私の大切な人の快楽1も，すべて同じと数えられなければならない。

功利主義の立場は民主主義(➡p.56)ともつながる部分がある。一人ひとりの幸福を考慮し，できる限り多くの人をできる限り幸福にするためには，できる限り多くの国民の声を反映させ，多くの国民が賛同する政策を実行しなければならないのである。

■J.S.ミルの考えた自由　➡p.66

個人の行動が本人以外の人の利益に影響を与えない場合，あるいは他人がそれを望まないかぎり，他人の利益に影響を与えない場合には，この問題を議論の対象とする理由はない……。この場合，各人はその行動をとり，その結果に対して責任を負う自由を，法的にも社会的にも完全に認められていなければならない。

(J.S.ミル『自由論』山岡洋一：訳　日経BP社)

解説 **他者危害の原則**　ミルは個人の自由を重視した。当時認められていなかった女性参政権の実現を訴えたのもミルである。ミルは，他者に危害を加えたり不利益をおよぼしたりしない限り，個人の自由は最大限尊重されるべきであるとした。これを**他者危害の原則**という。

Topic 社会で見られる功利主義

大規模な災害が起こると，多数の負傷者が出る。しかし，医療資源には必ず限界がある。そのような時，誰を助けるべきかという問題が発生する。そこで採用されるのが「トリアージ」という方法である。生命を救うためにただちに処置を必要とする患者，多少治療の時間が遅れても生命に危険のない患者，そして，残念ながら助けるには手遅れの患者……。このふり分けは，一人でも多くの生存，つまり幸福を結果としてもたらすようにという功利主義の考え方から正当化できるといわれている。

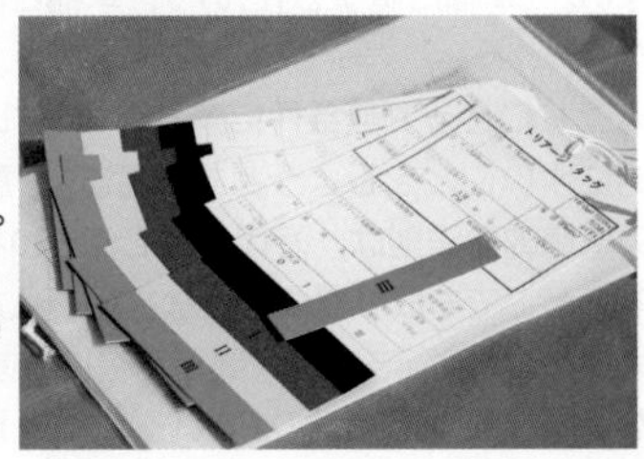

トリアージ・タッグ　災害時に複数の機関が救護活動にあたる際に使用される。患者の氏名や傷病名，トリアージ区分などを書きこみ，原則として患者の右手首につける。

動機から考える公正さ

課題▶結果以外に善悪の判断で重視することは何だろうか。

クローズアップ 不純な動機からのよい行動？

大丈夫ですか？
ありがとうございます…
たすけたら表彰されるかも？

↑「結果よければすべてよし」ということばがある。実際，社会では結果が重視されることが多い。しかし，刑事事件の裁判では動機も重視される。人間の行為を判定する時に，動機はどの程度大切なのだろうか。

動機に基づく倫理判断

功利主義(➡p.38)とは異なり，結果ではなく動機から行為の正しさを判断すべきだという考え方がある。これを**義務論**という。

結果よりも動機を重視する点で内面的だといえるが，これを社会のことに完全にあてはめることができるだろうか。

なぜその行為をおこなったのかを考えるんだね。

思考実験「最後通牒ゲーム」から考えよう

ここに１万円がある。はるかとダイチがこれを分けることになった。どのように分けるかはダイチが決める。しかし，はるかは，ダイチの決めた分け方に不満があれば拒否することができる。ただし，はるかが拒否した場合，二人とも１円ももらえないと仮定する。

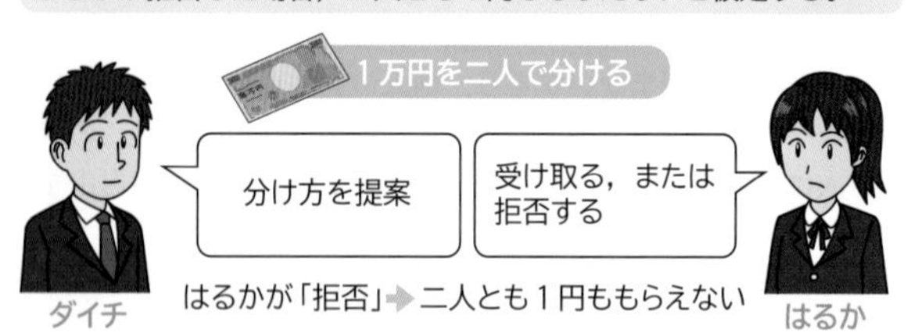

１万円を二人で分ける
分け方を提案
受け取る，または拒否する
ダイチ
はるか
はるかが「拒否」➡二人とも１円ももらえない

ダイチは「僕が9,999円，はるかさんは１円」と提案してきた。さあ，はるかはどう答えるだろうか。あなたは，どのような分配なら納得するだろうか。

9,999円
1円

←**最後通牒(つうちょう)ゲーム**　この例の場合，拒否をしたら，もらえるのは０円なのだから，１円であってももらった方が得である。また，二人全体の利益を考えれば，拒否をするのは明らかに不合理である。

しかし，本当にそれで納得できるだろうか。私たちは，結果の損得だけで動いているわけではないのだ。

1 義務論とは

Q カントの考える義務とはどのようなものだろうか。

■普遍的な道徳法則に従う

> 幸福という動機に基づく実践的法則を私は実用的……と名づけるが，幸福であるに値するということ以外の動機をもたない限りでその法則を私は道徳的(人倫法則)と名づける。前者の実用的法則は，私たちが幸福にあずかりたい時に何をなすべきかを勧告(かんこく)するが，後者の道徳法則は，ただ幸福に値するために私たちはどうふるまうべきかを命令する。（『純粋理性批判』）

解説 **結果とは別次元の道徳**　**カント**は，道徳を結果から切り離して考える。結果として幸福がもたらされることが重要なのではない。「幸福に値する」という，幸福とは別の道徳的価値があると考えた。

カントにとって無条件に善とみなされるものは，「義務に従(したが)って道徳的によいことをしようとする意志」を意味する**善意志**だけである。この道徳的な法則は，時代や国にとらわれず誰にでもあてはまり，いつでもどこでも成り立つような行動を私たちに命令する(定言命法(ていげんめいほう))。

カントは「善意志は，人間が幸福に値するためにも，欠(か)くことのできない条件をなす」と述べている。カントの義務論は，結果ではなく，意志が道徳的であるかどうかを重視するのである。

カント(1724～1804)

感嘆(かんたん)と畏敬(いけい)の念をもって心をみたす二つのものがある。わが上なる星空と，わが内なる道徳法則である。

■ドイツの哲学者。主著『純粋理性批判』『永遠平和のために』『道徳形而上学原論』

■「義務にかなった」ではなく「義務に基づいた」行為

> 行為のすべての道徳的価値の本質は，道徳法則が意志を直接的に規定することにかかっている。確かに意志の規定が道徳法則にかなっていたとしても，法則のために(行為を)意志しているのでないならば，その行為は，確かに適法性は含(ふく)むが，道徳性は含まないだろう。（『実践理性批判』）

義務にかなった行為
理由はともかく，人助けをした

義務に基づいた行為
人助けは義務だから助けた
➡道徳的

解説 **同じ行為でも異なる**　カントは，行為そのものではなく，行為にいたる人間の意志を重視する。結果的に義務(道徳法則)にかなった行為であっても，それが「義務のために」あるいは「義務から」なされた行為でなければ，道徳的ではないのである。

プラスα **時計のような人生**　カントは規則正しい生活を送ったことで知られている。毎日，決まった時間に散歩に出かけるのが日課だった。そのカントが一度だけ散歩に出るのを忘れてしまったことがあったという。それは，ルソー(➡p.18)の著作『エミール』を読みふけっていた時だった。

義務論，自由，正義→p.276

2 仮言命法と定言命法

仮言命法は何かの目的のための手段を提示する。定言命法は無条件に何をなすべきかだけを命令する。

仮言命法
成績アップ!
成績を上げたければ，勉強しなさい
→別の目的のための手段。道徳的ではない
定言命法
(勉強はするべきなのだから)勉強しなさい
→道徳的(幸福に値する)

解説 **定言命法は義務に従うことを求める良心の声**　カントは，理性が私たちに命じる命令を仮言命法と定言命法とに分けている。仮言命法は，「成績を上げたければ，勉強しなさい」のように何かの目的のためにどうすればよいかを私たちに勧告するのに対し，**定言命法**は端的に「～しなさい」と命令する。カントはこの定言命法に従った行為だけが道徳的といえるのだと主張した。

3 自律的自由

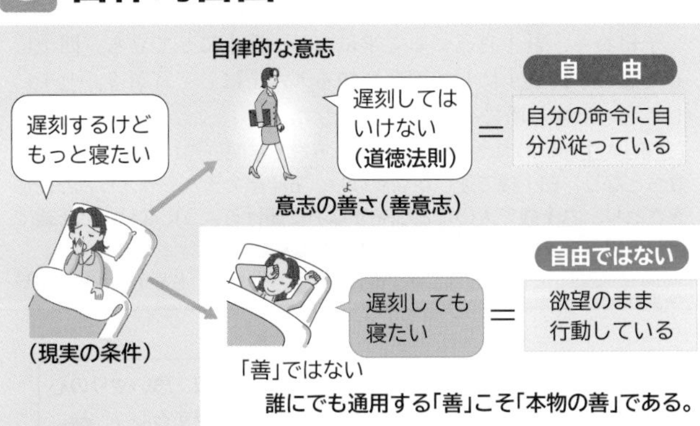

自律的な意志
遅刻するけどもっと寝たい
遅刻してはいけない(道徳法則)
=
自　由
自分の命令に自分が従っている
意志の善さ(善意志)
(現実の条件)
遅刻しても寝たい
=
自由ではない
欲望のまま行動している
「善」ではない
誰にでも通用する「善」こそ「本物の善」である。

解説 **好きなことをすることは自由ではない**　カントは，みずからの意志で道徳法則に従っていること(義務を動機として行動していること)こそが**自由**であると述べた。それは，外からの命令や何らかの目的，自分の感情などに束縛されることなく行動できているからである。カントによれば，よいことも悪いこともできるというのは自由なことではない。自由であるとは，みずから道徳的であろうとすることなのである。

4 ロールズの正義論

ロールズ(1921～2002)

人は本当に，自分がほかの人々よりも豊かな才能をもって生まれるに(道徳的に)値したと考えるだろうか。

■アメリカの思想家。主著『正義論』

第一原理：平等な自由原理	すべての人々が，他者の自由と両立できる限り，できるだけ広い範囲の基本的自由を平等にもつ。
第二原理：不平等が許される条件	①公正な機会の均等を確保したうえで生じる不平等であること。 ②不平等がない時よりあった時の方が，最も不遇な人々の立場がよりましになる場合。

↑ロールズが唱えた「公正としての正義」

解説 **無知のヴェール**　**ロールズ**はカントから影響を受け，社会的な**正義**を探究した。ロールズによれば，どのような社会をつくるかを考える際，自分がその社会でどのような立場に置かれるのかを知らない(無知のヴェール)と仮定した場合，最も不遇な人がもっともよい条件で暮らせるような社会を選ぶという。

p.40の「最後通牒ゲーム」の例でいえば，１万円を配分した時に自分がどちらをもらえるかわからないならば，均等な配分(５千円，５千円)を選ぶだろうというのがロールズの考え方である。

5 潜在能力の改善～セン

セン(1933～)

豊かな生活とは，自分がしたいことができる能力(ケイパビリティ)を実践することである。

■インド出身の経済学者。1998年，アジア人で初めてノーベル経済学賞受賞。主著『人間の安全保障』

解説 **ケイパビリティの実現**　**セン**は，「インドはなぜ貧しいのか」という疑問から経済学者になる決心をしたといわれる。飢饉の原因は食料不足だけではなく不平等にもあると指摘し，不遇な立場にある人にとっても，機会が平等にある必要性を訴えた。センは，豊かな生活とは，何かをしようとした時におこなうことができる能力(**ケイパビリティ**)を実現することであると考えた。

Topic 嘘をつくことは許される？

カントは，定言命法は無条件的で，いつでもどこでも誰にでも通用するものでなければならないと考えた。定言命法の具体例として「嘘をついてはならない」がある。定言命法だから，嘘は例外なく許されないのである。

それではp.38で考えた，人を助けるための嘘はどうだろうか。もし殺人者に追われた人が逃げこんできた時，あなたは殺人者に嘘をつかずにいられるだろうか。

哲学対話をしてみよう

哲学対話とは，自分が興味・関心のあることに問いをもつことから出発して，グループで一緒に問い，考え，話をしていくものである。

「嘘をつくことは許されるか」「自由な生き方とは」「正義とは何か」など，興味をもったことをテーマにグループで話してみよう。

自分の考えていることをしっかり話す
相手の話をよく聞き，否定しない

確認▶義務論とはどのような考え方か，説明しよう。
活用▶義務論の利点と問題点を，実社会の具体例もふまえ考えよう。

よりよく生きるために

「よく生きる」とはどのようなことだろうか。私たちは今，教育の機会に恵まれ，多くの物に囲まれた生活をしている。しかし，このような生活をすることが，「よく生きる」ということなのだろうか。人生を豊かにするとは，どのようなことなのだろうか。ここでは古代の哲学者たちのことばに耳をかたむけ，考えてみよう。

よく生きることと 学び

私たちは学校で学んでいますが，勉強することと生きることはどう関係するのですか？

よりよく生きるためには多くのことを知らなければいけないね。古代から多くの人々が，学びについて語っているよ。

ソクラテス(前469頃～前399)

■古代ギリシャのアテネで活動した哲学者。よく生きることは，真理を求めてよく考えて生きることであり，人間としてのすばらしさ(徳)を発揮して生きることであると考えた。

対話を通して，自分が何も知らないということを知るのだ。

孔子(前551頃～前479)

■古代中国の学者で，儒教の祖。政治をおこなう者が徳を身につけ，周囲の模範となって徳を周囲におよぼすことによって国を治める徳治主義を説いた。

私は15歳で学問を志した。人生全体が学びである。

■問答法

ソクラテスは**問答法**とよばれる対話によって，相手の知識のあいまいさを示し，「自分は何も知らない」ということを自覚させた。この「**無知の知**」を知ることで，初めて真理探究への道が開かれるとした。

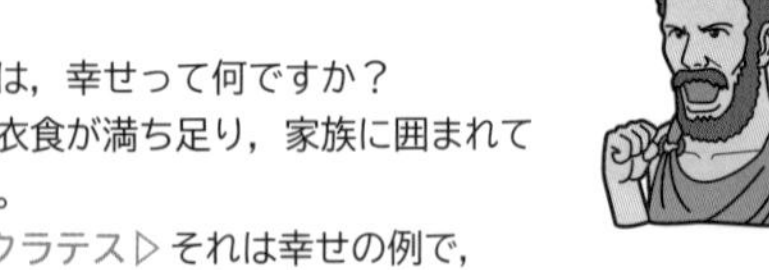

政治家▷これは，ポリスの人びとが幸せになるための政策だ！
ソクラテス▷それでは，幸せって何ですか？
政治家▷たとえば，衣食が満ち足り，家族に囲まれていることだ。
ソクラテス▷それは幸せの例で，私の質問の答えにはなっていませんよね？
政治家▷……。
ソクラテス▷幸せが何なのか，ご存じないということですか？

■汝自身を知れ

ギリシャの神殿広場の柱に刻まれたことばである。ソクラテスは，自分自身や，対話の相手にもこのことばを突きつけた。自分や人の徳のあり方を追求し，徳を高めることが大切だとした。

⬆**ソクラテスの死**(ダビッド筆，メトロポリタン美術館蔵)　ソクラテスは青年を惑わした罪で訴えられ，死刑判決が下った。脱走を勧める弟子たちに対して「ただ生きるのではなく，よく生きること」と述べて法に従う道を選び，毒杯をあおいだ。

■学問と修養

孔子は『論語』のなかで生涯が勉強であるとし，現代にも通じる成長のあり方を示した。

子曰わく，吾十有五にして学に志し，三十にして立ち，四十にして惑わず，五十にして天命を知る，六十にして耳順う，七十にして心の欲する所に従いて矩を踰えず。(為政編)

〔通釈〕先生がいわれた。「わたしは十五歳で学問に志し，三十歳で一本立ちとなり，四十歳で迷いがなくなり，五十歳で天から与えられた使命をさとり，六十歳で人のことばをすなおに聞けるようになり，七十歳で自分の思うままに行なってもゆきすぎがなくなった」

(『孔子・孟子』世界の名著3　中央公論社)

■仁と礼

孔子は，他者を思いやる仁と，その気持ちが外面にあらわれた礼を重視し，この二つをもつことで社会秩序や規範が保たれるとした。

⬅**長崎孔子廟**(長崎県長崎市)　孔子をまつった孔子廟は，江戸時代の儒教の広がり(➡p.32)により，中国だけでなく日本各地にも存在する。

ソクラテスやプラトン，アリストテレスは人間としてのすばらしさ(徳)について探求した。また，孔子や孟子は徳によって世を治めるべきだと主張した。
あなたが考える「人間としてのすばらしさ」とは何だろうか。

よく生きることと 生まれつき

人は生まれつき善悪が決まっているのかな？

やっぱりみんな最初は「よい人」なんじゃないかな？

孟子（前372頃～前289頃）

人は生まれながら「善」の素質をもっているのだから，この素質を伸ばして徳を身につけるべきだ。

荀子（前298頃～前235頃）

人が自然にもつ欲望は「悪」の性質がある。だからこそ，教育や習慣によって直していかなければいけない。

解説 **性善説と性悪説**　孟子と荀子はともに孔子の弟子で，儒家に属する。生まれながらの素質について，孟子は「善」とする**性善説**，荀子は「悪」とする**性悪説**という，正反対の立場を唱えた。

老子（生没年不詳）

※老子は歴史的実在が確認されていない謎の人物である。

「自然のまま」を大切にせよ。

荘子（前４世紀頃）

解説 **老荘思想**　老子や荘子は，礼や身分などの人為的な社会秩序を重視する儒家を批判し，**無為自然**（ものごとを自然にまかせること）を理想の生き方とした。この考え方は，老子と荘子の名をとって**老荘思想**とよばれる。老子の唱えた「道（タオ）」の思想では，あらゆる存在が「道」より生まれて「道」へと消え去っていくと考えられる。

Q 「アテネの学堂」には古代の哲学者が一堂に会した想像の場面が描かれている。次の思想家はどこにいるか調べよう。
①ソクラテス　②ピタゴラス　③ヘラクレイトス

よく生きることと 真実

アテネの学堂（ラファエロ筆，バチカン宮殿）

プラトン（前427～前347）

イデア界を意味する天を指している。

■ソクラテスの弟子。哲人政治（哲学者が君主となるか，君主が哲学する）を理想とし，真実は理想世界（イデア界）にあると考えた。

真実はイデア界にある。
イデアを求めよ。

アリストテレス（前384～前322）

手を大地（現実世界）に向けている。

■プラトンの理想主義を批判し，現実のなかに真実があると考えた。極端な行動を避け，中庸（メソテース）を心がけることで徳を身につけられると述べた。

真実は一つ一つの物のなかにある。

解説 **人間としてのあり方生き方**　私たちが選択・判断をおこなう際，行為の結果に基づくもの（➡p.38）や，行為の動機に基づくもの（➡p.40）などを学んできたが，現実には行為を選択する私たち一人ひとりがいかに生きるべきかをもとに判断していることも多い。私たちがよりよく生きるためには，考え方だけでなく，人間としてのあり方生き方についても探求することが重要である。

ゼミナール 先哲に学ぶ！考え方から悩みまで

　近代以降の西洋社会では，人間の経験や理性のはたらきを重視し，自然の法則を解明しようとする科学的な考え方があらわれてきた。これらの考え方に共通しているのは，思考を通して「知を求める」ということである。先哲の考えを通して，現代社会の課題についての考えを深めよう。

人気の理由を弁証法で考える

弁証法ってよくわからないなぁ。
じゃあ，現代社会の事柄にあてはめて考えてみよう。君たちにとって「アイドル」ってどんな存在？

それは……自分たちには手が届かない存在だと思う。
でも，最近は握手会があったりして，身近に感じられるアイドルも多いよ！

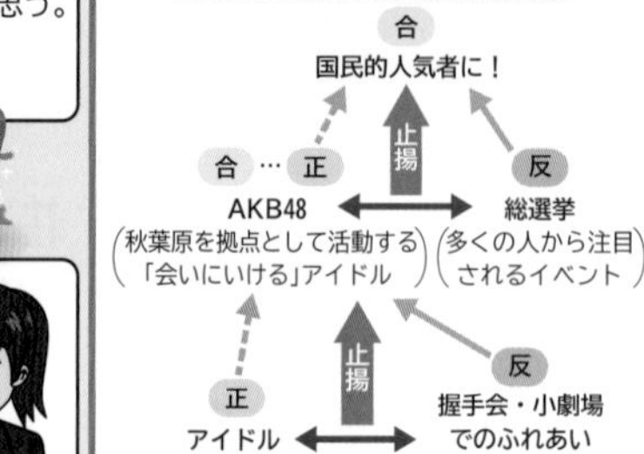

AKB48のブレイクを弁証法で考えてみると…
合
国民的人気者に！
止揚
合…正
AKB48
（秋葉原を拠点として活動する「会いにいける」アイドル）
反
総選挙
（多くの人から注目されるイベント）
止揚
正
アイドル
（手の届かない遠い存在）
反
握手会・小劇場でのふれあい
（実際にふれあえる）

遠い存在であり，かつふれあうこともできる，それが人気の秘密かもしれないね。
二つの異なる考え方から議論を深め，よりすぐれた考え方にまとめていく（止揚）方法を，弁証法というんだよ。

デカルトに聞く～確実な真理とは

はるか▷確実な真理って，いきなり難しいな……。

デカルト▷私はこのことを「われ思う，ゆえにわれあり」ということばで表現しました。

さくら▷有名なことばですね。でもこれはどういう意味ですか？

デカルト▷まず，疑うことができるものを全部疑ってみましょう。その時，「君が考えている」ということだけは疑うことができませんよね。

ユウト▷確かに，目の前に机があるのも幻ということはできますね。でも，それだったら，僕がここにいるのも夢かもしれませんよね？

デカルト▷いい質問です。でも，「ここにいるのは夢かもしれない」と君が考えている，ということは確かでしょう？

ダイチ▷そうか。「僕が今考えているのも嘘かもしれない」ということは，「嘘かもしれないと僕が考えている」ということになるんですね！

デカルト▷その通り。これを**方法的懐疑**とよびます。「われ思う，ゆえにわれあり」こそが唯一の確実な真理で，推論はここから出発しなければなりません。

ベーコンに聞く～人間の偏見

ユウト▷真理を求める考え方として，デカルトが**演繹法**を唱えたように，ベーコンは真の知を得るための方法として，**帰納法**を考えたんだね。

ベーコン▷そう，知識は経験から得ることができます。だから，個別的な事例を集めて整理することで，一般的な知識を導けるのです。

はるか▷でも，私たちは個々の事例を正しく観察できているのかな？

ベーコン▷いいところに気づきましたね。正しい観察を妨げる偏見には四種類あり，私はこれを**イドラ**とよびます。イドラを取り除いて初めて，人間は真の知を得られると考えました。

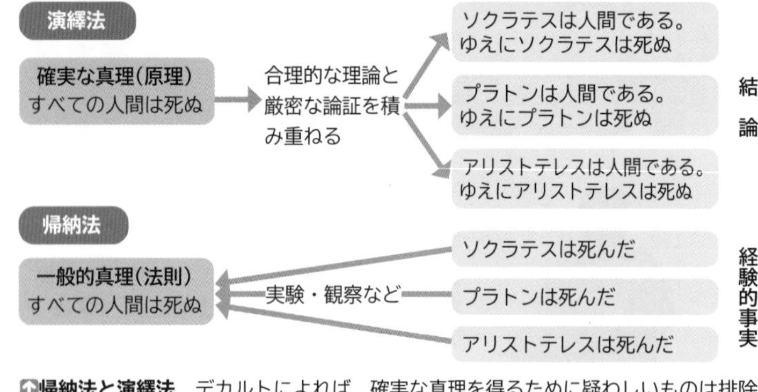

演繹法
確実な真理（原理）
すべての人間は死ぬ
合理的な理論と厳密な論証を積み重ねる
ソクラテスは人間である。ゆえにソクラテスは死ぬ
プラトンは人間である。ゆえにプラトンは死ぬ
アリストテレスは人間である。ゆえにアリストテレスは死ぬ
結論
帰納法
一般的真理（法則）
すべての人間は死ぬ
実験・観察など
ソクラテスは死んだ
プラトンは死んだ
アリストテレスは死んだ
経験的事実

帰納法と演繹法　デカルトによれば，確実な真理を得るために疑わしいものは排除しなければならない。そして，確実な真理から合理的に推論することによって個々の真理を得ることができると考えた（演繹法）。このように理性を用いて確実な真理から推論することを重視する立場を合理論とよぶ。

　それに対してベーコンは経験を重視し，正しく個別的なできごとを観察することを通して一般的な原理を導くことができると考えた（帰納法）。経験により知識が得られるとするこの立場を経験論とよぶ。

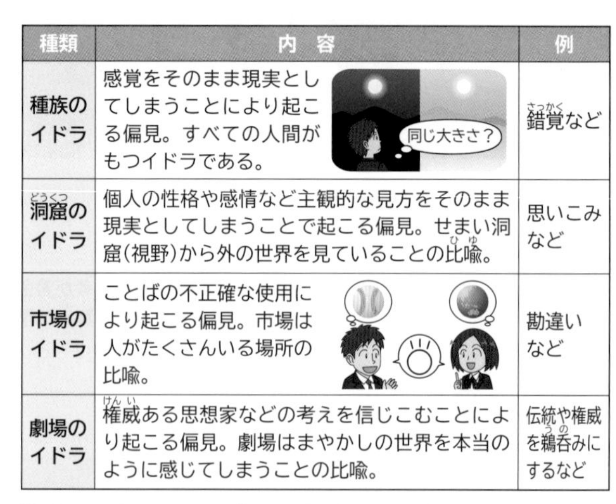

種類	内容	例
種族のイドラ	感覚をそのまま現実としてしまうことにより起こる偏見。すべての人間がもつイドラである。	錯覚など
洞窟のイドラ	個人の性格や感情など主観的な見方をそのまま現実としてしまうことで起こる偏見。せまい洞窟（視野）から外の世界を見ていることの比喩。	思いこみなど
市場のイドラ	ことばの不正確な使用により起こる偏見。市場は人がたくさんいる場所の比喩。	勘違いなど
劇場のイドラ	権威ある思想家などの考えを信じこむことにより起こる偏見。劇場はまやかしの世界を本当のように感じてしまうことの比喩。	伝統や権威を鵜呑みにするなど

同じ大きさ？

四つのイドラ　イドラ（偏見・先入観）を取り除いて初めて人間は真の知識を得ることができるとベーコンは考えた。「イドラ」はラテン語で「偶像」を意味し，「アイドル」も同じことばからきている。

相談にこたえてくれた先哲たち

デカルト(1596～1650)　フランスの思想家・数学者。主著『方法序説』

ベーコン(1561～1626)　イギリスの思想家。主著『ノヴム・オルガヌム』

ヘーゲル(1770～1831)　ドイツの哲学者。主著『精神現象学』『法の哲学』

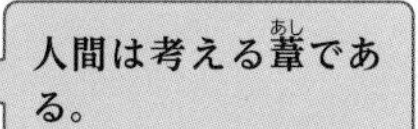

パスカル(1623～62)　フランスの哲学者・数学者・物理学者。主著『パンセ』

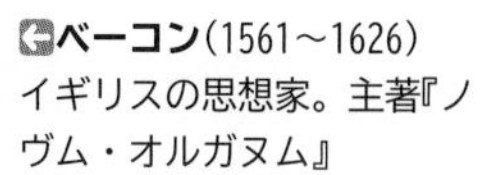

アーレント(1906～75)　ユダヤ人思想家。主著『全体主義の起源』

ヘーゲルに聞く～意見の違い

さくら▷学校生活のことも聞いていいですか？　いま文化祭の企画を考えているんですが，みんなの意見がバラバラで，まとまりません。

ヘーゲル▷意見の違いは悪いことではありません。**弁証法**という考え方を知っていますか。

ダイチ▷それは何ですか？

ヘーゲル▷二つの異なる考え方を総合してより高いレベルの結論を導く，という方法です。たとえば，生徒と教師という二つの異なるものがある時，この対立をのりこえる(止揚する)高いレベルの概念として「学び」があると考えることができます。

はるか▷どうやって高いレベルにいきつくのですか？

ヘーゲル▷弁証法の語源はギリシャ語で「**対話**」を意味します。対話・議論を通して考えを深めることで，よりよい結論が得られるのです。

ユウト▷なるほど。それでは，人と意見が違うことは悪いことではないんですね。

ヘーゲル▷そう，大切なのは，対話をくり返してよりよいものを得ようとする姿勢(しせい)です。もちろんこれは，自分自身との「対話」でもいえます。真実や知識というのは対話を通してつくられていくものなのです。

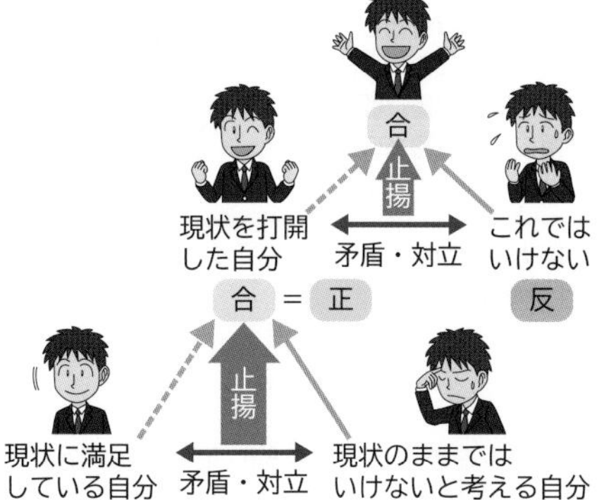

弁証法の考え方　弁証法は，正(テーゼ)と反(アンチテーゼ)という二つの概念の矛盾(むじゅん)・対立を止揚(アウフヘーベン)してより高次の結論(合)を導くという方法である。ヘーゲルはこの過程のなかで真なるものが実現していくと考えた。自分自身の成長も，この弁証法のプロセスで考えられるかもしれない。

パスカル，アーレントに聞く～考えること

ダイチ▷僕は「進路について考えろ」といわれるのが苦手で。まだ考えることができていません……。

パスカル▷その「考える」ことが大切なのです。私が述べた「**人間は考える葦である**」ということばは，人間はこの広い宇宙にくらべたら一本の葦のように弱い存在だが，考えることができる，そこに人間の尊厳(そんげん)があるということを意味しています。

ユウト▷確かに，「考える」ことは人間だからこそできることですね。

アーレント▷少し目線が変わりますが，私はナチス(➡p.62)のユダヤ人虐殺(ぎゃくさつ)で中心的な役割を果たしたアイヒマンの裁判を傍聴(ぼうちょう)してきました。アイヒマンはどんな人だったと思いますか？

さくら▷虐殺をおこなったのだから，邪悪(じゃあく)でゆがんだ心をもった人なのではないでしょうか。

アーレント▷違うんですよ。私も驚いたのですが，彼は小心者(しょうしんもの)の役人で，何も考えていなかったんです。

はるか▷何も考えずに命令に従っただけ，ということですか？

アーレント▷そうです。自分の考えをもてないために，大きな「悪」を生み出したんです。私はこれを「悪の陳腐(ちんぷ)さ」とよびました。

ダイチ▷考えることが大切なんですね。

アイヒマン裁判(1961年)　アイヒマンの指揮(しき)により強制収容所で殺されたユダヤ人は600万人にのぼるといわれる。

ふりかえり

- □ 確実な真理を得るための演繹法や帰納法とはどのような方法かまとめよう。また，その考え方を使ってみよう。
- □ 弁証法の考え方に従って，対話とはどのような意義をもつのか考えよう。
- □「みずから考えること」がなぜ重要なのか，グループで話しあおう。

⬆絶滅が危惧される動物たち

いまを読み解く

地球環境問題にどう向きあえばよいだろうか

私たちが暮らす地球では，さまざまな環境問題が起きている(➡p.236)。地球環境には国境がないため，世界規模で環境問題に取り組まなければならない。地球環境問題に対して，私たちはどのように考え，行動するべきだろうか。

課題の把握 深刻化する地球環境問題

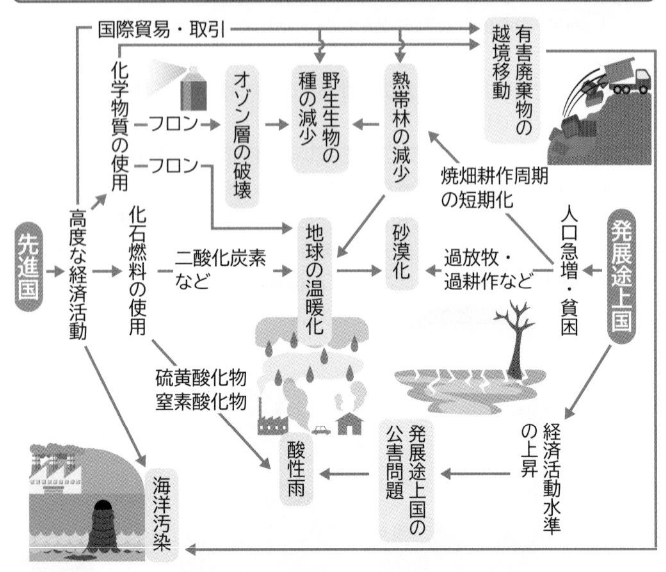

⬆**地球環境問題の相互関係**(環境省資料をもとに作成)

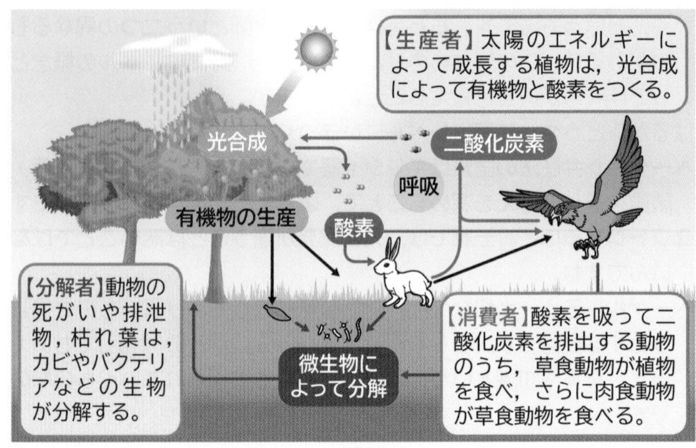

⬆**生態系のしくみ** この地球は，食物連鎖(れんさ)を通してあらゆる生命が生産者，消費者，分解者として相互にかかわりをもって存在している。このしくみを**生態系**という。レイチェル=カーソンは著書『沈黙の春』において化学物質の大量使用による生態系の破壊に警鐘(けいしょう)を鳴らした。

➡**レイチェル=カーソン**(1907～64)
アメリカの生物学者。

解説 **人間が生み出した地球環境問題** 地球環境問題の特徴は，さまざまな要因が複雑に絡(から)みあい，一つの問題に取り組むだけでなく，包括(ほうかつ)的で継続的な取り組みが求められている点にある。環境破壊の諸要因には，経済発展を最優先とし，快適な生活を求める私たちの生活様式に由来するものが多い。

地球環境問題を考えよう

選択・判断の手がかりとなる二つの考え方を活用して自分の考えをまとめ，具体的な事例や国際社会の取り組みの学習(➡p.236～241)につなげよう。

行為の結果である個人や社会全体の幸福を重視する考え方 ➡視点Ⓒ
目先の利益ばかりを追求していたら，地球環境全体や将来世代にどのような影響を与えるのだろうか。

行為の動機となる公正などの義務を重視する考え方 ➡視点Ⓐ・Ⓑ
私たちは地球環境に対して，どのような責任・義務があるのだろうか。

考える視点 A 世代間倫理

責任は力の大きさに比例する。今生きている私たちには，無力な将来世代の生活を守る責任がある。

⬆ハンス=ヨナス(1903～93)　ドイツの哲学者。

➡**地球温暖化による水と食料生産への影響**(農林水産省資料)　IPCC(気候変動に関する政府間パネル)によると，今後予想される地球温暖化の影響が最大となった場合，今世紀末には気温は最大約5℃上昇するとの予測が発表されている(➡p.240)。

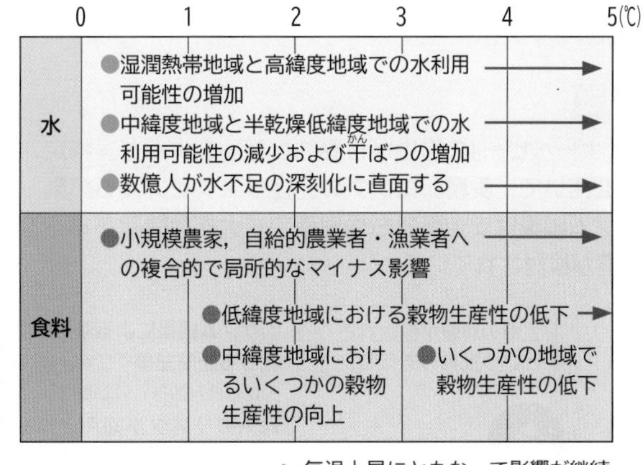
0
1
2
3
4
5(℃)
水
●湿潤熱帯地域と高緯度地域での水利用可能性の増加
●中緯度地域と半乾燥低緯度地域での水利用可能性の減少および干ばつの増加
●数億人が水不足の深刻化に直面する
食料
●小規模農家，自給的農業者・漁業者への複合的で局所的なマイナス影響
●低緯度地域における穀物生産性の低下
●中緯度地域におけるいくつかの穀物生産性の向上
●いくつかの地域で穀物生産性の低下
➡気温上昇にともなって影響が継続

解説 **未来への責任**　地球環境を守るのは，現代を生きる私たち自身のためだけではない。自分の子ども世代，孫世代，そしてその次といった，未来の世代に対して豊かな地球環境を守り伝える責任を負っている。地球温暖化(➡p.236)の原因となる石油などの化石燃料を大量に使い，大量のごみを排出する現在の私たちの生活は，将来の地球に大きな影響を与える可能性がある。将来世代のために，私たちは何ができるのだろうか。

考える視点 B 自然の権利

⬆**アマミノクロウサギが原告に**　1995年，鹿児島県奄美大島のゴルフ場開発に対する訴訟では，特別天然記念物のアマミノクロウサギなど4種の動物が原告団に名を連ねた。

当裁判所は，……原告らに原告適格を認めることはできないとの結論に達した。しかしながら……自然が人間のために存在するとの考え方をこのまま押し進めてよいのかどうかについては，深刻な環境破壊が進行している現今において，国民の英知を集めて改めて検討すべき重要な課題というべきである。原告らの提起した「自然の権利」……という観念は，人(自然人)及び法人の個人的利益の救済を念頭に置いた従来の現行法の枠組みのままで今後もよいのかどうかという極めて困難で，かつ，避けては通れない問題を我々に提起したということができる。

(「奄美自然の権利訴訟の判決文」2001年)

解説 **権利は人間がもつもの？**　私たちは権利をもっているが，権利をもつのは人間だけなのだろうか。人間の権利さえ守られれば，それですべての問題が解決するのだろうか。奄美大島のゴルフ場開発をめぐる裁判は，こうした問題を私たちに投げかけている。

結果的に，この裁判では訴えは却下された。しかし，判決文の最後で，権利主体を人間に限定し，人間のために自然があるというこれまでの考え方でよいのかという問題が提起されている。

考える視点 C 思考実験「共有地(コモンズ)の悲劇」

すべての人に開放された共有の牧草地がある。そこに羊を放牧すると，それによる利益は放牧した人のものとなる。しかし，羊が多くなりすぎると，エサとなる牧草がたりなくなる。

自分だけなら

羊が増えないように調整する。

ほかの人もいると

羊を増やしたほうが自分の利益が上がる。

自分が羊を減らしてもほかの人が羊を増やす。

牧草はなくなり，羊は生きられない。
➡社会の崩壊

解説 **自分の利益だけを求めると**　これはアメリカの生物学者ハーディンが提案した思考実験である。地球は私たちの共有地(コモンズ)と考えることができる。個人が自分たちの利益のみを求め続けると，社会全体の破滅につながってしまうのである。このたとえと同じように考えられる事例が身のまわりでないか，考えてみよう。

ふりかえり

これまで人類は科学技術を進歩させ，私たちは豊かな生活を享受してきた。しかし，私たちの知恵や技術は，現代を生きる人類のためだけに用いられるものでよいのだろうか。持続可能な社会の実現のために私たちがすべきことを，考えていかなければならない。

視点A▶私たちは将来世代に対する責任がある。
視点B▶「自然の権利」を認めることで環境保護へ向かう考え方がある。
視点C▶誰もが自分の利益だけを追求し続けると，社会全体の破滅につながってしまう。

まとめる 地球環境問題にどう向きあえばよいか，自分の考えを書こう。
発　展 具体的な事例や国際社会の取り組みをp.236～241で学習し，持続可能な社会に向けて，私たちができることを考えよう。

科学技術の発達と生命倫理

課題▶医療技術が進歩することで，どのような問題が起きてくるのだろうか。

クローズアップ ゲノム編集による双子誕生？

「デザイナーベビー」の問題

2018年，中国での「世界初のデザイナーベビー」の誕生が世界的な議論をよんだ。特定の遺伝子を編集する**ゲノム編集**技術を用いて，受精卵に病気の発症(はっしょう)リスクを抑(おさ)える編集をおこなったという。受精卵へのゲノム編集は安全面でも倫理面でも大きな問題があるとされており，国際的な規制や法整備が検討されている。

ゲノム編集で外見や能力，体質などを調整できる可能性のある「デザイナーベビー」の問題は，しっかり議論されないといけないね。

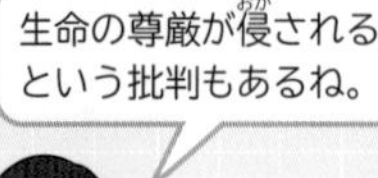
生命の尊厳が侵(おか)されるという批判もあるね。

ゲノム編集出産 世界から疑念

中国の研究者「双子が誕生」

【香港＝安藤淳】中国の南方科技大学（広東省深圳市）の賀建奎副教授は28日、香港で開催中の国際会議で、ゲノム編集という技術で改変した受精卵から世界で初めて子を誕生させたと発表した。エイズにかかった父のウイルスが子に感染しないよう遺伝子に手を加えた。生まれた双子の女児は健康だという。参加者からは安全性や倫理面の問題があるとして批判や疑問の声が出た。

香港の国際会議で講演する南方科技大の賀副教授（28日）＝共同

「治療でない」母国も非難

第2回ヒトゲノム編集国際会議で発表した。協力を得た8組のカップルのうち、1組の受精卵から生まれた。18年間、経過観察する。「他にも1人に妊娠の兆候がみられる」と明らかにした。追加の実施は見合わせる。

多くの研究者が第一に問題視したのは、計画がまったく公表されず結果が突然報じられた点だ。

受精卵のゲノム編集から出産まで
受精卵
遺伝子の一部を切断
胎内に戻す
出産

➡ゲノム編集による双子誕生を報じる新聞記事（「日本経済新聞」2018年11月29日）　編集によって病気のリスクが抑えられる一方，優(すぐ)れた人間のみを生み出そうとするなど生命の道具化につながるという批判もある。また，この技術に想定外のリスクがある可能性も否定できない。

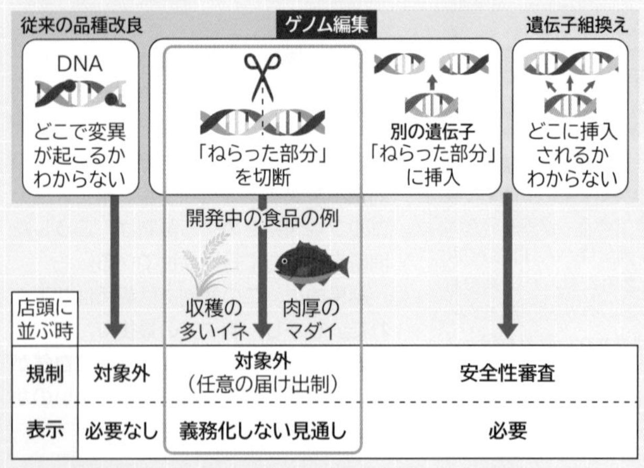

従来の品種改良
ゲノム編集
遺伝子組換え
DNA
どこで変異が起こるかわからない
「ねらった部分」を切断
別の遺伝子「ねらった部分」に挿入
どこに挿入されるかわからない
開発中の食品の例
収穫の多いイネ
肉厚のマダイ

店頭に並ぶ時	従来の品種改良	ゲノム編集（切断）	ゲノム編集（挿入）・遺伝子組換え
規制	対象外	対象外（任意の届け出制）	安全性審査
表示	必要なし	義務化しない見通し	必要

⬆遺伝情報を変える方法とルール（食品の場合）（朝日新聞社資料）　ゲノム編集には，新たに遺伝子を入れる方法と，もともとある遺伝子を切り取って壊(こわ)す方法の二種類がある。ゲノム編集食品のうち，新たな遺伝子を入れる方法の場合は，遺伝子組換え食品と同様に表示が義務づけられているが，遺伝子を切り取って壊す方法の場合は，表示は義務づけられていない。

食品や医療分野での研究は進む

ゲノム編集を用いて効率的に特定の成分を増やすなどの品種改良をおこなった「ゲノム編集食品」は，日本でもトマトやマダイなど一部の食品で販売が開始されている。また，遺伝性の病気を治(なお)すなど遺伝子治療においてもゲノム編集への期待は高い。

⬅ゲノム編集により肉厚(にくあつ)になったマダイ（上）

写真提供：京都大学 木下政人

⬆ゲノム編集によりもみの数を増やしたイネ

1 遺伝子組換え

Q ゲノム編集と遺伝子組換えはどのような点が異なるのだろうか。

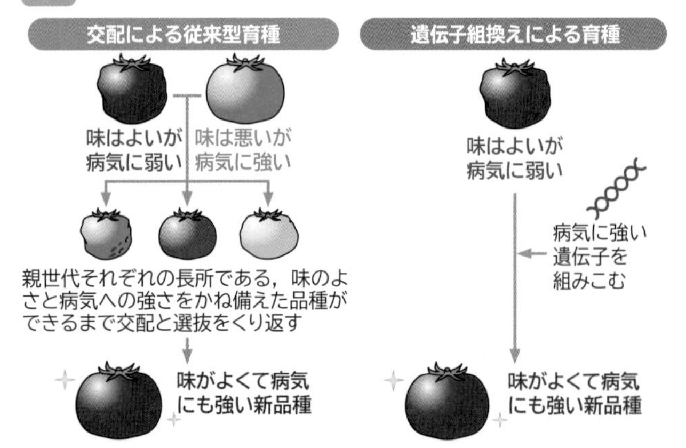

交配による従来型育種
遺伝子組換えによる育種
味はよいが病気に弱い
味は悪いが病気に強い
親世代それぞれの長所である，味のよさと病気への強さをかね備えた品種ができるまで交配と選抜をくり返す
味がよくて病気にも強い新品種
味はよいが病気に弱い
病気に強い遺伝子を組みこむ
味がよくて病気にも強い新品種

⬆品種改良と遺伝子組換えによる育種(いくしゅ)（農林水産省資料）

名　　称	納豆
原材料名	大豆（国産）（遺伝子組換えでない）、納豆菌　たれ：〔しょうゆ、砂糖、ぶどう糖果糖液糖、食塩、醸造酢、かつお節エキス、かつおエキス、昆布エキス、酒精、調味料（アミノ酸等）、酸味料、ビタミンB_1、（原材料の一部に小麦、大豆を含む）〕　練からし：〔からし、食塩、醸造酢、水飴、酸味料、着色料（うこん）、増粘多糖類、香料、ビタミンC〕
内 容 量	（納豆45g、たれ5ml、からし1g）×3

⬅遺伝子組換え食品の表示例　日本では，大豆など８品目について，遺伝子組換えをしているかどうかの表示が義務づけられている。しかし，大豆油などは，製造過程で組換え遺伝子が分解・除去(じょきょ)されるため，表示義務はない。

解説 **食料難を救う救世主？**　植物の遺伝子を操作(そうさ)し，害虫に強くしたり，栄養価を高めたりした**遺伝子組換え食品**がつくり出されている。遺伝子組換え作物はその種が本来もっていなかった特性をもつことから，人体に悪影響をおよぼす可能性も指摘されているため，食品として市場に出す前には厳しい審査がおこなわれている。

プラスα　**ヒポクラテスの誓い**　古代ギリシャの医師ヒポクラテスは，「医療は患者のためにおこなうものである。頼まれても死に導(みちび)くような薬は与えない」と誓っている。この誓いは現在でも医師の倫理としてしばしば引用される。

ゲノム編集，遺伝子組換え，再生医療，QOL，インフォームド・コンセント→p.277

2 再生医療

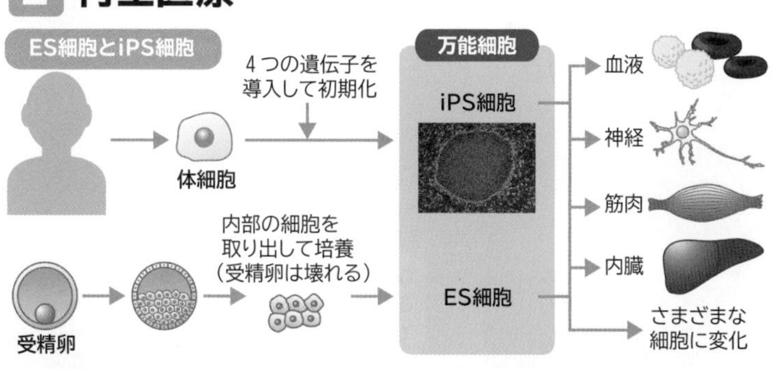

山中伸弥氏ノーベル賞
iPS細胞作成
医学生理学賞 日本人25年ぶり
「医療応用果たしたい」

➡iPS細胞の作成に成功した山中伸弥京都大学教授のノーベル賞受賞を報じる新聞記事（「毎日新聞」2012年10月9日）

	特徴	分化能	移植後の拒絶反応	倫理上の問題
ES細胞（胚性幹細胞）	受精卵から，胎児の体のもとになる細胞を取り出し，培養したもの。	全能性（どのような細胞・組織にもなれる）	あり（他人の細胞なので，拒絶反応の危険性がある）	多い（受精卵を使ってつくることで，本来生まれるはずの命が失われることになる）
iPS細胞（人工多能性幹細胞）	体から取り出した細胞に特定の遺伝子を人工的に組みこみ，育成したもの。	多能性（さまざまな細胞になれるが種類は限定）	ほぼなし（本人の細胞を培養して臓器をつくるので，拒絶反応はほぼない）	少ない（今後研究が発展し，生殖細胞まで分化することが可能になれば，問題が発生する）

解説 **再生医療の未来**　**再生医療**とは，病気やけがにより失われた体のはたらきを再生することをめざした医療技術である。さまざまな種類の組織や臓器を形成する能力をもつES細胞やiPS細胞などの**万能細胞**の研究が進み，再生医療への活用が注目されている。

ES細胞（胚性幹細胞）は，受精卵の初期段階の胚を壊してつくるため，倫理的な問題が指摘された。その後，不妊治療で生じる破棄予定の受精卵を患者の同意を得て用いることで，ES細胞が移植医療に活用されている。**iPS細胞（人工多能性幹細胞）**は，ヒトの体細胞に特定の遺伝子を導入して育成するため，倫理的な問題はない。しかし，培養の過程でガン化する危険性が指摘されている。

それぞれ課題もあるが，これまで手立てがなかった病気やけがの治療に道を開くものとして，実用化への研究が進められている。

3 QOLとSOL

QOL（Quality of Life：人間らしい人生の質）	生命があるということだけでなく，質の高い人生を送れるようにすることが大切である。
SOL（Sanctity of Life：生命の尊厳・神聖さ）	生命とは神聖なものであり，尊厳をもつ。それゆえ，生命があるということそれ自体に価値がある。

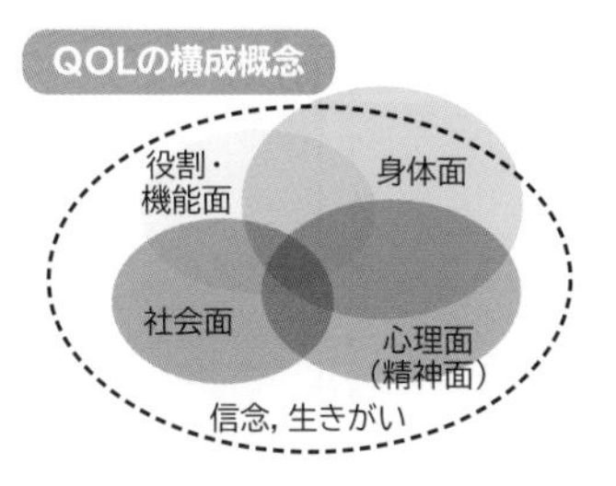

解説 **質の高い人生を**　これまで，医療の使命は生命を長らえさせることだと考えられてきた。この考え方を**SOL**（生命の尊厳・神聖さ）という。今日では，それに加えて**QOL**（人間らしい人生の質）が重視されるようになっている。QOLは，身体的な側面だけでなく，心理的・社会的な側面など，さまざまな要素が複合的に関係している。また，QOLには，個々人の人生観や信念などが基盤にあることも忘れてはならない。

4 インフォームド・コンセント

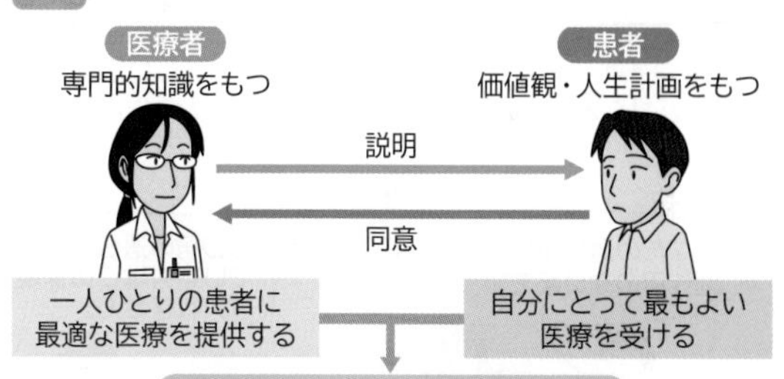

解説 **患者の自律**　今日では，医師が患者に病状や治療方針について説明し，患者が同意したり，場合によってはみずから治療法を選択できたりする**インフォームド・コンセント**が重視されている。背景にあるのは，人が自律的に生きられるようにするべきだという思想である。

Topic 映画「ガタカ」が描く近未来～遺伝子ですべてが決まる？

映画「ガタカ」は，遺伝子操作によってすぐれた知能や体力，外見をもった「適正者」と，自然な出産で誕生した「不適正者」との間で社会的差別が存在する世界を描いている。

「不適正者」として生まれた主人公ヴィンセントの夢は，宇宙飛行士になること。しかしそれは，「適正者」にしか許されない職業であった。ヴィンセントは努力を積み重ね，差別を乗りこえようとする。人生は生まれた時にすべてが決まっているのか，意思や努力によって道は開かれるのか，人間のあり方についても考えさせられる映画である。

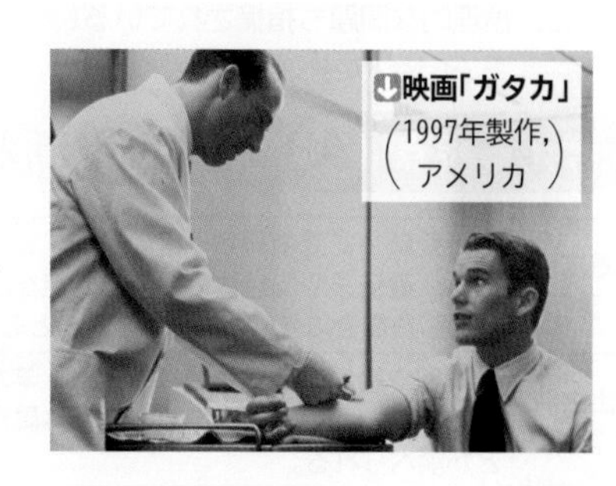

⬇映画「ガタカ」（1997年製作，アメリカ）

確認▶QOLとSOLの違いをあげよう。
活用▶ゲノム編集を人間に応用する場合，どのような問題があるか説明しよう。

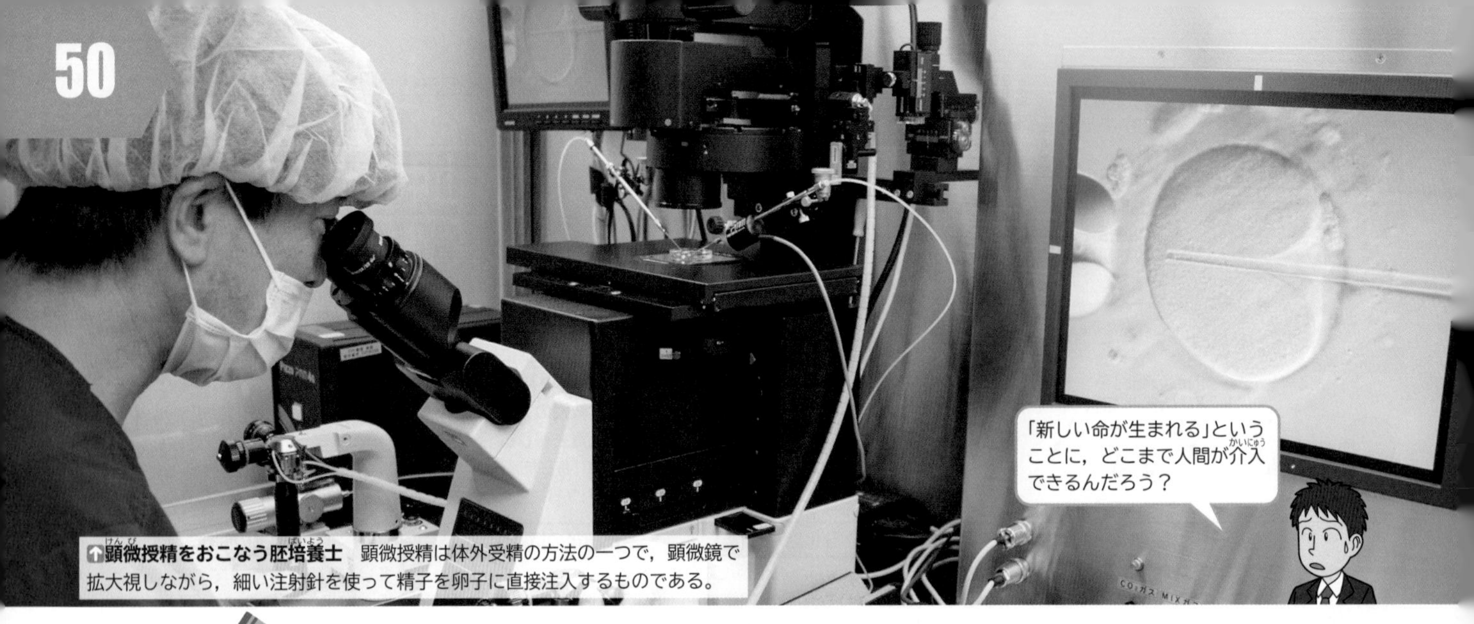

「新しい命が生まれる」ということに，どこまで人間が介入できるんだろう？

顕微授精をおこなう胚培養士　顕微授精は体外受精の方法の一つで，顕微鏡で拡大視しながら，細い注射針を使って精子を卵子に直接注入するものである。

いまを読み解く

私たちは命とどう向きあうか(1)「生」

私たちはみな，生まれて死ぬ。この間，「命」は私たちにとって空気のような存在である。しかし，医療技術の発達により生命の誕生と死のあり方は大きく変化し，そこには倫理的な問題も起きている。まずは「誕生」について考えよう。

課題の把握　進化する生殖医療

ヒトゲノムの完全解読

ヒトゲノム…染色体に含まれるDNA(デオキシリボ核酸)として存在している。ここに，1つの個体がもつすべての遺伝子情報が盛りこまれている。

解読によりわかること・期待されること

- 遺伝子がかかわる病気の原因解明や治療法の開発
- 発生・分化・老化など，基本的な生命現象のしくみと新しい治療法の開発
- 人の歩んできた歴史

遺伝子研究が進むと…

あなたの遺伝子にぴったりの副作用のない薬をつくりました。

○○病の遺伝子をもっている方はこの保険には入れません。

解説　**遺伝子研究が進むと**　ヒトの遺伝子の総体であるヒトゲノムの解析が2003年に完了した。今後，遺伝子を原因とする病気の早期発見などが期待されている。一方，ゲノム編集によって生命そのものに人間が介入すること，遺伝情報が差別などの原因となる可能性など，倫理的な問題も指摘されている(➡p.48)。

人工授精と体外受精

人工授精	排卵期に人工的に子宮内に精子を注入して受精させる方法。
体外受精	卵子と精子を取り出して体外で受精をおこない，受精卵を子宮内に戻して着床させる方法。

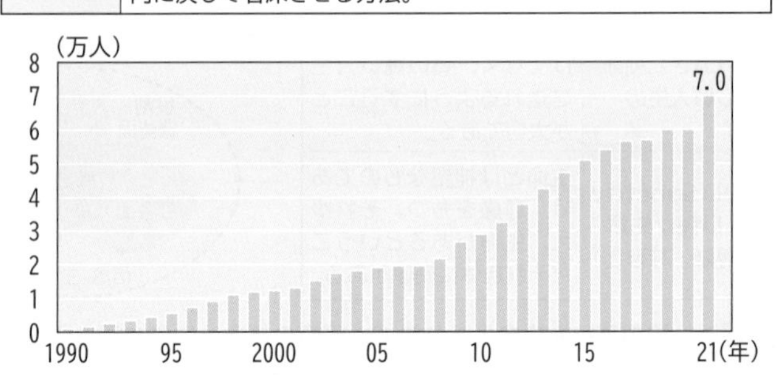

体外受精で生まれた子どもの数の推移(日本産科婦人科学会資料)

解説　**体外受精児の増加**　多くの生命は，両性の性行為によって子どもがつくられるという形で命をつないできた。しかし，現在は生殖技術の発達により，**人工授精**や**体外受精**によって誕生する子どもも増加している。日本でも，体外受精により出生した子どもは7.0万人と，11.6人に1人が体外受精児となっている(2021年)。

考える視点 A　着床前診断と出生前診断

着床前診断	体外受精した受精卵が子宮に着床する前に，その細胞を採取し，遺伝子や染色体の異常の有無を調べること。異常が判明した場合に受精卵を排除することも可能となる。
出生前診断	受精卵や胎児の異常を調べること。羊水検査，超音波検査などいくつかの種類がある。染色体異常や先天性の病気などが調べられる。

解説　**生まれる前に生まれる子を知る**　**着床前診断**は，重い遺伝病の可能性がある場合などに限り認められている。また，妊婦の血液などから胎児の状態を調べる**出生前診断**が実施されている。いずれも，診断の結果によって子どもを「産む・産まない」と決めることは，生命に優劣をつけて選別することになり，差別といえるのではないかという批判がある。実施には丁寧なカウンセリングなど，医療体制の充実が求められる。

考える視点 B 代理出産

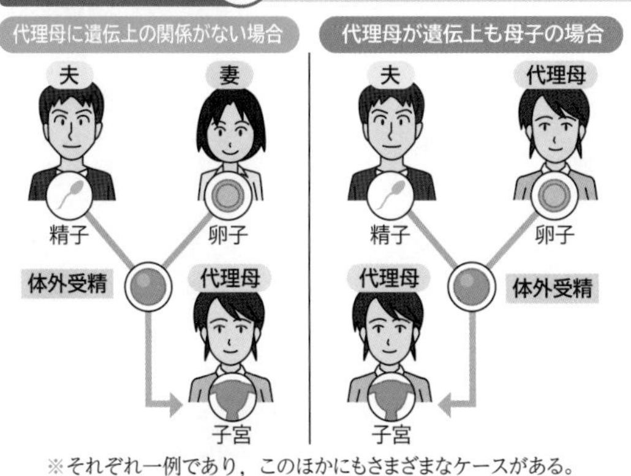

※それぞれ一例であり，このほかにもさまざまなケースがある。

⬅**代理出産のしくみ** 「代理出産」と一言でいっても，遺伝的なつながりの有無などさまざまなケースがある。

➡**代理母が暮らす「代理出産ハウス」**（インド） 代理母として出産をすることで金銭を得るというように，代理母がビジネス化した国もある。近年ではこれを問題視し，営利目的の代理出産を禁止する国もある。

母親以外の者が子どもを産む代理出産に対して日本は消極的であるが，実施例も報告されている。

代理出産の問題点

出産のビジネス化	妊娠・出産を賃金労働と同様に扱うことに問題はないのか。女性の身体の道具化ではないのか。
契約上の諸問題	妊娠中に依頼者が死亡したり，心変わりしたりという場合に生まれた子どもはどうなるのか。生まれた子どもに障害があることがわかった結果，依頼者が引き取りを拒否したという事例も世界では報告されている。
愛情や親子関係	依頼者が子どもに対する愛情をもてるのか。また，代理母の方が子どもに愛情をもつ可能性もある。 卵子・精子がともに第三者の提供による場合には，遺伝上の父母，育ての両親(依頼者)，代理母という５人の「親」が存在することになってしまう。その場合の法的な権利関係に問題はないのか。

解説 **日本では原則禁止** **代理出産**とは，第三者の女性の身体を使って子どもをもつことをいう。これによって，不妊に悩む夫婦や同性婚のカップルなどの希望がかなえられることになるが，問題点も多く指摘され，現在，日本産科婦人科学会はこれを認めないという立場をとっている。しかし2001年には，長野県の病院が代理出産の実施を公表している。また，日本人の夫婦が，海外へ渡って代理出産を依頼するケースもある。

考える視点 C クローン技術

Q クローン人間が誕生したら，どのような問題が起きると考えられるだろうか。

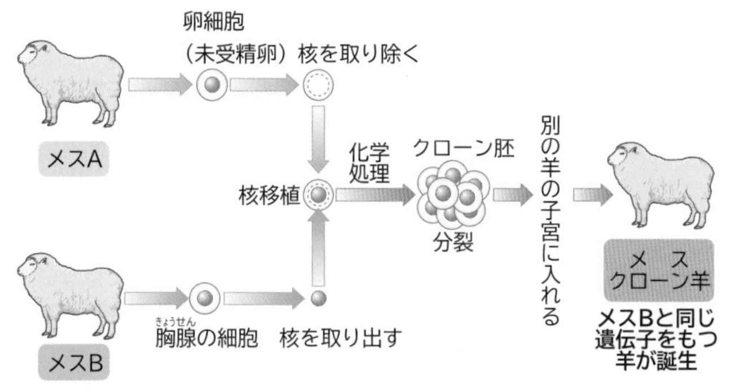

⬅**クローン羊「ドリー」とその子「ボニー」** ドリーは，1996年にイギリスで誕生した。その後，牛や猫などさまざまな動物のクローンが同じ方法でつくられている。

解説 **クローン人間をつくることは禁止** **クローン技術**を用いると，同じ遺伝子をもつ動物を複数つくり出せる。実際に動物レベルではクローンの個体が誕生している。しかし，クローン技術の人間への適用は，医学的・倫理的に問題があるとして，国連総会でヒトクローン禁止宣言が採択された。日本でもクローン技術規制法によりクローン人間の作製は禁じられている。

ふりかえり

医療技術の進歩によって，人間の誕生をめぐり，代理出産や出生前診断など，これまでには考えられなかったさまざまなことが可能となっている。また，クローンにより新たな個体をつくることも，技術的には可能である。しかし，人間の生命にどこまで技術が介入することが許されるのか，倫理的な問題は多く残されている。

視点A▶着床前診断や出生前診断が，命の選別につながるという問題が指摘されている。
視点B▶代理出産は，代理母のビジネス化による倫理的な問題や，親子関係などをめぐる法的な問題が指摘されている。
視点C▶クローンは技術的に可能であり，動物では実施例があるが，クローン人間の作製は法律で禁じられている。

ゲノム編集や出生前診断はどのような場合に認められるか，選択・判断の手がかりとなる二つの考え方を活用して自分の考えをまとめよう。

まとめる 「生」にかかわる問題を一つ選び，自分の考えを書こう。
発展 上で選んだ題材について，海外の取り組みも調べ，日本の状況を見直そう。

緩和ケア病棟での演奏会　従来の医療は，病気を治す(キュア)ことを目的としてきた。もちろん現在でも治療は医療の重大な使命である。しかし現在では，QOL(→p.49)を重視する流れのなかで，人間らしく安らかな最期を迎えられるようにケアすることも医療の役割の一つと考えられている。末期の患者に対する緩和ケアなどはその例である。

いまを読み解く

私たちは命とどう向きあうか(2) 「死」

どんな人間でも死から逃れることはできないが，医療技術の発達により，死に対する考え方も変化している。死と向きあうことは生と向きあうことでもある。私たちは人間の生と死について，どう考えるべきなのだろうか。

課題の把握　自己決定が重視される時代

■自己決定権 →p.87

日本国憲法

第13条【個人の尊重・幸福追求権・公共の福祉】
すべて国民は，個人として尊重される。生命，自由及び幸福追求に対する国民の権利については，公共の福祉に反しない限り，立法その他の国政の上で，最大の尊重を必要とする。

解説 **自分の生き方は自分で決める**　現在，新しい人権の一つとして，**自己決定権**が主張されている。自分らしい生き方を自分で選択することは幸福追求権(日本国憲法第13条)の観点から保障されなければならないとされる。インフォームド・コンセント(→p.49)もその一つである。

■臓器提供意思表示カード

臓器提供意思表示カード
厚生労働省・(公社)日本臓器移植ネットワーク
ドナー情報用全国共通連絡先　0120-22-0149
臓器移植に関するお問い合せ先：(公社)日本臓器移植ネットワーク
フリーダイヤル 0120-78-1069 http://www.jotnw.or.jp

(表)

《 1．2．3．いずれかの番号を◯で囲んでください。》
1．私は，脳死後及び心臓が停止した死後のいずれでも，移植の為に臓器を提供します。
2．私は，心臓が停止した死後に限り，移植の為に臓器を提供します。
3．私は，臓器を提供しません。
《1又は2を選んだ方で，提供したくない臓器があれば，×をつけてください。》
【 心臓・肺・肝臓・腎臓・膵臓・小腸・眼球 】
〔特記欄：　　　　〕
署名年月日：　　年　　月　　日
本人署名(自筆)：
家族署名(自筆)：

(裏)

Q 臓器提供意思表示カードを記入して，家族で話しあってみよう。

解説 **カードで意思を伝える**　自己決定が重視されるのは，治療の場面だけではない。**臓器提供意思表示カード**では，自分が脳死状態に陥った時に臓器提供を希望するか，希望する場合にどの臓器を提供するか，生前に自分の意思を示しておくことができる。

考える視点 A　脳死は人の死か

従来の死の判定

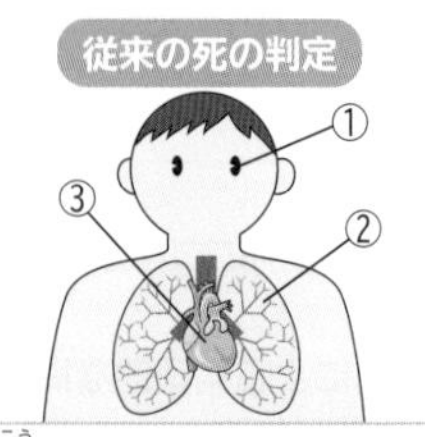

①瞳孔散大・対光反射消失(目のひとみが開いてしまって光をあてても収縮しない状態)
②呼吸停止　③心拍停止

脳死と植物状態の違い

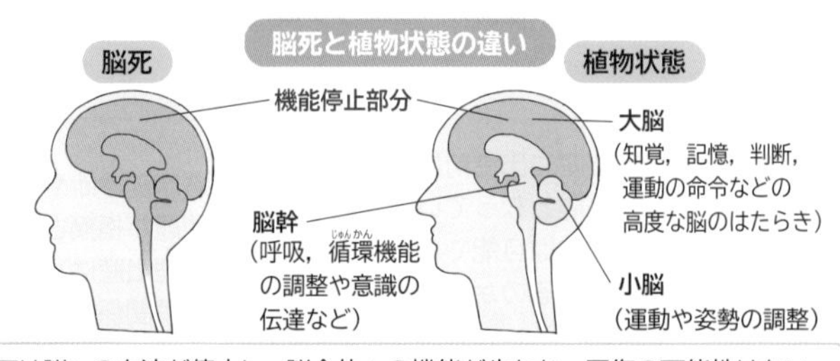

脳死は脳への血流が停止し，脳全体への機能が失われ，回復の可能性はない。一方，植物状態では，脳幹は機能し，呼吸や血液循環のはたらきは失われないため，十分な医療・看護があれば，長期間生き続けることができる。

解説 **脳は死んでも臓器は生きている**　**脳死**とは，脳幹を含む脳全体の機能が停止し，回復の可能性がまったくない状態である。この場合，人工呼吸器をつけないと短時間で心臓は停止し，完全な死にいたってしまう。脳死を人の死とみなし，臓器をほかの人に移植することが許されるのかどうか，意見は分かれる。

用語解説 臓器移植法→p.277

考える視点 B 臓器移植法

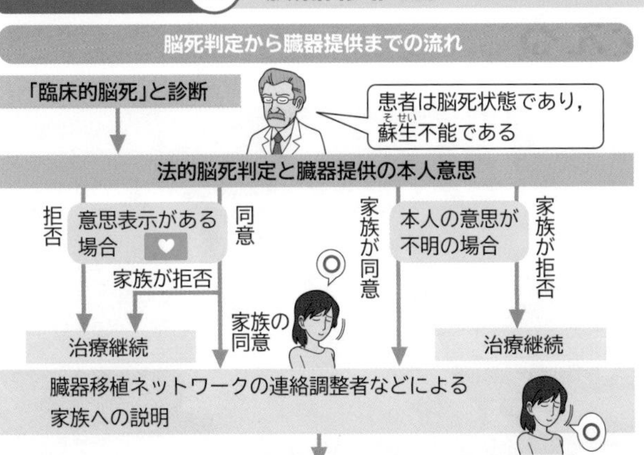

脳死判定の実施（2回）
①深い昏睡か　②瞳孔が固定・散大しているか
③脳幹反射が消失しているか　④脳波は平坦か
⑤自発呼吸が消失しているか

判定基準を満たす → 脳死（死亡宣告） → 臓器提供
脳死（死亡宣告） → 家族が臓器提供を撤回 → 診療行為継続（医療保険は適用）
判定基準を満たさず → 治療継続

(2021年)

提供したくない	どちらかといえば提供したくない	どちらともいえない	どちらかといえば提供したい	提供したい	無回答
13.6%	10.7	35.8	24.2	15.3	0.4

⇧**脳死と判定されたら臓器を提供したいか**（内閣府「移植医療に関する世論調査」）

	改正前	改正後
脳死判定・臓器摘出	本人の書面による承諾と家族の承諾が必要。	本人の提供の意思が不明でも，家族の承諾により臓器移植が可能。
年齢制限	15歳未満は提供不可。	年齢制限なし。
親族への優先提供	なし。	脳死患者の親族（配偶者・親・子）に限り可能。

⇧**臓器移植法改正のポイント**（2009年改正）

解説 **臓器提供に対する意見は分かれる**　**臓器移植法**では，臓器移植の場合に限り「脳死は人の死」とみなされる。2009年の改正では，本人の意思が不明確な場合でも家族が承諾した場合には移植が可能となり，臓器提供の年齢制限も撤廃された。これにより，臓器移植が可能な範囲は拡大し，より多くの患者を移植で救う道が開けた。一方で，子どもの臓器移植には抵抗感を示す家族も多い。また，移植を受ける患者が公平に選定されているのかなどの課題があり，今後も議論が求められる。

考える視点 C 安楽死と尊厳死

安楽死	回復の見こみもない場合，苦しみから解放するために医師がおこなう行為。	積極的安楽死	苦しみを取り除くために，医師が薬物を注射するなどして意図的に死を迎えさせる。
		消極的安楽死	延命治療を中止し，苦痛を感じる意識レベルを下げていって死を迎えさせる。
尊厳死	末期がんなどにおかされた患者自身が，延命治療を拒否し，自分らしい生き方（死に方）を選択し，死を迎えること。		

⇧**安楽死と尊厳死**　積極的安楽死と消極的安楽死は，苦痛からの解放を目的として死を選ぶという点では共通しているが，死を迎えさせるための積極的な行為をしているか，という点で区別されている。日本では積極的安楽死は法的に認められておらず，おこなえば刑法の殺人罪に問われる。

●**延命治療の中止（尊厳死）の3要件**
①患者の死を避けられず，死期がせまっている。
②治療行為中止の時点で，中止を求める患者の意思表示がある。
③自然の死を迎えさせる目的にそった決定である。

●**安楽死の4要件**
①耐えがたい肉体的苦痛がある。
②患者の死を避けられず，死期がせまっている。
③患者の肉体的苦痛を除去・緩和するために方法をつくし，ほかに手段がない。
④患者本人が安楽死を望む意思を明らかにしている。

（横浜地方裁判所の判決より，1995年）

(2017年)

	医療機関	介護施設	自宅	無回答
末期がんで，食事や呼吸が不自由であるが，痛みはなく，意識や判断力は健康な時と同様の場合	37.5%	10.7	47.4	4.4
重度の心臓病で，身の回りの手助けが必要であるが，意識や判断力は健康な時と同様の場合	48.0	17.8	29.3	4.9
認知症が進行し，身の回りの手助けが必要で，かなり衰弱が進んできた場合	28.2	51.0	14.8	6.1

⇧**さまざまな症状において終末期をすごしたい場所**（厚生労働省資料）

解説 **安楽死は認められるのか**　日本では，**安楽死**や**尊厳死**についての法律は制定されていない。ただし，末期がん患者に薬剤を注射して死亡させた医師に殺人罪を適用した横浜地方裁判所の判決（1995年）では，尊厳死と安楽死についての要件が示された。

オランダやベルギーなどのように，「患者が自発的に選択したものである」など一定の条件の下で安楽死を認めている国もあるが，その是非をめぐる議論は続いている。

ふりかえり

医療技術の進歩によって，脳死患者の臓器移植や安楽死・尊厳死など，さまざまな死のあり方が見られるようになった。これにより，「死の自己決定」が重視されている。自分の意思に対して医師や家族がどう対応すべきかも含め，ふだんから考えておかなければならない。

臓器移植や安楽死に対して医師や家族はどう対応すべきか，選択・判断の手がかりとなる二つの考え方を活用して自分の考えをまとめよう。

視点A ▶ 従来の死と脳死の定義は異なる。
視点B ▶ 臓器移植に限り「脳死は人の死」とされているが，臓器移植においては，本人の生前の意思が重視されている。
視点C ▶ 安楽死や尊厳死に対しては意見が分かれるが，安楽死を認める国では本人の意思が重要な条件となっている。

まとめる 「死」にかかわる問題を一つ選び，自分の考えを書こう。
発　展 上で選んだ題材について，海外の取り組みも調べ，日本の状況を見直そう。

人間の尊厳と平等

課題▶公共的な空間で私たちはどのように生きるべきなのだろうか。

クローズアップ 権利のために闘う　教育が世界を変える

マララさんの国連本部でのスピーチ(2013年)

　わたしは今日，たくさんの少女のうちのひとりとして，ここに立っているのです。これはわたしの声ではありません。声をあげることのできない人々の声――権利を求めて闘う人々みんなの声なのです。平和に生きる権利，人間としての尊厳を認められる権利，均等な機会を得る権利，教育を受ける権利を，わたしたちは求めます。

……わたしたちの兄弟姉妹が，明るく平和な未来を待ち望んでいます。

　そのために，世界の無学，貧困，テロに立ち向かいましょう。本とペンを持って闘いましょう。それこそが，わたしたちのもっとも強力な武器なのです。ひとりの子ども，ひとりの教師，一冊の本，そして一本のペンが，世界を変えるのです。

　教育こそ，唯一の解決策です。まず，教育を。

(マララ=ユスフザイ，クリスティーナ=ラム：著，金原瑞人，西田佳子：訳『わたしはマララ』学研パブリッシング)

国連本部で演説をするマララさん(2013年)　演説をおこなった7月12日はマララさんの16歳の誕生日でもあり，国連はこの日を「マララ・デー」と名づけた。

なぜ貧困と闘うために教育が必要なのかな。

　1997年にパキスタンに生まれたマララ=ユスフザイさんは，女子教育を否定するタリバン政権下で「女の子にも教育を」と訴え続けた。タリバンによって襲撃を受けたこともあるが屈することなく，2014年，史上最年少(17歳)でノーベル平和賞を受賞した。

　世界では，今でも約3億300万人の子どもたちが学校に通えていない。マララさんの教育を求める活動は続いている。

1 公共的な空間における基本的原理

Q 公共的な空間はどのような原理に支えられているのだろうか。

公共的な空間における個人のあり方	自由・権利と責任・義務(→p.66～67)
公共的な空間を実現する社会のしくみ	民主主義，法の支配(→p.56～57，62～63)
公共的な空間の基礎	人間の尊厳と平等，個人の尊重(→p.54～55，58～61)

公共的な空間における基本的原理　公共的な空間の構成者がもつ基本的前提として「人間の尊厳と平等，個人の尊重」の原理があり，一人ひとりの関係を支える基本的原理として「自由・権利と責任・義務」がある。そして，その社会をつくる基本的原理として「民主主義，法の支配」がある。

公共性は人々を隔てつつ結びつけるテーブルである。

アーレント(1906～75)　ユダヤ系政治学者・哲学者。主著『人間の条件』『全体主義の起源』

解説 **公共的な空間**　私たちは他者とともに生き，社会を構成している。このような**公共的な空間**を，アーレントは一つの「テーブル」にたとえた。人々はテーブルのまわりに座り，世界を共有し，言論を交える。同時にテーブルは人々を距離的に隔てている。これは個人が自立した存在であることを意味する。このように，公共的な空間は，独立した個々人が共有する世界である。そのためそこでは，人間は個人として尊重されつつ，相互に責任や義務を負うのである。

2 人間の尊厳を支える思想

人間は自分自身の意志で神のようにも獣のようにもなることができる。

人格は手段としてのみ用いられてはならず，同時に目的として扱われなければならない。

ピコ=デラ=ミランドラ(1463～94)

カント(→p.40)

解説 **かけがえのない存在である人間**　「人間が尊厳をもつ」という思想の源流には，ルネサンス期のイタリアの思想家ピコが唱えた，「人間はみずからの意志で自己を決定できる無限の可能性をもつ存在」という思想がある。その後，カントは，道徳法則に従う自律的で自由な主体を人格とよび，人格としての人間のあり方に尊厳を見いだした。

プラスα **苦学生シュヴァイツァーと妻**　シュヴァイツァーが医学部に入ったのは30歳になってからである。大学で聖書学の講師として働きながら，同時に医学部の学生として学んだ。この時，シュヴァイツァーと出会い支えたのが，看護学生だったのちの妻ヘレーネだった。

3 人類の救済

シュヴァイツァー(1875～1965)

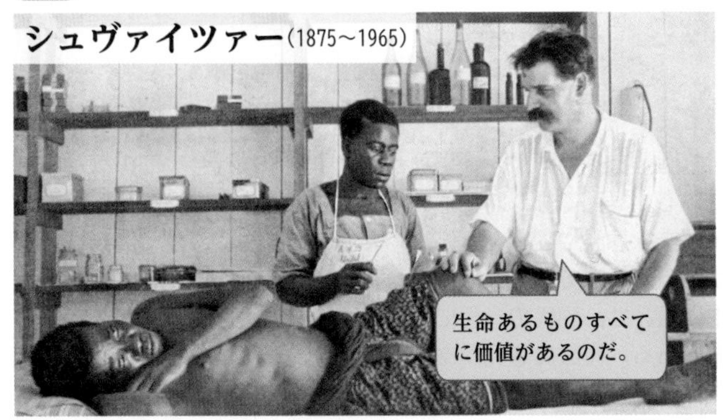

生命あるものすべてに価値があるのだ。

■フランスの医師，哲学者，音楽家。広島・長崎への原子爆弾投下を知り，第二次世界大戦後，反戦運動に尽力する。1952年のノーベル平和賞受賞。

解説 **生命あるものへの思いやり** 「30歳までは芸術と科学に専念し，30歳からは人類のために尽くす」と考えていたシュヴァイツァーは，実際に30歳から医師を志し，38歳で妻とアフリカに移った。人間は「生きようとする生命に囲まれた，生きようとする生命」であると考えた彼は，生命の神聖さに倫理の基本を見いだした。

マザー=テレサ(1910～97)

最も重い病気は，誰からも愛されていない，見すてられていると感じることです。

■現マケドニアのスコピエに生まれる。修道女としてインドにおもむき，愛と奉仕の活動に生涯をささげた。1979年にノーベル平和賞受賞。

解説 **他者とともに生きる** 最も貧しい人のために働くことを目的とした「神の愛の宣教者会」を設立した。その後，ホスピス「死を待つ人の家」や孤児院「聖なる子どもの家」を設立し，インド国外にも活動の幅を広げた。死後の2016年，カトリックの最高の崇敬対象である聖人に認定された。

4 社会を変える信念

ガンディー(1869～1948)

人を動かすことができるのは，暴力ではなく真理である。

■インドに生まれ，イギリスで法律を学ぶ。インド独立運動の指導者。1947年にイギリスから独立を勝ち取るも，その翌年，凶弾に倒れる。

解説 **生命あるものへの思いやり** ガンディーの思想の根底には，**真理の把握(サティヤーグラハ)**によって不正を打ち破ることができるという考えがあった。真理に反する行動や法律を拒否し，一切の暴力を否定し，憎悪ではなくすべての人々に対する愛をもって運動が展開された。ガンディーは「武器はあなた方を，そして人類を，救う役には立たないのだ」と述べて徹底した**非暴力・不服従**を訴えた。生きとし生けるものを愛し，何ものも傷つけないという彼の**不殺生(アヒンサー)**の考え方は世界に大きな影響を与えた。

キング牧師(1929～68)

私には夢がある。いつの日か奴隷の子孫と奴隷所有者の子孫とが兄弟として同じテーブルにつくという夢が。

■アメリカ公民権運動の指導者。1964年にノーベル平和賞受賞。

解説 **公平で平等な社会をめざして** 1955年，ローザ・パークス逮捕事件(バスの座席を白人に譲ることを拒否した黒人女性が逮捕された事件)への抗議をきっかけに，黒人差別の撤廃や，黒人に選挙権を認めることを求める公民権運動が展開された。キング牧師はこれを指導し，1963年にはワシントン大行進で「私には夢がある(I have a dream)」と人種差別の撤廃を訴え，人々の共感をよんだ。

マンデラ(1918～2013)

あなたが敵と平和を築きたいのであれば，その敵と一緒に話しあわなければならない。そうすれば，敵はあなたのパートナーとなる。

■南アフリカ共和国の黒人解放運動の指導者。1993年にノーベル平和賞受賞。

解説 **撤廃されたアパルトヘイト** **アパルトヘイト**とは，南アフリカ共和国で実施された人種隔離政策のことである。国民の少数派である白人が，多数派の黒人を社会のさまざまな面で差別していた。マンデラは同国で黒人解放運動の指導者として長く投獄されていたが，アパルトヘイト撤廃でも指導的役割を果たした。アパルトヘイトは国際社会からの批判も受けて1991年に撤廃され，その後の1994年，マンデラは南アフリカ共和国で黒人初の大統領に選出された。

Topic 女性の人権尊重と平和を求めて

コンゴ民主共和国の東部では，多くの武装勢力が性暴力による恐怖を与えて人々を支配している。ムクウェゲ医師は，世界で女性の人権が尊重されていない現状を憂い，暗殺未遂にあいながらも性暴力の被害者を治療する活動を続けている。また，2018年にノーベル平和賞を共同受賞したナディア=ムラドさんと，紛争下の性暴力生存者のためのグローバル基金を創設し，日本など多くの国が資金を拠出している。

➡デニ=ムクウェゲ(1955～)

確認▶人間の尊厳や平等を確保するためには，何が必要かまとめよう。
活用▶人間の尊厳と平等を実現するために活動している人や団体について調べよう。

民主主義

課題▶民主主義とはどのような考え方なのだろうか。

どうやってみんなの意見を決める？

文化祭の企画を決めよう！

お化け屋敷，作品展示，模擬店　どれがよい？

ダイチの意見	はるかの意見	ユウトの意見
❶お化け屋敷	❶作品展示	❶模擬店
❷作品展示	❷模擬店	❷お化け屋敷
❸模擬店	❸お化け屋敷	❸作品展示

二つに絞って考えると…

●模擬店以外で考えると：**お化け屋敷＞作品展示**

❶お化け屋敷	❶作品展示	模擬店
❷作品展示	模擬店	❶お化け屋敷
模擬店	❷お化け屋敷	❷作品展示

●作品展示以外で考えると：**模擬店＞お化け屋敷**

❶お化け屋敷	作品展示	❶模擬店
作品展示	❶模擬店	❷お化け屋敷
❷模擬店	❷お化け屋敷	作品展示

●お化け屋敷以外で考えると：**作品展示＞模擬店**

お化け屋敷	❶作品展示	❶模擬店
❶作品展示	❷模擬店	お化け屋敷
❷模擬店	お化け屋敷	❷作品展示

政治とは集団の意思を決めること

私たちは，家庭，学校，地域など，さまざまな社会集団のなかで生活している。集団では，時には意見が対立することもある。集団内でのさまざまな意見や立場を調整し，話しあいなどにより解決をはかることが，広い意味での**政治**である。

民主主義とは，国民の意思に従って政治がおこなわれるべきとする考え方である。複数の意見がある時は**多数決**がとられることが多いが，多数決にはいくつかの落とし穴があることが知られている。

みんなの意見がバラバラ！どうやって決めよう…。

企画を二つに絞り，多数決で考えてごらん。

⬅多数決のパラドクス　三つ以上の選択肢がある場合，多数決は「a＞b，b＞cならばa＞c」というごく普通の推論が成り立たないことがある。

作品展示よりお化け屋敷，お化け屋敷より模擬店の方が多いから，模擬店になるのかと思ったら，模擬店より作品展示の方が多い!?堂々めぐりで決められないよ！

左の図のように，多数決は万能ではない。だからこそ，集団の意思を決める時には，できるかぎり多くの人が納得できるような方法を考えなければならない。

①左のような状況になった時，どのように決めればよいか，考えよう。その方法に問題点はないだろうか。
例：１位＝５点のように点数をつけてみたら？
二つずつで勝ち抜き方式にしてみたら？

②多数決をおこなう際に，どのような点に留意すべきか考えよう。

1 直接民主制と間接民主制

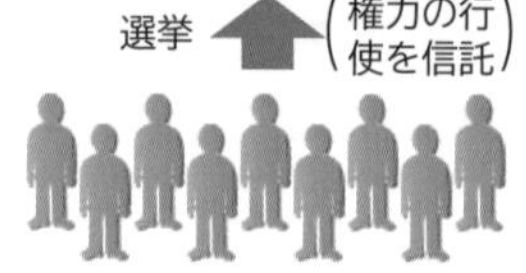

直接民主制 → 政治的な意思決定：直接　有権者全員による会議や投票

⬆有権者全員による投票
写真はスイスの州民集会

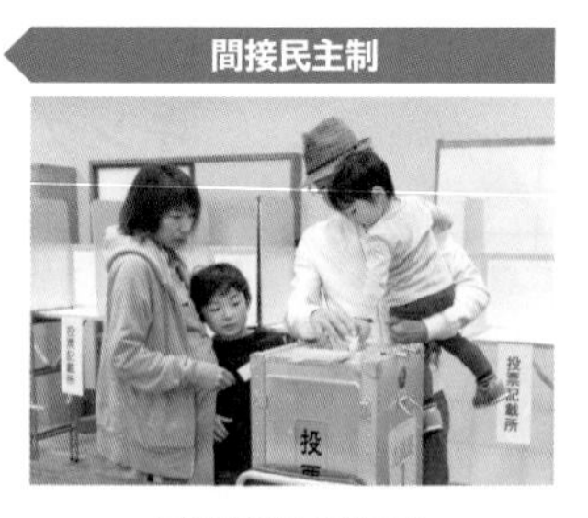

間接民主制

⬆投票する有権者

解説　**二つの民主政治の形態**　**直接民主制**は，国民(住民)が直接議論したり決定したりする制度である。古代ギリシャのポリスで始まった，**民主政治**の原点ともいえる制度である。直接民主主義では，人々の意見が直接政治に反映される。しかし，人口が増加し，社会が複雑化した現代国家では，完全な直接民主制の実現は困難である。そのため，現在ではほとんどの民主主義国家が**間接民主制**(**議会制民主主義**)を採用している。間接民主制は，国民(住民)が選挙で代表者を選出し，その代表者が議論し，決定をくだす制度である。日本では，代表者は国会議員にあたる。間接民主制では国民は意見を反映させにくく，選挙で慎重に主権を行使することが求められる(➡p.100)。

プラスα　**現代に生きる直接民主制**　スイスの一部の州では，現在でも直接民主制が実施されている。また国全体で見ても，スイスでは議会の決議や国民が発案した法案についてレファレンダム(国民投票)がおこなわれている。日本の地方自治でも直接民主制的な要素が取り入れられている(➡p.117)。

用語解説 直接民主制，間接民主制，社会契約説，絶対王政，ホッブズ，ロック，ルソー→p.277

2 社会契約説

社会契約説は，民主政治の発展を支えた。

	トマス=ホッブズ	ジョン=ロック	ジャン=ジャック=ルソー
思想家	（1588～1679，英）	（1632～1704，英） →p.62	（1712～78，仏） →p.18，111
著書	**『リバイアサン』**（1651年）	**『市民政府二論』**（1690年）	**『社会契約論』**（1762年）
人間の本性	自己保存の欲求に満ちている。	理性的で自由である。	あわれみと自己愛をもった存在である。
自然状態	**「万人の万人に対する闘争」**状態であり，人は必ず対立しあう。	おおむね自由で平等に共存するが，権利を侵される可能性もある。	自給自足で自由・平等の理想的状態にあるが，文明化により崩壊する。
特徴	・闘争の恐怖から逃れるために，各人は自然権を放棄し，社会契約を結んだ国家（国王）に譲渡する。 ・国家は『旧約聖書』に登場する怪物「リバイアサン」のように強大な権限をもち，国民はこれに服従する。 ・国家権力の由来を人民の意思や社会契約に求め，近代政治思想・人権思想のもとになった。 統治者（国王） ・自然権を**譲渡**（放棄） ・絶対服従 ・保護（平和の絶対的保障） 各個人（市民）	・権利を侵される危険性を減らすために，各人は，自然権の一部（生命・自由・財産の権利）を代表者に信託し，社会契約を結んで国家をつくる。 ・国家の代表者が信託に反して自然権を侵害した場合は，人民は抵抗する権利（**抵抗権〈革命権〉**）をもつ。 統治者（議会） 立法府 ・自然権を一部**信託** ・抵抗権（革命権） ・自然権（生命・自由・財産の権利）の保障 各個人（市民）	・文明化により失われた自由・平等を取り戻すために，各人は，すべての権利を共同体に完全譲渡し，社会契約を結んで国家をつくる。 ・**一般意思**（社会全体の利益の実現をめざす人民の共通意思）の同意に基づく法により，人民の権利を守る。そのために間接民主制ではなく直接民主制を主張した。 一般意思 共同体（人民） ・自然権を譲渡 ・特殊意思を放棄 ・一般意思へ服従（人民主権） ・自由・平等を享受 ・直接民主制 各個人（市民）
歴史的背景と影響 →p.59	内戦の末，国王が処刑されたピューリタン（清教徒）革命の後に出版。絶対王政を擁護する思想とみなされた。	名誉革命の翌年に出版。名誉革命を正当化し，アメリカ独立戦争に影響を与えた。	市民が重税で苦しみ，王や貴族・聖職者の権力が強い時代に生きた。フランス革命に影響を与えた。

解説 **国家権力は市民との契約に基づく**　王の権力は神によってさずけられたものとする王権神授説にかわり，市民との契約から国家を説明したのが**社会契約説**である。社会契約説は，国家がない状態（自然状態）を想定することで，国家の起源やあり方を説明した。

彼らの思想の基礎にあるのは**自然権**である。自然権とは，人が法をつくる前から人間の理性に基づき存在する**自然法**によって，誰もがもつとされる普遍的な権利である。社会契約説では，市民がみずからの権利を共同体に譲渡したり信託したりして**国家**をつくると考えた。

3 国家の分類

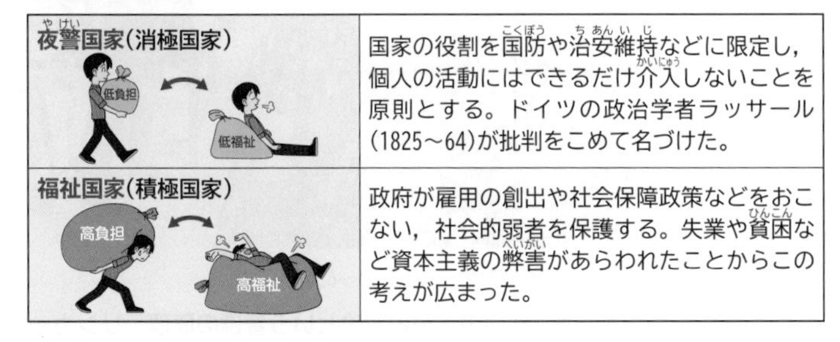

夜警国家（消極国家）	国家の役割を国防や治安維持などに限定し，個人の活動にはできるだけ介入しないことを原則とする。ドイツの政治学者ラッサール（1825～64）が批判をこめて名づけた。
福祉国家（積極国家）	政府が雇用の創出や社会保障政策などをおこない，社会的弱者を保護する。失業や貧困など資本主義の弊害があらわれたことからこの考えが広まった。

解説 **時代によって変わる国家観**　資本主義が確立した19世紀には，自由放任主義の下に夜警国家が理想とされた。その弊害があらわれた20世紀には，高福祉を実現する国家が求められた。夜警国家を「小さな政府」，福祉国家を「大きな政府」とよぶこともある（→p.183）。どちらに近い政府となるかは，地域や時代によっても異なっている。

4 さまざまな支配

伝統的支配	過去から続いてきた神聖性や伝統によって正統性が権威づけられ，民衆が従うもの。	例：絶対王政 天皇制
カリスマ的支配	支配者がもつ非日常的な資質（カリスマ）や特殊な能力，性質に民衆が心酔して従うもの。	例：ファシズム （→p.62）
合法的支配	合理的手続きにより制定された法を根拠に決められた支配体制に民衆が従うもの。	例：近代民主政治

解説 **支配と服従**　国家には必ず支配者がいる。支配を受ける民衆は，支配者（体制）の正統性に納得していなければ，必ず不満が発生する。それでは，これまで民衆は，どのような支配者に正統性を見いだし，服従してきたのだろうか。ウェーバー（→p.24）は，支配体制を表のような三類型に分類した。

確認▶直接民主制と間接民主制の違いをあげよう。
活用▶社会契約論者三人のうち，誰を最も支持するだろうか。理由も含めて考えよう。

民主政治と人権保障のあゆみ

課題▶今日の私たちの人権はどのようにして保障されてきたのだろうか。

クローズアップ 自由のための闘いは続く～アジアから見る民主化運動の現在

⇧ミャンマーの「沈黙のストライキ」(2022年)　抗議活動とは，物理的な闘争だけではない。ミャンマーでは，人々が家に閉じこもって抗議の意思を示す「沈黙のストライキ」が敢行され，街中は閑散とした。

東南アジアのミャンマーでは，長く続いた軍事政権を抑えて，民主化運動の指導者アウンサンスーチーが政権を運営してきた。しかし，2021年，ミャンマー国軍により彼女が拘束されるクーデターが勃発した。ミャンマー国内ではクーデターに対する抗議デモが発生した(➡前見返し)が，国軍はデモの拡大を防ぐため実弾の発砲やSNSの遮断など圧力を強めており，ミャンマー情勢は依然として見通しが読めない状況にある。

2019年から2020年には香港で民主化デモが起きたが，中国政府に抑えられ，高度な自治が認められる「一国二制度」の形骸化が指摘されている。歴史を振り返れば，多くの人々が血を流し，自由を獲得してきた。しかし今も，自由をめぐって争いは続いている。自由獲得の歴史は，現在もなお進行中なのである。

彼らはいったい何を求めて闘っているのだろう？

➡香港の民主化運動で逮捕された女性　2020年，デモを扇動したとして政府に逮捕された。その後保釈されたが，同年末には禁錮刑が下され，収監された。写真は2021年の出所時のもの。

1 人民の人民による人民のための政治

ゲティスバーグ演説(抄)

……ここで戦った人々が，これまでかくも立派にすすめてきた未完の事業に，ここで身を捧げるべきは，むしろ生きているわれわれ自身であります。……それは，……この国家をして，神のもとに，新しく自由の誕生をなさしめるため，そして**人民の，人民による，人民のための，政治**(government of the people, by the people, for the people)を地上から絶滅させないため，であります。

(高木八尺・斉藤光：訳『リンカーン演説集』岩波文庫)

⇧**ゲティスバーグ演説**　南北戦争(1861～65年)の激戦地，アメリカのゲティスバーグでおこなわれたリンカーン米大統領による追悼演説。政治権力が国民に由来し，その利益は国民が受けるという原則を示したことばとして，その後の世界の民主政治に大きな影響を与えた。

Q　リンカーンの考え方は日本国憲法とどうつながっているのだろうか。

日本国憲法前文(抄)

……そもそも国政は，国民の厳粛な信託によるものであつて，その権威は国民に由来し，その権力は国民の代表者がこれを行使し，その福利は国民がこれを享受する。これは人類普遍の原理であり，この憲法は，かかる原理に基くものである。

⇧**演説するリンカーン**(1809～65)

解説　**国民のための政治という普遍の原理**　リンカーンがゲティスバーグ演説で説いた「**人民の，人民による，人民のための政治**」という理念は，日本国憲法前文にも受けつがれている。政治権力とは，国民に由来し，国民(の代表者)が行使し，国民がその福利を享受することを目的として存在するものなのである。

自然権　ヨーロッパの人権思想の背景にあるのは，人間の制定した法(実定法)に先立って普遍的にこの自然を貫いている法(自然法)(➡p.57)があるという考えである。自然法によって認められる自然権の考え方は，今日，基本的人権として生きている。

2 近代民主政治と人権保障へのあゆみ

	年	できごと
自然権の保障の確立	1215(英)	マグナ・カルタ(大憲章) ➡貴族が国王に，王権(逮捕拘禁権・課税権など)の制限を承認させた。
	1628(英)	権利請願 ➡議会が，国王に人民の権利と自由を要求する請願書を提出し署名させた。
	1642(英)	ピューリタン(清教徒)革命(～49) ➡独立派のクロムウェルが，国王を処刑して共和制を樹立(～60)
	1651(英)	ホッブズ『リバイアサン』(➡p.57)
	1679(英)	人身保護法 ➡国王の専制政治に対して，議会が，国民の不法逮捕・不当な裁判の禁止を決議した。
	1688(英)	**名誉革命**(～89)
	1689(英)	**権利章典**
	1690(英)	ロック『市民政府二論』(➡p.57)
	1748(仏)	モンテスキュー『法の精神』(➡p.62)
	1762(仏)	ルソー『社会契約論』(➡p.57)
	1775(米)	アメリカ独立戦争(～83)
	1776(米)	バージニア権利章典
		アメリカ独立宣言
	1789(仏)	フランス革命(～99)
		フランス人権宣言
	1863(米)	リンカーン，ゲティスバーグ演説(➡1)
	1919(独)	**ワイマール憲法**
人権の国際化	1941	4つの自由「言論の自由，信仰の自由，欠乏からの自由，恐怖からの自由」提唱(➡p.61)
	1945	国際連合設立(➡p.125)
	1948	世界人権宣言採択(➡p.60)
	1966	国際人権規約採択(➡p.60)

バージニア権利章典(抄)

1 すべて人は生来ひとしく自由かつ独立しており，一定の生来の権利を有するものである。……かかる権利とは，すなわち財産を取得所有し，幸福と安寧とを追求獲得する手段を伴って，生命と自由とを享受する権利である。

2 すべて権力は人民に存し，したがって人民に由来するものである。……

3 政府というものは，人民，国家もしくは社会の利益，保護および安全のために樹立されている。……いかなる政府でも，それらがこれらの目的に反するか，あるいは不じゅうぶんであることがみとめられた場合には，社会の多数のものは，その政府を改良し，変改し，あるいは廃止する権利を有する。

(斎藤真：訳『人権宣言集』岩波文庫)

自然権を世界で初めて明記し，人権宣言の先駆けと位置づけられている。人民主権や抵抗権(革命権)といったロック(➡p.57)の考え方が明文化されている。

アメリカ独立宣言(抄)

われわれは，自明の真理として，すべての人は平等に造られ，造物主によって，一定の奪いがたい天賦の権利を付与され，そのなかに生命，自由および幸福の追求の含まれることを信ずる。また，これらの権利を確保するために人類のあいだに政府が組織されたこと，そしてその正当な権力は被治者の同意に由来するものであることを信ずる。そしていかなる政治の形体といえども，もしこれらの目的を毀損するものとなった場合には，……新たな政府を組織する権利を有することを信ずる。

(斎藤真：訳『人権宣言集』岩波文庫)

ロック(➡p.57)の影響を受けて，自然権を守るための社会契約による政府の樹立や，人民の抵抗権(革命権)について明記した，独立を宣言する文書。

➡独立宣言の署名

フランス人権宣言(抄)

第1条 人は，自由かつ権利において平等なものとして出生し，かつ生存する。

第3条 あらゆる主権の原理は，本質的に国民に存する。

第4条 自由は，他人を害しないすべてをなし得ることに存する。

第16条 権利の保障が確保されず，権力の分立が規定されないすべての社会は，憲法をもつものではない。

第17条 所有権は，一の神聖で不可侵の権利である……

(山本桂一：訳『人権宣言集』岩波文庫)

⬆フランス人権宣言の扉絵

国民主権・権力分立・基本的人権の尊重・所有権の不可侵など，近代市民社会の原理を確立した宣言文書。

ワイマール憲法(抄)

第151条 ①経済生活の秩序は，すべての者に人間たるに値する生活を保障する目的をもつ正義の原則に適合しなければならない。この限界内で，個人の経済的自由は，確保されなければならない。

第159条 ①労働条件および経済条件を維持し，かつ，改善するための団結の自由は，各人およびすべての職業について，保障される。この自由を制限し，または妨害しようとするすべての合意および措置は，違法である。

(山田晟：訳『人権宣言集』岩波文庫)

生存権などの**社会権**を世界で最初に規定し，所有権の限界を定めた憲法である。20世紀型憲法の典型とされる。

確認▶フランス人権宣言ではどのようなことが述べられているか，まとめよう。
活用▶さまざまな人権宣言が現在の日本国憲法にどのような影響を与えているか，話しあおう。

人権の国際的保障

課題▶今日の私たちの人権はどのように保障されているのだろうか。

クローズアップ 「9cmの腕」子どもたちの生きる権利

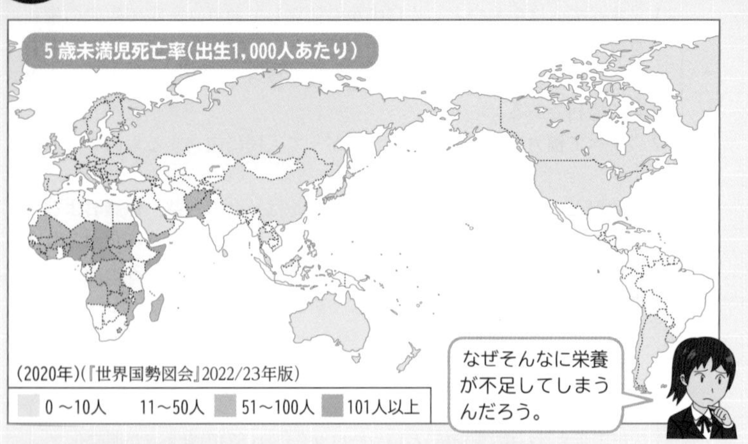

⇧**栄養不良の子ども**　この少女の腕まわりをメジャーではかると，わずか9cmであった。ユニセフは，栄養不良の可能性をはかる上腕計測メジャーをウェブサイトで公開している。

世界では，5歳未満児の年間死亡の45%が低栄養に関係しているといわれる。低栄養は，アジア・アフリカ地域に多く見られる。

1989年の国連総会で採択された**子ども(児童)の権利条約**では，子どももおとなと同じ独立した人格をもつ権利の主体とみなし，子どもの生きる権利を強調している。現代の世界で，子どもの生きる権利は十分に保障されているだろうか。

1 世界人権宣言と国際人権規約

	世界人権宣言	国際人権規約
採択	1948年国連総会	1966年国連総会
内容	・前文と本文30条 ①自由権的諸権利 ②参政権 ③社会権的諸権利 をおもな内容とする	●A規約(経済的，社会的及び文化的権利に関する国際規約) ・選択議定書(2008年採択) ●B規約(市民的及び政治的権利に関する国際規約) ・選択議定書 ・第二選択議定書(死刑廃止条約，1989年採択)
特徴	・ファシズムや戦争による人権無視への反省から，国連の人権委員会が起草した。 ・法的拘束力はない。 ・採択日である12月10日が世界人権デーに指定された。 ・各国憲法に大きな影響を与えた。	・人権保障を国際的に保障しようと採択された。 ・世界人権宣言とほぼ同じ内容を条約化し，保障を義務づけた。 ・規約人権委員会が，締約国に対して勧告や調停をおこなう。 ・B規約の選択議定書では，人権侵害を受けた個人による人権委員会への救済申し立てを認めている。

解説 **人権の国際的保障の基準**　第二次世界大戦直後の1948年，国際秩序の新たな出発にあたり，諸国家が達成すべき人権保護の基準を示したものが**世界人権宣言**である。これは条約(➡p.121)ではないため，法的な拘束力をもたない。そこで，人権保障を国際的に法制化しようと採択されたのが**国際人権規約**である。国際人権規約はA規約とB規約からなり，A規約では社会権を，B規約では自由権を保障した。日本は1979年に批准したが，A規約の公務員スト権などについては留保している。また，B規約の第二選択議定書(死刑廃止条約)をはじめ3つの選択議定書には批准していない。

世界人権宣言(前文)

人類社会のすべての構成員の固有の尊厳と平等で譲ることのできない権利とを承認することは，世界における自由，正義及び平和の基礎であるので，

人権の無視及び軽侮が，人類の良心を踏みにじつた野蛮行為をもたらし，言論及び信仰の自由が受けられ，恐怖及び欠乏のない世界の到来が，一般の人々の最高の願望として宣言されたので，

人間が専制と圧迫とに対する最後の手段として反逆に訴えることがないようにするためには，法の支配によつて人権を保護することが肝要であるので，……

すべての人民とすべての国とが達成すべき共通の基準として，この世界人権宣言を公布する。

(小田滋・石本泰雄『解説条約集』三省堂)

国際人権規約(抄)

■A規約(経済的，社会的及び文化的権利に関する国際規約)

第1条【人民の自決の権利】

①すべての人民は，自決の権利を有する。この権利に基づき，すべての人民は，その政治的地位を自由に決定し並びにその経済的，社会的及び文化的発展を自由に追求する。

第2条【締約国の実施の義務】　①(略)

②この規約の締約国は，この規約に規定する権利が人種，皮膚の色，性，言語，宗教，政治的意見その他の意見，国民的若しくは社会的出身，財産，出生又は他の地位によるいかなる差別もなしに行使されることを保障することを約束する。

■B規約(市民的及び政治的権利に関する国際規約)

第9条【身体の自由と逮捕抑留の要件】

①すべての者は，身体の自由及び安全についての権利を有する。何人も，恣意的に逮捕され又は抑留されない。……

(『国際条約集』有斐閣)

プラスα **ユダヤ人を救った「命のビザ」**　第二次世界大戦中，リトアニアの在カウナス領事代理だった杉原千畝(1900～86)は，外務省からの命令に反してビザを発行し，多くのユダヤ人難民をナチス・ドイツの迫害から救った。

2 人権の国際的保障

4つの自由 (米)1941年	F.ローズベルト米大統領が「言論の自由，信仰の自由，欠乏からの自由，恐怖からの自由」を唱え，第二次世界大戦後の世界に大きな影響を与えた。

1945年　国際連合設立

ジェノサイド条約 1948年〔未批准〕	平時・戦時を問わず集団殺害を犯罪と規定し，防止と処罰を約束している。
世界人権宣言 1948年	全世界の人々と国家が達成すべき人権保障の基準を示した宣言。
難民条約 1951年〔1981年〕	難民(→p.148)の人権保護と難民問題解決をめざす。迫害される恐れのある国へ難民を送還してはならないと定めている。
人種差別撤廃条約 1965年〔1995年〕	あらゆる人種差別の撤廃をめざして，締約国にさまざまな措置を義務づけている。
国際人権規約 1966年〔1979年〕	世界人権宣言を具体化し，実施を各国に義務づけるため法的拘束力をもたせた。
女子差別撤廃条約 1979年〔1985年〕	男女平等をめざす。締約国にさまざまな措置を義務づけた。
子ども(児童)の権利条約 1989年〔1994年〕	18歳未満の子どもの権利を定めている。子どもを保護される対象としてだけでなく，人権を享有し，行使する対象として位置づけた。
死刑廃止条約 1989年〔未批准〕 →p.79	死刑の廃止を規定し，戦時の重い軍事犯罪以外，死刑の適用を認めていない。日本は死刑制度があるため，批准していない。
障害者権利条約 2006年〔2014年〕	すべての障害者の尊厳の重視，差別の禁止，社会参加の権利などについて定めている。

〔　〕は日本の批准年。

障害者権利条約(抄)

第1条【目的】 この条約は，すべての障害者によるあらゆる人権及び基本的自由の完全かつ平等な享有を促進し，保護し，及び確保すること並びに障害者の固有の尊厳の尊重を促進することを目的とする。

人種差別撤廃条約(抄)

第2条【締約国の基本的義務】 ①締約国は，人種差別を非難し，また，あらゆる形態の人種差別を撤廃する政策及びあらゆる人種間の理解を促進する政策をすべての適当な方法により遅滞なくとることを約束する。……
(c) ……人種差別を生じさせ又は永続化させる効果を有するいかなる法令も改正し，廃止し又は無効にするために効果的な措置をとる。

女子差別撤廃条約(抄)

第2条【締約国の差別撤廃義務】 締約国は，女子に対するあらゆる形態の差別を非難し，女子に対する差別を撤廃する政策をすべての適当な手段により，かつ，遅滞なく追求することに合意し，及びこのため次のことを約束する。……

第11条【雇用における差別撤廃】 ①締約国は，男女の平等を基礎として同一の権利，特に次の権利を確保することを目的として，雇用の分野における女子に対する差別を撤廃するためのすべての適当な措置をとる。

子ども(児童)の権利条約(抄)

第6条【生命に対する固有の権利】 ①締約国は，すべての児童が生命に対する固有の権利を有することを認める。
②締約国は，児童の生存及び発達を可能な最大限の範囲において確保する。

第12条【意見を表明する権利】 ①締約国は，自己の意見を形成する能力のある児童がその児童に影響を及ぼすすべての事項について自由に自己の意見を表明する権利を確保する。……

第22条【難民の児童等に対する保護及び援助】 ①締約国は，難民の地位を求めている児童又は……難民と認められている児童が，父母又は他の者に付き添われているかいないかを問わず，……適当な保護及び人道的援助を受けることを確保するための適当な措置をとる。

子どもの権利は，次の四つの柱からなっている。①生きる権利(すべての子どもの命が守られること)，②育つ権利(もって生まれた能力を十分に伸ばして成長できるよう，医療や教育，生活への支援などを受け，友だちと遊んだりすること)，③守られる権利(暴力や搾取，有害な労働などから守られること)，④参加する権利(自由に意見をあらわしたり，団体をつくったりできること)である。現代の日本で，そして世界で，これらの権利がどの程度保障されているか，考えてみよう。

解説 **人権の国際的保障の広がり**　F.ローズベルト米大統領によって提唱された**四つの自由**は，近代の人権保障の理念を簡潔にまとめたもので，第二次世界大戦後，さまざまな国際条約として具現化されてきた。人権保障を実現していくためには，子どもの権利をはじめ，集団虐殺や死刑制度，人種や性別による差別の廃絶など，さまざまな面からの国際的な取り組みが求められている。

Topic ハーグ条約

ハーグ条約(国際的な子の奪取の民事上の側面に関する条約)は，国際結婚の破綻などにより，一方の親の同意なく子ども(16歳未満)を国外に連れ去るなどのトラブルに対応するための条約である。グローバル化により重要度を増しており，世界で100か国以上の国が批准している(日本は2014年に批准)。ハーグ条約の下では，子どもがよりよい環境で暮らせることが第一に考えられ，国境をこえた親子の面会促進なども定めている。

なお，対象となる夫婦の国籍は問わず，日本人どうしの夫婦の間で国境をこえた連れ去りなどがあった場合にも，この条約が適用される。

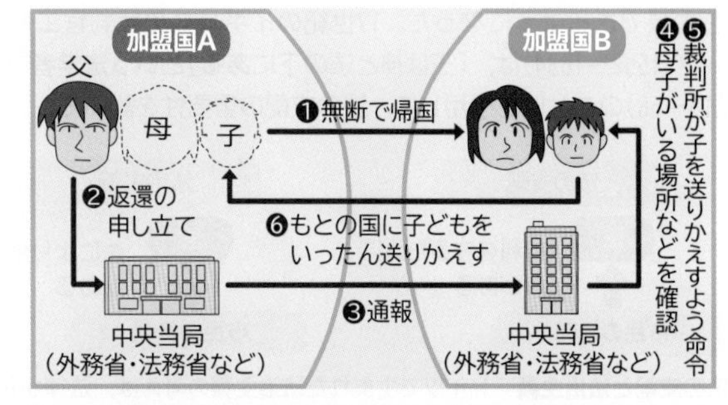

ハーグ条約のしくみ(母親が子どもを連れて帰国した場合)

確認▶世界人権宣言と国際人権規約の相違点は何だろうか。
活用▶これからの時代に，どのような人権保障のための取り組みが求められるのだろうか。

課題▶法の支配がめざすものは何だろうか。

クローズアップ 法律で決まったことはすべて正しい？

民主主義からも独裁が生まれる

　ヒトラー政権が誕生したワイマール共和国の憲法(➡p.59)は，当時，世界で最も民主的な憲法といわれた。そのワイマール共和国で，選挙という「民主的」な手続きによって生まれた政権が独裁をおこない，多くのユダヤ人の迫害など，非人道的な行為をおこなった。法の支配によって人々の権利を守ることと，手続きを合法的に進めることとは異なるのである。

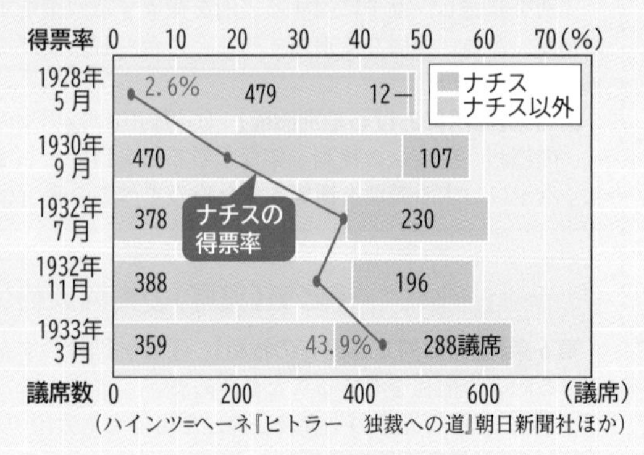

(ハインツ=ヘーネ『ヒトラー　独裁への道』朝日新聞社ほか)

➡**ワイマール共和国の国会議員選挙の推移**　ヒトラー(1889～1945)がひきいたナチスは，1933年に議会の多数決でナチスに無制限の立法権を与える全権委任法を成立させ，独裁的な権限を手に入れた。

⇧**演説するヒトラー**　20世紀のドイツで全体主義(**ファシズム**)を指導し，第二次世界大戦のきっかけをつくった。ヒトラーが大衆の支持を得た背景には，理性よりも感情に訴えるわかりやすいことばでの演説，広告・宣伝のたくみな利用などがあるといわれる(➡p.107)。

1 法の支配

Q 法の支配と人の支配の違いは何だろうか。

人の支配

王・君主・独裁者

法を制定

国　民

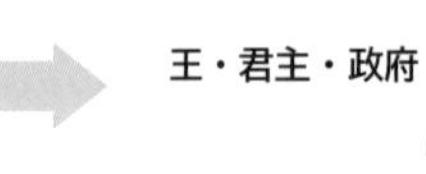

法の支配

王・君主・政府

国　民

解説 **人の支配から法の支配へ**　絶対王政の下では，君主が自由に法の制定，改廃をおこなうことができた(**人の支配**)。それに対し，イギリスで発達した**法の支配**は，君主といえども法に服さねばならないとする考え方である。これにより，国民は君主に対して法に基づいて自由と権利を主張できるようになった。17世紀のイギリスの裁判官エドワード＝コーク(1552～1634)は，「王は神と法の下にある」という法学者ブラクトン(1216～68)のことばを引用して，法の支配の重要性を説いた。

法の支配

権利を守るために法がある

市民の権利

法治主義

法により権利がある

市民の権利

⇧**法の支配と法治主義**　ドイツで生まれた**法治主義**の考えは，法律が正式な手続きによって制定されているという形式を重視するもので，「法律で定めればその内容は問わない」という考えと結びつくこともある。

確認▶法とは何のためにあるのかをまとめよう。
活用▶法の支配を実現するために何が求められるのだろうか。

2 権力分立

⇧**モンテスキュー**
(1689～1755)

モンテスキュー『法の精神』
　もし同一の人間，または貴族か人民のうちの主だった者の同一団体がこれら3つの権力，すなわち法律を定める権力，公共の決定を実行する権力，罪や私人間の係争を裁く権力を行使するならば，すべては失われるであろう。(『世界の名著28』中央公論社)

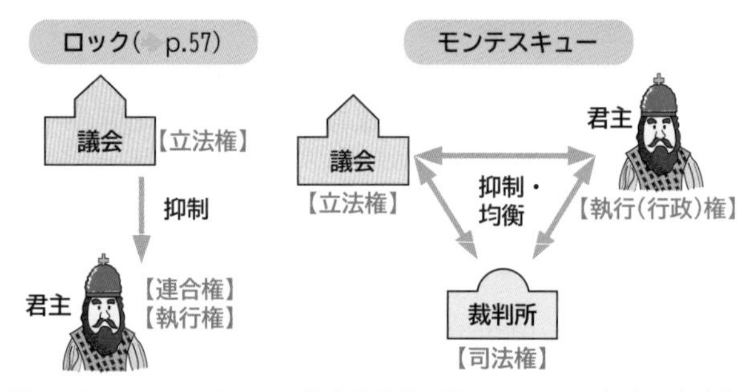

⇧**ロックとモンテスキューの権力分立論の違い**　ロックの場合，立法権がほかの二つの権力に優越するのに対し，モンテスキューの場合，三権が平等に均衡している。

解説 **チェック・アンド・バランス**　モンテスキューは，著書『**法の精神**』のなかで**三権分立**(➡p.100)の考えを示した。彼は権力の濫用を防止し，国民の自由を確保するために，国家権力を立法権，執行(行政)権，司法権の三権に分け，相互の**抑制と均衡**(チェック・アンド・バランス)を保つべきだと説いた。

ゼミナール 立憲主義

用語解説 法の支配，法治主義，ファシズム，権力分立，立憲主義➡p.278

憲法は，私たちが生まれた時から当たり前のようにあり，学んできた。しかし，そもそも憲法とは何のためにあるのだろうか。普通の法律とは何が違うのだろうか。憲法がなかったとしたらどうなるのだろうか。ここでは，「立憲主義」ということばをもとに憲法について考えよう。

リーダーがするべきこととは

おい！
開始30分前に来て俺の道具用意しとけっていったたろ！
罰として校庭30周！
すみません！

サッカー部のキャプテン，横暴すぎない？

サッカーをしたいのに，キャプテンがつくった勝手な規則にふり回されるのはたくさんだ！
そうだそうだ!!

これじゃ部が成り立たないよね。
リーダーがするべきことって何だろう？

憲法を守る義務は誰にある？

ユウト▷学校に校則，部活動に規則があるように，国には憲法や法律があるよね。

はるか▷日本国憲法などの憲法と民法などの法律って，何が違うんだろう？　なんとなく憲法の方が「エライ」イメージだけど……。

高橋先生▷では，教科書や資料集などに載っている日本国憲法の第99条を見てごらん(➡p.275)。

はるか▷「天皇又は摂政及び国務大臣，国会議員，裁判官その他の公務員は，この憲法を尊重し擁護する義務を負ふ」とあるね。

高橋先生▷そこで何か気づいたかな？

ダイチ▷あ，僕たち「国民」のことは書いてない！

高橋先生▷そうなんだ。憲法というのは国家権力，つまり，政治をする側を縛るものなんだよ。

さくら▷基本的人権などの国民の権利を，権力者が勝手に侵害することがないようにするのが憲法の存在意義なんだね。

高橋先生▷さくらさんがいうように，最高法規である憲法により，政治権力を制限するという考えを**立憲主義**というんだ。

ユウト▷憲法によって国民の権利は守られているんだね。

国民は法律に縛られている？

はるか▷では，憲法と法律はどう違うの？

高橋先生▷憲法も広い意味では「法」(➡p.72)だけど，憲法が政府を縛るものなのに対し，一般の法律は社会秩序を守るためのルールで，おもに私たちの行動を規制しているよ。

ダイチ▷法律は国会議員がつくっているんだから，やっぱり僕たちは権力者に縛られていることになるんじゃないの？

高橋先生▷鋭いところに気づいたね。確かに立法権は国会にある(➡p.113)。だけど，憲法に違反する法律は無効なんだよ。

ユウト▷国民との約束である憲法に反した法律を権力者が制定して，不当に国民の権利を侵害するようなことはできないんだね。

さくら▷そうすると，国民の権利を守るという約束通りに政治がおこなわれているか，チェックしていく必要があるね！

高橋先生▷憲法がないと，権力者が好きなように法律を制定して国民を苦しめることもできるからね。その意味で憲法は「民主主義の生命線」といわれるんだ。

はるか▷私たちは法律を守るだけではなく，政治が憲法の趣旨通りにおこなわれているか見守って，主権を行使する必要があるんだね。

憲法の本質

国家の基本法
- ・ほかの法令を根拠づける
- ・憲法に違反する法令は無効（最高規範性）

立憲主義の確立
- ・国家権力を制限する

目的：国民の権利を擁護

①憲法で国家権力を縛る
権力者による恣意的な政治

権力者も憲法に従い，統治

②権力分立，人権を守る
国家権力が集中すると，人権が抑圧される危険

憲法で権力を分ける（三権分立）。人権保障

③多数決の横暴を防ぐ
多数決だけでは人権を守れない恐れ

違反があれば，裁判所が止める

憲法は権力を閉じこめる檻である　憲法は国家権力を縛ることを第一の目的としている。そして，権力の暴走を防ぐために権力分立のしくみが必要となる。国会の多数決だけでは人権を守ることはできないかもしれない。だからこそ，権力分立のしくみにのっとって，違憲審査権(➡p.95)がある。

ふりかえり

- □ 憲法により政治権力を制限し，基本的人権を保障するという考え方を立憲主義という。
- □ 憲法に反した法律などは無効である。その意味で，憲法は民主主義の生命線である。
- □ 私たちは，政治が憲法の精神にのっとっておこなわれているかを見守っていかなければならない。

世界の政治体制

課題▶世界の国々はどのようなしくみで政治をしているのだろうか。

が国のリーダーだ！～各国のリーダーと政治体制

大統領制

私たちは国民から選ばれた大統領だ。国の政治には私が全責任を負う！

↑バイデン大統領

↑プーチン大統領

議院内閣制

私たちは議会から選ばれて首相になった。つねに議会と連携して政治をしていく。

↑岸田文雄首相

↑スナク首相

国のリーダーといっても，いろんな形があるんだね。

↑大統領と首相がともに存在する。大統領は外交，首相は内政の責任者と位置づけられるが，大統領の権限が大きい。

権力集中制

私の国では共産党の指導の下，全国人民代表大会が全権を握っているんだ。

↑習近平国家主席

↑大統領と首相がともに存在し，首相が政治の方針を決める。大統領は国家元首だが，法案成立の拒否権もなく，政治的実権はない。

1 イギリスの政治制度～議院内閣制

Q イギリスの政治が日本と似ている点・異なる点は何だろうか。

国王
行政　立法　司法
任命（国王→司法委員会・枢密院・首相・最高裁判所）　解散　任命
枢密院　首相　内閣
司法委員会　最高裁判所
信任　連帯責任
議会：下院（庶民院）任期5年 650名／上院（貴族院）任期・定員不定
選挙
国民（18歳以上に選挙権）

憲法	明文化された憲法はなく(不文憲法)，マグナ・カルタ，権利章典などの法律や，コモン・ロー(判例法)が憲法の役割をもつ。一般の法律と同様の手続きで改正できる(軟性憲法)。
元首	国王(世襲制)……「君臨すれども統治せず」といわれ，政治上の実権はもたない立憲君主制である。
立法	議会が最高の立法機関。上院と下院の二院制，下院優越の原則。 上院……内閣が推薦する一代貴族，イギリス国教会の大主教らで構成。 下院……内閣不信任ができる。解散がある。
行政	内閣……首相は原則として下院の多数党の党首が選出される。 内閣と議会の関係……内閣は下院に対して連帯して責任を負う。下院が内閣を不信任にした時，内閣は，総辞職するか下院を解散して国民に信を問うかしなければならない。
司法	イギリス本国の最高司法機関は最高裁判所。イギリス連邦の最高司法機関は司法委員会。
政党	保守党と労働党の二大政党が政権を争ってきたが，多党化が進む。 保守党……有産階級を基盤とする自由主義政党。 労働党……議会主義による社会主義実現をめざす，労働者階級を基盤とした社会民主主義政党。

↑**イギリス下院の議場**　与野党の席が向かいあっており，足元には「**剣線(ソードライン)**」が引かれている。「剣を抜いても届かないところ」という意味で，議員はそれぞれこの線をふみ出してはならない。これは，議会はあくまで話しあいで解決する場所であることの象徴である。

解説 **民主政治の原点**　イギリスでは，17世紀の市民革命によって絶対王政が倒され，18世紀には内閣が議会に対して責任を負う**議院内閣制**(責任内閣制)が確立した。首相を任命するのは国王(現在はチャールズ 3 世)だが，基本的には選挙で選ばれた下院の第一党の党首が首相に就任する。一方，野党は**影の内閣**(シャドー・キャビネット)を組織して政権交代にそなえており，国から運営費も支給されている。

一般教書演説　法案提出権をもたないアメリカの大統領が，議会に対して成果や内政・外交上の課題について報告する演説(または文書)のことをいう。テレビでの生中継もあり，大統領の考えを広く国民にも伝える場となっている。

2 アメリカの政治制度～大統領制

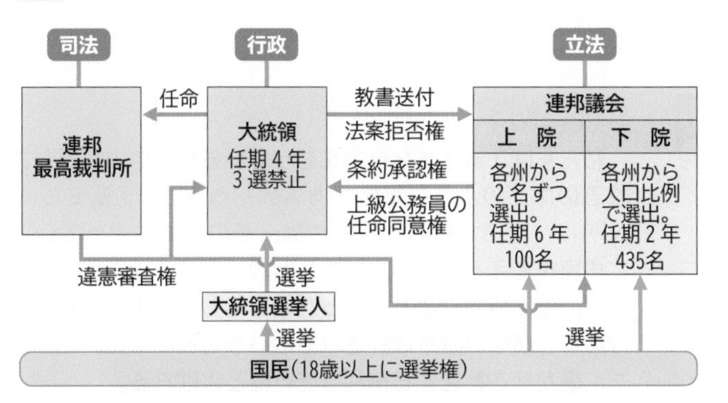

憲法	1787年に制定された成文憲法。改正には一般の法律よりも厳しい手続きが求められる(硬性憲法)。
元首	**大統領**(任期4年) 行政の最高責任者でもあり，連邦議会議員とは別に間接選挙で選出される。陸・海・空軍の最高司令官でもあり，条約締結権など強大な権限をもつ。 **議会との関係**……議会に対し責任を負わない。教書を送付して，議会に立法措置を要請・勧告。議会の可決した法案への拒否権をもつ。
立法	議会は上院と下院の二院制。対等な立法権をもち，解散がない。 **上院**……条約の締結・高級官吏の任命同意権で下院に優越。 **下院**……予算先議権，官吏弾劾権で上院に優越。
行政	**内閣**……上院の助言と承認の下で大統領が任命した15省15長官で構成される大統領の諮問機関。
司法	議会が制定した法律に対して違憲審査権をもつ。
政党	民主党と共和党の二大政党制。 **民主党**……労働者らに支持基盤をもつ。国際協調主義をとる。 **共和党**……資本家らに支持基盤をもつ。保守的な傾向が強い。

解説 **厳格な三権分立**　アメリカの**大統領制**は，モンテスキューの三権分立の理論(→p.62)に最も忠実である。行政権をもつ大統領と，立法権をもつ議会とは完全に分離している。大統領は議会への法案提出権がなく，議会の解散権ももたない(議会には不信任決議権もない)。また，大統領は議会の決定には拒否権をもつ。

3 中国の政治制度～権力集中制

Q 中国の政治制度がイギリスやアメリカと違う点はどこだろうか。

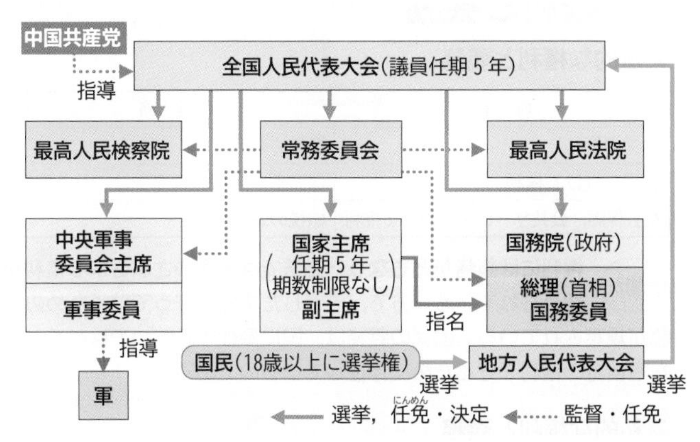

憲法	1949年の建国以来， 4回憲法が制定された。
元首	**国家主席**(任期5年)……全国人民代表大会で選出される。憲法上は儀礼的な存在だが，現在は事実上強大な権力をもっている。
立法	全国人民代表大会(全人代)の一院制。全人代が最高の国家権力機関で立法機関。全人代が閉会中は，常設の機関のうち最高機関である全国人民代表大会常務委員会が立法権を担う。
行政	全人代の執行機関である国務院が内閣に相当。国務院総理(首相)は国家主席の指名に基づいて全人代が決定する。
司法	人民法院が裁判機関であり，最高人民法院が最高の司法機関である。
政党	憲法の前文で「中国の各民族の各人民は，引き続き中国共産党の指導の下に」と規定され，事実上，共産党が政治の実権を握っているが，ほかにも政党は存在している。また，党政分離が徐々に進んでいる。

解説 **全人代に権力集中**　中国は1949年の建国後，人民民主主義に基づく**権力集中制**を採用している。憲法で中国共産党の指導的立場を強調しており，全人代も実質的には中国共産党の影響下にある。1966年以降，文化大革命などの政治的動揺があり，憲法や政治機構もたびたび改められたが，その根幹は変わらない。1980年代より改革開放政策(→p.183)が本格化し，経済の自由化が進む一方で，民主化を求めた人々が武力で弾圧される天安門事件(→p.141)が起きるなど，政治的には共産党の指導体制を堅持している(社会主義市場経済)。今後，事実上の共産党一党独裁と国民の要求をどう調和させていくのかが注目される。

4 そのほかの政治体制

■宗教が政治を指導

多くの国では日本のように政教分離(→p.74)が採用されているが，イランでは，イスラーム共和制とよばれる宗教と政治が一体化した政治体制がとられている。イランは18歳以上の国民により選ばれた大統領による大統領制であるが，大統領は宗教的な最高指導者の指導下にある。

⇒イランの最高指導者，ハメネイ師

■依然として続く世襲制

北朝鮮では，1948年の建国以来，建国者金日成，その子金正日，そして現在の金正恩委員長と世襲による独裁体制が続いている。北朝鮮の核開発や人権侵害はたびたび国際的にも非難を受けているが，強引な独裁体制は変わっていない。

⇒朝鮮労働党(北朝鮮の支配政党)の党大会に出席する金正恩委員長

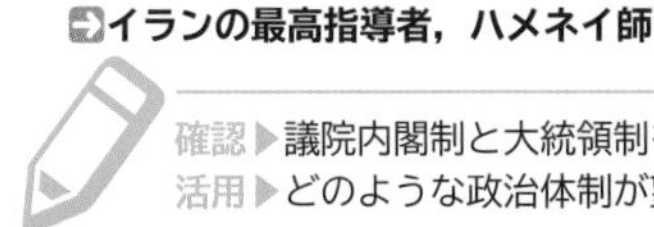

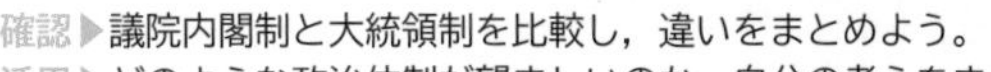
確認▶議院内閣制と大統領制を比較し，違いをまとめよう。

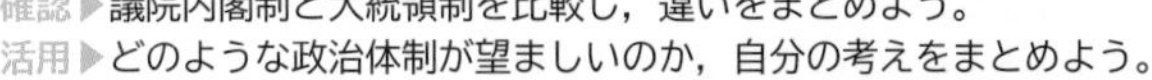
活用▶どのような政治体制が望ましいのか，自分の考えをまとめよう。

自由・権利と責任・義務

課題▶自由であるとは，どのようなことなのだろうか。

クローズアップ 他人に迷惑をかけなければよい？

食べすぎじゃないの？

こんな吹雪のなか登るのは，
危険じゃないの？

悪いとわかっていても……　人は悪いとわかっていることをしてしまう時がある。他人に迷惑をかけなければ，それでよいのだろうか。たとえば不健康な生活をしたことによって病気になれば，保険料などで社会にも負担をかけることになるかもしれない。人はどこまで自分の行為に責任を負うべきなのだろうか。

他人に迷惑をかけなければ，何をしてもいいんじゃないの？

自由に行動するということは，その結果には自分で責任を負うということでもあるよ。

他者危害の原則と愚行権

私たちはさまざまな自由をもっているが，自由が規制されるのはどのような場合があるのだろうか。J.S.ミル(➡p.39)は，自由が制限されるのは，その行為によって他人に危害を加える場合のみであると説いた。この考え方によれば，仮に愚かなことであったとしても，他人に迷惑をかけることがない限りは許されるということになる。こうした，愚かなことをする権利は愚行権とよばれる。

「愚かな行為」はどこまで認められるのだろうか。またその判断は誰がするのだろうか。

1 自由と責任

物と人間の本質と実存

●物(ペン)　本質は存在に先立つ

本質　書くための道具 → 存在　書くものを製作

●人間　実存は本質に先立つ

実存　何者でもない → 選ぶ → 思いやりある行動　人間は行動によって何者かになる → 本質　思いやりのある人

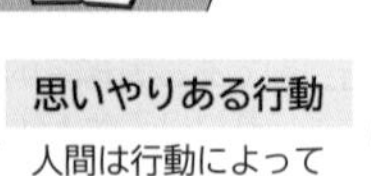

解説　**実存は本質に先立つ**　ものを書くことがペンの本質であるとすれば，人間の本質とは何だろうか。フランスの哲学者**サルトル**(1905～80)は，人間は本質が決められる前に，今ここに実存しているものとした。だからこそ人間は，自分自身の本質をみずからつくりあげていかなければならない。自分自身をどのように実現していくかは「自由」であるが，自由であるがゆえに，私たちは「責任」も負っている。自由とは重い責任を負って逃れられない「刑」でもある。

人間は自由という刑罰
に処せられている。

サルトル(左)**とフランスの作家ボーヴォワール**(右)　サルトルとボーヴォワール(➡p.252)は，社会の枠組みにとらわれず，たがいの自由を尊重した契約結婚をして生涯をともにした。ボーヴォワールは，「人は女に生まれるのではない。女になるのだ」と述べて男性中心の社会によって定義された「女性」像を否定し，女性解放運動に取り組んだ。

2 権利と義務

法的な権利と義務

権　利	義　務
勤労の権利	勤労の義務
教育を受ける権利	保護者が子に教育を受けさせる義務
社会保障，公共サービスを受ける権利	納税の義務

解説　**権利には義務がともなう**　憲法では国民のさまざまな権利が認められている一方で，そうした権利を守っていくための義務が規定されている。国民の義務は，国に奉仕するためではなく，私たち自身の権利を守るために存在しているのである。

私的な権利と義務

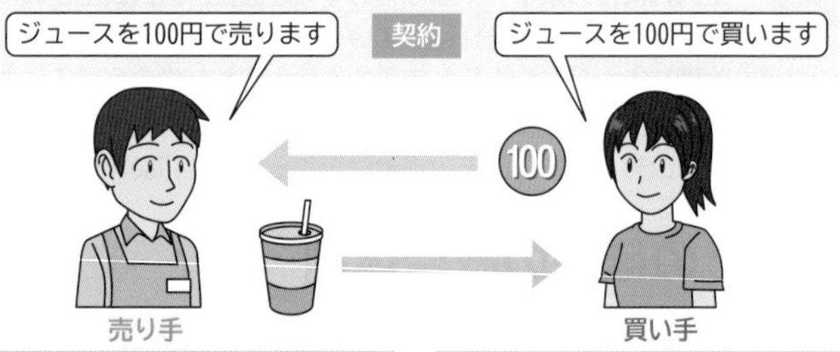
ジュースを100円で売ります
契約
ジュースを100円で買います
100
売り手
買い手
買い手に100円を請求する権利(債権)
売り手に100円を支払う義務(債務)
ジュースを買い手に引き渡す義務(債務)
売り手からジュースを受け取る権利(債権)

解説　**日常生活と契約**　私たちがふだん何気なくしている買い物も，法的には**契約**(➡p.90)に基づく権利と義務の関係としてとらえられる。契約に基づいて代金などをもらう権利のことを債権，代金などを提供しなければならないという義務のことを債務という。私たちは自由に契約を結び，権利と義務をおたがいに遂行することによって，国家権力に頼らず，人とモノやサービスをやりとりすることができる。このことを**私的自治の原則**という。

確認▶「人間は自由という刑罰に処せられている」とはどのような意味か考えよう。
活用▶日常生活における権利と義務の関係にはどのようなものがあるか考えよう。

私たちの義務と責任

用語解説 実存，ハラスメント→p.278

私たちはどのように生きるべきなのだろうか。自由を享受し，さまざまな権利とともに生活している今日においても，こうした問いから逃れることはできない。それは，私たちが他者とともに生きる存在だからである。他者とともに公共的な空間を築きあげていく義務と責任について，先哲のことばから考えよう。

なぜハラスメントはいけないの？ ▶ 他者に対する義務

ハラスメントとは，「他者に対する嫌がらせ」である。社会には，さまざまなハラスメントが存在する。私たちは他者と接する時，どのようなことに気をつけなければならないのだろうか。

Q 社会にはどのようなハラスメントがあるか，調べよう。
例：**セクシュアル・ハラスメント**(セクハラ)……性的な嫌がらせ(性的な言動，性的関係の強要など)
パワー・ハラスメント(パワハラ)……立場を利用した嫌がらせ(上司の部下に対する無謀な要求，根拠のない罵倒など)

カントの考えをもとにすると(→p.40, 54)

人はすべて人格として尊重される。

ハラスメントは，他者の人格の尊厳を無視して，自分の満足のための手段としておこなう行為であり，許されるものではない。

J.S.ミルの考えをもとにすると(→p.39)

他者に危害を加えることは，自由にしてはならない。

ハラスメントは，他者に精神的な(時に身体的にも)危害を加えるものであるから許されない。嫌がらせをして満足するのは低級な喜びである。

ロールズの考えをもとにすると(→p.41)

最も恵まれない立場の人が可能な限り利益を受ける社会をつくるべきだ。

ハラスメントの背景には，社会的な立場の強弱がある。社会的に不利な人をさらに苦しめる社会であってはならない。

孔子の考えをもとにすると(→p.42)

己の欲せざるところ，人にほどこすことなかれ。

自分も嫌がらせを受けたくはないだろう。人にされたくないことを人にしてはならない。仁の心を身につけた君子をめざすべきである。

さまざまな不平等をめぐって ▶ 社会に対する責任

フランス人権宣言(→p.59)では，「人は，自由かつ権利において平等」と掲げられた。しかし，いまだにこの社会にはさまざまな面で不平等が残る。不平等に対して私たちはどのように向きあうべきなのだろうか。

Q 社会にはどのような不平等があるか，考えよう。
例：経済格差……日本はかつて「一億総中流社会」とよばれたが，近年では正規雇用と非正規雇用の間の経済格差が増大(→p.161)しており，ワーキングプアなどの問題もある。
男女の格差……進学先や会社内での昇進に差がある(→p.163)など，男女の社会的立場には依然として格差が見られる。

イエスの考えをもとにすると(→p.29)

無条件の愛(アガペー)を実践しなければならない。

私たちは神にならって，弱き者たちをこそ愛し，大切にするべきである。

マルクスの考えをもとにすると(→p.182)

私たちは世界を変革するべきである。

労働者の搾取によって成り立つ資本主義社会を打倒し，労働者による平等な社会主義国家を実現しなければならない。

ボーヴォワールの考えをもとにすると(→p.66)

人は女に生まれるのではなく，女になるのだ。

女性は，男性中心の社会において「もう一つの性」と定義されてきた。女性解放のために動いていかなければならない。

福沢諭吉の考えをもとにすると(→p.33)

天は人の上に人を造らず。

出身や身分によって機会が制限されるべきではない。経済的事情や性別によって学ぶ機会が失われてはならない。

日本国憲法に生きる基本的原理

課題▶公共的な空間における基本的原理は，日本国憲法にどのようにあらわれているのだろうか。

クローズアップ 公共的な空間における基本的原理と日本国憲法

基本的原理	日本国憲法の内容
人間の尊厳と平等，個人の尊重（➡p.54～55，58～61）	●前文で，すべての人間が戦争や貧困，支配などから解放されて尊厳が確保されることをめざすと示す。 ●「すべて国民は，個人として尊重される」（第13条）として，基本的人権を保障 ●「すべて国民は，法の下に平等」（第14条）
民主主義（➡p.56～57）	●国家権力を立法権・行政権・司法権の三権に分立し，国会の信任に基づいて内閣が存在する議院内閣制を採用。
法の支配（➡p.62～63）	●憲法を最高法規とし（第98条1項），裁判所に違憲審査権（第81条）を定める。
自由・権利と責任・義務（➡p.66～67）	●基本的人権を保持し濫用してはならず，公共の福祉のために利用する責任（第12条）を定める。

基本的原理をふまえて，それぞれの条文を読むと，また新しい発見がありそうだね。

日本国憲法は，国民主権（➡p.100）・基本的人権の尊重（➡p.72）・平和主義（➡p.128）の三大基本原理をもちながら，自然権思想（➡p.57）や立憲主義（➡p.63）の思想を背景とした，公共的な空間における基本的原理を実現するための内容が示されている。

⬅**GHQが作成した新憲法啓蒙のためのポスター**　大日本帝国憲法下の民法では身分の差があり，女性は男性よりも低い位置に置かれていた。しかし，日本国憲法では法の下の平等（第14条）が規定され，すべての国民は身分や性別などによって差別されないことが示された。

1 日本国憲法と大日本帝国憲法（明治憲法）

憲法とは国家権力を規制するもので，私たちの行動を規制することもある法律とは性格の異なるものである（➡p.63）。

日本国憲法		大日本帝国憲法
1946年11月3日公布 1947年5月3日施行	公布（発布） 施行	1889年2月11日発布 1890年11月29日施行
一元的憲法（唯一の最高法規） 民定・硬性[1]・成文憲法	特徴	二元的憲法（皇室典範とともに最高法規） 欽定[2]・硬性・成文憲法
国民主権	主権	**天皇主権**
象徴天皇制	天皇の地位	神聖不可侵，国の元首
国事行為のみ	天皇の権限	統治権の総攬[3]者
権力分立	権力分立制	天皇大権中心
恒久平和主義（戦争放棄・戦力不保持・交戦権否認）	戦争・軍隊	**天皇に統帥権[4]** 兵役義務
永久不可侵の権利 **社会権的基本権まで保障**	国民の権利	**「臣民[5]」としての権利** 自由権的基本権のみ，**法律の留保**
国権の最高機関，唯一の立法機関 二院制，民選，衆議院の優越	国会	天皇の協賛[6]機関 二院制，貴族院は非民選，両院対等
行政の執行機関 議院内閣制 国会に対して連帯責任を負う	内閣	天皇の輔弼[7]機関 官僚内閣制 天皇に対してのみ責任を負う
司法権の独立 違憲審査権あり 特別裁判所禁止	裁判所	天皇の名による裁判 違憲審査権なし 軍法会議などの特別裁判所の設置
地方自治の本旨を尊重	地方自治	規定なし
国会発議➡国民投票	憲法改正	天皇発議➡議会の議決

❶硬性憲法…改正の際，一般の法律よりも厳格な手続きを必要とする憲法（➡p.70）。
❷欽定憲法…国王や天皇などの君主によって制定された憲法。
❸総攬………一手に握ること
❹統帥権……軍の最高指揮監督権のこと。大日本帝国憲法では，統帥権の独立が定められ，内閣や議会も軍部をコントロールできなかった。
❺臣民………天皇の臣下としての国民。
❻協賛………事前に審議し，同意すること。
❼輔弼………君主が政治をおこなうのをたすけること。

解説 **まったく新しい憲法**　**日本国憲法**は手続き上，**大日本帝国憲法**の改正という形で制定された。しかし日本国憲法は，**国民主権**，**基本的人権の尊重**，**平和主義**という三つの基本原理をもち，内容的には大日本帝国憲法と異なる新しい憲法である。

●象徴天皇制について
支持 85%｜反対 13｜不明 2

●戦争放棄の条項について
必要 70%｜必要なし 28｜その他 2
草案修正の必要性　なし 56｜必要14－自衛権留保など

●国民の権利・自由・義務について
草案支持 65%｜修正必要 33｜その他 2

●国会の二院制について
賛成 79%｜反対 17｜その他 4

⬆**国民の憲法に対する意識**（「毎日新聞」1946年5月27日）　当時の国民の多くが，日本国憲法で示された象徴天皇制や戦争放棄などを支持した。

プラスα　**戦前の子どもは父親の所有物**　大日本帝国憲法下での民法では，妻はさまざまな権利の行使について「無能力者」と規定され，財産や子どもは夫の所有物とされていた。

2 日本国憲法の制定過程

ポツダム宣言には，軍国主義の解体，民主主義の復活強化，基本的人権の尊重など，日本国憲法の三大基本原理に通じる内容が盛りこまれている。

年	月日	できごと
1945.	8.14	ポツダム宣言受諾
	10.11	マッカーサー，五大改革指令。憲法の自由主義化を指示
	12.27	民間の憲法研究会が「憲法草案要綱」発表
1946.	1. 1	天皇の「人間宣言」
	2. 1	毎日新聞，松本案(政府の憲法改正案)をスクープ
	2. 3	マッカーサーが三原則を示してGHQ民政局に憲法草案づくりを指示
	2. 8	政府が松本案をGHQに提出
	2.13	GHQが松本案を拒否，マッカーサー草案を提示
	3. 6	政府が「憲法改正草案要綱」発表
	4.10	新しい選挙法による衆議院議員総選挙➡39名の女性議員が誕生
	4.17	政府が「憲法改正草案」を発表
	6.20	政府が憲法改正案を帝国議会に提出➡10. 7可決
	11. 3	日本国憲法公布
1947.	5. 3	日本国憲法施行

五大改革
①男女同権
②労働者の団結権
③教育の自由主義化
④専制政治からの解放
⑤経済の民主化

➡**第90回帝国議会(衆議院)での，初の女性議員**(1946年5月16日)

■マッカーサー三原則

1　天皇は国の元首(at the head of the state)である。
皇位は世襲される。天皇の職務および権能は，憲法に基づき行使され，憲法に示された国民の基本的意思に応えるものとする。
2　国権の発動たる戦争は廃止する。
日本は，紛争解決の手段としての戦争，さらに自己の安全を保持するための手段としての戦争をも放棄する。日本は，その防衛と保護を，今や世界を動かしつつある崇高な理想に委ねる。
　日本が陸海空軍をもつ権能は将来も与えられることなく，交戦権が日本軍に与えられることもない。
3　日本の封建制度は廃止される。

解説 **GHQに拒否された松本案**　ポツダム宣言を受け入れた日本は憲法を改正する必要があったが，日本政府は改正の意欲を見せなかった政府の憲法改正案(松本案)が大日本帝国憲法と大差ないことを知った連合国軍総司令部(GHQ)の総司令官マッカーサーは，三原則をGHQ民政局に示し，憲法草案を作成させた。

■ポツダム宣言(ひらがな部分，原文はカナ書き)

9　**【軍隊の解体】**　日本国軍隊は完全に武装を解除せられたる後各自の家庭に復帰し平和的且生産的の生活を営むの機会を得しめらるべし
10　**【民主主義傾向の強化】**　……日本国政府は日本国国民の間に於ける民主主義的傾向の復活強化に対する一切の障礙を除去すべし。言論，宗教及思想の自由並に基本的人権の尊重は確立せらるべし
13　**【日本国政府への要求】**　吾等は日本国政府が直に全日本国軍隊の無条件降伏を……同政府に対し要求す。右以外の日本国の選択は迅速且完全なる壊滅あるのみとす

解説 **無条件降伏を要求**　1945年7月17日，ドイツのポツダムで，連合国のうち3か国の首脳(アメリカ：トルーマン，イギリス：チャーチル，ソ連：スターリン)による会談が開かれ，対日方針が話しあわれた。7月26日，連合国は**ポツダム宣言**を発表して日本に無条件降伏を促した。宣言は13項目からなり，日本に軍国主義の除去と民主主義の定着を要求するものであった。

■議会での憲法草案に対するおもな修正

	修正前	修正後
前文	国民の総意が至高なるものであることを宣言すべし	主権が国民に存することを宣言し
第1条	日本国民の至高の総意	主権の存する日本国民の総意
第9条	【追加】「日本国民は，正義と秩序を基調とする国際平和を誠実に希求し」「前項の目的を達するため」	
第25条	【追加】「すべて国民は，健康で文化的な最低限度の生活を営む権利を有する。」	
第27条	勤労の権利を有する	勤労の権利を有し，義務を負ふ
第44条	社会的身分又は門地によって	社会的身分，門地，教育，財産又は収入によって
第66条	【追加】「内閣総理大臣その他の国務大臣は，文民でなければならない。」	

解説 **帝国議会でも修正**　大日本帝国憲法改正案(日本国憲法草案)は，第90回帝国議会で審議され，修正を加えて可決された。この議会の衆議院議員は，女性参政権が実現した普通選挙制によって選ばれた議員であった。

Topic 天皇主権から国民主権へ

　大日本帝国憲法では，天皇は「神聖ニシテ侵スヘカラス」とされ，主権は天皇にあった。第二次世界大戦後，昭和天皇はいわゆる「人間宣言」をおこない，みずからの神性を否定した。日本国憲法の制定により，日本は国民が主役の国に生まれ変わったのである。

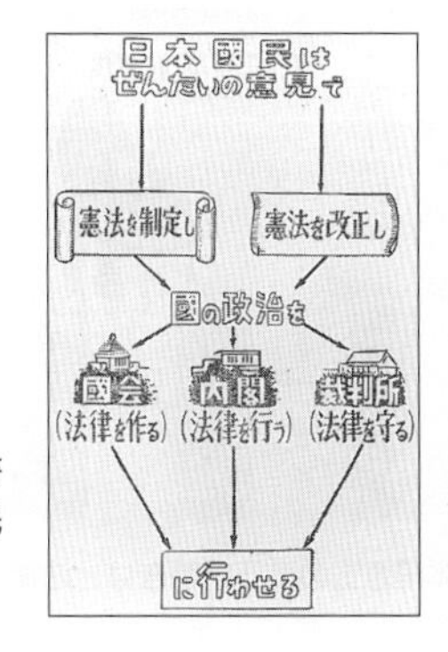

➡**国民主権に転換**　1947年に文部省が中学生向けの憲法の教科書として発行した『あたらしい憲法のはなし』の挿し絵である。国民主権とはどのようなものかをわかりやすく図解している。

⬆**マッカーサー(左)と昭和天皇(右)**

確認▶日本国憲法と大日本帝国憲法の違いをまとめよう。
活用▶公共的な空間における基本的原理が，日本国憲法でどのように生きているか確認しよう。

日本國憲法公布記念祝賀 都民大會
憲法公布から70年以上たったけど，時代にあわせて見なおす必要があるのかな。

⇧皇居前広場で日本国憲法の公布を祝う人々(1946年11月3日)

いまを読み解く

憲法改正は必要だろうか

日本国憲法は施行されて以来，一度も改正されていない。この間，憲法を改正しようとするさまざまな動きが見られた。私たちの国のあり方を定める憲法はどうあるのが望ましいか，考えよう。

課題の把握　憲法改正の手続きと世論の動向

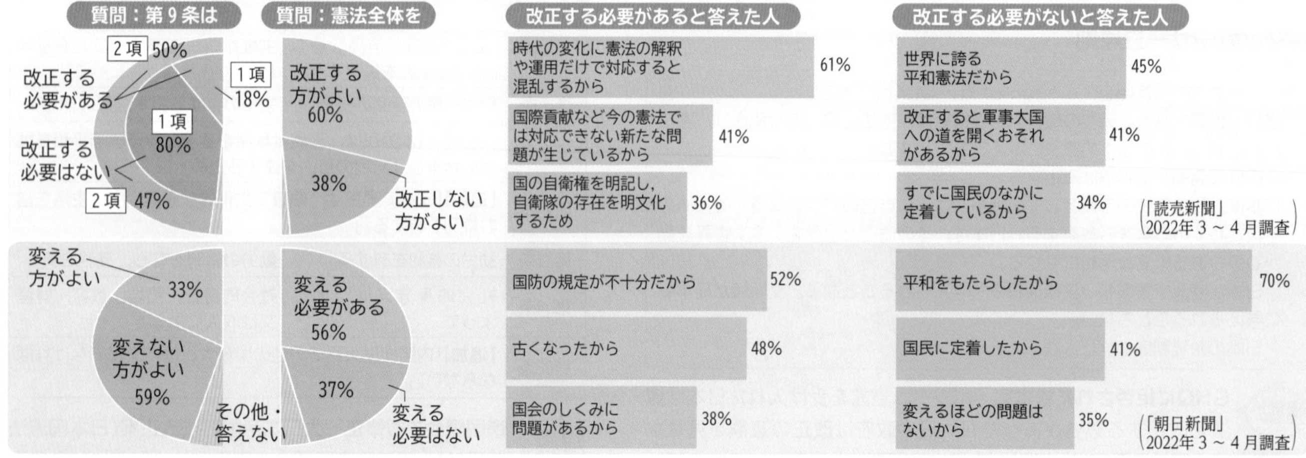

※憲法審査会が憲法改正原案を提出(発議)することもできる。

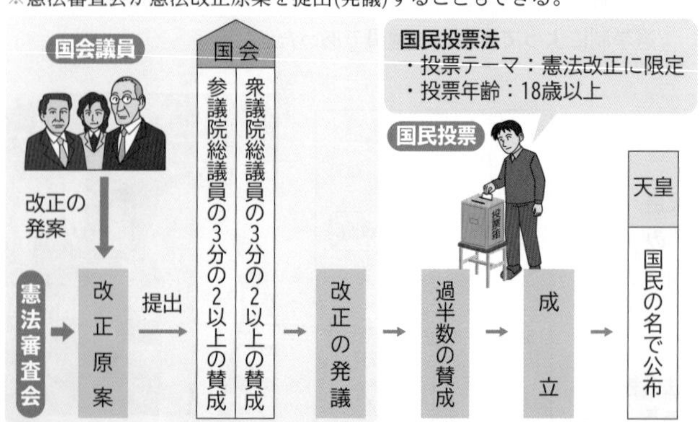

⇧**日本国憲法改正の手続き**　日本国憲法の改正手続きは，法律よりも厳しいものとなっている(硬性憲法)。

新聞によって世論調査の結果が異なっている(➡p.106)から，いろいろな新聞を比較してみよう。

解説　**長く続く憲法改正の議論**　**憲法改正**の議論は，今に始まったことではない。1955年，「憲法の自主的改正」を党の使命とする自由民主党が成立し，憲法改正反対を主張する社会党(当時)と激しく対立したが，議論の進展は見られなかった。

冷戦終結後の湾岸戦争の際には国際貢献としての自衛隊の派遣(➡p.133)が問題となり，改めて憲法改正に注目が集まることになった。2010年には憲法改正の具体的な手続きなどを定めた**国民投票法**が施行され，憲法改正原案などを審議する憲法審査会が衆参両院に設置された。

一方，世論調査では憲法改正について国民の賛否が分かれており，世論は定まっていない。憲法改正にはさまざまな論点があり，今後の動きが注目される。

用語解説 国民投票法➡p.278

考える視点 A 憲法改正の論点～第9条と自衛隊

積極的 ↑↓ 否定的

自民党	憲法に自衛隊を明記。
日本維新の会	第9条改正，緊急事態条項を積極的に議論。
国民民主党	第9条について具体的に議論を進める。
公明党	多くの国民は自衛隊を違憲と考えず，第9条の改正は慎重に議論。
立憲民主党	現在の自民党の自衛隊明記案は，専守防衛に反するので反対。
社民党	第9条改正に反対。憲法違反の安保法制などは廃止。
共産党	第9条改正に反対。平和主義，人権保障を実現。

⬆第9条の改正に反対する人々(2019年)

⬅おもな政党の第9条改正に対する立場(「読売新聞」2022年6月22日などを参照) 党名は当時のもの。

解説 **第9条の改正に絞ると** 世論調査では，憲法改正自体の賛否はおよそ半々に分かれるものの，第9条に絞ってみると，その改正には慎重な意見も多い。政党によっても，自衛隊について憲法に明記すべきかの主張は大きく異なる。2014年に政府が集団的自衛権の限定的な行使を可能にする閣議決定(➡p.132)をおこなったが，集団的自衛権を認めるかどうかでも意見が分かれる。

考える視点 B 憲法改正の論点～新しい人権

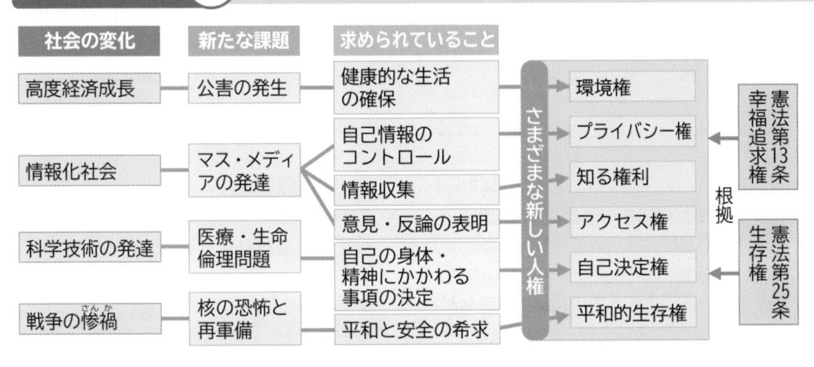

解説 **社会の変化を受けて求められる権利** 日本国憲法は施行されて70年以上たつが，一度も改正されていない。この間の社会の変化にともない，憲法に規定されていない**新しい人権**(➡p.86)の必要性が訴えられている。これらの権利を憲法に明記すべきなのか，明記するとすれば，どの権利を明記すべきなのかが議論されている。一方，憲法には基本的人権の尊重は記されているため，その精神にのっとって法律を整備すればよく，新しい人権を憲法に加えていく必要はないという意見もある。

考える視点 C 憲法の改正要件

国・制定	改正成立までの手続き	改正回数
アメリカ 1787年	上院，下院それぞれの3分の2以上の賛成 ➡全州議会の4分の3以上の承認	6
ドイツ 1949年	各議院の3分の2以上の賛成 ※人間の尊厳や基本権などの基本原則は改正できない	67
フランス 1958年	各議院の過半数の賛成 ➡国民投票。政府提出の場合，両院合同会議の5分の3以上の賛成	27
中国 1982年	全国人民代表大会の3分の2以上の賛成	10

⬆各国の憲法改正手続き(国立国会図書館資料ほか) 改正回数は，1945～2022年のもの。

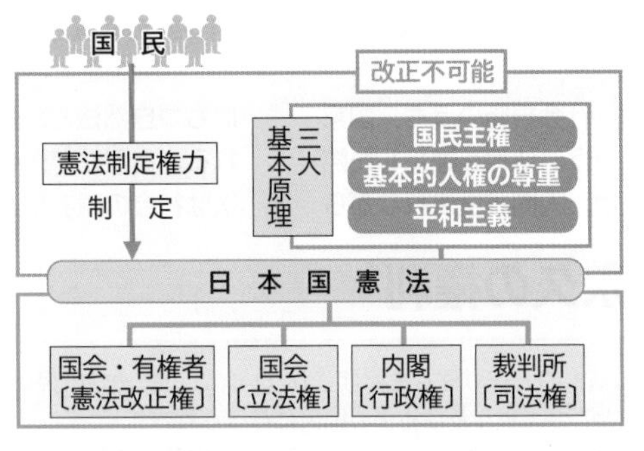

⬆**憲法改正の限界** 憲法改正できる範囲には限界がある。たとえば，国民主権，基本的人権の尊重，平和主義という三大基本原理を否定するような改正をおこなうことは，現行憲法では許されない。

解説 **日本の改正要件は厳しい？** 日本国憲法の改正の発議を過半数の議員で可能にするなど，改正要件を緩やかにすべきという意見と，憲法は国の基本となるものなので，現在の硬性憲法のままでよいという意見がある。

世界の国々を見てみると，何度も憲法改正がおこなわれている国もある。ただし，これらの改正も従来の憲法を否定するものではなく，憲法理念をより徹底させ，社会に憲法を定着させようとしたものである。どの国も社会の変化にあわせつつ，厳格な手続きを経て改正している。

ふりかえり

一口に「憲法改正」といっても，どこをどのように変えるのかによって，意見はさまざまである。また，そもそも憲法を変える必要があるのかという意見もある。憲法は国家権力を規制して，国民の権利・自由を守るものであるという原点に立ち返ったうえで，憲法で示されるべき内容やそのあり方について，私たち一人ひとりが考えていかなければならない。

視点A▶憲法第9条の改正には賛否両論あり，憲法と自衛隊の関係については，議論が続いている。

視点B▶憲法制定時には想定されていなかったが，基本的人権として当然保障されるべき新しい人権を憲法に明記するかが，議論になっている。

視点C▶日本国憲法はこれまで一度も改正されていない。

まとめる 憲法改正は必要か，必要だとすればどこをどう変えるべきか，自分の考えを書こう。

発展 世界の憲法改正について，その背景や改正内容を調べたうえで，日本の憲法改正を考えよう。

公共の扉

法と基本的人権の保障

課題▶基本的人権と法律は，どのような関係にあるのだろうか。

クローズアップ これは法？道徳？～社会規範と法

❶混雑する電車で，高齢者に席を譲る

❷自転車を運転する時は傘をささない

❸店の商品を勝手に持ち帰ってはいけない

❹人を傷つけてはいけない

これをやぶったらどうなるかという視点で考えてみよう。

社会生活の秩序を維持するルールを**社会規範**とよぶ。社会規範のうち，正しい生き方をするための基礎となるものは，**道徳**とよばれる。道徳は，内面的には良心という形で，個人の行為を律するものである。道徳的に許されない行為であったとしても，法に違反しない限り法的制裁は受けない。このことから，法は最小限の道徳ともいわれる。

社会規範には，伝統や慣習，宗教などさまざまなものがあるが，明文化され，強制力をもって守らせる規範は**法**のみである。法の違反者には刑罰が科せられることが多い。みんなのまわりにあるルールのうち，法制化すべきことがあるか，考えてみよう。

1 法とは何か

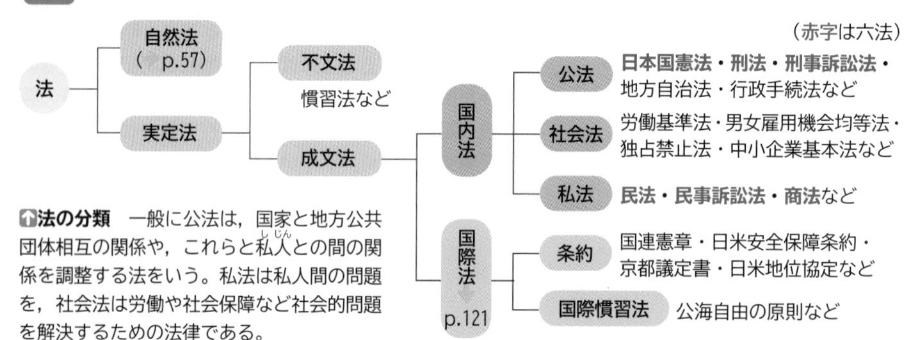

⇧**法の分類**　一般に公法は，国家と地方公共団体相互の関係や，これらと私人との間の関係を調整する法をいう。私法は私人間の問題を，社会法は労働や社会保障など社会的問題を解決するための法律である。

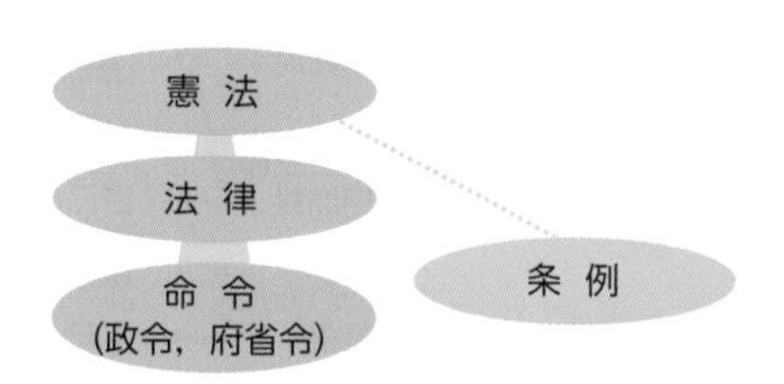

⇧**憲法と法律，条例の関係**　国家権力を規制する憲法に対して，法律はおもに私たちの行動を規制する(➡p.63)。法は上下関係から，憲法，法律，法律の下で細かい事項を定めた命令に分類され，上位法に違反する下位法は無効である。

解説 **法とは強制力をもって守らせるもの**　社会規範のうち，国家がつくり，強制力をもつものを法という。法律を違反した際の罰則や損害賠償などが強制力にあたる。法は，人間が生まれながらにもつ自然法と，人間の行為によってつくり出された実定法に分類される。自然法が永久的・絶対的な正しさを主張するのに対して，実定法は社会の現実にあわせてその時々に制定・形成されている。

2 侵すことのできない永久の権利

第11条【基本的人権の享有】　国民は，すべての基本的人権の享有を妨げられない。この憲法が国民に保障する基本的人権は，侵すことのできない永久の権利として，現在及び将来の国民に与へられる。

第12条【自由・権利の保持の責任とその濫用の禁止】　この憲法が国民に保障する自由及び権利は，国民の不断の努力によつて，これを保持しなければならない。又，国民は，これを濫用してはならないのであつて，常に公共の福祉のためにこれを利用する責任を負ふ。

第13条【個人の尊重と公共の福祉】　すべて国民は，個人として尊重される。生命，自由及び幸福追求に対する国民の権利については，公共の福祉に反しない限り，立法その他の国政の上で，最大の尊重を必要とする。

第97条【基本的人権の本質】　この憲法が日本国民に保障する基本的人権は，人類の多年にわたる自由獲得の努力の成果であつて，これらの権利は，過去幾多の試錬に堪へ，現在及び将来の国民に対し，侵すことのできない永久の権利として信託されたものである。

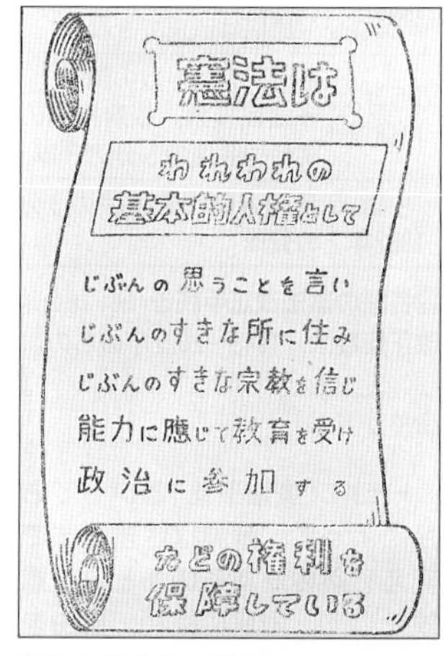

⇧**基本的人権の尊重**（文部省『あたらしい憲法のはなし』1947年）

解説 **国民すべてがもつ権利**　日本国憲法が保障する**基本的人権**は，人間が生まれながらにしてもつ自然権(➡p.57)思想をふまえており，現在と将来の国民に対して永久の権利として保障されたものである。しかし，憲法に書かれただけで人権が守られるわけではない。憲法第12条にあるように，人権を守るには国民の絶え間ない努力が必要である。

基本的人権が抑圧された時代　大日本帝国憲法(➡p.68)は臣民の権利を規定していたが，それは侵すことのできない基本的人権ではなかった。臣民の権利は，国の体制に反対する人々を取り締まる治安維持法などによって制限されていた。治安維持法は，1945年にGHQの命令で廃止された。

用語解説　基本的人権，公共の福祉→p.278

3 日本国憲法における基本的人権と義務

参照ページで示された事例も見ながら，各権利を理解しよう。

分類	内容			条文	問題となった事例
一般原理	基本的人権の根本的な考え方・とらえ方を示す。			●基本的人権の永久不可侵性(11，97条) ●基本的人権の保持責任，人権の濫用禁止(12条) ●個人の尊重，生命・自由・幸福追求の権利(13条)	
平等権	すべての人が権利において平等であるとする，基本的人権の前提を定める。			●法の下の平等(14条) ●両性の本質的平等(24条) ●選挙権の平等(44条)	尊属殺人重罰規定の違憲判決，女性差別，部落問題，在日韓国・朝鮮人問題 →p.80〜83
自由権的基本権(自由権)	絶対王政を倒した市民革命(→p.59)により，18〜19世紀に確立した権利。(国家からの自由)	精神的自由	心のなかにふみこまれないこと，考えや感じたことなどを自由に人に伝えられること。	●思想・良心の自由(19条) ●信教の自由・政教分離の原則(20条) ●集会・結社・言論・出版・表現の自由(21条) ●検閲の禁止・通信の秘密(21条) ●学問の自由(23条)	三菱樹脂訴訟，愛媛玉ぐし料訴訟，靖国神社問題，チャタレイ事件，家永教科書裁判 →p.74〜75
		人身の自由	自分の生命や身体を奪われたり拘束されたりしないこと。	●奴隷的拘束および苦役からの自由(18条) ●児童酷使の禁止(27条) ●法定手続きの保障(31条) ●不法に逮捕されない権利(33条) ●不法に抑留・拘禁されない権利(34条) ●住居侵入・捜索・押収に対する保障(35条) ●拷問・残虐刑の禁止(36条) ●刑事被告人の権利(37条) ●自白強要の禁止(38条) ●無実の罪に対する刑事補償(40条)	死刑と残虐な刑罰 代用監獄問題 →p.76〜79
		経済的自由	自由に経済活動をし，財産を不当に奪われないこと。	●居住・移転・職業選択の自由(22条) ●財産権の保障(29条)	薬事法訴訟違憲判決 森林法訴訟違憲判決 →p.77
社会権的基本権(社会権)	人に値する生活を国家に求める権利。資本主義経済の発達によって深刻化した貧富の格差に対処するために20世紀に確立。(国家による自由)			●生存権・国の社会保障義務(25条) ●教育を受ける権利(26条) ●勤労の権利(27条) ●勤労者の団結権・団体交渉権・団体行動権(28条)	朝日訴訟 堀木訴訟 公務員のストライキ禁止 →p.84〜85
基本的人権を確保するための権利		参政権	基本的人権を実質的に確保するため，国民が政治に参加する権利。(国家への自由)	●選挙権(15条) ●公務員の選定・罷免の権利(15条) ●最高裁判所裁判官の国民審査(79条) ●地方公共団体の長・議員の選挙権(93条) ●特別法の制定同意権(95条) ●憲法改正の国民投票(96条)	衆議院議員定数不均衡事件 在外日本人選挙権制限訴訟 →p.85
		国務請求権	個人の生命・自由・利益を守るために，国家に積極的な行動を求める権利。	●請願権(16条)※ ●損害賠償請求権(17条) ●裁判請求権(32，37条) ●刑事補償請求権(40条)	再審請求(免田事件など) B型肝炎訴訟 →p.76，85
義務	国民として果たすべき義務。			●人権の保持，人権の濫用の禁止(12条) ●公務員等の憲法尊重の義務(99条) ●教育を受けさせる義務(26条) ●勤労の義務(27条) ●納税の義務(30条) (26条・27条・30条：国民の三大義務)	

※請願権を参政権の一つととらえる考えもある。

4 公共の福祉と人権 →p.88

表現の自由の制限	●不当な選挙文書の頒布の禁止〈公職選挙法〉 ●わいせつ文書等の頒布の規制〈刑法〉
集会・結社の制限	●デモに対する規制〈公安条例〉
居住・移転の制限	●感染症患者の入院命令〈感染症予防法〉 ●親の子どもに対する居所指定〈民法〉
私有財産の制限	●公共の施設建設のために，正当な補償の下に土地を収用〈土地収用法〉
経済活動の制限	●社会的・経済的弱者を守るため，強者の経済活動の自由を制限〈独占禁止法〉
職業の自由の制限	●国家資格や認可・登録による営業・製造・販売〈医師法，公衆浴場法〉

解説 **個人を犠牲にしてはいけない**　すべての国民に人権はあるが，無制限に権利を行使すると，他人の人権を侵害することも起きる。日本国憲法では，人権保障を制約する規定として**公共の福祉**を定めている。しかし，内心の自由に法は介入できないなど，社会の利益のために必要以上に個人を犠牲にすることは許されない。基本的人権をおたがいに調整して，国民が自由に行動できる範囲を明らかにするのが，法の役割である。

確認▶法と道徳の違いをまとめよう。
活用▶基本的人権と法律の関係を，公共の福祉から考えよう。

自由権(1)～精神的自由

課題▶精神的自由とはどのような権利で，どのような規定があるのだろうか。

クローズアップ 人の命を奪うことばも表現の自由なのか

木村花さんを追悼し，リングサイドで黙とうする選手たち(2020年6月，東京都)　木村花さんを誹謗中傷するインターネット上の書きこみについて，侮辱容疑で書類送検されたのはわずか2名。9割以上の書きこみについては投稿者を特定できないまま，時効となった。遺族は投稿者への損害賠償を求める裁判も進めている。

SNSなどへの書きこみは気軽にできる分，書きこむ時にはよく考えないといけないね。

2020年5月，女子プロレスラーの木村花さんが22歳で亡くなった。彼女はテレビ番組に出演したことで，SNS上で激しい誹謗中傷を受けており，悩んでいたという。

SNSなどのインターネット上のサービスの多くは匿名で書きこむことができ，気軽に過激なことばを発してしまいやすい。そのため，個人に対する誹謗中傷の被害も深刻化している。このような状況を受けて，2021年にプロバイダ責任制限法が改正され，投稿者を特定するための手続きにかかる負担や時間が軽減された。また，2022年には刑法が改正され，侮辱罪が厳罰化された。

一方，これらの法改正が言論弾圧につながるとの指摘もあり，表現の自由とのバランスをどうとるかが課題となっている。

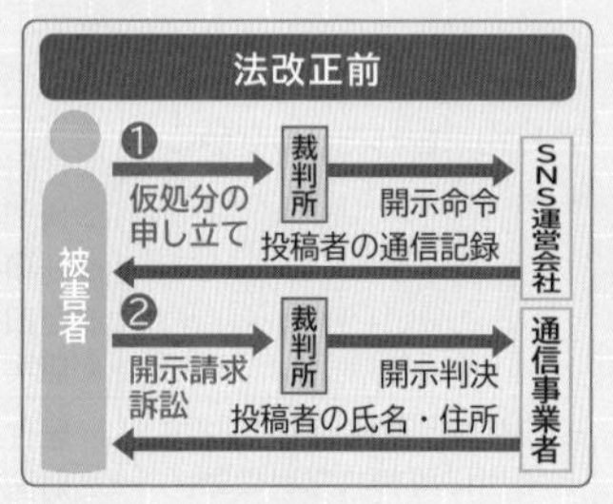

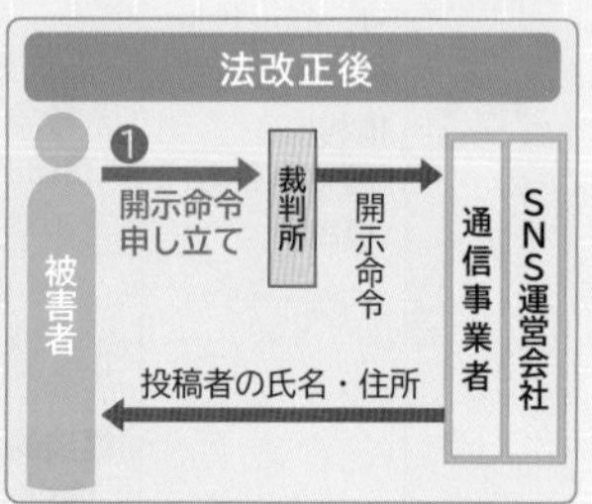

プロバイダ責任制限法改正による投稿者情報の開示手続きの変更

1 信教の自由

第20条【信教の自由】　①信教の自由は，何人に対してもこれを保障する。いかなる宗教団体も，国から特権を受け，又は政治上の権力を行使してはならない。
②何人も，宗教上の行為，祝典，儀式又は行事に参加することを強制されない。　③国及びその機関は，宗教教育その他いかなる宗教的活動もしてはならない。

■愛媛玉ぐし料訴訟

●事件の概要

愛媛県は1981年から1986年にかけて，靖国神社の例大祭などに玉ぐし料，献灯料を，県護国神社の慰霊大祭に供物料を県費から出していた。このため松山市の僧職や住民が1982年から5回にわたり，当時の県知事と県職員らを相手に，支出した計16万6,000円の返還を求めて提訴した。

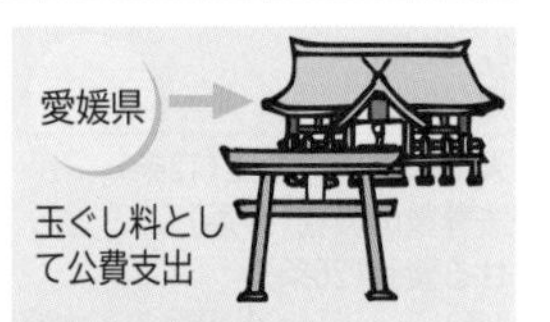

例大祭は慣習化しているとはいえない宗教的儀式であり，政教分離を定めた憲法に反する。

玉ぐし

●判決の要旨

（最高裁　1997年4月2日）　**違憲**

憲法第20条3項にいう宗教活動とは，国およびその機関の活動で，そのかかわりが日本の社会的文化的諸条件に照らし相当とされる限度をこえるものをいう。本件で，県が玉ぐし料を奉納したことは，宗教的意義をもつことを免れず，県と靖国神社などとのかかわりが，相当とされる限度をこえるものであり，宗教活動を禁止する憲法第20条3項，公金の支出を禁止する憲法第89条に反し違法である。

訴訟名	裁判所	判決	憲法判断
津地鎮祭訴訟	津地裁 名古屋高裁 最高裁	1967年3月 1971年5月 1977年7月	合憲 違憲 合憲
小泉首相の靖国参拝訴訟	大阪高裁 最高裁	2005年9月 2006年6月	違憲 判断せず
北海道砂川政教分離訴訟	札幌地裁 札幌高裁 最高裁	2006年3月 2007年6月 2010年1月	違憲 違憲 違憲
沖縄孔子廟訴訟	那覇地裁 福岡高裁 最高裁	2018年4月 2019年4月 2021年2月	違憲 違憲 違憲

政教分離をめぐるおもな訴訟　津地鎮祭訴訟では，地鎮祭への公金支出が宗教的活動にあたるかが争われたが，1977年，最高裁判所は今回の地鎮祭は世俗的慣習であり，宗教的活動にはあたらないと判断した。

靖国神社　明治維新や戊辰戦争における官軍の死者を祀るために設けられた，東京招魂社に由来する。のちに戦死者を祀る神社として国から保護されたため，東アジア諸国から軍国主義の象徴と見られ，首相や閣僚が参拝することについては議論がある。

解説　**政教分離を厳しく求めた判決**　最高裁判所は**政教分離**をめぐる裁判において，政治と宗教の緩やかなかかわりを肯定してきたが，愛媛玉ぐし料訴訟で初めて違憲判決を下した。

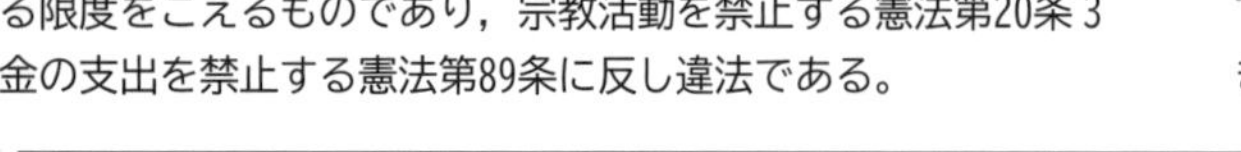

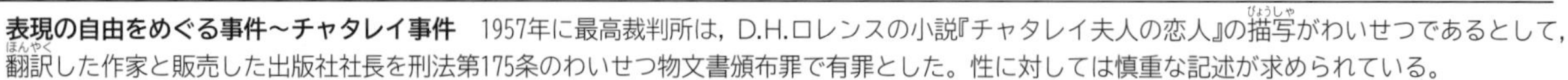

プラスα　**表現の自由をめぐる事件～チャタレイ事件**　1957年に最高裁判所は，D.H.ロレンスの小説『チャタレイ夫人の恋人』の描写がわいせつであるとして，翻訳した作家と販売した出版社社長を刑法第175条のわいせつ物文書頒布罪で有罪とした。性に対しては慎重な記述が求められている。

用語解説　自由権，政教分離の原則➡p.278

2 思想・良心の自由

第19条【思想及び良心の自由】　思想及び良心の自由は，これを侵してはならない。

■三菱樹脂訴訟

●事件の概要

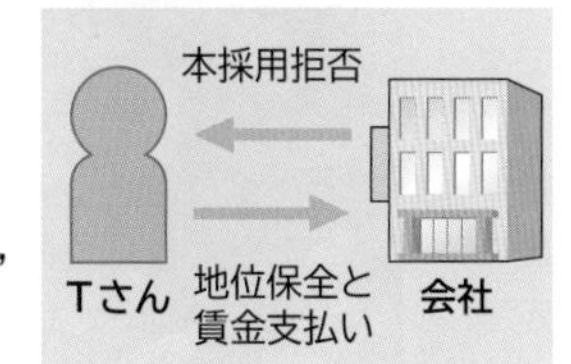

1963年，Tさんは大学を卒業して三菱樹脂株式会社に入社した。ところが，3か月の試用期間の終了直前に本採用を拒否された。その理由は，「大学時代，生協の理事としての活動や学生運動をしていたことを入社試験でわざと隠した」ということであった。そこでTさん(原告)は，会社(被告)に対して，地位保全と賃金支払いを求めて提訴した。

●判決の要旨(最高裁　1973年12月12日)

差し戻し，原告敗訴

「企業者が特定の思想，信条を有する者をそのゆえをもって雇い入れることをこばんでも，それを当然に違法とすることはできない」「労働者の採否決定にあたり労働者の思想，信条を調査し，そのためその者からこれに関連する事項についての申告(しんこく)を求めることも」違法ではないとして，被告(会社)側の主張を支持し，高裁へ差し戻した。

思想・信条で採用拒否認む
最高裁 三菱樹脂訴訟で二審判決破棄
憲法の基本的人権適用
「私人」間には限界
通常解雇より自由
"企業寄り"の色彩
労働界・学界から批判か

⬆三菱樹脂訴訟を報じる新聞記事
(「朝日新聞」1973年12月12日)

解説　**法律を仲立ちとして憲法の精神を実現**　歴史的に，基本的人権は国家権力による人権侵害から国民を守るために主張され，憲法で確立されてきた。この裁判では，国家ではなく民間人どうしの間で人権侵害があった場合にどう考えるべきかが争われた。最高裁は「憲法の規定は，私人間の争いには適用されず，憲法に基づいて制定された法律で人権を保障すべき(間接適用説)」との立場をとり，会社の雇用の自由を優先した。Tさんは，のちに会社と和解し，職場復帰を果たした。

直接適用説	間接適用説(最高裁)
憲法第19条 ↘適用 民間人(私人)どうしの関係	憲法第19条 ↘制定 法律(民法など) ↘適用 私人どうしの関係

3 表現の自由

第21条【集会・結社・表現の自由，通信の秘密】　①集会，結社及び言論，出版その他一切(いっさい)の表現の自由は，これを保障する。
②検閲(けんえつ)は，これをしてはならない。通信の秘密は，これを侵してはならない。

■家永教科書裁判

●事件の概要

家永(いえなが)三郎氏の執筆した高校の日本史教科書について，1963年に文部省(当時)が検定不合格とし，多数修正された後，翌年に検定合格となった。家永氏は，教科書検定をめぐって精神的苦痛を受けたとして，1965年から3回にわたって損害賠償などを求めて訴え，裁判は約32年間続いた。

●判決の要旨

第1次訴訟　東京高裁(1986年3月19日，鈴木判決)　**家永氏全面敗訴**

第2次訴訟　東京地裁(1970年7月7日，杉本判決)　**家永氏勝訴。違憲判決**

教育の責務は，親を中心とした国民が担(にな)う。国家は教育の諸条件の整備のみをおこなう機能をもち，教育内容への介入は基本的に許されない。検定制度自体は違憲ではないが，本件不合格処分は検閲にあたり違憲。

第3次訴訟　最高裁(1997年8月29日)　**家永氏一部勝訴**

いずれの訴訟も教科書検定制度は合憲であるとした。損害賠償については，第1次・第2次訴訟では認められなかったが，第3次訴訟では，「731部隊」に関する記述を検定で削除させたことなど4か所の検定処分について，国側が裁量権を濫用したとして違法であるとした。

「731部隊」削除は違法
第3次家永訴訟 最高裁、初の認定
「国の裁量権逸脱」
制度そのものは合憲

➡家永裁判が終了したことを報じる新聞記事(「毎日新聞」1997年8月30日)

解説　**検定の行きすぎは違法**　この裁判では，教科書検定が憲法第21条で禁じている検閲にあたるかどうかが争われた。また，子どもの教育権が国民にあるのか国家にあるのかや，日本人の歴史認識についても争われ，社会的論争となった。第2次訴訟一審の杉本判決は，国家の教育権を認めなかったことで有名である。最高裁の判決は，教科書検定制度は合憲だが，教科書調査官による検定における裁量権の濫用は許されないというものである。

Topic　テロ等準備罪(共謀罪)と表現の自由

2017年に成立した組織犯罪処罰法の改正法では，犯罪を計画段階で処罰する共謀(きょうぼう)罪の趣旨を盛りこんだテロ等準備罪が新設された。これは国際的な動きに対応したものだが，処罰する対象の犯罪は277もあり，著作権法違反や森林法違反など，テロとの関係性が疑われるものもある。また，テロ等準備罪は「計画行為」と「実行準備行為」という行為を処罰するもので，内心を処罰するものではないとされているが，「準備行為」の規定があいまいなため，捜査当局の判断により国民の精神の自由が侵害されるのではないかとの懸念(けねん)が指摘されている。

合唱発表会用の
楽譜買ったよ！
みんなの分
コピーするね！
楽譜を準備したことで，
著作権法違反で摘発される！？

確認▶精神的自由にはどのようなものがあるか，三つあげよう。
活用▶SNSと精神的自由をめぐる問題について，自分の経験もふまえて話しあおう。

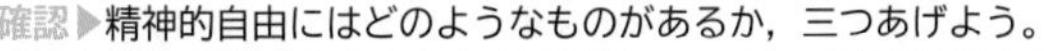

法

自由権(2)～人身の自由，経済的自由

課題▶人身の自由，経済的自由とはどのような権利で，どのような規定があるのだろうか。

クローズアップ 冤 罪に巻きこまれた人々～免田栄さんの長い闘い

2020年12月，死刑囚として国内で初めて再審無罪になった免田栄さんが，95歳で亡くなった。免田事件は，熊本県で一家４人が殺傷された強盗殺人事件である。別の事件で逮捕されていた当時23歳の免田さんが犯行を「自白」し，1949年に起訴されたが，この「自白」は強要されたものであった。裁判ではアリバイを主張して無罪を訴え続けたが，1952年に最高裁で死刑が確定した。その後の再審請求により再審開始が決定し，1983年にアリバイが認められ，無罪が確定した。約34年半の獄中生活であった。

57歳で釈放された免田さんは，しばらくは中傷の手紙や電話を受けることもあったが，時間の流れとともに地元での理解者も増え，穏やかな日々をすごした。また，同じ冤罪被害にあった人たちの救済や死刑廃止を訴える活動も精力的におこなった。免田さんは全国各地を訪れ，冤罪体験や獄中生活を語り，「人が人を裁くのに絶対はなく，無実の罪の可能性がある限り死刑制度は廃止すべきだ」と訴え続けた。しかし今でも日本には死刑制度が存在しており(➡p.78)，冤罪をめぐる訴訟は続いている。

⬆歓談する免田栄さん(右)と袴田巌さん(左)(2015年６月)　袴田さんは強盗殺人の疑いで1980年に死刑が確定したが，無罪を主張して2014年に釈放され，2023年に再審開始が決定した。免田さんは袴田さんの活動を支援し続けた。

1 冤罪事件

※死刑確定後，無罪となったおもな事件を取り上げている。

事件名	内　容	逮捕から再審無罪まで
免田事件	1948年，熊本県人吉市で起きた強盗殺人事件。	約34年６か月
財田川事件	1950年，香川県財田村(当時)でやみ米ブローカーが刺殺され，現金が奪われた事件。	約33年11か月
島田事件	1954年，静岡県島田市で６歳の幼女が連れ出され，絞殺された事件。	約34年８か月
松山事件	1955年，宮城県松山町で一家４人が惨殺され放火された事件。	約28年７か月

Q　なぜ冤罪が起きてしまうのだろうか。

解説　無実の罪でなぜ有罪に　無実にもかかわらず罪をきせられることを**冤罪**という。冤罪のおもな原因として①警察の思いこみによる見こみ捜査，②長時間にわたる弁護士抜きの取り調べ，③自白偏重の捜査，などがあげられる。無罪を証明する明らかな証拠を新たに発見した場合，再審請求ができる。1990年に起きた足利事件では，DNA鑑定の結果が無期懲役判決の決め手となったが，2009年に最新の技術で再鑑定したところ，前回の鑑定の誤りがわかり，無罪となった(➡p.79)。

2 人身の自由

逮捕状

住居　△△県○○市中央三丁目二番一号安井アパート一号室
職業　工員
罪名　覚せい剤取締法違反
氏名　山田甲郎　四二年

左記の被疑事実により，右の被疑者を逮捕することを許可する。

引致すべき場所　甲警察署

有効期間　平成六年二月一六日まで

右の期間経過後は，この令状により逮捕に着手することが出来ない。この場合には，これを当裁判所に返還しなければならない。又有効期間内であってもその必要がなくなったときは直ちにこれを返還しなければならない。

平成六年二月九日
○○地方裁判所
裁判官　浦島太郎　㊞

被疑事実の要旨
(裏面に続く)

請求者の官公職氏名　甲警察署 司法警察員 山川次郎
逮捕者の官公職氏名
逮捕の年月日時及び場所　平成　年　月　日　午　時　で逮捕
記名押印
引致の年月日時　平成　年　月　日　午　時
記名押印
送致する手続をした年月日時　平成　年　月　日　午　時
記名押印
送致を受けた年月日時　平成　年　月　日　午　時
記名押印

⬅通常逮捕の場合の逮捕状(書式の例)
(井上薫『法廷傍聴へ行こう(第五版)』法学書院)

身柄の拘束と刑事手続きの流れ

地位	被疑者			被告人			受刑者・死刑囚
手続	逮捕 → 警察48時間 ＋	勾留 → 検察24時間 10～20日※	起訴	一審判決	二審判決	上告審判決	服役
機関	警察	検察		地方裁判所	高等裁判所	最高裁判所	刑務所
憲法の制定	31条 罪刑法定主義 33条・35条 令状主義 38条 黙秘権	34条 抑留・拘禁に対する保障 36条 拷問の禁止 38条 自白の証拠能力		32条 裁判を受ける権利	37条 刑事被告人の諸権利	39条 遡及処罰の禁止・一事不再理	36条 残虐な刑の禁止 40条 刑事補償
拘禁場所	警察留置場	代用監獄(警察留置場を代用)		拘置所			刑務所

警察署管轄／法務省管轄

※最大25日

重 ↑ 刑の重さ ↓ 軽

- 死刑　生命刑
- 懲役　自由刑
- 禁錮　自由刑
- 罰金　財産刑
- 拘留　自由刑
- 科料　財産刑
- 没収　付加刑

⬆刑罰の軽重と刑罰の違い　刑法の改正により，懲役刑と禁錮刑が一本化された拘禁刑が，2025年より導入されることになった。

解説　国家権力から身体の自由を守るために　大日本帝国憲法(➡p.68)の下では，国民の権利の保障が不十分であった反省から，日本国憲法は刑事手続きにおいてきわめて詳細な人権保障を規定している。何人も適正な法の手続きによらなければ生命・自由・財産を奪われず(**法定手続きの保障**)，法律で犯罪とされていない行為は処罰されない(**罪刑法定主義**)。また，裁判の結果，有罪が確定するまでは，被疑者・被告人は無罪と推定される(**無罪推定の原則**)。

人身の自由と法　罪刑法定主義では，犯罪となるべき行為とこれに対する刑罰は法律で適正に定められなければならないとして，法が明確であることを求めている。この原則に従い，刑法などが定められている。また，法定手続きの保障をふまえて，刑事訴訟法が定められている。

3 犯罪被害者の人権を守る制度

1．犯罪被害者等基本法
➡被害者の刑事手続きへの参加制度の整備
➡刑事裁判手続きを利用した民事賠償請求制度などを整備
2．犯罪被害者給付金制度
3．被害者参加制度
➡被害者・遺族が刑事裁判で被告人質問
4．殺人などの時効廃止

遺児となりて」
⇧犯罪被害者の集会で講演する遺族

解説 **人権は被害者にもある**　日本国憲法では，人身の自由を守る規定が詳細に定められ，被疑者・被告人の人権が手厚く守られている(➡p.99)。一方で，犯罪被害者やその家族は，報道によってプライバシーを侵害され精神的・肉体的苦痛を受けたり，刑事裁判で発言する機会がなかったりという問題にさらされてきた。このような状況に対し，被害者や家族の人権を守る法律が制定された。

4 職業選択の自由

第22条【居住・移転・職業選択の自由】　①何人も，公共の福祉に反しない限り，居住，移転及び職業選択の自由を有する。

■薬事法訴訟違憲判決

くすり
○×薬局
裁判官
ここから先に入って開設すると，薬事法違反になるよ！
憲法第22条で，職業選択の自由が保障されてるんだ。

薬事法　第６条　②前項各号に規定する場合のほか，その薬局の設置の場所が配置の適正を欠くと認められる場合には，前条第一項の許可を与えないことができる。……　（判決当時の条文）

●事件の概要
原告は薬局を開設しようとして，1963年に広島県知事に営業許可の申請をした。しかし，「既存の薬局と一定の距離内では営業を許可しない」とする薬事法第６条の配置基準(距離制限)に反するとして，不許可になった。原告は，距離制限の規定は憲法第22条の**職業選択の自由**に反するとして，不許可処分の取り消しを求めて提訴した。

●判決の要旨(最高裁　1975年４月30日)　**違憲**
薬局の距離制限は，不良医薬品の供給や医薬品濫用などを防止するための必要かつ合理的な理由とまではいえない。よって距離制限は憲法第22条１項に反し，処分は無効である。

解説 **薬局が隣りあってもかまわない**　かつての薬事法の規定は，薬局が乱立して粗悪品が出回ることを防ぐためのものであった。つまり，国民の健康を守るという公共の福祉(➡p.73)のために，職業選択の自由(この場合，営業の自由)を制限していた。しかし，最高裁は薬事法の条文を違憲とし，違憲審査権(➡p.95)を行使した２度目の例となった。なお，同様の裁判で公衆浴場の設置基準については合憲判決が下されている。

5 財産権の保障

第29条【財産権】　①財産権は，これを侵してはならない。
②財産権の内容は，公共の福祉に適合するやうに，法律でこれを定める。

■森林法訴訟違憲判決

森林法　第186条【共有林分割請求の制限】　森林の共有者は，民法第256条第１項(共有物の分割請求)の規定に係わらず，その共有に関わる森林の分割を請求することができない。ただし，各共有者の持ち分の価値に従いその過半数を持って分割請求することを妨げない。
（判決当時の条文）

●事件の概要
２人の兄弟は，父の生存中に山林を譲り受け，２分の１ずつを共有していた。父の死後，弟は持ち分に応じた山林の分割を求めて兄を相手に提訴した。

共有の山林を
$\frac{1}{2}$に分割して！
弟
兄

●判決の要旨(最高裁　1987年４月22日)
原告敗訴の高裁判決を差し戻し・原告勝訴
森林法第186条は，持ち分が２分の１以下の者が，共有林の分割請求をすることを禁じていた。しかし，そのことによって起こる森林共有者間の紛争は森林荒廃につながりかねず，価格賠償などによる合理的な分割は可能である。よって，分割請求権の制限には財産権を制約する合理的な理由があるとはいえず，憲法第29条２項に反する。

解説 **手段としてやりすぎ**　森林法の目的は，森林の細分化を防ぐことで森林経営を安定させ，森林の保護と生産力を高めることにある。第186条はその目的を達成する手段として必要な限度をこえているとして違憲とされ，この判決後，削除された。

Topic 取り調べの可視化

➡p.96

自白の証拠能力を過度に重んじる傾向がある日本では，被疑者段階で長時間にわたって警察官から取り調べを受けたり，脅迫に近い取り調べをされて精神的に追い詰められたりすることで，嘘の自白をさせられるケースが多いといわれる。そこで，取り調べのようすを録音・録画するなどして可視化し，嘘の自白を証拠とされないようあとで検証できるようにすべきという意見が高まった。2016年，裁判員裁判の対象事件など一部の事件について，原則として取り調べの全過程の可視化を義務づける法律が成立し，2019年に施行された。ただし，この対象は全事件の２～３％にすぎない。

また，拘置所(法務省の管轄)のかわりに長期間警察の留置場を使うこと(代用監獄)で無理な取り調べがおこなわれやすいとして，国連の規約人権委員会は日本政府に代用監獄の廃止を勧告している。

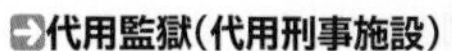
➡代用監獄(代用刑事施設)

確認▶人身の自由にはどのようなものがあるか，三つあげよう。
活用▶経済的自由とはどのようなものか，公共の福祉との関係もふまえてまとめよう。

ボタンを押す刑務官は，
どんな思いだろう……。

死刑執行室のようす　死刑執行室(右奥)の手前には死刑執行のボタンを押す部屋がある。ボタンは３つあり，そのうち１つだけが作動するようになっている。３人の刑務官が同時にボタンを押すので，誰が執行のボタンを押したのかわからないようになっている。

いまを読み解く

死刑制度を維持すべきだろうか

世界では死刑制度を廃止する国が多数派となるなか，日本は死刑制度を維持している。被害者の生命・自由・幸福追求権を奪う凶悪犯罪の加害者に対し，刑罰はどのようにあるべきだろうか。

課題の把握　日本の刑罰と死刑制度

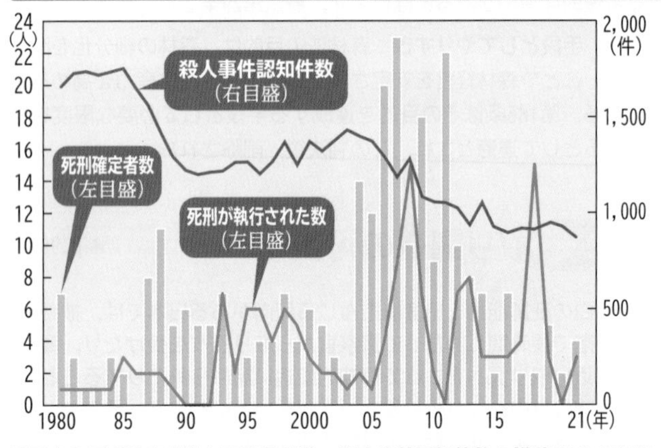

日本の死刑確定者数と死刑執行数，殺人事件認知件数の推移(法務省資料)

死刑もやむをえない	死刑は廃止すべきである	わからない・一概にいえない
80.8%	9.0	10.2

- 死刑を廃止すれば，被害を受けた人やその家族の気もちがおさまらない。
- 凶悪な犯罪は死をもって償うべきだ。
- 死刑を廃止すれば，凶悪な犯罪が増える。
- 凶悪な犯罪を犯す人を生かしておくと，また同じような犯罪を犯す危険がある。

- 裁判に誤りがあった時，死刑にしてしまうと取り返しがつかない。
- 生かしておいて罪の償いをさせた方がよい。
- 国家であっても人を殺すことは許されない。
- 死刑を廃止しても，そのために凶悪な犯罪が増加するとは思わない。

死刑制度の存廃に関する世論調査(2019年)(内閣府資料)

永山則夫連続射殺事件

1968年に連続射殺事件が発生し，４人が射殺された。翌年永山則夫(当時19歳)が容疑者として逮捕され，一審は死刑，二審は無期懲役となった。上告されたことで死刑廃止論争が高まったが，最高裁判所は1983年に「永山基準」を示して高裁判決を破棄し，差し戻した。その後，1990年に死刑が確定した。

1. 犯行の罪質
2. 動機
3. 犯行態様(特に殺害の手段方法の執拗性・残虐性)
4. 結果の重大性(特に殺害された被害者の数)
5. 遺族の被害感情
6. 社会的影響
7. 犯人の年齢
8. 前科
9. 犯行後の情状

永山基準(死刑判決の際の９要素)　近年，凶悪犯罪に対して厳罰を科すべきだとする社会的風潮が高まり，この基準にあてはまらなくても死刑判決を出す例が出ている。

18歳以上の有権者になると，裁判員(➡p.96)として死刑の判断をせまられることもある。私たちも死刑制度に真剣に向きあわなければいけないね。

解説　**死刑に対する日本の現状**　日本の刑罰では，殺人，強盗致死，人質殺害などの場合に，絞首による死刑を最高刑としている。しかし，すべての被告が必ず死刑になるのではなく，さまざまな事情をふまえて裁判で判断される。1983年に最高裁判所が示したいわゆる「永山基準」が，死刑か否かを判断する時に考慮されることが多い。なお，最高裁判所は，1948年に死刑は憲法で禁じる残虐な刑罰にあたらないと判断し，死刑を容認している。

日本国内の死刑存続をめぐる世論は，約８割が賛成しており，ほぼ毎年死刑が執行されている。一方，人の命を奪う死刑制度に対する反対意見も強く，冤罪(➡p.76)もなくなっていない。

考える視点 A 世界の死刑存廃状況

世界では，死刑廃止国の方が多い。一方で，アジアの世論調査を見ると死刑制度を支持する割合は高い。

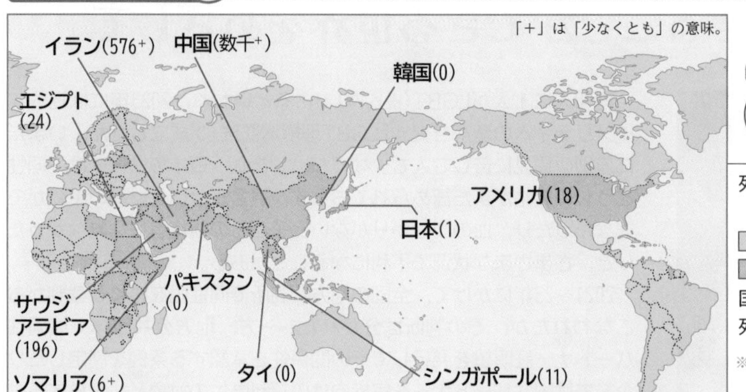

⬅世界の死刑存廃状況（アムネスティ・インターナショナル資料）

死刑存廃状況（2022年12月現在）
- 廃止国(144か国)
- 存置国(55か国)

国名横の（　）は2022年の死刑執行数

※死刑廃止国は，通常犯罪のみ死刑を廃止している国，事実上死刑を廃止した国を含む。

解説 世界は死刑廃止の流れ　1980年代には世界の約7～8割の国に死刑制度があったが，現在は約3割の55か国となっている。先進国で死刑がある国は日本とアメリカ（州によって存廃状況が異なる）のみで，EU（➡p.230）は死刑廃止を加盟条件にしている。

1989年には国連で死刑廃止条約が採択され，90か国が批准している（2023年4月現在）。日本は死刑制度があるため，批准していない。

考える視点 B 犯罪抑止力と冤罪の可能性

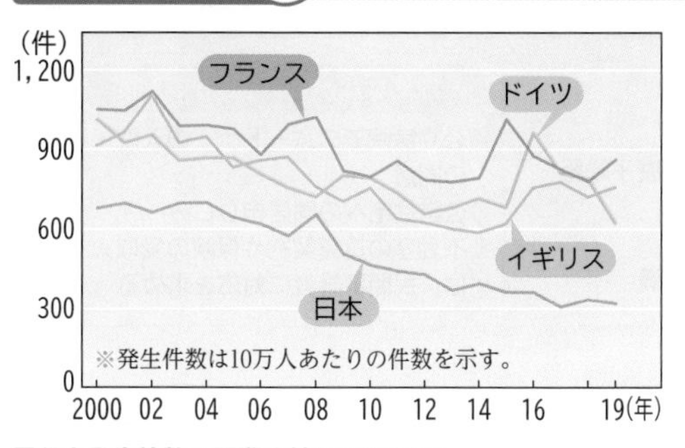

⬆殺人発生件数の国際比較（法務省資料）

⬆足利事件の再審で無罪判決（2010年）　DNA鑑定により，無実であることが証明された（➡p.76）。

解説 死刑には犯罪抑止力がある？　死刑制度がある社会とない社会で犯罪の抑止効果が異なるかどうか，科学的に答えを出すことは非常に難しい。死刑を廃止しているEUの国々と日本の殺人発生件数を比較しても，明確な傾向は見られない。

その一方で，冤罪（➡p.76）が起こる可能性があるのに死刑制度を存続すべきでないとする意見もある。

考える視点 C 被害者や遺族の感情と国としての刑罰のあり方

今回，死刑という判決が下され，遺族として大変満足している。ただ決してうれしいとか喜びとかは一切ない。厳粛な気持ちで受け止めないといけないと思っている。

事件からずっと死刑を科すことを考え，悩んだ13年間だった。20歳に満たない少年が人をあやめたとき，もう一度社会でやり直すチャンスを与えることが社会正義なのか。命をもって罪の償いをさせることが社会正義なのか。どちらが正しいことなのかとても悩んだ。きっとこの答えはないのだと思う。絶対的な正義など誰も定義できないと思う。……

いろいろな考えが出ると思うが，これをきっかけにこの国が死刑を存置していることを今一度考えていただきたい。……身近に起こる事件，犯罪について考える契機になれば，妻と娘の命も，今回，死刑が科されるであろう被告の命も無駄にならないと思っている。

⬆**加害者の死刑判決を受けた遺族のことば**　1999年に山口県で発生した母子殺害事件について，遺族である男性は加害者に重い刑罰を求めるとともに，犯罪被害者の権利保護を訴え続けた。この動きが，被害者参加制度（➡p.77）などの実現につながった。

解説 命の重みを考える　犯罪被害者や遺族にとって，加害者を憎く思い，恨む気もちはいつまでも消えないことだろう。しかし，加害者とされる被告が死刑宣告を受け，生命の尊さを考え，命をもって償うことをよしとするか，生きて罪を償うべきとするのか，意見は分かれる。また，加害者とはいえ，国家が人間の生命を奪う刑罰は認められるのか，国としての刑罰のあり方・考え方が問われている。

ふりかえり

最高裁判所が死刑は憲法で禁じる残虐な刑罰にあたらないと判断してから，70年以上が経過した。世論の多数に従って死刑を存続することがよいのか，世界の潮流に従って死刑を廃止することがよいのか，改めて考える時期がきている。国家は，死刑制度を設定することで犯罪を抑制し，被害者や遺族の感情の恨みや憎しみ，無念に答えることができると考えるのか。それとも，国家であっても刑罰で人を殺すことは許されないと考えるのか。私たち一人ひとりが考えていかなければならない。

- 視点A▶世界の約7割の国が死刑廃止国となっている。
- 視点B▶死刑制度を廃止すると犯罪抑止力が下がるかは議論が分かれる。死刑判決から再審で無罪となった例もあり，冤罪の可能性はゼロとはいえない。
- 視点C▶加害者が生命の尊さを考え，命をもって償うべきなのか，生きて罪を償うべきなのか，意見は分かれる。

まとめる　死刑制度を維持すべきか，自分の考えを書こう。

発　展　死刑廃止国の最高刑には終身刑があるが，それと日本の死刑や無期懲役刑との違いを調べよう。

法の下の平等(1)

課題▶法の下の平等は，なぜ保障されるのだろうか。

クローズアップ すべての人が自分らしく生きることができる世界をめざして

⬆同性婚をめぐる訴訟の判決公判のため，裁判所に向かう原告団(2022年，大阪府) 大阪地裁では「合憲」とされたが，そのほかの4地裁では「違憲」「違憲状態」の判決が出た。G7(➡p.223)のなかで，同性婚が認められないのは日本のみである。

誰もが自分の望む生き方ができる社会にするには，何が必要だろう。

約10人に1人がLGBT(➡p.27)であるといわれ，2023年には性的マイノリティへの理解を促す「LGBT理解増進法」が成立したが，いまだに差別や偏見に苦しむ人も少なくない。また，日本の法律では，同性どうしの結婚がまだ認められておらず，遺言がないと財産の相続ができなかったり，血のつながりがないと子どもの親権者になれなかったりと，さまざまな状況で不利になることがある。

2021～23年にかけて，全国の地方裁判所で同性婚をめぐる裁判がおこなわれたが，その判断は分かれた。一方，地方公共団体では同性パートナー証明書を発行してその関係性を承認する条例を制定したり，企業では同性パートナーを家族向けの福利厚生の対象としたりする動きが見られる。多様な家族のあり方について，考えていこう。

パートナーシップ制度と法律婚でできること

法律婚	一般的なパートナーシップ制度
●法定相続 ●共同親権，特別養子縁組 ●配偶者の税控除 ●配偶者ビザ ●健康保険の被扶養	●公立病院でのパートナーの入院・手術の同意 ●公営住宅への同居申しこみ ●不動産の賃貸契約や保険の受取人などは，民間事業者に対応を求める

1 法の下の平等

法の下の平等の「平等」とは，どのような意味だろうか。

第14条【法の下の平等】
①すべて国民は，法の下に平等であつて，人種，信条，性別，社会的身分又は門地により，政治的，経済的又は社会的関係において，差別されない。

労働基準法	未成年者喫煙防止法	所得税法
産前産後休暇 育児時間の確保 生理休暇	未成年者の喫煙禁止	累進課税制度(➡p.203)

⬆法律上，人が区別されるおもな例

解説 **合理的理由のない区別は禁止** 憲法第14条では，すべての国民は**法の下に平等**であるとして，差別を禁止している。しかし，平等とはすべての人を同じ扱いにするという意味ではない。図のように社会的に弱い立場の人を守ったり，国民の健康を守ったり，所得格差を縮めたりするなどの合理的な理由があれば，人を区別して扱うことは許される。つまり，合理的な理由なく人を区別することが憲法に違反する差別だといえる。

2 尊属殺人重罰規定の違憲判決

刑法　第199条【殺人】 人ヲ殺シタル者ハ死刑又ハ無期若クハ三年以上ノ懲役ニ処ス
刑法　第200条【尊属殺人】 自己又ハ配偶者ノ直系尊属ヲ殺シタル者ハ死刑又ハ無期懲役ニ処ス　(判決当時の条文)

※刑法は判決当時のもの。1995年の改正によって第200条は削除された。
※直系尊属とは，祖父母，父母など血縁関係が直系で上の代にある者。

●事件の概要

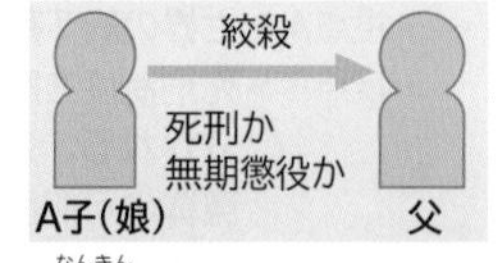

栃木県に住んでいたA子は，14歳の時から実の父親に夫婦同然の関係を強いられて，5人の子どもを産んだ。その後，勤務先の青年と愛しあい，父親に結婚したいと話すと，父親は怒って10日間もA子を軟禁状態にした。A子は耐えられなくなり，泥酔していた父親を絞殺した。

●判決の要旨(最高裁　1973年4月4日)　**違憲**

「(尊属殺人に関して規定した)刑法第200条は，法定刑が死刑と無期懲役に限られていて，極端に重く，いかに酌量すべき状況があっても，法律上，刑の執行を猶予できないなどの問題がある。したがって，刑法第200条は合理的根拠に基づかない差別を設けるものであるから，憲法第14条1項に違反し，無効である」と判示し，普通殺人罪(刑法第199条)を適用した。

解説 **初めての最高裁による違憲判決** 祖父母や父母などに対する尊属殺人を普通殺人と区別することは憲法違反としていないが，尊属殺人の刑罰が普通殺人の場合よりも極端に重すぎるため，合理的理由に基づかない差別にあたるとした判決である。1973年に，最高裁判所が違憲審査権(➡p.95)に基づいて初めて下した違憲判決である。

プラスα **政府は「あらゆる分野で30%」を目標としていたが……** 女性の社会進出が進んでいるが，社会の「指導的地位」に占める女性の割合は，国会議員(衆議院)は9.7%(2021年)，弁護士は19.6%，民間企業における管理職は12.9%(2022年)と，いまだに少数派である。

3 婚外子法定相続分差別規定の違憲判決

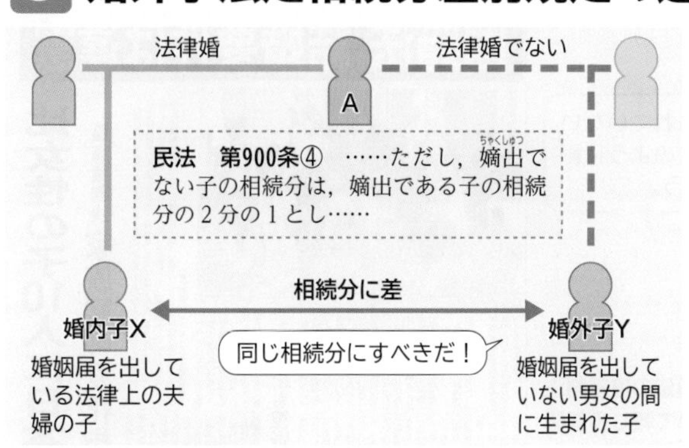

●**事件の概要**

Aの婚内子の原告Xは，死亡したAの遺産分割について，婚外子であるYとの調停が成立しなかったため，遺産分割の審判を裁判所に申し立てた。

●**判決の要旨**（最高裁　2013年９月４日）　**違憲**

法律婚自体は日本に定着しているとしても，父母が婚姻関係になかったという，子にとってはみずから選択できないことを理由として，子に不利益をおよぼすことは許されないとして，民法の規定を違憲とした。

解説　**出生による差別は違憲**　民法では，法的な婚姻関係の安定などを理由として，婚外子の法定相続分は婚内子の半分となっていた。しかし，2013年に最高裁は家族形態の多様化や国民意識の変化を考慮して，この規定を違憲とした。違憲判決を受けて，同年，この規定は民法から削除された。

4 女性差別

民法の女性再婚禁止期間規定と夫婦同姓の規定は，明治時代から残る規定であった。

■女性再婚禁止期間規定違憲判決

民法　第733条【再婚禁止期間】　①女は，前婚の解消又は取消しの日から６箇月を経過した後でなければ，再婚をすることができない。　（判決当時の条文）

●**事件の概要**

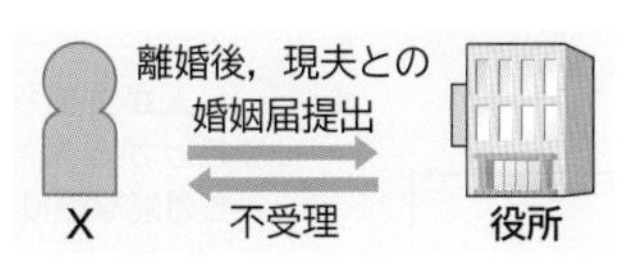

X（原告）は，前夫の暴力が原因で別居の状態にあった時に現夫と出会った。裁判を経て離婚が成立した時には現夫との間に子をもうけていたが，民法第733条を理由として，離婚後６か月間（180日）は再婚できなかった。Xは，このことを不服として提訴した。

●**判決の要旨**（最高裁　2015年12月16日）

再婚禁止期間のうち，100日間をこえる部分は違憲

再婚禁止期間の規定は，父子関係をめぐる紛争を未然に防ぐことにあり，この規定自体には合理的な理由がある。しかし，結婚後200日をすぎた後に生まれた子は現夫の子と認められるので，必要な再婚禁止期間は100日間であり，それ以上の期間は合理性がなく，憲法第14条の法の下の平等や，第24条の両性の本質的平等に違反する。

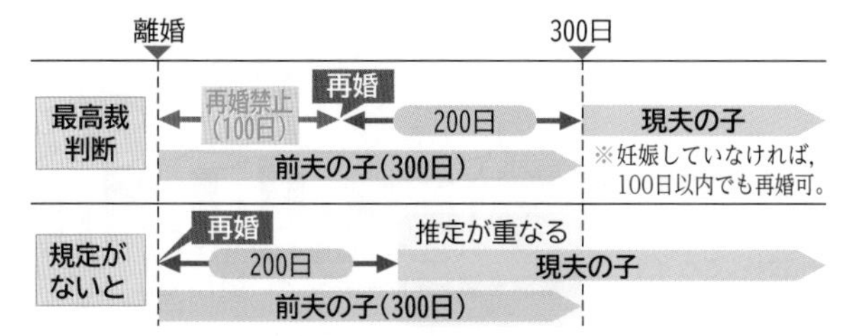

再婚禁止期間と生まれた子の父親の推定　民法第772条には結婚（再婚）から200日後に生まれた子は現夫（再婚した夫）の子，離婚後300日以内に生まれた子は前夫の子と推定するという規定がある。そのため，これを避けようとして出生届を提出せず，子どもが無戸籍になることがある。

解説　**女性だけに設定された再婚禁止期間**　この判決を受けて2016年に民法が改正され，女性の再婚禁止期間は100日に短縮された。さらに2022年，再婚禁止期間を廃止する民法の改正法が成立した。

■夫婦別姓　→p.253

1987年　法律を改正する必要はない 66.2%　改正してもよい 13.0　わからない 20.8

2021年　現在の制度である夫婦同姓制度を維持した方がよい 27.0　現在の制度である夫婦同姓制度を維持したうえで，旧姓の通称使用についての法制度を設けた方がよい 42.2　選択的夫婦別姓制度を導入した方がよい 28.9　無回答 1.9

選択的夫婦別氏（別姓）制度に関する世論（内閣府資料）

解説　**賛否が分かれる夫婦別姓**　民法では，夫婦は夫か妻のいずれかの姓に統一することを規定している。2015年と2021年，最高裁判所はこの規定を合憲としたが，夫婦別姓については国会での議論を求めている。現実には夫の姓を名乗る夫婦が多く，女性の社会進出が進むにつれて，別姓のままの結婚も法的に認めるべきだとする選択的夫婦別姓も議論されている。

法

Topic ポジティブ・アクション

憲法や法律で平等権が規定されても，現実にはなかなか差別がなくならない。事実上の平等を達成するための方法として，**ポジティブ・アクション**（積極的格差是正措置）が考えられている。これは，アメリカやカナダではアファーマティブ・アクションとよばれている。

ポジティブ・アクションには，教育・雇用・政治の場などにおける一定の採用人数や割合を，歴史的・構造的に差別されてきた女性やマイノリティにあてるクオータ制などがある。しかし，過度の優遇措置は逆差別を招く可能性があるため，その範囲や程度は，慎重に検討するべきだという指摘もある。

フランス	パリテ法（2000年）……各政党に候補者の男女比の差を２％以内にするよう要請（「パリテ」とは，フランス語で「男女同数」の意味）。
韓国	政党法（2004年改正）……候補者の３割以上（比例代表は５割以上）を女性にするよう要請。
日本	候補者男女均等法（2018年）……国会と地方議会の選挙で，男女の候補者数ができる限り均等となることをめざして，政党に女性候補を増やす努力を要請している。

各国の性別に関するポジティブ・アクションを定めた法律の例

確認▶憲法第14条では，どのような差別を禁止しているのだろうか。
活用▶多様な生き方を尊重するために，どのような家族・社会のあり方が望ましいか考えよう。

法の下の平等(2)

課題▶社会にはどのような差別があり，それに対して法はどのように対応しているのだろうか。

クローズアップ 国籍が認められた！

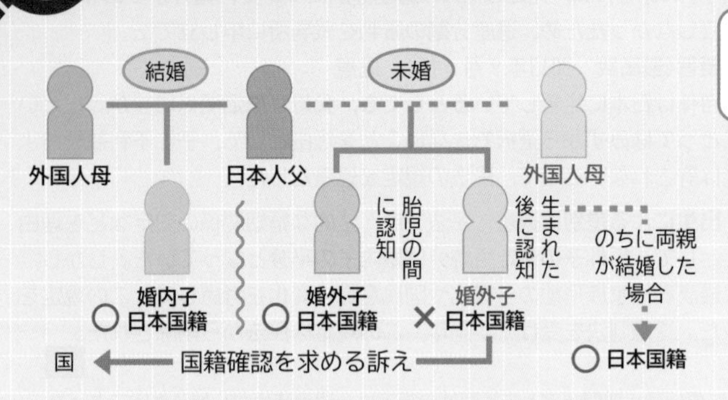

国籍が認められていないと，生活にどのように影響するのだろう。

国籍法 結婚要件は違憲

比女性の子10人に日本籍

最高裁判決 家族観の変化指摘

法改正も視野

➡国籍法の違憲判決について報じる新聞記事(「朝日新聞」2008年6月5日)

2006年，子ども9人が国に対して日本国籍を求めて集団訴訟を起こした。いずれも法律上は結婚していない日本人男性とフィリピン人女性との間に生まれ，誕生後に父親から認知されていた。日本は血統主義(親のいずれかが自国民であれば自国民)，フィリピンは生地主義(自国で生まれれば自国民)であるため，子どもたちは無国籍となっていた。

2008年に最高裁は，「父母が結婚していないことを理由に日本国籍を取得できないとする国籍法の規定は，憲法第14条の法の下の平等に反する」として，子どもたち全員に日本国籍が認められた。また，国籍法はその後改正された。

1 定住外国人のおもな権利

参政権	国政……×　地方……× ・地方レベルでは定住外国人に住民投票を認めた例もある。
就職	国家公務員……× ・現業職(現場作業に従事)の公務員は任用できる。 地方公務員……×(地方公共団体の判断で一部○) ・現業職のほか，一般行政職でも国籍条項を撤廃する動きがある。 国公立学校の教員……○ ・小中高では常勤講師として任用。
社会保障	社会保険……○ ・健康保険や雇用保険については，不法滞在者には不適用(労災保険は適用される)。 生活保護……△(生活保護法上，対象には含まれないが，行政の裁量によって支給されている)

人が生まれながらに自然権(➡p.57)をもつことから考えると，日本国内における外国人も可能な限り人権が認められるべきである。

解説 **進まぬ外国人の権利保障**　日本には，多くの外国人が居住し，その子どもも誕生している。彼らは納税の義務を果たし，地域社会の担い手になっているが，日本人にくらべて多くの面で権利が制限されている。地域の一員として定住外国人にも参政権を与えるべきとする意見のほか，外国の干渉(かんしょう)を受ける恐(おそ)れがあるとして反対する意見もある。

2 在日韓国・朝鮮人差別

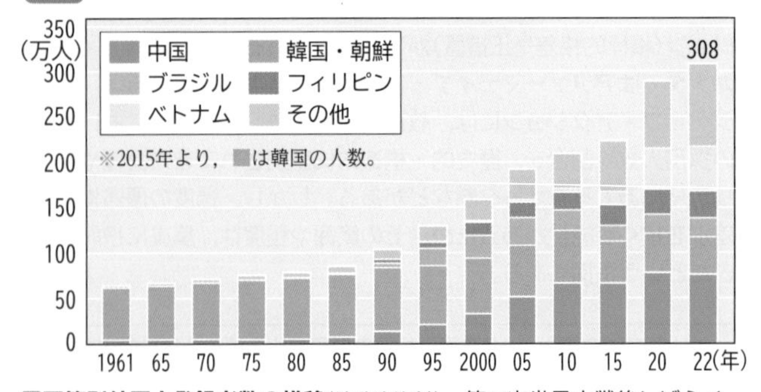

⬆国籍別外国人登録者数の推移(法務省資料)　第二次世界大戦後しばらく，日本に住む外国人は韓国・朝鮮人がほとんどであった。しかし，近年はそのほかの国籍をもつ人が増えている。

解説 **差別の根源**　1910年から36年間，日本は朝鮮半島を植民地化した。現在の在日韓国・朝鮮人の多くは，植民地時代に母国を離れ，日本に来た人々やその子孫である。日本で生きる彼らに対して，いまだに差別が残っている。

■ヘイトスピーチ

STOP! HATE SPEECH
特定の民族や国籍の人々を排斥する差別的言動
人としての尊厳を傷つけたり，
差別意識を生じさせることになりかねません！

➡ヘイトスピーチに焦点をあてた法務省の動画

国際連合の人権理事会は，日本政府に対してヘイトスピーチを規制するように勧告した。ヘイトスピーチを表現の自由として認めるかどうかは，海外でも論争が起きている。

解説 **表現の自由にも限界はある**　特定の人種や民族への差別をあおる言動を**ヘイトスピーチ**という。2012年に韓国の李明博(イミョンバク)大統領(当時)が竹島(➡p.122)を訪問した後に激化し，問題となった。2016年にはいわゆる「ヘイトスピーチ解消法」が制定され，ヘイトスピーチに罰金を設ける条例も制定されるなど，規制が進んでいる。表現の自由が保障される日本でも，個人の人権を傷つける行為は決して許されない。

プラスα　**外国人の参政権をめぐる議論**　1995年，最高裁判所は，立法によって定住外国人に地方参政権を与えることができると述べた。永住外国人に対して，市町村合併に関する住民投票の投票権を認める条例を制定した地方公共団体もある。

3 部落差別

全国水平社創立大会「宣言」

(前略) 長い間虐められて来た兄弟よ，過去半世紀間に種々なる方法と，多くの人々によつてなされた吾等の為めの運動が，何等の有難い効果を齎らさなかつた事実は，夫等のすべてが吾々によつて，又他の人々によつて毎に人間を冒瀆されてゐた罰であつたのだ。そしてこれ等の人間を勦るかの如き運動は，かえつて多くの兄弟を堕落させた事を想へば，此際吾等の中より人間を尊敬する事によつて自ら解放せんとする者の集団運動を起せるは，寧ろ必然である。(中略)

吾々は，かならず卑屈なる言葉と怯懦なる行為によつて，祖先を辱しめ，人間を冒瀆してはならぬ。そうして人の世の冷たさが，何んなに冷たいか，人間を勦る事が何んであるかをよく知つてゐる吾々は，心から人生の熱と光を願求禮讃するものである。

水平社は，かくして生れた。人の世に熱あれ，人間に光りあれ。

大正11年3月3日 全国水平社創立大会『水平』第1号

1871	太政官布告第61号(「えた」「ひにん」などの称を廃止)
1922	全国水平社設立
1946	部落解放全国委員会結成(1955年に部落解放同盟に改組)
1960	同和対策審議会設置法成立
1965	同和対策審議会答申
1969	同和対策事業特別措置法制定(10年の時限立法)
1982	地域改善対策特別措置法制定
1987	地域改善対策特定事業に係る国の財政上の特別措置に関する法律(地域改善財特法)施行
2016	部落差別解消推進法成立

⇧部落解放運動のあゆみ

解説 **生まれた場所を理由とした差別** 「いわゆる同和問題とは，日本社会の歴史的発展の過程において形成された身分階層構造に基づく差別」(同和対策審議会答申)のことである。第二次世界大戦後，日本国憲法によって国民の平等が規定された後も，就職，結婚などの面で差別が残っている。

これに対し，1922年には，差別の解消を目的として全国水平社が設立され，京都市で開かれた全国水平社創立大会では，「水平社宣言」が読み上げられた。これは日本初の人権宣言といわれている。

4 アイヌ民族差別

1869	開拓使設置，蝦夷地を北海道と改称
1871	開拓使布達(アイヌの風習を禁止，狩猟から農耕への転換をすすめる。日本人への同化政策)
1899	北海道旧土人保護法制定(アイヌの救済と保護を目的とする。1997年廃止)
1997	二風谷訴訟一審判決(アイヌの聖地へのダム建設をめぐる訴訟。アイヌ側の請求棄却) アイヌ文化振興法制定(2019年廃止)
2008	国会で「アイヌ民族を先住民族とすることを求める決議」を採択
2019	**アイヌ施策推進法**制定(アイヌを法律上初めて「先住民族」と明記)

⇧アイヌ民族の近代史

⇧**アイヌ語の意味も示した看板** 「ナイ」や「ペッ」はアイヌ語で「川」を意味する。北海道には，「稚内」「登別」など「ナイ」や「ペッ」をもとにした地名も多く，アイヌの人々の暮らしに川が密接にかかわっていたことがわかる。

解説 **奪われた文化** アイヌ民族は東日本に住んでいた先住民族であり，特に北海道にはアイヌ語に由来する地名が多く残っている。江戸時代になると和人(アイヌから見た日本人)に土地を奪われ，明治時代には政府に農業を事実上強要され，日本語を習得させられていた。

5 ハンセン病患者への差別

⇧**原告(元患者と遺族)と政府の和解が成立**(2002年) 政府は，ハンセン病患者への隔離政策は人権侵害だったと認めて謝罪した。2019年，熊本地裁は，隔離政策が家族への差別被害を生んだと認定し，政府は賠償責任を受け入れた。

解説 **理由のない差別・隔離** ハンセン病は感染力もきわめて弱く，遺伝性もないことがわかっている。しかしかつては不治の病と恐れられており，患者は強制的に隔離され，妊娠した女性は中絶を強制されるなど，人権を無視した扱いを受けた。1943年に治療薬が開発されたが，政府はその後も「らい予防法」に基づいて患者を隔離し続けた。この法律は1996年にようやく廃止された。

Topic 人権侵害にあったらどうするか

自分がいじめを受けた。友達がいじめにあったのを目撃した。親から虐待を受けた。誰かに相談したいけれど，誰にもいえないし，誰に相談すればよいかわからない。このような時に，相談内容の秘密を守り，無料で相談にのってくれるのが，全国の法務局職員や人権擁護委員である。

「子どもの人権110番」(0120-007-110)では，平日の8時30分から17時15分まで無料で相談を受けつけている。電話が難しければ，「インターネット人権相談受付窓口」もある。

悪いのは君ではない。君を傷つける人が悪いのだ。君の味方になってくれるおとなは大勢いる。困った時，悩んだ時，勇気を出して相談してみよう。

⇧**法務省の人権イメージキャラクター 人KENまもる君・人KENあゆみちゃん**

確認▶ヘイトスピーチ，部落差別，アイヌ民族差別について，どのような法が整備されているかあげよう。
活用▶社会に見られる差別解消のために，法の整備に加えて何が必要か考えよう。

法

社会権と参政権，国務請求権

課題▶これらの権利が基本的人権として保障されているのは，なぜだろうか。

子どもの貧困～貧困の連鎖をなくすために

憲法第25条では「すべて国民は，健康で文化的な最低限度の生活を営む権利を有する」と規定している。しかし，現代の日本では約7人に1人の子どもが「相対的貧困層※」に属するといわれ，子どもの貧困問題が深刻になっている。

経済的困窮にある子どもは，教育・経験の機会が乏しく，地域や社会から孤立し，自己肯定感が低くなるなど，不利な状況に置かれる傾向にある。2013年に子どもの貧困対策法が制定されたが，まだ対策は十分に進んでいるとはいえない。

※相対的貧困……国民の年間所得の中央値にあたる所得額の50%に満たない所得水準にあること。4人家族の場合，世帯月収がおよそ20万円以下で該当するとされる。

⬅貧困の連鎖　親の貧困が子どもの教育や生活に影響し，子どもが大きくなっても貧困から抜け出せない。

新型コロナウイルス感染症の影響で，生活がますます厳しくなっていると考えられるね。政府は給付金などを進めているけれど…。

⬆ひとり親家庭に食料援助をおこなうNPO　ひとり親家庭の相対的貧困率は48.3%(2018年)と，約2人に1人の子どもが相対的貧困層に属する。母子家庭の場合は母親が非正規雇用(➡p.161)である場合も多く，生活がなかなか安定しない。子どもだけでなく，親も含めた支援が急務である。

1 生存権

「健康で文化的な最低限度の生活」とは，どの程度の生活をさすのだろうか。

第25条【生存権，国の社会的使命】　①すべて国民は，健康で文化的な最低限度の生活を営む権利を有する。
②国は，すべての生活部面について，社会福祉，社会保障及び公衆衛生の向上及び増進に努めなければならない。

■朝日訴訟

●事件の概要

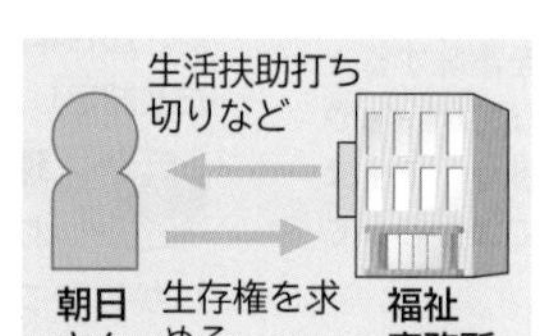

1955年当時，原告の朝日茂さんは，岡山県の病院に結核で入院していた。朝日さんは身よりがなく，生活保護法に基づいて医療扶助を受けていた。医療費を全額国が負担し，また日用品費として，月額600円が支給されていた。

その後，朝日さんの兄が九州にいることがわかり，兄から毎月1,500円の仕送りがもらえるようになった。このため，福祉事務所は厚生省(当時)の規定に基づき，1,500円のうち600円を日用品費として渡して生活扶助を廃止し，残りの900円を医療費の自己負担分とした。つまり，朝日さんの使える日用品費は仕送りの始まる前と同じになったのである。そこで朝日さんは，日用品費を1,000円にしてほしいという行政訴訟を起こした。

一審は，朝日さんの訴えが認められ，福祉事務所の処分は違法であるとした。二審は，600円は少なすぎるが違法とまではいえないとして，一審判決を取り消した。

●判決の要旨(最高裁　1967年5月24日)

本件訴訟は原告の死亡とともに終了した。

なお，憲法第25条の規定は，国民の生存権の保障を国の責務として宣言したにとどまり，直接個々の国民に対して具体的権利を賦与したものではない(**プログラム規定説**)といわれる。

600円の日用品の中身の一部

費目	年間数量	月額(円銭)
肌着	2年1着	16.66
パンツ	1枚	10.00
手ふき	2本	11.66
げた	1足	5.83
理髪料	12回	60.00
石けん	洗顔12コ	
	洗濯24コ	70.00
歯ブラシ	6コ	7.50
ちり紙	12束	20.00

1955年当時の物価

費目	(円)
かけそば	30
カレー	100
駅弁	100
(幕の内)	
コーヒー	70
理髪	145

(『物価の世相100年』読売新聞社　参照)

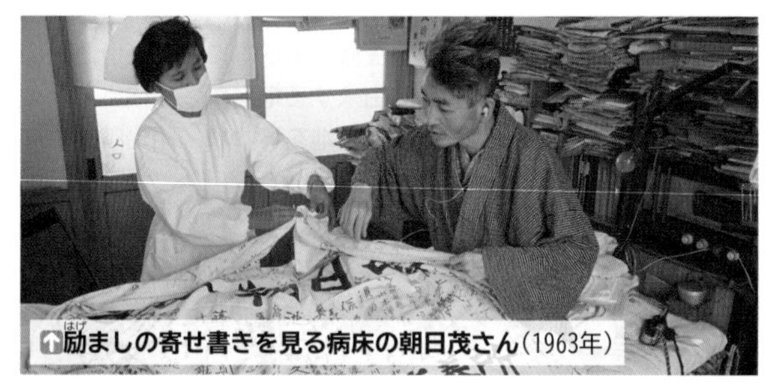

⬆励ましの寄せ書きを見る病床の朝日茂さん(1963年)

解説　裁判では勝てなかったが　朝日さんは裁判で勝つことなく亡くなり，最高裁で示されたプログラム規定説も，事実上，原告の敗訴を意味するものであった。しかし，この裁判によって生活保護(➡p.209)の実情が広く知られるようになり，国会で生活保護の支給基準額が引き上げられていった。現在では，憲法第25条の規定は，法的権利を認めるものという理解も有力になっている。

生活保護と餓死　2007年，生活保護を打ち切られた福岡県北九州市の男性が「おにぎり食べたい」というメモを残して餓死した。福祉事務所から「働いたらどうか」とすすめられ，生活保護を辞退して数か月後のことだった。

2 教育を受ける権利

第26条【教育を受ける権利，教育を受けさせる義務】
①すべて国民は，法律の定めるところにより，その能力に応じて，ひとしく教育を受ける権利を有する。
②すべて国民は，法律の定めるところにより，その保護する子女に普通教育を受けさせる義務を負ふ。義務教育は，これを無償とする。

■旭川学力テスト事件

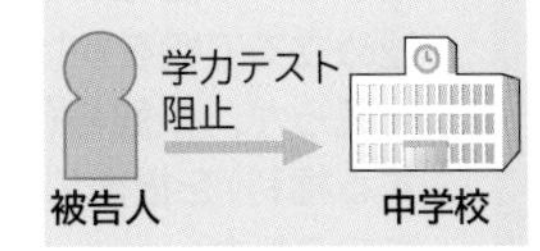

●事件の概要

被告人は，文部省(当時)が1961年に実施した全国一斉学力テストを阻止しようとして旭川市の中学校に乗りこみ，建造物侵入罪・公務執行妨害罪・暴行罪などで起訴された。

●判決の要旨(最高裁　1976年5月21日)

教育権が国にあるか国民にあるかは対極にあり，いずれかの全面的採用はできない。しかし，国は適切な教育政策の樹立・実施において必要かつ相当と認められる範囲で，教育内容を決定できる。
→学力テストを合法とし，公務執行妨害罪が成立。

解説 **教育の内容は誰が決めるのか**　被告人は，全国一斉学力テストは国による教育への不当介入であるとして，テストの実施を阻止しようとした。判決では，教育について教師には一定の自由が認められるが，必要な範囲で国の介入があり得る，ただし，子どもの人格の自由な発展に，国が不当に介入することは許されないとした。この裁判では，教育内容について国が関与し決定できるのか，また，子どもの教育について責任を負うのは国か，親と教師を中心とした国民かが争われた。

3 参政権

第15条【公務員の選定及び罷免の権利】　①公務員を選定し，及びこれを罷免することは，国民固有の権利である。

■在外日本人選挙権制限訴訟

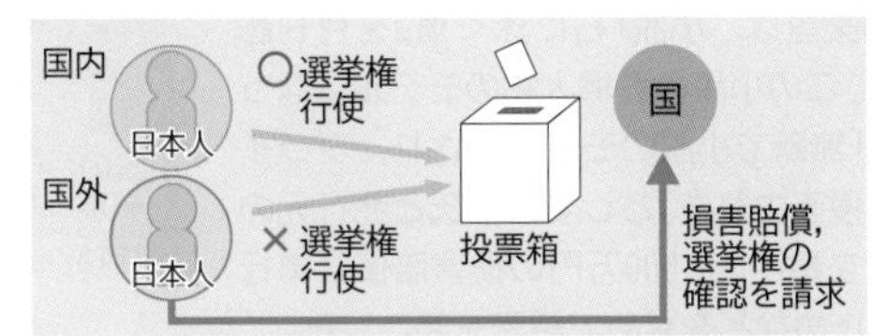

●事件の概要

1998年の公職選挙法の改正により，在外選挙制度が設けられたが，投票権は，比例代表選挙でしか認められていなかった。このことを理由として，海外に住む複数の日本人が国に対して選挙権を行使できる地位の確認と，国家賠償を求めて訴訟を起こした。

●判決の要旨(最高裁　2005年9月14日)　**違憲**

国会議員の選挙権は議会制民主主義の根幹を成す基本的権利であり，国民に投票する機会を平等に保障している。したがって公職選挙法の規定は憲法第15条，43条，44条に違反するとして，原告への慰謝料の支払いを国に命じた。

解説 **外国に住む日本国民にも選挙権**　この判決を受けて2006年に公職選挙法が改正され，在外日本人の国政選挙への選挙権は全面的に認められた(➡p.110)。また，2022年には在外日本人が最高裁判所裁判官の国民審査に投票できないことも違憲とされた(➡p.95)。

4 損害賠償請求権

第17条【国及び公共団体の賠償責任】　何人も，公務員の不法行為により，損害を受けたときは，法律の定めるところにより，国又は公共団体に，その賠償を求めることができる。

■B型肝炎訴訟

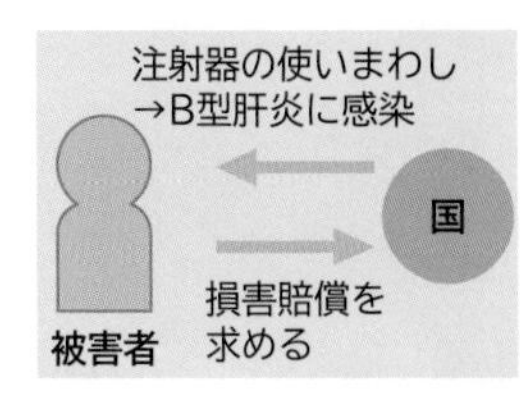

●事件の概要

30～60歳代(提訴当時)の国民が幼少期に受けた予防接種の際，注射針が使いまわされたためにB型肝炎ウイルスに感染したとして，被害者が全国各地で国を相手取って損害賠償を求めて裁判を起こした。

●国と原告の和解

2011年6月28日，国と原告の間で「基本合意書」を締結した。合意書では，国が責任を認め，被害者と遺族に心から謝罪すること，被害者に対して和解金を支払うこと，被害の真相究明をおこない，再発防止に最善の努力をすることなどが示された。

➡**国と原告が和解合意書に調印し，原告に謝罪する菅首相(当時)**
(2011年)

解説 **予防接種で感染**　この訴訟は，使いまわされた注射針で予防接種を受けて，肝ガンや肝硬変の原因となるB型肝炎ウイルスに感染させられた人々が起こしたものである。2010年に札幌と福岡の地方裁判所が和解勧告を出し，翌年，国と原告が合意した。憲法第17条の損害賠償請求権を被害者が行使した事例である。

5 刑事補償請求権

第40条【刑事補償】　何人も，抑留又は拘禁された後，無罪の裁判を受けたときは，法律の定めるところにより，国にその補償を求めることができる。

補償内容	①抑留・拘禁など	1日1,000円以上1万2,500円以下
	②死刑	本人死亡による財産上の損失額に3,000万円を加算した額の範囲内
	③罰金・科料・追徴金	徴収した金額に，徴収の翌日から補償の日までの期間に応じ年5分の金利を加算
	④没収	処分前なら返付，処分後ならばその時価相当額
具体例	・免田事件……9,071万2,800円(7,200円×1万2,599日拘禁) ・財田川事件…7,496万6,400円(7,200円×1万412日拘禁) ・足利事件……7,993万7,500円(12,500円×6,395日拘禁)	

※①・②は，上記の範囲内で裁判所が事情を考慮する

解説 **冤罪にあった時の補償**　冤罪(➡p.76)は起きてはならないことだが，万が一起きてしまった場合に金銭で補償する制度がある。たとえば刑事補償法では，抑留・拘禁などの補償として1日1,000円以上12,500円以下の補償金を交付するとしている。しかし，疑われた人が失った時間は戻らない。

確認▶社会権にはどのようなものがあるか，三つあげよう。
活用▶人間の尊厳と平等，個人の尊重から，社会権や参政権，国務請求権の意義を考えよう。

新しい人権

課題▶新しい人権が求められるようになった背景には，社会のどのような変化があるのだろうか。

クローズアップ 景観の保護か，安全・安心な生活の実現か

⇧鞆の浦（広島県福山市）　独特の美しい景観は，2008年に公開された「崖の上のポニョ」（宮崎駿監督）の舞台ともいわれる。

鞆の浦景観権訴訟

鞆の浦は江戸時代から続く港町で，昔からの町並みが残り，瀬戸内海の島々をのぞめる景勝地である。しかし，道路がせまく混雑が起きやすいため，県と市は湾内の一部を埋め立てて橋をかける計画を立てた。これに対して一部の住民らが，景観権（自然の景観や美しい町並みなどを享受する権利）を根拠に埋め立て事業の差し止めを求める訴訟を起こした。

2009年，広島地方裁判所は「鞆の浦の景観は国民の財産である」として埋め立て事業の差し止めを命じた。県は控訴したが，その後埋め立て免許の申請を取り下げ，2016年に訴訟は終結した。現在，鞆の浦の混雑問題の解消に向けて，山側のトンネル建設計画など，県と住民の協力による新しい町づくりが進められている。

⇩混雑する鞆の浦の道路

鞆の浦の景観を守るため，埋め立てと橋の建設は反対！

一部の住民

免許の差し止め請求

許可

埋め立て免許の申請

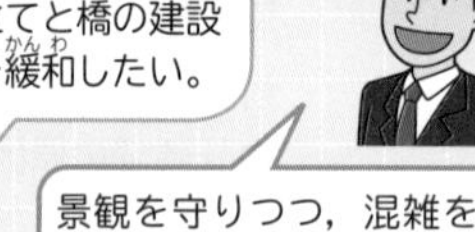

広島県・福山市

住民が安全・安心に生活できるよう，埋め立てと橋の建設で道路の混雑を緩和したい。

景観を守りつつ，混雑を改善できるような方法を考えていかなきゃ！

1 プライバシーの権利

■『宴のあと』事件

●事件の概要

作家・三島由紀夫の小説『宴のあと』に対し，元外務大臣Xが，この小説はXと料亭の女将との関係をモデルとしており，Xの私生活をのぞき見し，プライバシーを侵害されたとして，三島氏に対し，謝罪広告と損害賠償を求めて訴えた。

●判決の要旨（東京地裁　1964年９月28日）　**原告勝訴**

公表された事柄が，次の３点を満たす場合にはプライバシー権が成立するとして，プライバシーの侵害を認めた。
①私生活上の事実またはそれらしく受け取られる恐れのあるものであること　②一般人の感覚からして公開されたくないものであること　③一般の人にまだ知られていないもので，公開されることによって不快・不安を感じること

■『石に泳ぐ魚』事件

●事件の概要

作家・柳美里は，小説『石に泳ぐ魚』を月刊誌に発表した。この小説の登場人物のモデルになった女性が，「無断で小説のモデルにされ，プライバシー権を侵害された」として，柳氏と発行元の新潮社などを相手に1,500万円の損害賠償と単行本化の差し止めなどを求めて訴訟を起こした。

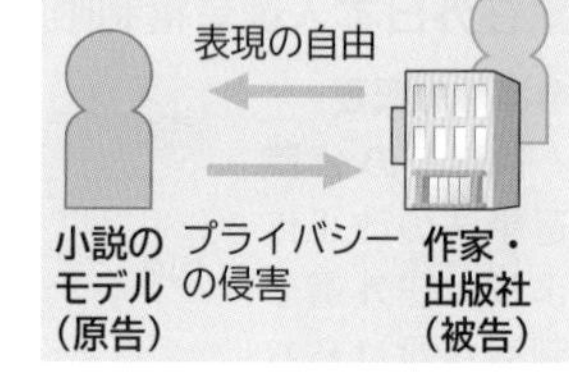

●判決の要旨（最高裁　2002年９月24日）　**原告勝訴**

一審の東京地裁では，「原告が公開を希望せず，公開された場合に精神的苦痛を受ける私生活上の事実が作品に記載されており，プライバシーを侵害する」「登場人物と原告との共通点を組みあわせれば，原告と面識がある読者には同一人物だと認識でき，原告が多大の精神的苦痛を受けることが想像できる」などと述べ，被告側に慰謝料130万円の支払いと，作品の出版・放送・映画化など一切の公表禁止を命じた。最高裁もこれを支持した。

解説　**モデルのプライバシーの権利を優先**　この２つの事件は，小説家が実在の人物をモデルとして書き，その内容がモデルの**プライバシーの権利**を侵害し，苦痛を与えたという点で共通している。『宴のあと』事件は，第一審で憲法に明記されていないプライバシーの権利を法的権利として認めたが，原告が二審の審理中に死亡したため，遺族と被告との間で和解が成立した。『石に泳ぐ魚』事件では，2002年に最高裁が慰謝料の支払いと，人格権に基づいて初めて出版差し止めを認めた点で注目された。

現在，情報化の進展（➡p.171）により**個人情報**の扱いがますます重要になっており，プライバシーの権利を求める動きも強まっている。

プラスα　**個人情報とは**　個人に関する情報のうち，氏名や住所，生年月日など，特定の個人を識別できるものをいう。事業者や行政機関に対しては，個人情報保護法により，個人情報の開示や訂正などを求めることができるようになっている。

2 知る権利と情報公開制度

■外務省公電漏洩事件

●**事件の概要**

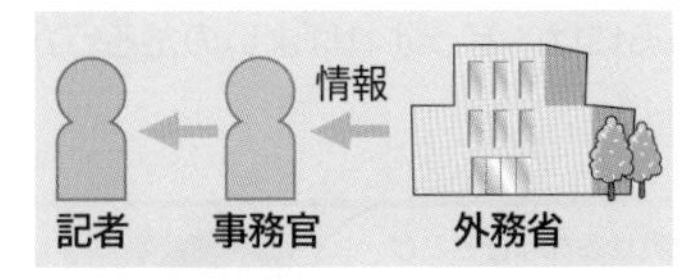

1971年に沖縄返還協定が調印されたが，軍用地復元補償費400万ドルを日本が肩代わりする密約を疑わせる極秘電文を，毎日新聞記者が外務省女性事務官から入手し，これを渡された社会党代議士が国会で追及した。記者は当初から機密文書を入手する目的で，女性事務官に近づき親しくなったということから，国家公務員法第111条の秘密漏示そそのかし罪違反，事務官は同法100条守秘義務違反で起訴された。

●**判決の要旨**（最高裁　1978年５月31日）

記者も事務官も有罪（事務官は一審で確定）。

取材が真に報道の目的であり，手段・方法が秩序全体の精神に照らし相当なものとして社会観念上認められるものであれば正当な業務行為といえるが，人格の尊厳を著しく蹂躙した取材行為は，法秩序全体の精神に照らし，社会通念上認められない不相当なものであり，違法である。

解説 **知る権利の保障**　**知る権利**は，民主主義社会において，国民が正しい判断を下すために必要な権利であり，表現の自由として保障される。この判例では，知る権利についてだけでなく，取材方法の是非も大きな問題となった。その後，日米の密約が明らかになったことを受け，2010年，被告の元記者が密約文書をめぐる情報公開を国に求める訴訟を起こした。東京地裁は元記者の訴えを認め，国側に文書の開示を命じた。

■情報公開制度

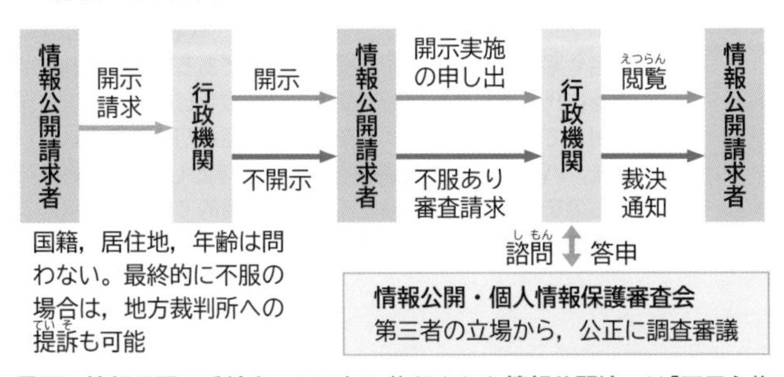

国の情報公開の手続き　2001年に施行された**情報公開法**では「国民主権の理念にのっとり，行政文書の開示を請求する権利」が明記され，日本人に限らず誰もが，政府が保有する行政文書の公開を請求できるようになった。請求があった場合，国は原則公開しなくてはならない。

3 環境権

■大阪国際空港公害訴訟

●**事件の概要**

大阪国際空港に発着する航空機の騒音などの公害に苦しむ住民が，人格権と環境権を主張し，国を相手に午後９時から，翌朝７時までの夜間飛行の差し止めと損害賠償を求めて民事訴訟を起こした。

民家の上空を飛ぶ飛行機

●**判決の要旨**

（大阪高裁　1975年11月27日）「個人の生命，身体，精神および生活に関する利益は，各人の人格に本質的なもの」で「その総体を人格権ということができる」とし，住民の主張を全面的に認めた。

（最高裁　1981年12月15日）　飛行差し止めという航空行政の発動を民事訴訟で求める請求は不適切であるとして請求を却下し，過去の損害賠償についてのみ認めた。

解説 **環境権を認めず**　高度経済成長期に反公害の動きが高まり，**環境権**が主張されるようになった。この訴訟の二審判決では実質的に環境権を認めたが，最高裁は環境権を認めず，飛行の差し止め請求も不適切として退けた。

4 自己決定権

■輸血拒否事件

●**事件の概要**

原告は宗教上の信念から，いかなる場合でも輸血を拒否すると決めていた。原告が1992年に重病で入院した時も，輸血を受けないことと，受けなかったために起きた事態に対して医師の責任は問わないことを記した証書を医師に渡した。しかし，手術中に輸血が必要な事態となったため，医師は輸血した。これに対して原告は医師を相手に損害賠償を求めて提訴した。

●**判決の要旨**（最高裁　2000年２月29日）　**原告勝訴**

原告の自己決定権が侵害されたとして，医師の不法行為の成立を認め，55万円の損害賠償を命じた。

解説 **自己決定権を認める**　人権意識の高まりから，自分に関することは自分で決める**自己決定権**（→p.52）が求められるようになった。民法で認められた人格権をもとに主張されている。この事例で最高裁は「自己決定権」という表現はしなかったが，「意思決定をする権利は，人格権の一内容として尊重」すべきであるとした。

法

Topic　表現の自由と「忘れられる権利」

「忘れられる権利」とは，インターネット上に流出した不都合な情報について，削除を求めることができる権利である。EUではこの権利が明文化され，保障されている。日本では，逮捕歴などが検索サイト上で表示されるのは人格権を侵害しているとして，男性が裁判を起こした事例がある。この訴えに対して，2017年に最高裁判所は，今回の事例では削除を認めないが，「プライバシーを公開されない利益が，検索サイトの表現の自由とくらべて明らかに優越する時に削除が認められる」と判断基準を示した。なお，日本で「忘れられる権利」が認められるかについては言及しなかった。

確認▶新しい人権にはどのようなものがあるか，三つあげよう。
活用▶現代の社会では，新しい人権としてどのような権利が認められるべきか話しあおう。

ゼミナール

事例で学ぶ　公共の福祉

人は誰でも自由でいたいと願っている。しかし，それによって誰かを傷つけたり，誰かの権利を侵害したりしてしまうことはないだろうか。誰もが幸福を求める権利をもっている。他人の人権を守りながら，自分の自由を求めるには，どうすればよいのだろうか。

ウェブサイトに無断で他人の写真を公開したら…

なんで勝手に写真を載せるんだ！
第一高校のステキな仲間
小林ユウト
小学生の時からみがいたプログラミング力を使ってパソコン部でさまざまなゲームやアプリを開発し，企業にも注目される
佐藤はるか
テニス部でインターハイに出場し，次期部長の呼び声も高い。明るく前向きなキャラクターで，男女問わず人気

私たちの権利を調整する「**公共の福祉**」

さくら▷SNSなどで顔写真が公開されていることもあるけど，誰でも見られるようになっている場合は，個人情報は大丈夫(だいじょうぶ)なのか心配になるよね。

ユウト▷前の授業で，「他人の私生活に関する情報などを，本人の許可なく一般に公開してはならない」と，プライバシーの権利(➡p.86)について学んだじゃないか。

高橋先生▷無断で人の顔が写っている写真が掲載された場合は，肖像(しょうぞう)権の侵害が認められて損害賠償を請求されることもあるよ。

はるか▷許可を得て公開したとしても，私のように怖(こわ)い目にあうこともあるよね。今回は警察に相談して解決したけど，個人情報の扱いには十分注意してね。

ダイチ▷うう……本当にごめんなさい。自分の表現の自由だけを求めてたら，いろんな人に迷惑(めいわく)をかけることがあるんだね。

高橋先生▷今回の件のように，自分の望みと誰かの権利が衝突(しょうとつ)してしまうということは，現実の社会でもよく見られるんだ。具体的な事例から見てみよう。

写真無断使用に歯止め
パブリシティー権初判断　「侵害」基準示す

有名人の写真無断使用にパブリシティ権侵害が認められたことを報じた新聞記事(「読売新聞」2012年2月3日)

パブリシティ権とは，芸能人やスポーツ選手などの有名人が，自分の氏名や写真を独占使用する権利のことである。この裁判では，書籍に氏名や写真を無断で使用された歌手ピンク・レディーに対して，パブリシティ権を認める判断が初めて下された。また，パブリシティ権侵害を認める基準として，「①肖像そのものを商品化，②商品を差別化する目的で肖像を使用，③肖像を広告に使用」の3点もあげられた。

空港建設のために立ち退きをせまられた住民

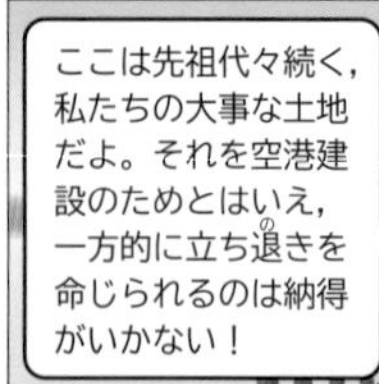

解説 **半世紀すぎても未完成**　1960年代，千葉県成田(なりた)市郊外の農村に新東京国際空港(成田空港)の建設計画が立てられ，3本の滑走路(かっそうろ)をつくることが決められた。しかし，建設予定地の住民の意見を聞かずに計画が進められたため，強い反対運動が起き，政府は土地を強制的に収用(強制執行)した。

その後，政府は地元住民に対して強引な計画立案と建設について謝罪し，和解が進んだ。しかし反対派住民との協議は進まず，2002年の日韓サッカーワールドカップを目前に，国は未買収地を避けて暫定(ざんてい)滑走路を建設した。

成田空港の滑走路への誘導路(ゆうどうろ)　空港建設に反対する農家の土地を避けて建設されたため，曲がっている。

大手スーパーと個人経営の店の保護

↑駅前のシャッター街となった商店街

↑郊外にある大型店

解説　**大型店の出店緩和と規制**　憲法第22条では「何人も，公共の福祉に反しない限り，居住，移転及び職業選択の自由を有する」と定められている。しかし，品ぞろえが充実した大型店が無制限に増えると，周辺の小型店に大きな影響を与える。地元の中小企業を守りつつ，大型店の規制も必要最小限にとどめるなど，バランスを検討しなければならない。現在，日本の地方都市では郊外の大型店に人が流れ，中心部の商店街などが閉店に追いこまれている地域が少なくない。法律の見なおしによって大型商業施設の出店が規制され，中心市街地の活性化をはかる取り組みが進められている。

感染症に感染した人の情報開示

解説　**感染拡大防止か，プライバシーの保護か**　感染症が大流行した場合，その対策のために感染者の情報をどこまで公開するかは，難しい問題である。現在も流行が続く新型コロナウイルス感染症においても，感染者や医療関係者の家族などへの差別が問題となった。個人のプライバシーにかかわる問題については，法律や制度などの社会システムを整えるだけでなく，一人ひとりの意識のもち方が大変重要になる。

感染者の情報開示について，選択・判断の手がかりとなる二つの考え方を活用して主張を明確にし，自分の考えをまとめよう。

【事実】
感染症が流行しており，そのなかで感染の疑いがある者が出ている。

【主張A】
感染者の情報を開示することに反対である。

【主張Aの根拠】
個人のプライバシーを侵害することになるから。

【主張Aの根底にある考え】

【主張B】
感染者の情報を開示することに賛成である。

【主張Bの根拠】
他者の健康を守ることにつながるから。

【主張Bの根底にある考え】

❶それぞれの【主張の根底にある考え】について，次の①②のどちらがあてはまるか，左の解答欄に書きこもう。
①個人や社会全体の幸福を重視することが大切である
②何があろうと個人の尊厳を守ることは私たちの責務である

❷ ❶をもとに，感染者の情報開示について，どのような方法が考えられるかまとめよう。

感染症について，厚生労働省は，原則として以下の情報を公表するとしているよ。
①感染症に関する基本的な情報（潜伏期間や感染経路など）
②感染源との接触歴にかかわる情報（感染者の推定感染地域など）
③感染者の行動歴などの情報

自分の考えをふり返り，現在の国の対応について十分かどうか，考えを深めてみよう。

ふりかえり

- □ 日本国憲法で基本的人権は保障されているが，公共の福祉のために権利を制限されることも明記されている。
- □ 公共事業や，大規模店舗の出店，プライバシーの権利の保障などにおいて，公共の福祉のために人権は制限される。
- □ 公共の福祉による制限を濫用すると，個人の人権を侵すことになるため，適切な運用を考えなければならない。

契約と消費者の権利・責任

課題▶消費者に関する法には，どのような特徴があるのだろうか。

クローズアップ
気

気軽に申しこんで大失敗！

前からほしかったシューズが半額になってる！　売り切れるといけないから，すぐ購入しよう。
人気シューズ入荷！
数量限定 50%OFF
××××円
■お支払い方法を選択
○クレジットカード
○銀行振込
◉代引き

お届け物でーす！
ん？　箱がずいぶん汚いなぁ…。配送途中で汚れたのかな。

うわっ，明らかに中古品だし，そもそも形が全然違うじゃないか！　こんなのすぐに返品しよう！
あっれー!?　サイトにつながらないぞ。メールも電話も通じないし…
だまされた！
ページが見つかりません
この番号は現在使われておりません…

特定商取引法では，オンラインショップには下のような情報を表示することが義務づけられていますので，購入前に確認しましょう。トラブルにあってしまった時は，消費生活センターに相談するのも，1つの方法です。

オンラインショッピングではさまざまな商品を気軽に購入できるが，なかにはこのような悪質なサイトも存在する。オンラインショッピングは自分の意思で契約したと見なされるため，クーリング・オフ(➡p.92)もできず，連絡がつかなくなってしまったら，支払った代金を取り戻すことは不可能に近い。購入の段階で，信頼できるウェブサイトか確認するようにしよう。

- 事業者名(正式な会社名，住所，電話番号など)　・代表者氏名
- 商品の販売価格　・商品代金以外の費用(送料，振込手数料など)
- 代金の支払方法，支払時期　・商品の引き渡し時期
- 返品についての特約事項　・注文や返品に対する有効期限

1 契約とは

Q 契約と約束の違いは何だろうか。

売買契約

売買契約　食品を買うなど
これください！
まいどっ！

請負契約　洗濯物をクリーニングに出すなど

賃貸借契約　アパートを借りるなど

金銭消費貸借契約　お金を借りるなど

労働契約　企業で働くなど

契約は人と人との約束　契約は約束の一つで，裁判所がその決めごとをたがいに守らせることができるものをさす。口約束であっても，おたがいの合意があれば成立する。また，契約が成立すると，おたがいに権利と義務(➡p.66)が生じ，法律が適用される。

2 消費者問題と消費者保護のあゆみ

年	事項
1948	主婦連合会(主婦連)設立
1951	日本生活協同組合連合会設立
1955	森永ヒ素ミルク事件
1962	ケネディ大統領「**消費者の4つの権利**」➡世界の消費者運動の指針に ①安全を求める権利　②知らされる権利 ③選択できる権利　④意見を聞いてもらう権利 サリドマイド事件
1968	**消費者保護基本法**制定。カネミ油症事件
1970	**国民生活センター**発足
1972	割賦販売法改正(クーリング・オフ条項(➡p.92)加わる)
1994	**製造物責任(PL)法**制定(➡4)
1995	薬害エイズ事件表面化
2000	**消費者契約法**制定(➡5)
2001	日本でBSE(牛海綿状脳症)の牛を発見
2004	**消費者基本法**制定(消費者保護基本法を改正)➡消費者の自立を促す
2008	薬害C型肝炎被害者救済法成立
2009	**消費者庁**発足
2022	成年年齢を20歳から18歳に引き下げる民法の改正法が施行

森永ヒ素ミルク事件
粉ミルクにヒ素が混入し，それを飲んだ乳児約1万2,000人が発熱・嘔吐の症状を起こし，133人が死亡した事件。

サリドマイド事件
睡眠薬のサリドマイドを服用した妊婦から，1,000人をこえる身体障害児が産まれた事件。

カネミ油症事件
米ぬか油にポリ塩化ビフェニールが混入し，1万数千人に内臓障害や皮膚障害が発生した事件。

薬害エイズ事件
アメリカからの輸入血液製剤によって約2,000人がHIV(エイズウイルス)に感染した事件。

消費者の安全を守るために　購入した商品で消費者が損害を被ることを**消費者問題**という。急増する消費者問題に対応するため，**消費者庁**や**国民生活センター**が活動している。

消費者を守るためのマーク　PSEマークは，事業者により安全性が確認された電気用品につけられている(中古品は免除)。また，製品の欠陥により損害が生じた場合，SGマークがついていれば，迅速に損害賠償を受けることができる。

3 消費者主権の阻害要因

情報の非対称性(➡p.187) 	売り手と買い手との間に，商品に対する情報量の格差があること。この差をそのままにしておくと，消費者は値段の安さだけで物を選んで望ましくない結果になる(逆選択)などの不利益を生じることがある。
依存効果 	消費者の行動が，時代の流行，企業の宣伝や広告に左右されやすいこと。アメリカの経済学者ガルブレイス(1908〜2006)が述べた。
デモンストレーション効果 	消費者の行動が，他人の消費行動にも影響を受けていること。

解説 **自分の意思に基づく判断が重要**　私たちは，どんな財やサービスがよいかを選択しながら生活している。最終的に決定するのは消費者であり，これを政治上の国民主権(➡p.100)になぞらえて**消費者主権**という。消費者は，一時的な流行や他人の意見に流されることなく，一人ひとりの合理的な判断に基づいて行動することが望まれる。しかし，実際にはさまざまな阻害要因が存在する。消費者が不利益を被ることがないよう，さまざまな法律が整備され，売り手に誇大広告の規制や品質・性能の表示などが義務づけられている。

4 製造物責任(PL)法

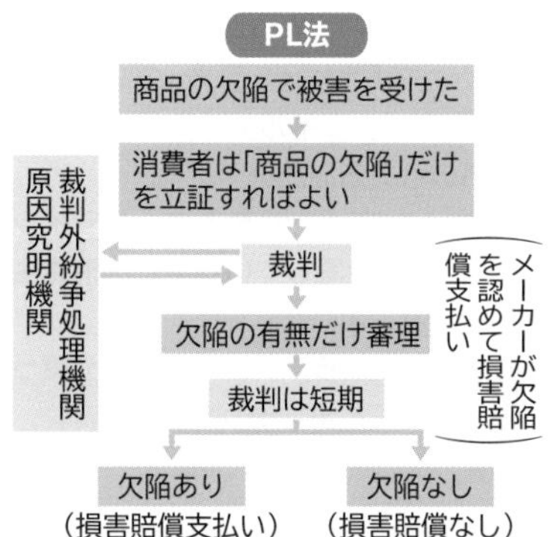

PL法導入後の責任要件の違い

民法709条
①損害＋加害者の故意又は過失
②損害と故意又は過失の因果関係

PL法
①損害＋製品の欠陥
②損害と欠陥の因果関係

解説 **円滑な被害救済のために**　**製造物責任(PL)法**では，製品の欠陥によってケガをするなどの被害を受けた場合，製造者や販売者に過失がなくても損害賠償を請求できる(**無過失責任制度**)。あくまでも，製品を適正に使用した場合に限られるため，機能をよく確認し，事故の起こらない使い方をしなければならない。

5 消費者契約法

※このほかにも契約の取り消しや無効にすることのできる事項がある。

事故車ではありません
事実と違うことをいう。
不実告知

契約しないと帰らないぞ！
帰らない。帰さない。
不退去・退去妨害

このままでは就職できませんよ！
セミナー案内
社会生活上の経験の乏しさからくる不安をあおる。
不安をあおる告知

投資のご案内
生活が苦しくなりますよ！
判断力の低下からくる不安をあおる。
判断力の低下の不当な利用

これらの場合は契約を取り消すことができる。
〔ただしだまされたと気づいてから1年以内，契約から5年以内〕

解説 **消費者保護を実現するために**　**消費者契約法**は，悪質な事業者から消費者の利益を保護することを目的として制定された。クーリング・オフができない事例でも適用される。ただし，この法律は事業者を処罰することはできない。

成年年齢の引き下げを見すえた2018年の改正により，社会生活上の経験不足を不当に利用して迫られた契約も取り消すことができるようになった。

6 自己破産

自己破産による解決	自己破産によって失うもの
●自分が所有している財産をすべて処分するかわりに，すべての借金を帳消しにでき，返済する必要がなくなる。 ●破産宣告後に得た財産は，すべて自由に使うことができる。	●必要不可欠なもの以外の財産はすべて処分の対象となる。 ●いわゆるブラックリストに載り，ローンやクレジットカードの利用ができなくなる。 ●生命保険の外交員，警備員などの一定の職種につけなくなる。 ●弁護士，公認会計士などの公的資格がとれなくなる。

解説 **多重債務に陥らないことが重要**　借金の返済ができなくなった債務者が，裁判所に債務の放棄と破産を申し立てることを自己破産という。クレジットカードや消費者金融を利用すると現金がなくても買い物ができるが，使い方を誤り，複数の方法で借金をして返済困難に陥る多重債務者も増加している。無計画な借金をつくらないよう気をつけよう。

法

Topic エシカル消費

「エシカル」とは「倫理的」という意味で，エシカル消費とは，消費者それぞれが社会的課題の解決を考慮したり，そうした課題に取り組む事業者を応援したりしながら消費活動をおこなうことをさす。たとえば，買い物をする際にも，環境に配慮した商品，フェアトレード(➡p.251)商品，地元の産品を買うことなどがあげられる。商品を選ぶ際にその社会的な背景まで考慮することも，持続可能な社会を実現するために私たちができることの一つである。

⇧農産物直売所で地元の特産品を購入する人々(徳島県鳴門市)

確認▶消費者に関する法にはどのようなものがあるか，三つあげよう。
活用▶消費者に関する法にはどのような特徴があるか，「消費者主権」のことばを使って説明しよう。

契約トラブルにまきこまれないために

18歳になると民法上の「成年」となり，保護者の同意なく契約することができるようになる(➡前見返し裏)。一方で，知識や経験が少ない若者をねらった問題商法(悪質商法)も後を絶たない。社会に出ても契約トラブルにまきこまれないために，必要な知識と考え方を身につけておこう。

消費者としての責任

このゲーム，おもしろいけど難しいな。もっとアイテム増やさなきゃ！

スポーツやってるんですか？とってもスタイルがいいですね。
でも食べたら太りやすくて…。
そんな時にいい健康食品がありますよ！

高額請求
未成年者が保護者の同意を得ずにおこなった契約は，原則として取り消しができますよ。

ただし！みんなはもうすぐ18歳でしょう？ 18歳になるとそうはいかないので，今のうちから責任をもって行動してくださいね！

18歳成年と契約

ユウト▷2022年4月から成年年齢が20歳から18歳に引き下げられたから，18歳になると自分でクレジットカードをつくったり，スマートフォンを契約できるようになるね。楽しみだなあ。

さくら▷でもそれって逆にいえば，間違った契約をしても未成年者取消権が使えず，自分で責任を負わなくてはいけないということだよね。私は不安だな……。

はるか▷じゃあ先日のように高額な健康食品を売りつけられた場合，18歳以上だとお金を払うしかないのかな。

中村先生▷以前授業で学んだように，消費者を守るための法律や制度がいろいろ用意されているよ。先日のはるかさんの健康食品の例だと，**クーリング・オフ**が利用できるね。

はるか▷よかった！

さくら▷消費者契約法(➡p.91)でも，契約の取り消しや無効にできる事例がいろいろあげられていたよね。

契約トラブルにあってしまったら

ダイチ▷法律が僕たち消費者を守ってくれていることはわかったけど，もしトラブルにまきこまれたら，どうすればいいかわからなくなりそうだな。

はるか▷家庭科でも習ったけど，問題商法(悪質商法)っていろいろあるよね。私うまい話にのせられやすいから，怖いなあ。

ユウト▷うちの祖母も僕の名前をかたる「オレオレ詐欺(さぎ)」の電話がかかってきたといっていたよ。新型コロナウイルス感染症に関するトラブルなど，新しい手口がいろいろあるみたい。

中村先生▷そうだね。トラブルにあった時は，消費者ホットライン(188番)に電話しよう。地方公共団体が設置している身近な**消費生活センター**や相談窓口を案内してくれるよ。

さくら▷うまく説明できないかもしれないから，契約時の書類や買った時のようすのメモなども用意しておくとよさそうだね。

取引内容	適用対象	期間
訪問販売	店舗外での，原則すべての商品・サービスの契約。	8日間
電話勧誘販売	業者から電話での，原則すべての商品・サービスの契約。	8日間
連鎖販売取引	マルチ商法による取り引き。店舗契約を含む。	20日間
特定継続的役務提供	エステ・外国語会話教室・学習塾・家庭教師・パソコン教室・結婚相手紹介サービスの継続的契約。店舗契約を含む。	8日間
業務提供誘因販売取引	内職商法やモニター商法など。	20日間
訪問購入	業者が消費者の自宅などを訪ねて商品の買い取りをおこなうもの	8日間

⇧クーリング・オフができる取り引き　「クーリング・オフ」とは，「頭を冷(ひ)やし，考えなおす」という意味。キャッチセールスや訪問販売など，強引(ごういん)な販売方法で希望しない契約をしてしまった時，契約書面を受け取ってから一定の期間中は無条件で解約できる制度である。特定商取引法や割賦販売法などに規定がある。

通知書

次の契約を解除します。

契約年月日　○○年○月○日
商品名　○○○○○
契約金額　○○○○○○○円
販売会社　株式会社××××
　□□営業所
　担当者　△△△△△△
支払った代金○○○○○円を返金し，商品を引き取ってください。

○○年○月○日

○○県○市○町○丁目○番○号
氏名　○○○○○○

通知書

次の契約を解除します。

契約年月日　○○年○月○日
商品名　○○○○○
契約金額　○○○○○○○円
販売会社　株式会社××××
　□□営業所
　担当者　△△△△△△
クレジット会社　△△△△株式会社

○○年○月○日

○○県○市○町○丁目○番○号
氏名　○○○○○○

⇧クーリング・オフ通知はがきの記載例　内容証明郵便やはがき(特定記録郵便・簡易書留)など，証拠の残る書面で通知する。クレジット契約をした場合は，クレジット会社へも同時に通知する必要がある(右)。はがきのコピーなど関係書類は，5年間は保管しておこう。

次のような時は，クーリング・オフができないので注意しましょう。
①自分から店舗に出向いて購入した場合　②電話やインターネットなどの通信販売で購入した場合
③現金3,000円未満で，すでに支払って購入した場合　④化粧品や健康食品などの消耗品を開封して使用してしまった場合　など

WORK この契約，やめられる？

❶次の①～⑥の契約について，正しいと思うものをA～Cから選ぼう。

①はるかが店で買い物をした時，売買契約が成立するのはいつ？
A. 口頭で「買う」といった時
B. 代金を支払った時
C. 商品を受け取った時

②中村先生が店で服を買ったが，別の店でより安く売られていたので，買った服を返品してお金を返してもらいたい。法的に解約できる？
A. 解約できない
B. レシートがあれば解約できる
C. 商品を開封していなければ解約できる

③16歳のユウトが，保護者に内緒で10万円のパソコンを購入した。この契約は解除できる？
A. 取り消しはできない
B. 未成年者なので取り消しができる
C. 保護者が求めた場合のみ，未成年者なので取り消しができる

④さくらの母が街で声をかけられ，断れないまま喫茶店に連れて行かれて１万円の化粧品の契約をさせられた。この契約は解除できる？
A. 事業者が嘘をいっていた場合は，クーリング・オフができる
B. 商品を使用していなければ，クーリング・オフができる
C. 契約してから８日間以内であれば，クーリング・オフができる

⑤高橋先生がオンラインショッピングでゴルフクラブを買ったが，使いづらかった。この契約は解除できる？
A. クーリング・オフができない
B. 契約してから14日間ならクーリング・オフができる
C. 商品が届く前ならクーリング・オフができる

⑥就職活動中のダイチの姉は「このままでは就職できないよ」といわれ，不安になって高額のセミナーを申しこんだ。この契約は解除できる？
A. 取り消しできない
B. 消費者契約法を根拠に取り消しができる
C. 製造物責任（PL）法を根拠に取り消しができる

❷❶やこれまでの学習をふまえて，契約する時にはどのようなことに注意する必要があると考えるか，三つあげよう。

①

②

③

さまざまな問題商法（悪質商法）にだまされないために

キャッチセールス	路上や駅前などでアンケート調査などと称して呼び止め，喫茶店などに連れこんで商品などを売りつける。購入に応じない限り帰さない雰囲気にして契約させる。
デート商法	電話やメール，出会い系サイトなどで販売目的を隠して近づき，巧みな話術で好意を抱かせ，それにつけこんで商品・サービスを契約させる。契約後は連絡がつかなくなることが多い。
マルチ商法	「もうかる」といって商品の販売組織に誘い，商品やサービスを契約させ，次々と組織への加入者を増やすと利益が得られるとするもの。勧誘時の成功話と違い，加入者を思うように獲得できず，売れない商品をかかえてしまいやすい。
架空請求	メールや電話，手紙などで，実際には利用した覚えがない（利用していない）サービス費用を請求して，現金の振りこみを要求する。

⬆問題商法（悪質商法）の例 時代に応じてさまざまな手口があるが，右の「悪質商法にだまされないための10か条」に基づいて考えて行動しよう。

悪質商法にだまされないための10か条

1. うまい話はこの世に存在しないことを肝に銘じておく。
2. 見知らぬ人の親しげな接近には要注意。
3. 相手の身なりや態度にまどわされない。
4. 「話だけでも聞いてやろう」は禁物。
5. きっぱりと断る。
6. 笑顔を見せない。長話をしない。
7. 相手を玄関に入れない。
8. 預貯金などプライバシーを明かさない。
9. その場で契約しない。お金を渡さない。
10. 家族や消費生活センターに相談する。

問題商法にまきこまれたと思ったら，決して泣き寝入りせず，家族や行政機関に相談しよう。SOS

ふりかえり

- □ 契約は，双方が納得している，つまり自分の意思に基づいていることが重要である。
- □ 18歳（成年）になると未成年者取消権がなくなるため，自分で結んだ契約は自分で責任をとらなければならない。
- □ 知識や経験が少ない若者をねらった問題商法（悪質商法）も多く，だまされないための知識を身につける必要がある。

SOS ▶消費者ホットライン（消費者庁） ☎188 ▶法テラス ☎0570-078374 ▶サイバー犯罪相談窓口一覧（警察庁）
調べる ▶社会への扉（消費者庁） ▶国民生活センター ▶18歳までに学ぶ 契約の知恵（金融広報中央委員会）

裁判所と司法

課題▶公正な裁判のために裁判所の制度や裁判官の権限はどのようになっているのだろうか。

裁判にかかわる人々

裁判官

裁判で，検察官側と，被告人(訴えられた人)・弁護人側から出された文書や言い分を聞いて，判決を言い渡す。

➡**法服**　裁判官が法廷で着る服。法服が黒いのは，黒は，ほかの色に染まることがなく，公正さをあらわすのに最適な色だからだといわれている。裁判官の職責の厳しさを象徴している。

⬅**裁判官のバッジ**　三種の神器の一つで，「はっきりと真実を映す」といわれる「八咫の鏡」のなかに「裁」の字をデザイン化している。

刑事裁判のようす　(最高裁判所資料)

※裁判員裁判の場合，裁判官の両側に裁判員が着席する。(➡p.96)

裁判官(右陪席)　裁判長　裁判官(左陪席)　裁判所事務官　裁判所速記官　裁判所書記官　弁護人　被告人　証人　検察官　傍聴人

検察官

事件が起きるとまず警察官が捜査し，その結果を検察官に報告する。検察官は，この事件をさらに調べ，間違いなく容疑者が犯人であるという結論に達すると，公益の代表者という立場から，容疑者を裁判所に訴える(起訴)。一方，証拠不十分などで犯人とはいい切れない場合は，訴えない(不起訴)。裁判では，起訴状に基づいて犯罪事実を立証し，被告人に質問もする。そして法律に基づいて求刑し，もし判決に不服であれば，上級の裁判所に訴える。

⬅**検察官のバッジ**　菊の葉と花弁のなかに，赤で旭日がデザイン化されている。その形が霜と日差しに似ていることから「秋霜烈日」(秋の冷たい霜，夏の厳しい太陽)ともよばれ，「刑罰をめぐる姿勢の厳しさ」を象徴している。

弁護士

容疑者(被疑者)の依頼によって，弁護士は留置場などで接見する。起訴されて裁判となれば，被告人の権利を守るために，検察官に対抗し，証人に対して尋問や弁論をおこなう。また，判決に対して被告人が不服であれば，被告人と相談して上級の裁判所へ訴える手続きをする。なお，お金がなく自分で弁護士をつけることができない場合，国費で弁護士(国選弁護人)をつけることができる。

⬅**弁護士のバッジ**　ひまわりのなかに秤がデザインされている。ひまわりは「正義と自由」を，秤はどちらにもかたむかない「公正と平等」を象徴し，弁護士が追い求めるものを示している。

裁判の傍聴

公開の法廷でおこなわれる裁判は，原則として誰でも事前の申しこみなく傍聴できる。日本国憲法第82条で，公正な裁判がおこなわれているか，国民が監視することを定めているためである。なお，傍聴時に許可なく撮影・録音・録画することはできない。

起訴前でも，弁護士会へ依頼すると，初回は無料で当番弁護士をよんでアドバイスを受けたり弁護の依頼などができる「当番弁護士制度」があるよ。これは容疑者の人権を守り，冤罪(➡p.76)を未然に防ごうとするもので，イギリスで始まったんだ。

1 司法権の独立

■大津事件

⬆**児島惟謙**
(1837～1908)

1891年，来日中のロシア皇太子に警備中の巡査がサーベルで切りつけ，怪我を負わせた事件があった(大津事件)。ロシアとの関係悪化を恐れた日本政府は，大審院長(現在の最高裁長官)の児島惟謙に対し，犯人に死刑を適用するように圧力をかけたが，児島は拒否して**司法権の独立**を守った。

しかしこの時，児島は担当の裁判官に対して死刑を避けるよう説得しており，**裁判官の独立**は侵害している。日本国憲法下で裁判官の独立が侵された事件としては，長沼ナイキ基地訴訟(➡p.131)をめぐる平賀書簡事件が有名である。この事件では，裁判所の所長が担当の裁判官に対して，国の裁量を尊重すべきだという手紙を出し，問題となった。

解説　**公正な裁判のために**　**裁判**は国民の自由と権利を守るためのものであり，政治権力などの圧力を排して公正におこなわれなければならない。そのため，**司法権の独立**が憲法で保障されている。

■裁判官の任免

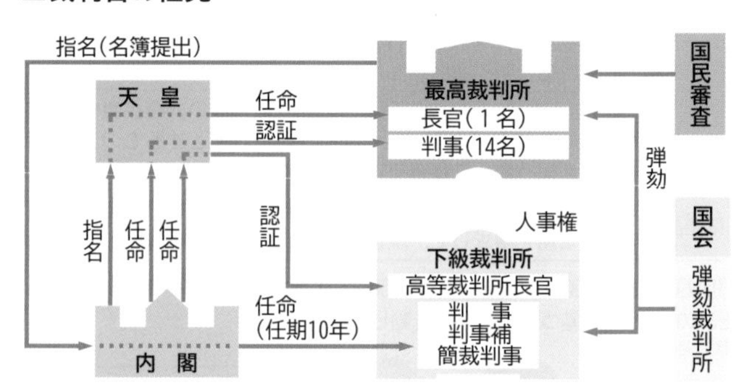

解説　**手厚い裁判官の身分保障**　裁判官の身分も憲法で保障されており，行政機関が懲戒処分をおこなうことはできない。また，心身の故障や，国会の**弾劾裁判**(➡p.113)，国民が直接おこなう**国民審査**(最高裁判所の裁判官のみ)以外では罷免されない。裁判官の報酬(給料)は，一般の公務員より高めで，在任中は本人の同意がない限り減らすことはできない。

プラスα　**原告と被告**　民事裁判では，訴えを起こした側を「原告」，訴えられた側を「被告」という。刑事裁判では，犯罪の疑いをかけられた人を「被疑者」といい，被疑者は裁判にかけられた時から「被告人」とよばれるようになる。

2 裁判制度

Q なぜ三審制がとられているのだろうか。

■三審制

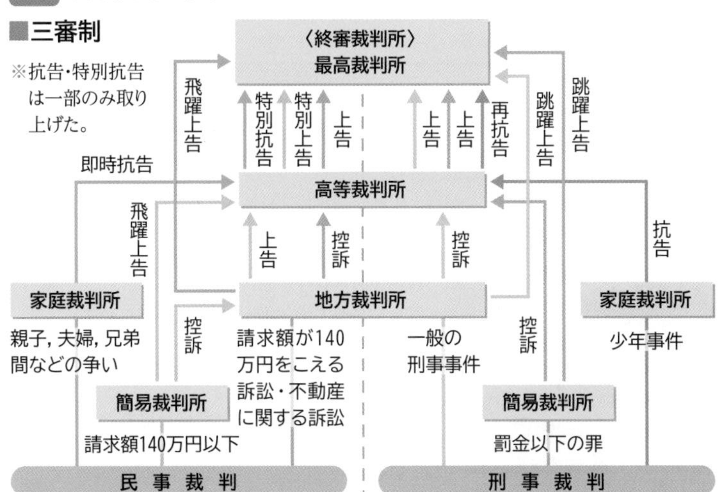

●上訴　上級の裁判所に対する不服申し立て。
●控訴　第一審の判決に対する不服申し立て。
●上告　控訴審（第二審）の判決に対する不服申し立て。上告には，二審を経ずに三審に上告する飛躍上告（民事裁判）や跳躍上告（刑事裁判）もある。
●抗告　裁判所の決定，命令に対する不服申し立て。
●特別上告　民事裁判で高等裁判所が上告審になる時，最高裁判所に訴えること。刑事裁判では，すべて上告審は最高裁判所であり，特別上告はない。
●再審　確定判決に対して，不当な事実認定があるとして再度裁判をするように申し立てること。

解説 **基本的人権を守るために**　日本の裁判は原則として三審制で，地方裁判所や簡易裁判所，家庭裁判所で第一審がおこなわれる。第一審に納得がいかない場合，上級の裁判所に不服を申し立てることができる。

■裁判の種類

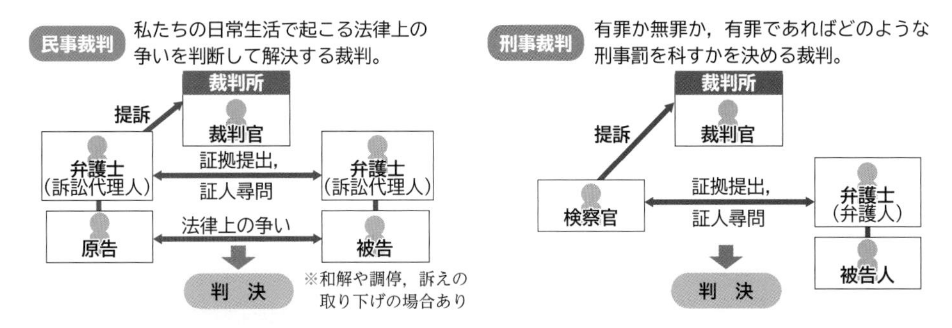

解説 **民事裁判と刑事裁判**　裁判には，**民事裁判**，**刑事裁判**のほか，民事裁判の一つで，政府や地方公共団体と国民との争いを裁く**行政裁判**がある。
民事裁判と行政裁判の場合は，当事者どうしで争うこともできるが，弁護士などの訴訟代理人に依頼して争うことが多い。民事裁判は，当事者の話しあいによる和解や調停で終わることもある。

3 最高裁判所のおもな違憲判決

事例	法律	根拠となった憲法の条文
尊属殺人重罰規定（1973年）（➡p.80）	刑法第200条	14条【法の下の平等】
薬事法訴訟（1975年）（➡p.77）	薬事法第6条	22条【職業選択の自由】
衆議院議員定数訴訟（1976年，1985年）（➡p.103）	公職選挙法第13条	14条【法の下の平等】
森林法訴訟（1987年）（➡p.77）	森林法第186条	29条【財産権】
在外日本人選挙権制限訴訟（2005年）（➡p.85）	公職選挙法附則8項	15条1項【公務員の選定および罷免権】
国籍取得制限規定（2008年）（➡p.82）	国籍法第3条1項	14条【法の下の平等】
婚外子法定相続分差別訴訟（2013年）（➡p.81）	民法第900条4号	14条【法の下の平等】
女性再婚禁止期間規定（2015年）（➡p.81）	民法第733条1項	14条【法の下の平等】
在外日本人国民審査訴訟（2022年）（➡p.85）	最高裁判所裁判官国民審査法	79条2項，3項【最高裁判所裁判官の国民審査】
性別変更要件規定（2023年）	性同一性障害特例法	13条【身体への侵襲を受けない自由と手術要件】

解説 **違憲審査権**　「**憲法の番人**」といわれる最高裁判所は，法律・命令（法令）が憲法に違反していないかどうか審査する**違憲審査権**をもつ。日本はアメリカと同様に，具体的な訴訟のなかで，該当する法令の憲法判断をおこなっている。最高裁判所で違憲判決が確定すれば，その法令はその事件に対して無効となる。

確認▶日本の裁判所にはどのようなものがあるか，五つあげよう。
活用▶司法権の独立や三審制がとられている理由を説明しよう。

Topic 少年法と少年事件

20歳未満の少年が犯罪を犯した場合，刑法ではなく少年法の対象となる。少年は成人犯罪者とくらべて立ちなおる可能性が高く，社会復帰を促すことを目的として，成人とは異なる手続きがとられている。
2022年から成年年齢が18歳となったが，少年法の対象は「20歳未満」のままである。ただし，2021年の改正により，18，19歳は「特定少年」とされ厳罰化される。

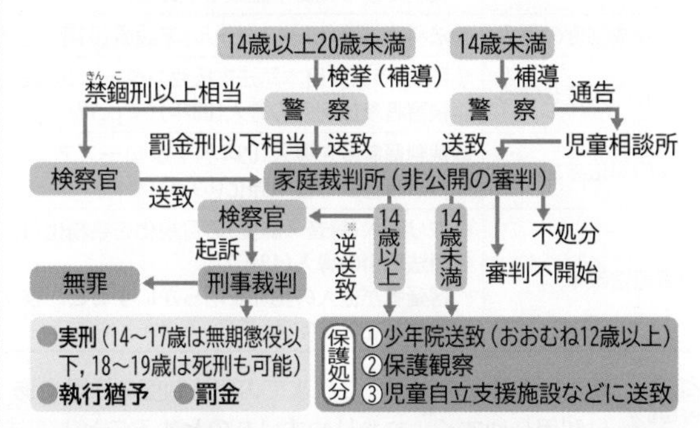

⬆**少年事件の手続きの流れ**　※14～15歳は家庭裁判所の判断で逆送致，16～19歳は故意の殺害事件は原則逆送致。

法

国民の司法参加

課題▶国民の司法参加はなぜ必要なのだろうか。

クローズアップ 裁判員制度の流れ

18歳以上の有権者なら誰でも裁判員に選ばれる可能性があるから，準備しておかなくちゃ！

裁判員候補者名簿の作成・通知
（前年の秋頃）
各地方裁判所が，選挙権をもつ人のなかから裁判員候補者名簿を作成し，その旨を通知する。

全国で約30万人

裁判員候補者の選定・よび出し状の送付
（裁判の6週間前まで）
各地方裁判所が，事件ごとに裁判員候補者をくじで選ぶ。
裁判員候補者に，裁判期日などを記したよび出し状と，辞退する理由があるかなどを確認するための質問票を送付する。

事件ごとに約50人

選任手続き（裁判当日）
裁判所で，裁判員候補者に質問手続きがおこなわれる（非公開）。
検察官や弁護人は，それぞれ4人ずつ候補者を裁判員としないことができる。
一定の理由があれば，辞退することもできる。

6人の裁判員を選任

不選任　辞退

辞退できる例
70歳以上の高齢者，重い病気やけがの人，学生，重要な仕事で休むと損害が出る，親族や同居人の介護・養育など

公判（裁判）（約3～5日）

審理（法廷）
裁判に立ちあって，検察官と弁護人・被告人の話を聞き，証拠調べをおこなう。

- 公判はできるだけ連日開かれる。
- 専門用語は最小限にし，一般の人にもわかりやすいことばを使う。
- 写真や映像なども使い，イメージしやすくする。
- 裁判員も証人や被告人に質問ができる。

法律の専門知識をもたない裁判員にもわかりやすいように，裁判にもさまざまな工夫がされている。

評議・評決（評議室）
裁判官（3人）と裁判員（6人）は，被告人が有罪か無罪か，有罪ならどのような刑罰に処すべきか話しあう。全員一致の意見をめざすが，難しい場合は，多数決で決定する。

多数決の例（評議で意見がまとまらない場合）
〈例1〉
有罪
無罪
→有罪
〈例2〉
有罪
無罪
→無罪
裁判官　裁判員　多数意見に裁判官1人以上の賛成必要。

判決（法廷）
評議・評決の結果に基づき，裁判官が被告人に判決を言い渡し，終了。

裁判終了後も守秘義務は継続する。守秘義務違反は，6か月以下の懲役または50万円以下の罰金に処せられる。

1 司法制度改革

Q 司法制度改革はなぜおこなわれたのだろうか。

裁判の迅速化	●裁判の迅速化に関する法律（03年） ●知的財産高等裁判所の設置（東京高等裁判所に設置）（05年） ●公判前整理手続きの導入（05年） 裁判官，弁護士，検察官が裁判の進行計画を立て，争点を整理し，裁判で使う証拠や証人を決める。
法曹養成制度の導入	●法科大学院（ロースクール）を設置（04年）（➡3）
被害者の人権を守る	●「法テラス」（日本司法支援センター）の開設（06年）（➡5） ●被害者参加制度の導入（08年）（➡p.77）
国民の司法参加	●裁判員制度を導入（09年）（➡クローズアップ，2） ●検察審査会の権限強化（09年）（➡4）
刑事司法改革	●取り調べ（録音・録画）の可視化を義務化（19年） ●司法取引の導入（18年） 容疑者が他人の犯罪を明らかにすると，検察官は求刑を軽くすることなどを保証する。

取り調べの可視化のようす　裁判員裁判になる事件を対象として，警察の取り調べの可視化が導入されている（➡p.77）。取り調べを録音・録画してその状況を第三者が検証できるようにすることで，冤罪の防止や長時間の取り調べの規制につながることも期待されている。

解説 司法制度改革の背景　これまでの司法制度の課題であった，①司法制度をより利用しやすく，わかりやすいものとすること，②法曹三者（裁判官・弁護士・検察官）（➡p.94）の質と量の拡充，③国民の司法参加，などを目的として，2000年代に入り，さまざまな司法制度改革がおこなわれてきた。

プラスα **犯罪加害者の更生**　犯罪者が再び罪を犯さないようにするためには，刑罰を科すだけでなく，社会復帰後に安定した仕事や住まいを得ることが必要である。このため，刑務所では受刑者に職業訓練をおこなっている。また，社会復帰をめざす人を受け入れる社会の理解も欠かせない。

用語解説 司法制度改革，裁判員制度➡p.279

2 裁判員制度

■国民が刑事裁判に参加するおもな国の制度

	日本（裁判員制度）	アメリカ（陪審制度）	フランス（参審制度）
選任方法	事件ごとに裁判員を選ぶ。	事件ごとに陪審員を選ぶ。	一定の任期で参審員を選ぶ。
対象事件	殺人事件や放火，身代金目的の誘拐など，重い罪の裁判。	被告人が無罪を主張し，陪審裁判を選択した事件。	一定の重大犯罪（被告人の認否を問わず，被告人による選択は認めない）。
仕事の内容	裁判官とともに，有罪か無罪か判断し，有罪ならば量刑をおこなう。	陪審員のみで有罪か無罪か判断し，裁判官が量刑をおこなう。	裁判官とともに，有罪か無罪か判断し，有罪ならば量刑をおこなう。

解説 **裁判員制度発足の背景**　**裁判員制度**により，法律の専門家ではない裁判員の感覚も裁判に反映され，国民の裁判に対する理解や知識が深まることが期待された。国民が裁判に参加する制度は，海外でも陪審制や参審制などの形でおこなわれている。

■裁判員制度の課題

●性犯罪事件を対象とすべきか
➡被害者のプライバシーが十分保護されていない。
●裁判員の精神的負担
➡重大犯罪を犯した可能性のある被告人とかかわる。
➡悲惨な写真や証言を見聞きする。
➡自分の下した判断が本当に正しかったのか悩む。
●公判前整理手続き
➡裁判で扱う証拠の選定や裁判の進め方について，裁判員は参加せず，裁判官，弁護士，検察官だけでおこなわれる。
➡裁判員が必要な証拠を知ることがないまま，判決を下す恐れがある。

裁判員に選ばれる前の気もち
積極的にやってみたい 14.8%
やってみたい 25.4
あまりやりたくなかった 26.1
やりたくなかった 13.0
特に考えていなかった 20.1
不明 0.6

➡

裁判員として裁判に参加した感想
非常によい経験と感じた 62.2%
よい経験と感じた 34.1
あまりよい経験とは感じなかった 1.6
よい経験とは感じなかった 0.5
不明，特になし 1.6

（2022年調査）

専門用語が多いかと思ったが，とてもわかりやすかった。／めったにできない経験だし，今まで知らなかった法律の勉強にもなるので，できるからにはやった方が非常にためになると思う。／6人の裁判員は，それぞれの背負ってきた人生が反映された意見を十分にいえたと思う。

裁判員経験者の意識調査（最高裁判所資料）

解説 **裁判員の責任**　裁判員には，評議の内容や事件関係者のプライバシーについて厳しい守秘義務がある。また，裁判員は刑罰の判断までおこなうため，事件によっては死刑（➡p.78）判決を下すこともあるなど，裁判員の精神的負担が問題となっている。裁判の迅速化が進められているものの，審理に時間がかかることも多く，さまざまな理由から，裁判員を辞退する人も少なくない。

一方で，裁判員を経験した人たちの多くが「よい経験と感じた」と答えている。法や司法制度について考える貴重な機会として，裁判員制度のあり方を考えていくことが重要である。

確認▶国民の司法参加にはどのような形があるか，三つあげよう。
活用▶自分が裁判員に選ばれたらどのように行動したいか考えよう。

3 おもな国の法曹人口

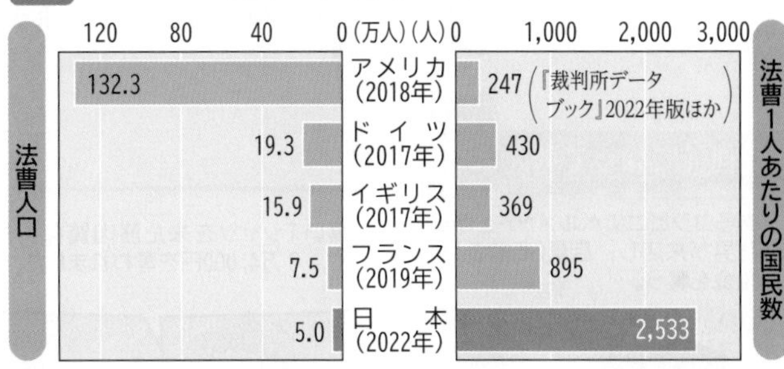

解説 **法科大学院の現状**　日本の法曹人口が先進諸国と比較して少ないことや，弁護士が不足する地域があることなどから，司法制度改革により法科大学院が設置された。しかし，法科大学院修了者の司法試験合格率は低迷し，志願者不足で募集を停止する大学院もある。一方で，都市部では弁護士の供給過剰になるなど，地域間格差が問題になっている。

4 検察審査会

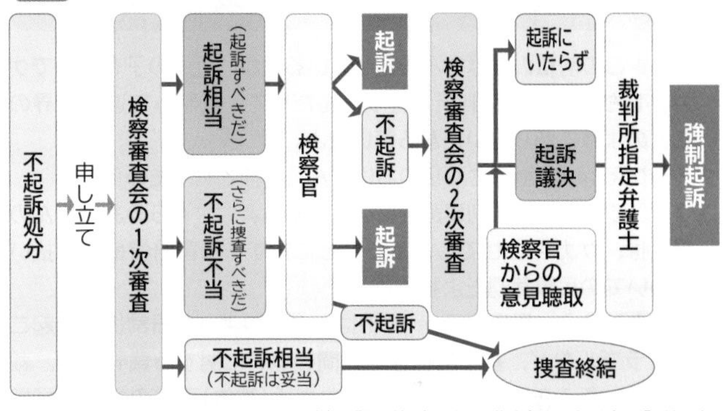

※審査員は11人（有権者からくじで選出）。「起訴相当・起訴議決」は8人以上，「不起訴不当」は過半数の賛成が必要。

解説 **不当な不起訴を抑制**　刑事事件で起訴か不起訴かを判断する権限は検察が独占しているが，不起訴に納得できない場合は，**検察審査会**に申し立てができる。検察審査会は18歳以上の有権者から選ばれた検察審査員からなり，審査会が2度「起訴相当」と議決した場合は強制起訴され，裁判がおこなわれる。

5 法テラス

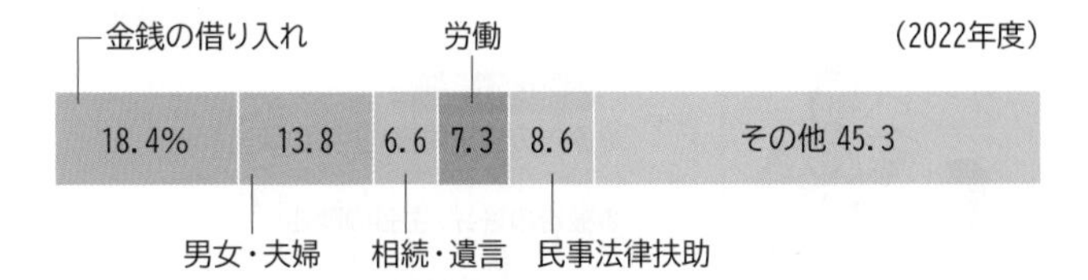

法テラスへの問い合わせの傾向（『法テラス白書』2022年度版）

解説 **法的トラブル解決のための総合案内所**　全国どこでも簡単に法律サービスを受けられることを目的として，「**法テラス**」（日本司法支援センター）が設けられている。法的トラブルに巻きこまれた人に適切な情報を提供し，関係機関と連携して解決へのサポートをおこなうほか，犯罪被害者への支援や，被疑者・被告人に対する国選弁護人の派遣などもおこなっている。

学びを社会へ

裁判について考えよう

近所の人とのトラブル，交通事故や盗難(とうなん)など，社会では法的トラブルにまきこまれることも少なくない。今後は裁判員として裁判にかかわることもある(➡p.96)。これまで学んだ法の考え方や裁判のあり方が実際の社会でどのように生きているのか，改めて考えてみよう。

裁判員になって考えよう

あるコンビニにヘルメットをかぶった男が来店し，店員(高齢者)から現金を奪う。

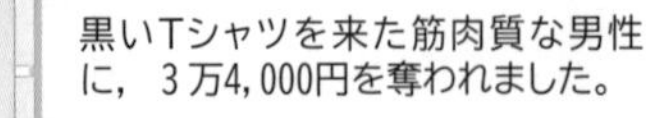

黒いTシャツを来た筋肉質な男性に，３万4,000円を奪われました。

僕はやってません！

こちらには証拠があります。

この事件，あなたが裁判員ならどう判断する？
➡WORKで考えよう

私人間のトラブルを解決する民事裁判

さくら▷この前私のおばさんの飼(か)っている犬が，近所の子をかんでケガさせちゃって，裁判所に行ったんだって。裁判って遠い世界のことのように感じていたから驚(おどろ)いたよ。

ダイチ▷えっ，じゃあさくらのおばさん，逮捕(たいほ)されてたの？

ユウト▷逮捕されたら刑事裁判になっちゃうよ。さくらのおばさんの場合は，ケガをさせてしまったことに対する損害賠償金の支払いについての民事裁判だよね。

中村先生▷そう，民事裁判(➡p.95)は，今回のような日常生活で起こるトラブルなど，基本的には私人間(しじんかん)の争いに関する裁判だよ。裁判所は，訴えた人(原告)と訴えられた人(被告)両方の主張や証拠をもとに判断するよ。

はるか▷さくらのおばさんは訴えられた側だから，被告になるんだね。じゃあ，あとは裁判がおこなわれるの？

さくら▷おばさんは「調停」になったといっていたよ。裁判とは少し違うのかな？

中村先生▷調停は，裁判官と調停委員が当事者の間に入って話しあいを促して，当事者どうしで解決策に合意するものだよ。裁判の判決よりも「調停」の方が柔軟(じゅうなん)な解決が可能で，民事裁判ではよくとられる方法だね。非公開でおこなうので秘密も守られるよ。

犯罪の有無を争う刑事裁判

はるか▷何かトラブルがあると，裁判所で解決してくれるんだね。頼りになるなぁ。

ダイチ▷あれ，裁判官は出たけど，弁護士や検察官は出てこないの？

ユウト▷弁護士と検察官が裁判で対決するのは，犯罪の有無(うむ)を争う刑事裁判(➡p.95)だよ。昨日テレビで見た刑事ドラマの裁判のシーン，かっこよかったな。

さくら▷弁護士は被告人を弁護する人として記者会見などでもよく見るけど，検察官はどういう役割なんだろう？

ダイチ▷犯罪が起きると，まずは警察が捜査して逮捕するよね。

中村先生▷逮捕された被疑者は検察庁に送られる。検察官はさらに捜査したうえで，被疑者が犯罪をおこなったことに間違いがなく，刑罰を科すべきだと判断した場合は，「起訴」をおこなって裁判を求めるんだ。そうでない場合は，「不起訴」になるよ。

はるか▷じゃあ，検察官は被害者側に立っているんだね。

ユウト▷そういえば，昨日のドラマでは検察官が被告人に質問していたけど，被害者や遺族が刑事裁判を起こすことはないのかな？

中村先生▷ないですね。

ダイチ▷え，それ不公平じゃない？

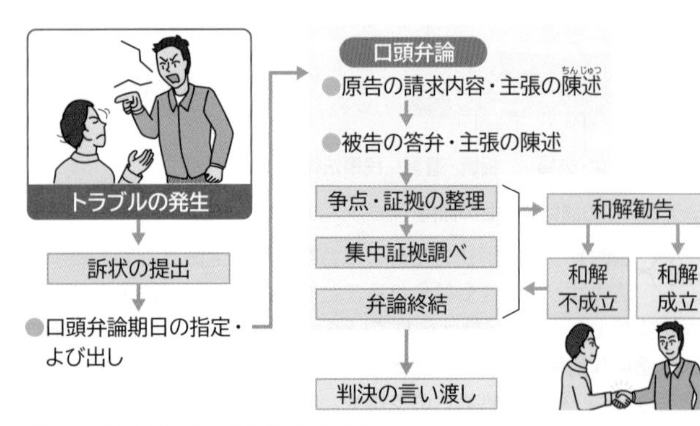

⇧トラブルの発生から民事裁判の流れ

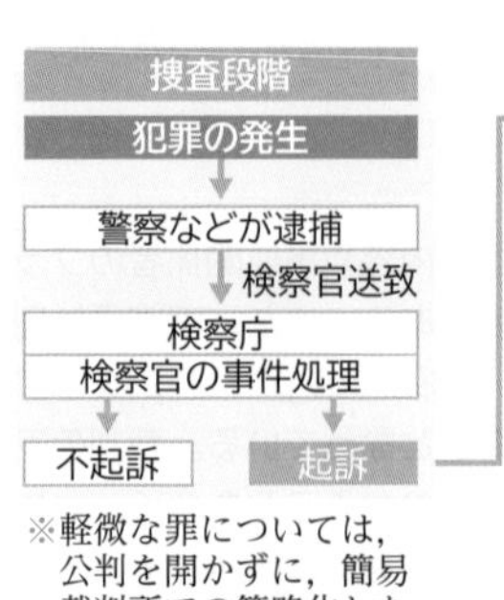

公判段階
- 公判請求，公判前整理手続き
- 審理（法廷）
  - ①人定(じんてい)質問(被告人の本人確認)
  - ②起訴状朗読(検察官)
  - ③黙秘(もくひ)権の告知(裁判長)
  - ④罪状認否(ざいじょうにんぴ)(裁判官)
  - ⑤冒頭陳述(検察官と弁護人)
  - ⑥証拠調べ
  - ⑦被告人質問(検察官と弁護人)
  - ⑧論告・求刑(検察官)
  - ⑨弁論(弁護人)　⑩最終陳述(被告人)
- 判決の言い渡し

⇧犯罪の発生から刑事裁判の流れ

WORK あなたが裁判員なら，どう判断する？

p.98のコンビニ強盗事件について，検察官と弁護士は次のように主張している。この主張を見て，❶～❸の問いに答えよう。

検察官➡有罪を主張	項　目	被告人・弁護士➡無罪を主張
被告人が逮捕された時の服装は，黒Tシャツにジーンズとヘルメットであり，犯人の服装と特徴が一致している。	服　装	黒Tシャツとジーンズでバイクに乗っている人は，それほど珍しくない。
被告人はがっしりというほどではないが，筋肉質な体型であり，犯人の特徴と一致している。	印　象	力強く現金をつかんで恐ろしかったと店員は証言しているが，被告人は法廷で丁寧に話している。
逮捕された時に一万円札を 3 枚と千円札を 4 枚以上もっており，これは奪われた枚数と同じである。	現　金	逮捕された時には一万円札を 3 枚と千円札を 5 枚もっていたが，それほど特徴的な珍しいものとはいえない。
コンビニ店員がつけたすり傷であり，被告人がいう，木のすり傷には見えない。	腕のすり傷	腕のすり傷は，店員ともみあった時にできたものではなく，木でこすったすり傷である。
逮捕時に友人の家に行くといっていたが，友人の名前をいわないのは不自然である。	被告人の話	友人に迷惑をかけたくないために名前をいわないのであり，黙秘権の行使である。

❶被告人を有罪と判定するためには，どのような点について考えることが必要だろうか。
❷被告人を無罪と判定するためには，どのような点について考えることが必要だろうか。
❸あなたが裁判員なら，どう判断するだろうか。事実と理由を明らかにして判断しよう。

自分の主張に○をつけよう。

事実

主張
被告人は(　有罪　／　無罪　)である。

理由

中村先生▷被害者や遺族が報復するために被告人を追及するという形にすると，報復合戦が国民どうしで始まりかねないよね。だから，検察官が国民を代表する形で被告人を追及するんだ。
さくら▷なるほど，被告人側の弁護士は**無罪推定の原則**に立って被告人を弁護しているよね。
ユウト▷犯罪被害者やその遺族が，刑事裁判で被告人に質問できる被害者参加制度(➡p.77)もあるね。裁判では，被告人・被害者どちらの人権も守るしくみがとられているんだ。

刑事裁判における基本的な考え方や刑事裁判の流れにおいて，被告人の人権を守るためと考えられる点をあげよう。

刑事裁判における基本的な考え方(➡p.76)

法定手続きの保障	憲法第31条に規定。正当な法律の定める手続きをふまえなければ，刑罰を科すことはできない。
罪刑法定主義	犯罪者として処罰するためには，議会で制定された法律によって，どのようなことをすれば罪となり，どのような刑罰を受けるかを明確にしておかなければならない。
無罪推定の原則	被疑者・被告人は，刑事裁判で有罪が確定するまでは，罪を犯していない人として扱われなければならない。
疑わしきは被告人の利益に	法廷での証拠をもとに判断し，特に自白の判断は慎重におこなう。被告人が有罪であるとしてあげられた証拠だけでは，犯罪があったかなかったか確信がもてない時には，被告人に有利な方向で判断する。
合理的な疑いを差し挟む余地のない程度の立証	法廷で検察官があげた証拠により，裁判官(と裁判員)が，常識的に考えて有罪であることに疑問が残らない程度に確信をもつことができれば，有罪となる。

ふりかえり
- □ 裁判には，日常生活で起こる法律上の争いを解決する民事裁判と，容疑者が有罪か無罪か，どのような刑罰を科すかを決める刑事裁判がある。
- □ 民事裁判では，判決以外に和解や調停という形式があり，刑事裁判の第一審では，裁判員裁判がおこなわれることもある。
- □ 裁判では，罪刑法定主義，無罪推定の原則など，人権を保障するためのさまざまな原則を大切にしている。

SOS ▶法テラス　☎0570-078374　▶かいけつサポート(法務省)
調べる ▶裁判員制度(最高裁判所)　▶生きるチカラ！法教育(法務省)

法

100 国民主権と選挙

課題▶国民主権と選挙には，どのような関係があるのだろうか。

クローズアップ あなたの「一票」が社会を変える！

2016年から18歳になると選挙権を得て，投票ができるようになった。「自分一人が投票しても何も変わらない」と，投票に消極的な気もちをもつことがあるかもしれない。しかし，これまでの選挙を見ると，わずかな差で勝敗が分かれることも珍しくない。

2020年におこなわれた選挙では，１票以内の差で当選者と落選者が決まった選挙が二つあった。１月におこなわれた宮城県色麻町議会議員選挙では，最後の当選者が197票，次点の落選者が196票とわずか１票差。５月におこなわれた奈良県宇陀市議会議員選挙では，最後の一議席を争った２人の候補者が659票で同票となり，くじ引きがおこなわれた。あなたの一票が社会を変える可能性は十分にある。

↑選挙期間中に掲示される候補者のポスター

「一票の値段」はいくら？

●国の予算で算出すると…

100兆円（予算）÷１億人（有権者数）×４年（衆議院の任期）＝**400万円**

●選挙にかかる税金で算出すると…

600億円（1回の国政選挙にかかる経費）÷１億人（有権者数）＝**600円**

2009，2012年に起きた政権交代（➡p.104）も，一票が積み重なった選挙の結果だよね。私たちの一票も社会を変える一つの力になるんだ！

そのためにも，選挙権は有効に使わなくちゃね。

1 日本の政治のしくみ

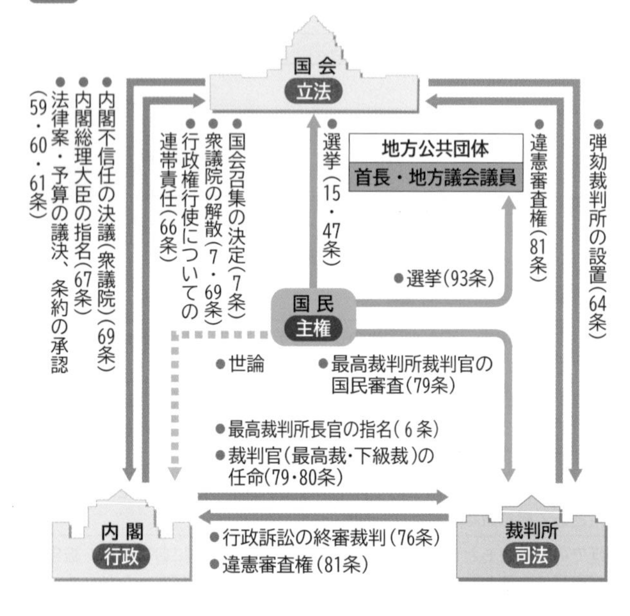

東京都霞が関周辺には，国会議事堂や首相官邸，最高裁判所，中央省庁の官庁が集まっており，立法・行政・司法の中心地となっている。

解説 **日本の三権分立**　日本国憲法では，立法権を国会に（第41条），行政権を内閣に（第65条），司法権を裁判所に（第76条），と統治権力を三つに分割し，たがいの**抑制と均衡**（チェック＆バランス）（➡p.62）を保つことで，権力の濫用を防いでいる。

プラスα **日本国憲法における国民主権**　国民主権は，日本国憲法の三大基本原理（➡p.68）の一つで，前文（「ここに主権が国民に存することを宣言」）と第１条（「主権の存する日本国民」）に示されている。

2 日本の選挙権の拡大

Q 男子普通選挙が導入された時や男女普通選挙が導入された時，総人口に占める有権者の割合はどのくらいになっただろうか。

総人口に占める有権者の割合

男性有権者　女性有権者

1%　5.5%　19.8%　48.7%　83.7%

制定年	1889年	1919年	1925年	1945年	2015年
実施年	1890年	1920年	1928年	1946年	2016年
選挙の資格	直接国税15円以上を納める25歳以上の男子	直接国税３円以上を納める25歳以上の男子	25歳以上の男子	20歳以上の男子と女子	18歳以上の男子と女子
有権者数	45万人	307万人	1,241万人	3,688万人	1億636万人
	制限選挙	制限選挙	男子普通選挙	男女普通選挙	男女普通選挙

解説 **70年ぶりの改正**　かつての日本の選挙制度は，財産や性別で選挙資格が制限される制限選挙だった。約50年の時を経て1946年に男女普通選挙が実現し，その後70年ぶりに選挙権年齢が20歳から18歳に引き下げられた。この選挙権年齢の引き下げは，変化が激しく，複雑化する現代社会のなかで，若者の声を政治に反映することが目的である。

3 選挙の原則

普通選挙	狭義には，納税額や財産で差別されないこと。広義には，人種・信条・性別・教育などで制限されないことも含む↔**制限選挙**
平等選挙	有権者の投票は，平等に扱う。財産・身分などで，投票価値を増減しない↔**不平等選挙**
直接選挙	有権者が，みずから議員や首長を選挙する↔**間接選挙**
秘密選挙(秘密投票)	誰に投票したかわからないようにして，投票の自由を保障する↔**公開投票**

しきりのついた投票記載台　何を書いているのか隣の人に見えないようになっている。秘密投票を実現するための対応である。

解説 **選挙は民主主義の根幹**　議会制民主主義の下では，国民の代表者を選ぶ選挙は政治の基礎であり，民主主義(➡p.56)の根幹をなすものである。公正な選挙が実施されるためには，**普通選挙**・**平等選挙**・**直接選挙**・**秘密選挙(秘密投票)**などの原則が守られていることが重要である。

4 選挙制度の特色

	選出と投票方法	長所	短所
小選挙区	１選挙区で１名を選出。個人名で１票。	・有権者が候補者をよく知ることができる。 ・一般に二大政党型の安定が可能。 ・選挙費用の節約が可能。	・死票(落選者に投じた票)が多く大政党に有利。 ・買収，供応などが起きやすい。 ・地域的視野に埋没しやすい。
大選挙区	１選挙区で複数(２名以上)を選出。個人名で１票。	・少数意見代表の選出が可能。 ・死票が少ない。 ・全国的視野の人材選出が可能。	・小党が乱立し，政局が不安定になりやすい。 ・同一政党どうしでの争いも起きやすい。 ・選挙費用の高額化。
中選挙区	１選挙区で３～５名を選出。個人名で１票。	・小党でも当選できる。	・派閥を発生させやすい。
比例代表	各政党の得票数に応じて議席を配分。政党名または個人名で１票。	・死票が少ない。 ・得票数に応じた公平な議席配分が可能。	・小党が乱立し，政局が不安定になりやすい。 ・政党中心型の選挙になり，個人的魅力などが埋没。

解説 **日本の選挙制度**　日本では長く中選挙区制がとられていたが，派閥の弊害を解消するため，1994年の公職選挙法改正により，衆議院では**小選挙区比例代表並立制**が導入された。参議院は，原則として都道府県を単位とする選挙区選挙と，全国を１単位とする**非拘束名簿式**の比例代表制を組みあわせた制度をとっている(➡p.102)。

5 おもな国の選挙制度

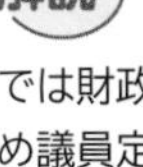

世界には選挙権を「18歳以上」としている国が多い。

国名	議会	任期	定数	選挙権	被選挙権	選出方法
日本(➡p.102)	参議院	６年	248	18歳以上	30歳以上	選挙区選挙と比例代表選挙(３年ごとに半数ずつ改選)
	衆議院	４年	465		25歳以上	289の小選挙区と11の比例代表
イギリス	上院(貴族院)	不定	不定	王族・聖職者・貴族などから首相が推薦し，国王が任命		
	下院(庶民院)	５年	650	18歳以上	18歳以上	１区１名選出の小選挙区制(650の選挙区)
アメリカ	上院	６年	100	18歳以上	30歳以上	各州２名選出，２年ごとに３分の１ずつ改選，州単位の小選挙区
	下院	２年	435		25歳以上	小選挙区制(435の選挙区)。10年ごとに人口に比例して選挙区割をおこなう
フランス	上院(元老院)	６年	348	18歳以上	24歳以上	３年ごとに半数ずつ改選
	下院(国民議会)	５年	577		18歳以上	小選挙区(577の選挙区)。有効投票の過半数の得票者がいなければ，決選投票をおこなう
中国	全国人民代表大会	５年	約3,000	18歳以上	18歳以上	地方人民代表大会の間接選挙で選出された代表と，軍が選んだ代表で構成

解説 **世界の議員定数は？**　日本では財政支出抑制のため議員定数の削減が議論にあがるが，世界のおもな国と比較すると，決して多いわけではない。イギリスやフランスの人口は，日本の約半分程度であるが，議員数は日本よりも多い。

確認▶選挙の四つの原則をあげよう。
活用▶選挙の四つの原則は何のためにあるのか，「国民主権」ということばを使って説明しよう。

選挙制度の現状と課題

課題▶日本の選挙制度には，どのような課題があるのだろうか。

クローズアップ 有権者の投票機会を守る

現在，投票所の数が減少傾向にある。その背景には，過疎化(かそか)(➡p.118)や高齢化による人口減少，事務にあたる職員の人手不足などから，設置が困難となり統廃合されるケースが増えていることがある。とりわけ，山間部(さんかんぶ)など過疎地の多い県で目立つ。この地域は高齢者が多く，投票のための遠隔地への移動は大きな負担となる。

インターネット投票の検討も進められているが，秘密投票(➡p.101)の確保やセキュリティの問題などから，まだ実現はしていない。投票所の減少にともない，有権者の投票機会が失われることにならないよう，対策が必要である。

有権者の投票機会を守るために，さまざまな取り組みがおこなわれているんだね。

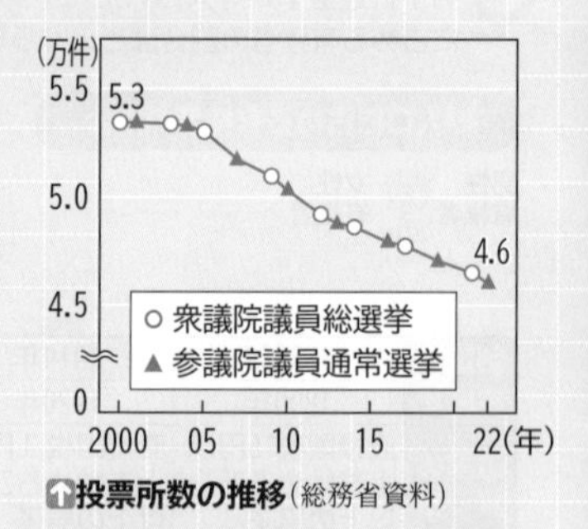

⬆投票所数の推移(総務省資料)

⬆移動投票所(高知県香美(かみ)市)

⬆有権者を投票所まで運ぶタクシー(広島県広島市)

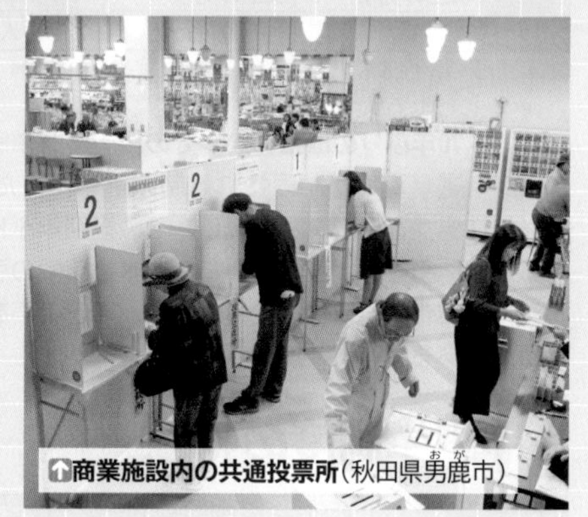

⬆商業施設内の共通投票所(秋田県男鹿(おが)市)

1 日本の選挙制度

衆議院	小選挙区289人	全国289区	各都道府県に1議席(47)+人口比例で配分(242)	候補者名を書く → 当選／2位以下落選　1選挙区で1位のみ当選。
衆議院	比例代表176人	全国11ブロック	(同一順位可の拘束名簿式)	政党名を書く → ○○党／××党／△△党　ドント方式で，得票数に比例して政党別に配分。→名簿順に当選。

※小選挙区と比例代表の両方に立候補する重複立候補が可能。
※小選挙区で当選した重複立候補者は比例代表の名簿から自動的に除(のぞ)かれる。

参議院	選挙区148人	全国45区	候補者名を書く → 当選／落選　定数は2～12人。3年ごとに半数改選となるので，1～6人が当選する。
参議院	比例代表100人	全国1区	政党名または候補者名を書く → ○○党／××党／△△党　ドント方式で，政党の総得票数に比例して政党別に配分。→個人の得票の多い順に当選。

※参議院は重複立候補ができない。

衆議院の重複制の当選例

ア選挙区

		得票数	惜敗率
当選		900	
落選	A ○○党	800	89%
落選	D ××党	450	50%

イ選挙区

		得票数	惜敗率
当選		1,100	
落選	B ○○党	900	82%
落選	C ××党	750	68%

名簿順位	1位	2位	3位 …	8位
○○党	● ●	● ●	●	A B
××党	●	● ●	C D	

小選挙区での惜敗率の高いAが当選

小選挙区での惜敗率の高いCが当選

$$\text{惜敗率(\%)} = \frac{\text{落選者の得票数}}{\text{当選者の得票数}} \times 100$$

参議院の比例代表の当選例

比例代表	政党名の得票					政党の総得票数
	30万票	○○党	E氏 150万票	F氏 100万票	G氏 20万票	300万票
	50万票	××党	H氏 80万票	I氏 40万票	J氏 30万票	200万票

××党は2議席獲得のため，××党内で個人票3位のJ氏は落選

※総得票数は政党名と候補者名の合計の得票数を示す。
※2019年通常選挙より，比例区の一部を拘束名簿式とする「特定枠」が導入されている。

解説 **衆議院の選挙制度**　衆議院では，**重複(ちょうふく)立候補**が可能なため，小選挙区で落選した人が，比例区で復活当選する可能性がある。ただし，小選挙区での得票数が有効投票総数の10%に満たなかった場合は，復活当選ができない。

参院選で合区(ごうく)の導入　参院選での一票の格差を是正(ぜせい)するため，公職選挙法が2015年に改正され，鳥取県と島根県，徳島県と高知県がそれぞれ合区として，一つの選挙区となった。しかし，2022年の参院選でも格差は最大約3倍となっている。

2 ドント方式

議員定数５名の場合の試算例

政党	A党	B党	C党
得票数	10,000	6,000	3,500
候補者（名簿順位）	(1) (2) (3)	(1) (2) (3)	(1) (2) (3)

①A～C党があらかじめ名簿を提出し，得票数は上の表のようになった。

政党	A党	B党	C党
÷1	10,000①	6,000②	3,500④
÷2	5,000③	3,000	1,750
÷3	3,333⑤	2,000	1,166

②各党の得票数を１・２・３……の数で割って得た数字を，大きな順に順位をつけていく。１番大きいのは，A党の10,000。２番はB党の6,000。次はC党かというと……A党の5,000の方が数が大きい。この場合，議席は数字の大きいA党に与える方が公正であると考えられるため，A党に３番，C党に４番をつける。

政党	A党	B党	C党
候補者（名簿順位）	(1) (2) (3)	(1) (2) (3)	(1) (2) (3)

③議員定数５名なので，結果は上のようになった。なお，欠員が出た場合は，欠員者の政党の名簿上位順で次の人がくり上げ当選となる。

解説 **公平に配分するしくみ**　日本では，衆議院と参議院の比例代表制において，各政党の議席数を決める時にドント方式が用いられている。

3 年代別投票率の推移

年代別衆議院議員総選挙投票率の推移　全体の推移（→p.107）

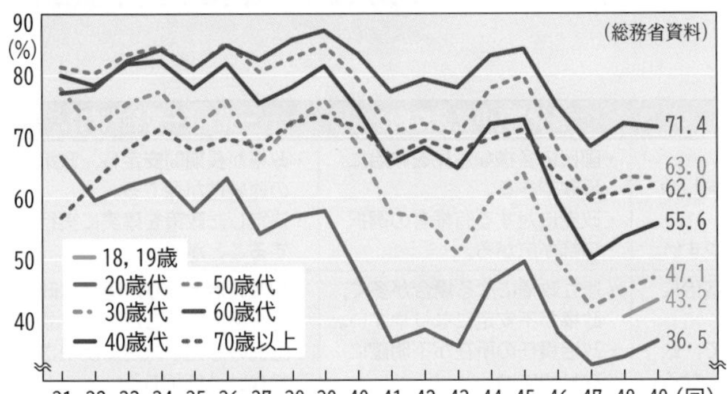

Q 第49回の選挙について，投票率の最も高い年代と最も低い年代の差は約何人になるだろうか。下の解説の数値を使って考えよう。

解説 **若い世代の投票率向上が課題**　少子高齢化（→p.210）が進んでいる現在，20歳代の有権者数は約1,180万人，60歳代の有権者数は約1,510万人と，若い世代の方が少なくなっている。20歳代の方が人数も少なく，投票率も低いとなると，その世代の意見が政治に反映されなくなる恐れもある（→p.111）。

4 一票の格差

衆議院小選挙区（議員１人あたり有権者数）

議員１人あたり 229,371（人） 鳥取１区を 1.00 とした場合	456,331	456,564	459,643	460,101	461,188
	1.99倍	1.99	2.00	2.01	2.01
	福岡５区	宮城２区	京都６区	北海道３区	北海道２区

参議院選挙区（議員１人あたり有権者数）

議員１人あたり 317,281（人） 福井を 1.00 とした場合	915,275	931,601	961,643	961,928	966,659
	2.88倍	2.94	3.03	3.03	3.05
	大阪	新潟	東京	宮城	神奈川

（2022年９月１日現在）　（総務省資料）

Q 上の図の参議院選挙区の場合，福井県民１人の一票の価値を基準にすると，神奈川県民１人の一票の価値は何票になるか。

解説 **一人一票のはずなのに……**　選挙の原則の一つは，「一人一票で一票の価値が平等」という平等選挙（→p.101）である。しかし，各選挙区の人口は地域によって差があるため，有権者の一票の価値にも格差が生じる。

一票の格差は，日本国憲法第14条の**法の下の平等**（→p.80）に反するとして，たびたび訴訟が起こされてきた。最高裁は，1976年に衆議院の一票の格差4.99倍以上，1985年には4.40倍以上で違憲判決を下した（→p.95）が，選挙自体は事情判決※で有効としている。

※事情判決……違憲ではあるが，これを取り消すと公の利益に著しい障害を生じるため，裁判所が請求を棄却すること。

Topic 選挙運動とインターネット

選挙で買収などの不正行為がおこなわれないように，**公職選挙法**では，選挙運動（→p.110）での禁止事項を定めている。たとえば18歳未満が選挙運動をすることや，選挙運動期間中に候補者が戸別訪問や飲食物の提供などをすることはできない。候補者は何も知らなくても，関係者が選挙違反をおこなって罪に問われると，候補者の当選は無効になる（**連座制**）。

また，2013年から，それまで禁止されていたインターネットを使った選挙運動が解禁され，候補者が選挙期間中もウェブサイトやSNSなどへの投稿を更新できるようになった。

インターネットでの選挙運動で，できること，できないこと	政党	候補者	有権者
ウェブサイト，ブログ，LINE，Facebookなどのsns，動画配信の使用	○	○	○
電子メールの使用	△※	△※	×
有料インターネット広告の使用	○	×	×

※送信先は，メールの送信を求めた人など一定の条件がある。

密室性が高く，誹謗中傷やなりすましに悪用されやすいことなどから，有権者は電子メールが使用できない。注意しよう。

確認▶選挙期間中に候補者ができないことはどれか。　①署名活動　②街頭演説　③討論番組への出演
活用▶一票の格差とはどのような問題か，説明しよう。

政治

政党政治

課題▶なぜ政党政治がおこなわれているのだろうか。

クローズアップ 「55年体制」崩壊後の政党政治の変遷

政界再編のくり返しなんだね。これからはどうなるのだろう。

❶約40年続いた自民党の長期政権

第二次世界大戦後，政党は分裂と合流をくり返していたが，1955年，左派と右派に分かれていた日本社会党(社会党)が統一し，これに対して保守派の自由党と民主党が合流して，自由民主党(自民党)が結成された。これにより，自民党を与党とし，社会党を最大野党とする体制が形づくられた。これは**55年体制**とよばれ，約40年間続いた。

自由民主党の発足(1955年)

❹再び自民党政権へ

民主党政権は政権運営に行き詰まり，2012年の衆院選で再び自民党と公明党による連立政権が発足した。その後は野党の再編が相次ぎ，現在自民党と野党は「一強多弱」ともいわれる状態が続いている。

年	1993	95			2000	05				10			15	21	
首相	細川	村山	橋本	小渕	森	小泉	安倍	福田	麻生	鳩山	菅	野田	安倍	菅	岸田
与党	8会派 非自民	自民党 社会党(社民党) / 公明党 さきがけ / 保守党(保守新党)								民主党 国民新党 社民党			自民党 公明党		

❷「55年体制」の終焉，連立政権の時代へ

自民党政権が長く続いたことで，政官財が強く結びつき，金権政治や汚職事件が問題となった。このような状況を受けて政治改革の機運が高まり，1993年の衆院選で自民党は大敗し，非自民各党派による細川内閣が誕生した。しかし，1年もたたないうちに求心力を失い，その後自民党は社会党(のちの社民党)とさきがけを取りこんで，1994年に再び政権の座についた。

細川内閣の成立(1993年)

❸「小泉劇場」と政権交代

自民党は連立の相手を変えつつも政権を保ち，2001年からは小泉首相が派閥にとらわれない閣僚人事や規制改革をおし進め，国民の人気を集めた。しかし，その後は1年ごとに首相が変わり，自民党の弱体化が進んだ。多党化のなかで政党の離合集散が進み，民主党(当時)が勢力を拡大するなか，2009年の衆院選で政権交代が実現し，民主党中心の政権が誕生した。

演説をする小泉首相(2005年)

1 政党とは

■政党のおもな機能

❶世の中のさまざまな利益の集約と政策の形成
❷政治的リーダーの育成
❸国民と政治の橋渡し役
❹政権の運営(与党)
❺政権の批判・監視(野党)

解説 **政党とは**　政治について共通の理念をもち，政権の獲得をめざして集団で活動する団体を**政党**という。国民や圧力団体(利益集団)からの要求をいくつかの政策にまとめ，政策決定の場において優先順位を決定する。また，選挙の時には，政権をとった際に実現する約束を公約として掲げることで，有権者に選択肢を提示する役割もある。

■政党政治の形態

	二大政党制	多党制(小党分立制)	一党制(一党独裁制)
長所	・政権が安定しやすい。 ・有権者が政党の選択をしやすい。 ・政治責任の追及がしやすい。	・国民の多様な意見を政治に反映できる。 ・政党に対する有権者の選択の幅が広がる。	・政権が長期間安定し，政策の連続性が保てる。 ・決定した政策を確実に実行することができる。
短所	・国民の多様な意見を政治に反映しにくい。 ・政権が交代することで，政策の連続性が保てなくなる。	・連立政権になる場合が多く，政権が不安定になりやすい。 ・政治責任の所在が不明確になりやすい。	・独裁政治となり，国民は政党を選択することができず，国民の意見が政治に反映されない恐れがある。 ・政治腐敗をまねきやすい。
代表例	アメリカ(共和党と民主党) イギリス(労働党と保守党)	フランス，ドイツ，イタリア	中国，北朝鮮

解説 **日本はどれ？**　**政党政治**の形態は，政党の数や勢力関係によっていくつかに分類され，それぞれに長所と短所がある。選挙制度(➡p.101)が小選挙区制の場合，二大政党制になりやすく，比例代表制や大選挙区制の場合，多党制になりやすいといわれているが，実際，各国の政党政治は必ずしもこの分類にあてはまるとは限らない。日本は，55年体制時は自民党と社会党の議席が多く，現在は自民党と立憲民主党の議席が多いが，そのほかの党の議席も少なくない。そのため，日本は二大政党制と多党制の中間に位置しているといえる。

プラスα **政党政治のはじまり**　政党政治は，17世紀のイギリス議会ではじまった。18世紀のイギリスの政治家バークは，「政党とは，ある特定の主義または原則において一致している人々が，その主義または原則に基づいて，国民的利益を増進せんがために協力すべく結合した団体」と述べている。

2 日本のおもな政党

(2023年11月15日現在)

		政党	特徴
与党	自由民主党	総裁 岸田文雄 衆263人 参118人	民生の安定と福祉国家の完成を掲げ，資本主義体制を維持発展させることをめざす。2009年に野党になったが，2012年には政権奪還をはたした。
与党	公明党	代表 山口那津男 衆32人 参27人	「中道主義の政治」を掲げ，反戦平和や福祉を重点政策としている。官僚依存型から，民間主導型への政治転換をめざす。創価学会が最大の支持母体。
野党	立憲民主党	代表 泉健太 衆95人 参38人	2017年衆院選において，民進党の分裂により結成。憲法の三つの基本原理を堅持し，立憲主義を守ることをめざす。2020年に分党し，再結党した。
野党	日本維新の会	代表 馬場伸幸 衆41人 参19人	2012年に結成された後，何度かの分裂・合流を経て，2016年より結成時の名称で活動している。地域政党を母体とし，自立する地域からの中央集権改革をめざしている。
野党	日本共産党	委員長 志位和夫 衆10人 参11人	アメリカ帝国主義と，日本の独占資本主義に反対する。1950年代前半は革命路線だったが，1976年には柔軟路線へと転換した。
野党	国民民主党	代表 玉木雄一郎 衆10人 参11人	民進党と希望の党の一部の議員が合流する形で2018年に結成。改革中道政党として「自由」「共生」「未来への責任」を基本理念とする。2020年に分党し，再結党した。
野党	社会民主党	党首 福島瑞穂 衆1人 参2人	55年体制下では社会党として野党第1党であったが，1994年に連立政権を樹立。その後，多くの議員が他党へ流出し，2020年には事実上分裂が確定した。

保守と革新

政治的志向をあらわす分類

- 革新 ⟷ 保守
  - 革新：最新の理論などの知見を生かし，制度などを変革しようとする態度
  - 保守：伝統や慣習を重くみて，制度などを急速に変えない態度
- 左翼 ⟷ 右翼
  - 左翼：人民のより平等を求める勢力
  - 右翼：旧秩序の維持を支持する勢力

保守と対極の立場は「リベラル」ともいわれる。このことばは本来「自由」を意味するが，近年では，人権や平和，現行憲法を重視する立場として使われている。

解説 **日本の政党** 選挙で国民から多数の支持を得た政党は，**与党**として政権を担当し，政策の実現に向け政治をおこなう。それ以外の政党は**野党**として，政府や与党の政策を批判し，行政の監視をおこなうなど，重要な役割をもつ。現在は，衆参両院で自民党が多数派であり，自民党と公明党による連立政権となっている。

3 圧力団体のしくみ

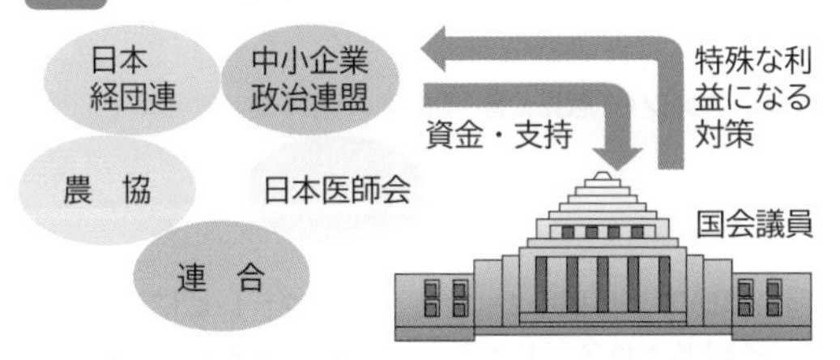

分野	おもな圧力団体(略称)
企業分野	日本経済団体連合会(日本経団連)，経済同友会，日本商工会議所(日商)
労働分野	日本労働組合総連合会(連合)
農林分野	全国農業協同組合中央会(全中)
その他	主婦連合会(主婦連)，日本医師会

解説 **圧力団体とは** **圧力団体**とは，集団固有の特殊な利益を求めて，政府や議会，行政官庁，政党などにはたらきかけ政策決定に影響を与える利益集団である。

4 政治資金

政治資金の流れ

- 個人 → 政党・政治資金団体：〈寄付の総枠〉年間合計2,000万円まで
- 個人 → 資金管理団体・そのほかの政治団体・政治家個人：〈寄付の総枠〉年間合計1,000万円まで（同一の相手には150万円まで）
- 企業・圧力団体など → 政党・政治資金団体：〈寄付の総枠〉資本金・構成員の数などに応じ，年間合計750万～1億円まで
- 企業・圧力団体など → 資金管理団体・そのほかの政治団体・政治家個人：一切禁止

(2021年)

- 自由民主党 487.7億円：寄付 5.7，党費 2.1，事業収入 1.1，政党交付金 34.8%，繰越金 50.1，その他
- 公明党 183.8億円：寄付 0.0，3.3，40.1，16.4，35.7，借入金 0.9
- 共産党 210.2億円：寄付 2.9，党費2.6，80.7，6.8，借入金 0.0
- 立憲民主党 128.6億円：寄付 1.9，党費 0.8，事業収入 0.3，政党交付金 53.5，繰越金 34.3
- 社会民主党 17.9億円：寄付 0.4，8.5，17.3，69.2，3.5

0(%) 20 40 60 80 100

⇧おもな政党の政治資金の内訳(総務省資料)

解説 **政党交付金** かつて政党は，運営資金の多くを企業や団体からの献金に頼っており，政治腐敗をまねくとの意見も多かった。そこで，**政治資金規正法**の改正が重ねられ，規制が強化されていった。また，1995年より**政党交付金**が税金から支給されるようになり，現在では政党の政治資金の多くを占めている。

Topic 政党になると

公職選挙法は，①国会議員5人以上，②直近の衆院選か参院選で2％以上得票，のいずれかを満たすことが「政党」となる基準と定めている。政党になると，選挙や政治活動においてさまざまなメリットが生まれる。

※一定数の擁立が必要。	政党	その他の政治団体	無所属
候補者の政見放送(衆院選小選挙区)	○	×	×
候補者のビラ作成(衆院選小選挙区)	11万枚	7万枚	7万枚
重複立候補(衆院選比例区)	○	×	×
国政選挙での比例区の擁立	○	△※	×
政治献金	企業／個人	個人のみ	個人のみ
政党交付金	○	×	×

確認▶現在の日本の与党をあげよう。
活用▶政党の機能を確認し，その役割を果たせていると思うか，話しあおう。

世論と民主政治

課題▶民主政治において，世論はどのような役割を果たしているのだろうか。

クローズアップ 自分の意見を伝えよう！～さまざまな政治参加

主催：東京都立川市　協力：東京都立砂川高等学校

⇧高校生世代タウンミーティング（東京都立川市）　まちに対する評価・意見が寄せられ，市長と語りあった。

世論を伝えるのは，選挙（➡p.100）だけじゃないんだね！

change.org　「変えたい」気持ちを形に

⇦オンライン署名サイト「Change.org」　2007年にアメリカで誕生し，日本でも2012年にスタート。世界で4億人以上※の利用者が，さまざまなキャンペーンを発信したり賛同したりしている。
※2020年7月時点。

　自分の住む地方公共団体や国の政策について，「もっとこうしたい」という自分の意見があれば，どんどん発信してみよう。

　現在はインターネットの普及により，首相官邸や市役所がパブリックコメントとして意見や要望を募ったり，市民団体などがデモの参加や署名をウェブサイト上で集めたりと，政治参加がより身近なものになっている。

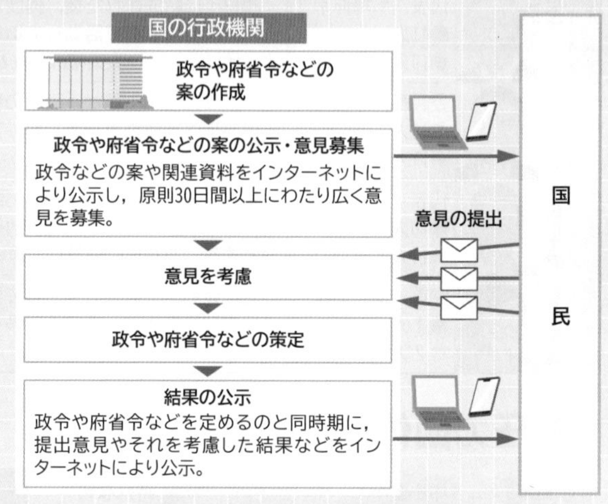

⇧パブリックコメント（意見公募）手続きの流れ（電子政府資料）

1 世論の形成

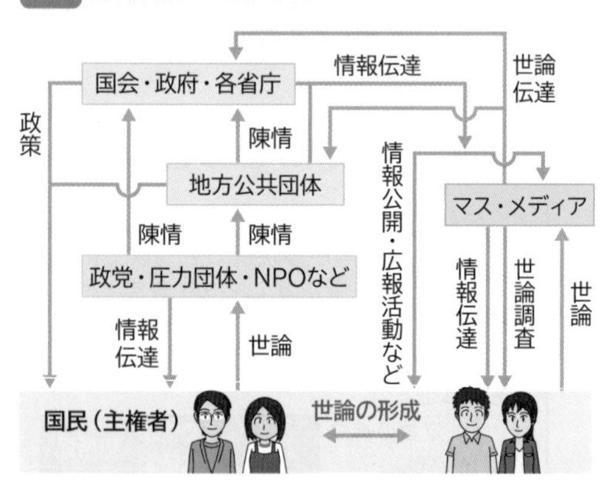

解説 **世論の形成**　世論とは公共的な問題について社会の多数の意見や要求が集約され，ある一定の合意をみた意見をいう。世論は政策に大きな影響を与え，「民主政治は世論に基づく政治である」といわれている。世論は，選挙，署名運動，集会・デモなどさまざまな行為を通じて形成される。テレビ・新聞などのマス・メディアやインターネットは世論を伝え，時には世論を拡大する機関として，重要な役割を果たしている。

■世論調査に惑わされない

　「今の内閣を支持するか」「○○についてどう思うか」など，新聞やテレビには，頻繁に世論調査の数字が登場し，大きく報道される。しかし，下の例をみると，質問内容によって回答の割合が変化することがわかる。また，インターネットや電話など，調査方法によっても回答者にかたよりが出やすい。世論調査の結果は正解ではなく一つの目安であることを理解し，自分の考えをもつことが大切である。

Q．安全保障関連法案は，日本の平和と安全を確保し，国際社会への貢献を強化するために，自衛隊の活動を拡大するものです。こうした法律の整備に，賛成ですか，反対ですか。

賛成 38%　反対 51
（「読売新聞」2015年7月調査）

Q．集団的自衛権を使えるようにしたり，自衛隊の海外活動を広げたりする安全保障関連法案に賛成ですか，反対ですか。

賛成 29%　反対 57
（「朝日新聞」2015年7月調査）

調査方法		おもな回答者
RDD方式	コンピュータが無作為に電話番号を選んで発信し，回答を聞いてまわる。現在多くの新聞などで用いられている。	・その新聞の愛読者（新聞の主張に考えの近い人） ・（調査がおこなわれる）日中に電話に出ることができる人 ・質問内容への意識が高い人
インターネット利用方式	ウェブページ上に回答欄を設け，日時制限を設けて回答してもらう。	・インターネットを利用する人 ・そのサイトを日常的に見ている人 ・質問内容への意識が高い人

⇧世論調査の調査方法の例

プラスα　**報道の自由度ランキング**　NGO「国境なき記者団」は，世界各国の報道の自由度を数値化して発表している。日本は2010年は11位だったが，2023年は68位と大きく順位を下げている。「ジャーナリストは政府に説明責任を負わせるという役割を十分に発揮できていない」と指摘された。

2 マス・メディアと世論

■マス・メディアの本来の役割

私たちは，主権者として政治に関心をもち，自分たちの意見を政治に反映させるよう努めなければならない。そのためには，多くの情報を集めることが必要である。そこで重要な役割を果たしているのが，**マス・メディア**(新聞，テレビ，ラジオ，雑誌など)である。また，インターネットの普及によって，24時間，国内外の大量の情報がリアルタイムで手に入るようになった。

マス・メディアは，世論の形成にも大きな影響を与えている。しかし，なかには信頼性の低い情報や誤報もあり，それを人々が本当だと信じたことで問題が起きた例も少なくない。情報を正確に提供するのがマス・メディアの本来の役割であり，私たちはその情報を取捨選択し，適切に判断する力(メディア・リテラシー)を養うことが求められている(➡p.108)。

➡記者クラブの問題　記者クラブは，官公庁や政党，業界団体などの継続取材を目的として，大手メディアが中心となって構成している記者の団体である。多くは入会を厳しく制限し，加盟している会社の記者以外は，取材先が開く記者会見に参加できない。そのため，報道内容が画一的になるなどの問題が指摘されている。

■ヒトラーと世論操作

大衆は理解力が小さく忘れっぽい。このため，効果的な宣伝は知性ではなく感情に訴え，誰でもわかるような簡単な主張を絶えずくり返しておこなわなければならない！

⬆ヒトラー(➡p.62)

ナチスは，第一次世界大戦に敗戦し，社会不安が高まるドイツで急速に勢力を伸ばした。ヒトラーがひきいるナチスが大衆の支持を得た背景には，広告・宣伝(プロパガンダ)の巧みな利用がある。ヒトラーはマス・メディアを使って，理性よりも感情に訴えるわかりやすいことばで国民に語りかけ，人々の心を動かした。また，国民に娯楽を十分に与え，政治に関心が向かないようにした。権力者にとってマス・メディアと世論がいかに重要であるか，ヒトラーは深く理解していたのである。

プロパガンダとは，ある政治的意図のもと，主義や思想を強調し，人々の意見や態度，感情，行動などを特定の方向へと操作しようとする宣伝のことである。

3 政治的無関心

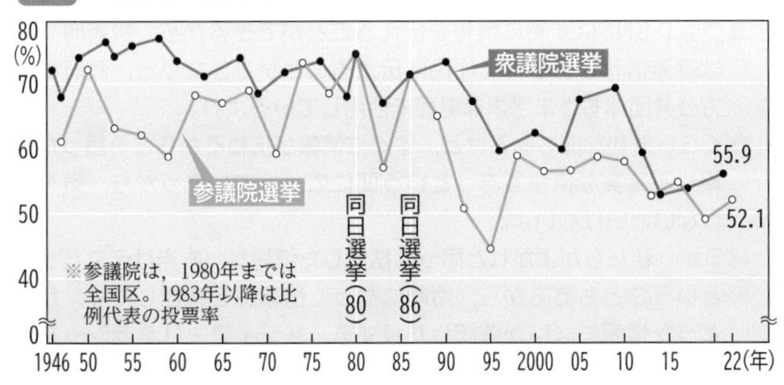

⬆国政選挙における投票率の推移(総務省資料)

理由	(%)
選挙にあまり関心がなかったから	30.2
適当な候補者も政党もなかったから	23.9
政党の政策や候補者の人物像など，違いがよくわからなかったから	19.6
仕事があったから	19.3
体調がすぐれなかったから	16.6
私一人が投票してもしなくても同じだから	14.8
選挙によって政治はよくならないと思ったから	14.5
重要な用事(仕事を除く)があったから	9.7

(複数回答)
第49回衆議院議員総選挙(2021年)

⬆投票に行かなかった理由(明るい選挙推進協会資料)

解説 **無関心の原因**　かつて政治への無関心は，知識のなさに問題があるといわれていたが，現代は，政治への反感や幻滅からくるといわれている。これを現代的無関心という。「投票しても政治は変わらない」という無力感や政治への不信感，「誰が首相になっても同じ」という無関心が，低投票率の原因として考えられる。特に，若者の投票率の低さが問題となっている(➡p.103)。

Topic 「#保育園落ちたの私だ」〜一人の行動が日本を変える

⬅プラカードを掲げて国会前に立つ人々(2016年，東京都)

2016年，保育所の選考に落ちた親が投稿した匿名ブログを発端として，希望しても子どもを認可保育所に入れることができない待機児童問題が注目された。インターネット上ではこの投稿に共感する声が集まり，待機児童問題の解決を訴え，「#保育園落ちたの私だ」と書かれたプラカードをもつ人々が国会前に集まった。この動きをきっかけとして，国や多くの地方公共団体で，保育所の開設など待機児童問題解決に向けた取り組みが進んだ。最初は一人の行動でも，私たちが動くことで政治が動き，社会が変わっていくことがある。

確認▶私たちが政治に参加する方法として考えられるものを三つあげよう。
活用▶世論操作に惑わされないために，自分はどうすべきか考えよう。

政治

メディア・リテラシー

➡p.15

現代社会には多くの情報があふれているが，それらは発信者の意図や価値観によってつくられている。また，インターネットの発達によって，これまで情報の受け手であった私たちが，簡単に発信者になることができる時代となった。私たちは，情報をどのように取捨選択し，発信するべきなのだろうか。

情報に振り回されない

選挙前で，いろんな新聞で世論調査が実施されてるね。
新聞によってけっこう結果が違うんだな。

与党 39%
与党の○○党の支持率は39%だって！今度の選挙では政権交代が起きるかな？

与党 48%
うーん，別の新聞では○○党の支持率が48%だよ。そうともいいきれないんじゃないかな。

○○党
○田候補
孤独な戦い…
うわ，やっぱり今回の選挙で○○党が負けちゃうんだ！

翌日
今回の選挙，どうなるかな。
○○党は負けると思うよ。だって新聞もテレビもそういってるもん！
情報に振り回されっぱなしだね。自分の考えはどうなってるの？

情報の受信者として気をつけること

はるか▷確かに世論調査って，同じようなテーマでも新聞やテレビ局，ウェブサイトなどで全然結果が違うことがあるから驚いたな。

さくら▷そうだね。でも世の中にはいろんな意見があって当然だから，当たり前なのかもね。

ダイチ▷自分がかたよった報道だけを見て，それを信じてまわりに伝えたりしてしまうかもと思ったら，少し怖いな。

ユウト▷それ，さっきのダイチだよね……。マス・メディアの報道が有権者の投票行動に影響を与えることをアナウンスメント効果というけど，僕たちも選挙権をもったら気をつけないといけないね。

はるか▷確かに，選挙演説の報道で「街頭演説で拍手喝采」なんて見たら「当選確実だ」と思うし，「孤独な戦い」といわれたら「負けるのかな」と思っちゃうね。

さくら▷知らず知らずのうちに，影響を受けてるんだなあ。

ユウト▷アメリカの大統領選などでは，候補者に対する嘘のニュースであるフェイクニュースが問題になってたよね。

ダイチ▷情報を受け取る時には，複数の情報を比較した方がいいし，その報道の後ろにある発信者の意図も考えた方がいいんだね。

さくら▷うん，自分で考えることが大切だと思う！

⬆米大統領選時に流れたフェイクニュースを見る人（2016年）
フェイクニュースを発信する人は，大統領選に影響を与えるだけでなく，アクセス数を増やすことで収入を得ることを目的とすることも多い。

情報の発信者として気をつけること

はるか▷今は気軽に投稿できるSNSも多いから，間違った情報を自分が多くの人に拡散してしまうことがあるよね。

ダイチ▷僕も友だちに伝える感覚で書きこんじゃってる。よく考えると，それを世界中の人たちが見ることができるんだよね……。

ユウト▷SNSはすぐに情報を伝えることができるから，災害時などは避難情報をいち早く住民に伝えることができたりと，政府や地方公共団体もさまざまな場面で活用しているよね。

さくら▷便利な面もあるけど，すぐに情報が伝わるからこそ誤った情報や不確実な情報もあっという間に広がってしまうから，気をつけないといけないよ。

はるか▷私たちがよかれと思って拡散した情報が，本当はデマだったということもあるから，冷静になって情報源を確認したり，かたよった情報でないか確認したりする，**メディア・リテラシー**を身につけないといけないね。

SNSでの情報拡散の注意点

- もとの投稿の発信者が信頼できる人物かを確認する
- もとの投稿にリンクが張られている場合，リンク先の内容も確認する
- 投稿の拡散で誰かの名誉を傷つけないか，一呼吸おいて考える
- 匿名の投稿でも，発信者が特定されることがあると認識する
- プロフィールに「リツイートは賛意ではない」などと注意書きをしても，免責にはならない。違法性は実際の投稿内容などから判断される

そのリツイート 大丈夫?

安易な「拡散」相次ぐ加害認定

大阪高裁「不法行為責任負う」

規制検討 ネット

⬅「リツイート」による名誉毀損罪が高裁で認められたことを報じる新聞記事（「朝日新聞」2020年8月24日夕刊） 他人の投稿にコメントをつけず転載できるTwitter（現X）の「リツイート」機能について，大阪高裁は第三者による誹謗中傷の投稿でも，その内容をリツイートした人にも名誉棄損罪が成立すると判断した。一方，リツイートした者に投稿者と同等の責任を負わせることは，表現の自由に対する強すぎる制約になるとの意見もある。

SNSの発信で気をつけることは？

❶インターネットやSNSを使う時，右の①～③の行動は許されるだろうか。○×で答えよう。また，そう思う理由を考え，グループのメンバーと意見交換をしよう。

①インターネット上に書かれている情報は，投稿者が責任をもって情報収集をおこないつくられているものなので，安心してそのままリツイートをしてもよい。（　　　）
②友人と一緒に撮った写真を自分のSNSに投稿する際，一緒に写っている友人の許可は特に必要ない。（　　　）
③インターネット上の投稿は匿名性が高いため，芸能人の噂や他人の悪口なども気軽に投稿する。（　　　）

❷下のマンガを見て，問題と思われる点をあげ，SNSの使い方で注意することをまとめよう。

問題点	注意すること

インターネットと人権侵害

さくら▷あと気になるのが，インターネットの匿名性を利用して，人の尊厳を傷つけたり，差別的な発言がおこなわれていること。

ユウト▷LINEなどスマートフォンでのやりとりを通じたいじめ，SNSやインターネット上の掲示板でおこなわれる誹謗中傷などが社会問題になっているよね。

はるか▷スマートフォンはとても便利だけど，それで名誉棄損や人権侵害が広がってしまうのは悲しいな。

ダイチ▷この前の授業で，匿名で発信された投稿でも，警察が調べれば発信者が特定されて，罰せられるようになっていると学んだよね(➡p.74)。

さくら▷法律や制度だけでなく，私たち自身も情報発信者としての自覚と責任を忘れずに行動しないとね。

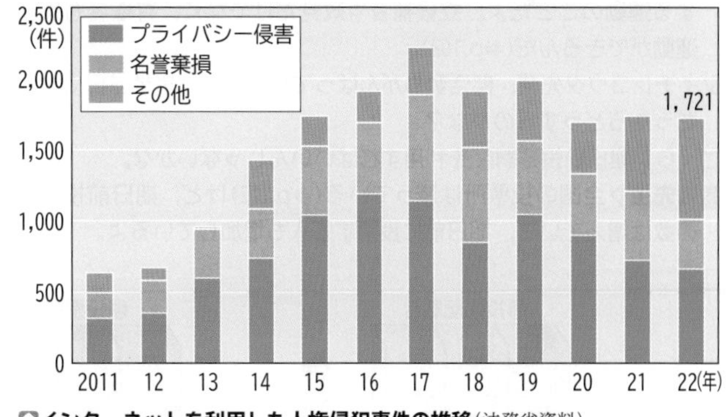

⬆インターネットを利用した人権侵犯事件の推移（法務省資料）

もし自分がインターネット上で人権侵害にあってしまったら，どうすればいいんでしょう？

各種相談窓口が設置されているから，まず相談しよう。また，プロバイダやサーバの管理・運営者などに発信者の情報の開示請求や人権侵害情報の削除を依頼することができるよ。SOS

ふりかえり

- □ スマートフォンやインターネットの普及により，間違った情報を信じて拡散してしまう危険性が私たちにもある。
- □ SNSなどへの気軽な書きこみが，他人の人権侵害につながることもある。発信者としての自覚と責任を忘れない。
- □ 情報源を確認することや，複数の情報から真意を確認するなど，情報を見きわめるメディア・リテラシーを高めることが重要である。

SOS ▶みんなの人権110番（法務省）☎0570-003-110　▶誹謗中傷ホットライン（セーファーインターネット協会）
調べる ▶ネットの危険から子供を守るために（内閣府）　▶インターネットによる人権侵害をなくしましょう（法務省）

学びを社会へ

選挙権を手にしたら

18歳になると選挙権を得るが，その時になって政治や社会のことを考えれば大丈夫と思っていないだろうか。何も準備をせずに選挙にのぞむことは，部活動でいうと練習をせずに試合にのぞむようなもの。日頃から社会のできごとに関心をもち，それらに対する意見をもつなど，今から準備しておこう。

身近になった選挙

※18歳未満の選挙運動は禁止されている。

選挙運動って何だ？

はるか▷コウタ先輩，SNSでしっかり自分の意見を発信していたね。先輩の投稿，私もリツイートしようかな。

ユウト▷ダメダメ。今は選挙期間中※で，コウタ先輩のツイートは選挙運動なんだよ。選挙運動は有権者しかできないことになっているんだ。

はるか▷えーっ！　もし有権者になっていない私たちが選挙運動をしてしまったらどうなるの？

高橋先生▷公職選挙法違反で，１年以上の禁錮か罰金が科せられるよ。

はるか▷それは厳しいね……。そもそも選挙運動って何？

高橋先生▷選挙運動とは，選挙期間中に，①特定の選挙において，②特定の候補者の当選や，政党の議席獲得を目的に，③投票依頼をする運動のことだよ。立候補者や政党だけでなく，有権者も選挙運動ができるんだ(➡p.103)。

ダイチ▷コウタ先輩，部活動もがんばっているけど，選挙当日に試合だったらどうするのかな？

さくら▷**期日前投票制度**を利用すればいいんじゃないかな。

高橋先生▷全国の投票所は減っている(➡p.102)けど，期日前投票所の数は増えていて，期日前に投票する人も増加しているよ。

投票は，ゴールではなくスタート

ダイチ▷18歳になったら有権者になるのか。自分が政治を左右する一票を入れると考えると，ちょっと不安だな……。

さくら▷投票に行かなかった人の多くが，「適当な候補者も政党もなかった」と答えているね(➡p.107)。応援する候補者や政党をどうやって見つければいいのかな？

ユウト▷まずは情報を集めることじゃないかな。選挙が近くなると，新聞やニュースはもちろん，選挙公報や街頭演説，ポスターやウェブサイトなど，いろいろな形で情報が出ているよ。

はるか▷うわ〜。多くの情報のなかから大切なことを取捨選択する力が必要だね。

ダイチ▷間違って投票してしまわないかという不安もあるよね。

高橋先生▷選挙には正解や不正解があるわけじゃないよ。「投票がはじまり」って聞いたことある？

ダイチ▷どういうこと？

高橋先生▷投票したらそれで終わりではなく，次の選挙へのスタートでもある。投票した結果，当選した議員がどのように政治を進めていくかをしっかり見て，有権者も次の選挙に向けて準備を進めていくことが大切ということだよ。

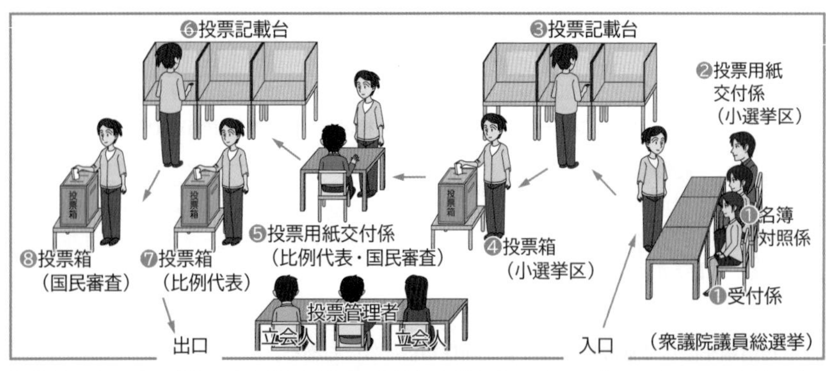

さまざまな投票制度

期日前投票制度
選挙の公示日(告示日)の翌日から投票日の前日までに，選挙人名簿登録地の市役所，町村役場などで投票できる。

投票日は，仕事やレジャーの予定があり投票できない！

不在者投票制度
滞在先での投票会場や，入院している病院，入居している高齢者施設などで投票できる。

投票日は，入院していて投票できない！

在外投票制度
日本大使館での投票や郵便などを通して，海外にいながら国政選挙に投票できる。

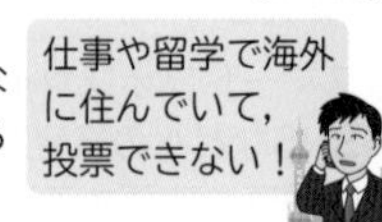

⬆➡投票所のようす(左)**とさまざまな投票制度**(右)　選挙の投票は，原則として日曜日の午前７時から午後８時までにおこなわれる。さまざまな状況を考慮して，右のような制度もとられている。

※選挙の公示日(告示日)から投票日の前日まで。
公示……国会議員の選挙の実施を国民に知らせること。　告示……地方議会議員や首長の選挙の実施を国民に知らせること。

WORK やってみよう！模擬投票

ある選挙の時のおもな争点と，A～D党の各党の立ち位置は，右図のようになっている。この図を見て，自分の一票をどのように使うかを考えよう。

❶おもな争点のなかで，あなたが重視するものを一つ選ぼう。
❷各争点について自分の立ち位置を★で示し，自分の意見に近い政党を見つけよう。

実際の政策を評価する時には，次の点も確認しよう。
①財源は確保できるか。
②手段が具体的で，実現可能か。
③その政策が実現することによって，不利益をこうむる人がいるか。

❸クラスのみんなで投票してみよう。当選するのはA～D党のなかの一つの党だけ。政策の意見が最も近い政党を選んでもよいし，絶対に譲れない争点に絞って政党を選んでもよい。また，当選させたくない政党を落選させるために，別の政党に投票することもできる。選挙は「望ましい政党や候補者を当選させる」一方，「望ましくない政党や候補者を落選させる」という考え方もある。

私は＿＿＿党に投票します！
理由：

投票では候補者や政党が掲げている政策から，自分にとって「よりよい選択は何か」を見つけ出すつもりでのぞむ心がまえが必要だ。もし，多くの意見が一致する候補者や政党でも，自分にとって譲れない政策が反対の意見だったら選ばないなど，基準はあなたのなかにある。

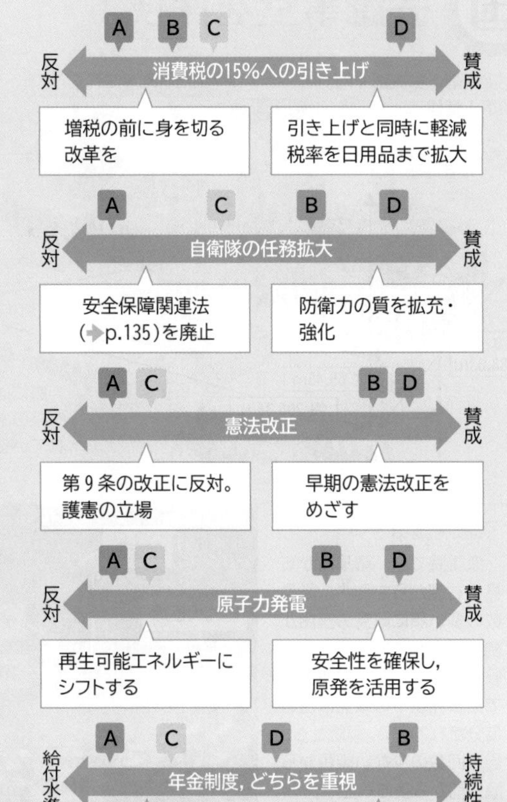

私たちの声は政治に届くだろうか？

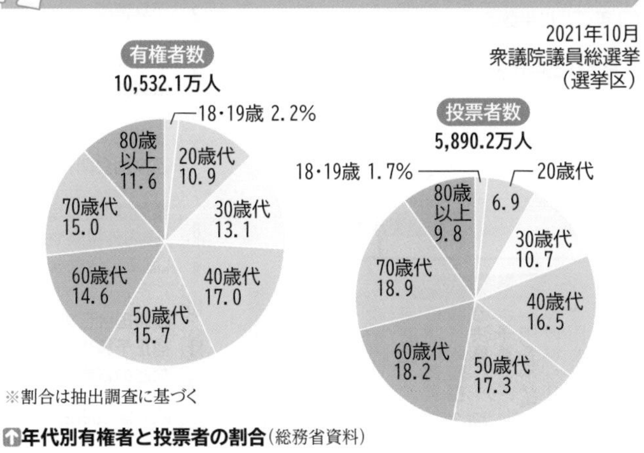

⬆年代別有権者と投票者の割合（総務省資料）

左の図を見たうえで，もしあなたが立候補者だったら，選挙で当選するために，どの年代に向けた政策を掲げるだろうか。日本の政治は高齢者向けの政策が多く，「シルバー民主主義」ともいわれる。若者は嘆きたくなるだろうが，選挙の時，立候補者たちにそうさせているのは，もしかしたら若者自身なのかもしれない。

若い世代の投票率が上がれば，若者向けの政策を掲げる候補者も出てくる。「どこに投票したらいいのかわからない」という前に，まずは投票に行くことが，選挙や投票，社会を変える一歩になるのだ。

イギリスの国民が自由であるのは選挙の時だけで，選挙が終われば奴隷になってしまう。

⬅ルソー（➡p.57） 著書『社会契約論』において，当時のイギリスの議会政治に対し，痛烈な批判を説いた。これは私たち有権者への戒めとも読める。

政治

ふりかえり

- □ 高校生であっても政治活動ができる。18歳になると選挙権をもち，選挙運動も認められている。
- □ 選挙でどの候補者や政党を選ぶかの基準は，自分のなかにある。
- □ 政治家や立候補者が私たちの意見に耳を傾けることはもちろん，私たちも自分の声を政治に届ける必要がある。

調べる ▶「なるほど！選挙」（総務省） ▶明るい選挙推進協会 ▶都道府県選挙管理委員会リンク集（総務省）

国会と立法

課題▶国会にはどのような役割や権限があるのだろうか。

クローズアップ 国会議事堂を探検！

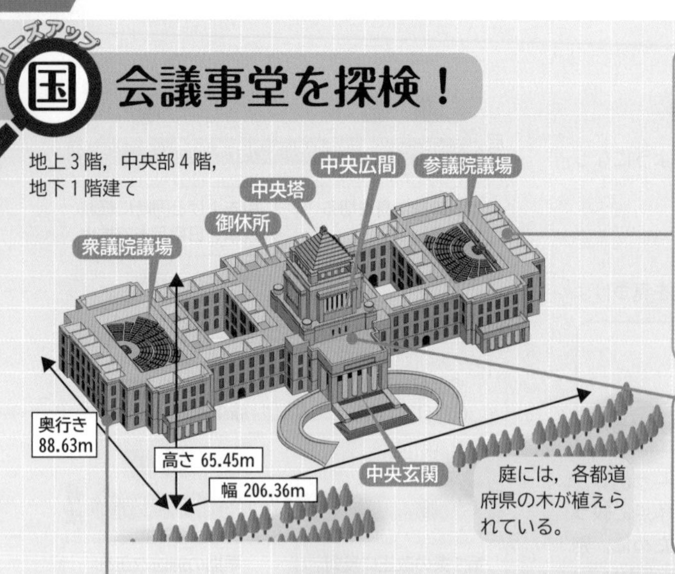

参議院議場

国会の召集日に，参議院の本会議場で天皇を迎えて開会式がおこなわれる。参議院でおこなわれるのは，帝国議会時代に貴族院で開会式がおこなわれており，天皇の玉座が参議院だけにあるためである。

中央広間

中央広間の四すみには銅像の台座があり，議会政治の基礎をつくった伊藤博文，大隈重信，板垣退助の銅像が置かれている。台座の1つは空いたままで，これは4人目を選べず将来にもちこされたとか，「政治に完成はない，未完の象徴」という意味があるなどといわれている。

衆議院議場

衆議院では，議長席から見て右側から左側へ，議員数の多い順に政党の座席が割り振られている。一方，参議院では，第一党が中央で第二党以下の政党は左右に分かれて座る。両院とも，当選回数の少ない議員から順に前から後ろへ並ぶ。

国会の種類

種類	会期	開会	おもな議題
通常国会（常会）	150日	毎年1回，1月中に召集。	予算など
臨時国会（臨時会）	両議院一致の議決	内閣または衆議院・参議院いずれかの総議員の4分の1以上の要求。	緊急議題
特別国会（特別会）	同上	衆議院解散後の衆議院総選挙から30日以内。	内閣総理大臣の指名
参議院の緊急集会	不定	衆議院解散中に緊急の必要がある場合，内閣が求める。	緊急議題

1 国会の組織

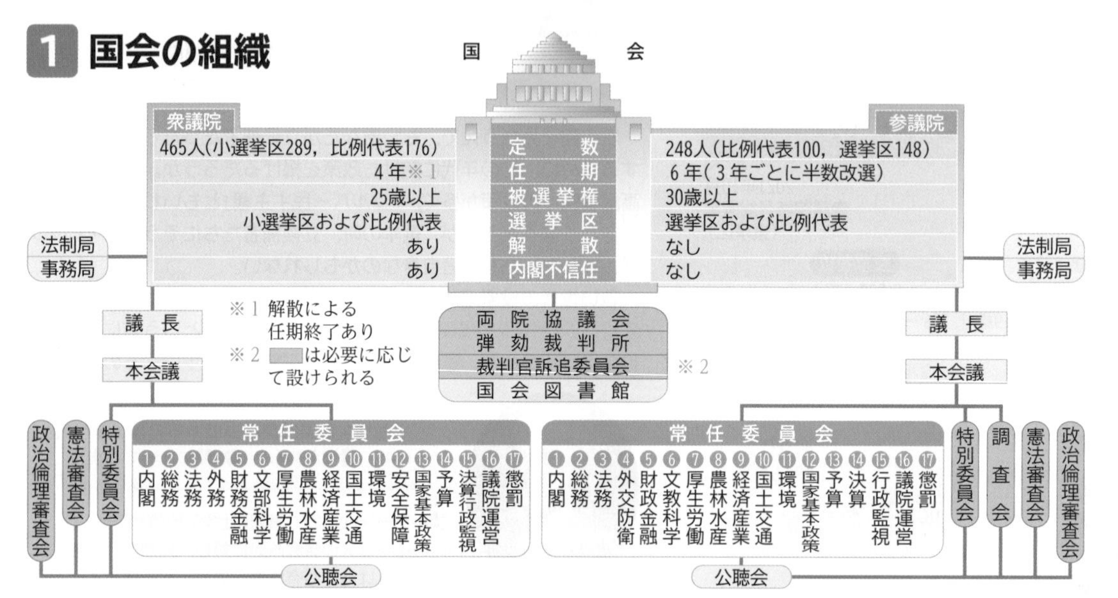

■国会の1年

- 1月 通常国会召集（参議院で開会式）首相の施政方針演説
- 2 予算審議
- 3 予算成立（➡p.200）
- 4 法案審議
- 5
- 6 通常国会閉会
- 7 議員は個別の活動（国内外視察や選挙区での活動など）
- 8
- 9
- 10 臨時国会召集
- 11 補正予算や重要法案などの審議
- 12 臨時国会閉会

解説 **二院制と委員会制度**　国会は，慎重な審議をおこなうために**衆議院と参議院の二院制**を採用している。衆議院は任期が4年と短く解散もあり，全議員を入れかえる総選挙によってその時の民意を反映しやすいという特徴がある。一方の参議院は3年ごとの通常選挙によって半数の議席を入れかえ，任期も6年，解散はなしということで，長期的な視野で審議を深めることが期待されている。また，**委員会制度**は，専門化・複雑化した内容の審議を円滑におこなうための制度であり，国会議員は原則として全員がいずれかの常任委員会に所属する。特別委員会は，特別の内容があった場合に設置される委員会であり，必要でなくなれば委員会もなくなる。

プラスα **中央玄関は「あかずの扉」**　国会議事堂正面の中央玄関が開けられるのは，原則として①開会式に天皇が出席する時，②議員が選挙後初めて国会に来る時，③国賓が来る時のみで，「あかずの扉」ともよばれている。

2 国会の権限

Q なぜ衆議院に優越が認められているのだろうか。

国会の権限
❶法律案の議決（第59条）
❷予算案の議決（第60条）
❸条約の承認（第61条）
❹弾劾裁判所の設置（第64条）
❺内閣総理大臣の指名（第67条）
❻財政に関する権限（第83条・第84条）
❼憲法改正の発議（第96条）

衆議院のみ
❶内閣不信任決議（第69条）
❷参議院の緊急集会に対する同意（第54条）
❸法律・予算・条約・総理大臣の指名における優越

参議院のみ
❶緊急集会（第54条）

両議院の権限
❶法律案の提出（国会法第56条）
❷役員の選任（第58条）
❸議院規則の制定（第58条）
❹議員の懲罰（第58条）
❺国政調査（第62条）
❻議員の資格争訟の裁判（第55条）

解説 **衆議院の優越**　衆議院には解散があり，議員数も多いため民意を反映しやすいことなどから，参議院に優越する。国会としての権限を行使する際は，本来衆議院と参議院の議決が一致するべきであり，一致しない場合，国政が停滞してしまう。それを防ぐため，**両院協議会**を開く場合もある※が，衆議院で再可決すれば国会の議決とするなど**衆議院の優越**が認められている。
※法律案などについて。両院協議会を開くかどうかは実質的に衆議院が決める。

3 法案の提出件数と成立率

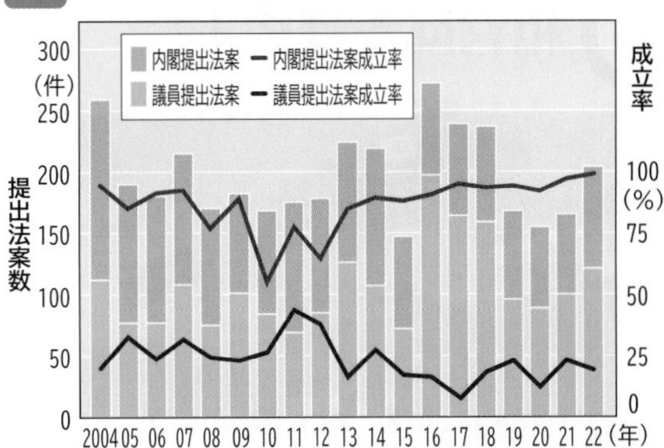

解説 **日本の立法の問題点**　法律案は，衆議院・参議院のどちらに先に提出してもよく，内閣から提出されるものと国会議員から提出されるものがある。しかし，国会で成立する法律案の多くは内閣が提出するもので，議員が提出する議員立法は少ない。また，成立した法律も，具体的な事項は政令などで定める**委任立法**となることが多い。委任立法の増加は，行政権の優越をまねく恐れがあるといえる。

4 法律の成立過程（衆議院先議の場合）

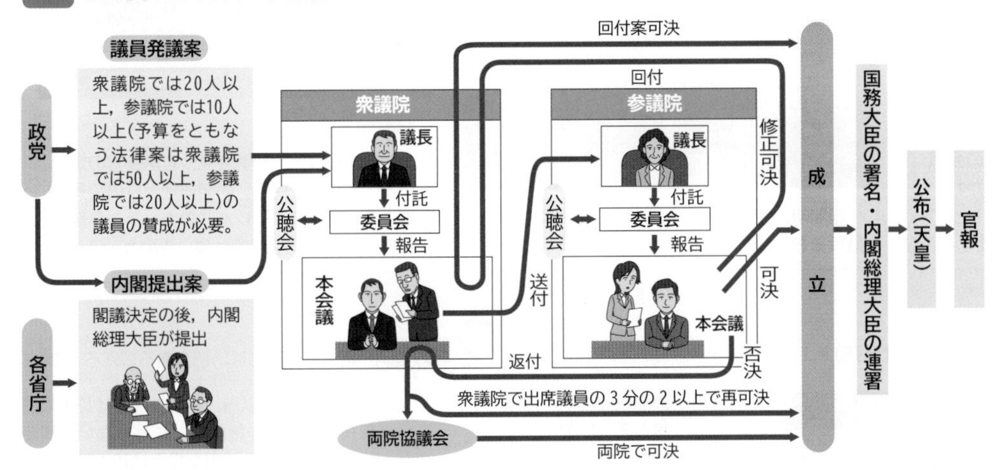

法律案は衆議院・参議院どちらに先に提出してもよいが，予算は必ず衆議院から先に審議される（**予算の先議権**）。

解説 **国会は国の唯一の立法機関**　国会の権限で最も重要なものは**立法権**である。法律案は衆議院と参議院のどちらへ先に提出してもよく，委員会で審議された後，**本会議**で審議される。先議の議院で可決されるともう一方の議院に送付され，衆参両議院で可決されると法律となる。

5 弾劾裁判

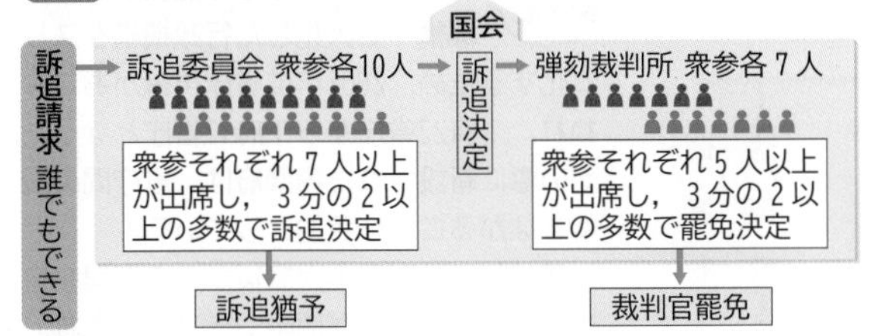

解説 **裁判官を裁く**　国会は，職にふさわしくない行為をした裁判官を罷免する権限をもち，そのために弾劾裁判所を設置する。弾劾裁判所は，衆参各10名を委員とする訴追委員会の訴追を受け，裁判官を罷免するかどうかを決定する。第二次世界大戦後，9件審議され，7名が罷免されたが，そのうち4名は資格回復が認められている。

6 国会議員の特権

特権	条文	内容
歳費特権	49条	一般職の国家公務員の最高額以上の歳費（給料）。
不逮捕特権	50条	国会の会期中は逮捕されない（例外あり）。会期前に逮捕されていた議員は，議院の要求があれば釈放される。
免責特権	51条	院内での発言，表決について，院外で責任（刑罰，損害賠償など）を問われない。ただし，院内で懲罰を受けることがある。

●**歳費**（月額）　議長：217万円，副議長：158万4,000円，議員：129万4,000円
●**調査研究広報滞在費**　100万円（月額，非課税）　※在職日数に応じた日割り支給。
●**期末手当**　議長：約1,007万円，副議長：約735万円，議員：約600万円
（6・12月に分けて支給）　※歳費と期末手当は特例により減額される。

解説 **国民の代表・国会議員**　国会議員には国民の代表として，外部の圧力に屈することなく，自由な政治活動ができるように日本国憲法で議員特権が認められている。ただし不逮捕特権については，国会の会期中であっても，現行犯であったり，議院の許可が得られれば，逮捕できる。

確認▶国会議員の特権を三つあげよう。
活用▶なぜ国会は衆議院と参議院の二院制を採用しているのか，説明しよう。

内閣と行政

課題▶内閣にはどのような権限があるのだろうか。

クローズアップ 首相官邸を探検！

さまざまな危機に対応できるような建物になっているんだね。

首相官邸の外観　「竹」と「石」をシンボルとし，日本らしさを追求したデザインとなっている。また，壁面には防弾ガラスが使用されている。

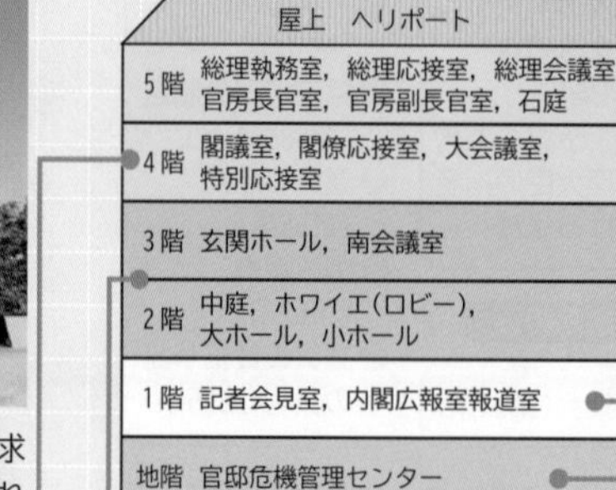

屋上　ヘリポート
5階　総理執務室，総理応接室，総理会議室，官房長官室，官房副長官室，石庭
4階　閣議室，閣僚応接室，大会議室，特別応接室
3階　玄関ホール，南会議室
2階　中庭，ホワイエ(ロビー)，大ホール，小ホール
1階　記者会見室，内閣広報室報道室
地階　官邸危機管理センター

国会が開催される国会議事堂（➡p.112）に対し，首相官邸は内閣総理大臣の執務の拠点である。ここでは，どのようなことがおこなわれているのだろうか。

地下にはハイテク装備をそなえた危機管理センターがあり，24時間体制で迅速に対応できる体制が整えられている。

閣議室

閣議は，内閣総理大臣が主宰する内閣の会議である。通常，火曜と金曜に非公開で開かれ，国務大臣が全員出席する。全会一致制をとっており，内閣は閣議に基づいて行政権を行使する。

組閣時の記念撮影は2階から3階へつながる階段でおこなわれている。

記者会見室

内閣総理大臣の記者会見や官房長官の定例記者会見などに使用。内閣総理大臣の会見時は，濃い青かワインレッドのカーテンが使われる(官房長官の会見時は薄い青のカーテン)。

1 日本の行政機構 (2023年11月現在)

Q 行政機関が増える背景には，何があるのだろうか。

（凡例）■ 内閣総理大臣・国務大臣を長とする機関

- 内閣
  - 復興庁
  - デジタル庁
  - 内閣府（特命担当大臣など）
    - こども家庭庁
    - カジノ管理委員会
    - 公正取引委員会
    - 国家公安委員会
      - 警察庁
    - 個人情報保護委員会
    - 金融庁
    - 消費者庁
    - 宮内庁
  - 内閣官房（内閣官房長官など。首相を直接補佐）
  - 内閣法制局
  - 国家安全保障会議
  - 人事院
  - 総務省
    - 公害等調整委員会
    - 消防庁
  - 法務省
    - 公安審査委員会
    - 公安調査庁
    - 出入国在留管理庁
  - 外務省
  - 財務省
    - 国税庁
  - 文部科学省
    - 文化庁
    - スポーツ庁
  - 厚生労働省
    - 中央労働委員会
  - 農林水産省
    - 林野庁
    - 水産庁
  - 経済産業省
    - 資源エネルギー庁
    - 特許庁
    - 中小企業庁
  - 国土交通省
    - 観光庁
    - 気象庁
    - 運輸安全委員会
    - 海上保安庁
  - 防衛省
    - 防衛装備庁
  - 環境省
    - 原子力規制委員会

※国務大臣は14人以内，特別な場合は17人以内（現在は復興庁の創設などにともない，国務大臣は16人以内，特別な場合は19人以内）。

解説　**時代の求めに応じて変化する行政機構**　肥大化した行政機構をスリム化するため，2001年に省庁再編がおこなわれ，1府22省庁から1府12省庁となった。その際に新設された**内閣府**は，省庁間の調整をはかることを目的としている。

2012年には東日本大震災からの復興を進めるため，復興庁が期限つきで設置され，2016年には個人情報保護の必要性の高まりから個人情報保護委員会が設置された。また，2023年には子どもに関する政策を強力に進めるため，こども家庭庁が設置されるなど，時代の求めに応じて行政機関が設置されている。

プラスα　**天下りとわたり**　官僚が出身官庁と関連の深い公益法人や民間企業に再就職することを，天下りという。天下りした官僚が，さらに別の企業・団体に再就職をくり返す「わたり」によって役員報酬や退職金の総数が数億円になる例もあり，問題となっている。

2 内閣の権限

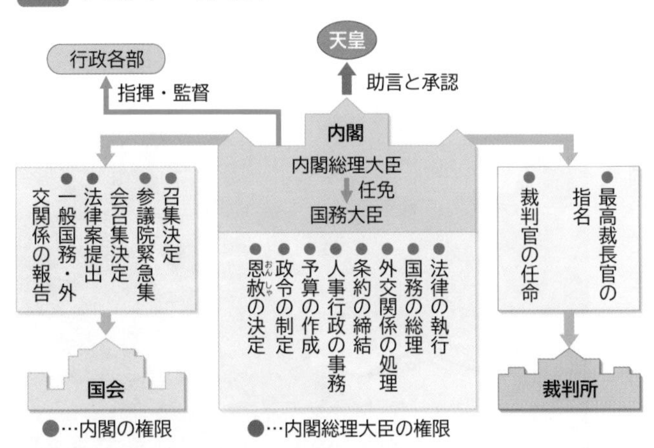

解説 **内閣と内閣総理大臣の権限**　内閣は**内閣総理大臣**と**国務大臣**で構成され，国会の制定した法律に基づき，行政をおこなう。内閣総理大臣は内閣の首長（しゅちょう）と定められ，国務大臣の任免権をもつほか，閣議の主宰など，さまざまな権限をもっている。

3 議院内閣制 →p.64

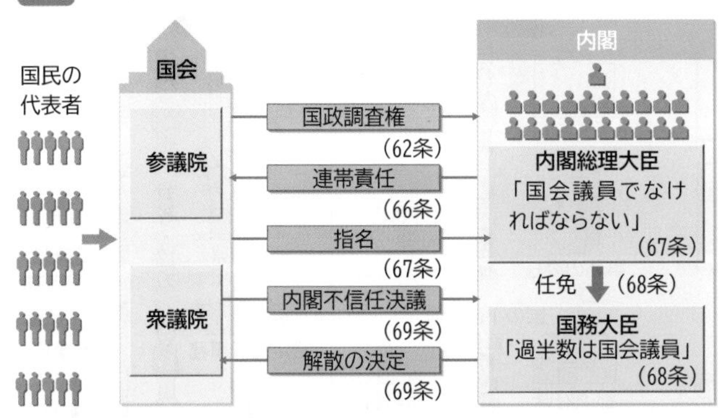

解説 **国会に対して連帯責任**　**議院内閣制**とは，内閣を国民の代表で構成される国会の信任の下に置くという制度である。一方，内閣も衆議院の解散権をもち，国民の意思を問うことができる。

4 内閣総辞職と衆議院の解散

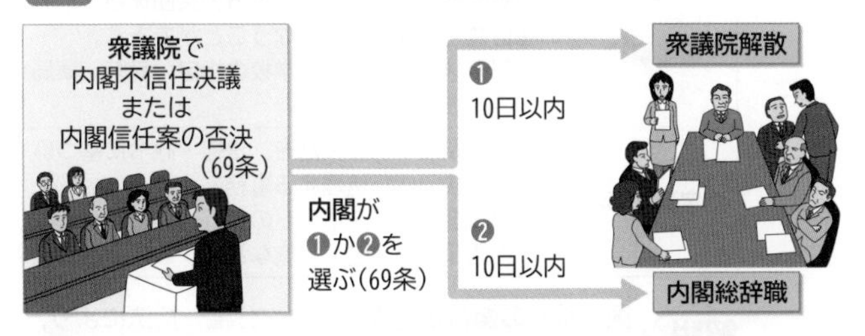

解説 **解散の2つのケース**　**衆議院の解散**には日本国憲法第69条に基づく解散のほか，内閣の助言と承認によって天皇がおこなう解散(第7条)がある。日本国憲法施行後26回あった総選挙のうち，25回が解散によるもの(任期満了による総選挙は1回のみ)であった。解散後は，40日以内に総選挙がおこなわれ，その後30日以内に特別国会が召集される。

5 官僚の許認可権

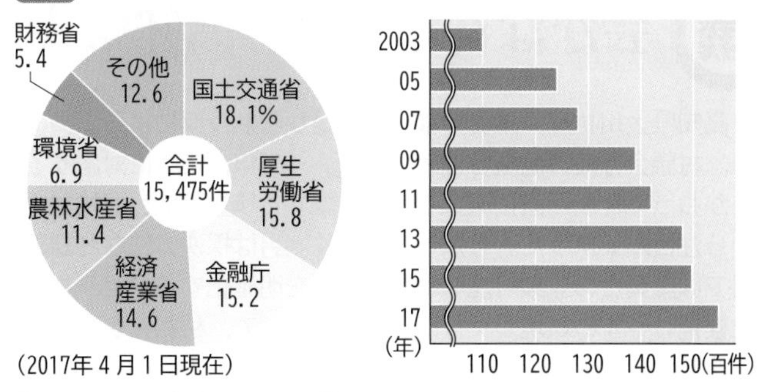

⇧**許認可件数の省庁別の割合と推移**(総務省資料)

解説 **官僚の業界支配**　行政機関による規制は，事故や悪質商法などから国民を守るためにある。しかし，こうした規制をおこなう許認可の権限がいきすぎ，行政機関の肥大化をまねいていた。規制を受ける業界の利権と結びつき，**官僚**による業界支配や汚職（おしょく）の温床（おんしょう）となる危険性がある。

6 行政改革

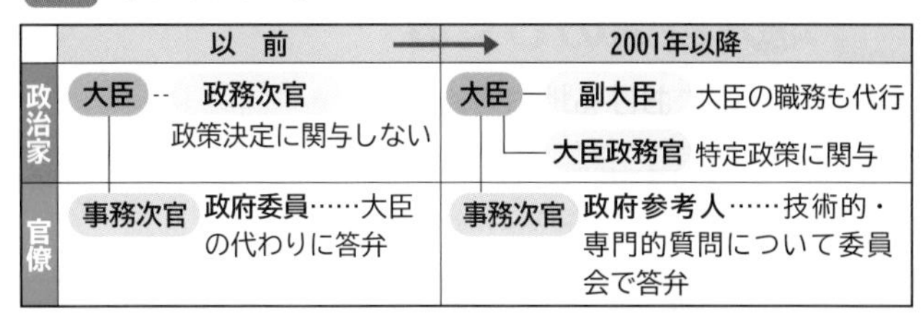

	以前 →	2001年以降
政治家	**大臣** -- **政務次官** 政策決定に関与しない	**大臣** ― **副大臣** 大臣の職務も代行 **大臣政務官** 特定政策に関与
官僚	**事務次官** 政府委員……大臣の代わりに答弁	**事務次官** 政府参考人……技術的・専門的質問について委員会で答弁

解説 **官僚主導から政治家主導の政治へ**　行政権が巨大な力をもつようになり，それによる弊害（へいがい）を防ぐため，行政改革が進められている。2001年には役割が不明確であった政務次官が廃止され，副大臣と大臣政務官(両者とも通常は国会議員)が新設された。また，天下り規制の一環（いっかん）として，2008年に**国家公務員制度改革基本法**が制定され，官僚の再就職の斡旋（あっせん）を内閣に一元化している。

Topic 本当は少ない？日本の公務員

財政支出の削減などを目的として，議論されている公務員の削減問題だが，主要各国と比較してみても，日本の公務員は決して多いわけではない。公務員の削減(→p.118)は行政のスリム化につながると考えられている一方，公共サービスの低下や，職員一人あたりがかかえる業務量の増加などの懸念もある。

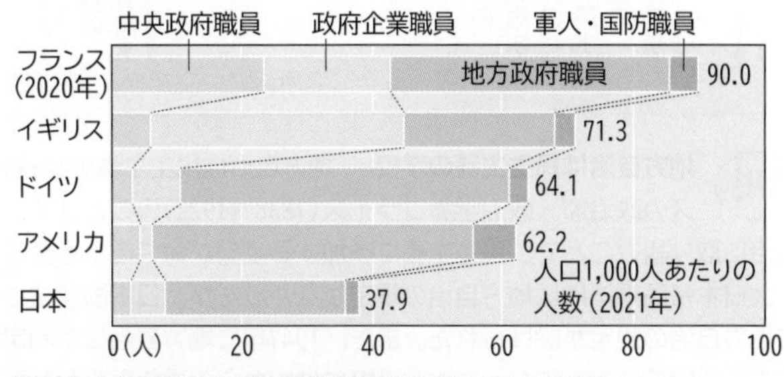

⇧**日本と主要国の中央政府職員数の比較**(内閣官房資料)

確認▶内閣の権限を三つあげよう。
活用▶衆議院で内閣不信任案が可決された場合，内閣はその後どのような対応をとるのか説明しよう。

116 地方自治と住民の福祉

課題▶なぜ，「地方自治は民主主義の学校」といわれているのだろうか。

クローズアップ 議会がなくなる!?　高知県大川村の挑戦

高知県大川村は，議員のなり手不足から無投票による議員の選出が続き，村議会存続の危機を迎えていた。2017年，これに対応するため議会にかわって住民が直接議案などを審議する「町村総会」が検討され，全国から注目が集まった。しかし，「町村総会」は採決方法など課題が多く，村では議員との兼業可能な職種の範囲を明確化するなど，村民が議員に立候補しやすい環境づくりをおこなうことで，村議会を存続させる道を選んだ。

2019年には8年ぶりに村議会議員選挙がおこなわれ，当時20代の若者を含む6名が当選した。なお，2023年の選挙で立候補したのは定数と同じ6名で，無投票となっている。

日本の地方議会では，議員のなり手不足が深刻化しているんだね。背景には地方のどのような現状があるのかな。

⬆タブレットにうつした資料を使って議会を進める大川村議会(2020年)　小さな議会だからこそ導入しやすいと印刷代の削減を目的として，資料のペーパーレス化が進められている。

1 地方自治のしくみ

■日本国憲法における地方自治

第92条【地方自治の基本原則】　地方公共団体の組織及び運営に関する事項は，地方自治の本旨に基いて，法律でこれを定める。

団体自治	住民自治
地方の政治は中央政府(国)から独立しておこなわれること。	地方の政治は地域住民の手によっておこなわれること。

■地方自治のしくみ

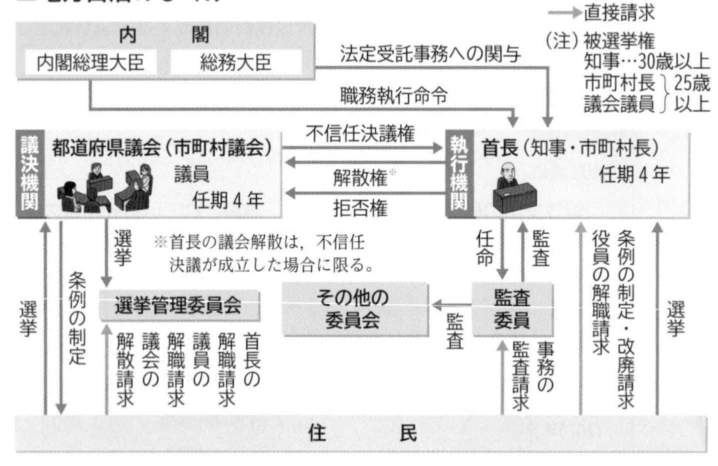

解説　**地方自治は民主主義の学校**　「地方自治は民主主義の学校」とはイギリスの政治家・政治学者ブライス(1838～1922)のことばで，身近な地方自治に取り組むことで，民主主義に参加する姿勢が育つことを意味する。

大日本帝国憲法には地方自治の規定がなかったが，日本国憲法では，第8章に地方自治の規定が設けられた。また，1947年に**地方自治法**が制定され，国と地方との関係は対等になったが，実際には国からの委任事務などが多かった。そのため，地方分権の推進が叫ばれ，1999年に**地方分権一括法**が成立した。

2 国と地方の関係

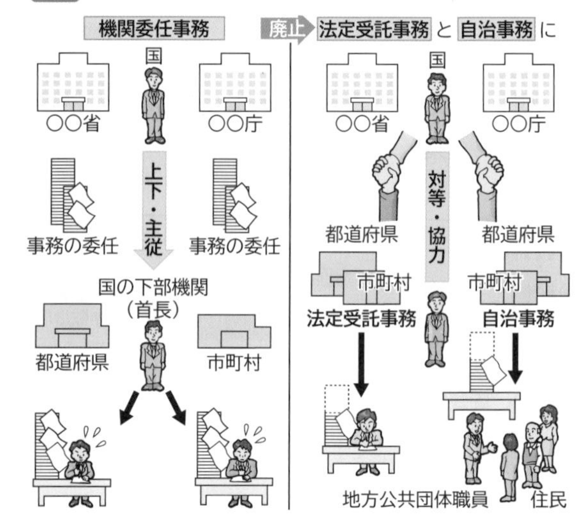

自治事務	法定受託事務以外の事務。地方公共団体が，地方の独自性を発揮しておこなうことができる。 例：都市計画の決定，就学校の指定，病院・薬局の開設許可など
法定受託事務	国が本来果たすべき役割を，法律・政令に基づいて地方公共団体が処理する事務。 例：国政選挙，パスポートの発行，国道の管理，生活保護の決定・実施など

解説　**国と地方の関係を対等に**　地方分権一括法により，国が地方を下部組織としておこなってきた機関委任事務が廃止され，地方公共団体の仕事は，**自治事務**と**法定受託事務**の二つになった。しかし現在でも，国の法令，規則，通達などによって，事務の執行基準が細かく定められているため，地方公共団体はあまり創意工夫をおこなうことができない状況にある。

プラスα　**政令指定都市になると**　政令で指定された人口50万人以上の市を政令指定都市といい，県から福祉・衛生などの事務を移譲され，区を置くことができる。2012年4月には熊本市が指定され，全国で20市が政令指定都市となっている。

3 直接請求権

直接請求権

イニシアティブ……条例の制定・改廃請求権，事務の監査請求権

リコール……議会の解散請求権，首長・議員の解職請求権

レファレンダム(住民投票)……地方特別法制定のための住民投票，首長・議員などの解職請求や議会の解散請求の際の住民投票，条例に基づく住民投票

請求の種類	必要署名数	請求先	請求後の取り扱い
条例の制定・改廃	有権者の1/50以上	首長	意見を付して議会にかける。議会で表決
事務の監査	有権者の1/50以上	監査委員	監査委員が監査をおこない，議会，長などに報告
議会の解散	原則として有権者の1/3以上	選挙管理委員会	住民の投票に付し，過半数の同意によって解散
議員の解職	原則として有権者(選挙区)の1/3以上	選挙管理委員会	住民の投票に付し，過半数の同意によって失職
首長の解職	原則として有権者の1/3以上	選挙管理委員会	住民の投票に付し，過半数の同意によって失職
主要公務員の解職	原則として有権者の1/3以上	首長	議会にかけ，2/3が出席し，3/4の同意により失職

解説 **住民の直接参加** 地方自治法は，**直接請求権**を住民に広く認め，住民が政治参加できるようにした。このように直接民主制(➡p.56)の要素を取り入れ，間接民主制の欠点を補うことで，住民自治をおこなう自覚を促し，政治の活性化がはかられる。

4 住民投票

⬇「大阪都構想」の賛否を問う住民投票(2020年，大阪府大阪市)

⬇県民投票への参加を訴える人々(2019年，沖縄県那覇市)

解説 **広がる住民投票** **市町村合併**(➡p.254)のような地方特別法に基づいておこなわれる**住民投票**のほかに，さまざまな住民投票が増えている。これらは，まず地方議会で住民投票条例を可決し，それに基づいて実施するものである。そのため，住民投票の結果には法的拘束力がなく，首長や議会が結果に従う必要はない。しかし，従わなかった場合は，議員・首長の解職請求や議会の解散請求なども予想される。

5 地方財政の現状

Q 自主財源と依存財源の割合は，それぞれ何%だろうか。

地方交付税交付金……地方公共団体間での収入格差を国が調整するもの。国税の一部を不足の程度に応じて交付する。

地方譲与税……国税として徴収する自動車重量税・道路税・消費税などの一部を地方公共団体に譲与する。

国庫支出金……「補助金」ともいう。国が資金の使いみちをあらかじめ決めて地方公共団体に交付する。

地方債……地方公共団体の収入不足を補ったり，特定の事業をおこなうための借入金。発行には国の許可などが必要。

地方財政計画 (2023年度)

〈歳入〉 総額 92兆350億円

地方税 46.6%｜地方交付税 20.0｜地方譲与税 2.8｜地方特例交付金等 0.2｜国庫支出金 16.3｜地方債 7.4｜その他 6.7

自主財源(地方公共団体が自主的に調達できる)

依存財源(国の交付や意思決定などによる財源)

〈歳出〉 総額 92兆350億円

給与関係経費 21.6%｜一般行政経費 45.7｜公債費 12.2｜投資的経費 13.0｜その他 7.4

(総務省資料)

解説 **地方財政の財源** 歳入のうち地方税・地方交付税・地方譲与税・地方特例交付金は**一般財源**とよばれ，どの経費にも支出できる。そのほかの財源は**特定財源**とよばれ，使いみちが決められている。また，多くの地方公共団体の財政は，自主財源(地方税収入)が歳入の約3～4割と乏しく，**三割自治**(四割自治)とよばれる。

Topic 自虐で地域をPR

財政問題(➡p.254)や過疎化(➡p.118)，議員のなり手不足など，地域がかかえるさまざまな問題に対して，地方公共団体はさまざまな工夫をおこなっている。

その一つに，あえて自分の地域を自虐的に表現することで，多くの人の関心を集めたり，かえって地域の魅力を強く伝えたりする宣伝方法がある。自分の住む地域についてどんなふうに宣伝すれば多くの人の関心を得ることができるか，考えてみよう。

➡**新型コロナウイルス感染症の感染拡大を受けて観光客が減少した商店街の自虐ポスター** 小樽堺町通り商店街(北海道小樽市)が制作し，厳しい現実をユーモアあふれるコピーと写真で伝える内容がインターネット上で話題となった。全国からは応援の声が集まり，商店街の人々にも一体感と前向きな気持ちを与えるものになった。

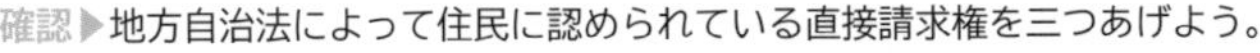
確認▶地方自治法によって住民に認められている直接請求権を三つあげよう。

活用▶自分が住む地域にはどのような課題があるか，解決への取り組みはあるか，話しあおう。

政治

自然災害が多い日本で進む「過疎地域」の増加。僕たちには何ができるだろう。
STAFF

スポーツ感覚で防災を学ぶ「防リーグ®」 震災経験をもとに，災害時に役立つ防災の知識と技をスポーツ競技として体験できるプログラム。「楽しく防災を学ぶ」工夫がこらされている。

災害時に地方公共団体は何ができるのだろうか

人口過密の都市部と過疎化が進む山間部など，自然災害の発生時に地方公共団体が直面する課題は地域によって大きく異なる。公務員数や財源なども限られるなか，地方公共団体は災害時にどのような対応ができるのであろうか。

課題の把握　災害と地方自治の現状

年	災　害
2004	新潟県中越地震
	最多10個の台風が上陸
2006	平成18年豪雪
2011	東日本大震災
2014	御岳山噴火
2016	熊本地震
2017	九州北部豪雨
2018	西日本豪雨
2019	令和元年房総半島台風
	令和元年東日本台風

2000年以降に発生した日本の災害の例 日本の国土の面積は全世界のわずか0.3%。しかし，全世界の活火山の７%が日本にあり，全世界で発生したマグニチュード６以上の地震の約13%が日本で発生している※。このように，日本は世界でも自然災害の多い国といえる。　※2008～18年の期間。

大雨で水につかった住宅地(2020年，福岡県)

東日本大震災時の帰宅困難者(2011年３月11日，東京都) 災害発生時，通勤時間が長く，人口の多い都市部では，帰宅困難者が多く発生すると想定されている。東日本大震災時にも，交通機関が停止したため，駅や道路には帰宅困難者があふれた。大量の帰宅困難者が一斉に徒歩による帰宅を開始した場合，緊急車両の通行の妨げになり，救援活動に支障をきたすことが考えられる。

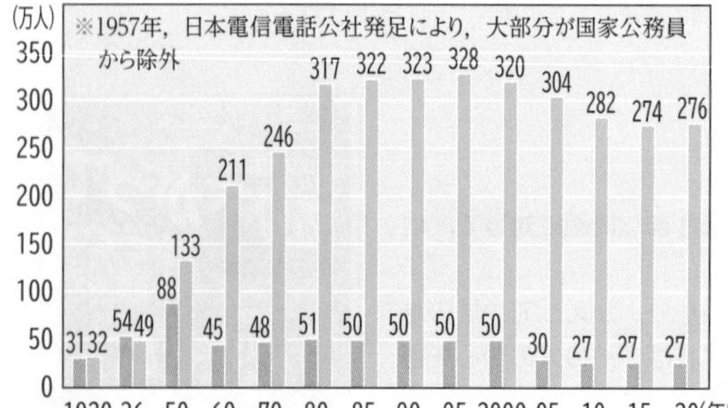

公務員数の推移(総務省資料) 日本の公務員数は，2000年頃から減少しており，海外とくらべてもその数は多くない(➡p.115)。

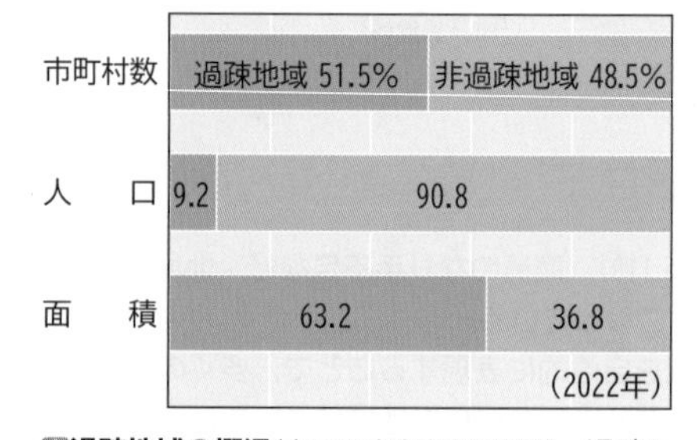

過疎地域の概況(全国過疎地域連盟資料) 過疎とは，人口の著しい減少にともなって地域社会における活力が低下し，産業・生活基盤などが十分に機能しない状況である。過疎地域の人口は日本全体の１割に満たないが，市町村数では約半数，面積では国土の約60%を占めている。

解説 **防災と災害発生時の対応は** 行政の効率性やスリム化の観点から，地方公務員数が減少傾向にあるなか，地方公共団体だけで災害に対応することは困難である。自然災害が多い日本においては，国や地方公共団体の活動である「公助」に加えて，自分で行動する「自助」，そして地域住民が助けあう「共助」の取り組みが重要である。

考える視点 A コンパクトシティ

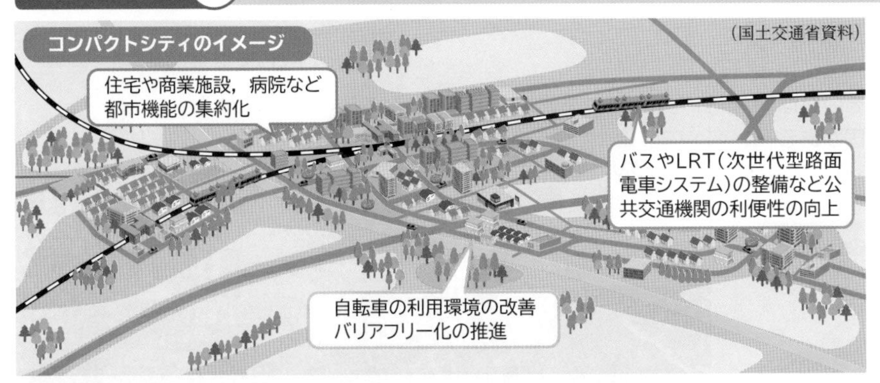

解説 コンパクトシティで防災 コンパクトシティとは，住宅や商業施設・公共施設など，郊外に分散した都市機能を都心に集約して，規模をコンパクトにした都市のことである。地方都市を中心に検討が進むコンパクトシティだが，防災の観点からも注目されている。過疎地域には山間部など災害の危険性が高く，発災後に孤立（こりつ）集落となる可能性があるところが多いといわれている。集落住民全体に対して，地域の中心部や災害の危険性の低い地域への集団移転を促（うなが）すことで，災害リスクを軽減し，迅速（じんそく）で効率的な避難が可能となる。

考える視点 B 企業との連携～森ビルの例

⬆帰宅困難者の受け入れ訓練

⬆ビル開発にともない道路も整備

解説 「逃げ出す街から逃げこめる街へ」 六本木ヒルズなどの都市開発をおこなう森ビル（東京都）では，自家発電システムの導入や，水・食料など災害備蓄（びちく）品を常時保管し，従業員の一斉帰宅抑制（よくせい）に取り組んでいる。また，「逃げ出す街から逃げこめる街へ」のコンセプトの下，ビルの開発過程で周辺道路の拡張をおこない，所在地の地方公共団体との間で協定を結び，施設全体で約１万人の帰宅困難者を受け入れられるようにしている。

考える視点 C 地域防災コミュニティづくり

⬆**NPOによる防災教育プログラム** 小さな子どもや障害児のいる家庭でも防災訓練に参加しやすいよう，工夫されている。

⬆**災害廃棄物を分別する高校生ボランティア**（2019年，山形県） 災害時の片づけや避難所運営などで，多くの高校生が活躍している（➡p.36）。

解説 地域コミュニティの重要性 1995年に発生した阪神（はんしん）・淡路（あわじ）大震災では，家族も含む「自助」や近隣（きんりん）住民などの「共助」による救出が約８割にのぼり，「公助」である自衛隊などによる救出は約２割程度であったという調査結果がある。災害時には，高齢者など災害弱者となりやすい人々を地域ぐるみで支援することが重要である。また，地域の復興においては，ボランティア活動（➡p.36）による支援が大きな力となる。このように，防災・災害対応・復興において，地域コミュニティが果たす役割は大きい。

ふりかえり

災害の多い日本では，地方公共団体だけで災害に対応することは困難である。地域の状況にあわせた防災や災害時の対応方法を，住民や企業などと連携（れんけい）しながらつくっていくことが求められている。

視点A▶コンパクトシティは防災の観点からも注目されている。
視点B▶企業とも連携し，災害時の対応力を高めておくことが重要である。
視点C▶地域の防災プログラムやボランティアなど，災害発生時に「共助」が果たす役割は大きい。

まとめる 災害時の地方公共団体はどうあるべきか，自分の考えを書こう。
発　展 自分の地域で考えられる災害や，地域の対応方法や取り組みを調べよう。

政治

国家と国際法

課題▶私たちが暮らす国際社会にはどのような国があり，どのようなルールによって成り立っているのだろうか。

クローズアップ 世界の国家いろいろ

世界にはさまざまな国家が存在しており，その数は約190か国にものぼる。人口が10億人をこえる大国がある一方で，1,000人にも満たないようなミニ国家もある。

面積を正しくあらわした世界地図(グード図法)

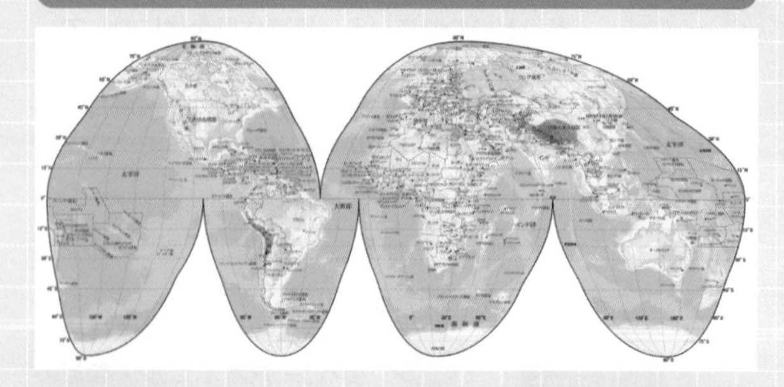

人口規模を面積であらわした世界地図(カルトグラム)

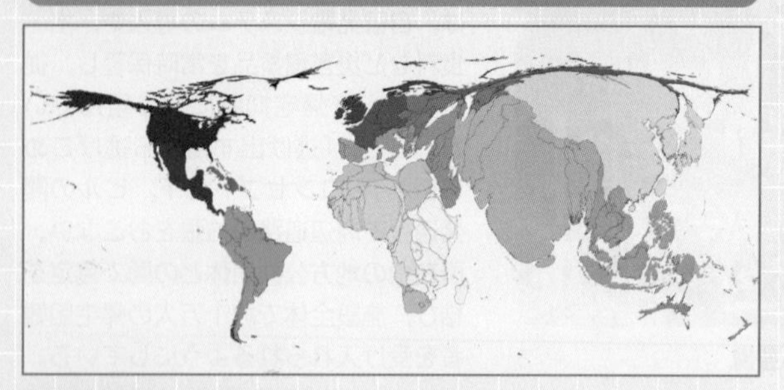

⇧**世界の国々～面積と人口** 上の二つの地図を見くらべて，面積だけでなく，人口規模で比較すると国家の新しい面が見えてくる。インドは面積ではオーストラリアの半分にも満たないが，人口ではインドの方が圧倒的に多い(約50倍)。

⇧**世界最小の国バチカン市国** バチカン市国はイタリアの首都ローマ市内にある，世界最小の国家である。面積は0.44km²(東京ドーム約10個分)で，人口(バチカン市国国籍保持者)は約600人。元首はローマ教皇で，キリスト教カトリックの総本山となっている。

世界にはいろんな国家があるんだな。左の地図を見ると，世界の中で日本がどのくらいの規模の国なのかがわかるね。

1 主権のおよぶ範囲

主権のおよぶ範囲である領域は，領土・領海・領空から構成される。

⇧**領土・領海・領空** 「海里」とは海で用いる距離の単位で，地球上の緯度1分(1度の60分の1)に相当する長さをあらわす(1海里=1,852m)。

主権 次の三つの意味をもつ。
- ●統治権：独立して国民や領土を統治する権利で，国家権力そのもの
- ●最高決定権：国の政治のありかたを最終的に決定する権利
- ●最高独立性：ほかの国々から支配・干渉を受けず，ほかの国々と対等である権利

国民 国家を構成する人々

領域 領土・領海・領空

解説 **国家の三要素** 国家は，国家の三要素とよばれる**領域・国民・主権**によって成り立つ。主権とは，国民と領域に対する外国の干渉を受けずに国家の政治を最終的に決定する権利をいい，主権をもつ国家を**主権国家**とよぶ。主権国家を単位とした国際社会が成立したのは，三十年戦争(1618～48年)の講和会議であるウェストファリア会議以降である。

プラスα **ほかにもあるミニ国家** ヨーロッパには，バチカン市国以外にもいくつかのミニ国家がある。マルタの面積は沖縄本島の約3分の1だが，カジノをはじめさまざまな観光資源がある。また，所得税を課さない国であるため，世界から多くの富裕層が移住し，住民の約8割が外国籍である。

2 国際社会と国際法

Q なぜ国際法が必要なのだろうか。

■成立による分類 ➡p.72

国際慣習法	国家間の長年の慣行が，国際社会の法的義務として広く認められたもの。	公海自由の原則 内政不干渉の原則など
条約	国家間，または国際機構を当事者としてつくられ，明文化された規範。条約・協定・議定書など。	国連憲章 子どもの権利条約（➡p.61）など

解説 **国際慣習法と条約**　**国際法**とは，国家間の関係を規律する法のことで，歴史的には近代ヨーロッパの主権国家の諸関係を規律する法として発達し，19～20世紀に世界的なものとなった。

国際法は，国家間の文書による合意の明示としての**条約**と，国際社会の慣行を基礎として暗黙の強制力をもつ**国際慣習法**からなる。条約は原則として当事国のみを拘束するのに対し，国際慣習法は国際社会全体を拘束する。

⬆**グロティウス**（1583～1645）
オランダの法学者。著書『戦争と平和の法』のなかで，戦時においても国家が従うべき一定の規範が存在すると説き，「国際法の父」とよばれる。

■適用時による分類

平時国際法	戦時でない時に適用される国際法。	難民条約 ラムサール条約など
戦時国際法（中立法を含む）	戦争が起きた時にできる限り人道を維持し，武力による惨害を緩和するためにつくられたもの。	開戦に関する条約 捕虜の待遇に関する条約など
戦争の終了に関する国際法	戦闘の終止規則｛戦時規約・休戦協定 戦争の終了規則｛平和予備条約・戦争終結宣言・平和条約※	サンフランシスコ平和条約など

※戦争は，平和条約によって法的に終了する。

3 国際紛争と国際裁判

国際司法裁判所（ICJ）		国際刑事裁判所（ICC）
1945年	設立	2003年
ハーグ（オランダ）	本部	ハーグ（オランダ）
国家間の紛争を扱う。 国際機関の要請により，法律問題について勧告的意見（法的拘束力なし）を示すこともある。	裁判の対象	次の犯罪を犯した個人を裁く。 ・集団殺害（ジェノサイド）犯罪 ・人道上の犯罪 ・戦争犯罪　・侵略犯罪
紛争当事国間の合意に基づく提訴	起訴	加盟国または国連安保理の要請，検察官の独自捜査による起訴
国籍の異なる15名（任期9年） 国連総会と安全保障理事会による選挙	判事	国籍の異なる18名（任期9年） 締約国会議で条約批准国出身者から選出
・紛争当事国のどちらかが拒否すると，裁判がおこなえない。 ・採決の強制力が弱い。	問題点	・アメリカや中国などの大国が加盟していない。 ・犯罪が締約国以外でおこなわれた場合，容疑者を逮捕できない。
南極海における日本の調査捕鯨	具体例	ダルフール紛争（➡p.147）

⬆➡**国際司法裁判所の建物**（右）**と法廷**（上）

解説 **国際司法裁判所と国際刑事裁判所**　**国際司法裁判所（ICJ）**は国連の主要な司法機関で，国際法に基づく裁判で国家間の紛争を平和的に解決することを任務としている。15名の独立・公平な裁判官により構成される。オランダのハーグに所在し，国連の主要機関（➡p.125）のなかでは，ニューヨークに所在しない唯一の機関である。また，国際社会におけるもっとも重大な犯罪である集団殺害犯罪や人道に対する罪，戦争犯罪に問われる個人を裁くために**国際刑事裁判所（ICC）**が設置されている。

政治

Topic 沖ノ鳥島

沖ノ鳥島は東京都心部から約1,700km離れたサンゴ礁の島で，この島によって，約40万km²の排他的経済水域（EEZ）が日本にもたらされている。これは日本の国土面積よりも広い面積である。沖ノ鳥島は，サンゴ礁がわずかに海面上に出ている島で，満潮時には二つの小島がやっと1m海上に出る程度である。中国は，これは「岩」であり，これによる排他的経済水域は存在しないと主張している。サンゴの小島は波による侵食で消失してしまう恐れがあるため，日本政府は1987年から護岸工事を進めている。

➡**沖ノ鳥島の北小島**　中心にある島本体をコンクリートで囲み侵食を防いでいる。

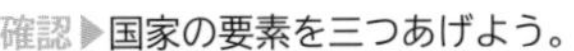

確認▶国家の要素を三つあげよう。
活用▶国際司法裁判所などの国際裁判制度は，どのような役割をもつのだろうか。

国境と領土問題

課題▶世界や日本の国境をめぐる問題には，どのような背景があるのだろうか。

クローズアップ 世界の国境を調べてみると…

国境を調べてみると，さまざまな国家間の関係が見えてくるんだなあ。

巨大な壁

メキシコなど中南米から多くの移民（ヒスパニック）がアメリカに不法に入国しようとしているとして，トランプ政権（当時）によって入国を阻止するための巨大な壁が建設された。

国境がない？

ヨーロッパでは，シェンゲン協定により，国境検査などをせず自由に国境を行き来できる国がある。写真の十字線が国境線だが，これをこえるのに障壁となるものは存在しない。

軍事境界線

1950年代に起こった朝鮮戦争（➡p.142）は，いまだに平和条約が結ばれていないため，正式な国境は画定していない。現在両国が実効支配している境界線は，あくまでも「軍事境界線」である。

1 竹島問題

17C.～	日本人が渡航して漁業をおこなう
1900	韓国，石島という島を領有（韓国側はこれを現在の竹島と主張）
1905	日本が「竹島」と命名し，島根県に編入
1910	韓国併合に関する条約（日本の韓国併合）
1946	連合国軍総司令部（GHQ）の覚書によって竹島は日本から分離（日本は覚書は暫定的なものであるとし，領有権を主張）
1952	韓国が李承晩ラインを設定し，竹島を不法占拠
1954	竹島問題を国際司法裁判所（➡p.121）に付託することを提案 ➡その後も何度か提案するも，韓国は拒否 韓国の警備隊が常駐し，不法占拠
2012	李明博大統領（当時），竹島訪問

⇧竹島（島根県）

⇧竹島を訪問する李明博大統領（当時）（2012年）

解説 **日韓間の領土問題** 竹島は日本固有の領土であり，1905年に島根県に編入された。しかし韓国は，1952年に外国の漁船を排除する水域を設定して竹島をそのなかに取りこみ，1954年には沿岸警備隊を駐留させた。それ以降，現在まで韓国の不法占拠が続いている。

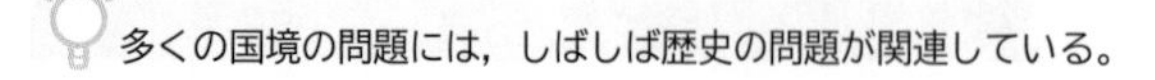

多くの国境の問題には，しばしば歴史の問題が関連している。

日本の領域および排他的経済水域（➡p.120）

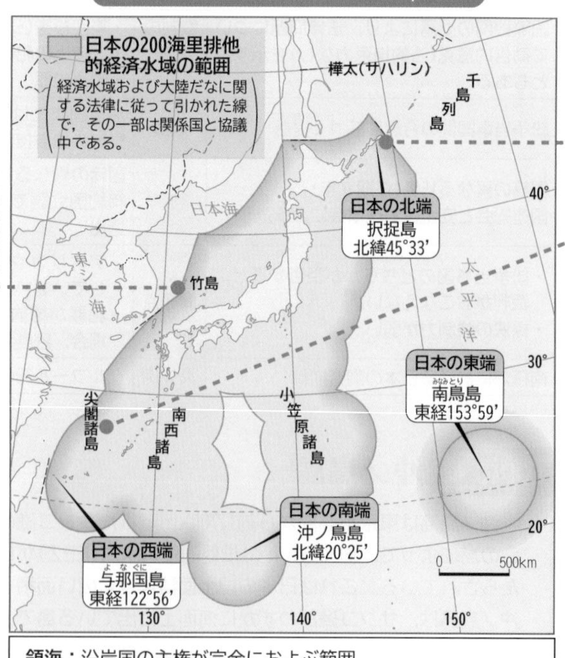

領海：沿岸国の主権が完全におよぶ範囲（沿岸から12海里＝約22km）

排他的経済水域（EEZ）：沿岸国の水産資源と鉱物資源の権利がおよぶ範囲（沿岸から200海里＝約370km）

プラスα **西之島** 東京の南約1,000kmにある西之島では，2013年からの火山活動による溶岩流出で島の面積が拡大し，新たにできた陸地の大きさは，2018年12月の時点で東京ディズニーランド（0.51km²）の5倍超の2.89km²（海上保安庁調べ）となった。

2 北方領土問題

1855	**日露和親条約**(択捉島と得撫島間に国境が引かれる)❶ 樺太は日本人とロシア人が混住(領土未画定)
1875	**樺太千島交換条約**(樺太がロシア領，千島列島の得撫島から占守島までの島々が日本領になる)❷
1905	**ポーツマス条約**(日露戦争後，北緯50度以南の南樺太が日本領になる)❸
1945	ソ連軍が南樺太・千島列島・北方四島を占領
1951	**サンフランシスコ平和条約**(日本は南樺太・千島列島の領有を放棄)❹
1956	**日ソ共同宣言**(国後島，択捉島の帰属については意見が一致せず。日ソ平和条約締結後，歯舞群島・色丹島を日本に引き渡す)
1993	**東京宣言**(四島問題を解決したうえで平和条約を締結することを確認)
2001	日ソ共同宣言を交渉の出発点にするという，東京宣言に基づく認識を確認
2010	メドベージェフ大統領(当時)，北方領土訪問
2013	日ロ首脳が北方領土交渉再開で合意

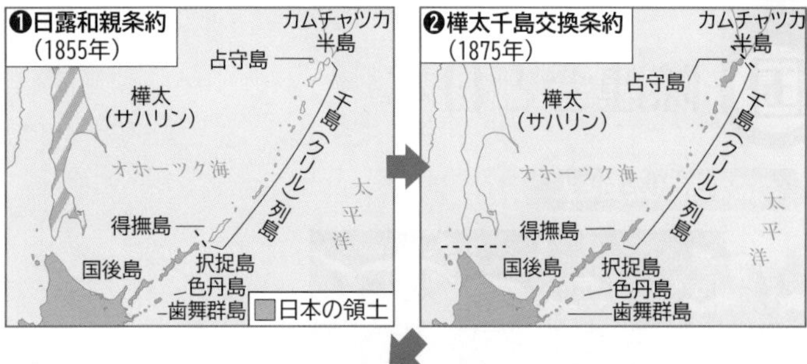

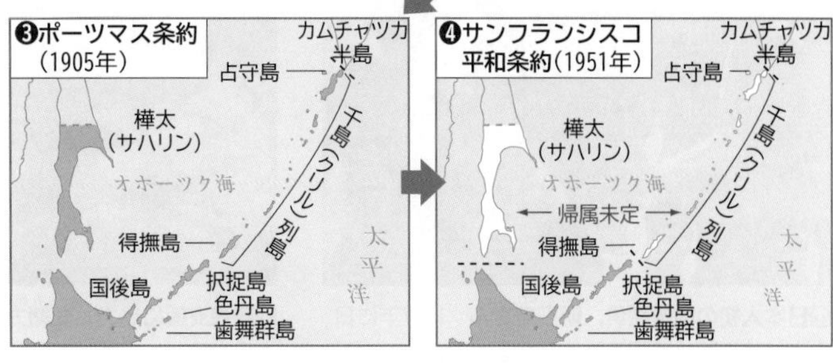

Q 各条約がどのようなタイミングで結ばれたのか，その結果国境がどのように変わったのかを確認しよう。

※ソ連は，サンフランシスコ平和条約には署名しておらず，同条約上の権利を主張することができないため，樺太の一部と千島列島は帰属未定。

解説 **北方領土問題と平和条約** 日本は，第二次世界大戦後のサンフランシスコ平和条約により，ポーツマス条約で獲得した樺太の一部と千島列島を放棄した。ただし，歯舞群島，色丹島，国後島，択捉島の北方四島は千島列島のなかに含まれておらず，上の地図でもわかるように，ロシアの勢力が得撫島より南にまでおよんだことは一度もない。この**北方領土の問題**が存在するため，日ロ間では，いまだに平和条約が締結されていない。

3 尖閣諸島

尖閣諸島(沖縄県) 最大の島である魚釣島をはじめいくつかの小島によって構成されている。

1895	日本が沖縄県に編入。一時は，かつおぶし製造などのため200名ほどが居住していた時期もあったが，その後無人島になった
1945	第二次世界大戦終結➡連合国(アメリカ)の管理下におかれる
1968	周辺に石油や天然ガスが埋蔵していることが明らかとなる
1971	中国と台湾当局が領有権を主張しはじめる
1972	沖縄返還協定が発効し，日本の実効支配が始まる。日中国交正常化
2008	日中間で尖閣諸島付近のガス田を共同開発することで合意
2010	中国漁船が日本の巡視船と衝突
2012	日本政府が尖閣諸島を国有化
2013	中国が尖閣諸島上空を含む防空識別圏を設定

解説 **石油資源をめぐる対立** **尖閣諸島**は，他国の支配がおよんでいないことを慎重に確認し領土に編入した1895年以来，日本固有の領土である。1960年代以前には，領有権をめぐる問題は起こっていなかったが，付近に石油資源埋蔵の可能性があることがわかった1970年代以降，中国と台湾が尖閣諸島の領有権を主張するようになった。

Topic さまざまな国境

国境にはいろいろな種類がある。リオグランデ川はアメリカとメキシコの国境の一部となっている。このように川や山脈が国境となっているものを**自然的国境**という。一方，北緯49度の緯線は，アメリカとカナダの国境の一部となっている。このように，経緯線や目標となる二点間を結ぶ直線を利用した国境を**人為的国境**という。

国境のもつ特徴が，時に紛争の原因になることもある(➡p.147)。たとえば，川は洪水などをきっかけとして流路を変えることがあるが，川を国境としていた場合，流路変更が国境紛争に発展することがある。実際，リオグランデ川の流路変更によって，アメリカとメキシコの間で国境紛争が起きたことがある。

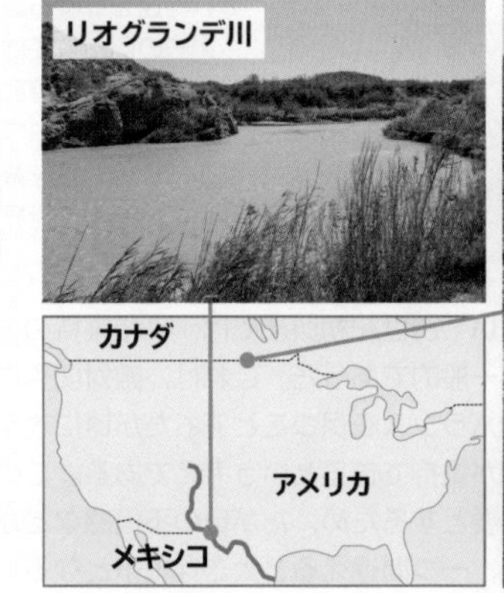

北緯49度線 国境の部分の樹木が伐採されている。

確認▶日本がかかえている領土問題をあげよう。
活用▶世界の領土問題の例とその背景を調べよう。

国際連合の役割

課題▶国連はどのような目的で設立され，どのようなしくみで成り立っているのだろうか。

クローズアップ 国際連合と日本

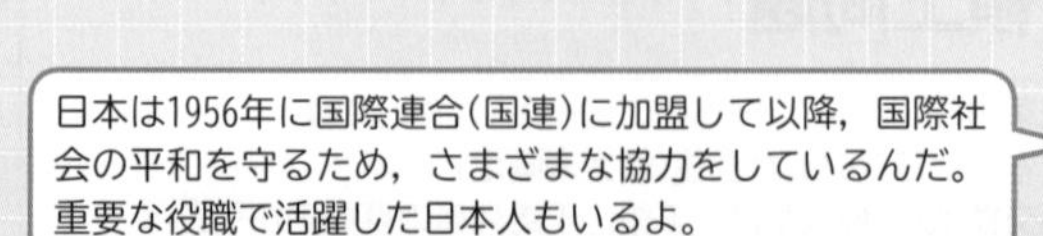

日本は1956年に国際連合(国連)に加盟して以降，国際社会の平和を守るため，さまざまな協力をしているんだ。重要な役職で活躍した日本人もいるよ。

国連で活躍した日本人

⬆**日本人初の国連職員，明石康さん** 1957年に日本人として初めて国連職員となる。国連カンボジア暫定統治機構(UNTAC)の最高責任者となり，1993年におこなわれたカンボジア初の自由選挙を成功に導いた。

⬆**難民支援に尽力した緒方貞子さん** 1976年に日本人女性として初めて国連公使(大使に次ぐ地位)となる。1991～2000年には，UNHCR(国連難民高等弁務官事務所)(➡p.149)の最高責任者を務め，イラクでのクルド人支援などに尽力した。

⬆**国連事務次長として活躍する中満泉さん** 日本人女性として初めて国連事務次長に就任し，国連軍縮担当上級代表として，核兵器など世界の軍縮問題に取り組んでいる。毎年，広島と長崎の平和記念(祈念)式典に出席している。

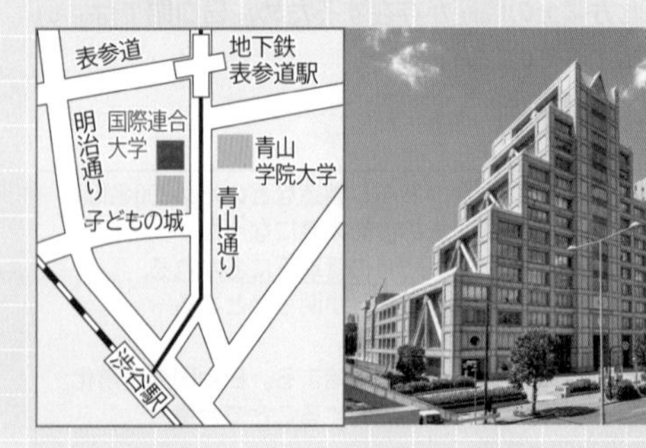

日本に本部がある国連大学

国連大学は，唯一日本に本部がある国連の機関で，日本における国連の拠点ともなっている。おもに研究活動をおこなう機関であったが，2009年から教育機関としての性格ももつようになった。

研究分野は多岐にわたり，平和の問題や地球温暖化などの環境問題，持続可能な開発に関する問題などで，SDGs(持続可能な開発目標)(➡p.152)における17の目標すべての分野にかかわっている。

1 勢力均衡と集団安全保障

Q 戦争を抑制する方策として，どのような考え方があるのだろうか。

■勢力均衡

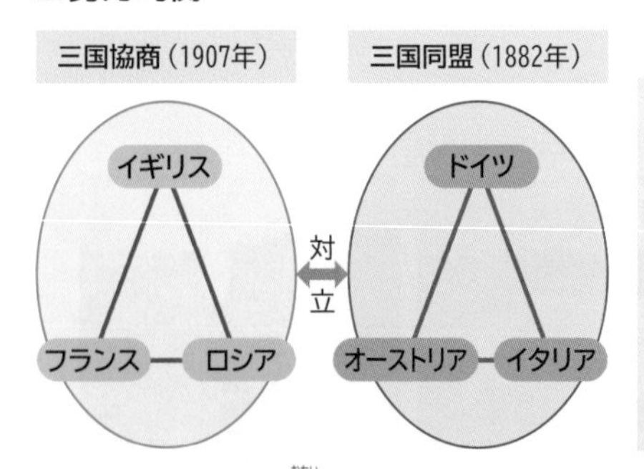

同じ利害をもつグループどうしが，それぞれ同盟をつくる。

過去の例としては，三国同盟や三国協商などがある。このニつのグループの対立を背景として，第一次世界大戦が起きた。

解説 **軍拡競争に陥りやすい** 20世紀初頭までは，平和維持の方策として，**勢力均衡**が一般的であった。これは，敵対関係にある国や国家群との間の軍事的バランスを保つことでおたがいに攻撃しにくい状況をつくれば，平和が維持できるという考えである。この政策はつねに軍事力の均衡を必要とするため，たがいの不信感などから軍備拡大競争をまねきやすく，一つ間違えると大きな戦争となる。その典型的な例が第一次世界大戦である。

■集団安全保障

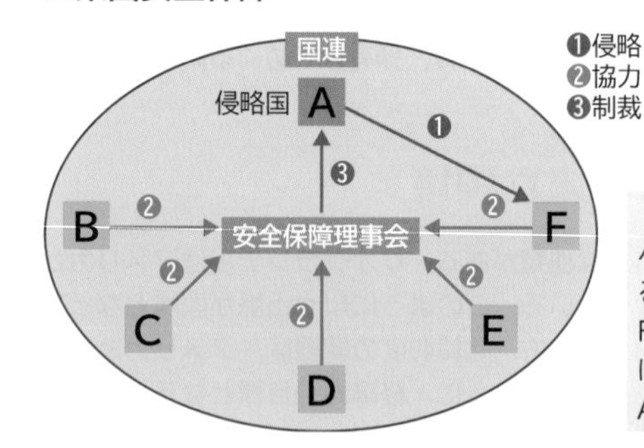

利害が異なる国もすべて同じ組織を構成する。たとえば，A国がF国を侵略した場合，ほかのすべての国々がA国を制裁する。

解説 **集団内で平和と安全を守る** 第一次世界大戦の反省により，**集団安全保障**という平和維持の方策が考えられ，国際連盟・国際連合の基本的な考え方となった。これは，対立する国家も含めた集団をつくり，その集団内でおたがいに平和と安全を守っていこうとするものである。もし加盟国の一つがそのルールを破れば，残りの全加盟国が共同で違反国の制裁にあたる。しかし，国際連盟においては十分に機能しなかった。

カントの国際平和機構の構想 カント(➡p.40)は著書『永遠平和のために』で，全世界が戦争状態を脱して恒久的な平和状態へと近づくために，自由な国家間の連合を構想した。この構想は，国際連盟の設立にも影響を与えた。

2 国際連盟と国際連合

国際連盟の機能不全の反省をもとに，国際連合がつくられた。

	設立	本部	加盟国	主要機関	表決方式	制裁措置	問題点
国際連盟	1920年	ジュネーブ(スイス)	原加盟国42か国 最大加盟国59か国(1934年) ・アメリカは不参加，ソ連は1934年に加盟が認められた(のちに除名)。 ・日本とドイツは1933年に，イタリアは1937年に脱退。	総会(全加盟国) 理事会 (英・仏・伊・日が常任理事国) 事務局 常設国際司法裁判所	**全会一致** (総会も理事会も) ➡一国でも反対があると何も決められないため，問題が起こると対処が困難。	**経済制裁**を実施。 ➡軍事的措置は認めていない	①大国の不参加 ②全会一致制により議事運営が難航 ③侵略国に対する制裁は経済制裁のみ
国際連合	1945年	ニューヨーク(アメリカ)	原加盟国51か国 加盟国数193か国 (2023年11月) ・当初から米・英・仏・ソ・中が参加。 ・世界のほとんどの国が加盟。	**総会**(全加盟国) **安全保障理事会** (米・英・仏・ロ・中の**常任理事国**中心) 事務局 経済社会理事会 信託統治理事会 国際司法裁判所	**多数決** 総会……一般事項は出席国の過半数，重要事項は2/3以上 安保理……手続き事項(議題の決定など)は9理事国，ほかは常任理事国を含む9理事国の同意※	経済制裁とともに武力制裁などの**軍事的措置**も認められている。	①財政難 ②安保理や総会での表決のあり方 ③PKOへの出資の増大 ④旧敵国条項の削除の遅れ

※常任理事国は拒否権をもつ(➡p.127)。

解説 **国際連盟から国際連合へ** 1920年に設立された**国際連盟**は，国際社会の平和を維持するには多くの問題をかかえており，第二次世界大戦の勃発を防ぐことができなかった。このため，1945年には新たな国際機関として**国際連合**が設立され，集団安全保障機能が一段と強化された。

3 国際連合のしくみ

●…6つの主要機関

総会によって設立された機関
国連環境計画(UNEP)➡p.238
国連大学(UNU)
国連貿易開発会議(UNCTAD)➡p.233
国連児童基金(UNICEF)
国連難民高等弁務官事務所(UNHCR)➡p.149
国連人権理事会(UNHRC) ほか

総会によって設立された委員会
宇宙空間平和利用委員会，
平和維持活動特別委員会，
国連軍縮委員会 ほか

専門機関など ＊は本部を示す

国際原子力機関(IAEA)＊ウィーン➡p.138

国際労働機関(ILO)＊ジュネーブ
国連食糧農業機関(FAO)＊ローマ
国連教育科学文化機関(UNESCO)＊パリ
世界保健機関(WHO)＊ジュネーブ
世界銀行グループ(ILO)
- 国際復興開発銀行(世界銀行，IBRD)＊ワシントン➡p.216
- 国際開発協会(第2世銀，IDA)＊ワシントン
- 国際金融公社(IFC)＊ワシントン

国際通貨基金(IMF)＊ワシントン➡p.216
国際民間航空機関(ICAO)＊モントリオール
万国郵便連合(UPU)＊ベルン
国際電気通信連合(ITU)＊ジュネーブ
世界気象機関(WMO)＊ジュネーブ
国際海事機関(IMO)＊ロンドン
世界知的所有権機関(WIPO)＊ジュネーブ
国際農業開発基金(IFAD)＊ローマ
国連工業開発機関(UNIDO)＊ウィーン

世界貿易機関(WTO)＊ジュネーブ➡p.217

●事務局
国連の運営に関する事務をおこなう。最高責任者は事務総長(任期は，国連憲章上の規定はないが，慣行的に2期10年)。

©UN Photo/Mark Garten

⇧国連本部ビル(ニューヨーク)

●総会
全加盟国で構成され，国連の機能全般にわたって討議・勧告する。国連内部の運営に関すること以外は，勧告権限しかない。

●経済社会理事会
経済・社会・教育・文化・保健衛生・人道問題など広範囲にわたる分野の研究や勧告を担当する。
必要に応じて，協議資格をもつNGOと協力して活動をおこなう。

●安全保障理事会 ➡p.126
「国際の平和と安全の維持」について主要な責任をもっている。全加盟国は，安保理の決定に従う義務を負っており，従わない場合，安保理は経済制裁や武力制裁などをおこなうことが認められている。

常任理事国：アメリカ・イギリス・フランス・ロシア・中国
非常任理事国：アジア2・アフリカ3・東欧1・中南米2・西欧その他2と地理的に配分され，各地域から選挙で選出される。任期2年，連続再選不可。日本は12回選出されている。

●国際司法裁判所 ➡p.121
安保理と総会によって選挙される15人の裁判官で構成。任期は9年で国際紛争を処理する。

●信託統治理事会(1994年より活動停止)
植民地支配から未解放の地域を信託統治地域として，その施政を監督。当初11地域あったが，すべて独立したため，機能は停止している。

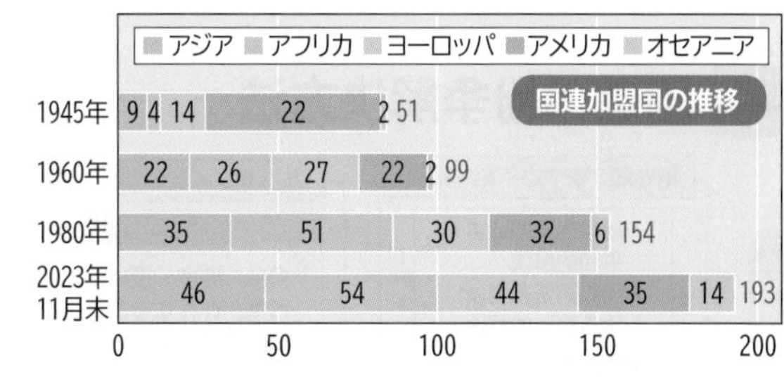

解説 **国連の目的と6つの主要機関** 国連の目的である，国際社会の平和と人権を守り，国際協力を推進するため，**国連憲章**により6つの主要機関が設置されている。中心となるのは，全加盟国が参加して年1回開催される**総会**である。総会では各国が一票の投票権をもち，多数決によって決議がおこなわれる。さらに，問題に応じて**安全保障理事会**や**経済社会理事会**などが活動している。

FAO……人々の栄養と生活水準の向上や農業生産性の向上に寄与している。
UNICEF……子どもたちの権利保護のため，医療や食料などの支援をおこなっている。
UNESCO……教育・科学・文化的活動を通じて世界の平和と安全に貢献している。
WHO……保健衛生の分野で各種の支援・協力をおこない，人々の健康増進をはかっている。

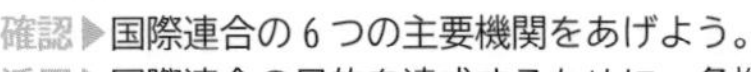
確認▶国際連合の6つの主要機関をあげよう。
活用▶国際連合の目的を達成するために，各機関はどのような取り組みをおこなっているか，調べよう。

国連の課題とPKO

課題▶紛争解決のために，国連はどのような活動をしてきたのだろうか。

クローズアップ 国連の安全保障機能

北欧の伝説をモデルに，争いなき世界への闘いが描かれている。
©UN Photo/Eskinder Debebe
馬蹄(ばてい)型のテーブルに，常任理事国と非常任理事国の代表者がつく。

⇧国連安全保障理事会の議場のようす　国際社会における平和の維持について主要な責任をもつ機関である。

現在，国連の安全保障機能として，紛争後の停戦監視(かんし)や治安(ちあん)維持などを担(にな)う**PKO(国連平和維持活動)**が多くの国で成果をあげている。

一方，国連憲章に定められた「**国連軍**」は，今まで一度も組織されたことがない。また，国連憲章では集団的自衛権に基づく武力行使が認められているが，安全保障理事会の決議によって実行された例はない。

	国連憲章上の根拠	具体例
国連憲章において予定された(本来の)国連軍	第７章 ・軍事的措置(第42条) ・特別協定(第43条)が必要	実行例なし。朝鮮戦争(➡p.142)の際に組織された「国連軍」は，特別協定の裏づけがなかった
PKO(国連平和維持活動)	規定なし ・総会または安保理の決議により組織	国連カンボジア暫定統治機構，国連スーダンミッションなど
多国籍軍	規定なし ・安保理の決議により組織	湾岸戦争(➡p.144)，コソボ，アフガニスタンなどへ派遣(はけん)

PKOの変遷

PKOは，伝統的には，紛争当事者の間に立って停戦監視などをおこない，紛争解決の支援を目的として活動してきた。現在は，問題の複雑化を受けて，人権擁護(ようご)や難民支援，復興開発など，その役割は多様化している。

⇧南スーダンで活動する自衛隊員　日本の自衛隊もPKOに参加している(➡p.133)。南スーダンでのPKOでは，部隊から離れたところで襲(おそ)われた国連やNGOの職員らを救助する任務が，2016年より新たに加わった。

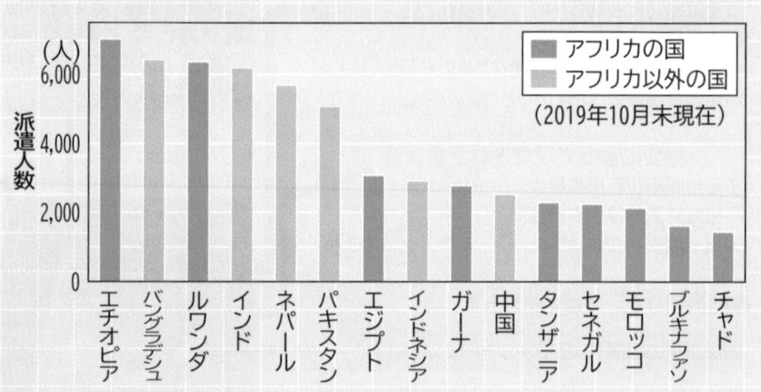

⇧国ごとのPKOへの派遣人数(国連資料)　現在のPKOは，アフリカで展開されているものが多く(➡**2**)，そこに参加するPKO要員もアフリカ出身者が多い。アフリカでは，コンゴなど十分に和平合意がなされていない地域への派遣もあり，PKO参加者の犠牲(ぎせい)者数の増加が指摘されている。

1 国連の紛争解決方法

Q 紛争解決のために軍事的措置まで発展していくのはどのような場合だろうか。

国際紛争の発生

第６章　紛争の平和的解決
- 紛争当事国による平和的解決
- 国際司法裁判所による司法的解決

安全保障理事会
- 平和的解決を要請
- 紛争の調査
- 紛争解決のための手続きや方法の勧告

付託

第７章　平和に対する脅威(きょうい)，平和の破壊(はかい)および侵略行為に関する行動

安全保障理事会
- 脅威・破壊・侵略行為が存在すると認めることを決定
- 暫定措置に従うように要請(ようせい)，勧告

非軍事的措置
- 経済制裁
- 経済関係・運輸通信手段・外交関係の断絶

軍事的措置
- 国連軍による軍事行動
- 軍事参謀(さんぼう)委員会の創設
- 国連加盟国に対して兵力提供を要請

停戦合意

6章半活動
PKO(国連平和維持活動)

拒否権発動により機能不全※

緊急特別総会
「平和のための結集」決議による

集団的措置の勧告など

第８章
地域的取極(とりきめ)・地域的機関による努力

➡は解決できなかった場合

※国連憲章では，安保理が必要な措置をとるまでの間も，個別的自衛権・集団的自衛権の行使は認められている(➡p.135)

解説　**軍事的措置は最後の手段**　紛争解決について，国連憲章の第６章では，平和的手段による解決を義務づけている。しかし，そうした努力にもかかわらず侵略行為などがおこなわれた場合は，事態の悪化を防ぐための非軍事的措置，さらにそれでも不十分な場合には軍事的措置などの強制措置をとることができると，第７章において規定している。

プラスα　**国連の公用語**　国連憲章が規定する国連の公用語は，中国語，英語，フランス語，ロシア語，スペイン語の５か国語であるが，これに加えて，総会，安全保障理事会，経済社会理事会では，アラビア語も公用語になっている。

2 PKO（国連平和維持活動） ➡p.133

Q 現在のPKOが展開している地域的な特徴を地図から確認しよう。

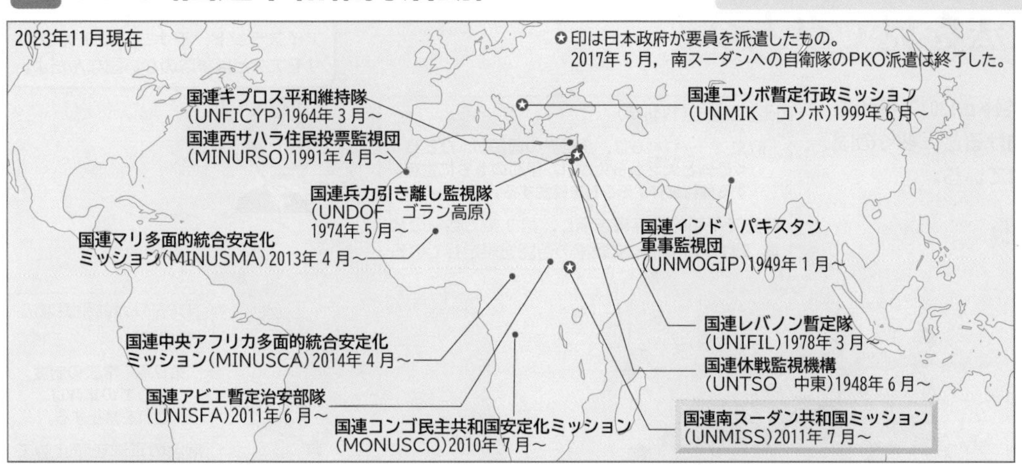

PKOの基本原則

①当事国の同意
PKO派遣先の国がPKOの受け入れに同意していること

②中立性を保つ
当事国に対して優遇や差別なく任務を遂行すること

③自衛をこえる武力を行使しない
自衛のほか，民間人の保護などの任務への攻撃に対してのみ，武力を行使することができるということ

この基本原則をもとに，PKO協力法の参加5原則は定められている。

解説 **6章半活動** PKO（国連平和維持活動）は，国連による国際紛争への対応の一つで，非武装または軽武装の要員が，基本的に停戦合意が得られた後で，紛争拡大の防止や監視，復興・復旧援助などをおこなう活動のことである。国連憲章に具体的な規定はなく，第6章の「紛争の平和的解決」と第7章の「軍事的強制措置」の中間にあたる活動なので，「6章半活動」といわれることがある。平和維持への多大な貢献が評価され，1988年，ノーベル平和賞を受賞した。

2023年7月現在，約8万8,000人が12のPKOに参加している。

日本の国際平和協力

国連 ― PKO（国連平和維持活動）

軍事監視部門
・兵力撤退の監視
・停戦監視　など

平和維持軍（PKF）部門
・武装解除
・補給・医療　など

非軍事部門
・選挙監視
・難民の帰還援助　など

要請 → **日本政府**

PKO協力法　参加5原則
・停戦の合意
・受け入れ国などの同意
・中立性　・武器使用の制限
・条件が満たされない場合の業務の中断または派遣の終了

閣議決定 → 派遣（国連へ）
報告※ → **国会**

※PKFの場合は国会承認が必要

3 国連の課題

■財政問題

国連は，加盟国数が設立当初から約4倍に増え，慢性(まんせい)的な資金不足に悩まされている。分担金の支払いを滞納(たいのう)している加盟国も多く，最大の分担金負担国であるアメリカの延滞(えんたい)額の大きさも問題になっている。グテーレス事務総長が「国連はこのままでは破産する」と加盟国に訴(うった)えているが，解決は難しい状況である。

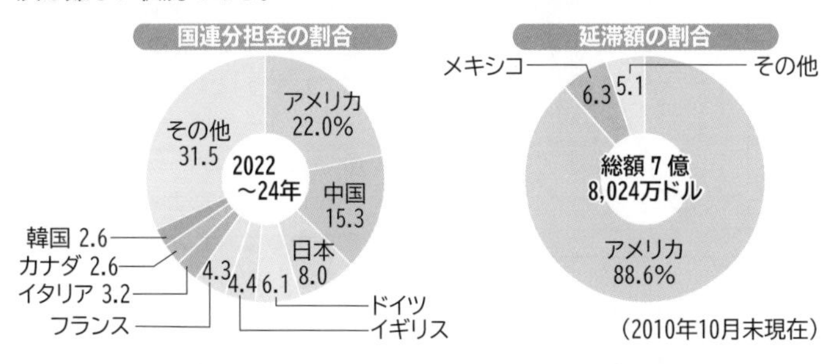

■望ましい職員数

多岐にわたる国連の業務内容から考えると，国連職員の数は少ない。また，国連事務局は分担金の比率や人口などに基づいて「望ましい職員数」を算定しているが，現状の職員数と開きがある国も多い。

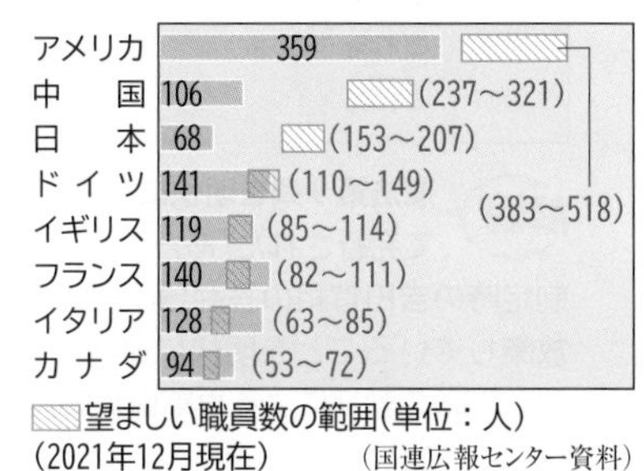

■安全保障の機能不全

安全保障理事会（➡p.125）は，常任理事国と非常任理事国で構成される。重要事項の表決では，常任理事国に**拒否権**が認められており，5か国のうち1か国でも反対すれば決議は不成立となる（**大国一致の原則**）。

冷戦期（➡p.142）は，1960年代まではソ連，1970年代以降はアメリカの拒否権の発動により，多くの決議が無効となった。2022年にも，ロシアによるウクライナへの軍事侵攻（➡p.146）に対して，即時撤退などを求める決議案が採決にかけられたが，ロシアが拒否権を行使し，決議案は否決された。安保理は国際平和の維持という本来の役割を果たすことができていないのが現状である。

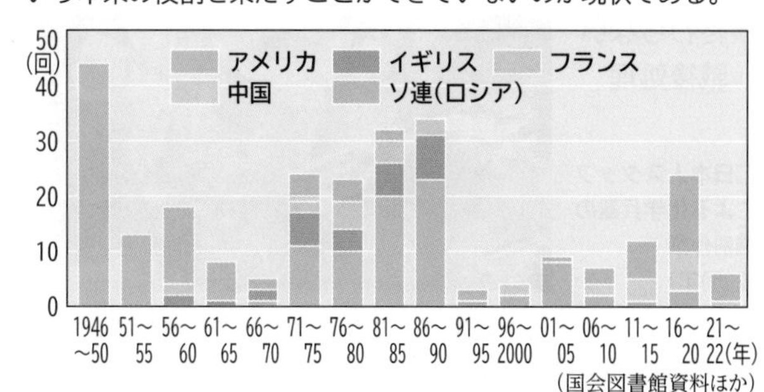

⇧常任理事国の拒否権行使回数 1950年には国連総会で「平和のための結集」決議が採択され，条件を満(み)たせば，安保理に代わって総会が平和維持のための勧告ができるようになった。しかしこの決議に実効性はなく，これまで総会による強制措置が発動された例はない。

確認▶現在実施されているPKOをあげよう。
活用▶国際連合の課題に対して，どのような対応が必要か話しあおう。

平和主義

課題▶日本国憲法が平和主義を掲げる背景には，どのようなことがあったのだろうか。

クローズアップ 世界の平和憲法を見てみよう

アイスランド，モナコ，バチカン，サモアなどは軍隊のない国なんだよ。

日本国憲法は，前文や第９条(→p.130)で**平和主義**を定めている。世界に目を向けると，多くの国の憲法で平和主義が盛りこまれている。

日本国憲法(1946年)

前文　……われらは，全世界の国民が，ひとしく恐怖と欠乏から免かれ，平和のうちに生存する権利を有することを確認する。

前文で平和的生存権を示し，第９条で戦争の放棄，戦力の不保持，交戦権の否認を規定している。

ドイツ連邦共和国基本法(1949年)

第26条　……侵略戦争の遂行を準備する行為は違憲である。このような行為は処罰されるべきものとする。

第二次世界大戦の反省から，侵略戦争の否認を定めた。

コスタリカ共和国憲法(1949年)

第12条　常設の制度としての軍隊は，これを禁止する。

常設の軍隊を禁止している。

イタリア共和国憲法(1947年)

第11条　イタリア国は，他国民の自由を侵害する手段として，および国際紛争を解決する方法として，戦争を否認し……

第二次世界大戦の反省から，侵略戦争の否認を定めた。

フィリピン憲法(1935年)

第２章第３条　フィリピンは，国策遂行の手段としての戦争を放棄し……

第二次世界大戦前より，戦争放棄の条文があった。

ベラウ(現パラオ)共和国憲法(1981年)

第13条第６節　戦争に使用することを目的とした核兵器・化学兵器・ガスもしくは生物兵器……は，ベラウの領域内において，これを使用し，貯蔵し，または処理してはならない。

世界初の非核憲法である。

1 戦争の悲惨さ

■東京大空襲

➡空襲で焼け野原となった東京(1945年)

第二次世界大戦末期の1944年から，アメリカ軍による日本本土への空襲が始まり，その無差別攻撃によって多くの人々の命が失われた。東京，名古屋，大阪，神戸などの都市には特に大規模な空襲がおこなわれ，なかでも1945年３月10日の東京大空襲では約10万人もの人々が犠牲となり，23万戸が焼失，東京の街は焼け野原と化した。

■終わらない戦後処理

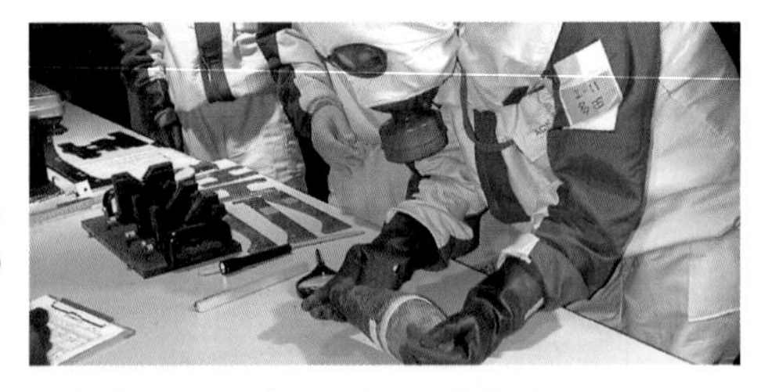

➡日本人スタッフによる化学兵器の識別作業(2000年)

1937年に始まる日中戦争で，日本軍は中国に化学兵器をもちこんだ。それらは終戦時に大量に中国に捨てられたため，近年でも，現地住民がその被害を受けるという問題が起こっている。現在，日中両政府はこの問題の解決のために共同で化学兵器の解体・廃棄にあたっているが，量が膨大なうえ，捨てられた場所が不明の場合もあり，最終的な解決には長い時間が必要である。

確認▶日本国憲法における平和主義の内容を確認しよう。
活用▶世界の平和憲法はどのようなことを定めているか，まとめよう。

2 憲法制定時の教科書

……こんどの憲法では，日本の国が，けっして二度と戦争をしないように，二つのことを決めました。その一つは，兵隊も軍艦も飛行機も，**およそ戦争をするためのものは，いっさいもたないということです。**……これを戦力の放棄といいます。「放棄」とは「すててしまう」ということです。……もう一つは，よその国と争いごとがおこったとき，けっして戦争によって，相手をまかして，じぶんのいいぶんをとおそうとしないということをきめたのです。……また，戦争とまでゆかずとも，国の力で，相手をおどすようなことは，いっさいしないことにきめたのです。これを**戦争の放棄**というのです。

(文部省『あたらしい憲法のはなし』1947年)

解説 **憲法第９条を明快に解説**　1947年に中学生向けの教科書として発行された『あたらしい憲法のはなし』(→p.69)では，憲法制定時の吉田首相の答弁(→p.130)をふまえ，自衛権としての戦争も放棄していることを明快に述べている。しかし，1950年の朝鮮戦争(→p.142)の勃発による再軍備化の流れのなかで，『あたらしい憲法のはなし』は廃刊となった。

ヒロシマ・ナガサキ

1945年8月，アメリカは広島と長崎に原子爆弾(原爆)を投下し，一瞬にして街を壊滅(かいめつ)させた。第二次世界大戦が終結して70年以上がたったが，被爆(ひばく)者の苦しみは今なお続き，核兵器(➡p.138)の恐怖は世界から消えていない。日本は唯一(ゆいいつ)の被爆国として，何ができるのだろうか。

広島 1945年8月6日 原爆投下

2015年
原爆ドームと元安(もとやす)川

長崎 1945年8月9日 原爆投下

2011年
浦上天主堂(うらかみてんしゅどう)

今も続く被爆者の苦しみ

原爆は，ウランやプルトニウムといった放射性物質の原子核が核分裂する時(とき)に放出される膨大なエネルギーを，破壊力として利用する兵器である。通常の爆弾が個々の兵士の殺傷(さっしょう)や軍事目標を破壊することを目的として使用されるのに対して，原爆はその巨大なエネルギーによって都市を一挙(いっきょ)に破壊する。国際法では，非戦闘員を殺傷することは違法とされているため，原爆は非戦闘員である市民を無差別に殺傷する点で国際法に違反するともいえる兵器である。

1945年7月16日，アメリカは世界初の原爆実験に成功した。その後，ポツダム宣言(➡p.69)を日本政府が黙殺(もくさつ)したのを受けて，8月6日に広島にウラン型原爆を，8月9日に長崎にプルトニウム型原爆を投下した。1945年12月末までの死者は，少なくとも広島で14万人，長崎で7万人といわれる。生き残った人や投下直後に救援に入った人々のなかにも，重い放射線障害によってガンや白血病などを発病して苦しんできた人も少なくない。

被害者はたびたび国を相手取り，救済(きゅうさい)を求めて訴訟を起こしてきたが，国が定めた原爆症の認定基準が厳(きび)しすぎて敗訴する原告も多かった。そこで2009年8月，政治的決着がなされ，敗訴した原告を救済するための基金設立が決められた。同年12月，そのことを規定した原爆症救済法が成立した。

核兵器の廃絶に向けて ➡p.138

第二次世界大戦後，アメリカとソ連を中心とした冷戦(➡p.142)の下(もと)で，膨大な数の核兵器や，原爆よりも強力な破壊力をもつ水素爆弾が開発された。また，核兵器保有国は米ソ以外にも広がっていった。

このような状況を受け，1950年代になると，日本をはじめとして世界で核兵器廃絶をめざす市民運動が展開された。また，1962年に起きたキューバ危機は，軍備管理を進めるきっかけとなった。1987年には米ソの間でINF全廃条約が調印され，その後もさまざまな条約により，核管理・軍縮の動きが進んでいる。

一方，原爆投下に対するアメリカ政府の見解は「戦争を早く終わらせて，兵士の犠牲を増やさないためにおこなった正当な行為である」とするもので，それを支持する意見も根強い。しかし，2010年，オバマ米大統領(当時)はアメリカには原爆を投下した道義的責任があると初めて認め，「核兵器のない世界」の建設をよびかけた。また，2016年には現職大統領として初めて広島を訪問した。

2017年には国連で核兵器禁止条約が採択されたが，アメリカやロシアなどの核兵器保有国や，アメリカの「核の傘」の下(もと)にある日本は条約を批准(ひじゅん)していない。また，核拡散はいまだに国際社会の大きな問題である。核兵器廃絶に向けて，唯一の被爆国である日本は何ができるのか考えていかなければならない。

政治

憲法第９条と自衛隊

課題▶憲法第９条と自衛隊の関係には，どのような考えがあるのだろうか。

クローズアップ 自衛隊の活動とは？

国の防衛

尖閣諸島(➡p.123)周辺で警戒にあたる自衛隊機(2011年)

災害派遣

東日本大震災での救助活動(2011年)

国際貢献

PKO(➡p.127)での水路建設(南スーダン)

このほかにも，地域の行事参加や環境問題の調査研究など，さまざまな活動をおこなっているよ。また，自衛隊はいわば「ひとつの社会」。そのなかでも，さまざまな仕事があるよ。

自衛官のさまざまな仕事(例)

音楽隊

臨床検査技師

調理員　狙撃手

消防

パイロット

1 戦後日本の防衛年表

1945	ポツダム宣言受諾(➡p.69)
1946	日本国憲法公布(戦争放棄規定)
1950	マッカーサー指令により**警察予備隊発足**
1951	**サンフランシスコ平和条約・日米安全保障条約調印**
1952	**保安隊**発足(警察予備隊を改組)
1954	防衛庁設置(2007年，防衛省に)，**自衛隊発足**
1956	日ソ共同宣言。日本，国連に加盟
1960	日米安全保障条約改定(1970年，自動延長)
1971	国会で「**非核三原則**」決議
1972	沖縄返還(➡p.136)
1976	政府，「防衛計画の大綱」決定 防衛費の対GNP比１％以内を閣議決定
1978	**日米防衛協力のための指針(ガイドライン)**決定 (1997，2015年改定)
1987	防衛関係費，対GNP比１％枠撤廃
1991	湾岸戦争。**自衛隊掃海艇，初の海外派遣**
1992	**PKO協力法**成立。カンボジアでのPKOへ自衛隊派遣
1996	「日米安全保障共同宣言」発表
1999	ガイドライン関連法成立(**周辺事態法**など)
2001	テロ対策特別措置法成立(2007年失効)
2003	**有事関連３法**成立(武力攻撃事態対処法など) イラク復興支援特別措置法成立(2009年失効)
2004	**有事関連７法**成立
2009	海賊対処法成立
2014	集団的自衛権の限定的な行使を可能にする閣議決定
2015	新しい安全保障関連法成立(**国際平和支援法**など)
2022	新しい安全保障関連３文書を閣議決定

日本国憲法

第９条【戦争の放棄，戦力及び交戦権の否認】 ①日本国民は，正義と秩序を基調とする国際平和を誠実に希求し，国権の発動たる戦争と，武力による威嚇又は武力の行使は，国際紛争を解決する手段としては，永久にこれを放棄する。

②前項の目的を達するため，陸海空軍その他の戦力は，これを保持しない。国の交戦権は，これを認めない。

■憲法第９条に関する政府解釈の推移

吉田首相　正当防衛による戦争も認めない。(1946年６月)

吉田首相　警察予備隊の目的は治安維持にあり，警察予備隊は軍隊ではない。(1950年７月)

鳩山内閣の統一見解　自衛隊のような国土保全を任務とし，そのために必要な限度においてもつところの自衛力は戦力にあたらない。(1954年12月)

田中内閣の統一見解　①憲法の下，自衛権を有する　②自衛権は必要最小限度の範囲に限定　③集団的自衛権の行使は許されない　(1972年11月)

海部内閣の統一見解　武力行使と一体化しないことが確保されるのであれば，PKFへの参加は憲法９条に反しない。(1991年９月)

安倍内閣の閣議決定　＊田中内閣の統一見解(1972年)の①②は継承。③安全保障環境の変化で，限定的な集団的自衛権の行使は許される。(2014年７月)

解説 **解釈改憲**　日本国憲法制定時，政府は，憲法第９条は自衛権の発動としての戦争も放棄しているとしていた。しかし，冷戦が激しさを増すなかで自衛隊が創設され，冷戦後もその活動範囲が拡大するなか，政府見解も変化してきた。これを**解釈改憲**という。現在の政府は，戦力とは自衛のための必要最小限度をこえる実力をさすものであり，自衛隊は戦力にはあたらないという見解をとっている。

閣議決定の重み　閣議(➡p.114)での決定事項は，新しい内閣が異なる内容の閣議決定をしない限り効力が続く。閣僚が閣議決定に反する言動をとることは許されず，署名を拒否する閣僚がいれば，首相はその閣僚をやめさせることもできる。

2 憲法第9条をめぐるおもな裁判

※事実に争いがなく，その法律が憲法違反であるなどの重要問題については，第二審への控訴を経ずに最高裁に上告できる。

		事件の内容	判決の内容
安保条約に関する訴訟	砂川事件	1957年7月8日，東京都砂川町にある米軍基地立川飛行場の拡張に反対する学生・労働者が，測量を阻止するため境界柵を破壊して基地内に入り，起訴された。 ●争点 ①在日米軍が第9条の戦力にあたるかどうか。②裁判所が条約などの違憲審査をできるかどうか。	●一審東京地裁(伊達判決) 1959年3月30日 **無罪** 憲法第9条は，自衛のための戦力保持も禁じている。したがって，在日米軍は戦力にあたり，安保条約は違憲である。 ●跳躍上告※審・最高裁 1959年12月16日 **破棄差し戻し→その後有罪** 憲法第9条が禁止する戦力とは，わが国が指揮・管理できる戦力のことであるから，外国の軍隊は戦力にあたらない。安保条約については，統治行為論により憲法判断を回避した。
自衛隊に関する訴訟	恵庭事件	北海道恵庭町の酪農民が自衛隊演習場での実弾射撃により乳牛に被害を受けた。その後，自衛隊と協定を結んだが破られたため，1962年12月11日，演習場内の電話線を切断して起訴された。 ●争点 自衛隊法第121条は合憲か。	●一審札幌地裁 1967年3月29日 **無罪確定** 切断された電話線は，自衛隊法第121条の「その他の防衛の用に供する物」にあたらない。よって被告人は無罪。自衛隊については，憲法判断をしなかった。 **自衛隊法第121条** 自衛隊の所有し，又は使用する武器，弾薬，航空機その他の防衛の用に供する物を損壊し，又は傷害した者は，5年以下の懲役又は5万円以下の罰金に処する。
	長沼ナイキ基地訴訟	北海道長沼町の馬追山に，洪水防止・水源涵養のための保安林があった。1969年，防衛庁はそこにナイキ・ミサイル基地を建設するため保安林の指定解除を求め，農林大臣に認められた。これに対して，地元住民が指定解除の取り消しを求めて訴えを起こした。 ●争点 ①自衛隊の基地の設置は保安林指定の解除が認められる「公益上の理由」になるか。②自衛隊の合憲性。	●一審札幌地裁(福島判決) 1973年9月7日 **原告勝訴** 憲法第9条2項で，無条件に一切の戦力の保持が禁じられており，自衛隊は戦力であるから違憲である。保安林解除は無効。 ●二審札幌高裁 1976年8月5日 **原告敗訴** 保安林の代わりとなるダム等の建設により，住民が指定解除の取り消しを求める利益(訴えの利益)は消滅したとして，原告の訴えを却下した。自衛隊については，統治行為論により審査しなかった。 ●三審最高裁 1982年9月9日 **上告棄却，原告敗訴** 原告の住民に訴えの利益がないとして，上告を棄却(憲法判断は回避)。
	百里基地訴訟	茨城県小川町の航空自衛隊百里基地建設予定地の所有権をめぐり，そこの土地を所有していた住民と国(原告)が反対住民(被告)と争い，1958年に提訴した。 ●争点 自衛隊は憲法違反かどうか。	●一審水戸地裁 1977年2月17日 **原告(国側)勝訴** 憲法第9条は自衛のために必要な防衛措置を禁じていない。自衛隊については，統治行為論により審査せず。 ●二審東京高裁 1981年7月7日 **控訴棄却，原告勝訴** 憲法第9条の解釈についての国民的合意はない。本件は私法上の売買契約で，憲法判断の必要はない。 ●三審最高裁 1989年6月20日 **上告棄却，原告勝訴** 本件は私法上の行為であり，第9条は適用されない。

解説 **最高裁ではいまだ判断されず** 憲法第9条に関する裁判は大別して，日米安全保障条約(→p.132)に関するものと，自衛隊に関するものがある。最高裁判所は，日米安全保障条約については，**統治行為論**(高度な政治的判断を要する国家の行為は，司法の審査権の範囲外であるとする考え方)に基づいて，合憲とも違憲とも判断していない。また，自衛隊に関しても，反対派が裁判を起こしても得られる利益がないなどとして，憲法判断をおこなっていない。

3 防衛関係費の推移

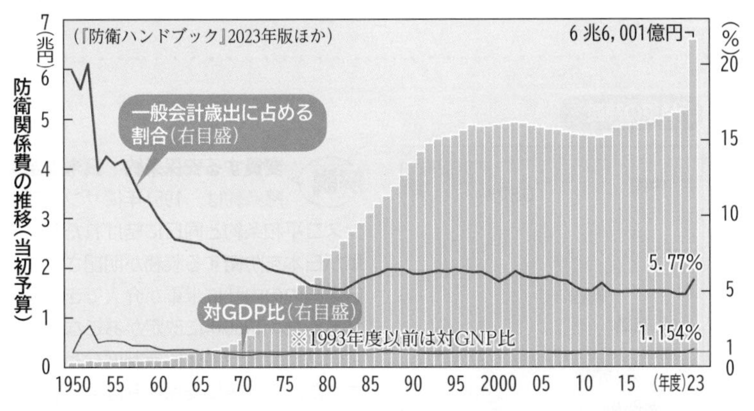

解説 **増える防衛関係費** 日本の防衛関係費は，1990年代以降は減少傾向にあったが，防衛政策の見直し(→p.132)などを受けて，再び増加している。2023年には5年間の防衛予算の増額を閣議決定した。また，かつて防衛関係費をGNP比の1%以内に抑える原則があったが，1987年にその枠は撤廃された。現在は必要な防衛費の総額を示すことで，防衛費が無制限に増えることを防いでいる。

4 各国の防衛関係費

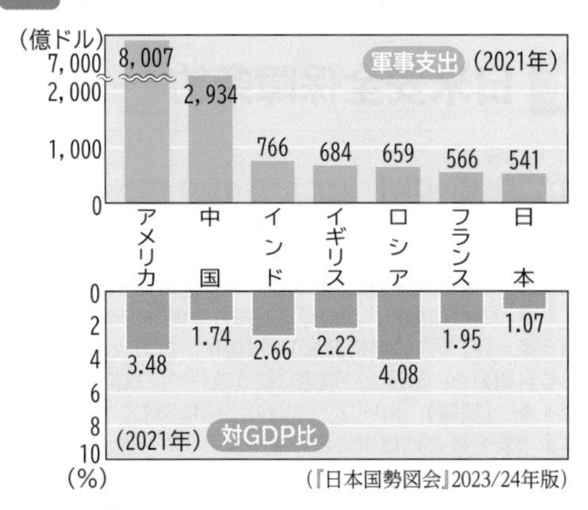

(『日本国勢図会』2023/24年版)

解説 **世界有数の軍事大国** 防衛関係費や国防費は，国際的に統一された定義がないため，他国と状況を正確に比較することは難しい。しかし，日本の防衛関係費は，対GDP比では低いが，絶対額では世界有数といえる。

確認▶日本国憲法第9条では，何が示されているかあげよう。
活用▶憲法第9条と自衛隊について，政府と裁判所はどのような対応をとっているかまとめよう。

日本の防衛政策

課題▶日本はどのような防衛政策を掲げているのだろうか。

クローズアップ 日本の防衛政策の変化

戦争の放棄を規定する日本国憲法を守りながら，激動する国際情勢に対応するために，日本はさまざまな防衛政策を打ち出してきた。近年，国際情勢が複雑化するなかで，防衛政策の根本的な見直しが進んでいる。

日本の防衛政策		最近の動き(➡p.135)
シビリアン・コントロール(文民統制)	民主主義国家において，軍事組織を非軍人(文民)が統制すること。	2013年に外交・安全保障の司令塔となる国家安全保障会議(日本版NSC)が設置された。
集団的自衛権の行使	集団的自衛権とは，自国が攻撃されていなくとも，同盟関係にある国に対する武力攻撃があった場合，それを実力で阻止する権利のことをいう。国連憲章で認められている。	これまで日本国憲法では許されていないと解釈されてきた。しかし，2014年，集団的自衛権の限定的な行使を可能にする閣議決定がおこなわれ，2015年には武力攻撃事態対処法が改正された。
武器輸出	武器輸出三原則の下，原則として禁止。	2014年に**防衛装備移転三原則**が策定され，国際協調主義に基づく積極的平和主義の立場から，紛争当事国などへの例外を除き，武器輸出が認められた。
専守防衛	相手から武力攻撃を受けた時に初めて防衛力を行使し，その行使も自衛のための最小限度にとどめること。	日本政府は堅持すると表明しているが，2022年に閣議決定した安全保障関連3文書では，敵の弾道ミサイル攻撃に対処するため，相手の発射拠点などをたたく「反撃能力」の保有が明記された。
非核三原則	1967年に佐藤内閣が表明した，核兵器を「**もたず，つくらず，もちこませず**」という原則。	日本政府は引き続き堅持すると表明している。

2010年代に入って，日本の防衛政策について大きな見直しが進んでいるんだね。

集団的自衛権の行使が可能になると，日本が外国の戦争にまきこまれることはないのかな……。

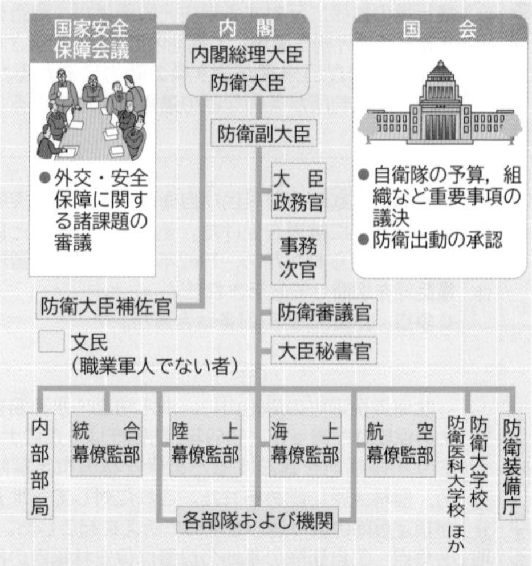

⇧**シビリアン・コントロール(文民統制)**　大日本帝国憲法の下で軍部の暴走をまねいた経験をふまえ，自衛隊は国会議員や文民からなる内閣によって統制されている。

輸出禁止	・条約に違反する国向け ・国連決議に違反する国向け ・紛争当事国向け
輸出を認める条件	・平和貢献・国際協力の積極的な推進に資する場合 ・国際共同開発など，日本の安全保障に資する場合
	・目的外使用，第三国移転は原則として相手国に事前同意をとる

⇧**防衛装備移転三原則**　武器輸出の原則禁止が撤廃され，一定の条件を満たせば武器輸出が認められることとなり，防衛力の増強がはかられている。

1 日米安全保障条約

〈条約の要旨〉

前文【締結の目的】 両国は，国連憲章が認めている，個別的・集団的な自衛の権利をもつ。両国は，極東の平和と安全を維持するため，この条約を結ぶ。

第2条【経済的協力】 両国は，国際経済政策におけるくい違いを除くことに努め，かつ経済的協力を促進する。

第3条【自衛力の維持発展】 両国は，武力攻撃に対して抵抗する自衛力を，憲法上の規定に従う条件で，維持・発展させる。

第4条【協議】 両国は，条約の実施に関し，随時協議する。日本の安全または極東における平和および安全に対する脅威が生じた時も，いずれか一方の国の要請により協議する。

第5条【共同防衛】 両国は，日本の施政下にある領域において，いずれか一方の国が他国から武力による攻撃を受けた時には，共同して防衛する。

第6条【基地許与】 アメリカ合衆国の陸海空軍は，極東における国際平和・安全の維持のために，日本国内で施設・区域(基地など)を利用することができる。

極東の範囲

解説 **変質する安保条約**　**日米安全保障条約**は，1951年にサンフランシスコ平和条約と同日に結ばれたが，米軍が日本を防衛する義務が明記されず，日本国内の内乱に米軍が介入できる条項があった。1960年に改定がおこなわれ，共同防衛義務や事前協議制度などが明記された。冷戦後に安保体制は再定義され，安保条約の対象が，日本と極東地域から日本とアジア・太平洋地域へと拡大された(➡p.134)。そのため，自衛隊は日本周辺地域の有事に米軍を後方支援することとなった。

プラスα **安保闘争**　1960年の日米安全保障条約改定に際して，大規模な反対運動が起こった。条約は強行採決により可決したが，それと引きかえに当時の岸内閣は退陣した。

2 在日米軍基地

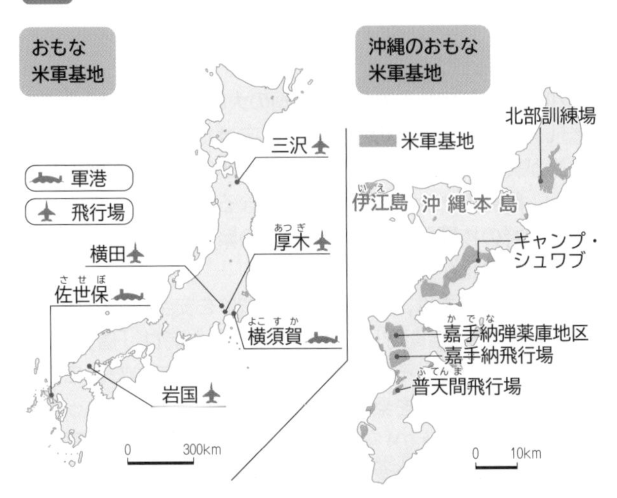

解説 **在日米軍基地の配備状況**　第二次世界大戦後，日本の各地に在日米軍基地がおかれ，当初は沖縄と沖縄以外の米軍基地の面積比は１対９であった。しかし，その後本土の米軍基地は縮小が進む一方で，沖縄の米軍基地の縮小はなかなか進まず，現在，面積でいえば日本の１％に満たない沖縄県に，在日米軍基地の約４分の３が集中している(➡p.136)。

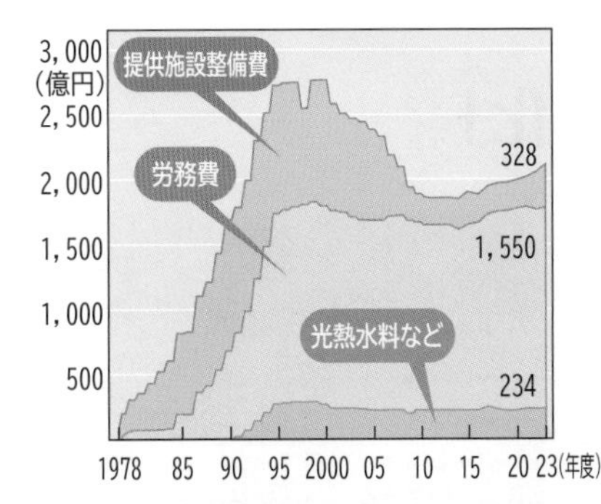

思いやり予算の推移(防衛省資料)　日本は本来は負担義務のない在日米軍の施設整備費や労務費，光熱費などを「思いやり予算」として負担している。1970年代の円高と物価上昇によって，在日米軍の駐留経費の負担が大きくなったことを受けて始まったが，1999年度には2,756億円にまで達した。

米軍の駐留人数(沖縄県資料)　「思いやり予算」は，駐留経費の一部にすぎず，在日米軍関係費は6,000億円をこえている。日本の負担総額が大きいのは，駐留軍事要員人数が多いことが一因である。

米軍基地返還後に整備された国営昭和記念公園(東京都立川市)

3 自衛隊の海外派遣

自衛隊の海外派遣を定めた法

	派遣先(年)	海外派遣の目的	武器使用による防護対象
自衛隊法	ペルシャ湾(1991) タイ(1997)	・機雷の除去 ・緊急時に自衛隊機で日本人，外国人を輸送	本人，本人と一緒の隊員など
PKO協力法	カンボジア(1992) 南スーダン(2011)など	・被災民支援 ・PKO	本人，本人と一緒の隊員，民間人など
海賊対処法	ソマリア沖(2009)	・海賊行為の防止および対処	民間船舶
重要影響事態法	事例なし	・武器，弾薬を含む輸送 ・武器，弾薬を除く補給	本人，本人と一緒の隊員など

自衛隊が派遣されたおもな国・地域　(2023年11月現在)

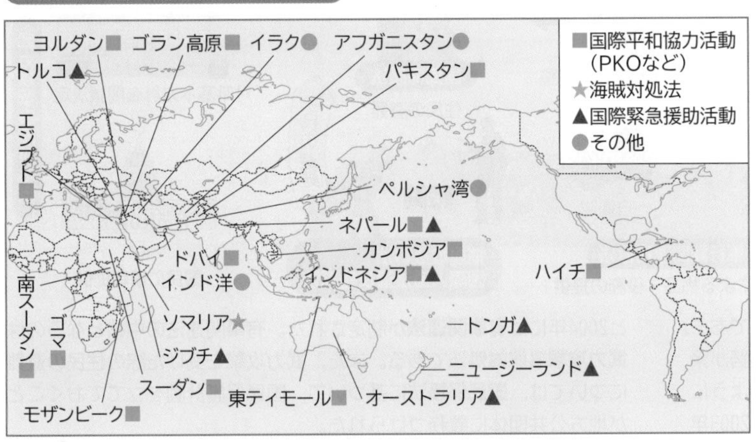

海上自衛隊によるインド洋の給油活動　2001年のアメリカ同時多発テロ事件(➡p.145)を受けて制定されたテロ対策特別措置法，2003年のイラク戦争を受けて制定されたイラク復興支援特別措置法などによって，自衛隊は，アメリカなどの軍事活動に対する後方支援や，復興支援に参加した。これらの活動は，集団的自衛権(➡p.135)の行使にあたるのではないかとして問題になった。

解説 **進む海外派遣**　日本は，1991年の湾岸戦争(➡p.144)の際，アメリカなどから人的な国際貢献を強く求められた。その結果，戦争終結後にペルシャ湾にイラク軍が投棄した機雷を撤去するために初めて自衛隊が海外に派遣された。1992年には**PKO協力法**が成立し，同年カンボジアに自衛隊が派遣され，以後各地に**PKO(国連平和維持活動)**の一員として派遣されている(➡p.130)。PKOのほかにも，災害地域に対する支援活動をおこなうため海外に派遣されるなど，その活動の幅は広がっている。

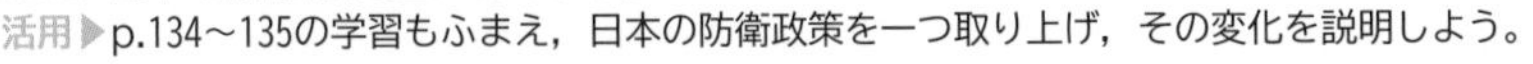
確認▶日本の防衛政策を五つあげよう。
活用▶p.134～135の学習もふまえ，日本の防衛政策を一つ取り上げ，その変化を説明しよう。

政治

日本の安全保障体制の変容

課題▶国際社会が変化するなかで，日本の安全保障体制はどうなっているのだろうか。

クローズアップ いずもの「空母化」

護衛艦「いずも」 日本最大級の護衛艦であり，映画「シン・ゴジラ」にも登場した。

2018年に策定された「防衛計画の大綱」で，自衛隊の護衛艦「いずも」の事実上の「空母化」に向けた改修が決定した。改修が終われば，アメリカから購入する最新鋭戦闘機を搭載し，離発着させることが可能となる。中国の軍事的台頭や北朝鮮の核開発など，日本周辺の緊迫化を背景に，日本の防衛力強化が期待されている。

これまで日本は，専守防衛(➡p.132)を安全保障の基本方針としてきた。自衛隊は日本が攻撃された時は，「盾」となって守り，攻撃となる「矛」はアメリカが担っていた。このため日本は，戦闘機を乗せる空母を戦後もっていなかった。「いずも」の事実上の「空母化」は，日本の専守防衛の原則から大きく踏み出す懸念も指摘されている。

1 日米防衛協力のための指針(ガイドライン)

Q ガイドライン改定の背景には何があるのだろうか。

1978年策定

自衛隊の活動範囲
➡**日本領域のみ**
自衛権の行使
➡**個別的自衛権のみ**

日本有事への対応

▶ 冷戦終結 日米安保再定義

1997年改定

自衛隊の活動範囲
➡**日本周辺**
自衛権の行使
➡**個別的自衛権のみ**

周辺事態へと拡大

▶ 安全保障環境の変化 集団的自衛権の限定的な容認

2015年改定

自衛隊の活動範囲
➡**地理的制限なし**
自衛権の行使
➡**個別的自衛権と集団的自衛権**

地球規模へと拡大

ガイドライン改定に合意したオバマ米大統領と安倍首相(2015年)

解説 **国際社会の変化に応じて変わる日米防衛協力体制** 有事における自衛隊と米軍の具体的な協力方法について，1978年に**日米防衛協力のための指針(ガイドライン)**が定められたが，これは冷戦構造を前提としたものであった。

冷戦終結後，各地で多発する内戦などに対応するために1997年に改定され，日米安全保障条約(➡p.132)の対象地域を，極東からアジア・太平洋地域に拡大した。さらに，2015年には日本が集団的自衛権の行使を盛りこみ，自衛隊の米軍への協力を地球規模に拡大する内容に改定された。これは，軍事力を拡大する中国を念頭に置いたものである。

2 有事関連法

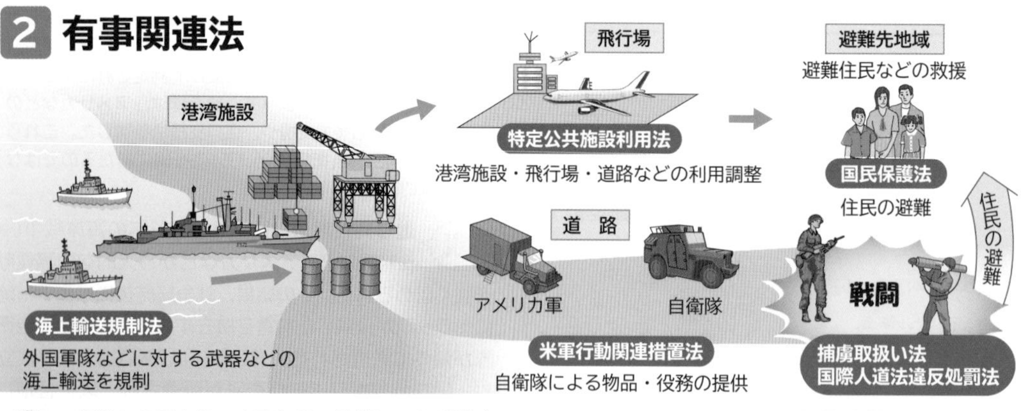

解説 **有事へのそなえ** 有事とは，簡単にいえば戦時のことである。1990年代に北朝鮮の核開発疑惑が浮上し，東アジア情勢が緊迫した。米軍は日本に対して有事にそなえる法体系を整備するように強く求め，それに応える形で1999年には**周辺事態法**が，さらに2003年と2004年には**有事関連法**が制定された。有事関連法の中核となるのは，**武力攻撃事態対処法**である。また，武力攻撃を受けた際の住民の避難については，**国民保護法**に基づいて，国民保護計画を立てておくことが地方公共団体に義務づけられた。

プラスα **大国が集団的自衛権を濫用** ベトナム戦争の時は，アメリカが南ベトナムに，アフガニスタン侵攻の時は，ソ連がアフガニスタンに集団的自衛権を行使して武力介入をおこなった(➡p.142)。

3 新しい安全保障関連法

■新しい安全保障関連法の全体像

	法　律	内　容
改正	武力攻撃事態対処法(事態対処法)	・集団的自衛権を行使する「存立危機事態」を新たに定義し，「武力攻撃事態」と「存立危機事態」における武力の行使が可能に。
改正	重要影響事態法	・周辺事態法を改正，名称変更。 ・他国軍への後方支援に地理的制限がないことを明確化。
改正	自衛隊法	・在外日本人の救出・輸送や，米軍の艦船の防護。武器使用基準を緩和し，任務を遂行するための武器使用は可能に。
改正	PKO協力法	・他国のPKO要員や民間人を防護するための武器使用(駆けつけ警護)など，任務を拡大。 ・国連が統括しない「国際連携平和安全活動」への参加も可能に。
改正	その他の改正……船舶検査活動法，米軍等行動関連措置法，特定公共施設利用法，海上輸送規制法，捕虜等取扱い法，国家安全保障会議(NSC)設置法	
新設	国際平和支援法	・国連決議に基づいて活動している諸外国の軍隊に対する後方支援。 ・「現に戦闘がおこなわれていなければ」活動可能。

解説 **拡大する自衛隊の活動**　新しい安全保障関連法により自衛隊の活動が拡大し，これまでよりも戦闘にまきこまれる可能性が高まった。たとえば，PKO協力法の改正により，他国のPKO部隊やNGO職員が現地の武装勢力に攻撃されている時に，自衛隊員が戦闘現場に駆けつけて守る「駆けつけ警護」を自衛隊の任務に加えることができるようになった。しかし，現在のPKOは，南スーダンなど完全に戦闘が終わっていない内戦状態の国に派遣されることも多くなっており，自衛隊員の安全確保が課題として指摘されている(➡p.126)。

拡大する自衛隊の活動

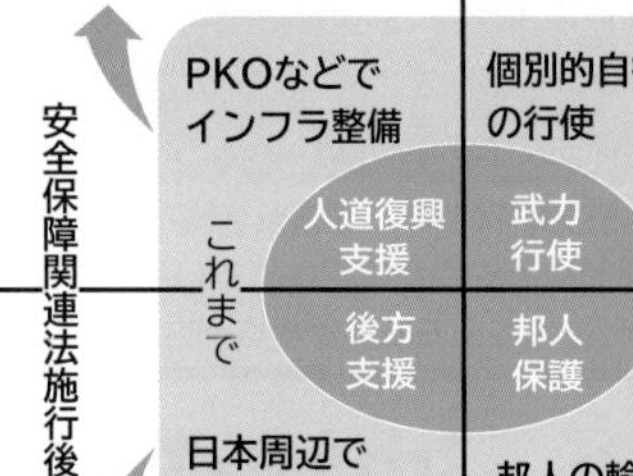

(「日本経済新聞」2015年9月20日ほか参照)

■集団的自衛権との関係

有事に関するさまざまな「事態」

事態	内容
武力攻撃事態	武力攻撃が発生した事態，または，武力攻撃が発生する明白な危険が切迫しているにいたった事態。 ➡個別的自衛権の行使で対処
存立危機事態	日本と密接な関係にある他国に対する武力攻撃が発生し，これにより日本の存立が脅かされ，国民の生命，自由，幸福追求の権利が根底から覆される明白な危険がある事態。 ➡集団的自衛権の行使が可能に
重要影響事態	そのまま放置すれば日本に対する直接の武力攻撃にいたる恐れのある事態など，日本の平和や安全に重要な影響を与える事態。 ➡米軍などを後方支援(武力行使は不可)

自衛隊派遣地域の拡大

■…自衛隊派遣地域

国際平和支援法施行前

戦闘地域(他国軍)	グレーゾーン	非戦闘地域

国際平和支援法施行後

戦闘地域(他国軍)	戦闘現場以外

解説 **拡大する自衛隊の活動**　集団的自衛権とは，同盟関係にある国への武力攻撃を実力で阻止する権利をいう(➡p.132)。これまで日本では集団的自衛権の行使は憲法違反としてきたが，武力攻撃事態対処法の改正によって，存立危機事態における集団的自衛権の行使が可能になった。

また，これまでは自衛隊の活動範囲が「非戦闘地域」に限定されていたが，国際平和支援法では，現に戦闘がおこなわれていなければ活動できるため，活動地域が今までより前線に近づく可能性があり，危険性が増すと指摘されている。

Topic オスプレイ配備問題

オスプレイは米軍の輸送機で，翼の角度を変えられることから，ヘリコプターのように垂直に離着陸したり，飛行機のように水平に飛行したりすることができる特徴をもっている。高速・長距離の飛行も可能であるため，日本の米軍基地に配備することで，周辺国の有事に対応することが期待された。しかし，世界各地でオスプレイの墜落事故などが相次ぎ，日本でも2016年に沖縄で不時着する事故が起こっている。安全性の問題からオスプレイ配備に対しては不安をかかえる住民も多く，配備に反対する動きもある。

⬆着陸するオスプレイ

確認▶個別的自衛権と集団的自衛権の違いをあげよう。
活用▶新しい安全保障関連法制定の背景には国際社会のどのような変化があるか，説明しよう。

辺野古の美しい海はどうなってしまうのだろう……。

埋め立てが進む辺野古の海(2021年，沖縄県名護市) 辺野古にはジュゴンをはじめ，絶滅危惧種を含む約5,800種の生物が確認されている。豊かで貴重な海を守るため，沖縄県民が基地移設のための埋め立てに反対する一方で，政府は埋め立てを進めている。

いまを読み解く

沖縄の米軍基地問題をどう考えるか

沖縄の面積は日本全体の約0.6%だが，日本にある米軍基地(専用施設)の約70%が沖縄に集中している。なぜこのような状況になっているのだろうか。沖縄の米軍基地は，沖縄の人々や日本にどのような影響を与えているのだろうか。

課題の把握 沖縄の歴史と現状

1945	米軍，沖縄本島に上陸。3か月にわたる地上戦 ポツダム宣言(➡p.69)を受諾し，日本は降伏
1951	サンフランシスコ平和条約・日米安全保障条約調印 ➡日本は主権を回復するが，沖縄はアメリカの施政権下に置かれる
1960	日米地位協定調印
1971	沖縄返還協定調印
1972	沖縄，日本復帰
1995	米兵による少女暴行事件 ➡米軍基地縮小を求める声が高まる
2000	沖縄サミット開催
2004	沖縄国際大学に米軍のヘリが墜落
2006	沖縄の米軍基地の整理・縮小について日米で合意
2011	日米地位協定の運用見直し
2016	オスプレイ(➡p.135)が名護市に墜落
2019	辺野古沿岸部の埋め立ての是非を問う県民投票 ➡投票者の7割が「反対」に投票

Q 沖縄から2,000km圏内，4,000km圏内にはどのような都市があるだろうか。

沖縄の地政学的位置

解説 沖縄に多くの米軍基地がある理由 沖縄では，第二次世界大戦において激しい地上戦がおこなわれ，多くの犠牲者を生んだ。ポツダム宣言を受諾した日本は，サンフランシスコ平和条約により，1952年に主権を回復するが，沖縄はその後もアメリカの施政権下に置かれ，日本に返還されたのは1972年であった。そして日本に復帰したのちも米軍が駐留を続けている。

沖縄は，地政学的にアジア・太平洋の安全保障の拠点として優位な位置にある。米軍基地の存在は，アメリカのアジア戦略において重要なものとなっている。

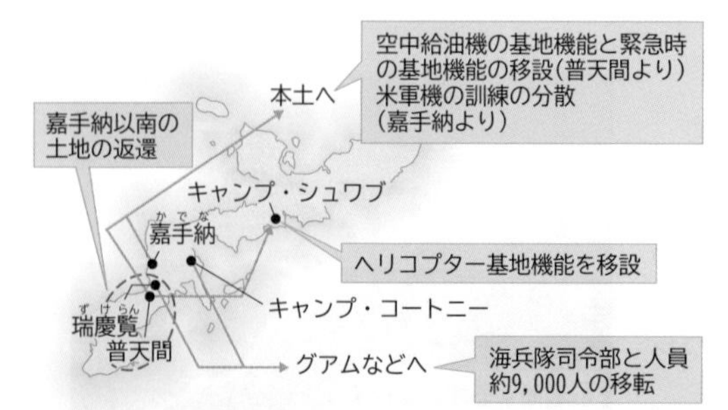

在日米軍の再編(防衛省資料)

日米地位協定(抄)

第3条1 合衆國は，施設及び区域内において，それらの設定，運営，警護及び管理のため必要なすべての措置を執ることができる。……

第4条1 合衆國は，……日本国に施設及び区域を返還するに当たつて，当該施設及び区域をそれらが合衆国軍隊に提供された時の状態に回復し，又はその回復の代りに日本国に補償する義務を負わない。

第17条3a 合衆国の軍当局は，次の罪については，合衆国軍隊の構成員又は軍属に対して裁判権を行使する第一次の権利を有する。…

日米地位協定 1960年の日米新安全保障条約の締結にともなって結ばれた協定で，おもに在日米軍の日米間の取り扱いについて定められている。米兵が日本国内で起こした犯罪であってもアメリカが一次裁判権をもつなど，日本には不利な点が多いことが指摘されている。

用語解説 日米地位協定，普天間飛行場➡p.280

考える視点 A 沖縄県民への影響

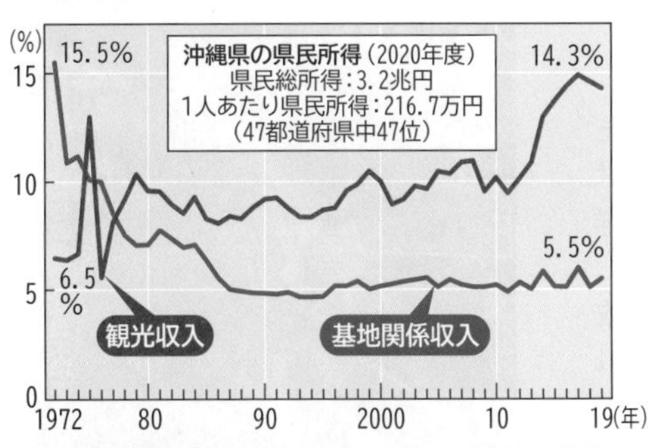

⇧沖縄県民の所得に占める基地関係収入の割合の推移（沖縄県資料）

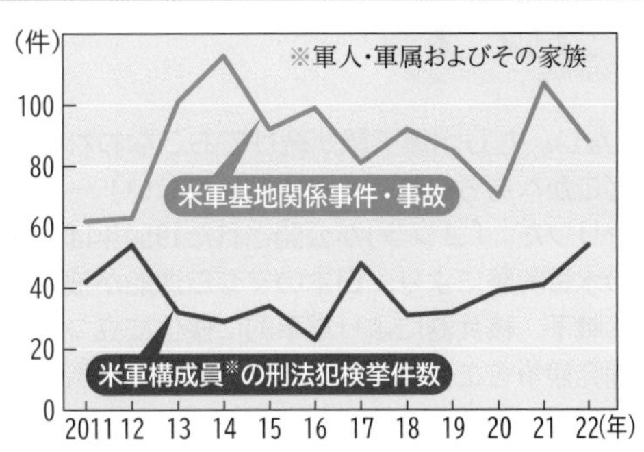

⇧米軍人などによる刑法犯検挙件数，米軍基地関係の事件・事故数の推移（沖縄県資料）

解説 **米軍基地による被害と沖縄の経済**　米軍基地での雇用や土地の借地料など，米軍基地の存在は沖縄に一定の経済効果をもたらしている。一方で，飛行機の騒音や墜落事故，米兵らによる犯罪など，基地があることで沖縄県民が被害を受けることも少なくない。米兵が沖縄で犯罪を起こしても，日米地位協定によって身柄を拘束されず，十分な捜査がなされない場合もあり，問題となっている。

考える視点 B 普天間飛行場の移設問題

⇧普天間飛行場（沖縄県宜野湾市）

⇧沖縄国際大学への米軍ヘリ墜落事故（2004年）

解説 **「世界一危険」な飛行場**　普天間飛行場は住宅密集地域にあり，「世界で最も危険な基地」といわれる。米軍海兵隊のヘリコプター基地があり，騒音や墜落事故だけでなく，環境汚染なども問題となっている。

2006年に普天間飛行場をキャンプ・シュワブにある辺野古沖に移設することが決定したが，環境保護などの観点から移設工事に反対する人も多い。

考える視点 C 沖縄の米軍基地に対する意識

沖縄にある米軍基地をどうすべきか

	全面撤去すべきだ	本土並みに少なくすべきだ	現状のままでよい	もっと増やすべきだ	わからない，無回答
沖縄	16%	63	18	1	2
全国	7%	59	32	1	1

在日米軍基地の約70%が沖縄にあることをどう思うか

	おかしい	どちらかといえばおかしい	どちらかといえばおかしくはない	おかしくはない	無回答
沖縄	56%	28	8	5	2
全国	24%	55	13	7	2

⇧世論調査に見る沖縄と全国の意識のずれ（2022年）（NHK資料）

投票率：52.5%

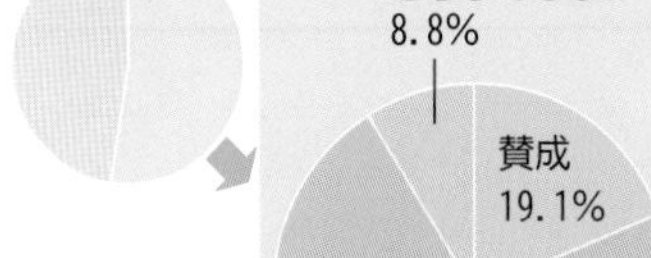

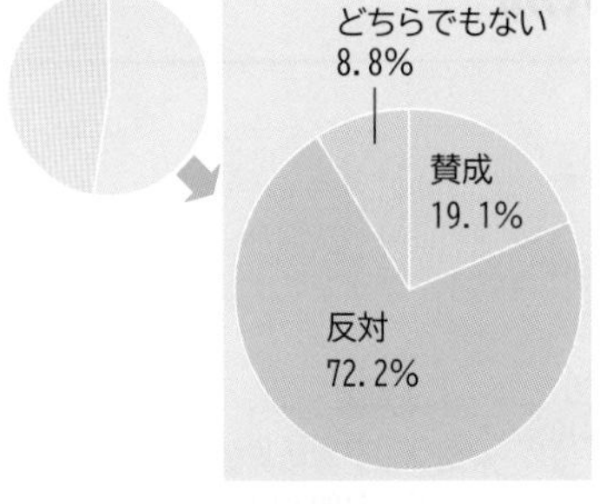

⇧基地移転のための辺野古埋め立てへの賛否を問う県民投票の結果（2019年）

解説 **沖縄と県外の意識の差**　沖縄では，知事選や国政選挙などで辺野古への移設に反対する候補が大勝し，2019年におこなわれた県民投票でも，投票者の約7割が基地移転のための埋め立てに反対した。しかし政府は埋め立て工事を続行しており，沖縄の基地負担軽減に対する議論は進んでいない。米軍基地をめぐる沖縄の扱いに対して，「差別的だ」と感じている沖縄県民は多い。

政治

ふりかえり

米軍基地の配置などの安全保障政策は，本来国の仕事である。しかし，日本全体で日米同盟の恩恵を受けながら，沖縄に過剰な基地負担を押しつける現状に，政府は向きあわなければならない。また，私たち一人ひとりも，日本全体の安全保障の問題として米軍基地問題を考えていくことが重要である。

- 視点A▶米軍基地は沖縄に一定の経済効果をもたらす一方で，飛行機の騒音や事故，米兵による犯罪など，県民への被害も深刻なものとなっている。
- 視点B▶普天間飛行場の立地は危険性が高く，早期の移設が望まれるが，辺野古沖への移設も環境破壊につながるなど問題が多く，反対の意見が強い。
- 視点C▶世論調査や県民投票を通じた沖縄の主張に対して，政府は真摯に向きあっているとはいい難く，沖縄県民は「差別的だ」と感じている。

まとめる 沖縄の米軍基地問題に対して，自分の考えを書こう。

発　展 米軍基地問題も含めた日米の同盟関係について，今後どのようにあるべきか考えよう。

核兵器の廃絶と軍縮問題

課題▶国際平和をめざし，核兵器などに対して国際社会はどのような取り組みをおこなっているのだろうか。

クローズアップ 核兵器禁止条約とゴジラ

「あのゴジラが最後の一匹だとは思えない。もし水爆実験が続けておこなわれるとしたら，あのゴジラの同類が，また世界のどこかへあらわれてくるかもしれない」――これは，1954年に公開された映画「ゴジラ」でのセリフだ。「ゴジラ」が公開された1954年は，太平洋のビキニ環礁でおこなわれたアメリカの水爆実験により，日本のマグロ漁船が被曝する，第五福竜丸事件が起きた年でもある。冷戦下，核兵器により軍事的に優位に立つことで攻撃を抑止できるという**核抑止**の考えが開発競争をエスカレートさせ，**恐怖の均衡**とよばれる状態が生み出されていた。

あれから約70年。冷戦後も核兵器は世界からなくなっていない。2017年には核兵器の使用や開発，実験，保有などを包括的に禁止する**核兵器禁止条約**が国連で採択された。この条約は2021年に発効したが，核保有国やアメリカの「核の傘」の下にいる日本は条約に参加しておらず，実効性に不安を残している。国際社会は協力して核兵器の廃絶をめざせるのか，唯一の被爆国である日本のあり方が問われている。

⬆**映画「ゴジラ」のポスター**　「水爆大怪獣」と銘打たれている。

⬅**核兵器禁止条約が発効した日の夜，原爆ドームの前で核兵器のない未来を訴えたキャンドルメッセージ**(2021年1月，広島県)

核兵器のない未来に向けて，私たちには何ができるのだろう。

1 世界の核弾頭保有状況

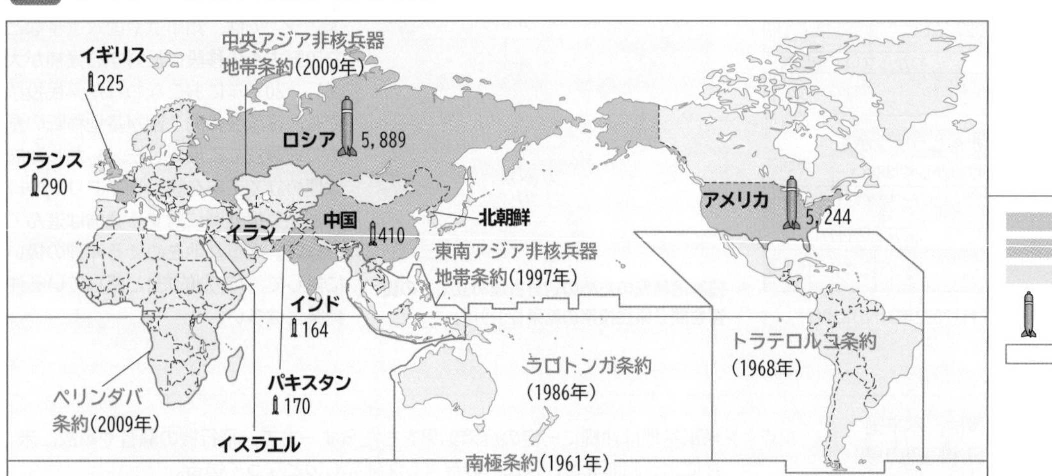

Q 核保有国はどのような国だろうか。国連での地位(➡p.125)なども ふまえて考えよう。

(『世界国勢図会』2023/24年版ほか)

- 核保有国
- NPT未加盟の核保有国
- 核開発・保有疑惑国
- 保有する核弾頭数(2023年)
- 非核兵器地帯(発効年) 国際条約などを結び，核兵器の使用，実験，配備をおこなわないように取り決めた地域。

解説 **核拡散の脅威**　1968年，核拡散を防ぐため，国連総会で**NPT(核兵器拡散防止条約)**が採択された。これは，非核保有国が**核兵器**を新たに保有すること，核保有国が非核保有国に対し核兵器を渡すことを同時に禁止したものである。しかし，NPT加盟国以外に対しては**IAEA(国際原子力機関)**が強制的に査察をおこなうこともできず，世界には今なお核開発を進める国も存在する。一方で，**非核兵器地帯条約**を結ぶ地域が，南米，東南アジア，アフリカ，オセアニアと，核保有国が存在しない地域で拡大している。

プラスα **原爆と水爆の違い**　原子爆弾(原爆)(➡p.129)は原子核の核分裂エネルギーを利用し，水素爆弾(水爆)は核融合エネルギーを利用する核兵器である。水爆が放出するエネルギーは原爆の数千倍といわれている。

2 核兵器・軍縮をめぐる動き

年	できごと
1945	アメリカ，広島と長崎に原爆投下➡p.129
1949	ソ連，初の核実験
1952	イギリス，初の核実験
1954	アメリカのビキニ水爆実験で第五福竜丸被曝
1955	第1回原水爆禁止世界大会(広島)
1957	第1回**パグウォッシュ会議**
	哲学者ラッセルと物理学者アインシュタインの提唱によって開催された核廃絶を訴える国際科学者会議
1960	フランス，初の核実験
1962	キューバ危機➡p.142
1963	**PTBT(部分的核実験禁止条約)**調印 米 英 ソ
	地下核実験以外の核実験を禁止
1964	中国，初の核実験
1968	**NPT(核兵器拡散防止条約)**調印
	非核保有国が核兵器を新たにもつことと，核保有国が非核保有国に核兵器を渡すことを禁止
1972	第1次SALT(戦略兵器制限条約)調印 米 ソ
	ICBM(大陸間弾道ミサイル)やSLBM(潜水艦弾道ミサイル)という核弾頭の運搬手段の数を5年間凍結
1974	インド，初の核実験
1979	第2次SALT調印 米 ソ
	核弾頭の運搬手段総数を2,250に制限(米ソ同量)
1987	**INF(中距離核戦力)全廃条約**調印 米 ソ(2019年失効)
	中距離核戦力を廃棄。米ソによる軍縮史上，初めての核兵器削減の条約
1989	マルタ会談→冷戦終結
1991	第1次START(第一次戦略兵器削減条約)調印 米 ソ
	長距離核ミサイルの約3割削減
1993	第2次START調印 米 ロ
1996	国連で**CTBT(包括的核実験禁止条約)**採択(未発効)
	核爆発をともなうすべての核実験を禁止
	国際司法裁判所が「核兵器の使用と威嚇は国際法上一般に違法である」という見解を示す
1997	**対人地雷全面禁止条約**採択
1998	インド，パキスタンが核実験実施
2006	北朝鮮が核実験実施(2009年以降も複数回実施)
2008	**クラスター爆弾禁止条約**採択
2009	国連で「核兵器のない世界」をめざす決議を採択
2010	新START調印 米 ロ(2023年停止)
	核弾頭の配備数を1,550に制限(米ロ同量)
2013	武器貿易条約採択(2014年発効)
2016	オバマ米大統領が現職として初めて広島訪問
2017	国連で**核兵器禁止条約**採択(2021年発効)
2018	米朝首脳会談で北朝鮮が「非核化」を約束

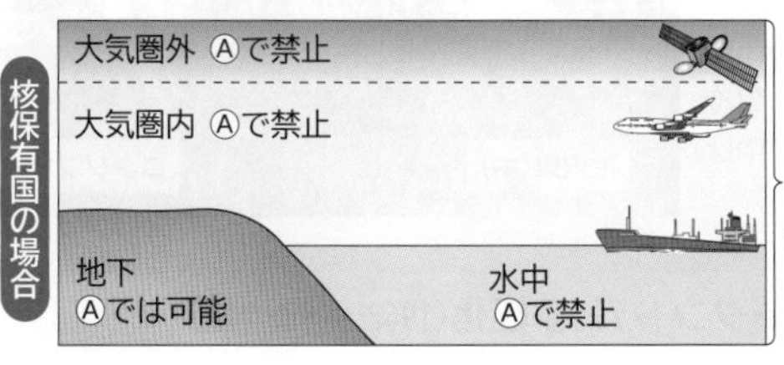

解説 **核開発と軍事管理** 冷戦(➡p.142)終結後，米ソ(ロ)の軍縮の動きは加速した。また，NPT(核兵器拡散防止条約)を柱に，多国間で軍縮の努力がなされている。一方で，中国の軍事的台頭などを背景に2019年にアメリカがINF全廃条約から離脱して条約が失効した。北朝鮮も核実験を続けるなど，「核兵器のない世界」に向けての道のりは容易ではない。

確認▶1968年に調印され，多国間での核管理体制の柱となる条約は何か。
活用▶核兵器のない世界に向けて，日本や私たちができることを考えよう。

3 通常兵器の輸出入

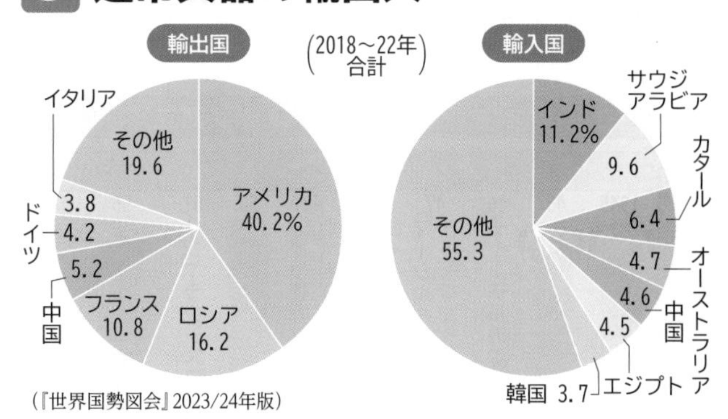

(『世界国勢図会』2023/24年版)

解説 **軍縮を阻む死の商人** 武器販売で利益をあげている輸出国には，世界の平和に責任をもつべき国連安全保障理事会の常任理事国(➡p.125)が名をつらねる。アメリカなどでは兵器産業と軍が結びついており(軍産複合体)，新型兵器を開発して紛争国などに販売する「死の商人」とよばれる企業も見られる。

4 対人地雷規制

■地雷

対人地雷は戦争後もその能力を保ち続け，一般市民をも無差別に殺傷する「悪魔の兵器」である。撤去には莫大な時間と費用がかかり，危険もともなう。1997年には，NGOの地雷禁止国際キャンペーン(ICBL)が中心となり，**対人地雷全面禁止条約**が調印された。2022年12月現在，164か国が批准しているが，軍事大国であるアメリカ・ロシア・中国を含めた約30か国はいまだに参加していない。

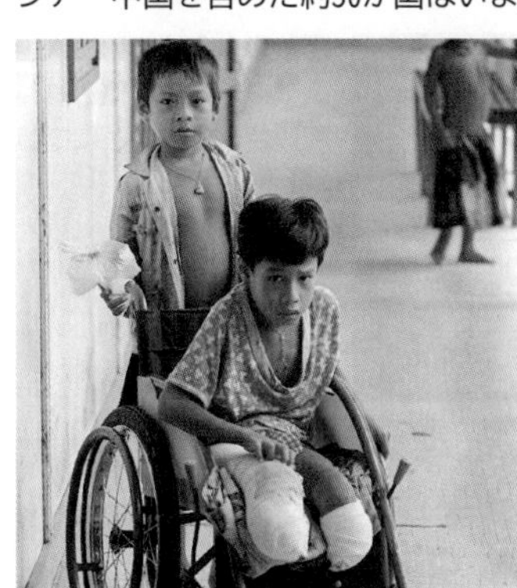
⬅**地雷で両足を失った少年**(カンボジア)

©JCBL
⬆**空からまく地雷** 蝶のような形をしており，拾った子どもが被害にあいやすい。

■クラスター爆弾

クラスター爆弾は，容器となる大型の親爆弾を空中で爆発させ，そのなかに搭載した多数の子爆弾を地上にばらまく。不発弾が広範囲に残り，一般市民の被害が絶えない。人道上の懸念から，NGOが主導して，2008年にオスロで**クラスター爆弾禁止条約**が調印された。2023年3月現在，111か国が批准しているが，アメリカ・ロシア・中国などは参加していない。

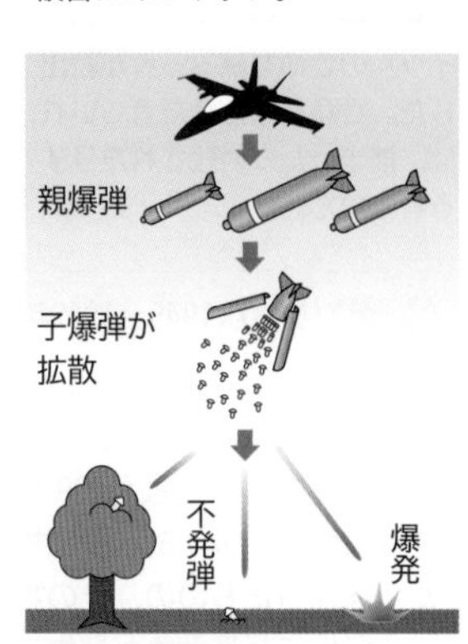

⬆**クラスター爆弾のしくみ**

政治

第二次世界大戦後の国際社会のあゆみ

資本主義諸国と社会主義諸国が対立する冷戦が終わって30年以上たつが，国際社会はいまだに対立と協調をくり返している。現在の国際社会の課題を考えるために，第二次世界大戦後の国際社会の動きを確認しよう。

❶ 米ソ対立 ／ **❷ 緊張緩和(デタント)と多極化**

米：ローズベルト → トルーマン → アイゼンハワー → ケネディ → ジョンソン → ニクソン

資本主義陣営(西側)
- 1945 ヤルタ会談
- 45 国際連合発足
- 46 チャーチルの「鉄のカーテン」演説
- 47 マーシャル・プラン　トルーマン・ドクトリン
- 48 韓国成立
- 49 ドイツ連邦共和国(西ドイツ)成立　北大西洋条約機構(NATO)成立
- 50 朝鮮戦争(～53)
- 51 サンフランシスコ平和条約
- 55 アジア・アフリカ会議(バンドン会議)
- 60 ベトナム戦争(～75)
- 61 「ベルリンの壁」構築
- 61 第一回非同盟諸国首脳会議
- 62 キューバ危機
- 63 PTBT(部分的核実験禁止条約)調印
- 65 米，北ベトナム爆撃(北爆)
- 67 EC(欧州共同体)発足
- 68 NPT(核兵器拡散防止条約)調印
- 71 ニクソン・ショック
- 72 ニクソン米大統領，中国訪問
- 73 第一次石油危機

社会主義陣営(東側)
- 1947 コミンフォルム結成(～56)
- 48 北朝鮮成立　ソ連，ベルリン封鎖(～49)
- 49 ドイツ民主共和国(東ドイツ)成立　経済相互援助会議(コメコン)成立
- 55 ワルシャワ条約機構(WTO)成立
- 66 中国，文化大革命(～76)
- 68 ソ連，チェコスロバキアに軍事介入
- 69 中ソ国境紛争
- 71 中国，国連加盟(代表権を獲得し台湾を追放)

ソ(ロ)：スターリン → フルシチョフ → ブレジネフ

⬅**ヤルタ会談**　第二次世界大戦の末期に開催され，国際連合の創設などについて話しあわれた。

⬅**「プラハの春」へのソ連の軍事介入**　民主化運動を進めるチェコスロバキアに対してソ連は軍事介入をおこない，改革を止めようとした。ソ連の行動は，チェコ市民や国際社会から大きな批判を浴びた。

➡**東ドイツから西ドイツへの「自由への跳躍」**　ベルリンの壁の建設中は，東ドイツから西ドイツへの亡命を試みる者が続出した。亡命を果たせた者もいれば，捕まったり射殺されたりする者もいた。

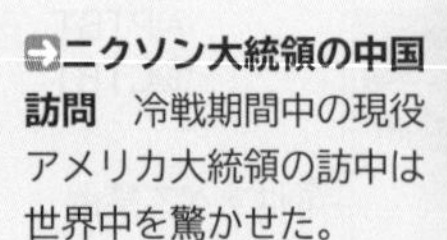

➡**ニクソン大統領の中国訪問**　冷戦期間中の現役アメリカ大統領の訪中は世界中を驚かせた。

❶ 米ソ対立(1945～1962年頃)

ヤルタ会談(1945年)では，米英ソの首脳が集まり，第二次世界大戦後の国際秩序について話しあわれた。**冷戦**は，このヤルタ会談からはじまってマルタ会談(1989年)で終わったことから，「ヤルタからマルタへ」ともいわれる。冷戦中は，米ソが直接衝突する全面戦争にはいたらなかったものの，その数を競いあうように**核実験**がおこなわれたり，各地で**代理戦争**が発生したりと，世界中が全面核戦争勃発の危機にさらされた。

❷ 緊張緩和(デタント)と多極化(1962～1985年頃)

キューバ危機(1962年)以降は，その反省から**PTBT(部分的核実験禁止条約)**や**NPT(核兵器拡散防止条約)**が調印されるなど，米ソは歩みよりの姿勢を見せるようになった。また，**多極化**が進み，資本主義陣営では，フランス，西ドイツ，日本などが，社会主義陣営では中国や東欧諸国などが，それぞれ各陣営から自立し，独自性の強い行動をとるようになってきた。独立を達成した**第三世界**も存在感を強め，国際関係は東西対立という視点だけではとらえられなくなってきた。

Q p.120～151の学習のなかで，第二次世界大戦後の国際社会のできごとは，年表のなかでどこに位置づけられるのか確認しよう。

 ……対立のできごと  ……世界全面核戦争までの時を刻む時計。人類滅亡を午前0時として，現在が何分前にあたるかで危機の状態をあらわす

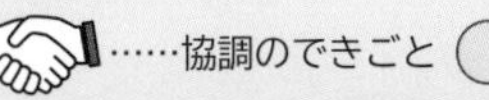 ……協調のできごと ……第三世界のできごと

❸ 冷戦終結　❹ 冷戦終結後～現在

アメリカ大統領	フォード	カーター	レーガン	G.ブッシュ	クリントン	G.W.ブッシュ	オバマ	トランプ	バイデン

年	できごと
79	米中国交樹立
82	フォークランド紛争
87	米ソ、INF（中距離核戦力）全廃条約調印
89	マルタ会談⬇冷戦終結 「ベルリンの壁」崩壊 東欧の民主化
90	東西ドイツ統一
91	湾岸戦争
91	南アフリカ共和国、アパルトヘイト廃止
93	EU（欧州連合）発足
96	国連、CTBT（包括的核実験禁止条約）採択
2001	アメリカ同時多発テロ事件⬇アフガニスタン攻撃
03	イラク戦争
08	リーマン・ショック
10	米ロ新START調印
11	シリア内戦
18	米朝首脳会談

年	できごと
79	ソ連、アフガニスタンに侵攻（～88）
89	中国、天安門事件
91	ソ連解体⬇CIS（独立国家共同体）創設 ワルシャワ条約機構解体 コメコン解散
97	香港が中国へ返還
2001	中国、WTO加盟
06	北朝鮮、初の核実験実施
22	ロシア、ウクライナに侵攻

ソ連・ロシア指導者	ブレジネフ	アンドロポフ	チェルネンコ	ゴルバチョフ	エリツィン	プーチン	メドベージェフ	プーチン

⬅**天安門事件** 中国の民主化を求めるデモ隊に対して中国軍が武力行使をおこない，多くの死傷者を出した。なお，戦車に立ちふさがる男性は，この後ほかの者に助けられ，轢かれることはなかった。

⬅**アパルトヘイト(➡p.55)の廃止を祝う南アフリカ共和国のデクラーク大統領と黒人解放組織のマンデラ議長** アパルトヘイトは廃止されたが，世界では人種差別は完全になくなったとはいえず，現在でもデモなどが発生している。

➡**マルタ会談** 冷戦の終結が宣言され，新たな国際秩序が構築される出発点となった。

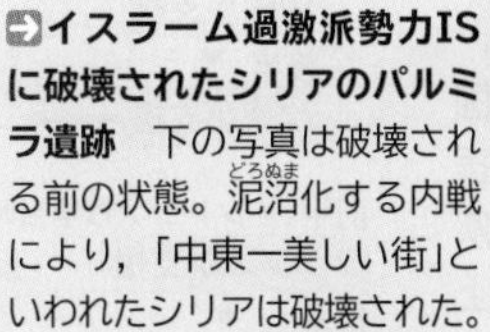

➡**イスラーム過激派勢力ISに破壊されたシリアのパルミラ遺跡** 下の写真は破壊される前の状態。泥沼化する内戦により，「中東一美しい街」といわれたシリアは破壊された。

❸ 冷戦終結（1985～1991年頃）

ソ連のゴルバチョフ書記長は，アフガニスタン侵攻(1979～88年)以降停滞していたソ連の経済を立て直すために，国内で**ペレストロイカ**(改革)を進め，外交でも西側諸国との関係改善に乗り出した。**マルタ会談**(1989年)で米ソが公式に**冷戦終結**を確認してからは，東西ドイツの統一(1990年)，ワルシャワ条約機構の解体(1991年)などが次々に進んだ。1991年にはロシア連邦を中心に11か国が**CIS(独立国家共同体)**を結成し，ソ連は消滅した。

❹ 冷戦終結後～現在（1991年～）

ソ連消滅後，市場経済や民主主義の考えが世界へ広がり，多くの国で経済成長が進んだ。特に中国はアメリカに次ぐ世界第二位の経済大国に成長した一方で，米中貿易戦争が深刻化している。そのほかにも，冷戦中は潜在化していた人種・民族・宗教などによる対立が表面化して紛争が発生したり，グローバル化の進展によりテロが頻発したりと，現代の国際社会は新たな脅威にさらされることとなった。国際社会が協力して，これらの問題を解決することが求められている。

第二次世界大戦後の国際社会

課題▶第二次世界大戦後の国際社会に起きた冷戦とは，どのような状況だったのだろうか。

冷戦期のオリンピック

冷戦は，平和の祭典であるオリンピックにも影響を与えた。1980年にソ連のモスクワで開催されたオリンピックでは，前年に起きたソ連のアフガニスタンへの軍事侵攻に抗議して，アメリカが西側諸国にボイコットをよびかけ，日本を含む約60か国が不参加となった。

また，1984年にアメリカのロサンゼルスで開催されたオリンピックでは，その前年のアメリカ軍によるグレナダ侵攻に対する抗議を理由に，ソ連など東側諸国16か国が大会をボイコットした。

オリンピックでの国別金メダル獲得数

モスクワ（80年）

順位	国・地域	金メダル数
1	ソ連	80
2	東ドイツ	47
3	ブルガリア	8

ロサンゼルス（84年）

順位	国・地域	金メダル数
1	アメリカ	83
2	ルーマニア	20
3	西ドイツ	17

二つのオリンピックの金メダル獲得国には，どんな特徴があるのだろう。

モスクワオリンピック参加を訴える柔道の山下泰裕選手（1980年）

モスクワオリンピックの開会式（1980年）

1 冷戦とは

西側（資本主義諸国）	←対立→	東側（社会主義諸国）
アメリカ	中心国	ソ連
トルーマン・ドクトリン（1947年）	政治	コミンフォルム（1947年結成）
マーシャル・プラン（1947年）	経済	経済相互援助会議（コメコン）（1949年結成）
北大西洋条約機構（NATO）（1949年結成）	軍事	ワルシャワ条約機構（WTO）（1955年結成）

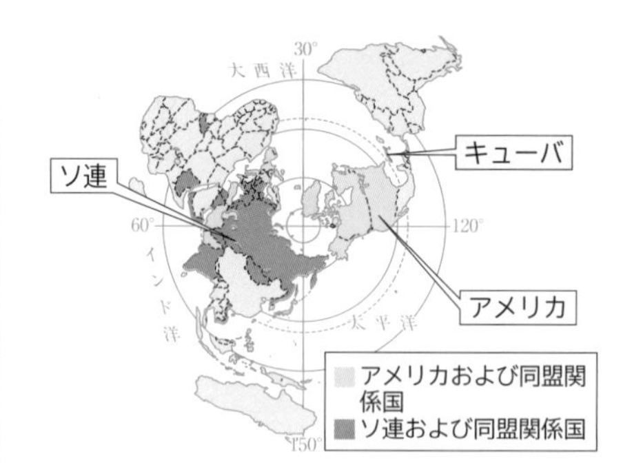

解説 **米ソがあらゆる分野で対立**　アメリカとソ連は，第二次世界大戦ではともに戦った。しかし，戦後はアメリカを中心とする資本主義諸国とソ連を中心とする社会主義諸国に分かれ，直接戦わないものの政治・経済・軍事などあらゆる分野で対立し，**冷戦**とよばれた。この対立構造は全世界に影響を与え，両陣営は核兵器（➡p.138）の開発競争をくり広げた。

2 冷戦期の米ソの代理戦争

■朝鮮戦争

中国が支援する北朝鮮と，「国連軍」（アメリカ軍が中心）が支援する韓国との間で朝鮮戦争が勃発した。1953年に休戦したが，今も朝鮮半島は二分されている。

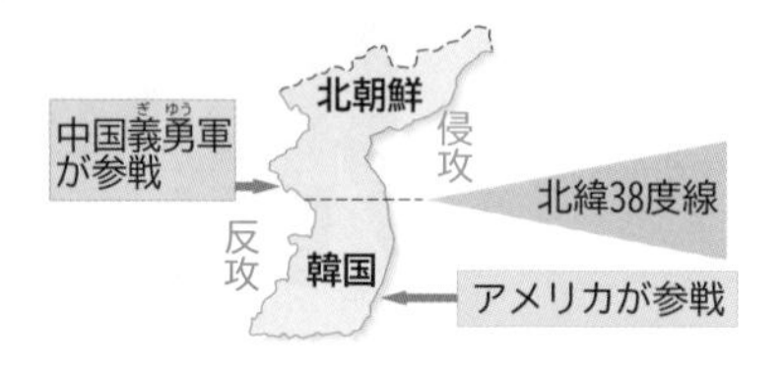

■ベトナム戦争

ベトナムは，フランスから独立する過程で，北のベトナム民主共和国と南のベトナム共和国に分裂した。南ベトナム政府はアメリカが支援し，北ベトナムおよび北ベトナムが支援する解放戦線との間に内戦が起きた。戦争は10年以上にわたり，第二次世界大戦後，最大規模の戦争となった。

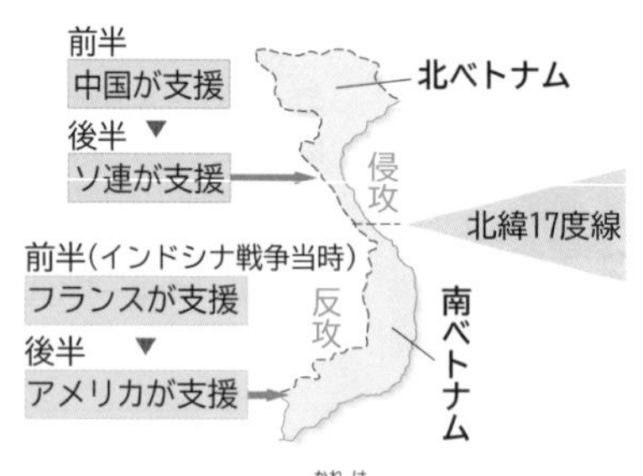

ベトナム戦争　米軍が枯葉剤を上空から散布しているところ。

解説 **冷戦期の「熱い戦争」**　冷戦期には，米ソの直接戦争はなかったが，両陣営の支援を受けた地域で「代理戦争」が発生し，多くの犠牲者を生んだ。

3 キューバ危機

ソ連船を監視するアメリカの軍用機（1962年）

解説 **核戦争の危機**　キューバは，アメリカの影響下に置かれていたが，1959年に革命が起き，社会主義国となった。1962年，キューバにソ連がミサイル基地を設置する動きがあることがわかり，アメリカがキューバの海上封鎖をおこなったため，核戦争の危機が高まった。ソ連が設置を取りやめたことにより軍事衝突は回避され，その後，偶発的な核戦争勃発を避けるために，米ソ首脳間に**ホット・ライン**（直通電話）が設置された。

プラスα **敵の敵は味方**　1950年代末から，中国は西側との平和共存路線を打ち出したソ連と激しく対立するようになった。1971年に国連の代表権は台湾から中国に移り，ソ連に対抗するため中国はアメリカと接近した。

4 第三世界の台頭

第二次世界大戦後にはナショナリズムの意識が高まり，多くの植民地が独立を果たした。

平和10原則
①基本的人権と国連憲章の尊重
②主権と領土保全の尊重
③人種・国家の平等
④他国の内政不干渉
⑤個別的・集団的自衛権の尊重
⑥他国に圧力をかけないこと
⑦武力侵略の否定
⑧国際紛争の平和的解決
⑨相互の利益と協力の推進
⑩正義と国際義務の尊重

⇧アジア・アフリカ会議(1955年)

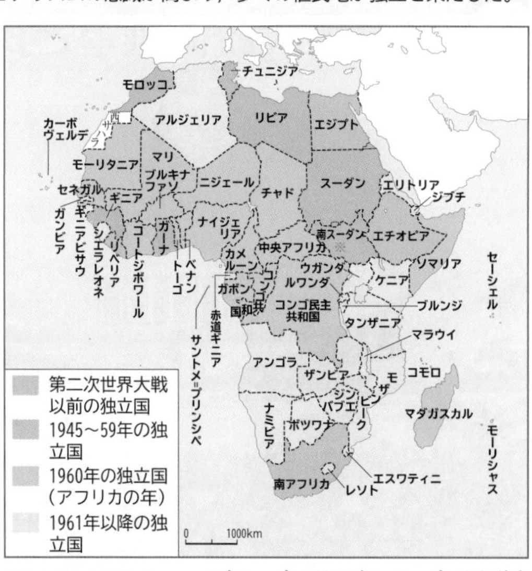

⇧アフリカの独立　※南スーダンは2011年，スーダンより独立

解説　**米ソ両陣営と第三世界**　米ソの対立が激化(げきか)するなか，アジア・アフリカ諸国はどちらにも属さず，**第三世界**とよばれた。アジア・アフリカの新興(しんこう)諸国は，1954年に発表された**平和５原則**をもとに，1955年にインドネシアのバンドンで開催されたアジア・アフリカ会議で**平和10原則**を採択した。1961年に開催された**非同盟諸国首脳会議**では，「東西両陣営からの自立と反植民地主義」を国際社会に訴えた。一方，勢力の拡大をはかる米ソの支援を受け，アフリカにあった植民地では独立する国が相次(あいつ)ぎ，1960年は「アフリカの年」といわれた。

5 冷戦終結へ

⇧撤去(てっきょ)される「ベルリンの壁」(1989年)

解説　**東欧諸国の変化とソ連の消滅**　1989年にマルタ会談で冷戦の終結が宣言され，1991年にはソ連が消滅した(➡p.141)。冷戦中に社会主義体制をとっていた東欧諸国も，冷戦後相次いでNATOやEU(➡p.230)に加盟し，ヨーロッパの一体化が進んだ。

Q　1989年と2023年の地図をくらべ，気づいた点をあげよう。また，その変化は世界にどのような影響を与えたのだろうか。

NATOの拡大

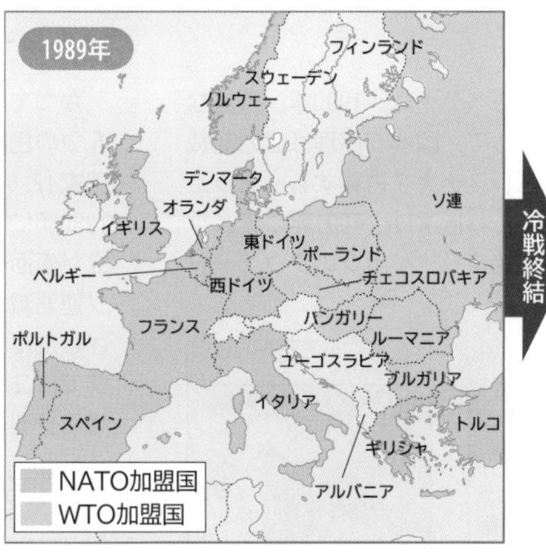

冷戦終結

※スウェーデンが加盟申請中

Topic アジアで継続する冷戦

　冷戦は終わったといわれるが，いまだに国家が分断されていたり，緊張関係が継続していたりする地域もある。南北に分断され朝鮮戦争を戦った韓国と北朝鮮は，北朝鮮が核実験をおこなうなど，いまだに緊張関係が続いている。

　また，中国では，第二次世界大戦後に起こった内戦の結果，共産党に敗れた国民党が台湾に逃(のが)れた。これにより，台湾を中国の一部と見なす中国と，「台湾は一つの国」と主張する台湾との間で，対立が続いている。

⇧板門店(はんもんてん)の休戦ライン　1953年に結ばれた朝鮮戦争の休戦協定により，南北朝鮮をへだてる北緯38度線をはさんで休戦ライン(軍事境界線)が引かれている。

⇧「台湾は一つの国」と主張する人々(2018年)

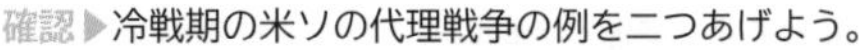

確認▶冷戦期の米ソの代理戦争の例を二つあげよう。
活用▶冷戦とはどのような争いであったか，「イデオロギー」ということばを使って説明しよう。

今日の国際社会

課題▶冷戦終結後，国際社会はどのように変化したのだろうか。

クローズアップ アメリカ大統領選挙と民主政治の分断

↑米連邦議会議事堂に集まったトランプの支持者ら（2021年1月）

2020年11月におこなわれたアメリカ大統領選挙では，民主党のジョー=バイデンが，当選に必要な選挙人の過半数を獲得した。しかし，共和党のトランプ前大統領は，選挙に不正があったなどとして敗北宣言を拒否し，法廷闘争にもちこむ異例の展開となった。さらに，選挙結果に納得しないトランプの支持者が，2021年1月に米連邦議会議事堂を占拠（せんきょ）した。アメリカの民主主義のシンボルである議事堂に星条旗（せいじょうき）を掲（かか）げた白人の暴徒が突入し，上院も下院も議会機能が一時的に喪失（そうしつ）した。

人々はなぜこんな行動をとったのだろう。

この事件の背景には，トランプ政権時代に高まった分断の思考や，人々の現状への不満などがあると考えられるよ。今日の国際社会の特質とも深い関係がありそうだね。

1 多発する紛争

Q なぜ冷戦後に世界各地で紛争が多発したのだろうか。

■湾岸戦争

長期のイラン・イラク戦争により財政難になったイラクは，1990年，豊富な石油資源をもつクウェートを占領した。これに対して，国連安保理は武力制裁を含めた強制撤退（てったい）要求を決議したが，イラクはパレスチナを占領するイスラエル（➡p.148）を例に，占領を正当化しようとした。これにより，1991年にアメリカを中心とする多国籍軍の攻撃による**湾岸戦争**が始まり，イラクのクウェート完全撤退によって戦争は終結した。

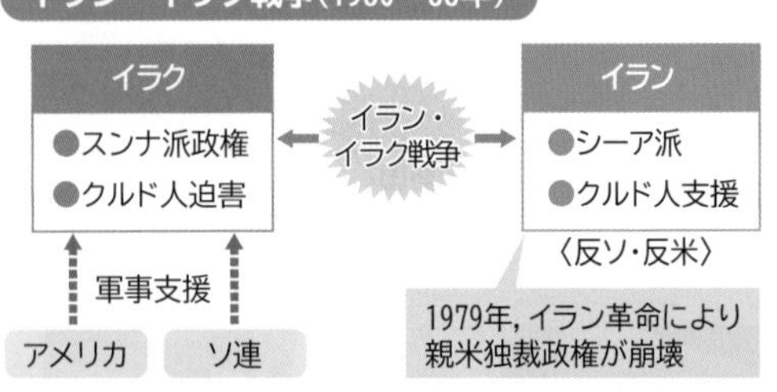

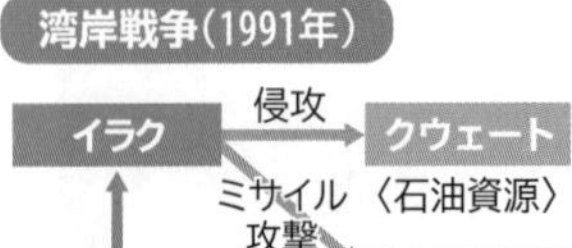

↑戦時下のイラクの首都バグダッド（1991年）

解説 **多発する紛争** 冷戦の終結により，米ソの枠組（わくぐ）みが崩壊（ほうかい）した。そのため各地域や民族などの利害対立が表面化し，地域紛争や民族紛争が多発するようになった（➡p.146）。いまだに紛争や混乱が続く地域も多い。

■ユーゴスラビア紛争

かつてユーゴスラビアは，「7つの国境，6つの共和国，5つの民族，4つの言語，3つの宗教，2つの文字，1つの国家」といわれ，複数の民族が共存するモザイク国家だった。1980年に「建国の父」チトー大統領が死去した後，民族間の対立が表面化していった。さらに，東欧の民主化，冷戦終結，ソ連消滅などの動きのなかで，国内の多くの民族が独立をめざしたために，大きな民族紛争が起こった。その結果，現在までにユーゴスラビアという国家は完全に解体し，7つの国家に分裂している。

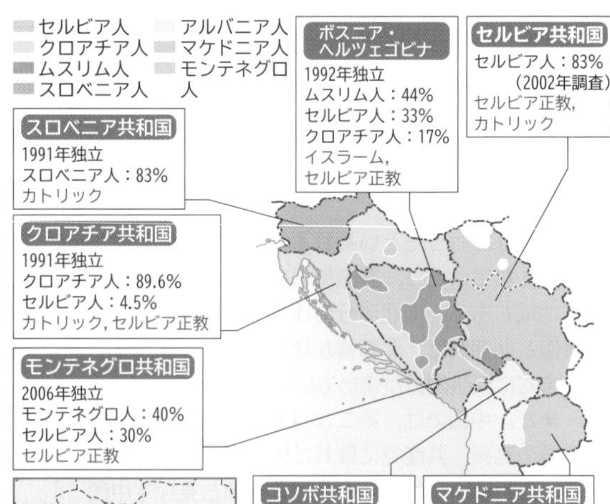

（「朝日新聞」2006年7月27日ほか）

プラスα **ニンテンドー・ウォー** 湾岸戦争では，ピンポイント攻撃によってミサイルが標的に命中する映像がテレビで流れた。日本のテレビゲームになぞらえ「ニンテンドー・ウォー」ともよばれたが，現実には多くの死傷者が出たことを忘れてはならない。

2 アメリカ同時多発テロ事件とイラク戦争

1979	ソ連，アフガニスタンに侵攻(～88) ↳アメリカ，反ソ勢力(ウサマ=ビンラディンら)に軍事援助
2001	**アメリカ同時多発テロ事件**(9.11) 米英軍アフガニスタン攻撃➡タリバン政権崩壊
2003	**イラク戦争**➡フセイン政権崩壊
2006	フセイン処刑
2011	米軍，ウサマ=ビンラディン殺害，イラク撤退
2014	イスラーム過激派組織が「イスラーム国(IS)」樹立を宣言
2017	ISの最大拠点モスル，「首都」ラッカ陥落

➡ウサマ=ビンラディン(1957～2011)

■アメリカ同時多発テロ事件(2001年)

⬆飛行機の激突で炎上する世界貿易センタービル

2001年9月11日，ニューヨークの世界貿易センタービルやワシントンの国防総省本庁舎などに，ハイジャックされた飛行機が追突し，約3,000人の死者・行方不明者が出る大惨事となった。アメリカ政府は事件の首謀者をイスラーム過激派テロ組織「アルカイダ」のウサマ=ビンラディンと特定し，その拠点であるアフガニスタンを攻撃した。

かつて，冷戦中に起きたソ連のアフガニスタン侵攻の際には，ウサマ=ビンラディンを含むイスラーム過激派テロ組織は，反ソ勢力としてアメリカから支援されていた。しかし冷戦終結により支援は終わり，アメリカはイスラーム諸国と対立するイスラエル寄りの中東政策をとったことから，ムスリムの反米意識が高まっていた。

■イラク戦争(2003年)

⬆サダム=フセイン(1937～2006)

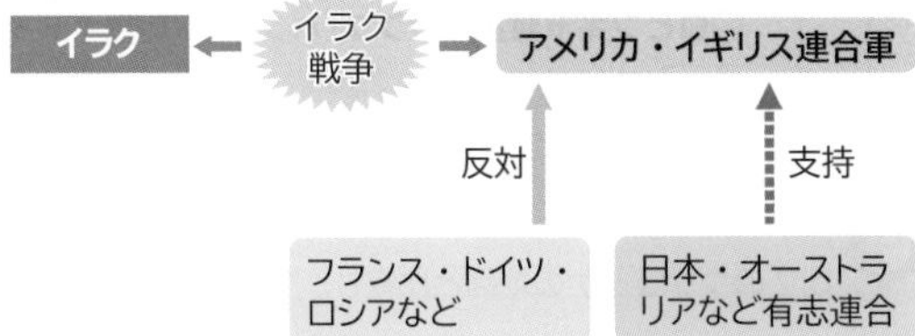

ブッシュ米大統領は，テロ組織撲滅のためには先制攻撃も許されるとして，2001年にアフガニスタンを攻撃した。さらに2003年，イラクのフセイン大統領がアルカイダに関係し，大量破壊兵器を保持しているとして，国連安保理の決議のないまま，イギリスとともにイラク攻撃にふみきった。これによりフセイン政権は崩壊したが，アルカイダとの関係の証拠や大量破壊兵器は発見できなかった。

イラク戦争終結後もイラクの混乱が続くなか，イラク・シリアを拠点とするイスラーム過激派組織「**イスラーム国(IS)**」が台頭した。欧米諸国による空爆などによって中東におけるISのおもな拠点は崩壊したが，世界各地では，ISやISの影響を受けた者によるテロも発生している。

3 「アラブの春」とシリア内戦

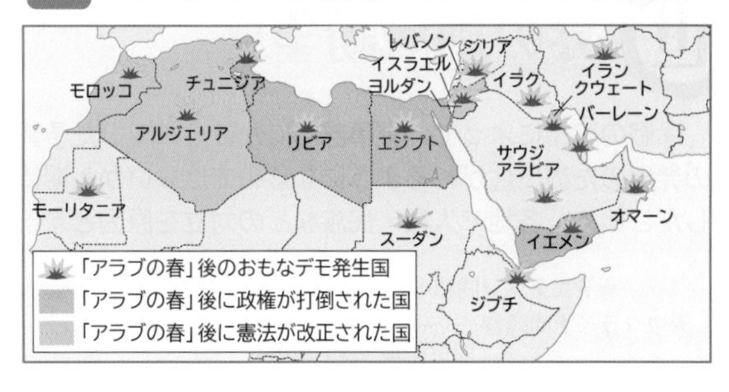

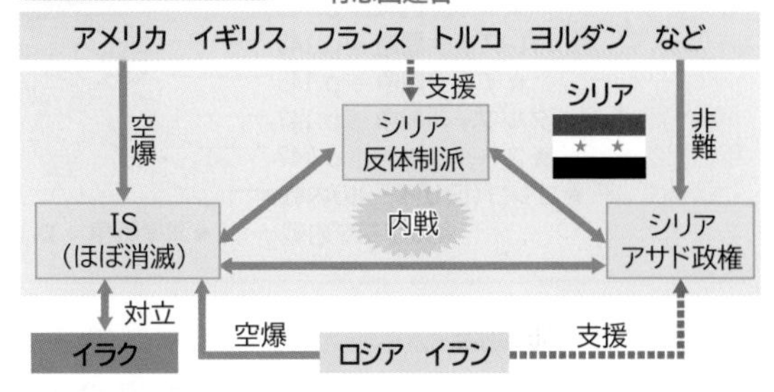

解説 **民主化をめざして** 中東・北アフリカのアラブ諸国で2011年頃に本格化した民主化運動「**アラブの春**」は，各国の独裁政権を崩壊に追いこんでいった。しかし，エジプトでは自由選挙で選ばれたムルシ大統領が軍によって解任され，シリアの内戦は多くの難民(➡p.148)とISの台頭をまねいた。このように，多くの国々では混乱が続き，「アラブの春」は手痛い失敗に終わったという指摘もある。

Topic AI兵器

ICT(情報通信技術)の発達は，戦争の形も大きく変える可能性をもつ。たとえば，無人機を遠隔操作して敵を攻撃することで，兵士の安全を確保することができる。また，AI(人工知能)(➡p.170)を兵器に使えば，人間よりも正確な攻撃をおこない，民間人をまきこむ確率も低いとして，研究が進んでいる。一方で，攻撃する実感が薄くなることで，戦争にふみきるハードルが低下するのではないかという指摘がある。また，AI兵器の誤爆で民間人に犠牲が出た場合，その責任を負うのが誰なのかという法的問題がある。AI兵器が悲惨な事態を起こすことがないよう，実践投入の前に考えるべきことが多くある。

⬆自動飛行する無人攻撃機

確認▶冷戦後に起きた紛争をあげよう。
活用▶冷戦後の国際社会の特徴について，「紛争」「テロ」「グローバル化」のことばを使って説明しよう。

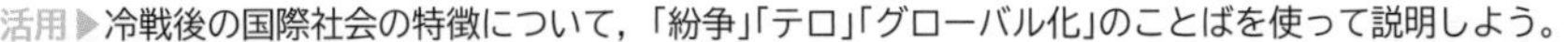
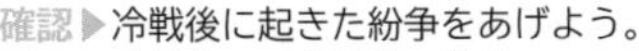

人種・民族問題と地域紛争（1）

課題▶人種・民族の違いによって対立が生まれるのはなぜなのだろうか。

クローズアップ 世界の地域紛争

言語，習慣，宗教など，文化的要素によって区分された人類の集団を**民族**というんだ。

冷戦の終結によって，軍事部門にかけられていた予算が，「平和の配当」として教育や福祉など社会の発展のために注がれるようになるのではないかと期待された。しかし，実際は米ソの枠組みが崩壊したことで，各地で人種・民族などの対立を原因とする地域紛争が多発している。

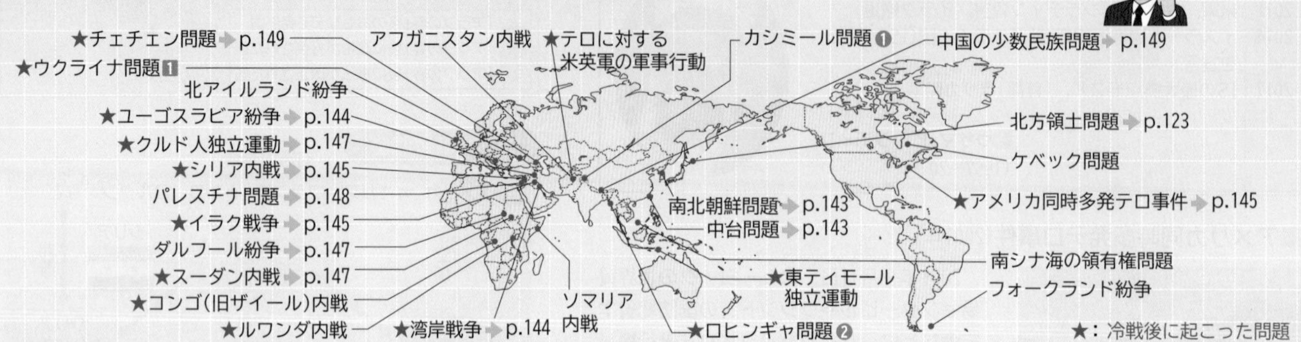

1カシミール問題

カシミールは，インド，パキスタン，中国国境付近の山岳地域の名称。1947年にインドとパキスタンがそれぞれ分離独立した際，カシミールの住民の多くはムスリムであったが，古くからこの地を支配していたヒンドゥー教徒の王がインド帰属を決めてしまった。これをきっかけに，インド，パキスタン両国間の軍事衝突に発展し，今も対立は続いている。現在は停戦ラインが引かれ，両国の支配地域が東西に分かれている。

⬆インドのカシミール州の自治権剥奪に対して反発する人々（2019年，パキスタン）

2ロヒンギャ問題

ロヒンギャとは，おもにミャンマー西部に暮らす少数民族で，大部分がムスリムである。ミャンマーの多数派である仏教徒と対立関係にあり，しばしば武力衝突が起きてきた。ミャンマー政府はロヒンギャに対する抑圧を強め，国籍すら剥奪した。2017年に起きた激しい衝突で，多数のロヒンギャの人々が隣国バングラデシュへ避難し，現在も70万人をこえる人々が難民として厳しい生活を強いられている。

⬆ロヒンギャ難民キャンプ（バングラデシュ）

1 ウクライナ問題 ➡p. 2

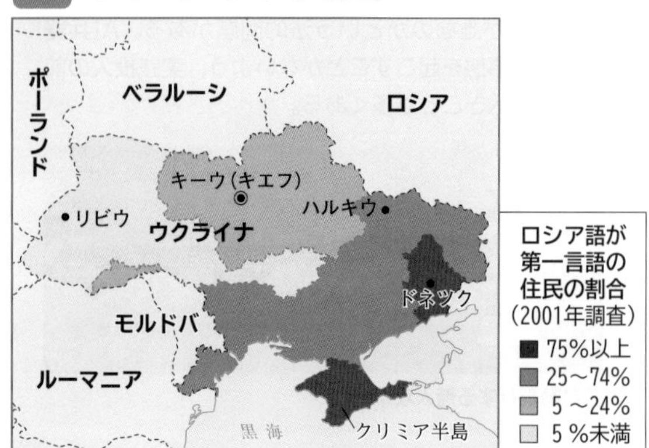

Q p. 2 のウクライナの地図と比較し，ウクライナの地理的特徴について考えよう。

解説 **ロシアとヨーロッパの境界に位置するウクライナ**　かつてソ連の構成国であったウクライナは，1991年のソ連消滅（➡p.143）によって独立した。ソ連時代の70年近くロシアと同じ国だったこともあり，ロシアと隣接する東部地域やクリミアにはロシア語を話す住民が多く，ロシアと文化的につながりが深い地域となっていた。一方，西部地域では，ウクライナ語を話す住民が多数を占め，欧米との関係を重視する傾向が強かった。

2014年にウクライナで親欧米派の政権が樹立されたことをきっかけに，ロシアはクリミアの併合を強行した。さらに，2022年に「ウクライナ政府によって虐げられてきた人々を保護するため」という名目で，ロシアはウクライナに対する軍事侵攻を開始した。当初，ロシア軍はウクライナの南部や東部で支配地域を広げたが，その後欧米の支援を受けたウクライナ側の反撃で，戦況は膠着状態となっている。

プラスα **イラクのクルド人自治区**　イラク北部には，湾岸戦争（➡p.144）以降，クルド人が実効支配し自治政府を樹立している地域がある。2017年に自治政府がイラクからの独立を問う住民投票を実施し，多数の賛成を得たが，イラク政府や周辺国の反対によって，独立の動きは頓挫している。

2 スーダンと南スーダン

■ダルフール紛争

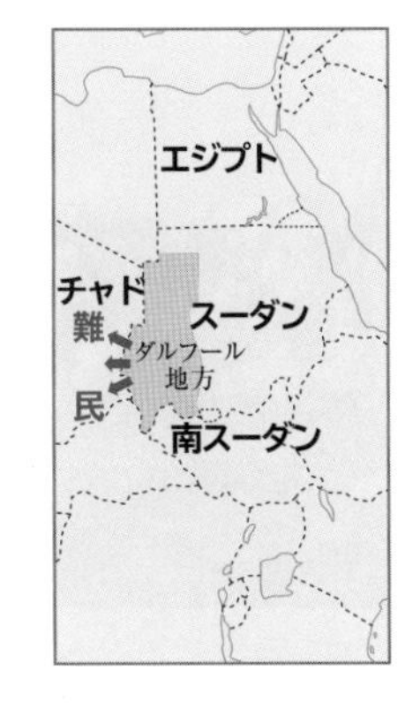

スーダン西部のダルフール地方では，アラブ系遊牧民族とアフリカ系農耕民族(ともにムスリム)との間で，古くから水や牧草地などをめぐる抗争がしばしば起こっていた。このような対立が，2003年に政府・アラブ系民兵と，反政府勢力の本格的な武力衝突という形で発展した。2006年にダルフール和平合意が成立したものの争いはおさまらず，死者約30万人，難民・避難民約200万人という人道危機へと発展した。和平合意にともないPKOも派遣されたが，反政府勢力の一部しか合意に署名しないなど実効性がなく，紛争の解決につながっていない。

隣国のチャドに逃れた難民(2004年)

■南スーダン独立と内戦

1899年からイギリスとエジプトの共同統治下に置かれていたスーダンでは，北部と南部を分断する植民地政策がとられていた経緯などから，北部(政府)と分離・独立を求める南部の間で内戦状態が長く続いた。2005年の南北和平合意の締結まで，アフリカ最長の内戦となり，内戦による死者は約200万人，難民・避難民は約400万人に達したといわれる。

2011年には住民投票の結果を受けて南スーダンが独立を果たしたが，スーダンとの国境付近で産出する石油の利権をめぐってしばしば国境紛争が起き，多くの死傷者を出している。南スーダンには，2012年には日本の自衛隊も平和維持のためのPKOに参加した(➡p.126)が，翌年には内戦状態となり，2017年に自衛隊も南スーダンから撤退した。

南スーダン独立を喜ぶ人々(2011年)

3 クルド人の独立運動

Q クルド人はどうして国家をもてないのだろうか。

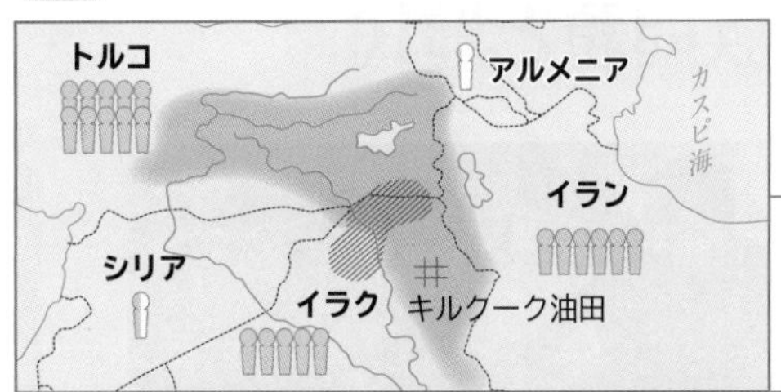

トルコの山岳地帯で休憩するクルド人兵士(2013年) クルド人居住区であるクルディスタンには油田があり，各国の思惑が絡んで分離・独立への道を複雑にしている。

解説 **国をもたない世界最大の民族** 約3,000万人といわれるクルド人は，独自の国家をもっていない。このような事態になっているのは，第一次世界大戦後にイギリス・フランスが，民族の分布とは無関係に，自分たちの都合で国境線を引いたことが原因だった。

クルド人が住むトルコ，イラク，イランでは，それぞれトルコ民族，アラブ民族，イラン民族を中心とする国づくりを進めている。それぞれの国においてクルド人は，自治や独立運動を起こしているもののうまくいっていない。特に，最も多くのクルド人をかかえているトルコでは，クルド語教育や民族衣装さえ禁止され弾圧されている。それに対してクルド人側も武装組織をつくり，武装闘争をくり広げている。

Topic アフリカ植民地分割の影響

アフリカの地図を広げると，国境線の多くが直線状になっていることがわかる。これは，かつてアフリカを植民地支配していたヨーロッパ諸国がそれぞれの国の事情や都合に基づいて人為的に引いた国境線である。当然，この国境線は，民族の居住範囲など現地の状況は考慮されていない。

第二次世界大戦後，多くのアフリカ諸国が独立した(➡p.143)が，その際の国境として採用されたのが上記の人為的国境(➡p.123)だったため，独立後の新国家には，言語も習慣も異なる複数の民族が共存することになり，新たな民族紛争が起こる原因となった。

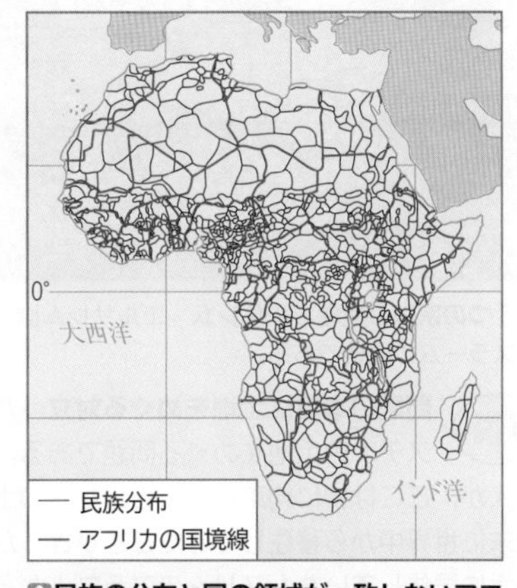

民族の分布と国の領域が一致しないアフリカの国境線

確認▶人為的国境はどのような地域に見られるかあげよう。
活用▶冷戦後に起きた紛争を一つ取り上げ，その原因や経緯，現在の状況を調べよう。

人種・民族問題と地域紛争(2)

課題▶国際社会は紛争に対してどのように取り組んでいるのだろうか。

クローズアップ 人種・民族問題と難民

ヨーロッパをめざす難民たち(2015年)　内戦が続くシリア(➡p.145)などから，豊かで社会的権利などが保障されているヨーロッパへ難民が殺到している。ハンガリーは増加する難民の移動を阻止するフェンス(写真)を建設するなど，受け入れ国でも反発が起きている。

難民キャンプ(トルコ)　シリア内戦によって多くの難民が発生した。その最大の受け入れ国は隣国トルコである。

人種や民族の違いによる対立は，しばしば激しい紛争につながる。紛争によって傷つき命を落とすのは，兵士だけではなく，一般市民も少なくない。紛争による被害を避けるため，多くの人々が生まれ育った国から**難民**として脱出している。難民は，受け入れる側にとっても大きな負担となり，場合によっては社会の分断をもたらす。

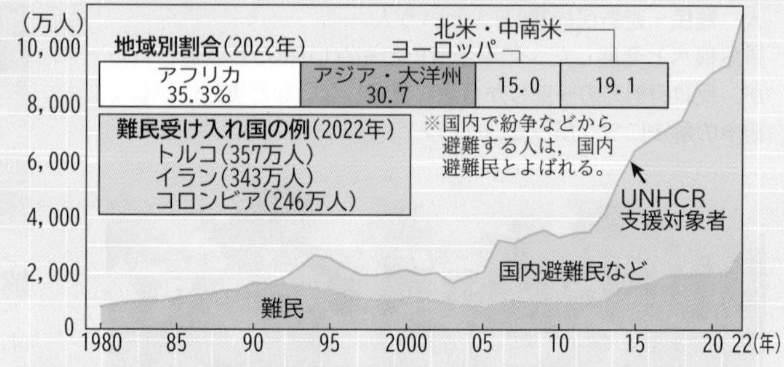

難民人口の推移と受け入れ国(UNCHR資料)　難民の数は，ユーゴスラビア紛争(➡p.144)が起きた1990年代前半に急増したが，近年では，内戦が深刻化したシリアやアフガニスタン，ミャンマーなどアジアからの難民も多い。難民の受け入れについては，難民発生国に隣接する国に集中している。

1 パレスチナ問題 ➡p.3

Q イスラエルの占領地域はどのように推移してきたのだろうか。

3つの宗教の聖地エルサレム　エルサレムは，ユダヤ教，キリスト教，イスラームの聖地である。

国連分割決議(1947年)
レバノン
シリア
ハイファ
地中海
テルアビブ
エルサレム
アンマン
ヨルダン川
ガザ
ヘブロン
死海
ヨルダン
シナイ半島
エジプト
アカバ湾
アラブ人地域
ユダヤ人地域
国際管理地域

中東戦争による占領地(1948年，1967年)
レバノン
シリア
ゴラン高原
ハイファ
地中海
テルアビブ
アンマン
ヨルダン川
エルサレム
ガザ
ヘブロン
死海
ガザ地区
シナイ半島(1982年返還)
エジプト
ヨルダン
アカバ湾
第一次中東戦争での拡大(一九四八年)
第三次中東戦争での拡大(一九六七年)

自治政府成立以降(1995年～)

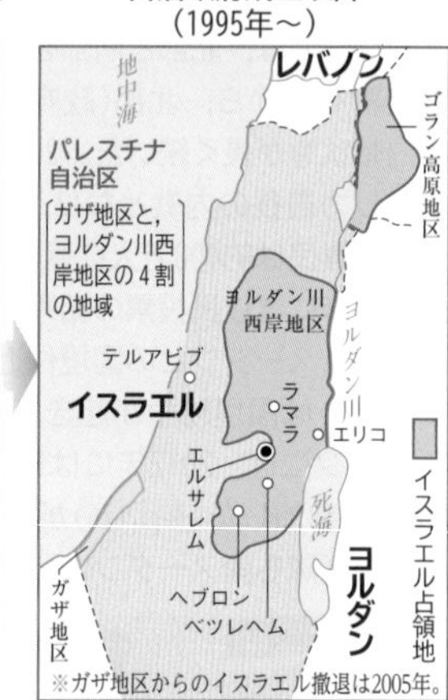

イスラエル領土，占領地の変遷

解説 **問題の本質は土地をめぐる対立**　**パレスチナ問題**とは，パレスチナの土地をめぐる問題である。ユダヤ教を信仰するユダヤ人が，ここは神に約束された自分たちの土地であると主張し，19世紀末に世界中から移住してきたことがきっかけだった。長い間パレスチナに居住していたムスリムのアラブ人からすれば，自分たちの土地が奪われるということであり，両者が対立した。これにより，イスラエルという国家を1948年に建国したユダヤ人側と，これを認めないアラブ人諸国との間で戦争が起きた。イスラエルはアメリカの支援を受けており，軍事的に圧倒的有利な状況にあったため，戦争のたびにその占領地を徐々に広げていった。1993年に**パレスチナ暫定自治協定(オスロ合意)**が結ばれ，解決の方向に向かうことが期待されたが，両者の対立は続いている。2023年にはパレスチナのガザ地区に拠点をおくイスラーム組織ハマスがイスラエルに侵入し，軍事衝突が起きた。

プラスα **イスラエルの首都**　イスラエル政府はエルサレムを首都としているが，多くの国はテルアビブに大使館を置いている。日本の外務省のウェブサイトでは，首都の欄にエルサレムと記載されているものの「日本を含め国際社会の大多数には認められていない」という注意書きがなされている。

2 中国の少数民族問題

Q 中国における少数民族はどのように扱われてきたのだろうか。

⬆チベット仏教の僧侶らによる反中国のデモ行進(2008年)　チベット仏教最高指導者ダライ=ラマの肖像画などを掲げている。

⬆衝突するウイグル族と武装警察隊(2009年)　新疆ウイグル自治区でウイグル人のデモが起き，大きな衝突につながった。

解説 **中国における少数民族**　中国には人口の約8％を占める少数民族がいる。それぞれの居住区に自治区・自治州が設けられているが，実権は漢民族が握っている。これらの地域では，中国語教育の促進を強化し少数民族の言語を使用できなくするなど，少数民族に対する漢民族同化政策が進められている。

チベットはかつて独立国であったが，中華人民共和国の成立後すぐに併合された。チベット族は，ラマ教(チベット仏教)という精神的な拠り所で結びついている。

一方，ウイグルもまた，かつて独立していた時期があったが，やはり中国に併合された。ウイグル族はムスリムであり，自治区ができた後も流入する漢民族への不満からしばしば暴動を起こしてきた。

3 チェチェン問題

⬅焼け野原となった町を走る戦車(1996年)

解説 **ロシア，独立を認めず**　チェチェン人はチェチェン語を話すムスリムであり，ロシア人とは民族的に異なる。そのため，ソ連消滅後に独立運動が起き，それを阻止するロシアとの間に大きな紛争が起きた。大きな紛争は1994年と1999年に起きたが，いずれもロシア軍の圧倒的な力の前に制圧された。

チェチェンは，イランとトルコが近く，軍事上の重要な地域であると同時に，原油産出地でもある。また，チェチェン周辺には，ロシア連邦に属する多くの民族共和国があり，チェチェンの独立がほかの国々に影響することを恐れ，ロシアとしてはチェチェン独立を決して認めることはできない。

4 難民問題への国際的取り組み

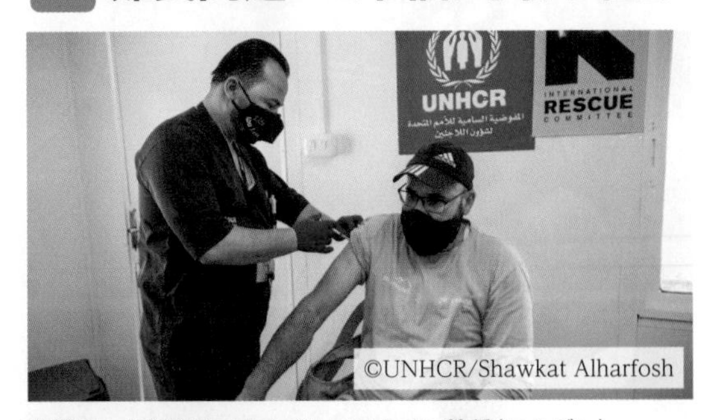

⬆難民への新型コロナウイルスワクチン接種(ヨルダン)

解説 **難民問題解決のために**　難民とは，人種，宗教，政治的意見などの理由で，迫害を受けた(受ける恐れがある場合も含める)ために，他国に逃れた人々をさす。難民問題に対処するために，国連では**難民条約**が採択された。また，1951年に**UNHCR(国連難民高等弁務官事務所)**が設立され，避難先での雇用や教育などの面での保護や，本国への帰国や第三国への定住の手助けをおこなっている。現在も世界各地で約1.1億人が難民などの支援対象者となっており，UNHCRの活動が求められている。

政治

Topic 人種とは何か

人種とは，皮膚の色などの身体的特徴で人間を分類したものである。一般に，コーカソイド(白人)・ネグロイド(黒人)・モンゴロイド(黄色人種)・オーストラロイド(オーストラリアの原住民)を「四大人種」とすることが多い。しかし，遺伝子レベルで分析すると，白人と黒人のような集団間の差よりも，白人内や黒人内での個人差の方が大きいという事実がある。つまり，生物学的特徴で集団を分ける人種区分自体に科学的根拠がないとされている。

➡人種という概念には科学的根拠はない

確認▶難民問題に取り組む国連機関をあげよう。
活用▶パレスチナ問題の現在の状況について調べよう。

日本の役割と私たちの生き方

課題▶経済大国の日本は，世界でどのような役割が果たせるのだろうか。

クローズアップ 国際緊急援助隊の活躍

⬇ネパール地震での被災者救助活動(2015年)　手作業でがれきを除去していく方法で捜索救助活動を実施した。

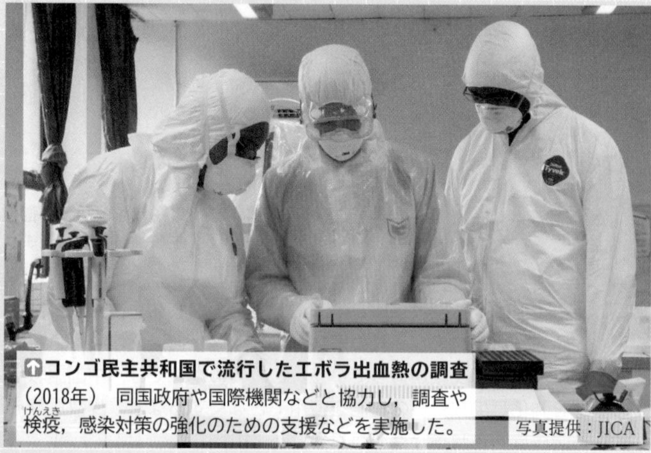

⬆コンゴ民主共和国で流行したエボラ出血熱の調査(2018年)　同国政府や国際機関などと協力し，調査や検疫，感染対策の強化のための支援などを実施した。　写真提供：JICA

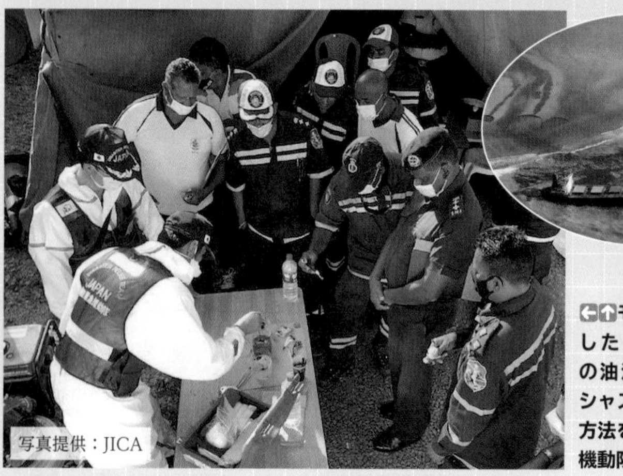

写真提供：JICA

⬅⬆モーリシャス沿岸で座礁した貨物船「WAKASHIO」の油流出事故(上)，モーリシャス沿岸警備隊に油の処理方法を指導する海上保安庁の機動防除隊員(左)(2020年)

世界各地で日本から派遣された専門家が活躍しているんだね。

国際緊急援助隊は，自然災害や建物倒壊などの人為的災害に対して，被災国の要請をもとに派遣され，救助や医療活動などをおこなっている。

かつて日本の国際貢献は資金提供が中心であったが，現在は，人的貢献も積極的におこなわれるようになっている。災害復興の援助や貧困の解消など，さまざまな分野への協力を進め，国際社会からも期待を寄せられている。

1 世界のなかの日本

Q どのような国が，評価が高い国，低い国になっているだろうか。

(2017年)

よい影響	国	悪い影響
61%	カナダ	15%
59	ドイツ	21
56	日本	24
52	フランス	23
51	イギリス	25
48	EU	30
41	中国	42
38	ブラジル	30
34	アメリカ	49

⬆世界に与える影響(BBC資料)　「よい影響」について，日本は前回調査(2014年)の5位から3位に順位を上げている。日本に対する各国別の評価では，多くの国が日本に対して「よい影響を与えている」と評価するなか，中国だけは「悪い影響を与えている」とする回答が70%をこえ，厳しいものになっている。

質問：日本は国際社会で，おもにどのような役割を果たすべきだと考えますか(複数回答)	
●環境・地球温暖化・感染症対策を含む保健などの地球規模の課題解決への貢献	62.5%
●人的支援を含んだ，地域情勢の安定や紛争の平和的解決に向けた取り組みを通じた国際平和への貢献	61.2
●軍縮・不拡散の取り組みなどを通じた世界の平和と安定への貢献	46.1
●世界経済の健全な発展への貢献	37.1
●自由，民主主義，基本的人権，法の支配といった普遍的な価値を広めるための国際的な努力	35.6
●難民・避難民に対する人道的な支援	32.3
●日本の伝統文化やファッション・アニメを含む現代文化などの国際社会への発信	31.8
●発展途上国の発展のための協力	31.1
●世界の科学技術の発展への貢献	29.2

⬆国際社会における日本の役割(2022年)(内閣府「外交に関する世論調査」)

解説 **日本の国際貢献**　BBCの調査から，多くの国々が日本を肯定的にとらえていることがわかる。ODA(➡p.248)による援助や，NPOなどの地道な活動が，世界の多くの人々からの高い評価につながっていると考えられる。今後も，真に援助を必要としている世界中の人々に効果的に届く国際貢献を，着実に進めていくことが大切だろう。

プラスα **発展途上国支援ランキング**　アメリカの研究機関が，7つの政策分野(援助，貿易，投資，移民，環境，安全保障，技術)に基づき毎年発表している。2020年の調査では，1位のスウェーデンなど上位にヨーロッパ諸国がならぶなか，日本は移民対応が低く，21位となっている。

2 日本の外交のあゆみ

Q 日本は各国とどのような条約を結び，またどのような問題をかかえているのだろうか。

1951	サンフランシスコ平和条約，**日米安全保障条約**（➡p.132）調印
1956	**日ソ共同宣言**調印（➡p.123） ➡ソ連との国交正常化。これにより日本は国連への加盟が実現し，真の国際社会への復帰が実現した。
1965	**日韓基本条約**調印 ➡韓国との国交正常化。この条約で，韓国併合条約は「もはや無効」であるとされ，韓国を「朝鮮における唯一の合法的な政府」であると認めた。
1972	**日中共同声明**調印 ➡中華人民共和国との国交正常化。これにより，日本はそれまで国交のあった中華民国（台湾）と断交することになった。
1978	**日中平和友好条約**調印 ➡主権・領土保全の相互尊重，相互不可侵，内政不干渉，平等・互恵・平和共存の諸原則の基礎のうえに，恒久的な平和友好関係を発展させることがうたわれた。
2002	**日朝首脳会談** ➡日本と北朝鮮との会談。北朝鮮は日本人拉致を公的に認め，拉致被害者のうち5人の帰国が実現した。
2015	**慰安婦問題に関する日韓合意** ➡これにより，慰安婦問題は最終的かつ不可逆的に（後戻りすることなく）解決することを確認した。

解説 **日本の外交方針**　第二次世界大戦後の日本の外交は，①国際連合中心主義，②自由主義諸国との協調，③アジアの一員としての立場の堅持，という**外交の三原則**に基づいて進められてきた。原則の一つに，アジア諸国との関係重視を掲げているが，中国や韓国などとは，歴史認識の問題や戦後賠償問題，慰安婦問題など未解決の問題が山積しているうえ，竹島など領土に関する問題（➡p.122）をかかえている。これらの問題が，双方の国民感情を悪化させている面がある。

3 NGO，NPOの活躍

■NGOとNPO

NGOとは，「**非政府組織**」を意味する。国家の枠にとらわれることなく，民間人や民間団体が軍縮や飢餓救済，環境保護などの問題にかかわる活動をおこなっている。国連の会議にオブザーバーとして出席するNGOもある。

一方**NPO**とは，「**非営利組織**」を意味する。NPOも民間の組織であるが，利益があがっても構成員に分配するのではなく，団体の活動目的を達成するための費用にあてる。日本では，1998年にNPO法が制定され，これによって法人格を与えられた団体は，一般にNPO法人とよばれる。

NGOとNPOに大きな違いはないが，一般にNPOの方は，日本国内の私たちの暮らしに密接した問題に取り組む団体が多い。

■国際社会で活躍するNGO

国境なき医師団（MSF）	国際赤十字	アムネスティ・インターナショナル
紛争地や難民キャンプ，自然災害被災地などで，医療活動をおこなっている。多くの医師や看護師などのスタッフが世界各地で活動している。1999年にノーベル平和賞を受賞した。	赤十字国際委員会，国際赤十字・赤新月社連盟，各国赤十字社の総称。このうち，赤十字国際委員会は紛争時における救援活動を中心におこない，ノーベル平和賞を三度受賞している。	毎年，世界各国で人権侵害に対する調査をおこない，国連や各国政府に独立した立場から政策の提言をおこなっている。1977年にノーベル平和賞を受賞した。
 ©MSF/Chris Allan	 ©日本赤十字社	
⇧**新型コロナウイルス感染症の患者のケアにあたる国境なき医師団のスタッフ**（南アフリカ共和国）	⇧**子どもたちに手洗いを教える日本赤十字社のスタッフ**（レバノン）	⇧**トルコによるクルド人虐待に抗議するアムネスティ・インターナショナル**

Topic 一人の思いからNPO法人へ～アシャンテママ

アシャンテママは，モザンビークとマラウイの最貧困地区で暮らす子どもたちに，教育および生活支援，医療援助などのプログラムを無償で提供している日本のNPO法人である。

設立者の栗山さやかさんは，かつて渋谷109のショップ店員として勤務していたが，友人の死をきっかけにバックパックで海外へ旅立ち，約50か国をめぐった後，アフリカの医療施設などでボランティア活動を始めた。2009年にモザンビークで現地法人を立ち上げ，今では貧しい環境に生きる800人以上の子どもや女性への支援活動をおこなっている。なおアシャンテママには「ありがとう，みんな」という意味がこめられている。

⇧**アシャンテママのセンターに通う子どもと支援者たち**

確認▶日本の外交の三原則をあげよう。
活用▶国境をこえた活動の輪を広げるためには，どのようなことが必要か考えよう。

政治

SDGsと日本

現代社会には，紛争や環境破壊，貧困など，さまざまな問題がある。これらの問題に対して国際社会が2030年までに取り組むべき目標を示したものが，SDGs(持続可能な開発目標)である。SDGsはどのような考え方をもとにしているのだろうか。また，日本はどのような取り組みをおこなっているのだろうか。

MDGsからSDGsへ

SDGs(エスディージーズ)**(持続可能な開発目標)**は，2015年に国連で採択された，2030年までの目標である。その前身となるのは，2000年に国連で採択された**MDGs(ミレニアム開発目標)**である。MDGsは発展途上国に対して2015年までに達成すべき目標として定められ，一定の成果をあげたが，女性の地位向上や二酸化炭素の排出量など，課題は残った。そこで，SDGsでは先進国も含めたすべての国が行動し，「誰一人取り残さない」ことで，持続可能な社会の実現をめざしている。

SDGsやMDGsの下支えとなっているのが，**「人間の安全保障」**という考え方である。これは，生命や尊厳に対するあらゆる脅威(きょうい)から人々を守り，持続可能な個人の自立と社会づくりをめざすというもので，**UNDP(国連開発計画)**が「人間開発報告」で提唱した。

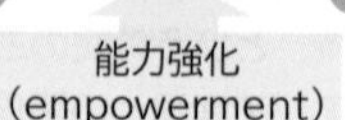

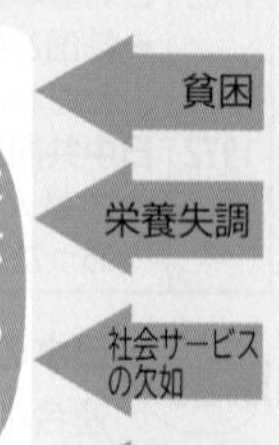

目標		項目	1990年	2015年
目標1	極度の貧困と飢餓(きが)の撲滅(ぼくめつ)	1日1.25ドル未満で生活する人の数	約19億人	約8億人
目標2	普遍的な初等教育の達成	発展途上国の小学校就学率	83%(2000年)	91%
目標3	ジェンダーの平等の推進と女性の地位向上	小学校に通学する女子(男子100人あたり)	74人	103人
目標4	幼児死亡率の引き下げ	5歳児未満の死亡率(1,000人あたり)	90人	43人
目標5	妊産婦の健康の改善	妊産婦の死亡率(出産10万あたり)	380人	210人(2013年)
目標6	HIV／エイズ，マラリア，その他の疾病(しっぺい)の蔓延(まんえん)の防止	HIVの感染者数	350万人	210万人(2013年)
目標7	環境の持続可能性の確保	安全な飲料水を入手できる人の割合	76%	91%
目標8	開発のためのグローバル・パートナーシップの構築	ODAの総額	810億ドル(2000年)	1,352億ドル(2014年)

←**MDGs達成に対する最終評価**(国連資料)　評価内容の一部を取り上げた。いずれも状況は改善しているが，男女間の不平等，都市部と農村部の経済格差，二酸化炭素排出量の増加，難民の増加などの課題もあげられた。

Q これらの項目が，現在はどのような数値になっているか調べよう。

5つのP　SDGsがめざすもの

SDGsは17の目標と，それを支える169項目の具体的なターゲットから構成されている。17の目標は5つの「P」から始まるキーワードで分類すると，さらにイメージしやすい。

すべての課題がおたがいに影響を与えあっていて，その達成のために全体的な取り組みが必要であることを示しているんだね。

あらゆる形態の貧困と飢餓に終止符を打ち，尊厳と平等を確保する。

Prosperity　豊かさ
自然と調和した，豊かで充実した生活を確保する。

将来の世代のために，地球の天然資源と気候を守る。

Partnership　パートナーシップ
確かなグローバル・パートナーシップを通じ，アジェンダを実施する。

Peace　平和
平和で公正，かつ包摂(ほうせつ)的な社会を育てる。

SDGsと日本

SDGsでは国連や各国政府だけではなく，個人や民間企業の積極的参加も求められている。そして，最近では，国際協力のための活動を積極的におこなう企業も増えている。たとえば，日本の電機メーカーのパナソニック(大阪府)は，発展途上国の無電化地域の人々に対し，「持続可能で健康的なあかり」を送る活動をおこなっている。

企業は販路を拡大し，利潤(りじゅん)を得ることを目的としているのに，なぜ直接営業実績に結びつかない活動をするんだろう？

SDGsに取り組む企業は，社会に対して責任を果たす企業として広く認識されることになり，イメージ向上につながるんだよ。その活動に賛同する優秀な人材が集まるなど，企業にも大きなメリットになると考えられているんだ(➡p.174)。

Q ほかにも政府や地方公共団体，企業がおこなっているSDGsにかかわる国際貢献の例を調べてみよう。

❶企業の取り組み　無電化地域の未来を照らすプロジェクト

⬆➡**ソーラーランタン(上)と夜間ソーラーランタンを使って勉強する子どもたち**(ミャンマー，右)

写真提供：特定非営利活動法人ジャパンハート

写真提供：国際移住機関(IOM)シエラレオネ事務所

⬆**夜間ソーラーランタンを使って勉強する子どもたち**(シエラレオネ)

解説 **貧困解消をめざして**　世界では約8億人が電気のないくらしを送っているという。パナソニックは2013～18年にかけて，世界の無電化地域での社会課題の解決をめざし，ソーラーランタンを寄贈(きぞう)するというプロジェクトをおこなった。ソーラーランタンは太陽光で発電するため，燃料代がかからない。また，太陽光は温室効果ガスを排出しない再生可能エネルギー(➡p.245)であるため，それまで使われてきた灯油(とうゆ)ランプなどのように煙(けむり)による呼吸器障害を起こす心配のない，健康や環境にも配慮した「あかり」である。

現在は，一企業にとどまらず多くの人からの寄付をもとにソーラーランタンを届ける活動をおこなっており，その内容は深化している。

さらに，太陽光発電と蓄電(ちくでん)システム(ソーラーシステム)を寄贈するプロジェクトも展開している。これは村の学校や診療所に電気を供給するとともに小規模な地場(じば)産業を生み出し，経済的な自立につなげようとするものである。

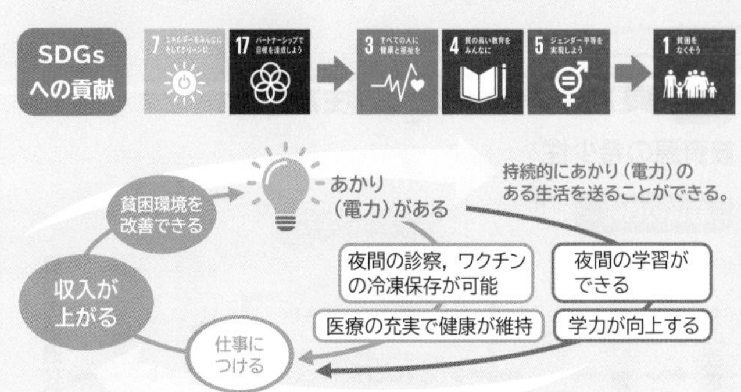

⬆**再生可能エネルギーの「あかり」がもたらす暮らしの変化**(パナソニック資料)

❷日本の目標達成度　SDGsにおける日本の課題

評価：達成にはほど遠い ■■■■ 達成できている
傾向：⬇悪化　➡現状維持　↗改善　⬆達成・達成予定　ー不明

(2023年)

解説 **日本は21位**　国連は毎年SDGsの目標達成度や進捗(しんちょく)状況を国ごとに発表している。2023年のレポートでは，上位にフィンランドやスウェーデンなどヨーロッパ諸国が並ぶなか，日本は21位。17の目標ごとに現状の評価と傾向も確認できる。日本は持続可能な社会に向けて，どのような点が課題となっているのだろうか。

私たちと経済

課題▶私たちは経済の基本的な考え方を，どのように活用すればよいのだろうか。

クローズアップ 経済って何だろう？

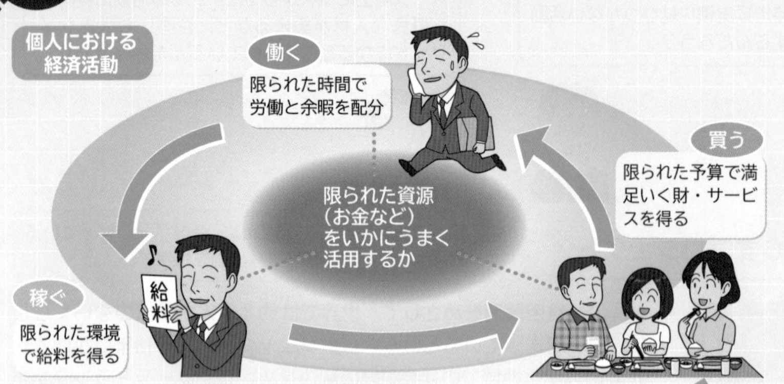

経済とは毎日の行動そのもの

「経済」と聞くと，なんとなく難しくわかりにくい印象をもつ人も多いだろう。

しかし，私たちは自分で選択した働き方をしながら，手に入れたお金で**財・サービス**を購入して生活している。企業は，利益をより多くするためにさまざまな工夫をしながら，財・サービスの生産活動をおこなっている。こうした活動そのものが「経済」である。つまり，私たちは，意識していなくても経済活動を営んでいるのである。

個人と社会の経済活動は，どんな点が共通しているかな。

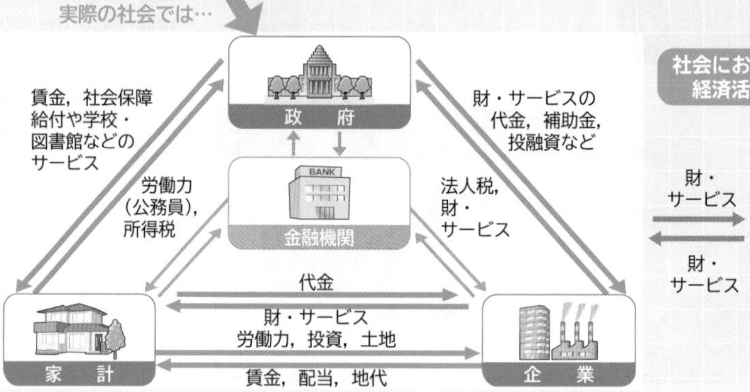

➡経済主体と経済循環　社会には，経済活動に参加する単位として，企業・家計・政府の三つの**経済主体**がある。生産活動の中心となる**企業**(➡p.172)，消費活動をする**家計**，財政活動をおこなう**政府**(➡p.200)が，相互に財やサービスの取り引きをすることによって，経済活動が営まれている。

また，これらの経済主体どうしの資金の流れを円滑にするために，**金融機関**(➡p.194)がある。

1 資源の希少性と経済

■資源の希少性

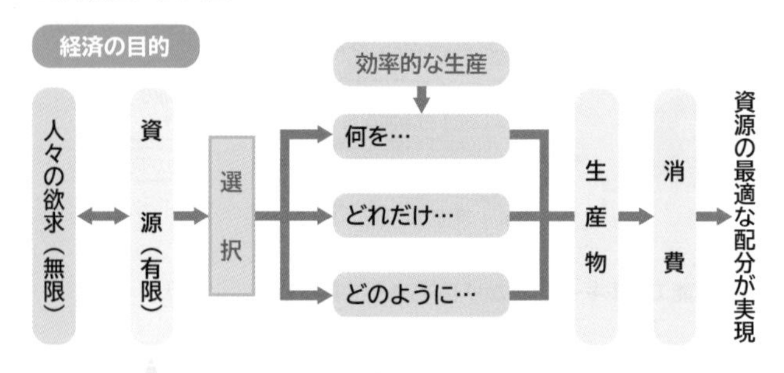

解説 **限りある資源を有効に**　資源とは，生産物をつくるために必要なものすべてをさし，お金や時間，労働力などがある。私たちの欲求は無限であるのに対して，資源は有限であり，欲求をすべて満たすことはできない。これを**資源の希少性**という。私たちの欲求をできるだけ満たすために，限られた資源をどのように活用していくかを考えていくことが，経済活動の基本である。

■生産の三要素

生産の三要素
土地や資源
農地や工場の敷地だけでなく，森林や水，石油，動植物など，自然に存在しているすべてを含む。
労働力
生産活動をおこなう労働者。
資本
生産に用いられる道具，機械設備，工場など。金融資本は含まれない。
生産物
財（有形）
サービス（無形）

解説 **生産に必要なものとは**　財やサービスの生産に必要な土地や資源，労働力，資本を**生産の三要素**という。これらは限られた量しか存在しない。企業はこの生産要素を市場(➡p.184)で売買しながら，より多くの利益を生み出すために経済活動をおこなっている。

プラスα **ナッジ**　「ナッジ」とは英語でひじで軽く押すことを意味し，行動経済学では人々の行動を望ましい方向に後押しするアプローチをさす。たとえば，公衆トイレでの「きれいに使用していただいてありがとうございます」という貼り紙などがあげられる。

2 経済の基本的な考え方

Q それぞれの考え方を，自分の生活にあてはめてイメージしてみよう。

■トレードオフ

あることを選択すると，別の何かを断念しなければならない状況をさす。限られた時間やお金のなかで，自分の満足感が高まるような選択をする。

■インセンティブ

経済的な意欲や動機づけという意味で使われる。報酬(ほうしゅう)や名誉(めいよ)のほかにやりがいや楽しさなども含まれ，人間のやる気を高めたり，社会発展の原動力にもなったりする。

正(+)のインセンティブ	利益，補助金，ごほうびなど	テストで〇点以上とれたら，ゲーム買ってあげるよ。
負(−)のインセンティブ	税金，罰金，反復課題など	駐車禁止 ここに自動車をとめると，罰金５万円！
非金銭的なインセンティブ	楽しさ，達成感，やりがい，自己肯定(こうてい)感など	いつも本当にたすかるよ。ありがとう！

■機会費用

同時に二つを選択できない時(とき)，何かを選んだことで得ることができなくなった利益のうち，最大のものをさす。意思決定をする時に機会費用を意識することで，経済的にはより効率的で合理的な判断ができることもある。

時給1,000円の仕事を休んで２時間ラーメン店の行列に並んだら…

行列に並んでラーメンを食べる
１杯800円

行列に並ばず２時間仕事
収入2,000円

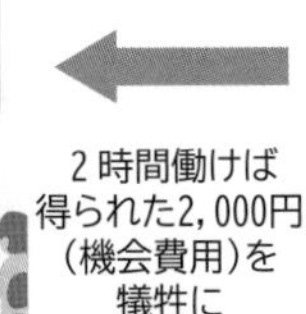

機会費用(2,000円)＋ラーメン代(800円)に並んだ価値があるかないか

解説 **経済の考え方を使いこなせると……**　ここで大切なことは，「インセンティブ」や「機会費用」などの用語を覚えることではない。私たちは生活のさまざまな場面で選択をおこなっているが，経済の考え方を意識して選択することで，意欲ややりがいをもてるようになったり，お金や労力の無駄(むだ)を省(はぶ)き，より確かな選択が可能になったりする。満足度の高い選択ができるようになれば，生活も変化するはずである。

確認▶三つの経済主体と，それぞれのおもな役割をあげよう。
活用▶経済の基本的な考え方を使い，生活のなかの事例をあげてみよう。

3 分業と交換

分業

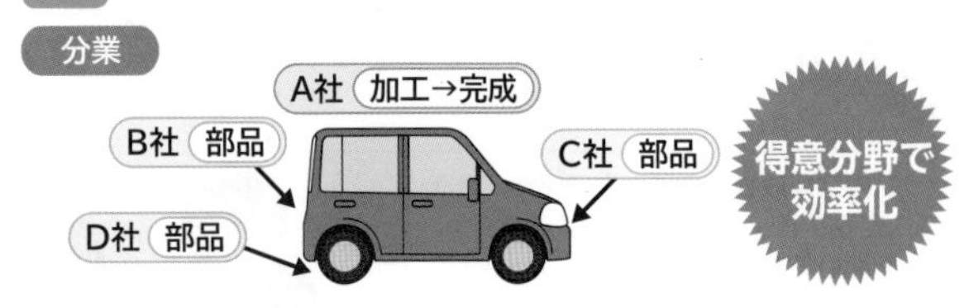

交換　財・サービスとお金の交換➡ **おたがいに利益**

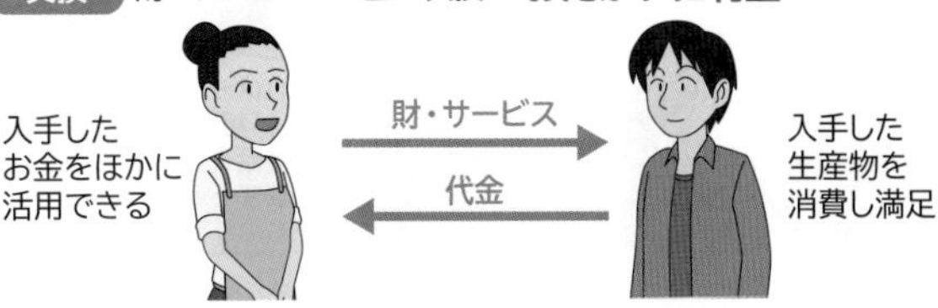

解説 **時間と時間の交換**　分業(➡p.214)とは，おたがいで役割分担することである。私たちはすべてのことを一人でおこなうことはできない。いいかえれば，自給自足は現実的ではないともいえる。私たちは生活するなかで，自分が得意でない部分を，それを得意な人にまかせ，あまった時間を使って自分ができることをする。こうして考えると，分業とは，自分の時間と自分以外の人の時間との交換ともいえる。

Topic 時間の希少性を考える

私たちは授業や部活動などで，日々多忙な生活を送っている。より充実した生活を送るために，かしこく経済の考え方を活用できないだろうか。

たとえば，身近な事例として時間の希少性がある。どんな人でも，１日に使える時間が24時間であることは変わらない。この24時間をどのように使うかは，私たち一人ひとりにまかされている。

この時間の使い方について，いくつかの選択肢(し)のなかからトレードオフや機会費用を意識して選択し，その効果を考えてみると，より有効な時間の使い方ができるのではないだろうか。時間は希少性が高いことを自覚して，さらに生活の満足度を上げる工夫をしてみよう。

生活をふり返り，時間の使い方をチェックしよう！

労働者と権利

課題▶労働者は，どのような権利をもっているのだろうか。

内定が取り消されてしまった！

やっと内定が取れたのに，先日突然，電話で「内定取り消し」の連絡が来たんです……。理由を聞いても「会社の都合」としかいってくれないし，どうすればいいんでしょう？もう新しい家も契約しちゃってるのに……！
誠に残念ですが…
それはショックだったね……。まずは「相談してからお返事します」と電話では同意せず，専門機関に相談することが大切だよ。一緒にがんばりましょう！

内定取り消しには厳しい制限があるが…

2020年は新型コロナウイルス感染症の影響により，内定取り消しの事例が急増した。雇用決定における内定は，新卒であれば，企業が「卒業後の雇用を約束する」という意味で，転職であれば「雇用を正式に約束する」という意味である。雇われる側からの契約解除は，予告期間をおくことで基本的には可能である。しかし，企業側からの解除は，労働基準法で「解雇」と同様に厳しい制限が加えられている。

内定者に取り消しの事由がある場合		会社の都合で内定を取り消す場合
・学生においては予定されていた時期に卒業できなかった場合。 ・健康状態悪化，長期療養により勤務できないことが明らかな場合。 ・雇い入れに差しつかえる犯罪行為があった場合。	解約権の行使により内定取り消しができる。	経営悪化により，一般従業員を整理解雇しなければならないという業務上の必要性があって，会社側が整理解雇を避けるための十分な努力をした場合。

新型コロナウイルス感染症の影響で内定取り消しなどにあった場合は，ハローワークに設置された「特別相談窓口」も利用できます。

採用内定取り消しができる場合（河野順一『労働法のことならこの1冊』 自由国民社）

1 労働基本権と労働三法

●労働基本権　▼労働三権　📖労働三法

日本国憲法第27条		
●勤労権	労働条件の基準	児童酷使の禁止

📖労働基準法
労働条件の最低基準として，次のような内容を定めている。
・労使対等
・労働時間や休日の規定
・差別待遇の禁止
・年少労働者の保護
監督行政機関として，労働基準監督署が置かれている。

日本国憲法第28条		
●▼ 団結権	●▼ 団体交渉権	●▼ 団体行動権
労働組合を組織し，それに加入する権利。	労働組合を通じて使用者側と労働条件を交渉し，労働協約を締結する権利。	労働組合が使用者側に要求を認めさせるため，ストライキなどの争議行為※をおこなう権利。

📖労働組合法	📖労働関係調整法
労働者が自主的に労働組合を結成し，使用者と団体交渉をおこない，労働協約を結び，その目的を達成するための争議行為を認める。	労働関係の公正な調整をはかり，労働争議の予防・解決をはかるために，労働委員会による調整を規定している。調整の手段としては，斡旋・調停・仲裁がある（➡4）。

※争議行為には，ストライキ（就労を拒否すること），サボタージュ（作業効率を低下させること），ピケッティング（スト中の職場を見はること）などがある。

解説 **私たちの働く権利を守るために**　社会では，働く人（労働者）と雇う人（使用者）が対等な立場で自由に契約できる。しかし実際には働く人が不利な立場になることが多く，健全な労使関係を維持するために，国家の保護が求められる。**労働基本権**は基本的人権（➡p.73）の一つで，日本国憲法でも第27条で**勤労の権利**，第28条では**団結権・団体交渉権・団体行動権の労働三権**が保障されている。労働基本権を具体的に定めている法律を総称して労働法といい，なかでも，労働基準法・労働組合法・労働関係調整法は**労働三法**とよばれる。

2 公務員の労働三権の制限

		団結権	団体交渉権	団体行動権
国家公務員	警察官・自衛隊 海上保安庁・刑事施設職員	×	×	×
国家公務員	非現業公務員（官庁に勤務する一般の行政職員）	○	△	×
国家公務員	現業公務員（現場作業に従事）・特定独立行政法人職員	○	○	×
地方公務員	警察官・消防職員	×	×	×
地方公務員	非現業公務員 公立学校教員	○	△	×
地方公務員	現業公務員・公営企業職員 特定地方独立行政法人職員	○	○	×

日本の公務員の労働三権　△…労働協約の締結権なし

	団結権	団体交渉権	団体行動権
アメリカ	○ （外交官，FBI，CIAなどを除く）	○	× （州法では認められている例がある）
ドイツ	○	○ （上級公務員には労働協約締結権なし）	○ （上級公務員を除く）
イギリス	○	○	○ （一般にストは合法と考えられている）

各国の公務員の労働三権　日本の公務員は，欧米にくらべて多くの制限が加えられている。

解説 **公務員の労働基本権が制限される理由**　公務員は全体の奉仕者として公共の利益のために働く必要があることから，法律により労働基本権が制限されている。日本ではこの制限があるために，人事院による勧告で給与などが定められている。

芸能人の働く権利をどう守る？　事務所移籍や芸名の使用など，芸能人と所属事務所との契約トラブルが後を絶たない。芸能人の多くが労働組合に加入していないことも原因の一つとされるが，2018年にはフリーランスで働く人が独占禁止法で保護されるようになるなど，対応が進んでいる。

労働基本権，労働三法，人事院勧告制度，不当労働行為➡p.281

3 労働基準法のおもな内容

労働基準法は，私たちが働く際の最低限の基準を示している。

章	条	項目	おもな内容
1 総則	1	労働条件の原則	人たるに値する生活を保障。この基準は最低限のもの。
	2	労働条件の決定	労使対等の立場で決定。
	3	均等待遇	国籍・信条・社会的身分による差別禁止。
	4	男女同一賃金の原則	女性であることを理由とする賃金差別の禁止。
2 労働契約	15	労働条件の明示	労働契約締結の際，賃金・労働時間などを明示。
	19	解雇制限	業務上の負傷・疾病および出産による休業期間と，その後30日間は解雇禁止。
	20	解雇の予告	少なくとも30日前に予告する。
3 賃金	24	賃金の支払	毎月1回以上，一定の期日に通貨で直接全額を支払う。
4 労働時間その他	32	労働時間	1日8時間，週40時間以内。
	34	休憩	8時間をこえる場合に最低1時間保障。
	35	休日	毎週最低1回の休日保障。
	36	時間外・休日労働	労働組合または労働者の過半数の代表者との書面協定が必要(三六協定)。
	37	割増賃金	時間外・休日・深夜労働に対しては25%以上50%以下の割増賃金を支払う。月60時間をこえる時間外労働(残業)に対しては50%以上の割増賃金を支払う。
	39	年次有給休暇	6か月の継続勤務者に10日，2年目より加算(最高20日)。
6 年少者・女性	56	最低年齢	満15歳未満の児童の労働禁止。
	61	深夜業	満18歳未満の深夜(午後10時から午前5時)の労働禁止。
	65	産前産後	産前6週間，産後8週間の休業保障。
	67	育児時間	生後1年間，1日2回(各30分)の育児時間を保障。
	68	生理休暇	生理日の休暇保障。
8 災害補償	75	療養補償	業務上の負傷・疾病にともなう療養費は使用者が負担。
	76	休業補償	療養休業中には平均賃金の60%を支払う。

解説 **働く人を保護するための労働条件**　**労働基準法**は，労働条件の原則や決定について，最低基準を定める法律である。労働基準法が適用される「労働者」とは，職業の種類を問わず，事業または事務所に使用され，賃金の支払われる者をいい，非正規労働者(➡p.161)にも適用される。

4 労働争議の調整

新型コロナウイルス感染症の影響による賞与カットを受けて医療従事者が起こしたストライキ(2020年，東京都)

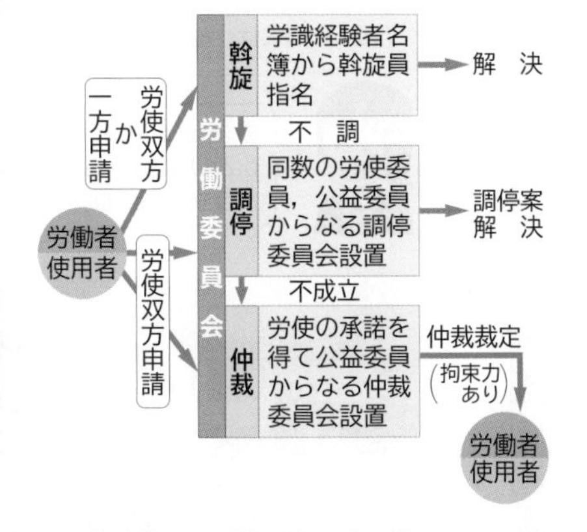

解説 **労働争議が発生すると**　労働争議では，労働者と使用者との間で話しあいがおこなわれ，自主的解決がはかられる。労使間の交渉が決裂した場合にそなえて，**労働関係調整法**が定められている。労働委員会が**斡旋・調停・仲裁**をおこなうことで，労働争議の解決をめざす。

確認▶労働三権と労働三法をあげよう。
活用▶労働三権と労働三法はなぜ定められているのか，説明しよう。

5 労働組合員数と組織率

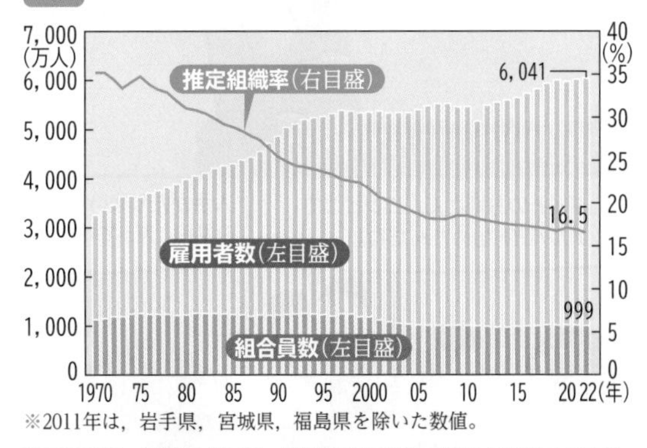

※2011年は，岩手県，宮城県，福島県を除いた数値。

雇用者数，労働組合員数，労働組合組織率の推移(厚生労働省資料)

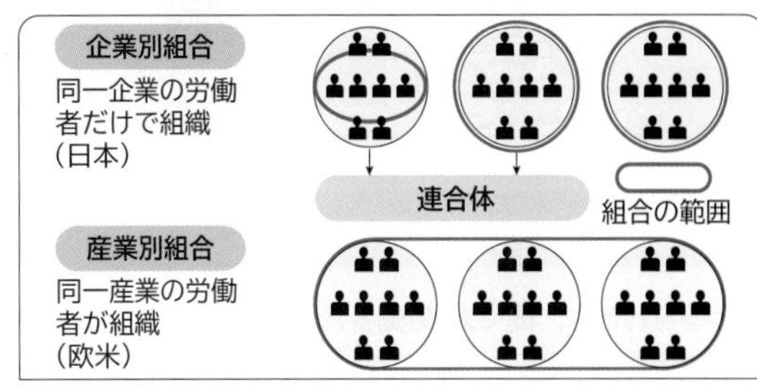

労働組合の種類　かつて欧米では，同一業種の労働者で組織する職業別労働組合も見られた。

解説 **組織率は低下**　日本の**労働組合**は企業別に組織されており，比較的，使用者との対立が少ない。派遣社員やパートタイム労働者など労働形態が多様化するなか，労働組合の組織率は低下し続けており，組合のあり方や加入方法などの改善が求められている。

6 不当労働行為

不利益な取扱い(7条1号)	組合活動を理由とした不利益な取扱い
黄犬契約(7条1号)	組合への不加入・脱退を要件とした雇用契約
団体交渉の拒否(7条2号)	正当な理由なく団体交渉を拒否
組合の運営への介入(7条3号)	組合の運営に金銭的な援助をおこなう
救済申請を理由とした不利益な取扱い(7条4号)	労働委員会への申し立てを理由とした不利益な取扱い

労働組合法で不当労働行為と定められているもの

解説 **労働者の地位を保護するために**　使用者が，労働者の労働組合活動を妨害することは，**労働組合法**で**不当労働行為**として禁じられている。不当労働行為があった場合には，労働委員会による救済が定められている。

経済

学びを社会へ

労働トラブルにまきこまれないために

これから私たちは，アルバイトや就職など，労働契約を結んで働く機会があるだろう。しかし，なかには労働者を不当な条件で働かせる企業もある。自分の希望にあった条件で働くために，労働トラブルにまきこまれないために，今から自分なりの働き方をよく考えておこう。

労働契約の確認が不十分だと…

ダイチのお姉さん，コンビニでアルバイト始めたんだね。

人手がたりないから，７月の第２週もシフトに入ってくれ。

その時は期末試験期間の真っ最中で，働けません！
働けない時期など，契約で決めていないぞ。もうシフト入れたからな！

勉強する時間がない…どうしよう。
採用時にアルバイトをする期間や休日など，労働条件をしっかり店長に書面などで伝えた？

働く前に確認しておくこと

労働契約とは，働く人（労働者）と雇う人（使用者）がその働き方に対して賃金を支払うことをおたがい合意して約束することである。契約は口頭（こうとう）でも成立するため，最初の段階がとても重要である。給与や労働時間などの労働条件について，書面で明らかにしておこう。

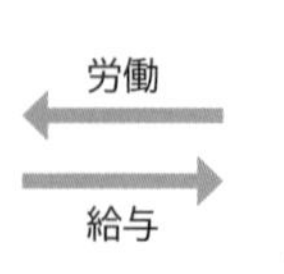

❶契約期間
❷就業の場所
❸業務の内容
❹始業・終業時間
❺休憩時間
❻賃金
（各種手当，支払日など）
❼休日
❽年次有給休暇
❾退職に関するきまり

最初に確認しておく内容 ❶～❾のような内容を，労働条件通知書として書面で明らかにしておこう。労働条件の細かい事項は就業規則で定められていることもあるので，就業規則がある場合は，その内容も確認しておこう。

（2022年）

お金を得るために働く	社会の一員として，務めを果たすために働く	自分の才能や能力を発揮するために働く	生きがいをみつけるために働く	無回答
63.3%	11.0	6.7	14.1	4.9

働く目的（内閣府「国民生活に関する調査」） 働く目的として最も多い回答は「お金を得るため」であり，賃金は労働条件のなかでも重視する内容の一つである。労働基準法でも残業や休日出勤の際の割増賃金が細かく定められている（➡p.157）。また，各都道府県で定められている最低賃金も確認しておく必要がある。

全国の最低賃金（2023年度）

（厚生労働省資料）

1,000円以上
900～999円
850～899円

都道府県	円	都道府県	円	都道府県	円
北海道	960	青森	898	岩手	893
秋田	897	宮城	923	山形	900
福島	900	群馬	935	新潟	931
栃木	954	埼玉	1028	富山	948
石川	933	福井	931	茨城	953
山梨	938	長野	948	滋賀	967
京都	1008	鳥取	900	島根	904
山口	928	千葉	1026	東京	1113
岐阜	950	大阪	1064	兵庫	1001
岡山	932	広島	970	福岡	941
佐賀	900	長崎	898	神奈川	1112
愛知	1027	奈良	936	香川	918
愛媛	897	大分	899	熊本	898
静岡	984	三重	973	和歌山	929
徳島	896	高知	897	宮崎	897
鹿児島	897	沖縄	896		

働いていて困った時には

労働契約とは異なる労働時間や賃金で働かせる，いわゆる「ブラックバイト」「ブラック企業」が問題となっている。これらの企業に見られる長時間労働や残業代未払いは労働基準法に違反するもので，６か月以下の懲役（ちょうえき）または30万円以下の罰則に処せられる。

労働者自身も，働くなかで身の危険や疑問を感じたら，一人で苦しまず相談窓口を利用しよう。解雇や給料の不払いなど，労働関係のトラブルが発生した場合には，労働審判制度により使用者と争うことも可能である。

アルバイトを始める前に知っておきたい７つのポイント（厚生労働省資料）
①アルバイトを始める前に，労働条件を確認する！
②バイト代は，毎月，あらかじめ決められた日に，全額支払われるのが原則！
③アルバイトでも，残業手当がある
④アルバイトでも，条件を満たせば，有給休暇が取れる
⑤アルバイトでも，仕事中のけがは労災保険が使える
⑥アルバイトでも，会社の都合で自由に解雇することはできない
⑦困った時（とき）には，総合労働相談コーナーに相談を！

労働法や社会保障（➡p.206）など，公共の知識が役立つんだね。

就職した時にもこのことを思い出したいね。

新卒応援ハローワーク ハローワークは，求人情報の提供，失業給付，教育訓練給付等の手続きの案内などをおこなう，国の行政機関である。若者の雇用対策に力を入れており，職業相談から職場定着まで，きめ細（こま）やかな支援をおこなっている。

(1／2)

求人番号 13070- 8309　受付年月日 令和2年1月23日　受付安定所 ○○公共職業安定所　事業所番号 1307-940621-1

求人票（高卒）

※インターネットによる全国の高校への公開 可
※応募にあたって提出する書類は「統一応募書類」に限られています。

1 会社の情報 (1／2)

事業所名	カスミガセキデンシコウギョウ カブシキガイシャ 霞ヶ関電子興業 株式会社	従業員数	企業全体 105人／就業場所 105人／（うち女性）42人／（うちパート）6人
		設立	昭和56年　資本金 10億円
所在地	〒100-0000 東京都千代田区○○○1－×－× ○○線△△駅 から 徒歩10分	事業内容	自動車電子部品の製造・販売 世界的に普及している「エコカー」に欠かせない部品を自動車メーカーに提供しています。
		会社の特長	国内6拠点展開、9年連続『シェアNo．1』を誇る業界のリーディングカンパニー。ノー残業デイの導入により残業縮減を図っています
代表者名	代表取締役　霞ヶ関 一		
法人番号	2019102915125	ホームページ	http://www.kasumigasekidensikougyou.go.jp/

2 仕事の情報

❶ 雇用形態：正社員　就業形態：派遣・請負ではない　営業（自動車用の電子部品）　求人数：通勤 1人　住込 0人　不問 0人

❷ 仕事の内容：
自社で製造している電子部品（主に自動車用部品）の法人向け営業
・受注計画に基づき新製品開発に合わせた製品の提案・見積り
・受注から納品までのフォロー・代金回収等
※顧客は、主に国内の自動車メーカー（関東・東海地域）です。
※既存顧客へのルート営業が中心です。
※目標はありますが、ノルマはありません。
※入社後は、集合研修・現場ＯＪＴにより、必要な知識・スキルを学べます。

必要な知識・技能等（履修科目）：不問

雇用期間の定めなし　契約更新の可能性

マイカー通勤 不可　転勤の可能性 あり　試用期間 あり 労働条件 同条件

就業場所：事業所所在地と同じ　〒100-0000 東京都千代田区○○○1－×－×　○○線△△駅 から 徒歩10分

受動喫煙対策 あり（喫煙室設置）［喫煙できる部屋がある］

3 労働条件等

❸ 福利厚生等（加入保険等）：雇用 労災 [illegible] 健康 厚生 財形 [illegible]
退職金共済 未加入
退職金制度 あり （勤続 3年以上）
定年制 あり （一律 65歳）
再雇用制度 あり （上限 70歳まで）
勤務延長 なし

入居可能住宅：単身用 あり　世帯用 なし　労働組合 あり　通学 可
育児休業取得実績 あり　介護休業取得実績 あり　看護休暇取得実績 該当者なし
賃金締切日 月末 その他　賃金支払日 翌月 25日 その他　賃金形態等 月給 その他
就業規則：フルタイム あり　パートタイム あり

❹ 賃金等（現行・[illegible]）
基本給（a） 165,000円
固定残業代（c）あり 16,000円
月額（a+b+c） 211,000円
※この金額から所得税・社会保険料等が控除されます。
月平均労働日数 19.8日

固定残業代に関する特記事項：時間外手当は、時間外労働時間の有無にかかわらず、固定残業代として支給し、10時間を超える時間外労働は追加で支給。

定額的に支払われる手当（b）：営業 手当 30,000円
特別に支払われる手当：資格 手当 10,000円　皆勤 手当 5,000円

通勤手当：実費支給（上限あり） 月額 50,000円まで
昇給：昇給あり（昇給の前年度実績） 2,500円 又は ％
賞与：あり（新規学卒者の前年度実績） 年1回 万円～ 万円 又は 2.00ヶ月分
賞与：あり（一般労働者の前年度実績） 年2回 万円～ 万円 又は 4.50ヶ月分

❺ 就業時間：(1) 9時00分～18時00分　(2) ～　(3) ～

❻ 時間外：時間外 あり　月平均 10時間　36協定における特別条項 なし　特別な事情・期間等

❼ 休日等：休日 土 日 祝 その他　週休二日制 毎週
入社時の有給休暇日数 0日　年間休日数 127日
6ヶ月経過後の有給休暇日数 10日　休憩時間 60分
その他の休日・週休二日制：年末年始（12／29～1／3）　夏季休暇（7月～9月に3日間）　誕生日休暇（年1日）　その他特別休暇あり（慶弔・結婚・育児参加など）

受理・確認印

学校への訪問・配布に関する注意事項 ハローワークより：学校への訪問・配布にあたっては、ハローワークの確認印を受けたものを使用してください。

(2／2)

求人番号 13070- 8309　受付年月日 令和2年1月23日　受付安定所 ○○公共職業安定所　事業所番号 1307-940621-1

求人票（高卒）

事業所名 霞ヶ関電子興業 株式会社

※応募にあたって提出する書類は「統一応募書類」に限られています。 (2／2)

4 選考

受付期間 9月5日～9月11日　選考日 9月16日以降随時　複数応募 可（令和2年10月1日以降）　選考結果 面接選考結果通知 面接後 7日以内

既卒の応募：既卒応募 可（卒業後概ね 3年以内）　高校中退者応募 可
入社日（既卒者等の入社日） 随時　（赴任旅費） あり
応募前職場見学 可　補足事項欄参照
選考方法：面接 適性検査 その他［○○テスト，△△試験］　学科試験［一般常識 [illegible] 数学 英語 社会 理科 作文 その他］　（選考旅費） あり・なし
選考場所：〒100-0000 東京都千代田区○○○1－×－×　○○線△△駅 から 徒歩10分
担当者：課係名・役職名 人事総務課 リーダー　氏名 コウロウ ヤスコ 厚労 安子
電話番号 99-9999-9876 内線［ ］　FAX 99-9999-9879　Eメール

5 補足事項・特記事項

補足事項：
・試用期間：3ヶ月
・応募前職場見学については、7月20日以降実施予定です。
・応募前職場見学への参加の有無によって採否を決定するものではありません。

求人条件にかかる特記事項：
・特別に支払われる手当について
資格手当：当社の定める資格を保有している場合
皆勤手当：欠勤がなかった場合
・選考旅費は上限50000円まで

青少年雇用情報

1 募集・採用に関する情報

		企業全体の情報 新卒等採用者数	（うち男性）	（うち女性）	新卒等離職者数	高卒の情報 新卒等採用者数	（うち男性）	（うち女性）	新卒等離職者数
(1)	平成30年度	10人	6人	4人	1人	4人	2人	2人	0人
	平成29年度	11人	7人	4人	2人	3人	1人	2人	0人
	平成28年度	9人	5人	1人	4人	3人	2人	1人	1人
(2)	平均継続勤務年数	従業員の平均年齢（参考値）		18.5年	41.7歳			20.7年	40.2歳

2 職業能力の開発及び向上に関する取組の実施状況

(1)	研修の有無及びその内容	あり 新入社員研修（入社後2週間）※その後現場ＯＪＴあり（半年間）、英語講習（通信制）、簿記検定講座（社外講習）、管理職研修
(2)	自己啓発支援の有無及びその内容	あり 職務に資するものとして会社が認めた資格について取得費用の全額補償
(3)	メンター制度の有無	あり
(4)	キャリアコンサルティング制度の有無及びその内容	あり 入社直後、入社3年目等の節目に人事担当者によるキャリア等に関する相談を実施
(5)	社内検定等の制度の有無及びその内容	あり 霞ヶ関電子興業社内検定

3 職場への定着の促進に関する取組の実施状況

			企業全体の情報		高卒の情報	
(1)	前事業年度の月平均所定外労働時間／有給休暇の平均取得日数		15.5時間	10.7日	5.8時間	12.8日
(2)	前事業年度の育児休業取得者数／出産者数 ※1	取得者数	女性 9人	男性 2人	女性 3人	男性 1人
		出産者数	女性 12人	男性 10人	女性 5人	男性 4人
(3)	役員及び管理的地位にある者に占める女性の割合 ※2		役員 22.1%	管理職 30.5%		

※1 については、男性は配偶者の出産者数を示しています。 ※2 については、雇用形態に関わらず企業全体における割合を示しています。

産業分類 311 自動車・同附属品製造業　職業分類 [illegible]　就業場所住所 東京都千代田区
雇用保険適用事業所番号　識別欄

求人条件に関する注意事項 ハローワークより：求人票は雇用契約書ではありません。採用時には必ず、書面により労働条件の明示を受けてください。

WORK 求人票を見てみよう

求人票には，どんな仕事内容があるのか，労働者の権利がどのように守られているのかが示されており，企業を知るための第一歩といえる。求人票の見方を確認し，自分が実際に企業を選ぶ時に活用できるようにしよう。

❶～❼の項目について，求人票に書かれた内容を書き出そう。

❶雇用形態

企業とどのように契約を結ぶかにより，雇用形態が異なる。非正規雇用の場合は，「派遣」「請負（うけおい）」などと示される。

❶

❷仕事の内容

採用後に従事する仕事の内容である。適性や興味があるかどうかしっかり考える必要がある（➡p.22，180）。

❷

❸加入保険等

働く人をさまざまな形で支援する社会保険（➡p.206）の加入状況が示されている。

雇用保険	失業した場合などに支給される。
労災保険	業務上の病気・ケガなどの場合に支給される。
健康保険	業務外の病気・ケガなどの場合に支給される。
厚生年金保険	年金の一種。老齢・障害・死亡などの際に支給される。

❸

❹賃金

月額で示された賃金は，表示額から所得税・社会保険料などが控除（こうじょ）されるので注意しよう（➡p.213）。手当はさまざまなものがあるので，支給条件をよく確認する。

❹支給額合計

❺就業時間

一定期間の労働時間が変則的な「変形」や「交替制」などと書かれている場合，どう働くのかを確認する。

❺

❻時間外

早出（はやで）や残業があるかが示されている。時間外労働は割増賃金の支払い対象となる。

❻

❼休日

完全週休二日制の場合は，「週休二日制」の欄に「毎週」と示されている。

❼

経済

ふりかえり

- □ 高校や大学卒業後の就職や，学生時代のアルバイトにも労働法や労働契約が適用される。
- □ 自分が希望する仕事内容や給料，勤務時間などの労働条件をしっかりと決め，働く前から考えておく。
- □ 働く際いざという時にそなえて，記録やメモを残し，困った時の対処法や相談先も調べておく。

SOS ▶総合労働相談コーナー（厚生労働省） ▶労働基準監督署 ▶NPO法人 POSSE

調べる ▶知って役立つ労働法Q&A（厚生労働省） ▶東京ハローワーク

労働環境の現状と課題

課題▶労働環境の変化にともない，私たちの働き方はどう変わるのだろうか。

働く場所にも時間にもとらわれない

テレワークで自宅から会議に参加する会社員（2020年，埼玉県）

都市部から移住し，農業を始めた男性（2021年，宮崎県）

リゾート地で働きながら休暇をとる「ワーケーション」プランを利用する人々（2020年，栃木県）

ICT（情報通信技術）を活用し，オフィスに行かずに自宅などで仕事をするテレワークは，時間や場所を有効に活用できる働き方である。家庭と仕事の両立がしやすく，災害や感染症などの際にも柔軟に対応できるとして，導入する企業が広がっている。

テレワークの広がりは住む場所の選択肢も広げた。地方に移住してこれまでの仕事もテレワークでおこないながら副業をしたり，住居を固定せずに働いたりと，ライフスタイルにも影響を与えている。

柔軟な働き方ができるのはいいね！

でも，自由な働き方にはその分リスクもあるんじゃないかな。テレワークは労働者の働く時間管理や，メンタルヘルス対策の必要性が指摘されているよ。「本当の働きやすさ」を考えていかなきゃね。

1 労働環境の変化

終身雇用制・年功序列型賃金　かつて日本企業の多くが採用

低成長，企業間の競争激化 → **崩壊**

↓

新規採用の減少，非正規雇用採用増加，リストラ ／ 成果主義や年俸制の導入

↓

2004年　労働者派遣法改正（対象業務が製造業にも広がる）

非正規雇用の増加（低賃金・不安定）

↓

財政	景気	企業	社会	社会保障
税収減少	消費落ちこみ	技術の伝承困難	未婚者の増加	未納者増加
↓	↓	↓	↓	↓
財政赤字拡大	景気の悪化	生産性低下	少子化	財源不足

労働環境の変化と非正規雇用の増加による社会情勢への影響

解説 **経済環境の変化と多様な働き方**　社会の変化を背景に，私たちの働き方も変化している。第一に，バブル経済崩壊後の低成長やグローバル化を受けて，企業間の競争が激化し，非正規雇用が増加した。第二に，少子高齢化（➡p.210）による労働力人口の減少を受けて，外国人労働者や高齢者など，社会を支える労働力の確保が求められるようになった。第三に，女性の社会進出などを受けてワーク・ライフ・バランス（➡p.163）を求める動きが高まり，労働時間や働き方の見なおしが進んだ。

バブル経済崩壊やグローバル化，感染症の世界的な流行など，経済環境や社会の変化が労働環境に大きく影響している。

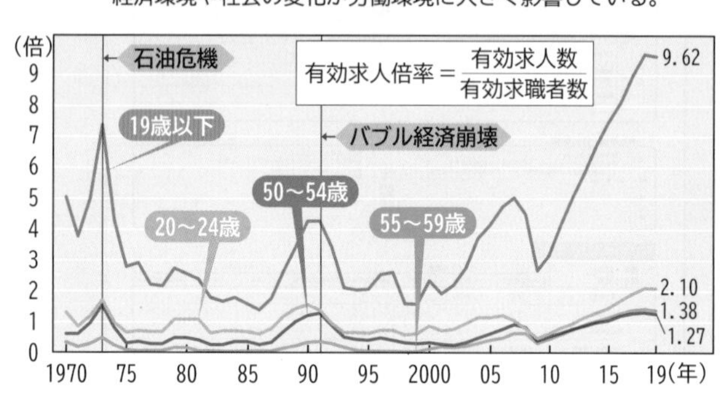

年齢別有効求人倍率の推移（厚生労働省資料）

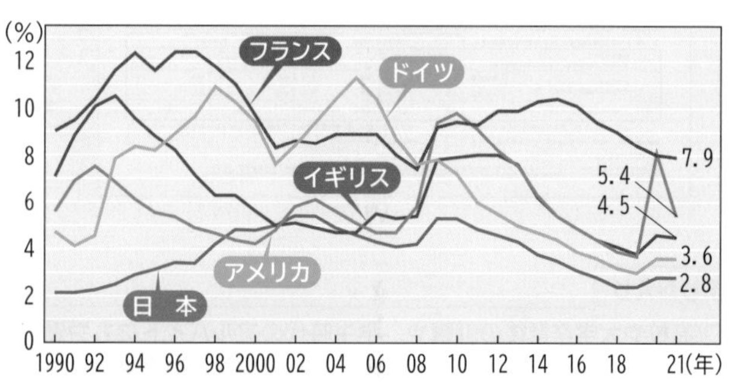

おもな国の失業率の推移（厚生労働省資料）

プラスα　**オランダの「同一労働同一賃金」**　オランダでは，異なる雇用形態であっても同等の賃金と福利厚生が保障されている。その結果，オランダのパートタイム労働者数は総労働者数の約4割を占め，週3～4日の勤務やワークシェアリングなど，柔軟な働き方が広がる要因になっている。

2 非正規雇用の増加

Q 雇用形態別雇用者数はどのように変化しているだろうか。正規雇用と非正規雇用に分けて経年変化を読み取ろう。

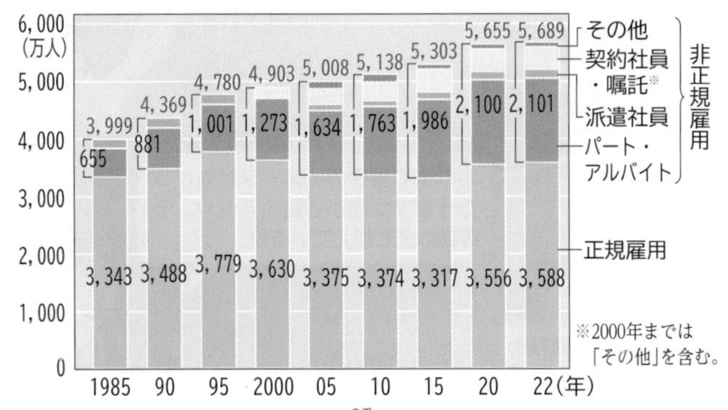

雇用形態別雇用者数の推移(役員を除く)(総務省資料)

なぜ非正規雇用なのか？

使用者
何よりも，人件費が節約できる。即戦力や能力のある人材を確保し，仕事量に応じて雇用を調整できる。
不景気で，正社員として働ける会社がないから，やむを得ずなんだけど……。
家計の補助や，学費などを得るために，都合のよい時間に働けるのは助かるな。
労働者

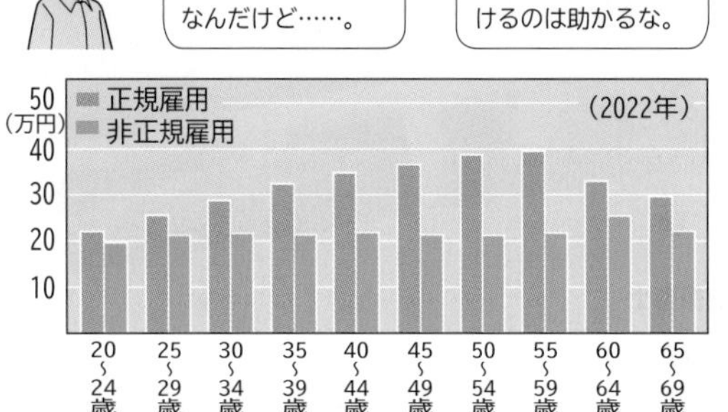

正規雇用と非正規雇用の賃金格差(厚生労働省資料)

解説 **非正規雇用の問題**　労働者のなかで，契約社員や派遣社員，アルバイトなどの**非正規雇用**の割合が増加している。都合のよい時間に働ける勤務形態として，望んで非正規雇用を選ぶ労働者がいる一方で，正規労働者として働ける先がなく，仕方なく非正規雇用を選ぶ労働者も存在する。非正規雇用は賃金や待遇面で正規雇用との格差が大きいため，生活が不安定になりやすく，将来設計が描きにくいという問題点がある。

3 グローバル化と労働問題

金属加工工場で働くベトナム人技能実習生(東京都)

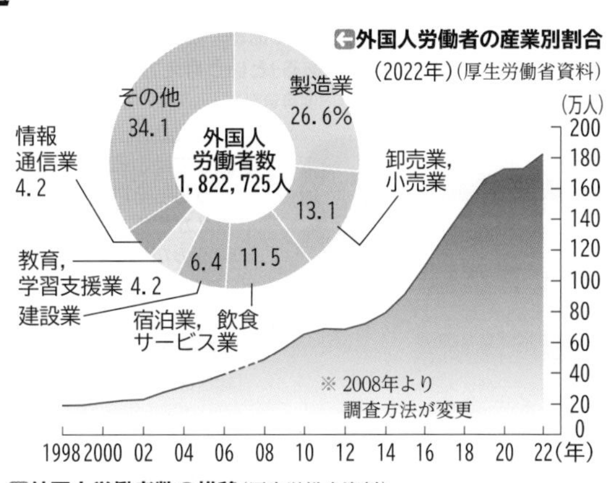

外国人労働者の産業別割合(2022年)(厚生労働省資料)

外国人労働者数の推移(厚生労働省資料)

解説 **外国人労働者も保護の対象に**　労働市場でも国際化が進み，日本でも多くの外国人が働いている。外国人労働者にも，労働基準法や最低賃金法などが適用される。しかし，研修や実習の名目で最低賃金を下回る額で働かされている外国人労働者など，適正な雇用や条件が確保されていないケースがある。

4 働き方改革関連法

Q 誰もが働きやすい社会になるよう，どのような対策がとられているのだろうか。

❶労働基準法などの改正	
長時間労働の是正	●時間外労働の上限を，原則月45時間，年360時間までに規制 ●1人5日間の年次有給休暇の取得を企業に義務づけ
多様で柔軟な働き方の実現	●フレックスタイム制の見直し ●年収1,075万円以上の一部専門職に対しては，労働時間ではなく成果で評価 ●勤務終了後から次の出社までに一定以上の休息時間を確保
❷パートタイム労働法※・労働契約法・労働者派遣法の改正	
公正な待遇の確保	●同一企業内における正規雇用と非正規雇用との不合理な待遇の差を解消

※パートタイム・有期雇用労働法に名称変更

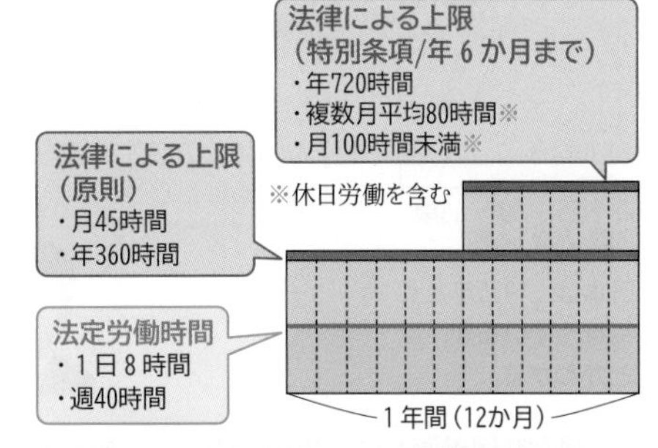

時間外労働の上限規制　労働基準法(➡p.157)で定められた労働時間をこえて働く場合，労働組合(労働者)と使用者は労使協定を結ぶ(三六協定)。その際，時間外労働の上限も決める。

解説 **これからの時代に求められる働き方**　長時間労働による心身の悪化や正規雇用・非正規雇用の間の収入格差などの問題を解消し，誰もが安心して長く働くことができる環境づくりをめざし，2018年に労働基準法などを改正する「**働き方改革関連法**」が成立した。これらの法整備が実効性のあるものになるよう，企業や私たちの意識改革も求められている。

確認▶労働環境の変化の例をあげよう。
活用▶労働環境の変化にともない，法律や企業はどのような取り組みをおこなっているか調べよう。

園児と遊ぶ男性保育士

これまで男性のイメージが強かった仕事で女性が活躍する例や，その逆の例も増えているね。

電車の女性運転士

いまを読み解く 男女がともに働きやすい社会を実現するためには

女性の社会進出が進む一方で，男女の意識や女性をとりまく労働環境には，いまだに課題も多い。男性も，女性もみずからの能力を十分発揮して働くために必要なこととは何だろうか。

課題の把握 男女の働き方にかかわる課題

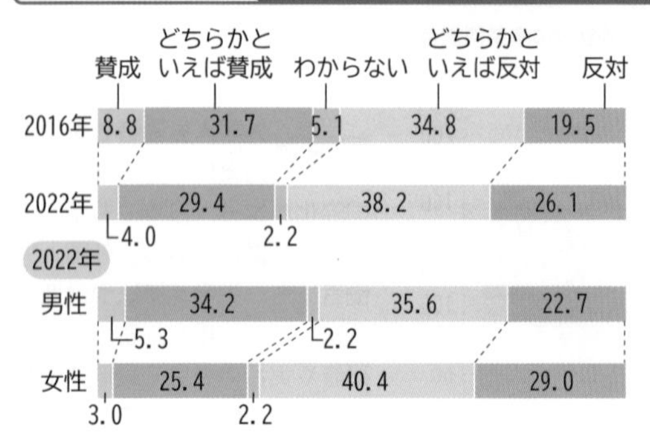

「夫は外で働き，妻は家庭を守るべきである」という考え方に対する意識(内閣府資料)

減ってはいるけど，どうしてそのような考え方が根強く残っているのだろう。

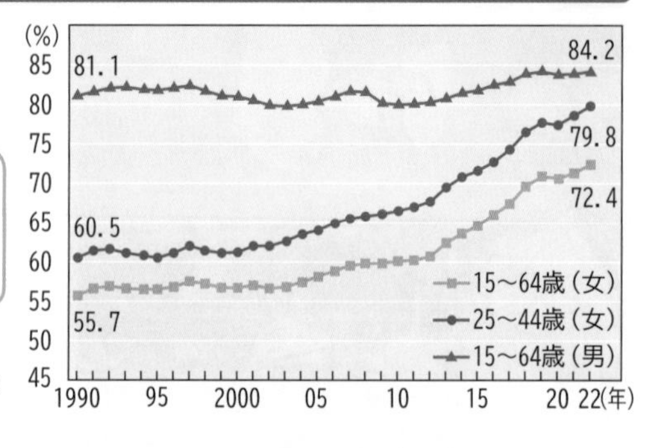

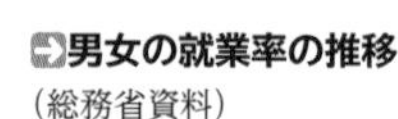

男女の就業率の推移(総務省資料)

100 (%) 80 60 40 20 0
15～19歳 20～24歳 25～29歳 30～34歳 35～39歳 40～44歳 45～49歳 50～54歳 55～59歳 60～64歳 65歳～

日 本(2022年)
日 本(1975年)
アメリカ(2021年)
フランス(2020年)
スウェーデン(2020年)

女性の年齢別労働力率(総務省資料) 日本は，1975年とくらべると20～30歳代のくぼみがゆるやかになっているが，ほかの国とくらべるとまだくぼみがあることがわかる。

Q 「女性の年齢別労働力率」について，日本のグラフはその形から「M字型曲線」とよばれる。なぜそのような形になるのか，背景や影響について考えよう。

なぜ男女の収入に格差があるのだろう。

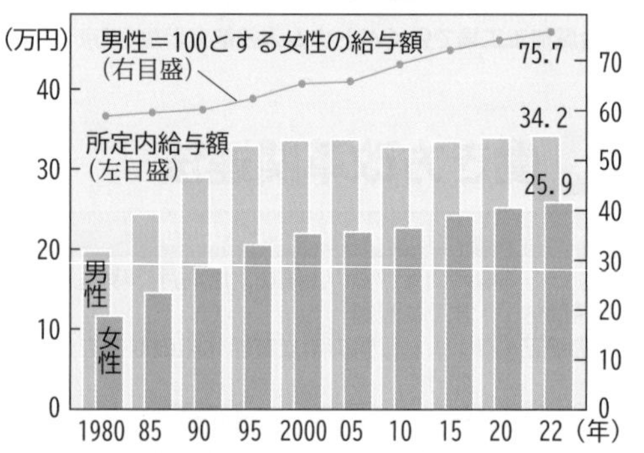

男女の賃金格差(厚生労働省資料) 労働基準法(→p.157)は「男女同一賃金の原則」(第4条)を規定しているが，依然として格差がある。

解説 **男女共同参画社会をめざして** **男女共同参画**とは，生物学的には男女に違いがある事実を認めたうえで，「男だからこうあるべき，女だからこうあるべき」と，性別で固定的な役割を決めつける意識を社会全体で見なおしていこうとするものである。男性に集中していた社会的責任を男女で分担し，男性も女性も家庭や仕事などで，さまざまな生き方や考え方が認められ，誰からも押しつけられることなく，みずからの意思で選択できる環境づくりが求められている。

男女雇用機会均等法，育児・介護休業法➡p.281

考える視点 A いまだに残る男女差別

■コース別人事訴訟

●事件の概要

野村證券(しょうけん)に入社した女性13人が，「同期入社の男性とくらべて昇格が遅く賃金も低い」として，差額賃金と慰謝料(いしゃりょう)を求めた。

●判決の要旨(東京地裁　2002年２月20日)

原告勝訴

昇進に関する男女間の著(いちじる)しい格差は男女のコース別人事※に由来する。原告が入社した当時は公序(こうじょ)(人々が守るべき社会の秩序(ちつじょ))に反するとはいえなかったが，男女雇用機会均等法の改正法が施行された1999年４月１日以降は，男女のコース別人事によって昇進に格差があることは同法第６条に違反し，不合理な差別として公序に反することになった。会社は男女差別という不法行為によって原告に対する賠償(ばいしょう)義務があるとして，総額5,600万円の慰謝料の支払いを命じた。

※中心的な業務を担(にな)い転勤もある「総合職」コース(男性)と，補助的な業務をおこない転勤もない「一般職」コース(女性)に分ける人事制度のこと。

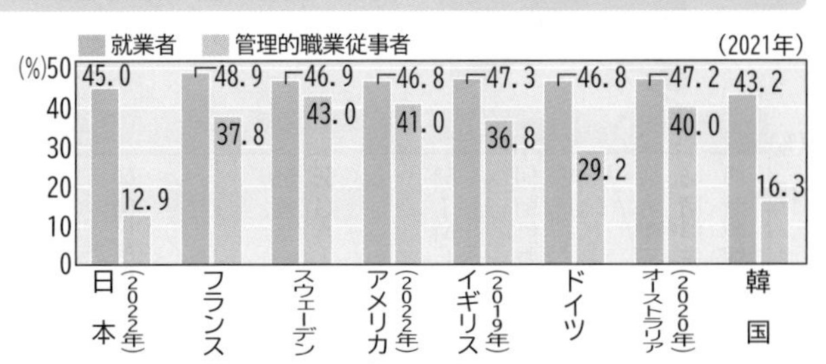

⬆女性就業者の割合と管理職に占める女性の割合(内閣府資料)

解説 **コース別人事は違法**　この裁判は原告，被告ともに控訴(こうそ)したが，2005年に和解が成立し，待遇の格差が見直された。しかし現実にはいまだに男女間に賃金格差が生じており，改善が求められている。

また，企業の管理職に占める女性の割合を役職別に見ると，上昇傾向は見られるが，上位の役職ほど女性の割合が低く，国際的にもまだまだ低い水準である。

考える視点 B 女性の社会進出を阻むものと法整備

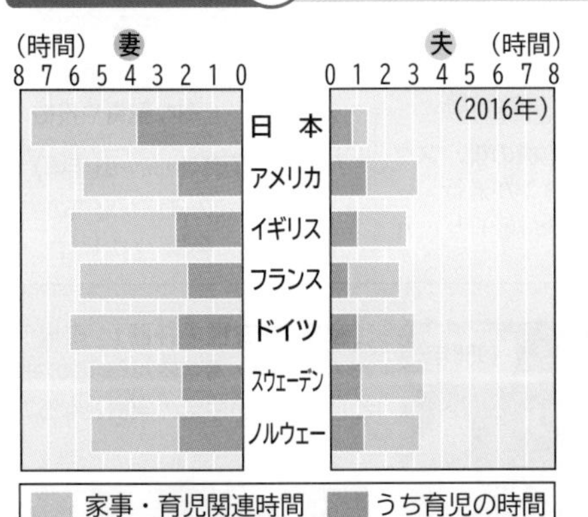

⬆夫婦の家事・育児関連時間(内閣府資料)

育児休業	原則子が１歳になるまでの１年間。ただし，保育所が見つからないなどの場合は，２歳まで延長可能。父母がともに育児休業をする場合は，子が１歳２か月になるまで１年間休業可能
介護休業	家族１人につき通算93日
不利益取り扱いの禁止	育児や介護のための休業・休暇を理由として，事業主が解雇などの不利益な取り扱いをすることを禁止
勤務時間の短縮	３歳未満の子の育児の場合には，労働者の申請で事業主に短時間勤務の措置をとることを義務化

⬆育児・介護休業法のポイント　1991年に育児休業法として制定された後，介護休業制度の導入(1995年)や夫婦が育児しやすい環境の整備など，改正が重ねられている。育児・介護休業期間中は雇用保険から給付金が支給される。

解説 **働きやすい環境の整備**
女性の社会進出が進み，第一子出産後も，約５割の女性が職場復帰をして働いている。しかし，６歳未満の子どもをもつ夫が家事・育児関連に費(つい)やす時間は83分であり，欧米諸国とくらべると低い水準である。このような状況をふまえ，**男女雇用機会均等法**や労働基準法で労働環境における性差別を禁止するほか，職業生活と家庭生活の両立めざす**育児・介護休業法**が制定されている。

考える視点 C ワーク・ライフ・バランスの実現

解説 **ワーク・ライフ・バランスの実現に向けて**
生産活動は労働者がいてこそ実現する。しかし長時間労働で体調を崩(くず)してしまったり，育児や介護と仕事の両立ができず退職に追いこまれてしまったりすると，日本の労働力人口の減少は進むばかりである。**ワーク・ライフ・バランス**(仕事と生活の調和)を実現し，誰もが働きやすく，生活しやすい社会をめざす取り組みが求められている。

経済

ふりかえり

雇用環境が変化し，少子高齢化が進む今日(こんにち)，女性労働者の存在意義はますます大きくなっている。ワーク・ライフ・バランスを実現するための取り組みを進めるとともに，性別にかかわらず，すべての人が協力して社会的な役割を担おうとする意識改革が不可欠(ふかけつ)である。

視点A▶男女が働く場に，コース別人事や賃金，昇進格差などが残っている。
視点B▶女性の社会進出を阻(はば)む要因として，育児や家事，介護を，おもに女性が担ってきた現実がある。その対策としての法整備も進んでいる。
視点C▶ワーク・ライフ・バランスを実現し，誰もが働きやすい社会にするため，政府・企業・私たち一人ひとりの取り組みが求められている。

まとめる 男女がともに働きやすい社会を実現するためには何が必要か，自分の考えを書こう。
発　展 働く当事者である私たち，企業，政府の立場から課題克服の視点を考えよう。

第二次世界大戦後の日本経済のあゆみ

第二次世界大戦によって，日本の生産力は戦前の水準以下となった。そのようななかでも日本はたくましく復興し，急速な経済成長をとげて，現在では世界有数の経済大国となった。一方で，格差の拡大などの問題も見られるようになっている。日本経済の成長の背景には，どのようなことがあったのだろうか。

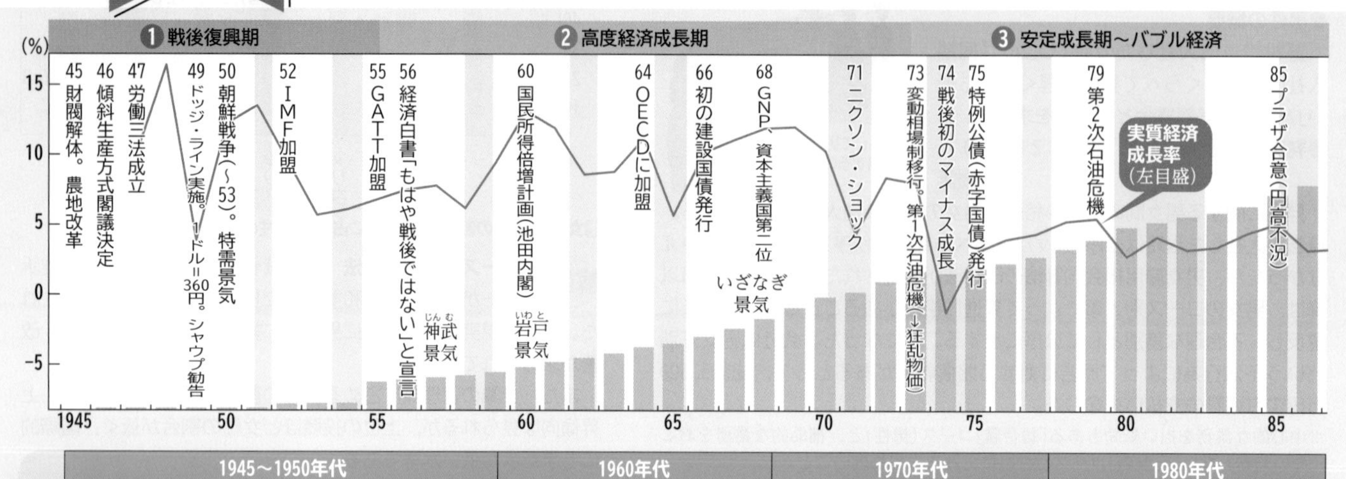

戦後日本経済のあゆみ

1945～1950年代		1960年代	1970年代	1980年代
経済の民主化 ・財閥解体 ・農地改革 ・労働の民主化 **傾斜生産方式** ➡急激なインフレ ➡ドッジ・ライン	**朝鮮特需**(1950年代前半) →	**高度経済成長**(1955～73年) ・池田内閣による**国民所得倍増計画**などを背景に，日本経済は飛躍的に成長をとげ，実質経済成長率は年平均10％ ・冷蔵庫やテレビなどの耐久消費財が家庭に普及 ・民間設備投資が増大し，それがさらなる投資につながる「投資が投資をよぶ」状態	→ **第１次石油危機**(1973年) ・OAPEC(アラブ石油輸出国機構)が原油産出の削減と原油価格の引き上げを実施 ➡第１次石油危機の後，**スタグフレーション**が進行 ➡高度経済成長は終わり，安定成長期へ	**プラザ合意**(1985年) ・ドル安政策を実施➡急激に円高が進行し，**円高不況**に ↓ 低金利政策，公共投資の増大，過剰な融資や投機 **バブル経済**(1986～91年頃) ・土地や株式の価格が経済の実態をこえて高騰(➡p.166)

⬅**買い出し列車**　都市部では食料が不足したため，人々は満員の列車に乗って農村まで買い出しに出かけた。

➡**特需景気**　アメリカは朝鮮戦争の際，日本から物資調達をおこない，日本に大きな利益をもたらした。

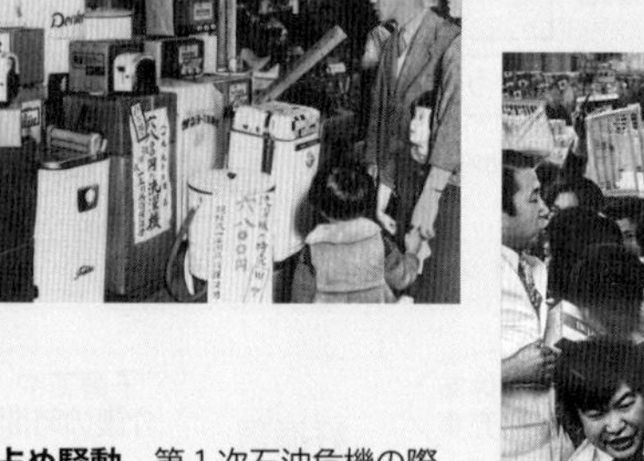

⬅**家電の「三種の神器」**　白黒テレビ・洗濯機・冷蔵庫が「三種の神器」として新しい生活の象徴となった。

➡**買い占め騒動**　第１次石油危機の際，トイレットペーパーなどが不足するという噂が飛びかったことで人々はパニックに陥り，物資の買い占めに走った。

❶ 戦後復興期(1945～1955年)

戦後の日本経済を立て直すため，連合国軍総司令部(GHQ)は，**農地改革**，**財閥解体**，**労働の民主化**を柱とする**経済の民主化政策**をおこなった。同時に，石炭や鉄鋼などの基幹産業に資金や労働力を重点的に配分する**傾斜生産方式**を採用し，産業の復興をめざした。これにより，基幹産業の生産は回復したものの，急激なインフレが引き起こされた。GHQの経済安定九原則に基づく**ドッジ・ライン**の実施(1949年)によってインフレは収束したが，今度は一転して不況に陥った。その後，朝鮮戦争(1950～53年)に際して，アメリカが日本から物資調達をおこなったことで，日本経済には**特需景気**がもたらされた。

❷ 高度経済成長期(1955～1973年)

1950年代半ばからは，国民所得倍増計画の下で，高い貯蓄率，活発な民間設備投資，良質で豊富な労働力などを背景に経済成長率を伸ばし，**高度経済成長**とよばれる飛躍的な成長をとげた。また，経済成長の負の側面として発生した**公害問題**(➡p.188)をきっかけに，環境保全についても議論されるようになった。**第１次石油危機**(1973年)により，日本は**狂乱物価**とよばれる激しいインフレにおそわれた。その後，インフレと景気後退が同時に起こる**スタグフレーション**(➡p.193)に陥り，戦後初の**マイナス成長**を記録する(1974年)など，日本の高度経済成長は終わりをむかえた。

用語解説 国民所得倍増計画，プラザ合意，バブル経済➡p.281

Q ①経済成長率に大きな変化が見られる年には，どのようなできごとがあったのだろうか。
②p.154～213で学んだ内容は，年表のどこにあてはまるか確認しよう。

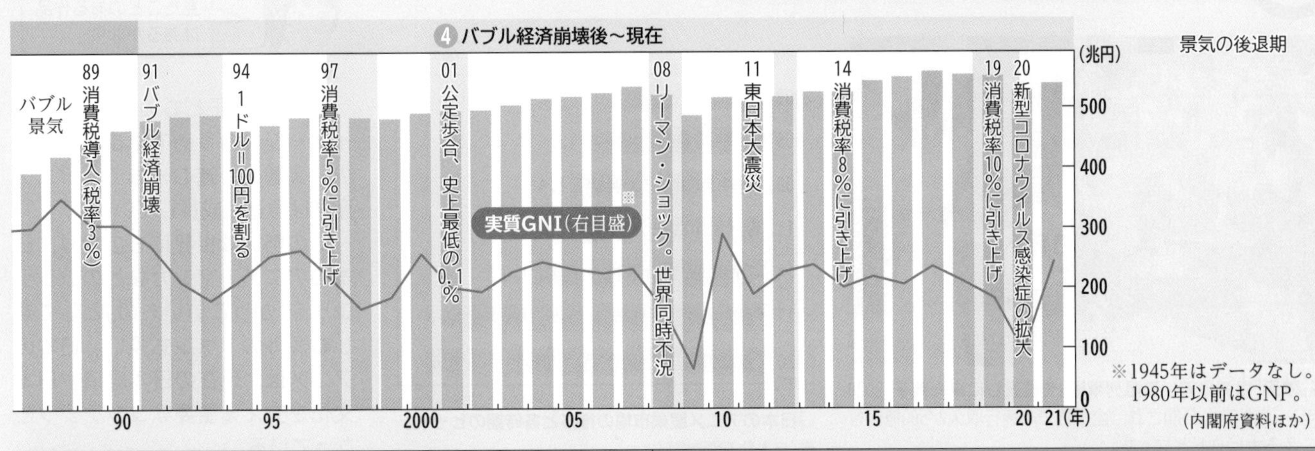

※1945年はデータなし。1980年以前はGNP。
(内閣府資料ほか)

1990年代	2000年代	2010年代～
バブル経済崩壊(1991年頃) ・日銀の金融引き締め政策によりバブル経済は崩壊し，土地や株式の価格は暴落 ➡バブル経済崩壊により**不良債権**が大量に発生 ➡長期の**平成不況**に突入し，1990年代は「**失われた10年**」ともよばれる	・消費や投資の冷えこみ ・企業や金融機関の倒産 ➡小泉内閣のおこなった**構造改革**により景気は上向く一方で，国民間の所得格差は拡大 **リーマン・ショック**(2008年) ・**世界同時不況**(➡p.225)を引き起こし，日本経済も低迷	・安倍内閣はアベノミクス(大胆な金融緩和，積極的財政出動，企業に対する規制緩和)により景気回復をめざす **新型コロナウイルス感染症の流行**(2020～22年) ・経済活動が制限されたことで莫大な経済損失が生まれ，世界中が経済危機に陥る ・日本では，2020年開催予定だった東京オリンピック・パラリンピックが2021年に延期 **現在の日本の課題** ●国の借金の累積(➡p.204) ●格差の拡大(➡p.161) ●労働人口の減少(➡p.211) ●社会保障関係費の増大(➡p.208) ●経済成長率の低下 など

⬅**地上げが進む都心の住宅地** 地価が急騰したバブル経済期には強引な手法で地上げをおこなう業者もあった。

⬆**人であふれるディスコ** バブル経済期のディスコには，ブランド服に身を包んだ若者があふれた。

⬅**不良債権化したテーマパーク** 融資先の倒産などにより，回収困難な債権が続出した。

➡**閑散とした成田空港** 新型コロナウイルス感染症の拡大により，航空会社は苦境に陥り，採用活動を中止する企業もあった。

③ 安定成長期～バブル経済(1973～1991年)

高度経済成長の終焉後は，実質経済成長率が約４%の安定成長の時代に入った。1980年代前半には，ドル高・円安傾向が追い風となって，自動車や機械類の輸出が急増し，アメリカとの間に**日米貿易摩擦**が生じた。その後，ドル高の是正を目的におこなわれた**プラザ合意**(1985年)により，日本は急激な円高となり，輸出関連産業を中心に深刻な**円高不況**に陥った。低金利政策や公共投資の増大によって景気は回復したが，金融機関による融資や投機が過剰になされたことで日本経済に余分なお金があふれた。あふれたお金は土地や株式に投資されたため，地価や株価が本来の価値をこえて急騰し，**バブル経済**が発生した。

④ バブル経済崩壊後～現在(1991年～)

景気の過熱を抑えるために日銀は金融引き締め政策をおこない，その結果，株価や地価は大幅に下落した。これにより，バブル経済期に土地や株式を担保として多額の貸し出しをしていた金融機関は，資金の回収が困難となり，巨額の**不良債権**をかかえることとなった。バブル経済崩壊後は，**平成不況**とよばれる長期の不況に陥り，企業や金融機関の倒産が相次いだ。2000年代に入ってからは，世界同時不況(2008年)や新型コロナウイルス感染症の流行(2020～22年)による経済の低迷など，グローバル化の進展にともなう世界的な経済危機が数多く発生し，日本経済にも大きな影響を与えている。

バブル経済崩壊後の日本経済

課題▶バブル経済崩壊後，日本経済はどのように変化したのだろうか。

クローズアップ 日本のアニメ文化は世界へ

映画「鬼滅の刃　無限列車編」を鑑賞しに来た親子(2020年)　海外でも公開され，全世界での興行収入が500億円をこえる大ヒットとなった。

年	市場規模(兆円)	ヒット作
2002	1.1	「千と千尋の神隠し」(01年)
05	1.3	「ハウルの動く城」(04年)
08	1.4	「崖の上のポニョ」(08年)
11	1.3	「借りぐらしのアリエッティ」(10年)
14	1.6	「STAND BY ME ドラえもん」(14年)
17	2.2	「君の名は。」(16年)
20	2.4	「鬼滅の刃 無限列車編」(20年)

日本のアニメ産業市場の推移と各時期のヒット作(日本動画協会資料ほか)

「アニメは子どものもの」というイメージはもうあてはまらない。少子高齢化が進む一方で，アニメ産業は急速に成長している。

その勢いは世界にも広がり，日本のアニメ・マンガなどのコンテンツを「かっこいいもの」として楽しむ海外のファンも多い。日本のアニメは，現在の日本経済や日本文化を支える重要なコンテンツとなっている。

1 バブルの発生と崩壊

(『図解でわかる日本の経済』自由国民社をもとに作成)

日本銀行の低金利　1987年　2.5%(公定歩合)
- 預金の利子が低い → 企業や個人 株や土地に投資する
- 人々が株や土地の値上がりに期待して転売目的で投資
- さらに株や土地の値段が上昇 → 人々は景気がよいと錯覚
- 日本人全体の消費が増え，浪費も増える
- しかし実際には，日本経済の実力から離れたバブル景気でしかない

景気の過熱を抑えるための金融政策　日本銀行の金利引き上げ　1990年6%(公定歩合)
- 預金の利子が高くなる → 企業や個人 投資するよりも預金する
- 株や土地の購入にあてられていたお金が預金される
- 株や土地を買う人が減る → 地価，株価の下落
- もっと下がる前に売らないと損をする → みんながいっせいに株を売る
- どんどん株価が下がる → バブルの崩壊

解説 **わずか5年の泡**(あわ)　1985年のG5による**プラザ合意**は，ドル高是正を目的としたものであったため，円高(➡p.219)が急速に進み**円高不況**となった。そこで日本銀行は1987年に公定歩合を引き下げると，日本経済には余分なお金があふれた。企業や個人が収益性の不透明な土地や株式に投資したことで，バブル経済が発生した。

景気の過熱を抑えるため，1990年に日銀は金利引き上げなどの金融引き締め政策をおこない，政府は地価抑制政策をとった。その結果，バブル経済は一気に崩壊した。

2 バブル経済崩壊後の日本

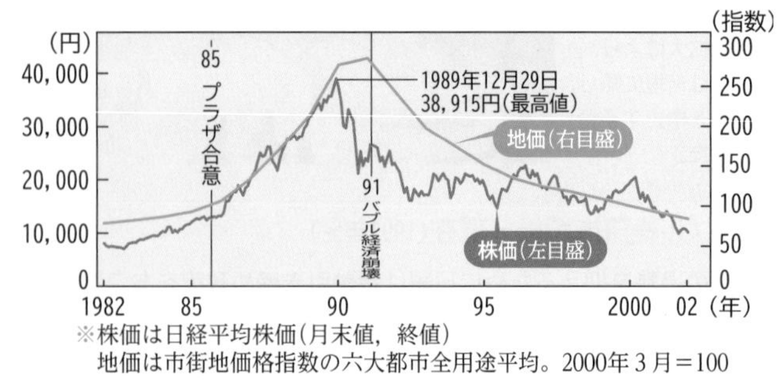

※株価は日経平均株価(月末値，終値)
地価は市街地価格指数の六大都市全用途平均。2000年3月＝100

日経平均株価と地価の推移(日本銀行資料ほか)

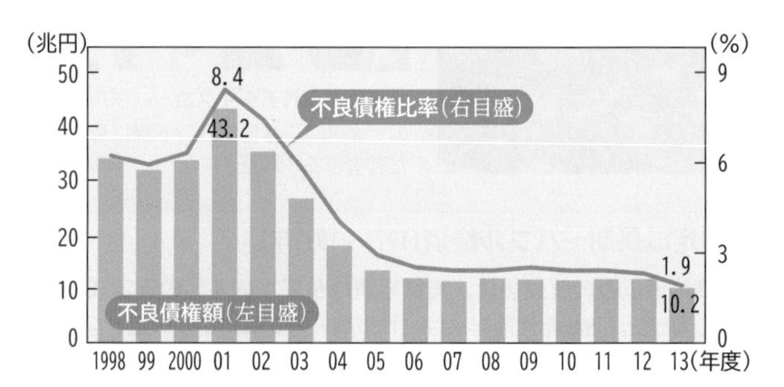

不良債権額の推移(金融庁資料)

解説 **三つの過剰と失われた10年**　バブル経済崩壊によって，企業は設備・人員・負債という三つの過剰をかかえ，利益が出にくい体質となった。そのため，労働者の賃金は下がり，さらに品物は売れないなど，景気は落ちこんだ。また，金融機関は回収困難な債権である**不良債権**を大量にかかえることになった。景気対策として，政府は巨額の財政出動でのぞみ，日本銀行でもゼロ金利政策や量的緩和政策(➡p.197)を実施したが，期待したほどの効果はあがらず「失われた10年」とよばれる長期の景気低迷が続いた。

プラスα **いざなみ景気**　2002年2月から始まった景気回復局面は，高度経済成長期の「いざなぎ景気」(➡p.164)を上回る73か月続いた。「いざなぎ」同様，神話から「いざなみ景気」と命名されたが，多くの国民は豊かさを実感できず，「カゲロウ景気」ともよばれる。

3 今日の日本経済

2000年代以降の日本経済

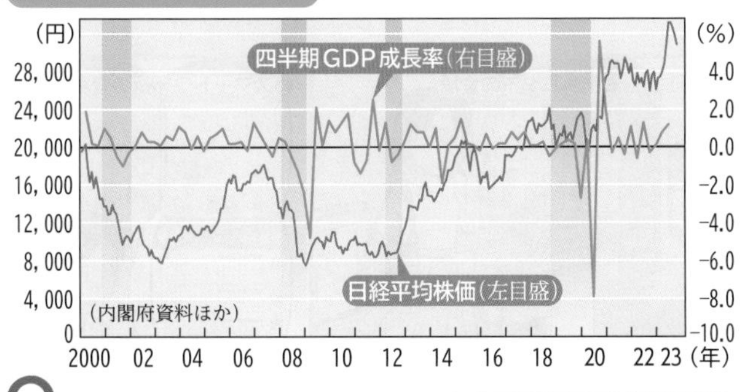

Q GDP成長率が2度，大きく落ちこんでいる。その背景を考えよう。
①2008～09年　②2020年

■構造改革と格差の拡大

日本郵政グループの発足式(2007年)　2000年代には，「官から民へ」のスローガンの下，特殊法人の統廃合，郵政民営化などがおこなわれた。

「年越し派遣村」に集まった人々(2008年)　2008年にアメリカでリーマン・ショック(➡p.225)が起きると，日本もその影響を受けた。企業の業績の悪化により非正規労働者の多くが失業し，仕事と住居を失った人々は，NPOが設けた「派遣村」に集まって生存権の保障を訴えた。

解説 実感なき好景気の背景　「いざなみ景気」とよばれる2000年代の好景気の要因は，アメリカや経済成長の著しい新興国への輸出の増加などによるものであった。日本国内の経済成長率は低く，労働者の賃金も上昇せず，景気がよくなったという実感をもちにくかった。

一方，2001年に成立した小泉内閣は，財政赤字の削減や不良債権の処理をめざし，市場原理を重視して**規制緩和**を進めるとともに，小さな政府(➡p.183)をめざす**構造改革**をおこなった。2004年には労働者派遣法が改正されて対象業務が広がったことから非正規雇用(➡p.161)を増やす企業が急速に増え，**所得格差の拡大**が問題となった。

■「アベノミクス」とデフレからの脱却

「アベノミクス」の内容と目標

目標	円高に歯止め。輸出企業の業績回復。	公共事業で景気下支え，雇用も回復。	民間の企業活動の活発化による経済成長。
	大胆な金融緩和	機動的な財政政策	成長戦略
	日銀が物価の2％上昇という目標を定め，大胆な金融緩和を実施。	20兆円をこえる緊急経済対策。5兆円を積み増して公共事業を拡大。	企業に対する規制緩和や成長産業への積極的投資，国家戦略特区の創設。

2%のインフレターゲット(物価上昇率の目標値)を発表する日本銀行の黒田総裁(2013年)

解説 デフレからの脱却をめざして　長引く景気の停滞とデフレ(➡p.193)に対して，安倍内閣は「アベノミクス」とよばれる経済政策を打ち出し，それを受けて日本銀行が大胆な量的・質的金融緩和をおこなった(➡p.197)。その結果，景気は回復に向かったかに見えたが，2020年には新型コロナウイルス感染症が世界中で拡大し，日本経済は大きく落ちこんだ。

Topic 新型コロナウイルス感染症の影響

2020年以降の新型コロナウイルス感染症の拡大は，日本経済にも大きな影響を与えた。感染対策として外出自粛や飲食店などの時短営業が求められたため，鉄道や航空，外食や宿泊など，外出をともなう娯楽産業は大きな打撃を受けた。一方で，在宅時間が増えたことによる「巣ごもり需要」により，ゲーム機やインターネット関連など，家で時間をすごすための消費は大幅に伸びた。

2022年には感染対策が緩和されたが，それまでの生産減や供給網の混乱に加え，ロシアのウクライナ侵攻にともなうエネルギー資源や穀物の供給減などにより，食料品や電気などの価格上昇が続いている(➡p.225)。

世界的ヒットを記録した「あつまれ　どうぶつの森」　任天堂のゲーム機「ニンテンドースイッチ」用に発売され，2020年度に世界で2,000万本以上を売り上げる大ヒットとなった。

確認▶バブル経済崩壊後の日本経済の変化をあげよう。
活用▶変化のうち，現在の日本経済の課題となっている点をあげ，p.154～213の学習を通して考えよう。

技術革新の進展

課題▶技術革新の進展は私たちの生活をどのように変化させていったのだろうか。

クローズアップ 電話の移り変わりとコミュニケーションの変化

❶固定電話が一部の家や商店に置かれていた

急ぎの用件を伝えるための手段として普及した。電話をもたない家庭は，ほかの家に借りに行っていた。

❷各家庭の居間や台所に置かれる

緊急で重要な要件以外にも利用されるようになった。ただし，ほかの家族と共用のため，トラブルもあった。

❸コードレス電話の登場

それぞれの部屋に移動して電話できるようになり，日常会話の延長線上に利用が拡大した。

❹ケータイの登場

電話が1人1台のものとなり，24時間，個人と個人がつねにつながることが可能になった。

❺スマートフォンの登場

豊富なアプリで，通話やメールだけでなく，写真や動画のやりとりも自由にできるようになった。

❶	❷	❸	❹	❺
1837年 モールス(米)が電信機を発明 1890年 日本に電話登場 1900年 公衆電話登場	1968年 全国の電話加入数1,000万台突破 1968年 ポケットベル販売開始	1969年 プッシュホン登場 1979年 電話自動化完了 1980年 コードレス電話販売開始	1987年 携帯電話販売開始 1995年 PHS販売開始 1999年 iモードサービス開始(NTTドコモ)	2000年 携帯電話の契約数が固定電話をこえる 2007年 iPhone(アイフォン)販売開始(アップル)

いまや一人一台が当たり前となった携帯電話。現在は多くの機能をもち，**インターネット**との親和(しんわ)性も高いスマートフォン(スマホ)の登場により，「通話する電話」だけでなく，「持ち運べる小さな情報通信端末」として，さまざまな場面で利用されている。しかし少し前まで，電話の場所は固定されており，外で連絡をとるには公衆電話を用いるのが一般的であった。電話の進化が，私たちのコミュニケーションの変化にも大きく影響を与えている。

友人との待ちあわせや一人の時のすごし方などをふり返り，「スマホがない時代だったら」と想像してみよう。

1 技術革新の歴史

Q 技術革新の進展の背景には，どのようなことがあるのだろうか。

景気の長期循環(コンドラチェフの波)とおもな技術革新

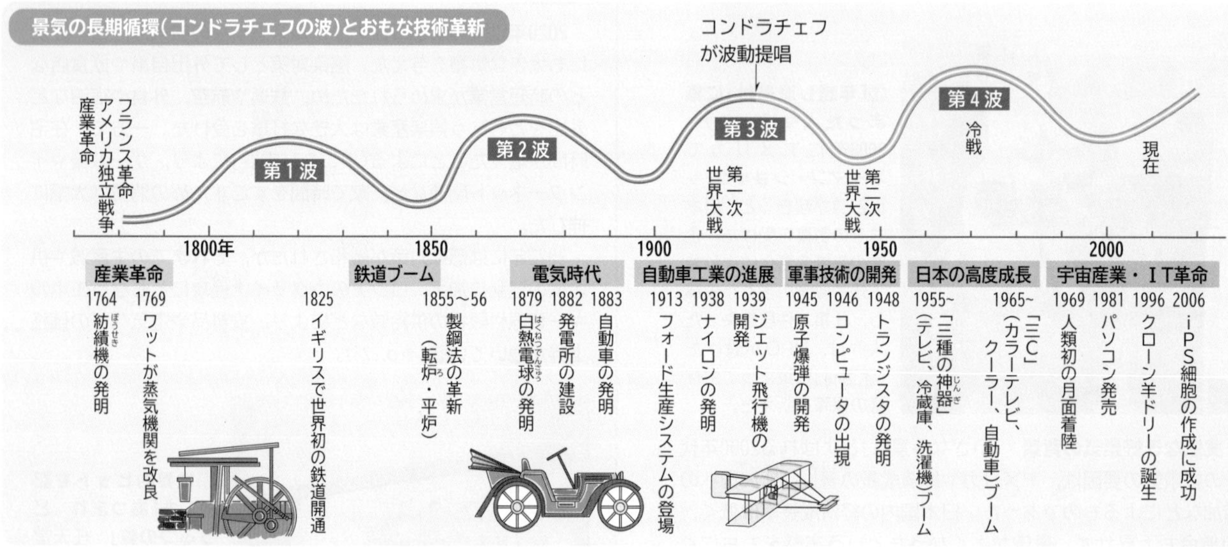

解説 **技術の進歩と経済発展** 旧ソ連の経済学者コンドラチェフは，技術革新などを理由に周期が50年から60年にもなる景気の長期循環があると主張した(➡p.192)。現在は，バイオテクノロジーや**ICT**(**情報通信技術**)などの先端技術をいかした新しい技術や製品が急速な発展をみせている。

オーストリア生まれの経済学者**シュンペーター**は，**イノベーション**(**技術革新**)こそが資本主義経済発展の原動力であり，それを可能にするのは大胆(だいたん)な企業家精神であると指摘した。

イノベーションが経済発展の原動力

➡シュンペーター (1883～1950) 主著『経済発展の理論』

プラスα **電卓の値段** 日本で初めて販売された電卓は，50万円をこえる高価なものだった。しかし，現在は，1,000円を切る安い電卓も販売されている。その背景には，技術革新により生産コストが下がり，供給が増えたことがある(➡p.185)。

2 産業構造の高度化

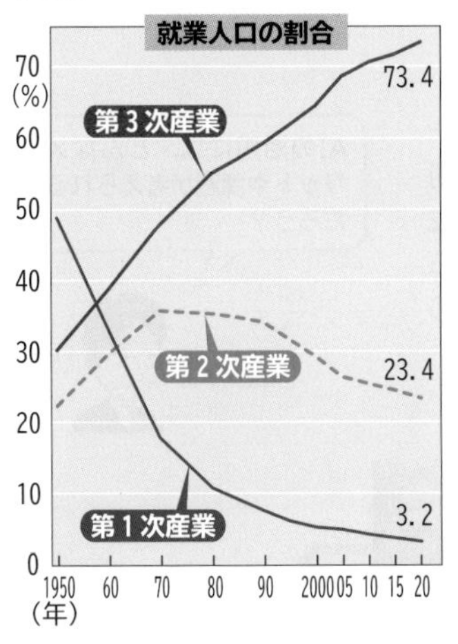

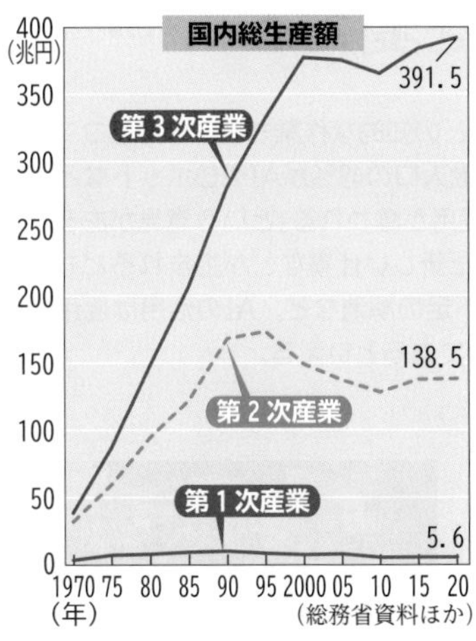

(総務省資料ほか)

第1次産業……農林水産業
第2次産業……鉱業・製造業・建設業
第3次産業……電気・通信・運輸・商業・金融などのサービス業

Q ①第2次産業・第3次産業の就業人口が第1次産業をこえた時は，どのような時代だったか確認しよう。
②就業人口と国内総生産額のグラフを見くらべ，読み取れる特徴をあげよう。

解説 **ペティ・クラークの法則**　イギリスの経済学者クラーク(1905～89)は，経済成長にともなって，第1次産業から第2次産業へ，そして第3次産業へと労働の比重が移り，**産業構造の高度化**が進むと唱えた。これは17世紀のペティ(英，1623～87)の法則とあわせて，**ペティ・クラークの法則**とよばれる。第二次世界大戦後の日本でも，産業構造の高度化が進んだ。

3 経済のサービス化・ソフト化

(2022年)

業種	%
卸売業，小売業	21.4
医療，福祉	18.6
宿泊業，飲食サービス業	7.8
運輸業，郵便業	7.2
教育，学習支援業	7.2
情報通信業	5.6
学術研究	5.2
生活関連サービス業	4.6
金融業，保険業	3.3
不動産業，物品賃貸業	2.9
サービス業	9.5
その他	6.8

⇧**第3次産業就業者の内訳**(『日本国勢図会』2023/24年版)

解説 **進展するサービス化・ソフト化**　経済が発展するにつれて，流通・通信・教育などのサービス業の占める割合が高まる。これを**経済のサービス化**という。また，経済活動のなかで，企画や研究開発などのソフト部分の役割が重視されることを，**経済のソフト化**という。

経済のサービス化・ソフト化の背景には，所得水準の向上にともなう国民ニーズの多様化，経済成長にともなう物流規模の拡大などがある。

4 Society 5.0 (内閣府資料)

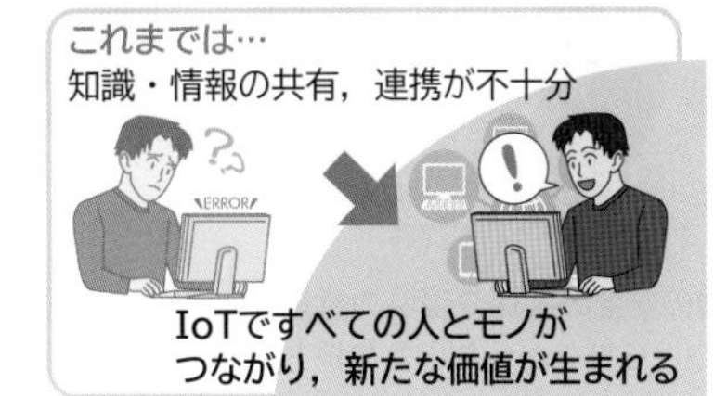

これまでは…
知識・情報の共有，連携が不十分
ERROR
IoTですべての人とモノが
つながり，新たな価値が生まれる

これまでは…
地域の課題や高齢者のニーズ
などに十分対応できない
イノベーションにより，
さまざまなニーズに対応できる

ロボットや自動走行車などの技術で，人の可能性が広がる
これまでは…
年齢や障害などによる，労働や行動範囲の制約

解説 **ICTで経済発展と社会的課題の解決を両立**　Society 5.0とは，狩猟社会(1.0)，農耕社会(2.0)，工業社会(3.0)，情報社会(4.0)に続く新たな社会をさす。現在の情報社会は便利なことも多いが，あふれる情報から必要なものや正確なものを見分けるのが難しく，地域や世代間で共有される情報の量や質にばらつきがあるなどの課題がある。これらの課題をAIやIoT(➡p.170)などの最新技術を活用しながら解決していくことがめざされている。

Topic 水道のない場所で手を洗う

WOTA株式会社(東京都)は，「人と水の，あらゆる制約をなくす」というコンセプトを掲げるベンチャー企業である。手洗いやシャワーなどにつなげて排水の98%以上を再生・循環利用可能にする自律分散型水循環システム「WOTA BOX」を開発し，多くの被災地の避難所などで導入された。また，水道のない場所でも設置できる水循環型手洗い機「WOSH」も開発・展開している。被災地支援や公衆衛生の観点からも，SDGs(持続可能な開発目標)(➡p.152)の観点からも注目される技術である。

➡**「WOSH」を設置する飲食店**　その個性的な外見や感染症対策の観点から，街の店舗などでも導入が進んでいる。

確認▶第1次産業，第2次産業，第3次産業にはどのような業種があるかあげよう。
活用▶電話の進化が私たちの生活にどのような変化を与えたか，具体例をあげて考えよう。

情報社会の特徴と課題

課題▶ICTの発達による私たちの生活の変化と課題は何だろうか。

クローズアップ ICT(情報通信技術)が働き方を変える

➡p. 4

AI(人工知能)は，大量のデータを処理することにより，推論や判断などの知的な作業もおこなえるコンピュータである。事務作業などを効率的に素早くおこなえるため，「日本の労働人口の49%がAIやロボットなどで技術的には代替可能になる」との試算がある※。そのため「AIにより人間の雇用が奪われる」という意見があるが，見方を変えると，AIを導入・普及させるために必要な仕事やAIを活用した新しい仕事などが生まれるとも考えられる。また，作業における安全性の確保や業務効率の向上による人材不足の解消など，AIの活用は雇用問題の解決にもつながる。つまり，AIは「新たな雇用や働き方を生み出す」ものであるといえる。

※2015年，野村総合研究所が英オックスフォード大学との共同研究で発表した。

AIの活用には，どんなメリットや課題が考えられるだろう？

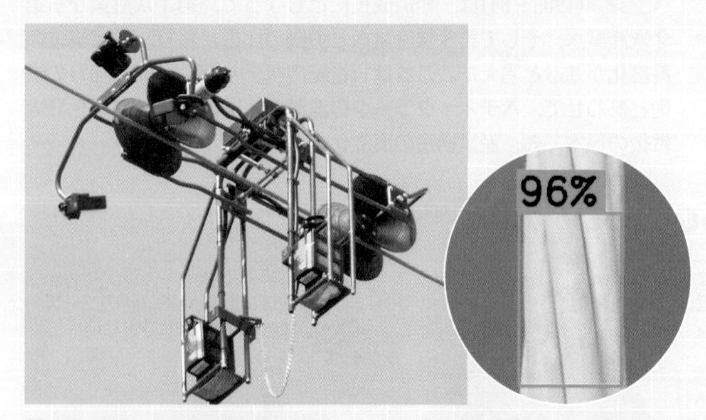

⬆AIを活用した送電線点検システム 作業員の安全の確保や現場の負担を軽減することができるうえ，人の点検では見つけられなかった小さな傷も検出することができる(右写真)。

ほしい商品を手にとり，かごやバックに入れる

出口のディスプレイで購入商品を確認して決済

⬆ICTを利用した無人決済店舗 多くの小売店や飲食店がかかえる人材不足や，地域店舗の維持など，さまざまな課題の解決が期待されている。

1 情報の高度化が生活に与えた変化

提供：株式会社エクサウィザーズ

話す内容を記録

Q ICTの発達で自分の生活が便利になった例，社会課題の解決につながった例をあげよう。

➡介護記録AIアプリ 話すだけで介護記録を残すことができ，介護職員の業務軽減につながっている。

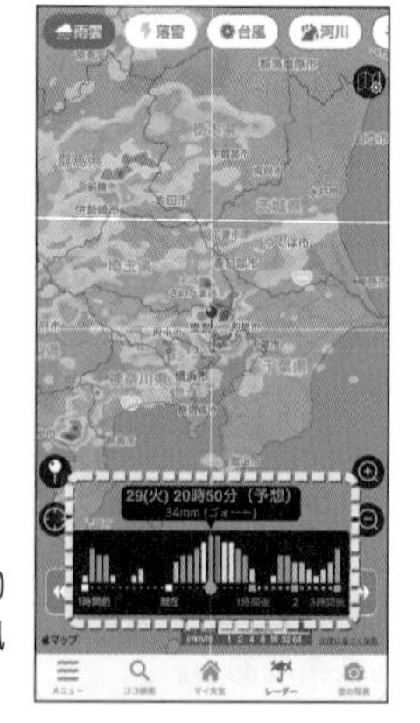

➡高解像度の雨雲レーダー 独自のAI技術を活用し，10分ごと27時間先までの雨雲の動きが予測されている。台風やゲリラ豪雨の対策に役立つことが期待されている。

解説 社会課題を解決する ICT(情報通信技術)やAIの発展は，私たちの生活を豊かにするだけでなく，少子高齢化や災害へのそなえなど，これまでの日本がかかえてきたさまざまな社会課題を解決する糸口にもなっている。

2 IoTでユビキタス社会を実現

家でも…
駅
住人の帰る時間にあわせて，エアコンのスイッチを制御。節電効果も。
町でも…
リストバンドで消費カロリーや心拍数を計測。健康管理やダイエットに役立つ。
車でも…
この先，渋滞のためルートを変更します
道路や行き先のデータと連動し，リアルタイムで最適な経路を案内する。
農業でも…
センサーの情報をもとに，自動で水と肥料を制御。経験の浅い農家もサポート。

解説 あらゆる「モノ」がインターネットで結ばれる IoT(Internet of Things)とは，家電などの日用品から巨大な産業施設まで，あらゆるモノをインターネットにつなげることで，新たな付加価値を生み出すというものである。これにより，「いつでも，どこでも，何でも，誰でも」ネットワークにアクセスできる**ユビキタス社会**の到来が現実化している。

プラスα ポイントカードとビッグデータ 買い物をするとポイントがつき，ポイントがたまると割引などに使えるポイントカードはお得なものである。しかしそのポイントと引きかえに，私たちは購買情報を企業に提供し，そこで集められたビッグデータは，消費者の動向の把握に活用されている。

3 知的財産権

知的財産権　　　　　■……産業財産権

- 知的創造物についての権利等
  - **特許権**(特許法)：発明を保護
  - **実用新案権**(実用新案法)：物品の形状等の考案を保護
  - **意匠権**(意匠法)：物品，建築物，画像のデザインを保護
  - **著作権**(著作権法)：
    文芸，学術，美術，音楽，プログラム等の精神的作品を保護
  - **回路配置利用権**(半導体集積回路の回路配置に関する法律)
  - **育成者権**(種苗法)
  - **営業秘密**(不正競争防止法)
- 営業上の標識についての権利等
  - **商標権**(商標法)：商品・サービスに使用するマークを保護
  - **商号**(会社法，商法)：
    商号(取引上商人が自己をあらわす名称)を保護
  - **商品等表示**(不正競争防止法)：
    周知・著名な商標等の不正使用を規制
  - **地理的表示**(特定農林水産物の名称の保護に関する法律など)：
    品質，社会的評価その他の確立した特性が産地と結びついている産品の名称を保護

⇧知的財産権と法律(特許庁資料)　著作権は，著作物が創作された時点から自動的に保護される。そのほかの知的財産権は一定の手続きをすることによって保護される。

知的財産の侵害は社会にどのような影響を与えるのだろうか。

⇧3Ｄ映画に見る知的財産権(日本弁理士会資料)

解説 **創作者の権利を守る**　デザインや発明，文章や音楽など，人間の知的な活動による創作物に関する権利が**知的財産権**である。知的財産権には，産業に関する産業財産権や，小説や音楽などの文化・芸術に関する**著作権**などがある。あらゆる情報をデジタル化することで，簡単にコピーができるようになった結果，知的財産権が侵害されることが増え，問題になっている。

4 サイバー犯罪

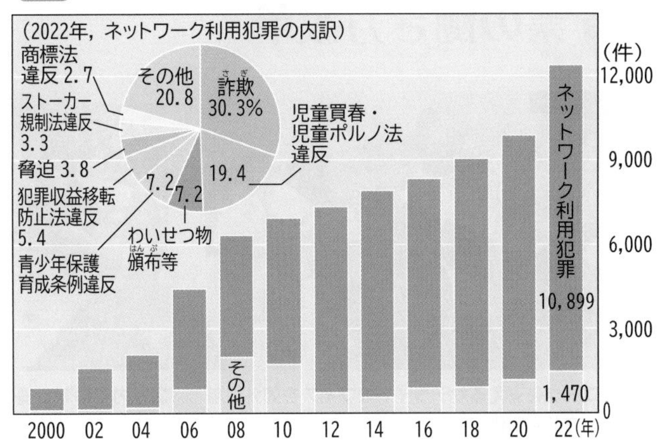

⇧サイバー犯罪検挙件数とネットワーク利用犯罪の内訳(警察庁資料)

解説 **急増するサイバー犯罪に追いつかない法整備**　コンピュータやネットワークを使った犯罪を，**サイバー犯罪**という。なかでも，オンラインショッピングなどを悪用した詐欺(➡p.90)や児童買春・児童ポルノ法違反が多い。サイバー犯罪に対してさまざまな法が整備されているが，情報通信技術の進歩があまりに早いため，それによって起こされるさまざまな犯罪やプライバシーの侵害などに対して，法律が十分対処できない点が問題となっている。

5 デジタル・デバイド

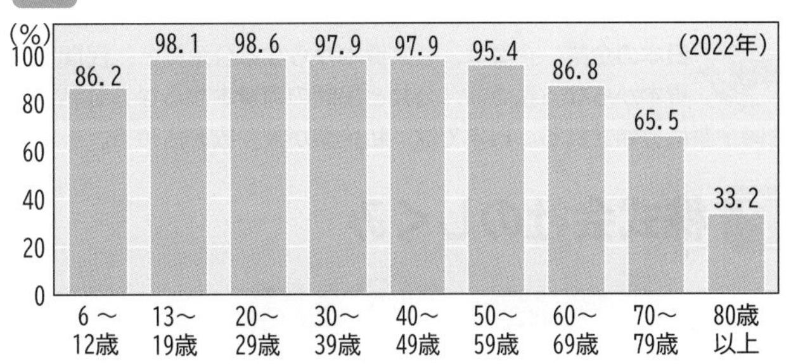

⇧世代別のインターネット利用状況(総務省資料)

解説 **情報収集力に格差**　**デジタル・デバイド**とは，パソコンやインターネットを利用する能力・機会に格差ができていることをいう。この格差によって，就職活動，商品の購入，マスコミからは得にくい情報の収集などの面で不利益をこうむる人もいる。

経済

Topic フードシェアリングで食品ロス削減

日本は年間約600万トンの食品ロスがあるといわれる。これは全世界のODA(政府開発援助)(➡p.248)による食料援助量(320万トン)の２倍に相当する量である。食品の廃棄は，エネルギーを使って生産・流通させた食べ物を，さらなるエネルギーを使って処理することになる。フードシェアリングアプリ「TABETE」は，まだおいしく安全に食べられるのに，店頭では売り切るのが難しい食事を，お得に購入できるサービス。店舗は食品ロスを減らすことができ，消費者はお得に商品を購入できる。店舗と消費者のどちらにもメリットのあるサービスは，ICTの発達により実現したものの一つである。

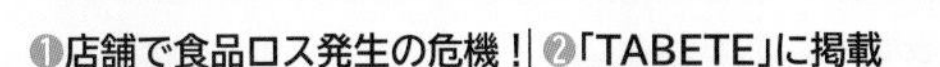

確認▶「いつでも，どこでも，何でも，誰でも」ネットワークにアクセスできる社会を何というか。
活用▶情報社会の課題をあげ，解決に向けた取り組みを調べよう。

現代の企業

課題▶現代の企業には，どのような特徴があるのだろうか。

企業の働き方改革

テレワークを支えるサテライトオフィスを郊外(こうがい)に用意した地方公共団体

社内での朝食提供　朝の通勤ラッシュを避(さ)けて出勤し，効率的な業務につながっている。

働き方改革(➡p.161)には，労働者だけでなく，企業の取り組みが欠(か)かせない。どのような取り組みがおこなわれているのか見てみよう。

これらの取り組みは，企業や会社員にとって，どのようなメリットがあるかな？

1 企業の種類と形態

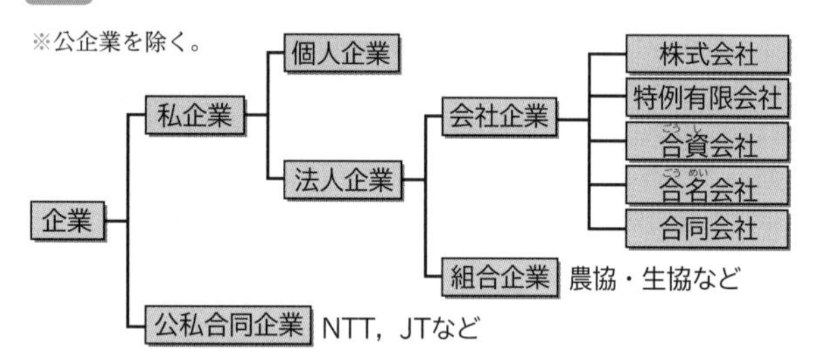

解説 **日本の企業**　企業は，公共資本からなる**公企業**と，民間資本からなる**私企業**，公共と民間の両資本からなる**公私合同企業**に分類される。日本では，私企業が大多数を占める。

	出資者	特徴
株式会社	**有限責任**の株主(1名以上)	株主総会，取締役は必ず置かれる。
特例有限会社	有限責任社員(1名以上)	中小企業に多い。(新設不可)
合資会社	無限責任社員と有限責任社員(各1名以上)	小規模な会社に多い。
合名会社	無限責任社員(1名以上)	家族・親族などで経営される小規模会社に多い。
合同会社	有限責任社員(1名以上)	起業や産学連携がしやすい。

会社企業の種類　有限責任とは会社の債務(さいむ)について，出資額の範囲以上の責任を負わないことを意味し，無限責任とは債務のすべてについて責任を負うことを意味する。

2 株式会社のしくみ

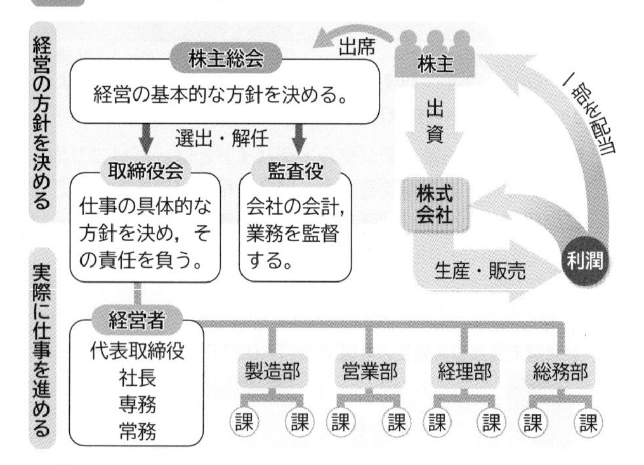

解説 **所有と経営の分離**　株式会社の経営は，**株主総会**で選出された専門の経営者によっておこなわれている(**所有と経営の分離**)。企業は，株主をはじめ，従業員や取引先など，さまざまな利害関係者(**ステークホルダー**)(➡p.174)とつながっている。そのため，それぞれの利益に反しないようにし，また後からチェックすることが可能な形で経営をおこなうコーポレート・ガバナンス(企業統治(とうち))(➡p.175)の実現が求められている。

株主と会社の関係

Q 株式は誰が保有しているのだろうか。

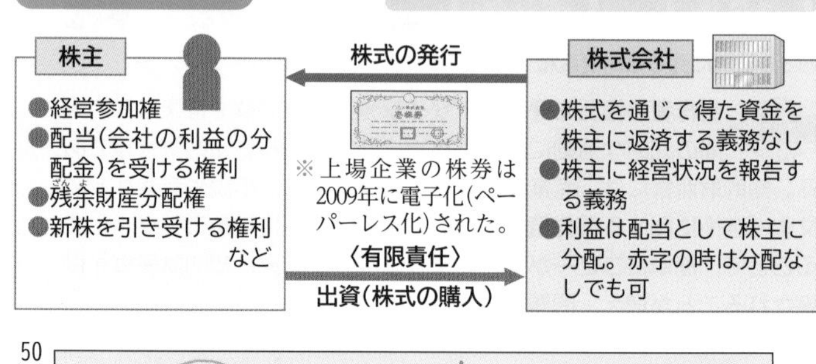

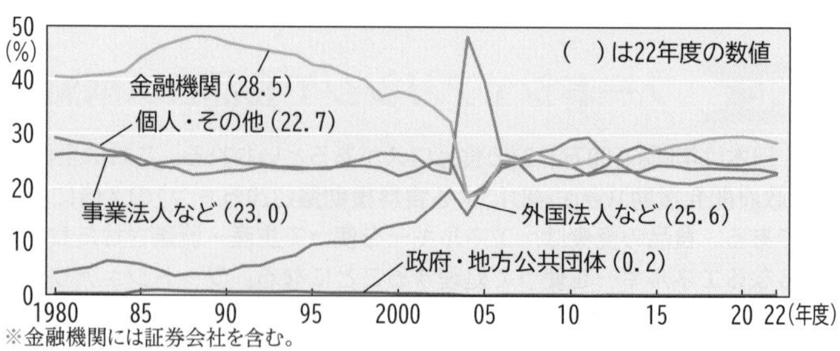

※金融機関には証券会社を含む。

所有者別持株(もちかぶ)比率の推移(東京証券取引所資料)　バブル経済(➡p.166)以前は，金融機関や事業法人の間で株式のもちあいがおこなわれていたため，これらの保有比率が高かった。しかし，バブル経済崩壊後，金融機関は不良債権処理に追われて保有比率が下がり，その一方で外国法人などによる保有率が高まった。

プラスα　**1円で起業！**　かつて，起業する時には，株式会社であれば資本金1,000万円以上が必要であったが，2006年の会社法の施行により，最低資本金制度が撤廃(てっぱい)され，資本金が1円でも起業できるようになった。

3 企業の合併・買収(M&A)

合併(Merger)		買収(Acquisition)	
新設合併	吸収合併	株式譲渡	事業譲渡
A社，B社 →合併→ C社	A社 →吸収→ B社	A社 ⇄ 代金／株式 ⇄ B社	A社 ⇄ 代金／事業 ⇄ B社
A社，B社の法人格消滅	A社法人格消滅。B社存続	A社がB社の経営権取得も	一部譲渡または全部譲渡

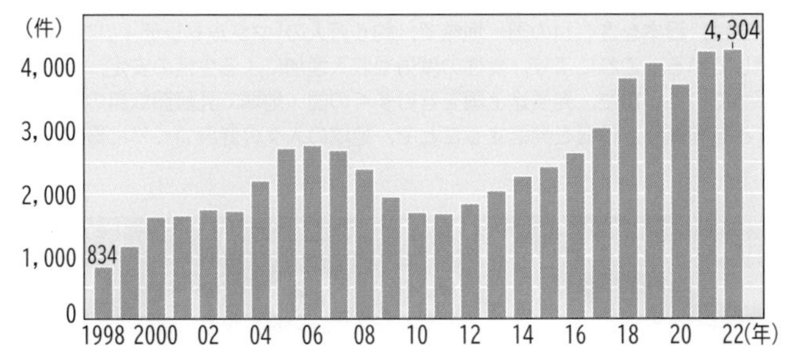

⬆M&A件数の推移(『日本国勢図会』2023/24年版)

⬅M&Aによって成長する企業　M&Aは，写真のように国内企業どうしでおこなわれるもののほか，海外の成長が期待できる企業を日本企業が買収する事例，経営不振の日本企業が海外企業の傘下に入る事例など，さまざまなパターンが見られる。

解説 **M&Aの目的**　企業の合併(がっぺい)・買収(ばいしゅう)である**M&A**は，広い意味で業務提携(ていけい)や資本提携なども含むが，なかには一方的に株を買い占める敵対的なM&Aも見られる。M&Aの目的として，①生産設備の規模を大きくすることで，生産物１単位にかかる費用が少なくなり，**規模の利益**(スケールメリット)が得られる，②新規事業の立ち上げに必要な労力や時間を短縮できる，③経営資源を有効に活用できていない企業を再構築できる，などがあげられる。また，M&Aによって，グローバル化のなかで国際競争力を高めたり，異業種の企業を傘下(さんか)におさめたりすることで，多角的な経営をはかる企業(**コングロマリット**)も増えている。

4 持株会社

持株会社グループの例

(経営戦略の策定・管理業務)
○×△ホールディングス(持株会社)
株式保有(100%の場合が多い)

○×△株　○○株
株主

○○ストア(小売り業務)　××スーパー(小売り業務)　△△銀行(銀行業務)

○○ストア，××スーパー，△△銀行の株主は，それぞれ○○ストア株式，××スーパー株式，△△銀行株式と交換に，○×△ホールディングスの株式を取得し，保有している。

解説 **増える持株会社**　**持株会社**はみずから事業はおこなわず，子会社の株式を保有し，グループの中核(ちゅうかく)として経営戦略の立案，子会社の統括(とうかつ)・運営のみをおこなう会社で，株式の保有を通じて企業を支配している。「ホールディングス」とよばれることもある。かつては独占禁止法(➡p.187)で設立を禁止されていたが，1997年から公正取引委員会などの許可があれば設立できるようになった。その背景(はいけい)には，国際競争力強化の必要性が高まったことがあげられる。

5 多国籍企業

⬅**世界各国のコカ・コーラのボトル**　コカ・コーラが世界中に広がった背景には，その国の資本で設立し，その国の人を雇(やと)って，ともに繁栄(はんえい)していくという現地主義の企業理念があるといわれている。

	(億ドル)
スウェーデン	6,357(2021年)
ウォルマート(米，小売)	5,728
アマゾン(米，小売)	4,698
ステートグリッド(中，電力配送)	4,606
中国石油天然気集団(中，石油)	4,117
シノペック(中，石油)	4,013
シンガポール	3,970(2021年)

(2022年)　■国のGDP　■企業の売上高
0　1,000　2,000　3,000　4,000　5,000　6,000(億ドル)
(Fortune資料ほか)

解説 **グローバル化の進む企業**　複数の国に工場や研究開発部門などの活動拠点(きょてん)を置く企業を**多国籍企業**という。複数の国で事業を展開することで市場が拡大することや，生産に必要な原料や労働力を確保しやすいなどの利点がある。企業によっては一国のGDP(➡p.190)を上回る経済力をもつ巨大企業もある。

Topic 企業の貸借対照表を見てみよう

貸借(たいしゃく)対照表(バランスシート)を見ると，会社の財務状況がわかる。表の右側では会社がどのように資金を集めたのかが示され，表の左側では集めた資金をどのように運用したのかが示されている。左右のそれぞれの合計額は等しい。

貸借対照表を見る際は，純資産を総資産で割った自己資本比率が，企業の健全性をはかる指標となる。一般的に，自己資本比率が高い企業は負債の割合が少なく，経営は安定していると考えられる。

資産(どのように運用したか)		負債・純資産(どのように集めたか)	
【資産】		【負債】(返済する必要がある)	
現金・預金	2億円	銀行借入	2億円
土地	3億円	社債	3億円
機械	1億円	【純資産】(返済する必要がない)	
建物	4億円	資本金	5億円
		……株式の発行	
総資産	10億円	総資本	10億円

確認▶会社企業には，どのような形態があるかあげよう。
活用▶M&Aや持株会社，多国籍企業の例から，現在の企業の特徴を考えよう。

企業の社会的責任

課題▶企業が社会に対して果たすべき責任とは何だろうか。

クローズアップ SDGsに配慮した企業の取り組み

企業の社会的責任の一つとして，SDGsへの取り組みが注目されている(➡p.153)。企業にとってもSDGsに取り組むことは，企業価値の向上やESG投資(➡p.199)など資金調達の面からもメリットがあり，多くの企業が取り組みを進めている。

	重点的に実施している	実施している
1 貧困をなくす	11	45
2 飢餓をなくす	9	41
3 すべての人に健康と福祉を	24	77
4 質の高い教育をすべての人に	15	62
5 ジェンダー平等の実現	14	78
6 安全な水とトイレを世界中に	9	44
7 エネルギーをみんなにそしてクリーンに	27	78
8 働きがいも経済成長も	11	78
9 産業と技術革新の基盤をつくる	24	68
10 人や国の不平等をなくす	3	44
11 住み続けられるまちづくり	15	65
12 つくる責任と使う責任	18	76
13 気候変動への具体的な対策	33	94
14 海の豊かさを守る	7	41
15 陸の豊かさを守る	11	62
16 平和と公正をすべての人に	2	46
17 パートナーシップを通じた目標の達成	7	52

(2017年)(複数回答)(社)

⬆企業がおこなうSDGs関連の取り組み(企業市民協議会資料)

ヤクルトグループは，日本を含む14の国・地域で，約8万人の「ヤクルトレディ」による宅配システムを展開している。これにより，女性の就労や収入増加による生活の安定，教育機会の拡大につながっている。また，発展途上国を含む多くの国・地域で乳酸菌飲料の生産・販売，健康教室などを開催し，情報を発信することで，地域の人々の健康づくりに貢献している。

コンビニエンスストアのローソン(東京都)は，「ナチュラルローソン」の一部店舗で，洗剤などのはかり売りをおこなっている。消費者は自分に必要な量だけを購入することができ，再利用できる無料の容器やマイボトルに入れて持ち帰ることで，ごみの削減とこれまで既製品の容器に使われていたプラスチックの削減(➡p.238)につながっている。

1 社会の一員としての企業

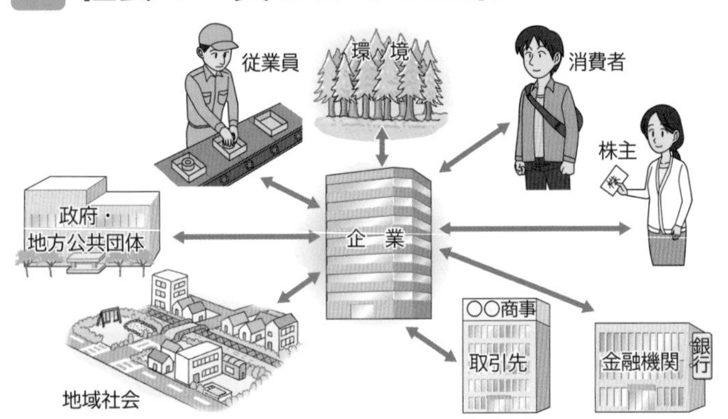

⬆企業の社会における利害関係

	1番の目的	目的
事業を通じた社会課題の解決への貢献	32	159
持続可能な社会の実現への貢献	38	158
企業理念・創業精神などの実現	43	155
企業価値の創造	30	154
企業活動へのステークホルダーの期待の反映	10	151
企業存続・事業継続のために必要な取り組み	8	146
リスクマネジメント	3	134
優秀な人材の確保・維持		116
将来の利益を生み出す投資		107

(2017年)(複数回答)(社)

⬆企業がCSRに取り組む目的(企業市民協議会資料)

解説 **CSRが重視される背景** 資本主義経済では，民間企業は利潤の追求を目的として活動している。一方で，企業は従業員・消費者・地域社会などの利害関係者(ステークホルダー)と密接に関係していることから，企業が法律やルールを守るだけではなく，積極的に社会に貢献することが期待されている。社会の一員として，**企業の社会的責任(CSR)**が重視されるようになったのである。

Q 企業が多くの利益をあげることは，投資家に対する義務でもある。しかし，企業の知恵や人材，企業間のつながりを使うことで，多くの利益は生まないが，多くの人々を助けることができる場合がある。実際の企業の取り組みやそれに対する国の支援を調べてみよう。

CSRとは CSRとは「Corporate Social Responsibility」の略で，企業の社会的責任を意味する。国連や国際標準化機構(ISO)により，CSRのガイドラインもつくられている。

2 コーポレート・ガバナンス(企業統治)

企業行動憲章(抜粋) 日本経済団体連合会

1. イノベーションを通じて社会に有用で安全な商品・サービスを開発，提供し，持続可能な経済成長と社会的課題の解決を図る。
2. 公正かつ自由な競争ならびに適正な取引，責任ある調達を行う。また，政治，行政との健全な関係を保つ。
3. 企業情報を積極的，効果的かつ公正に開示し，企業をとりまく幅広いステークホルダーと建設的な対話を行い，企業価値の向上を図る。
4. すべての人々の人権を尊重する経営を行う。
5. 消費者・顧客に対して，商品・サービスに関する適切な情報提供，誠実なコミュニケーションを行い，満足と信頼を獲得する。

解説 **コンプライアンス(法令遵守)は当然** 企業がステークホルダーの立場をふまえたうえで，透明・公正・迅速な意思決定により健全な企業運営をおこなうしくみを**コーポレート・ガバナンス(企業統治)**という。企業は社会の一構成員として，法律やルールを守って公正な経済活動をおこなう**コンプライアンス**(法令遵守)の徹底が求められる。このほか，財務情報(➡p.173)や不良品などの情報を開示する**ディスクロージャー**や，欠陥商品の回収・修理などにおける誠意ある対応，自社製品の使用後の廃棄までも視野に入れた商品開発など，利潤追求だけでない企業のあり方の視点も大切である。

3 メセナとフィランソロピー

⬅**「くばらだんだんアートプロジェクト」**(久原本家グループ) 障害のある人に対し，食にまつわるテーマで絵画を募集し，入賞作品をラッピングバスのデザインなどに使用している。デザイン料を受賞者に支払うことで，社会参加の支援となることをめざしている。

➡**「結の森プロジェクト」**(コクヨ) 高知県四万十町の間伐材を活用したオフィス家具を開発・販売することで，環境保全と地域経済活性化の相乗効果をめざす取り組みをおこなっている。

⬅**「手のひら認証ATM」**(大垣共立銀行) 東日本大震災の際，通帳などを取りに戻り，命を失った人がいた。「災害時には身体ひとつで避難してほしい」という思いから，通帳やキャッシュカードがなくても手のひらだけで取り引きできるATMが開発されている。

解説 **企業の社会的役割** **メセナ**とは，企業の芸術・文化支援活動のことで，豊かな社会を築いていくための活動として領域が広がっている。一方，**フィランソロピー**とは企業の社会貢献活動のことで，寄付やボランティアなど，社会課題の解決に向けた活動や取り組みのことをいう。いずれも，企業の社会的役割の一つとして重要視されている。

4 社会的企業

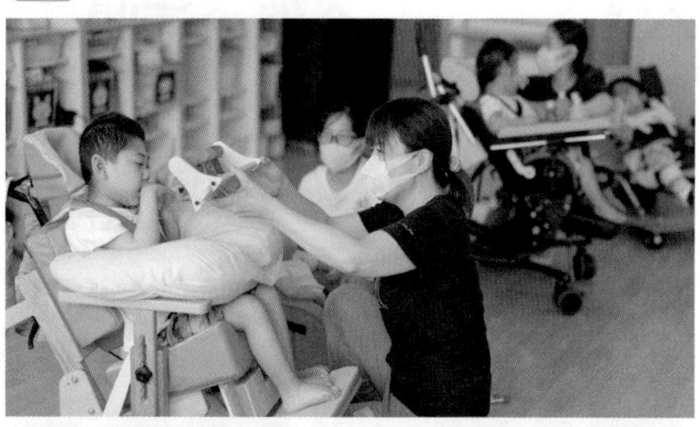

⬆**障害児保育をおこなう認定NPO法人**(東京都) 医療的なケアが必要な子どもは全国で約2万人といわれ，受け入れ先の不足が問題となっている。認定NPO法人フローレンスでは，障害の有無にかかわらず親子が笑顔で暮らせる社会の実現に向けて，障害児の長時間保育を実現する保育園の運営や，利用者家庭での保育・支援をおこなっている。

解説 **社会的企業が社会を変える** 環境や福祉，教育など，現代社会のさまざまな課題にビジネスとして取り組む，社会的企業が注目されている。社会的企業は，1980年代後半以降にイギリスやアメリカで注目され始めた。日本でも2000年代以降，政府が対応できない部分を補う役割を果たす企業が生まれている。

Topic アメリカの富豪は社会貢献も豪快！

アメリカでは，巨万の富を得た富豪が巨額の寄付をすることは珍しくない。富を得た者は社会に還元するのが当然であり，そうでなければ一流の人物として尊敬されない傾向がある。

Windowsで有名なアメリカのマイクロソフト社創業者であるビル=ゲイツ氏は，2008年にマイクロソフト社の経営から退いた後，個人資産の9割以上を投じて社会貢献活動に熱心に取り組んでいる。彼が最も重視しているのが，ポリオやマラリアなどの感染症の撲滅である。「個人の資産だからこそ，長期的な視野をもってリスクも受け止められる」と述べている。

⬆**抗マラリア薬を研究するイギリスの学校を訪問したビル=ゲイツ氏**(左，2016年)

確認▶企業の社会的責任には，どのようなことがあるかあげよう。
活用▶メセナやフィランソロピーの事例を調べ，事業とのかかわりを考えよう。

中小企業の現状と役割

課題▶中小企業は日本経済のなかで，どのような役割を果たしているのだろうか。

ベンチャー企業の活躍

空き家問題を解決して新しいライフスタイルを提案

株式会社ADDress(アドレス)(東京都)は，日本各地の空き家を移住したい人に定額で貸し出すサービスを展開している。全国の空き家問題を解決しながら，住む場所に縛(しば)られない多拠点居住という新しいライフスタイルを提案している。

研究成果をいかして作業者の負担を軽減

東京理科大学発のベンチャー企業イノフィス(東京都)では，重作業での腰の負担を軽減させる装着型ロボット「マッスルスーツ」の開発・販売をおこなっている。介護や農業，製造，物流などの分野での活用が期待される。

ベンチャー企業とは，革新的な技術や独創的なビジネスモデルを武器に，事業に挑戦する企業である。大企業では手を出しにくい新商品や新サービスの開発に取り組むことで，新しい市場を開拓している。特にまだ世に出ていない，新しいビジネスモデルに挑戦する企業のことを「スタートアップ企業」ともいう。大学の教員や学生が，研究成果を事業活動を通して市場に展開する大学発のベンチャー企業も多い。

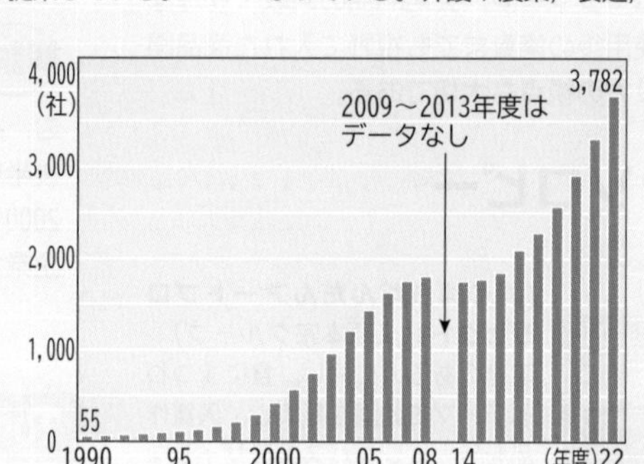

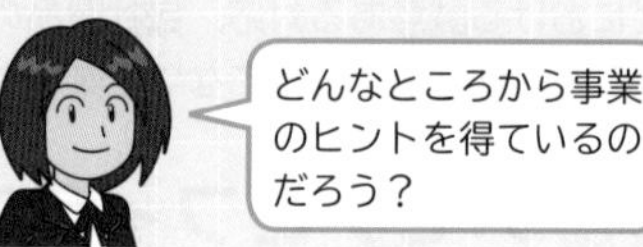

どんなところから事業のヒントを得ているのだろう？

大学発ベンチャー企業の推移(経済産業省資料)　大学発ベンチャー企業は年々増加し，なかには上場している企業もある。事業分野は，研究をいかした「バイオ・ヘルスケア・医療機器」や「IT(アプリケーション・ソフトウェア)」が多い。

1 中小企業とは

業　種	従業員規模	資本金規模
製造業，その他	300人以下	3億円以下
卸売業	100人以下	1億円以下
小売業	50人以下	5,000万円以下
サービス業	100人以下	5,000万円以下

中小企業の定義　中小企業基本法では，従業員と資本金のどちらか一方にあてはまれば，中小企業であるとしている。

▼ 企業数(民営)(2016年)　中小企業 99.7%　大企業 0.3%　3,589,333(社)

▼ 従業者数(民営)(2016年)　68.8　31.2　46,789,995(人)

▼ 小売業の売上高(2015年)　46.7　53.3　1,510,810(億円)

▼ 卸売業の売上高(2015年)　46.9　53.1　3,317,525(億円)

▼ 製造業の売上高(2015年)　37.8　62.2　3,951,531(億円)

日本企業に占める中小企業の割合(『中小企業白書』2023年版)

解説　**日本を支える中小企業**　企業数・従業者数・売上額などでも**中小企業**の占める割合は高く，日本経済の原動力である。

2 大企業と中小企業の格差

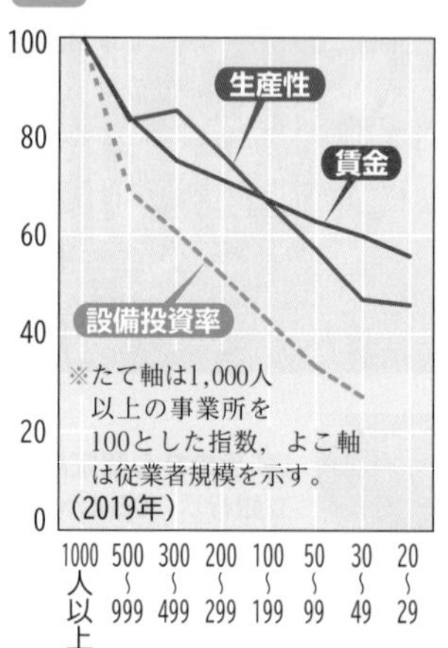

設備投資率＝$\frac{有形固定資産投資総額}{従業者数}$

従業者1人あたりの格差(製造業)(経済産業省資料)

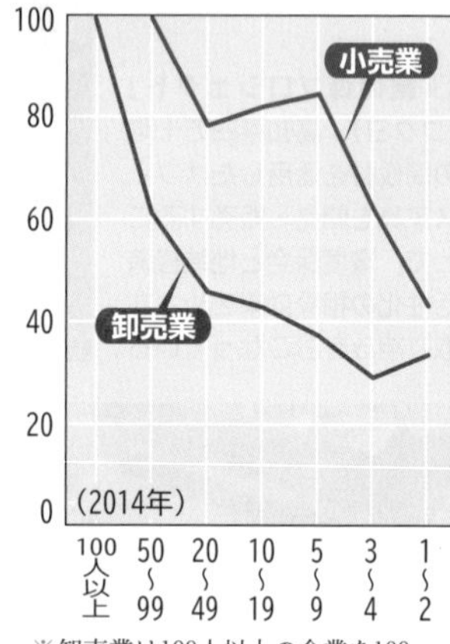

※卸売業は100人以上の企業を100，小売業は50人以上の企業を100としたときの指数。

従業者1人あたりの販売額の格差(『中小企業白書』2016年版)

解説　**経済の二重構造**　一般に，日本の中小企業は，大企業にくらべて設備投資率が低い。最新の設備を導入できる大企業の方が，生産性が高まり，高い賃金も実現しやすいため，中小企業との間で格差が生まれている。このような状態を**経済の二重構造**という。

あの企業もベンチャー企業から　今や世界50か国に60,000人をこえる従業員をかかえ，世界中の利用者に多くのサービスを提供しているGoogle(グーグル)は，アメリカの大学で研究する二人の若者によって，1998年にガレージで設立された。

3 下請け構造

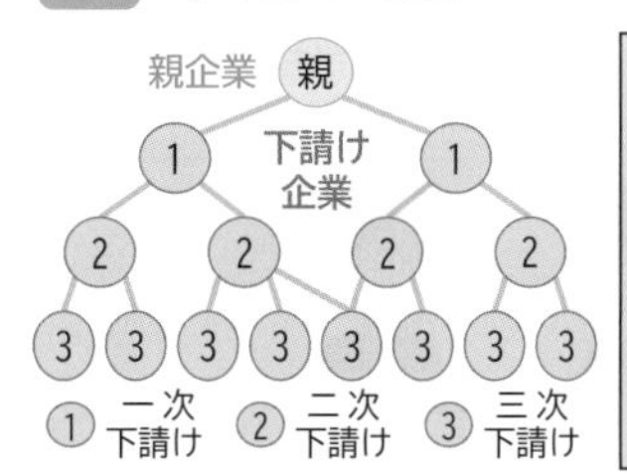

特色	①下請け企業は，親企業の分業体制の一部。 ②下請け企業自体が一次下請け，二次下請けなど重層構造である。 ③親企業と下請け企業との取り引きが長期的かつ継続的である。 ④親企業は，資本の節約・景気対策などに有利。

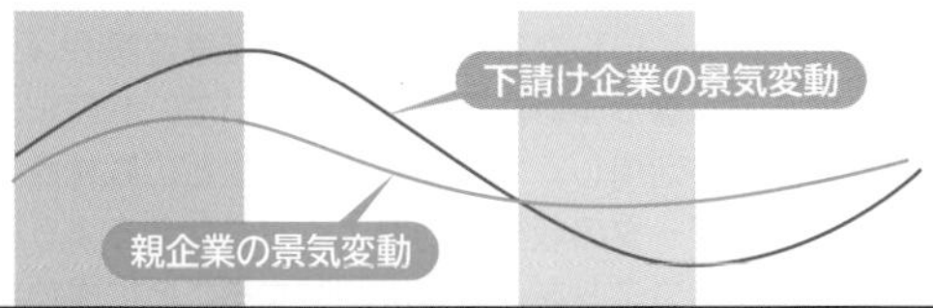

	好況時	不況時
親企業	・臨時・パート従業員の増加。 ・下請けへの注文が急増。	・臨時・パート従業員の減少。 ・下請けへの注文が急減。
下請け企業	・従業員数を急増させる。 ・時間外労働の急増。	・従業員数を急減させる。 ・時間外労働の急減。

⇧**景気変動と下請け企業**

中小企業は景気変動の影響を受けやすい。

解説 **変化がせまられる中小企業**　日本では，大企業が特定の中小企業を**系列**化して**下請け**としている。下請け企業は，景気の変動にあわせて親企業である大企業からの発注量が増減する，**景気の調整弁**としての役割を負わされてきた。しかし，グローバル化が進むなかで大企業による系列取り引きの見直しが進み，大企業に仕事を頼ってきた中小企業は変化がせまられている。

4 中小企業の挑戦

靴のように自分のサイズを選べる「めがね」

日本で生産されるめがねのうち，約9割ものシェアを占める福井県鯖江市。大手からの製造受託がメインだった鯖江のめがね産業は，海外の安価な製品の輸入や後継者不足により廃業の危機に陥る企業が増えていた。この危機を乗りこえるため，市と企業が一体となって「鯖江ブランド」を打ち出すことや，事業譲渡によりサプライチェーンと熟練職人の技術の伝承を守っている。

⇧**鯖江市のめがね工場**(左)**とめがねをかける子ども**(右)　靴のサイズを選べるようにめがねの大きさを5サイズ用意。子どもからおとなまで，自分にあった大きさを選べるめがねを販売している。

解説 **中小企業に寄せられる期待**　中小企業は多くの問題をかかえながらも，地域に密着した活動や独自の技術をいかした新しい市場の開拓など，さまざまな面で期待を寄せられている。

確認▶日本企業に占める，中小企業の割合はどのくらいか。
活用▶ベンチャー企業の先進的な取り組みや，中小企業の工夫の例を調べよう。

5 起業に対する意識

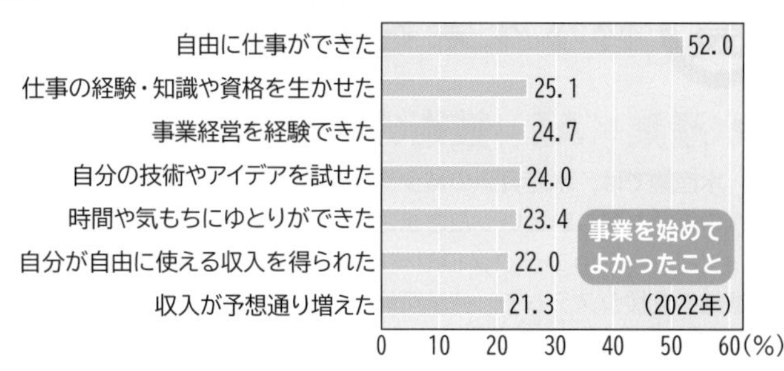

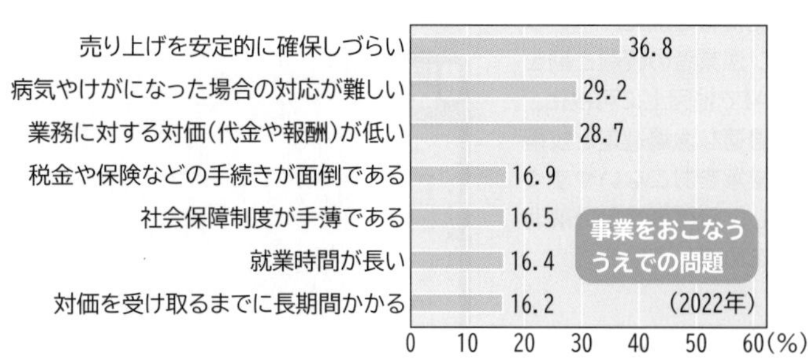

⇧**起業家の実態**(日本政策金融公庫資料)

解説 **起業という選択肢**　ベンチャー企業が注目される一方で，日本の開業率は欧米とくらべて低く，起業への意識は高いとはいえない。しかし，働き方が多様化(➡p.181)する現在，起業という選択肢を意識しておくことは重要である。

TOPIC コロナ禍に負けない～スマイルフラワープロジェクト

2020年，新型コロナウイルス感染症の感染拡大により，イベントや結婚式が中止となるなど生花需要が減少するなか，花の大量廃棄(フラワーロス)問題が浮き彫りになった。この問題を解決するため，株式会社ジャパン・フラワー・コーポレーション(富山県)では，「2020スマイルフラワープロジェクト」を発足。行き場を失い廃棄となる花を救うために積極的に買い取り，インターネットでの直接販売や花のドライブスルー販売に加え，花のサブスクリプション(定額課金)サービスも開始するなど，花の生産農家を支援する取り組みを続けている。これらの活動により，約500万本(2020年4月～21年8月の累計)のフラワーロスを救出した。

⇦**農家から直送された花を箱詰めして発送**　消費者は店頭で買うよりも鮮度がよい花を安く購入できる。生産者は花を無駄にせず販売することができる。

日本の農林水産業

課題▶日本の農林水産業には，どのような課題と可能性があるのだろうか。

クローズアップ 農林水産業× ICTの可能性

農林水産業は私たちが生きていくために欠かせない食料や木材を生産しているけど，さまざまな問題があるんだね。

問題に対して，どのような取り組みがおこなわれているのだろう。

水産業×AI＝技術の継承

水産業では，水産資源の減少や漁師の高齢化，所得が低く若い世代への継承が難しいといったさまざまな問題をかかえている。オーシャンソリューションテクノロジー(長崎県)は，AI(➡p.170)を利用した漁業者支援システムで，持続可能な水産業に向けた取り組みを進めている。漁業者の操業(そうぎょう)日誌をデータ化し，海洋情報，気象情報といった情報を加え，ベテラン漁業者の経験と勘(かん)をAIで地図上に可視化。最適な漁場選定と技術継承をおこないやすくし，後継者不足の解消をめざしている。

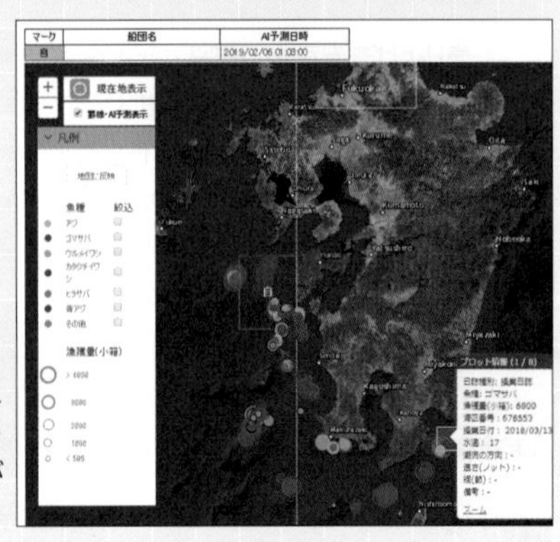

➡データを入力していくことで，どの位置でどのような魚がどれだけとれるかが地図上に示される。

林業×ドローン＝作業コスト軽減

林業では，後継者不足のほか，適正な管理がおこなわれていない土地の問題などがある。いしかわスマート林業推進協議会(石川県)は，これまで人力でおこなっていた森林調査において，ドローンによる空中写真の立体画像を活用し，木の本数や体積などの森林資源量を把握する調査を実施。データの収集が効率よくおこなえるようになったことで，作業にかかるコストを5割程度削減することに成功した。

⬅ドローンで撮影された森林　これまでであれば現地に行く必要があった調査も不要になり，時間や費用の負担削減となっている。

1 日本の農林水産業の担い手

Q 農林水産業の担い手には，どのような課題と新しい動きがあるのだろうか。

■就業者の変化

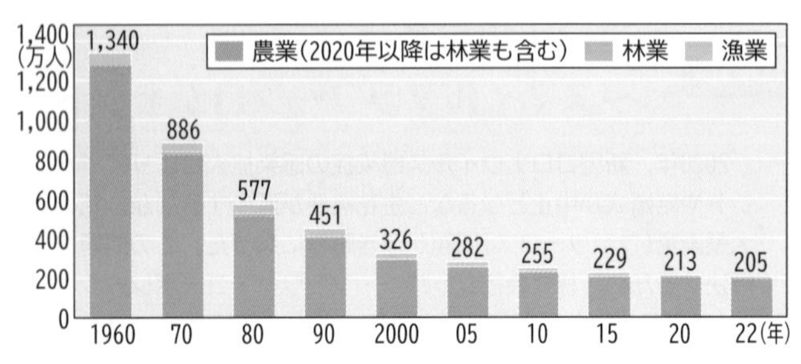

⬆農林水産業就業者数の推移(農林水産省資料)

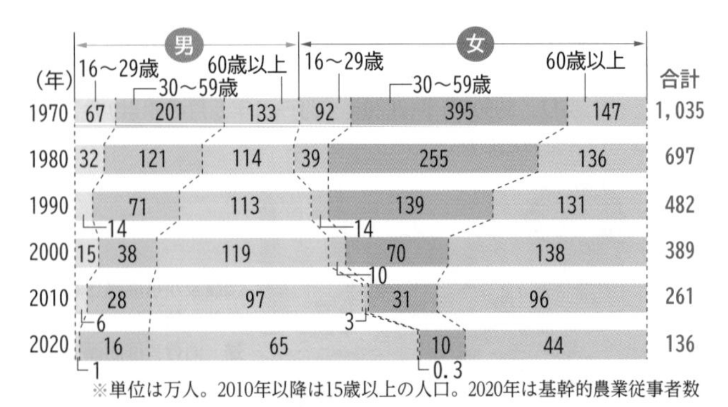

⬆農業就業人口の性別・年齢別割合の推移(農林水産省資料)

■新しい担い手

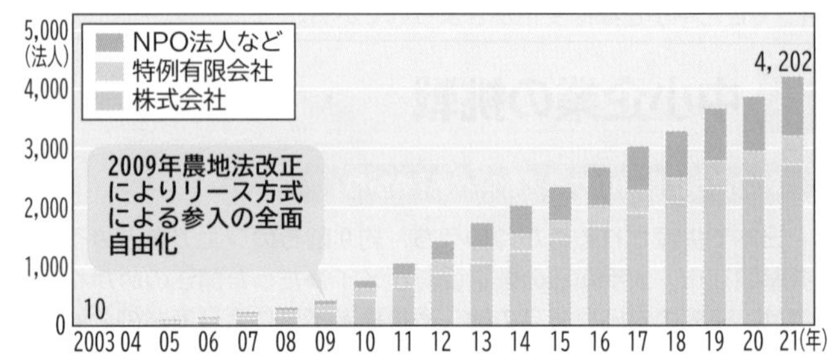

⬆一般法人の農業参入の推移(農林水産省資料)

⬆若手でつくる生産者団体「トップハット」(静岡県)　営業と生産を分業し，それぞれの土地で栽培することで，高い品質の維持を可能にしている。

解説 **高度経済成長期に変化**　日本の農林水産業就業者数はこの60年で約6分の1に減少し，全就業者数に占める割合は3.0%(2022年)となっている。高齢化も進み，後継者不足が深刻な問題である。一方で，農業においては一般法人や若い世代の参入も進んでいる。法人化して農業をおこなう経営体の増加により，サラリーマンとして農業に従事できるようになったことも要因の一つといえる。

プラスα　**6次産業化**　第1次産業の就業者が，生産だけでなく加工品の製造(第2次産業)や流通・販売(第3次産業)もおこなうこと。それぞれの産業の数字をとり，1×2×3＝6で「6次産業化」とよばれる。

2 日本の食料制度

1942年 食糧管理法制定
食料の安定確保のため，国が食料の生産・流通を管理

1945年 第二次世界大戦終結
農地改革➡自作農増加

1952年 農地法制定
農地改革の成果維持をめざし，耕作者の地位の安定と生産力増進をはかる

1961年 **農業基本法制定**
農業と他産業の間の所得格差を縮小させることが目的
農家の経営規模の拡大，機械化の促進などを奨励(しょうれい)
➡十分な成果は上がらず

高度経済成長期，国民の米離れが進む
1970年～ 米の生産調整(減反(げんたん)) ※2018年に廃止

1993年 米市場の部分開放決定(ウルグアイ・ラウンド)
⬇ **自由化・市場開放の動き**
1995年 米の最低輸入量(ミニマム・アクセス)の設定
➡一定量の輸入が義務づけられた

1994年 **食糧法**制定(➡食糧管理法廃止)
生産・流通の規制が緩和された

1999年 **食料・農業・農村基本法**制定(➡農業基本法廃止)
農業における市場原理のいっそうの活用をめざす

2009年 農地法改正
株式会社の本格的な参入，農地の貸借(たいしゃく)規制を緩和

解説 **自立した農業へ** 第二次世界大戦中につくられた食糧管理法で課された米の生産と流通に対する厳しい規制は，終戦後も続いた。しかし，貿易の自由化という世界の流れから孤立(こりつ)しないよう，1990年代には急速に市場原理を導入し，2000年代には株式会社の参入など，規制緩和が進んだ。今後も農業の国際競争力を高めることが求められている。

3 食品の安全性

⬅**個体識別(しきべつ)番号が印字された耳標をつけた牛**

岩手県産 保存温度5℃以下
厳選牛もも手切り焼肉用 3等級
個体識別番号 1252125770
消費期限 11.1.26 加工日 11.1.23
正味量(g) 150 お値段(円) 650

➡**商品ラベルの表示**

解説 **食の安全を求めて** **トレーサビリティ**は，食品の生産・加工・流通などの各段階で，原材料の出所や販売先などの記録を保管し，食品とその情報を追跡できるしくみである。これにより，食中毒などの事故が発生した際に，問題のある食品がどこからきて，何に使われたのかを調べることができる。日本では，牛肉と米・米加工品について法律で記録が義務づけられており，食品全般についても記録が求められている。

確認▶日本の食料自給率(カロリーベース)は何%だろうか。
活用▶農林水産業の課題と今後の期待についてまとめよう。

4 食料自給率

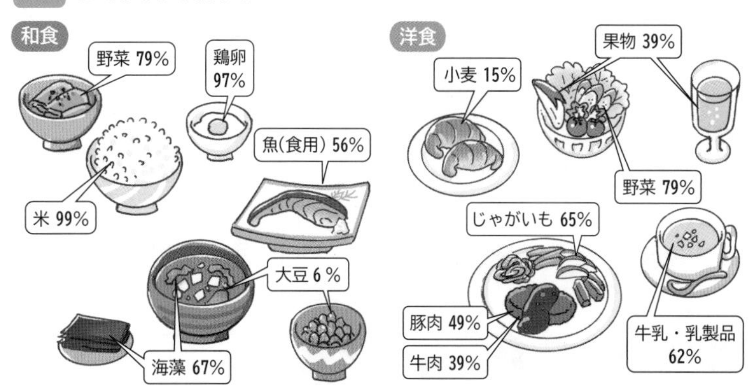

⬆**日本の食料自給率**(2022年度)(「食料需給表」2022年度版)

(%) 160 140 120 100 80 60 40
(カロリーベース)
アメリカ 117
フランス 115
イギリス 54
ドイツ 84
スイス 49
日本 37
1970 75 80 85 90 95 2000 05 10 15 20(年)

⬅**おもな国の食料自給率の推移**(「食料需給表」2022年度版) 先進国のなかでも，日本の**食料自給率**はきわ立って低い。

解説 **日本の食料は約6割を海外に依存している？** 海外からの食料輸入がとだえても，国民が最低限必要とする食料を確保するという**食料の安全保障**や，食べ物が運ばれてきた距離であるフードマイレージの観点から，日本の**食料自給率**は改善が求められている。輸送時に排出される二酸化炭素をできるだけ減らすため，地産地消(ちさんちしょう)(➡p.91)の取り組みも増えている。

5 農林水産業のいま

⬅レモン生産量日本一を誇(ほこ)る広島県。温暖少雨で台風の通過も少ない瀬戸内は，柑橘(かんきつ)類のなかでも寒さに弱く，傷がつきやすいレモンの栽培に適している。JA広島果実連は，防腐剤を一切使わず，皮まで食べられる「広島レモン」を地域商標登録し，販売している。

持続可能な林業の実現

➡**マクドナルド 五条桂(ごじょうかつら)店**(京都府)
マクドナルドは，2019年より国産木材を活用した店舗をオープンした。現在，新規出店や改装の際には，構造部分や外装，内装など，可能な部分で国産木材を活用する方針を打ち出している。

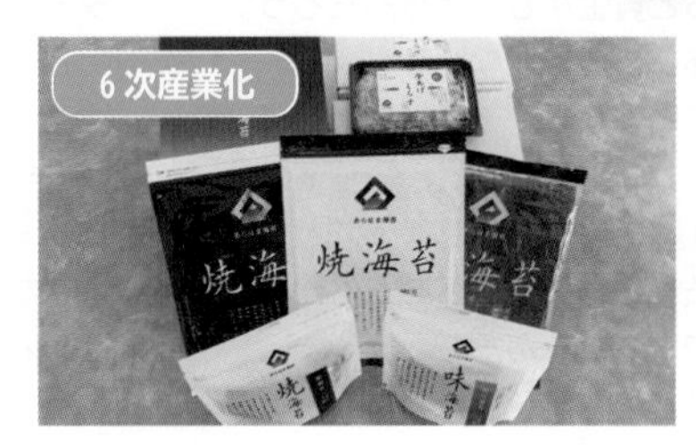

⬅あらはま海苔(のり)合同会社(宮城県)は，東日本大震災後3軒(けん)まで減少した海苔養殖業者が共同して設立した。生産した海苔を自社加工場で焼き海苔などに加工し，「あらはま海苔」の名で直売所で販売している。生産者と消費者がつながる場所で，消費者のニーズを商品開発に反映する効率的な経営体制を実現している。

学びを 社会へ

自分の将来の働き方を考えよう

10年後はどのような社会になっているのだろう。情報化の進展，働き方改革の推進，人生の長期化そしてグローバル化。そのなかで，自分はどのような働き方・生き方をしていきたいのだろう。自分が望む生き方をするために，今何をすべきか，考えてみよう。

将来を考えるための準備

私たちもそろそろ将来どんな仕事につくか，考えなくちゃいけない時期になってきたよね。
うーん，でもどこから考えよう？
自分の適性も大事だよね。p.22～23の授業で，自分の性格ややり抜く力を見たら，僕はコツコツやるタイプだったから，粘り強くやれる仕事もいいな。

僕は起業を考えているから，世の中の状況を見ておくことも大事だと思うな。p.168～179で学んだ，ICTの活用や，中小企業・農林水産業の挑戦も参考になりそう。
みんな，これまでの学習をいかした考えができてていいね。高校はいろいろな面から将来について考えることができる機会なので，ここでも職業や働き方について視野を広げてみよう。

職業の視野を広げよう

Q おにぎりのほかにも，自分の身のまわりにあるものが自分のところに届くまで，どのような流れがあり，どのような仕事があるのか調べてみよう。

コンビニのおにぎりが私たちに届くまで

B to B（企業どうしの取り引き）をおもな業務とする企業
B to C（企業と消費者の取り引き）をおもな業務とする企業
社会インフラを支える企業や地方公共団体
消費者

ユウト▷こう見ると，僕たちの身のまわりには実に多くの仕事があり，たがいにかかわっていることがわかるね。

さくら▷目には見えないけど，おにぎりを通じて多くの人とつながっているんだね。

はるか▷それにしても，なぜ仕事をすると賃金がもらえるんだろう。

ダイチ▷それは，その仕事に「価値」があるからじゃない？

中村先生▷そうだね。誰かの役に立っているから，その対価として，労働者に賃金が支払われているんだ。

さくら▷私たちは身のまわりのことをすべて自分でおこなうことはできないもんね。考え方を変えると，たくさんの仕事があるおかげで，私たちは便利な社会で暮らすことができているんだ。

ダイチ▷でも人の役に立つ仕事ができるかはわからないな……。

中村先生▷「人の役に立つ仕事がしたい」というのはとてもよい考えだけど，みんながおとなになって働いて賃金がもらえるとしたら，目に見える貢献がその場になかったとしても，上の図からわかるようにその仕事は必ずどこかで誰かの役に立っているんだよ。

ダイチ▷不安に思う必要はないんだね。みんなが自分の仕事をすることで，おたがい助けあっているのが今の社会なんだ。

さくら▷人々の幸福感に値段がつけられないように，価値はお金だけで判断することができないこともあるよね。

ユウト▷確かに，賃金を得る労働だけが働くことではないね。さまざまな活動や存在自体が誰かを勇気づけ，助けていることもあるかもしれない。

はるか▷身のまわりにある「働き」に目を向けてみよう。

WORK 「働き方」の視野を広げよう

❶さまざまな「働き方」があることを知ろう。興味のある働き方について，調べてみよう。

企業に就職する

株式会社大匠　寺口 千尋さん

　新築マンション建設やリフォームなどを手がける企業で，大工さんのサポート業務や広報業務などをおこなっている。

この企業を選んだきっかけは，社長と社員との距離感です。選考中から会社の中を見せていただき雰囲気が伝わりやすく，入社してもギャップが少ないと感じました。また，新入社員のうちから会社から必要とされ，仕事に対してやりがいを感じることができます。

企業で働きながら副業

Zホールディングス株式会社
(現LINEヤフー株式会社)　名島 若菜さん

　副業として，スタートアップ企業でマーケティング業務などに従事。

新しい知識を得られたり，多様な新しい出会いもあったり。キャリアも人生も，格段に豊かになりました。本業と副業の多忙期が重なってしまい，最初の頃は時間管理に苦戦しました。今では時間管理への意識が高くなり，生産性も上がったと感じています。

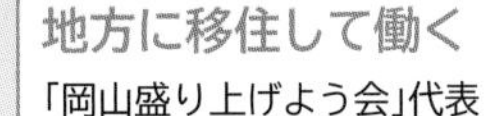

自分で起業する

株式会社Nature Innovation Group
代表取締役　丸川 照司さん

　傘のシェアリングサービス「アイカサ」を展開。

「まだ解決されていない社会問題を解決したい」「どうせなら，誰もやっていないことをやりたい」そこで，まだ日本では誰もやっていない傘のシェアリングをビジネスにしようと考えました。起業に必要なことは，できるという思いこみと実際にスタートすること。うまくいかなかったら別の方法を試して，よさそうだと思う方に向かっていく。そのくり返しだと思います。

地方に移住して働く

「岡山盛り上げよう会」代表
佐藤 正彦さん

　会社員をしながら，ボランティアで岡山を盛り上げる活動をおこなっている。

移住にともない大企業から中小企業に転職となり，給料は下がりましたが，家賃，食費，交通費などの出費の比率はほぼ同じなので，生活レベルは移住前と変わりません。移住前は１時間15分かかっていた通勤時間が10分になり，時間の余裕ができました。移住のきっかけは東日本大震災でしたが，仕事優先から家族との生活優先に変わりました。今は，移住を検討している人の相談にものっています。

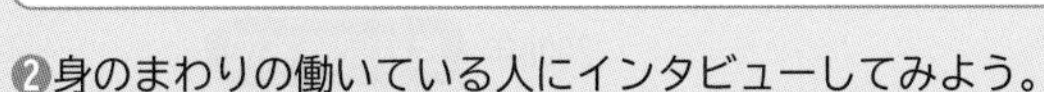

❷身のまわりの働いている人にインタビューしてみよう。
・右の〔質問項目シート〕を活用して，まわりの働いている人にインタビューをしてみよう。
・〔質問項目シート〕の④・⑤は，自分で自由に質問を考えよう。
・インタビューが終わったら，クラスの友だちと発表しあい，インタビューをしてわかったことや感じたことをまとめよう。

①職業は何ですか？
②どんな働き方をしていますか？
③その仕事をやっていて，どんなところにやりがいを感じますか？
④・⑤(質問を考えよう)

働き方は多様

　かつては社会人になったら，新卒で就職したところで定年まで勤(つと)め，生活は仕事中心か，家庭中心かどちらかを選ぶという人も多かった。しかし現在は女性の社会進出が進み，仕事とプライベートのバランスをどう大切にしていくか，子育て，介護などのライフイベントとどう向きあうか，どう自分自身で専門性や働きがいを見いだしていくのかなどが求められる時代になったともいえる。

　また，働き方についても，正規雇用・非正規雇用，裁量労働制や変形労働時間制，兼業・副業，転職，そして，働きながらのボランティア，地方への移住，起業などさまざまな選択肢が増える分，みずからの選択が重要になっている。

　将来，自分はどのような働き方・生き方をしていきたいのか，そのために何から始めればよいのか。自分自身や社会全体のために，経済の活力と社会の安定のバランスをどのように取りたいのか。そのバランスを実現するために，どういう選択をおこなうべきなのか。こうした広い視点で自分の働き方やキャリアを考えていこう。

経済

ふりかえり

□ 社会には多くの仕事が存在し，たがいにかかわりあっている。
□ 就職する・起業する・副業する・移住して働くなど，多様な働き方がある。
□ 将来，自分はどのような働き方・生き方をしていきたいのか，広い視点で自分の働き方やキャリアを考えていこう。

SOS ▶各地のジョブカフェ(経済産業省)
調べる ▶13歳のハローワーク公式サイト　▶「仕事と生活の調和」推進サイト(内閣府)　▶ニッポン移住・交流ナビJOIN

経済社会と経済体制

課題▶政府の経済へのかかわりは，どのような影響があるのだろうか。

クローズアップ 世界恐慌とニューディール政策

⇧銀行におしかける預金者　1929年，ニューヨークのウォール街の証券取引所で株価が大暴落し，世界の資本主義諸国をまきこんだ世界恐慌となった。アメリカでは，約25%の人が失業した(➡p.225)。

⇧TVAによるダム建設現場

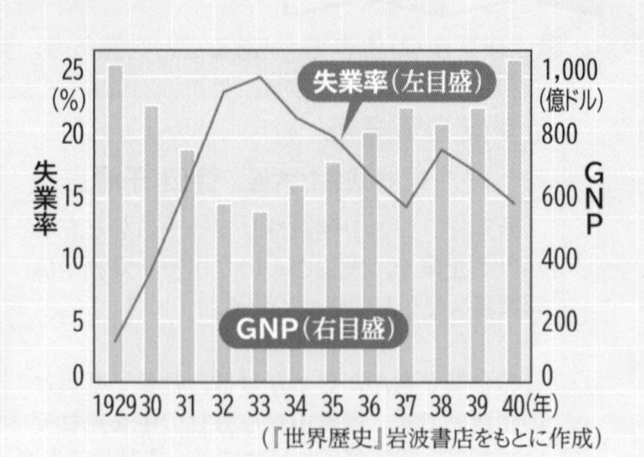

（『世界歴史』岩波書店をもとに作成）

⇧1929年以降のアメリカのGNPと失業率

ニューディール政策のおもな内容		
	農業調整法(AAA，1933年)	農産物の生産制限・価格の引き上げ
	テネシー川流域開発公社(TVA，1933年)	政府出資による総合開発事業
	全国産業復興法(NIRA，1933年)	政府による産業統制と労働条件の改善
	ワグナー法(1935年)	労働者の団結権・団体交渉権を認める

第一次世界大戦後に好景気が続いていたアメリカ経済は，1929年10月に発生した**世界恐慌**で一気に崩壊した。多くの失業者を生み出した恐慌に対し，F.ローズベルト米大統領は**ニューディール政策**を実施し，公共事業によって雇用を生み出すなどした。この政策は一定の効果をあげたが，最終的にアメリカ経済が持ち直したのは，第二次世界大戦への参戦によるという見方も強い。

恐慌に対して，政府が積極的に介入したんだね。

1 政府の役割の変遷

どのような時に政府の役割は見直されているのだろうか。

18世紀 ▶ 19世紀 ▶ 20世紀 ▶ 21世紀

産業革命 1760年頃～ → **資本主義**
- 小さな政府
- **自由放任主義(レッセ・フェール)**
- 国家からの自由

（恐慌の発生）------- 1929年 **世界恐慌**

資本主義の弊害
- 恐慌の発生➡失業問題
- 貧富の差の拡大
- インフレの発生

→ **社会主義**
- 生産手段の国有化
- 計画経済
- 利潤追求の否定

修正資本主義
- 大きな政府
- 政府の介入
- 福祉国家
- 国家による自由

大きな政府の弊害
- 行政機構の肥大化
- 財政赤字の拡大

2008年 **世界同時不況**

新自由主義
- 小さな政府への回帰
- 規制緩和

- 経済格差の拡大
- 小さな政府に基づく政策への批判

それぞれが自由な経済活動をおこなう限り，「見えざる手」に導かれ，社会全体が調和的に発展する。

⇧**アダム=スミス**
(1723～90，英)
主著『国富論(諸国民の富)』

貧富の差の拡大や恐慌などは資本主義固有の問題であり，経済体制の転換なくして解決することはできない。

⇧**マルクス**
(1818～83，独)
主著『資本論』『共産党宣言』

不況下における大量失業は，貨幣の支出をともなう購買力に裏づけられた有効需要の不足が原因である。これを解決するには，政府による積極的な投資が必要である。

⇧**ケインズ**(1883～1946，英)
主著『雇用・利子および貨幣の一般理論』

フリードマン
(1912～2006，米)

大きな政府は財政負担が大きく，自立の精神を損なうなどの問題があるため，小さな政府をめざすべきだ。

→ **社会主義国家樹立**
1917年　ロシア革命
1922年　ソ連誕生

→ **社会主義の弊害**
- 労働意欲の低下
- 生産の非効率性

→ **ソ連消滅** 1991年 → 市場経済への移行

解説 **時代を反映する経済学**　よりよい「経済」のあり方とは何か，そのために政府の役割をどうするべきかという問題は，いつの時代も経済学の大きな関心事である。資本主義が生まれて，その矛盾から修正資本主義が生まれたように，つねに経済学はその時の経済体制の問題点を解消するように発展してきた。

ひとり歩きした「見えざる手」　アダム=スミスが唱えた「見えざる手」とは，「すべて市場にまかせておけば社会は豊かになる」というものではなく，最低限のモラルのうえで，人々の利益追求が結果的に社会全体の利益となる状況が「見えざる手」によって達成されるとしたものである。

用語解説 産業革命，資本主義，アダム=スミス➡p.281　社会主義，マルクス，ケインズ，フリードマン，有効需要，経済特区，社会主義市場経済，小さな政府，大きな政府➡p.282

2 資本主義経済と社会主義経済

Q 社会主義経済は資本主義経済のどのような点を改善するために生まれたのだろうか。

資本主義経済		社会主義経済
工場や土地などの生産手段が私的に所有されている(私企業中心)。	生産手段の所有	土地は国有化され，企業は国有となるか，協同組合などの所有となる(**生産手段の社会的所有**)。
財・サービスが市場で自由に取り引きされる**市場経済**のなかで，企業は競争のもとで生産量・価格などを自由に決めて生産を進める(**自由競争**)。	生産活動	国家の計画に従って，企業は生産を進める(**計画経済**)。
・企業努力による技術革新などが進み，モノの豊かさや生活水準の向上がもたらされる。 ・生産手段や財産の私的所有が認められるため，経済活動における労働意欲が高まりやすい。	利点	・原則として景気変動が発生しないため，倒産・失業は発生しない。 ・労働の量と質に応じて分配を受けるため，所得の格差は小さく，価格の変動も起きにくい。
・自由な経済活動の結果，景気変動(➡p.192)が生じ，不景気になると倒産・失業が生じる。 ・所得の格差が大きく，生産活動における企業の独占や寡占が起こる一方，貧富の格差が生じやすい。	課題	・供給過剰や不足が起こりやすく，一方で技術革新が起こりづらい。 ・財産や利潤の私的所有が認められないため，労働意欲が高まりづらい。
アダム=スミス 人々が利己的に行動することにより，市場を通じて公益が増大する(=「見えざる手」)。 ➡「正義の法」が守られる状況下においては，不正にならない範囲で自由な経済活動がなされるべきである。	代表的な人物と思想	**マルクス** 社会が進化を続け，資本主義社会で矛盾が深まると，革命を経て最終的な到達段階である「共産主義社会」に移行する。 ➡労働者が資本家から搾取される構図など，資本主義社会の問題点を指摘。

解説 **国家の経済のあり方と政府の役割**　**資本主義経済**と**社会主義経済**は，いずれも国家の経済のあり方だけでなく，それにともなう政府の経済への立場を示したものである。アダム=スミスは資本主義の立場から政府による経済活動への介入に消極的だったのに対し，マルクスは社会主義の立場から政府による積極的な経済活動への介入を求めた。アダム=スミスの考え方は今日の資本主義経済の原点となり，マルクスの考え方は社会主義や共産主義の背景となり，のちの資本主義の修正にも反映されるようになった。

中国の高層ビル群(深圳)　中国は，1978年から**改革開放政策**により，経済特区の設置や株式会社の導入などを進めた。政治的には共産党の一党独裁政治(➡p.65)を維持しながら，市場経済を導入する**社会主義市場経済**をとっている。

3 修正資本主義

ケインズの「有効需要の原理」

不況でモノが売れないのはなぜ？

お金を使わなくなり需要不足となるから

景気回復 ⬇ するには？

政府による金融政策(財政支出，金融緩和)により需要をつくる ➡

不況の原因は需要不足
政府が需要を補えば
完全雇用実現，不況克服

ケインズの「有効需要の原理」の問題点
- 政府による市場への介入により，財政支出が増え，財政赤字が拡大する。
- インフレをもたらす危険性があり，不況下でのインフレ(=スタグフレーション)(➡p.193)への対応ができない。

解説 **政府による「有効需要」創出**　ケインズはそれまでの資本主義に対して，市場経済の不安定さを指摘し，不況時には政府が市場に介入し，**有効需要**を創出していくことを主張した。有効需要とは，単なる欲望ではなく，所得の支出がともなう需要のことで，公共事業や金融緩和をおこなうことによる有効需要創出を訴えた。ニューディール政策はその代表例といえるが，他方，財政赤字の拡大といった問題点も明らかとなり，新自由主義が台頭していった。

4 大きな政府と小さな政府 ➡p.57

小さな政府		大きな政府
政府の役割は国防など必要最小限にとどめる考え方。	特徴	政府が積極的に国民の生活を保障する考え方。
政府の役割が小さいため市場の主体性にまかせることができ，政府の予算もかからない。	長所	政府が積極的に市場に介入することで経済が安定し，経済格差を縮小することができる。
経済格差が拡大し，政府の役割を縮小することで，公共サービスが不十分になる。	短所	財政面での国民の負担が大きくなり，同時に政府の支出も増大するため，財政赤字になる。
・新自由主義 ・アメリカの社会保障に見られる「低福祉・低負担」	例	・修正資本主義 ・スウェーデンの社会保障に見られる「高福祉・高負担」

解説 **時代によってバランスが変わる**　小さな政府と大きな政府には，それぞれ長所と短所がある。どちらが重視されるかは時代によって変わり，小さな政府と大きな政府は時代を反映して台頭してくる。福祉の充実と行政の効率化といった双方のバランスをどうとるかが課題である。

1980年代には新自由主義による小さな政府が指向された一方で，2000年代後半の世界的な金融危機(➡p.225)，2020年の新型コロナウイルス感染症にともなう景気悪化などに対し，大規模な経済対策が各国で実施された。政府が経済にどの程度かかわるかは，経済の危機やグローバル化など，さまざまな要因が関係している。

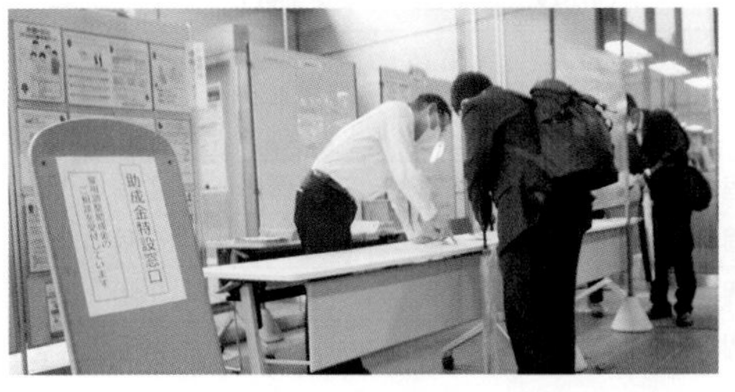

新型コロナウイルス感染症の影響による助成金や給付金の相談窓口(2020年)

確認▶資本主義経済と社会主義経済，それぞれの課題をあげよう。
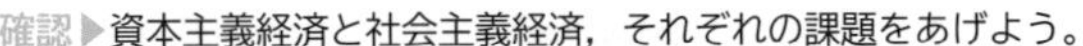
活用▶今の日本や世界の経済状況を考えると，大きな政府と小さな政府どちらが適しているか，考えよう。
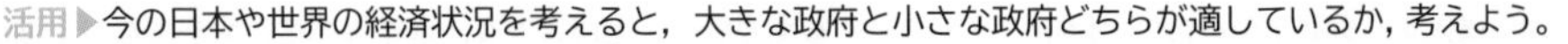

経済

市場のしくみ(1)

課題▶価格の変動はどのように起こり，変動に関係する要因には何があるだろうか。

クローズアップ 新型コロナウイルス感染症の拡大で「踊った」マスク価格

マスクの品薄状態を伝える掲示(2020年2月)

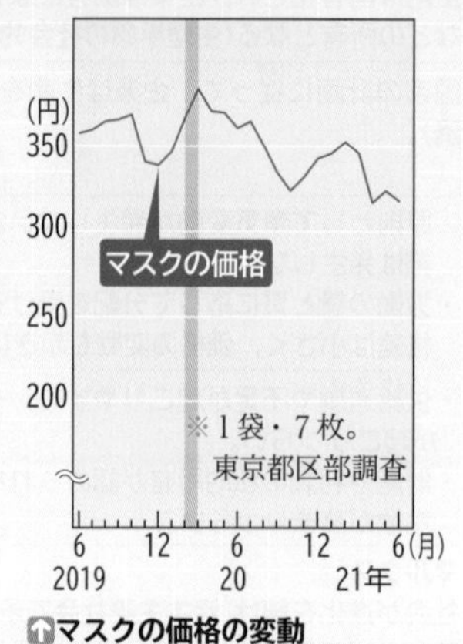

マスクの価格の変動

2020年冬，新型コロナウイルス感染症の感染拡大のなかで，マスクや消毒用品といった衛生用品の価格が一時高騰し，インターネット上での転売も問題となった。しかし，2020年4月頃を境にマスクの価格は下落し，通常の価格に戻っていった。私たちの身のまわりの商品の価格はどのようにして決まり，なぜ変動するのだろうか。また，価格の変動にはどのような要因が関係しているのだろうか。

マスクや衛生用品の価格は急激に上昇し，その後急激に下落したんだね。なぜこんなに変化したんだろう？

1 さまざまな市場の「売り手」と「買い手」

卸売市場	株式市場	労働市場
生産者と販売業者，または販売業者どうしの間で商品の取り引きをおこなう場。商品はいわゆる「せり」によって売買される。	株式の売買をおこなう場。証券取引所で，コンピュータを使って取り引きされている。	雇用者と労働者とが雇用契約を結ぶ場。卸売市場のような具体的な場があるわけではなく，求人はさまざまな手段でおこなわれる。
売り手 生産者(販売業者)	**売り手** 株式を売りたい人や企業	**売り手** 求職者
買い手 販売業者	**買い手** 株式を買いたい人や企業	**買い手** 雇用主

解説 **市場の機能** 財やサービスが売り手(供給)と買い手(需要)との間で取り引きされる場を，**市場**という。市場では「商品」の売買がおこなわれ，価格が高くなればある時点から商品があまり，逆に価格が安くなればある時点から品不足になる。市場では，原則として**需要**と**供給**の関係により，価格が決定していく。

2 需要と供給

Q 需要と供給はどのように関係し，価格が決まるのだろうか。

買いたい人と売りたい人では，値段に応じた判断が異なる

●**買いたい人の判断**(トマトの値段に対する購入希望個数)

	Aさん	Bさん	Cさん	Dさん	希望合計
100円	1個	2個	3個	4個	10個
200円	0個	1個	2個	2個	5個
300円	0個	0個	1個	1個	2個
400円	0個	0個	0個	1個	1個

●**売りたい人の判断**(トマトの値段に対する販売希望個数)

	Eさん	Fさん	Gさん	Hさん	希望合計
100円	1個	1個	0個	0個	2個
200円	3個	2個	0個	0個	5個
300円	5個	3個	1個	0個	9個
400円	7個	4個	2個	1個	14個

売りたい人と買いたい人の取引量の希望が一致した価格で取り引きが成立する

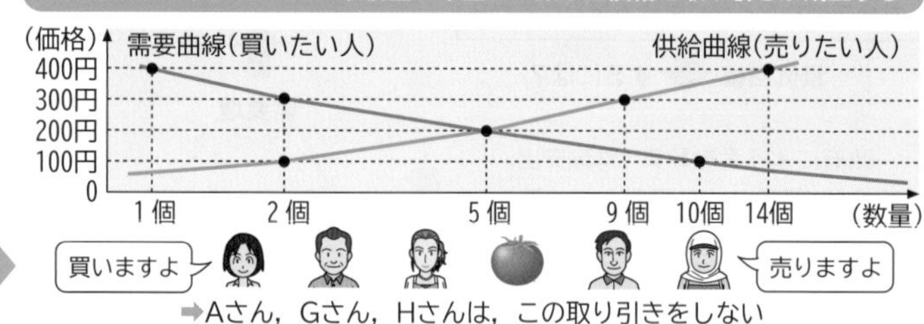

➡Aさん，Gさん，Hさんは，この取り引きをしない

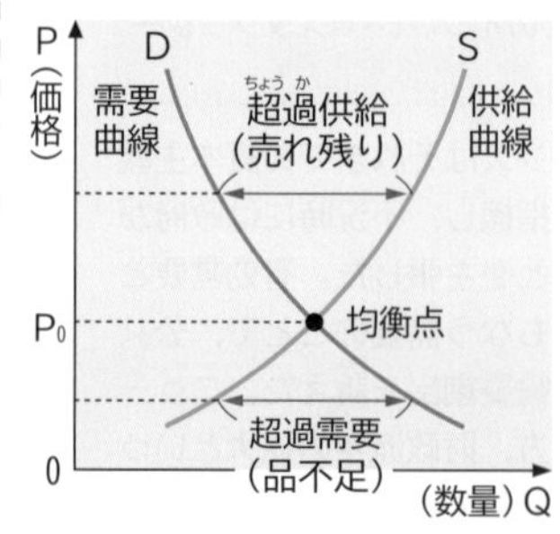

解説 **売り手と買い手で均衡する価格** 一般的に，売り手の行動(供給)は価格が高くなるほど売り手が多くなるため右上がりの曲線，買い手の行動(需要)は価格が高くなるほど買い手が減るため右下がりの曲線となる。需要と供給が一致した時の価格を**均衡価格**(➡p.187)といい，市場での取り引き量も決まる。

プラスα **価格弾力性** 価格の変化に対して，需要量や供給量がどれだけ変化するかを示したものを，価格弾力性という。一般に，ぜいたく品や代わりのものがすぐに見つかる財は，無理に購入する必要がないので，価格の変動に対する需要量の変化が大きく，価格弾力性が大きくなりやすい。

3 価格の自動調節機能

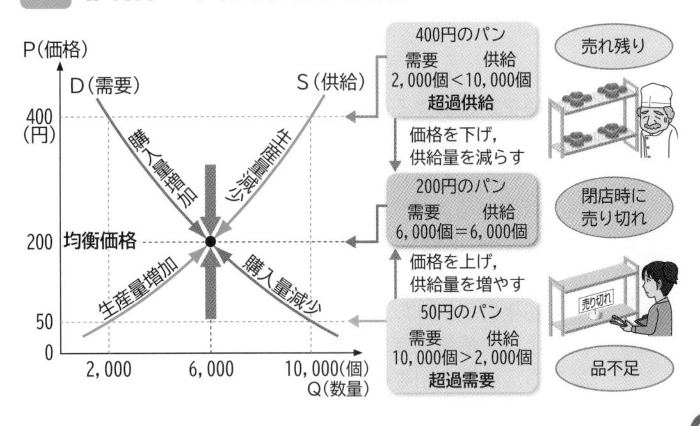

品不足による値上げ

売れ残りによる値下げ

解説 **価格で調節される需要と供給** 完全競争市場(➡p.186)において，価格には需要と供給の不均衡を調整しようとするはたらきがあり，これを**価格の自動調節機能(市場機構)**という。アダム=スミス(➡p.182)は，各人が最低限のモラルをもちあわせたうえで，個人の利益を追求していくことにより，価格の自動調節機能がはたらき，需要と供給が自然に調節されるなど，社会全体の利益につながると指摘した。

4 需要曲線と供給曲線の移動

Q 需要と供給を変化させる要因で，グラフがどちらに動くか整理しよう。

■需要曲線の移動

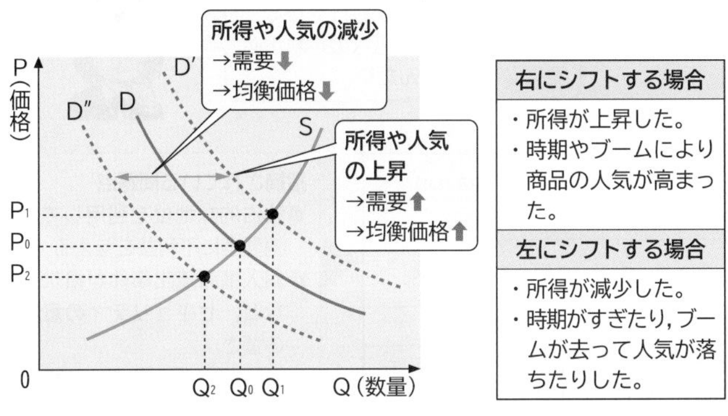

右にシフトする場合
- 所得が上昇した。
- 時期やブームにより商品の人気が高まった。

左にシフトする場合
- 所得が減少した。
- 時期がすぎたり，ブームが去って人気が落ちたりした。

■供給曲線の移動

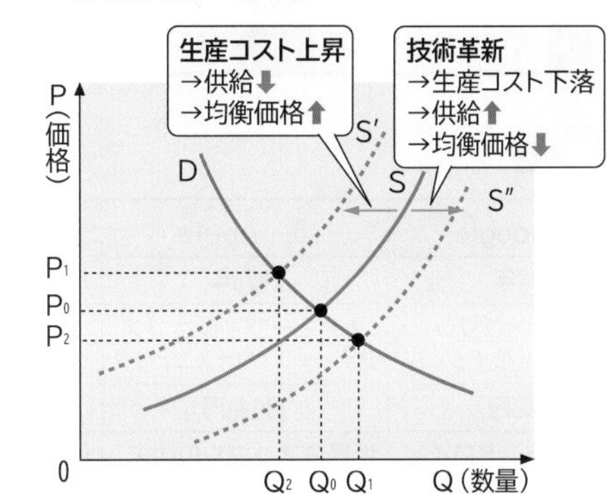

右にシフトする場合
- 技術革新や原材料価格の低下，生産費用の低下などにより生産量が増加した。

左にシフトする場合
- 不作や原材料価格の値上がり，生産費用の上昇などで生産量が減少した。

解説 **さまざまな要因で変化する需給曲線** 上の例以外でも，需要曲線は代替財(ある財のかわりとなる財)の価格や，将来の予測(税金の引き上げなど)にも左右される。一方，供給曲線は国内情勢だけでなく，戦争や天災などにも左右される。

また，曲線のかたむきは価格弾力性に左右される。価格弾力性が大きいものは価格の変化に対して数量の変化が大きいため，かたむきがゆるやかになり，価格弾力性が小さいものは価格の変化に対して数量の変化が小さいため，かたむきが急になる。

5 垂直な供給曲線

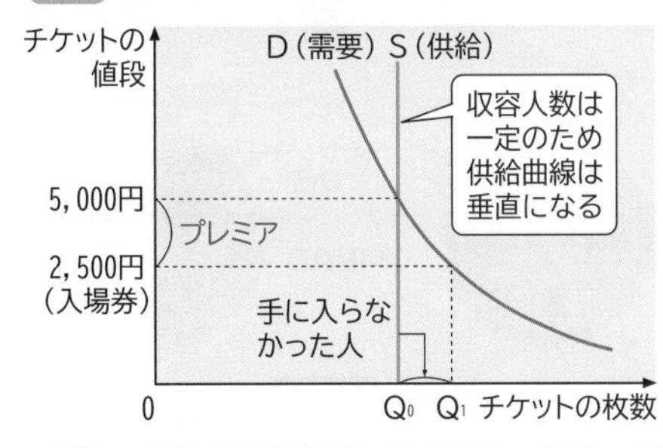

⬇チケットを求める人

解説 **供給曲線が垂直である理由** 通常，需要曲線や供給曲線は傾きがあるが，垂直の場合もある。その一例が，コンサートやスポーツイベントなどのチケットである。収容人数の関係からチケットの供給枚数は一定であり，価格も原則として一定であるため，供給曲線は垂直になる。そのため，人気のイベントでは超過需要が起こりやすい。また，スーパーマーケットでの惣菜や生鮮食品も供給曲線が垂直になる。これは，いったん生産すると保存ができず，生産量を調整できないためである。そのため，売れ残って破棄することを防ぐために，閉店間際の値引きがおこなわれる。

Topic 現実社会での価格の決まり方

現実の社会では，財やサービスの価格はさまざまな要因で決定する。需要と供給の関係以外にも，新商品や新規開店直後の店舗では，消費者へのアピールをねらって，利益を度外視した価格設定も見られる。近年では，需要を予測して年間を通じてチケット価格を変動させる「ダイナミックプライシング」という手法を用いて価格を決定する動きも見られる。

❶平日の料金　❷祝日や夏休みの料金　❸週末の料金

月	火	水	木	金	土	日
10 8,400	11 8,400	12 8,400	13 8,400	14 8,400	15 9,400	16 9,400
17 8,900	18 8,400	19 8,400	20 8,400	21 8,400	22 9,400	23 9,400
24 8,900	25 8,900	26 8,900	27 8,900	28 8,900	29 9,400	30 9,400

⬆ディズニーリゾートのチケット料金の例(2023年7月)

確認▶需要曲線と供給曲線が移動する理由をそれぞれあげよう。
活用▶需要と供給の関係以外に，どのような要素が価格の決定にかかわっているのだろうか，話しあおう。

市場のしくみ(2)

課題▶市場の経済活動に対して，政府が介入する理由とは何だろうか。

クローズアップ 情報の独占も規制の対象に

➡**アメリカ議会の公聴会にオンラインで出席する各企業の代表**(2020年)　健全な競争をゆがめる反トラスト法(独占禁止法)に関する調査の一環として開かれた。同年，アメリカの司法省は，Googleの検索サービスについて反トラスト法違反で訴えた。

情報化が進展するなかで，ICT(情報通信技術)を活用した大手企業が顧客の情報を独占的に企業活動に活用しようとしていることに対し，規制をおこなうことが世界的に議論されている。特にGAFAとよばれる大手企業(プラットフォーマー)に対しての規制をどのようにおこなうかが焦点となっている。

2018年にEUでは，個人情報のEU域外への持ち出しを原則禁止し，情報漏洩に巨額の罰金を科す規則を定めた。日本でも，公正取引委員会が消費者の情報を大量にもつことで「優越的地位の濫用」が起こる可能性があるとして，不適切な場合は改善命令を出し，支配力を高める大手企業から個人を守るしくみをめざしている。

今までのようなモノだけでなく，情報に対しても独占への規制が必要になってきたんだね。

GAFAの影響力と問題点

	G Google	A Apple	F Facebook(Meta)	A Amazon
創業	1998年	1976年	2004年	1994年
おもな創業者	セルゲイ・ブリン ラリー・ペイジ	スティーブ・ジョブズ スティーブ・ウォズニアック	マーク・ザッカーバーグ	ジェフ・ベゾス
時価総額(2019年)	100兆円	130兆円	62兆円	94兆円
事業規模	全世界の「アンドロイド」搭載機器：**約25億台**	世界のアップルの端末数：**14億台**	「Facebook」や「Instagram」などの世界の利用者：**約27億人**	米ネット小売りのシェア：**約5割**(2018年)

指摘されている問題点
- 独占的な地位を利用して，消費者に不利益を与える
- 個人情報流出事件が相次ぐなど，セキュリティの意識の低さ
- 実際の収益にあわせた税金が納められているか

1 日本の市場

■寡占と独占

買い手＼売り手	1人	少数	多数
多数	独占	寡占	完全競争
例	水道	ビール，自動車	魚，野菜，株式市場

⬆**市場の分類**　売り手が1社の場合を**独占**，少数の企業でその産業の売上額の大部分を占めている場合を**寡占**という。魚や株式のように，売り手と買い手が多数いる市場は完全競争市場とよばれる。

解説 **進む寡占傾向とその弊害**　現代の企業は大量生産することで生産コストを抑える**規模の利益**を求めて大規模化し，その結果寡占市場が形成されやすい。寡占市場では，特定の大企業が**プライス・リーダー**(価格先導者)として価格を設定し，ほかの企業がこれに従わざるを得ない状況が生じている。価格が下がりにくくなることを**価格の下方硬直性**というが，その解消には新規参入などが必要である。

また，寡占市場では，価格競争に代わって広告・デザイン・サービスなどの面で他社商品との差別化をはかる**非価格競争**が起きやすい。

■日本の品目別シェア

Q 自分の家にこれらの製品がある場合，どの企業で生産されたものか確認しよう。また，このような状況がほかの製品でも見られるか調べよう。

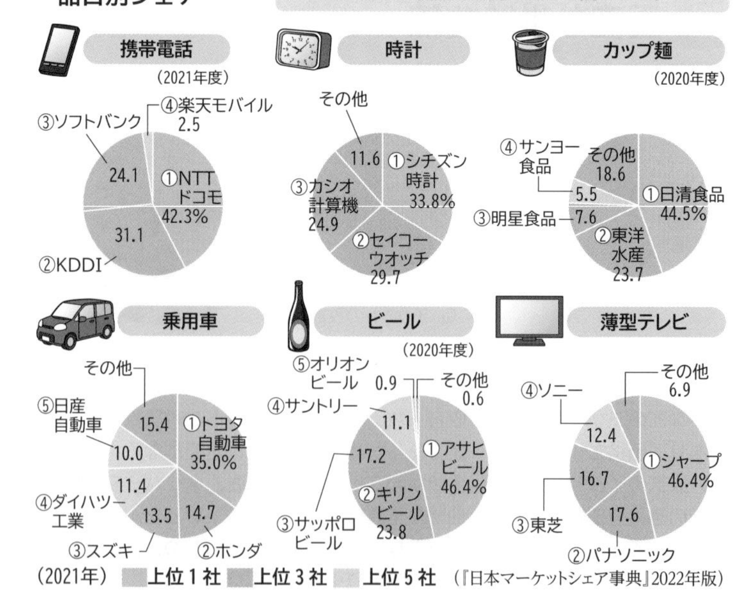

(『日本マーケットシェア事典』2022年版)

プラスα **「あなただけ」の広告**　広告の対象となる顧客の情報をもとに，顧客の興味関心を推測し，ターゲットを絞ってインターネット広告配信をおこなう手法をターゲティング広告という。企業にとっては効率的な宣伝ができる一方で，個人情報の扱いなどが問題となることもある。

2 企業結合の形態と独占禁止法

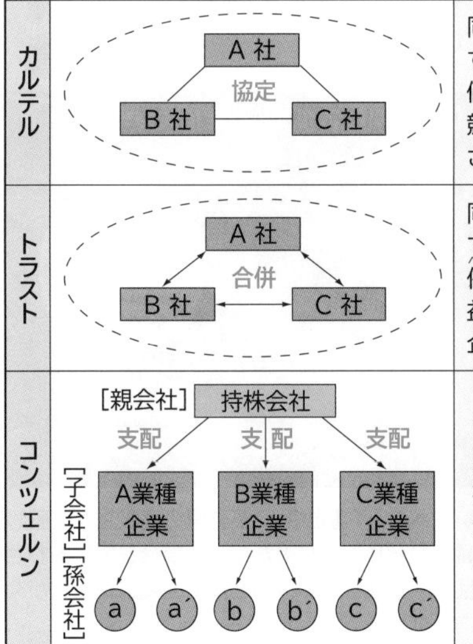

カルテル	同一または近い分野で活動する企業どうしが生産量や価格について協定を結び，競争をおこなわないことをさす。企業連合ともいう。
トラスト	同一の分野または近い分野で活動する企業どうしが合併(がっぺい)して，さらなる規模の利益を追求することをさす。企業合同ともいう。
コンツェルン	第二次世界大戦前の日本の財閥のように，持株会社の株式所有によって，異なる分野の企業がピラミッド型に支配・統制されることをさす。企業連携(れんけい)ともいう。

独占禁止法の目的は，企業活動から消費者の利益を守ることにある。

独占禁止法で禁止されているおもな事項

市場の独占

カルテル

抱きあわせ販売

解説 **健全な競争をめざして**　寡占化が進んだ市場では，力の強い一部の企業が価格競争などを避(さ)け，利益をあげようとする。そういった弊害から消費者の利益を守り，自由競争を実現するために，**独占禁止法**が制定された。また，同法に基づき，**公正取引委員会**が監視(かんし)をおこなっている。独占禁止法では，過度に事業支配力が集中しないことを条件として，子会社の株式を所有してグループ全体の経営を支配する**持株会社**の設立も認められている。また，公正取引委員会はモノだけでなく，サービスや情報を対象とした取り締(し)まりもおこなっている。

3 市場の失敗

Q 市場の失敗は，なぜ起こるのだろうか。

公共財	道路・公園など不特定多数が利用する社会資本(→p.200)や行政サービスは，社会的には必要であっても自由な市場にまかせると利益が出ないために誰もやらなくなる。
独占・寡占	市場の独占・寡占が進むと，生産量を意図(いと)的に制限して価格の上昇をねらったり，はじめから価格が高く設定されたりする。このため消費者の利益が失われる。
情報の非対称性(→p.91)	売り手と買い手の間に情報量の差があることで起こる。特に中古車市場などで起こりやすく，買い手が限られた情報で購入せざるを得ないことで，消費者の利益が失われる。
外部性	ある経済主体の活動が，市場を介(かい)さずに別の経済主体に不利益を与える場合を**外部不経済**という。公害(→p.188)や環境問題は，外部不経済の代表的な例である。一方，利益を与える場合は**外部経済**とよばれる。

人が集まるので，周囲の商店街の売り上げが上がる。
外部経済

自動車通行量が増え，周辺の住民が渋滞(じゅうたい)や騒音・排出ガスに悩まされる。
外部不経済

解説 **市場の限界**　経済活動を価格の自動調節機能(→p.185)にまかせても，うまく機能しないことがある。これを**市場の失敗**という。上の例に加えて，所得分配の不平等による貧富の差の拡大や，不況時の失業の増加，電気やガスといった社会インフラは新規参入が難しい分，独占や寡占が生まれやすいことなども市場の失敗といえる。それらの解消には，政府の役割(→p.200)が重要となる。

4 価格の種類

市場価格	市場で実際に取り引きされる価格。
均衡価格(→p.184)	需要と供給がつりあった時の価格。この時，市場価格と均衡価格は等しくなり，生産者と消費者の双方(そうほう)が満足する取り引きが成立する。
独占価格	供給側が1社しかなく，その1社が自由に決める価格。寡占市場で企業の価格支配力が強い場合を含むこともある。
管理価格	プライス・リーダーが価格設定をし，他社がこれに従(したが)う場合の価格。

解説 **現実社会の価格の決まり方**　完全競争市場では，売り手は単独で価格に影響を与えないが，現実には完全競争市場の成立は難しく，大企業がプライス・リーダーとなって価格設定をおこなう場合が多い。

Topic 管理価格と新規市場参入

市場での寡占が起こっている場合，プライス・リーダーが価格を設定し，ほかの企業がそれに追随(ついずい)しようとするため，価格変動が起こりづらい。一方で，新規企業が市場に参入することで，価格が下がることがある。携帯(けいたい)電話の通話料はこの10年で約2割値下がりしたが，その一因は「格安スマホ」の新規参入などが要因として考えられる。

←スマートフォン市場に新規参入する企業(2019年)

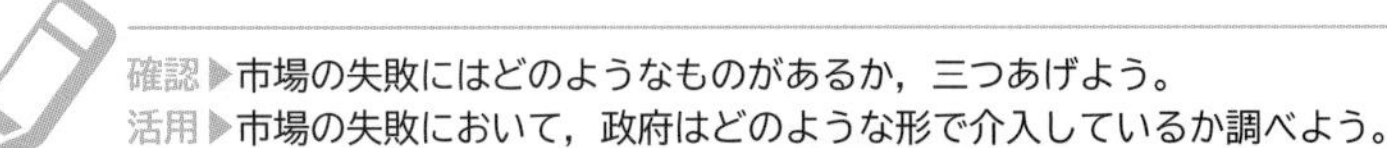
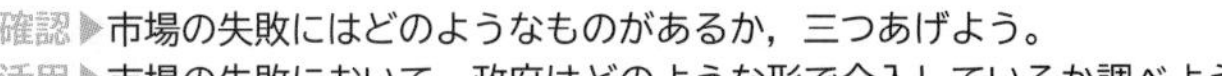
確認▶市場の失敗にはどのようなものがあるか，三つあげよう。
活用▶市場の失敗において，政府はどのような形で介入しているか調べよう。

公害防止と環境保全

課題▶公害が発生した背景には何があり，現在はどのような対策が取られているだろうか。

クローズアップ 若い世代がつくり出す「環境保全」

私たちでも，さまざまな形で環境保全への貢献ができるんだね。

⬅⬆ゲーム感覚ごみ拾いイベント「清走中」 長野県の高校生が企画した，ごみ拾いとテレビ番組からヒントを得たゲーム要素を組みあわせたイベント。地方公共団体や企業などの協力を得て，幅広い世代が楽しみながら清掃活動をおこなった。

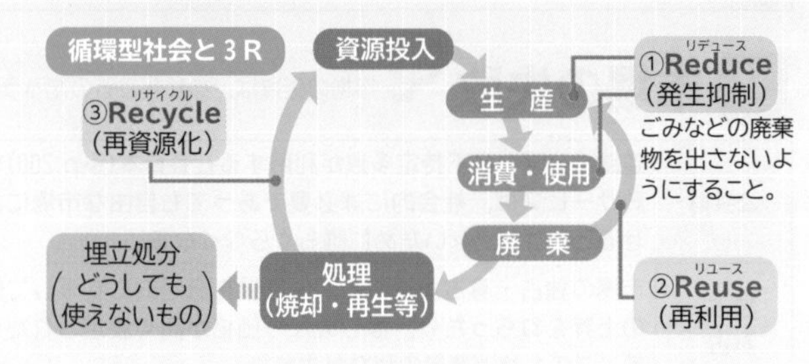

環境保全のために，私たちにできることは何だろうか。**3R**を心がけること，エシカル消費（➡p.91）に取り組むことなど，日々の生活でできることは数多くある。一方で，若い世代ならではの企画力と行動力で，環境保全を訴えていく取り組みもある。自分ができる環境保全のための取り組みを考え，実践してみよう。

1 日本の公害

1890	足尾銅山鉱毒事件（栃木県・渡良瀬川の汚濁）
1891	田中正造が国会で足尾銅山鉱毒事件を追及
1922	神通川（富山県）流域でイタイイタイ病発生
1956～65	水俣病・四日市ぜんそく・新潟水俣病が社会問題化
1967	**公害対策基本法**制定
1971	環境庁設置（2001年に**環境省**に）
1972	OECD，**汚染者負担の原則（PPP）**採択
1974	大阪空港公害訴訟で環境権が主張される（➡p.87）
1976	川崎市（神奈川県）で全国初の環境アセスメント条例成立
1993	**環境基本法**制定（公害対策基本法廃止）
1997	環境影響評価法（環境アセスメント法）制定
1999	ダイオキシン類対策特別措置法制定
2009	水俣病被害者救済法成立

⬆日本の公害史

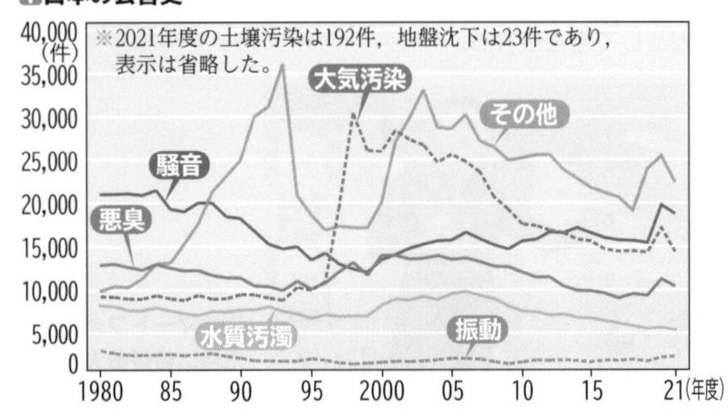

⬆「典型7公害」の苦情件数の推移（公害等調整委員会資料）

四大公害訴訟では，いずれも原告側の損害賠償請求が認められ，企業の責任が明らかにされた。

熊本　三重　富山　新潟

公害病	水俣病	四日市ぜんそく	イタイイタイ病	新潟水俣病
被害発生地域	水俣湾（熊本県）沿岸	四日市市（三重県）周辺	神通川（富山県）流域	阿賀野川（新潟県）流域
原因	工場廃液中の有機水銀	工場排出の亜硫酸ガス	鉱山から流出したカドミウム	工場廃液中の有機水銀
被告	チッソ	昭和四日市石油など6社	三井金属鉱業	昭和電工
認定患者数	2,284人	300人（生存者）	200人	716人
訴訟	1969年6月 提訴 1973年3月 原告勝訴	1967年9月 提訴 1972年7月 原告勝訴	1968年3月 第1次提訴 1972年8月 原告勝訴	1967年6月 第1次提訴 1971年9月 原告勝訴

解説 **日本の公害とその対策** 日本の公害の原点は，明治時代の**足尾銅山鉱毒事件**といわれる。その後，日本で公害が深刻化したのが高度経済成長期（➡p.164）である。なかでも，**四大公害訴訟**とよばれる訴訟では，急激な経済成長のひずみとして公害が注目され，1971年の環境庁の設置や，のちの**汚染者負担の原則（PPP）**の考え方に基づく判決など，現在の公害対策に大きな影響を与えた。

今日の公害 今日問題になっている公害として，大気汚染，騒音，振動，水質汚濁，土壌汚染，悪臭，地盤沈下などの典型7公害に加え，光化学スモッグやダイオキシン，アスベストといった有害物質によるものなど，さまざまなものがある。

2 環境保全への取り組み

■環境基本法

1967年　公害対策基本法
・公害対策の基本原則を明らかにし，公害対策の基本を定める。 ・公害防止のための事業者の責務のほか，国民の健康保護と生活環境保全に対する国の責務などを規定。

⬇ 従来の枠組みを拡大していく必要性

1993年　環境基本法
・①環境の恵沢の享受と継承，②環境への負荷の少ない持続的発展が可能な社会の構築，③国際的協調による地球環境保全の推進を基本理念に掲げ，国・地方公共団体・事業者・国民の責務を示す。 ・環境保全のための基本的施策として，環境基本計画の策定，環境アセスメント制度の見直しなどを掲げる。

解説 **「公害対策」から「環境対策」へ**　四大公害訴訟などを受け，1967年に**公害対策基本法**が制定されたが，都市公害などの新たな公害や地球規模で対応する必要がある環境問題の発生などを受け，1993年には**環境基本法**が制定された。この環境基本法が日本の環境問題対策の基本となっており，ここで示された国の施策を具体化するものとして，1997年に環境影響評価法(環境アセスメント法)が制定された。

■環境アセスメント

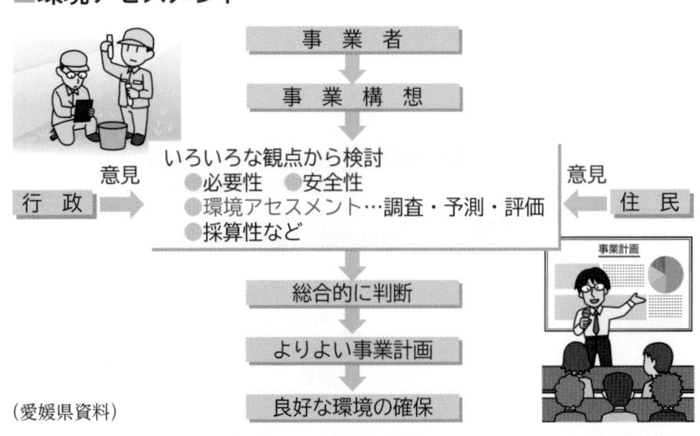

(愛媛県資料)

解説 **経済と環境の調和に向けて**　公共事業や地域の開発を実施するにあたり，環境に与える影響を事前に調査・予測・評価し，計画に反映させることを**環境アセスメント**という。環境基本法に基づいて従来の取り組みを強化し，環境保全の観点から望ましい事業計画の策定を目的としたのが**環境影響評価法(環境アセスメント法)**である。これにより，事業の推進と環境保全の両立がはかられている。

Q 公害対策基本法と環境基本法には，どのような違いがあるのだろうか。

■環境問題に対する原則

汚染者負担の原則(PPP)	環境汚染防止のコスト(費用)は汚染者が支払うべきであるとの考えで，1972年に経済協力開発機構(OECD)の環境委員会において，環境政策の指導原則として採択された。日本では公害防止事業費事業者負担法が汚染者負担の原則を具体化したものである。
無過失責任の原則	損害の発生について加害者の過失の有無にかかわらず損害賠償責任を負わせる原則(➡p.91)。民法の過失責任の原則の例外として大気汚染防止法や水質汚濁防止法で導入されている。
「規制」のあり方	**総量規制**……特に工業地帯などの工場の密集地帯では汚染物質発生企業の特定が困難であるため，ある一定の地域や工場全体を単位として，汚染物質の排出総量を規制する方式。 **濃度規制**……汚染物質の発生源である工場や事業所ごとに，汚染物質の排出濃度を規制する方式。

解説 **環境問題を低減するために**　公害防止の観点だけでなく，環境対策の観点からも，企業や地域に対してこれらの原則に基づいたさまざまな法律が制定されてきた。

3 ナショナル・トラスト運動

⇧天神崎で学習する地元の小学生

解説 **人類の宝物を守るために**　**ナショナル・トラスト運動**はイギリスが発祥で，自然や歴史的産物を開発から守るために市民が土地を買い取ったり寄付したりして保存・管理する運動である。日本では1960年代の御谷の森(神奈川県鎌倉市)を皮切りに，天神崎(和歌山県田辺市)，「トトロの森」として知られる狭山丘陵(埼玉県，東京都)など，全国に広がった。

公害対策と環境保全を考えよう

公害対策と環境保全は，経済発展との関係をどのように捉えるかが難しい課題である。選択・判断の手がかりとなる二つの考え方を活用して主張を明確にし，自分の考えをまとめよう。

行為の結果である個人や社会全体の幸福を重視する考え方

経済発展することで得られる利益や，それによって人々の生活が豊かになることで得られる幸福の増加分と，それによって起こる公害をはじめとした環境問題による幸福の減少分を合算し，個人や社会の幸福が最大限になるような選択・判断をおこなう。

行為の動機となる公正などの義務を重視する考え方

経済発展することで，公害をはじめとした環境問題が発生する可能性があり，それによって安穏な生活が脅かされてしまう人が出てくる。安全で安心できる生活を維持することが私たちの義務であると考え，選択・判断をおこなう。

確認▶公害防止と環境保全のためにおこなわれている国の取り組みをあげよう。
活用▶公害対策や環境保全と経済発展を両立させるためには，どのようなことが必要だろうか。

国民所得と私たちの生活

課題▶経済指標のみで豊かさをはかることはできるのだろうか。

事労働をお金に換算すると…

(2016年，内閣府資料)

国家の経済規模をはかる一つの指標として**国内総生産(GDP)**があり，幅広く活用されている。その反面で課題もある。一つは家事労働やボランティアなどの無償労働が反映されない点である。日本の家事労働を貨幣評価するとGDPの約３割を占めるまでになり，その額は年々上昇している。また，家事労働の約８割を女性が占めており(➡p.163)，女性の社会進出が進む一方で，家事労働は「女性が無償でおこなうもの」という考えが根強く残っていることがわかる。

家事労働の貨幣評価額(時給)

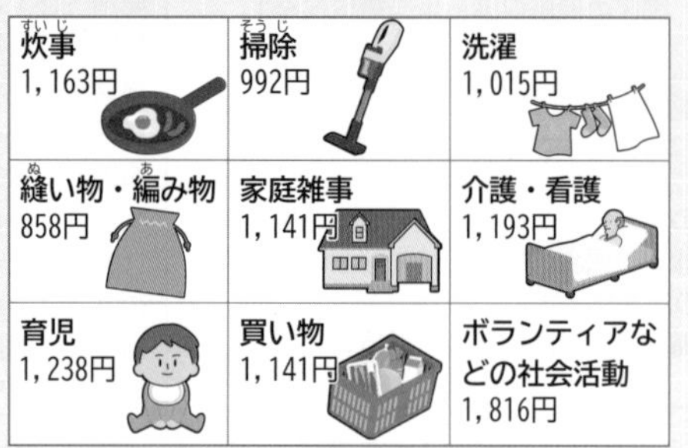

炊事 1,163円	掃除 992円	洗濯 1,015円
縫い物・編み物 858円	家庭雑事 1,141円	介護・看護 1,193円
育児 1,238円	買い物 1,141円	ボランティアなどの社会活動 1,816円

家事労働の貨幣評価額に占める割合

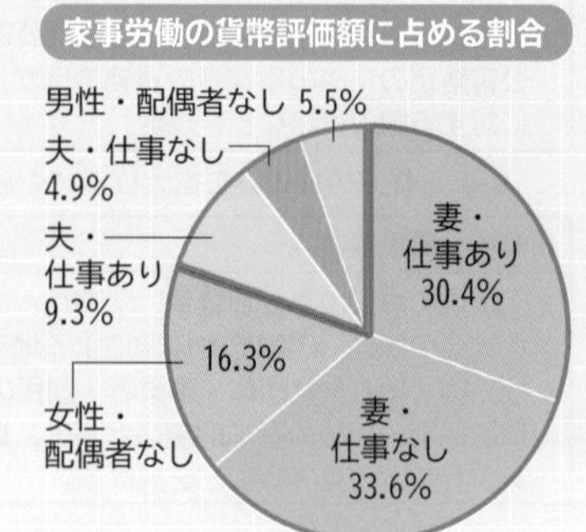

家事労働の１人あたりの男女別貨幣評価額

女性 193.5万円　全体　男性 50.8万円

1 さまざまな経済指標

Q ①～④のうち，日本のGDPに含まれれば○を，含まれなければ×をつけよう。
①外国人が日本で稼いだ給料　②日本人が外国で稼いだ給料
③炊事，洗濯などの家事労働　④中国企業が日本で生産した生産額

■国民所得の構成

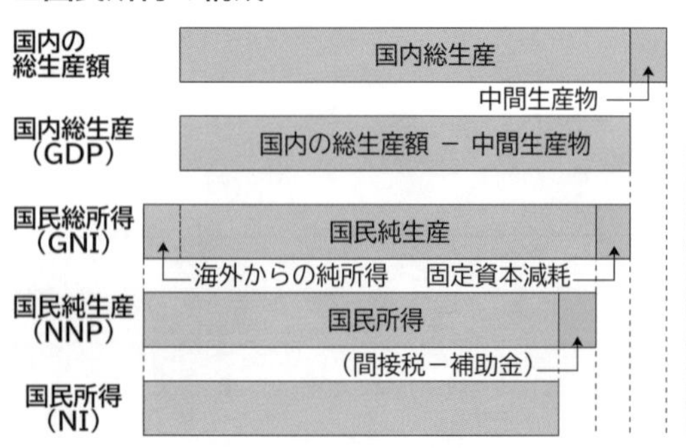

●国内総生産(GDP)
＝国内の総生産額－中間生産物
●国民総所得(GNI)
＝GDP＋海外からの純所得
●国民純生産(NNP)
＝GNI－固定資本減耗
●国民所得(NI)
＝NNP－(間接税－補助金)

解説 **国民所得をはかる指標**　国家の経済規模をはかる指標にはさまざまなものがある。なかでも代表的なものが国内総生産(GDP)である。国内での所得のみを対象とするため，国内の経済状況をより正確に把握できる。GDPは，国内の総生産額から中間生産物(原材料など)の額を差し引くと求められる。一方で，国内外の国民を対象にはかるのが**国民総所得(GNI)**である。GNIから固定資産減耗(機械などを使用することで生じる価値の減少分)を引くと国民純生産(NNP)が求められ，さらにそこから間接税を引いて，補助金を加えたものが国民所得(NI)となる。

■三面等価の原則

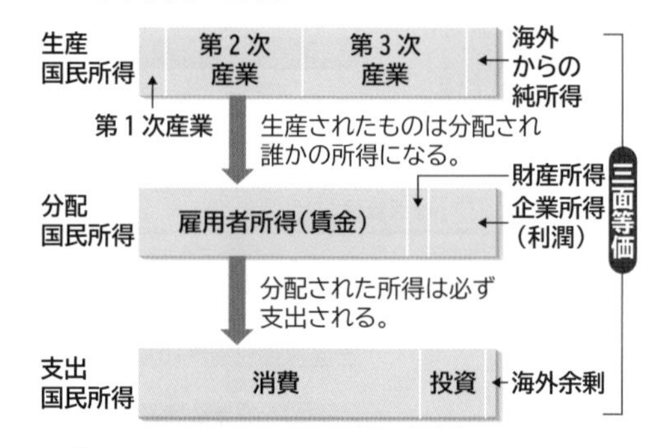

解説 **金額は同じ**　理論上，国民が生産した財とサービスの総額はすべて所得として配分され，支出にまわされることになるため，生産，分配，支出のどの側面から見ても同じになる。これを**三面等価の原則**という。

2 GDPの計算のしかた

GDPは「新たに生み出された付加価値」であるため，重複に気をつけよう。

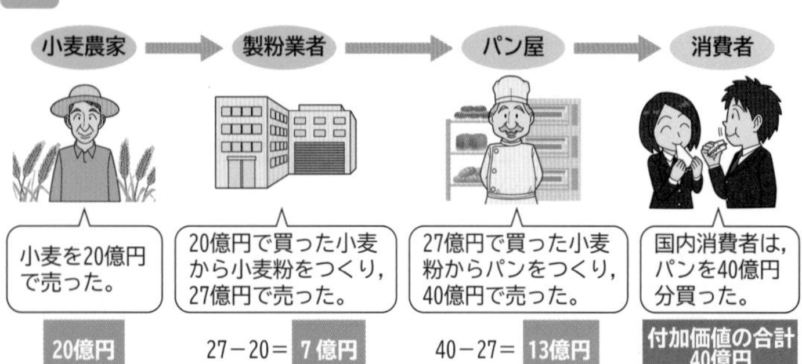

解説 **パンの生産からGDPを考えてみよう**　左の図を見ると，製粉業者は，中間生産物(原材料費)として小麦代20億円を支払って27億円の売り上げをあげているので，新たに生み出した額(付加価値)は27億円－20億円で７億円となる。このように計算していくと，小麦農家(20億円)，製粉業者(７億円)，パン屋(13億円)の付加価値の合計は40億円となり，これがGDPの額となる。この場合，最終生産物であるパンの総額と一致する。なお，仮に生産額だけで計算してしまうと，製粉業者の材料費(20億円)とパン屋の材料費(27億円)を重複して計算してしまうので，注意が必要である。

プラスα **「豊かさ」をはかることはできるか**　人々の豊かさをはかることは難しいが，その指標の一つに国連開発計画(UNDP)が発表する人間開発指数(HDI)(➡p.232)がある。これは，平均余命，教育，識字や所得指数の複合統計であり，さらに所得格差のような国内の不平等を加味した指標もある。

 ➡p.282

3 経済成長率

成長分
前年のGDP
ある年のGDP

経済成長率(%)＝ $\dfrac{(ある年のGDP－前年のGDP)}{前年のGDP}\times 100$

Q ①GDPの大きさが100兆円から110兆円になった場合，名目経済成長率は何%か。
②①の時，価格変動率が3%だった場合，実質経済成長率は何%か。

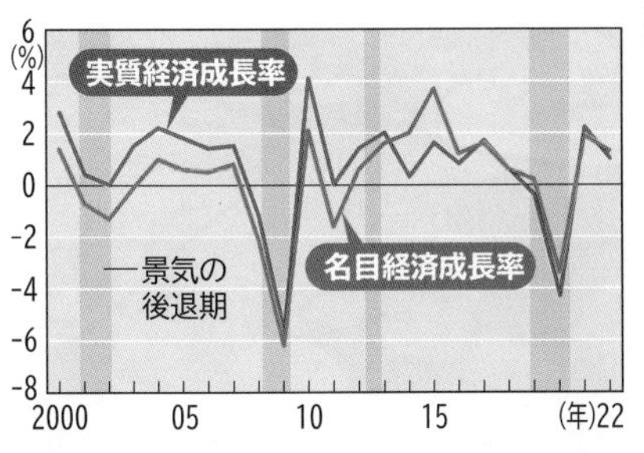

Q 名目と実質の経済成長率に差がある時は，どのような経済状況だったのだろうか。

⬅日本の名目経済成長率と実質経済成長率の推移
(内閣府資料)

解説 **名目経済成長率と実質経済成長率** 経済規模がどれくらい大きくなったかをはかるものに，**経済成長率**がある。経済成長率は，GDPが前年と比較してどれだけ増加したかで求めることができ，物価の変動分を考えない名目経済成長率と，物価の変動分を差し引いた実質経済成長率がある。たとえば，名目経済成長率が前年比で5%でも，物価上昇率が5%なら，経済成長ではなく物価の上昇が経済成長をつくり出したことになる。実際に日本の経済成長率を見ても，両者がほとんど変わらない時もあれば，名目はプラスでも実質はマイナスなど違いが明確なこともあり，両者を比較することが必要である。

4 フローとストック

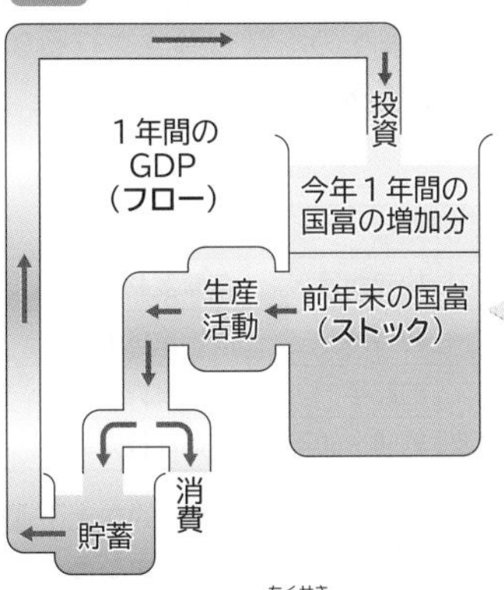

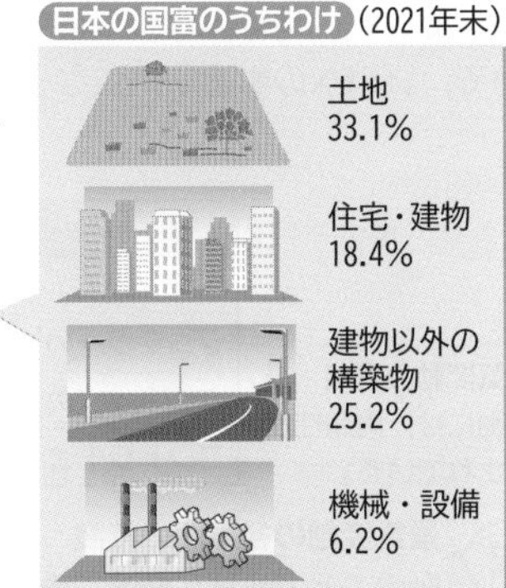

解説 **「流れ」と「蓄積」で見る経済規模** 上の図のように，GDPは1年間という一定の期間に蛇口から出た水量(**フロー**＝流れ)の合計であると考えることができる。これに対して，**国富**は年末という一時点にタンクに貯蔵されている水量(**ストック**＝蓄積)と考えることができる。GDPの大きさは，その国の経済活動の規模や状況をあらわし，国富の大きさは，その国の財力の指標である。

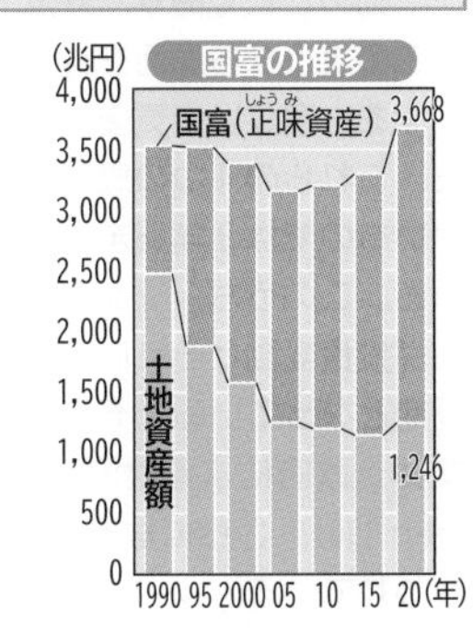

5 おもな国の1人あたりGDP

GDP総額	(2021年)	1人あたりGDP
23兆3,151億ドル	アメリカ	69,185ドル
17兆7,341億	中国	12,437
4兆9,409億	日本	39,650
4兆2,599億	ドイツ	51,073
3兆2,015億	インド	2,274
1兆7,788億	ロシア	12,259
1兆6,090億	ブラジル	7,507
8,129億	スイス	93,525
993億	エチオピア	825

(『世界国勢図会』2023/24年版)

解説 **GDPも1人あたりで見ると…** GDP全体の大きさは1人あたりのGDPに直結しない。たとえばアメリカとスイスではGDP総額に約30倍の差がついているが，それはアメリカの人口がスイスの約40倍であるためであり，1人あたりのGDPはスイスの方が大きい。また，GDPがあらわす指標には，環境や人々に有益なものばかりが含まれるわけではなく，害を与えるものも含まれるため，必ずしも「豊かさ」を示すわけではない。

Topic 経済成長で豊かになれるのか

世界幸福度ランキング

順位	国名
1	フィンランド
2	デンマーク
3	アイスランド
4	イスラエル
5	オランダ
15	アメリカ
47	日本
54	中国
137	アフガニスタン

(「世界幸福度報告」2023年版)

⬆幸福度が高いとされるフィンランド

⬆経済成長の一方で大気汚染が進む中国

「世界幸福度報告」は，各国での幸福かどうかという質問に対する各個人の回答の数値の平均値に加え，1人あたりGDPといった指標を加えて算出されている。2023年に公表された調査で日本は47位となったが，一方で世界有数の経済大国であり，紛争のない平和な国である。何をもって幸福とするかというのはさまざまな要因がからんでいる。

「経済成長すれば豊かになれるのか」という問いに答えを出すことは，非常に難しい。確かに経済成長して経済的に豊かになれば，さまざまな利益を得られるだろう。しかし，経済成長が最優先されたことで，公害などが発生して安全で安心な生活が脅かされたらどうだろうか。答えを出すことが難しい問いだからこそ，考え続けていかなければならない課題である。

確認▶国の経済規模をはかる指標にはどのようなものがあるか，特徴とともに三つあげよう。
活用▶経済指標で「豊かさ」をはかる際のメリットとデメリットをあげよう。

景気変動と物価の動き

課題▶インフレーションやデフレーションは，経済にどのような影響をもたらすのだろうか。

気候が経済にもたらす影響とは？

暑くなると売れるもの

⇧猛暑で売り上げが伸びるかき氷

最高気温に注目！　**最低気温に注目！**

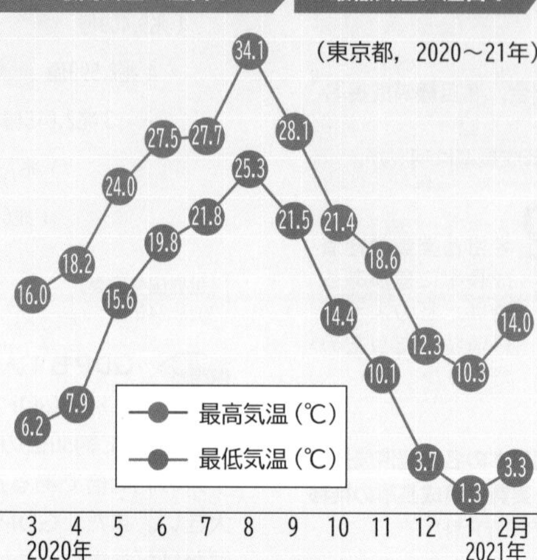

⇧1年間の気温の変動（気象庁資料）

寒くなると売れるもの

⇧夏でも気温が下がり出すと販売されるおでん

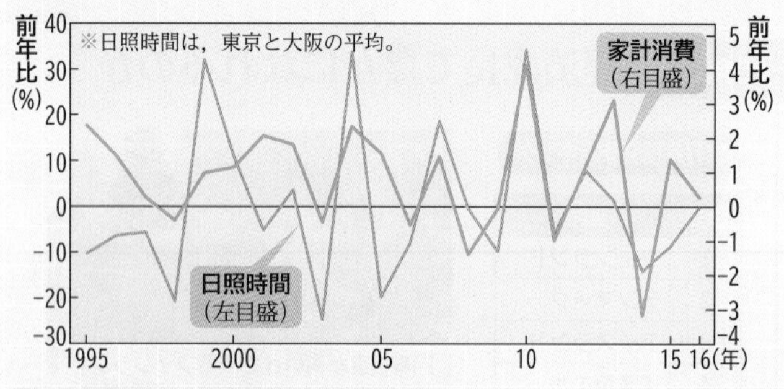

⇧夏の日照時間と家計消費の関係（内閣府，気象庁資料）　日照時間が少ない年は，家計消費も下がる傾向が見られる。

気候と景気変動には密接(みっせつ)な関係がある。冷夏(れいか)が予想されると，夏場に売れる商品が売れず，野菜も不作となるなど，幅広い業界に影響が出る。逆に猛暑になると労働時間が減り，2030年までに世界で約250兆円の経済損失が生じるとILO（国際労働機関）が予測している。地球温暖化（➡p.236）で気候への影響も懸念(けねん)されるなかで，経済への影響も気になるところである。

1 景気変動の4つの局面と景気循環

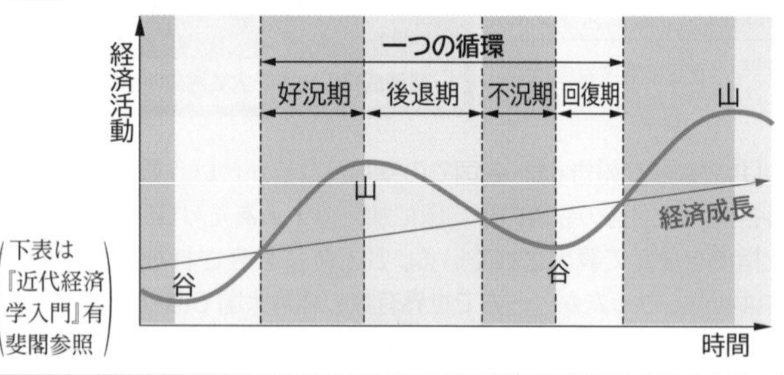

	好況期	後退期	不況期	回復期
経済活動	最大	減退	最小	増大
物価	最高	下降	最低	上昇
雇用	最大	減退	最小	増大
賃金	高水準	下降	低水準	上昇
企業の破産	わずか	増大	頻繁	減少
利子率	高水準	下降	低水準	上昇
株価	天井	下落	底	上昇

	周期	原因
キチンの波	約40か月	在庫変動
ジュグラーの波	約10年	設備投資の変動
クズネッツの波	約20年	建設投資の変動
コンドラチェフの波	約50～60年	大きな技術革新

➡**景気変動の周期**　景気変動には，周期性が観測されている。

解説　**景気変動の各局面の特徴**　**景気変動**は経済活動の周期的な上下運動のことであり，**好況**(こうきょう)，**後退**，**不況**(ふきょう)，**回復**の4つの局面がある。経済はこのような各局面を経て，経済成長を続けていくものと考えられている。なお，激しい景気後退を**恐慌**(きょうこう)という。

また，これらの4つの局面を1つの循環(じゅんかん)として，景気変動の周期は一般的に短いものでは3年あまり，長いものでは数十年単位で起こると考えられている。このうち，**ジュグラーの波**は「主循環」とよばれる標準的なもので，設備投資変動とそれにともなう生産，雇用，物価の変動による景気変動の周期となっている。それぞれの局面において効果的な経済政策をおこなうため，政府による財政政策（➡p.200）や，各国の中央銀行による金融政策（➡p.196），さらにはそれらの一体的な運用（**ポリシー・ミックス**）がおこなわれている。

プラスα　**経済の混乱を回避(かいひ)する劇薬**　第一次世界大戦後のドイツのように，急激なインフレーション（ハイパーインフレーション）が起こった際，通貨単位を切り下げることをデノミネーションという。たとえば100万円＝新1円にするような政策であるが，経済の混乱を引き起こすことも少なくない。

2 インフレーションとデフレーション

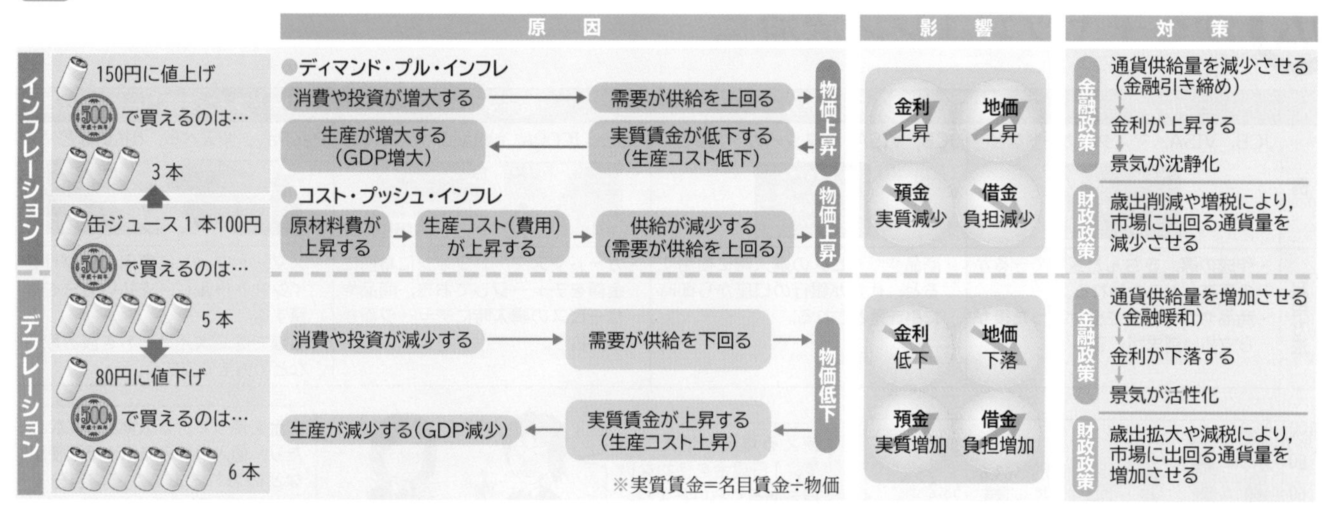

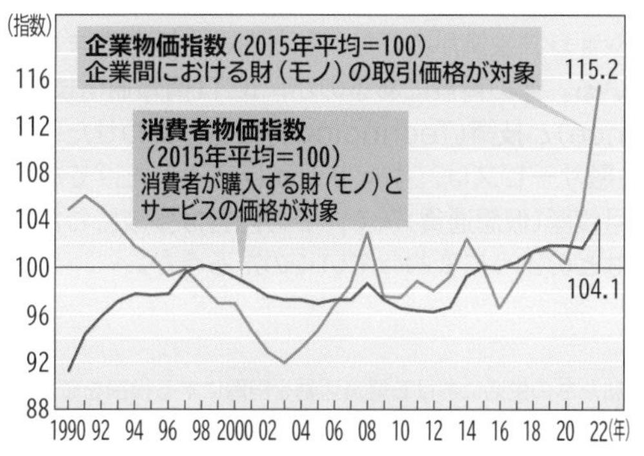

物価の推移（日本銀行資料ほか） 物価は景気動向から大きな影響を受ける。たとえば，景気が悪い場合の物価は下落傾向にあり，逆に景気がよい場合の物価は上昇傾向となる。

	インフレーション	デフレーション
メリット	 収入が増加し，経済活動が活発になる。	 消費者が安く商品を購入することができる。
デメリット	 生産コストの上昇は所得の増加にならず，家計の負担になる。	 賃金が下がって所得が減少し，不況の悪循環を生み出す。

解説 **インフレとデフレの特徴と影響** **インフレーション（インフレ）**とは，物価が持続的に上昇することである。企業の供給よりも消費者の需要が多い場合（ディマンド・プル・インフレ）や，原材料費などの商品生産にコストの上昇分が上乗せされる場合（コスト・プッシュ・インフレ）がある。また，不況下の値上がりを**スタグフレーション**という。

一方で，**デフレーション（デフレ）**とは，物価が持続的に下落することである。デフレの原因は，不況による消費者の購買力低下，企業のコスト削減，円高やグローバル化による競争で価格競争が起こる場合などがある。デフレによる賃金の下落が所得の減少をもたらし，不況をさらに加速する悪循環（**デフレスパイラル**）を起こすこともある。

Topic アベノミクスとデフレ脱却

2012年末に発足し，約8年間続いた第二次安倍政権が掲げた主要テーマの一つがデフレからの脱却であった。日本はいわゆる「失われた20年」においてデフレが根づき，経済成長を妨げる要因となってきた。安倍政権では「アベノミクス」（→p.167）とよばれる経済政策の下，大胆な金融緩和をおこない，物価目標を2％とする政策を実施してきた。しかし，目標達成にはいたらず，消費者物価指数が上向きになった際も，その原因はエネルギー分野の値上げや公共料金の値上げによるものが主となるなど，日本のデフレの根深さがうかがえた。

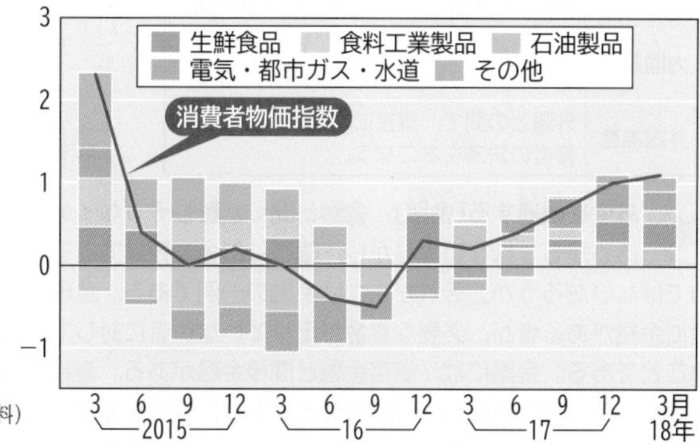

消費者物価指数とそれぞれの要因の推移（厚生労働省資料）

確認▶インフレーションとデフレーションのメリットとデメリットをあげよう。
活用▶日本が長期のデフレーションに陥った理由はどこにあるのだろうか，考えてみよう。

金融のしくみ

課題▶「金融」とはどのようなもので，経済活動のなかでどのような役割を担っているのだろうか。

クローズアップ 広がるキャッシュレス決済

	クレジットカード	デビットカード	電子マネー	スマートフォン決済(コード決済など)
例	JCB，VISA，マスターカードなど	JCB，VISA，マスターカードなど	Suica，ICOCA，nanaco，WAONなど	PayPay，楽天ペイ，d払いなど
利用方法	・作成の際，きちんと返済できるかの審査がおこなわれる。 ・商品やサービスを受け取った後から支払い請求がくる。	・商品やサービスの購入時に使用すると，代金が銀行の口座から即時に引き落とされる。	・カードやスマートフォンに事前に金額をチャージしておき，商品やサービスの購入時にチャージ額から支払う。	・スマートフォンに専用のアプリをインストールし，支払い方法を登録する。 ・店舗では二次元コードを読み取るなどの方法で支払う。

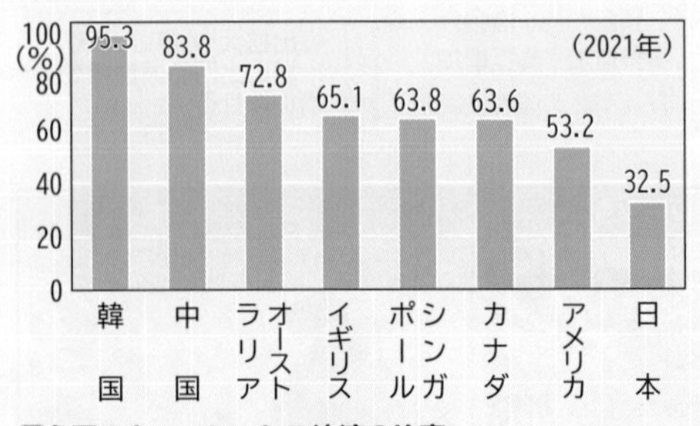

⇧各国のキャッシュレス決済の比率
(キャッシュレス推進協議会資料)

使える場所が増えていて，1日現金を使わない日もあるくらいだよね。

お金を使っている感覚が薄くなったり，個人情報の流出や不正使用などの恐れもあるから，自分でしっかり管理しないといけないね。

支払いに現金を用いない**キャッシュレス決済**が広がり，私たちの生活のさまざまな場面で活用されるようになっている。その背景にあるのが，ICT(情報通信技術)の進展(➡p.170)である。金融(Finance)と技術(Technology)を組みあわせた**フィンテック**(FinTech)とよばれる金融サービスは，キャッシュレス決済だけでなく，投資や保険といった金融商品や暗号資産(仮想通貨)まで，その内容は多岐にわたる。フィンテックによって日本の金融はどのように変わっていくのだろうか。

1 金融のしくみと銀行の役割

金融とは資金の融通であり，私たちの生活における経済活動を円滑にする役割をもつ。

銀行の役割

業務	種類	内容
預金業務	普通預金	自由に出し入れができる預金。金利は低い。
	当座預金	小切手を利用するための預金。利子はつかない。
	定期預金	預け入れ期間を定めた預金で，一定期間は引き出せない。普通預金より金利は高い。
貸出業務	証書貸付	借用証書を利用した貸し付け。
	手形貸付	借り手に銀行宛の約束手形を振り出させて資金を貸し付ける。
	コールローン	金融機関どうしで融通する短期の貸し付け。
	手形割引	手形をもっている人から支払い期日前に満期までの利息を引いて，銀行が買い取る。
為替業務	内国為替	国内の離れた場所の間で，直接に現金を送ることなく資金の受け渡しをおこなう。
	外国為替	外国との間で，直接に現金を送金せずに貸借の決済をおこなう。

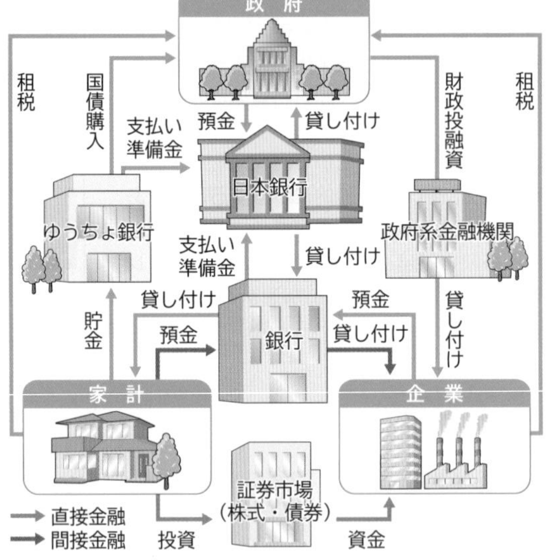

貨幣の機能

価値尺度
財やサービスの価値を貨幣の数量ではかる機能

交換手段(決済手段)
財やサービスの交換の仲立ちとなる機能

価値貯蔵手段
劣化しない貨幣で価値を保持しておくための手段

解説 **お金を融通する「金融」** 金融と聞くと難しそうなイメージがあるかもしれない。しかし，銀行にお金を預けている人は多いのではないだろうか。それがまさに金融の一例である。金融とは，資金に余裕がある者が，必要な資金が足りていない者に対して資金を貸すことである。金融には，直接金融と間接金融がある。**直接金融**には株式や社債(企業が発行する債券)などがあり，資金を提供する者と提供される者が直接的に結びつけられる。一方で，**間接金融**は銀行などの金融機関が間に入って資金を預かり，提供した者に代わり貸し付け先を選ぶ。銀行にお金を預けるという行為は，その意味で金融の一部を担っているのである。

銀行には預金，貸し出し，為替(➡p.219)の各業務がある。日本は預貯金が多く，間接金融が中心であったが，1990年代後半の金融業界の国際競争力強化(金融ビッグバン)などにより，**金融の自由化**が進み，直接金融の割合も少しずつ高まっている。

「見えない通貨」の登場 暗号資産(仮想通貨)は，インターネット上で不特定多数の間で商品などの対価として使用でき，近年急速に普及している。一方で，国家によって発行された法定通貨ではなく，裏づけとなる資産もないため，資産価値の急激な変動があることに注意が必要である。

2 マネーストック

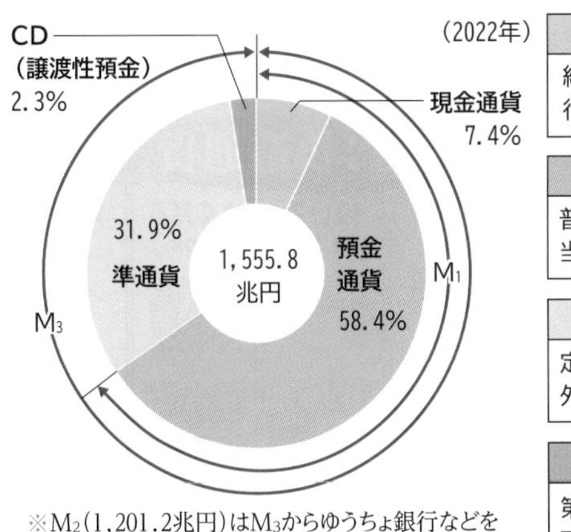

現金通貨
紙幣（日本銀行券）＋硬貨

預金通貨
普通預金や当座預金など

準通貨
定期性預金や外貨預金など

CD
第三者に譲渡可の預金証書

※M_2（1,201.2兆円）はM_3からゆうちょ銀行などを除いたもの

解説 **市場に出まわっているお金の量**　**マネーストック**とは，金融機関から経済全般へ供給されている通貨の総量（預金などを含む）を示す統計のことである。日本銀行が直接供給する通貨量である**マネタリーベース**（現金通貨と日銀当座預金の合計）が，市中銀行の信用創造を経ることでマネーストックが増加する。

集計する統計にどの金融商品を含めるかについては，国やその時々によって異なる。現在の日本では，M_3が代表的な指標となっている。日本銀行はマネーストック指標を直接の操作対象とはしていないが，金融政策の重要な目安となる。

3 信用創造

信用創造で，実際の「お金」が増えるわけではない。

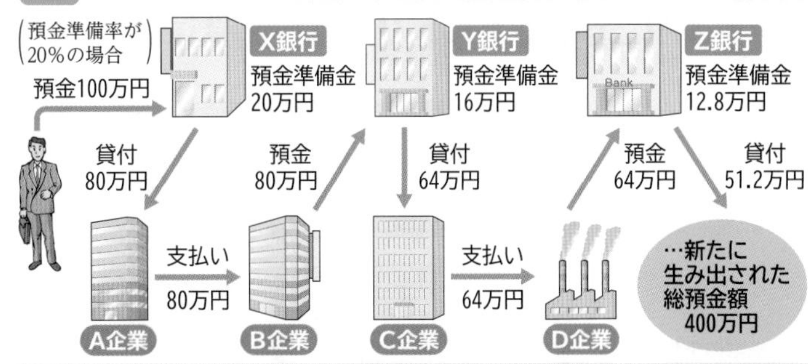

新たに生み出された総預金額 ＝ 最初の預金額 ÷ 預金準備率 － 最初の預金額

Q 上の図で，預金準備率が10%だった場合，「新たに生み出された総預金額」はいくらになるか計算してみよう。また，預金準備率が下がったことによって，総預金額がどのようになったか確認しよう。

解説 **新たに生み出されるお金**　銀行は預金として預かった現金をすべて残しておくわけではなく，預金準備金だけ残し，それ以外の預金を貸し出す。そうすると，預金者の通帳には預金額が記録されながら，そのうちの大部分が貸し出されることで，お金が「創造」されることになる。これを**信用創造**という。実際に目に見える形での現金が増えるわけではないが，最初の預金額の何倍ものお金が世の中に出まわるようになる。信用創造によって生み出されたお金で，企業は経済活動を円滑におこなうことができる。

一方で，この制度は貸したお金が返ってくることで成立するため，貸付先からの返済が滞ると，銀行は不良債権をかかえることになり，経営状況が悪化する。

4 日本版金融ビッグバン

Q 日本版金融ビッグバンの背景には何があるのだろうか。

第二次世界大戦後　護送船団方式
【目的】金融機関の倒産防止による企業への資金の安定的な供給
【内容】・金利や手数料などの規制
・業務分野の規制（銀行，証券，信託の分離など）
・国内と国外の金融市場に関する規制

日本の規制への外国からの批判，金融市場の国際的競争力の確保

1990年代後半～　日本版金融ビッグバン
金融制度改革をおこない，日本の金融市場を国際基準に

2000年代以降
・世界的に金融自由化とグローバル化が進む
➡金融業界や取引所の再編が進行，国際競争力を強化
・フィンテックなどICTの金融分野への活用

■金融ビッグバンによる変化

解説 **「保護」から「競争」へ**　従来，日本の金融界は，銀行経営の安定化を最優先し，競争力の弱い銀行を保護してきた。こうした金融行政は**護送船団方式**とよばれた。一方で，金融のグローバル化が進むなかで，従来のあり方からの変革が求められるようになった。そのなかで1990年代後半に実施されたのが，**日本版金融ビッグバン**である。「フリー（自由）・フェア（公正）・グローバル（国際化）」を理念に掲げ，金融機関相互での業務参入が可能になるなど，さまざまな改革がおこなわれた。

一方で，2005年には**ペイオフ**が解禁された。これは金融機関が破綻した場合でも1,000万円までの預金が保証されるしくみで，2010年の日本振興銀行の破綻で初めて適用された。

■ペイオフ制度

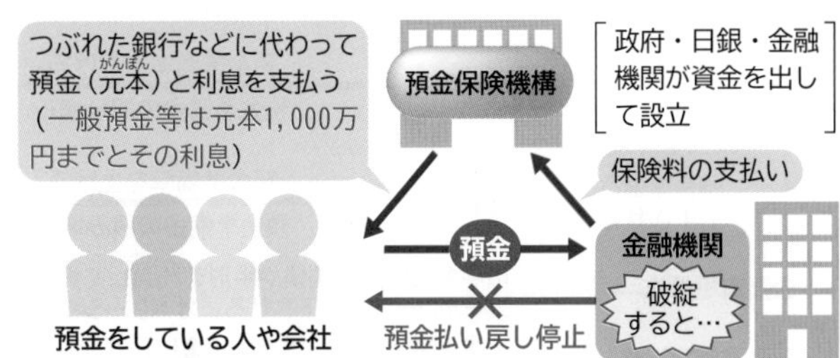

※外貨預金や外国の銀行の日本国内の支店に預けていたお金は，対象外であり戻ってこない。

確認▶貨幣の機能を三つあげよう。
活用▶キャッシュレス決済のメリット・デメリットをあげ，自分のお金の使い方について考えよう。

経済

日本銀行の役割

課題▶日本銀行は，経済活動のなかでどのような役割を担っているのだろうか。

クローズアップ 世界に誇る日本の貨幣製造技術

普段使っているお札や硬貨には，日本のさまざまな技術が詰まっているんだね。

➡新紙幣のデザイン 細かい仕様は現在も調整中。一万円札には実業家の渋沢栄一，五千円札には女性教育の先駆者・津田梅子，千円札には細菌学者の北里柴三郎が描かれている。

許すな！偽造通貨。

透かす look シャープな肖像
さわる feel ザラザラした手触り
傾ける tilt 変化する画像
よく見る look 細かい線や点
傾ける tilt 500円の文字 斜めのギザギザ

⬆偽造通貨防止のための財務省のキャンペーンポスター

私たちが日々使うお金には，偽造防止のためにさまざまな技術が詰めこまれている。たとえば，現在の一万円札は，光に透かすと肖像などの図柄が見えたり，かたむけると見る角度によって数字が浮かび上がったりするようなしかけがある。

2024年から導入予定の新紙幣では，従来の技術に加えてユニバーサルデザインの観点がより強化されている。たとえば，指の感触で識別できるマークを設けたり，マークの配置を券種ごとに変えることで判別しやすくしたり，一万円札と千円札の「1」のデザインを変えたりするなど，配慮がほどこされている。

1 日本銀行の役割

発券銀行	銀行の銀行	政府の銀行
管理通貨制度下で，日本で唯一，紙幣(日本銀行券)を発行する。	一般銀行などに対して預金，貸し出しなどをおこなう。 日銀 ⇄ 銀行	政府の扱う税金などの収入と各種支払いのほか，外国為替の売買や国債に関する事務もおこなう。 日銀 ⇄ 政府

解説 **通貨の守り人として** **日本銀行**(日銀)は，日本の**中央銀行**であり，唯一の発券銀行でもある。紙幣を発行する発券銀行，市中銀行に対しての預金や貸し出しなどをおこなう銀行の銀行，さらには政府の銀行の役割をもっている。また，日本銀行は物価の安定と金融システムの安定を目的として，金融政策をおこなっている。

2 金融政策のしくみ

Q 好況時と不況時では，金融政策にどのような違いがあるのだろうか。

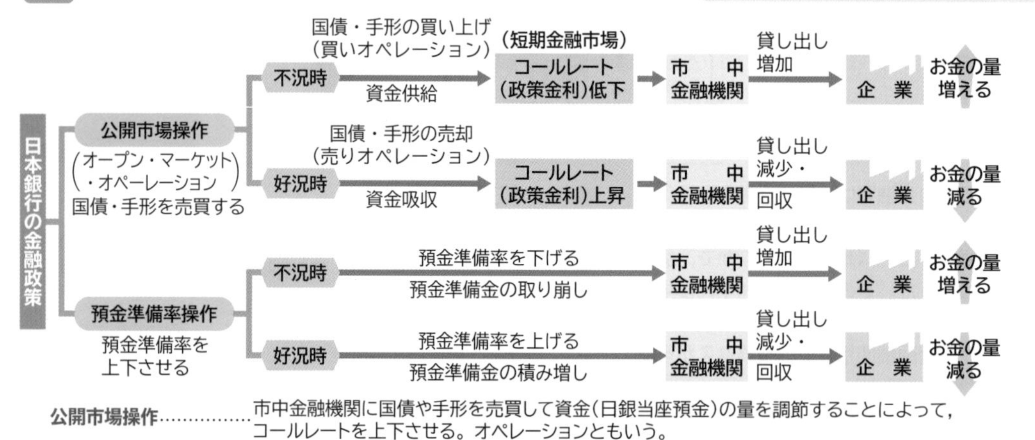

公開市場操作……………市中金融機関に国債や手形を売買して資金(日銀当座預金)の量を調節することによって，コールレートを上下させる。オペレーションともいう。

預金準備率操作…………市中金融機関が日銀当座預金に預けなければならない資金の割合(預金準備率)を上下させる。現在，金融政策としてはおこなわれていない。

解説 **日銀の金融政策で景気を調整** 日銀は，国民経済の健全な発展を目的として，景気を安定させる**金融政策**をおこなっている。基本的には，好況の際には景気の過熱を防ぐ目的で，市場に出まわるお金の量を減らすために，お金を回収する金融政策を実施する。逆に不況の際には景気を刺激する目的で，市場に出まわるお金の量を増やすために，お金を供給する金融政策を実施する。

プラスα **お札は何でできている？** 現在，日本のお札は紙でできているが，諸外国では特殊な繊維やプラスチックでつくられたものもある。日本のお札の平均寿命は一万円券で4～5年程度，五千円券と千円券は，使用頻度が高く傷みやすいこともあって1～2年程度となっている。

用語解説 中央銀行，管理通貨制度，コールレート，公定歩合，ゼロ金利政策，量的緩和政策➡p.283

3 金利と金融政策

Q 金利が上下することで，社会にどのような影響があるのだろうか。

利上げの影響

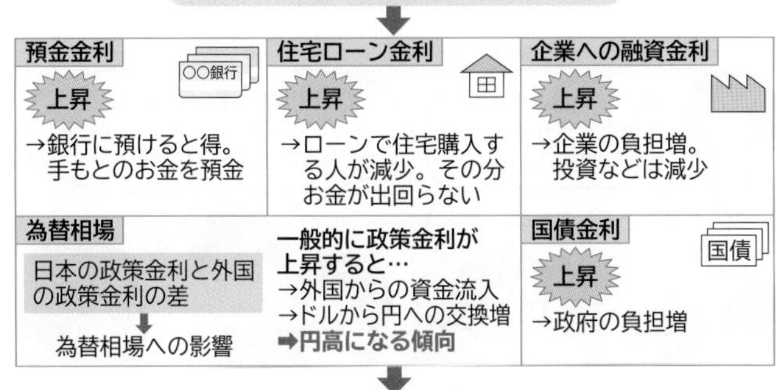

利下げの影響

解説 **日銀の金利調整による金融政策**　私たちのふだんの生活でも，銀行からお金を借りれば，借りた期間や額などに応じて利子が発生する。この利子のことを**金利**といい，日銀が金融政策をおこなう際に調整する金利のことを**政策金利**という。以前は，日銀から市中銀行に資金を貸し出す際の金利である公定歩合(こうていぶあい)が用いられていたが，1990年代の金利自由化以降は，金融機関どうしが短期間で資金の融通をおこなう際に用いる**コールレート**が政策金利となった。ただし，量的・質的金融緩和が実施された2013年以降は，金融政策の操作対象がマネタリーベース(➡p.195)に変更されている。

4 金融政策とその影響

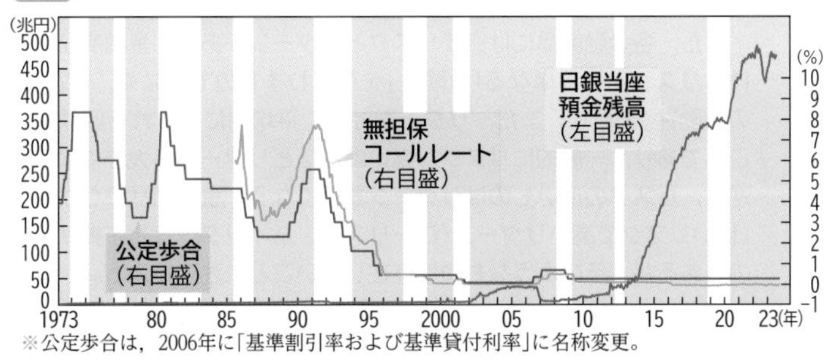

※公定歩合は，2006年に「基準割引率および基準貸付利率」に名称変更。

⇧公定歩合・無担保コールレート・日銀当座預金残高の推移(日本銀行資料)

バブル経済崩壊後のおもな金融政策

政策	実施時期	内容
ゼロ金利政策	1999～2000年	無担保コールレートを0％に誘導する➡お金が活発に貸し借りされ，通貨供給量(市場に出まわっているお金)が増える
量的緩和政策	2001～06年	日銀当座預金残高(市中銀行が日本銀行に預けておくお金)を増加させる➡銀行が貸し出せるお金が増える
量的・質的金融緩和政策	2013年～	日本銀行が供給する通貨を増加させるなどして，物価上昇率2％をめざす
マイナス金利政策	2016年～	市中銀行が日本銀行に預けている当座預金の一部に対して手数料を課(か)す➡多くのお金が市場に出まわる

解説 **「失われた20年」からの脱却(だっきゃく)をめざして**　日銀は通貨供給量を増減させることで，景気を調整する。バブル経済崩壊(➡p.166)後の長引く景気の停滞とデフレからの脱却をめざして，日銀は**ゼロ金利政策**や**量的緩和政策**を実施した。その後も「異次元の金融緩和」ともいわれる**量的・質的金融緩和政策**や**マイナス金利政策**を実施し，市場でのお金の流れが活発になるような政策を取り入れている。

Topic 円安と日銀の金融政策

2022年，日本では記録的な円安が起こった(➡p.219)。その背景にあるのが，日米間の金融政策の違いである。ロシアのウクライナ侵攻(➡p.146)に伴い，資源の輸出が停滞し，欧米ではエネルギー分野を中心としたインフレが起こっていた。それを受け，アメリカの中央銀行であるFRB(米連邦準備制度理事会)は，金融引き締めによりインフレを抑えこむ必要があるとして，約30年ぶりに0.75%の利上げにふみきった。

一方で，日本は大規模な金融緩和を維持した。住宅ローン金利の上昇などを受けた家計や，コロナ禍で債務がふくらんだ中小企業への影響を恐れ，金利は低いままになっている。これにより，日米間の金利差が大きくなり，金利の低い円を売り，ドルを買う動きが強まった。

一般に，円安は輸出企業に恩恵があるといわれる。しかし，今回の円安は以前ほど企業の輸出に恩恵はなく，逆に原材料の輸入価格高騰により，家計の負担が増す「悪い円安」になっている側面もある。

日米の金利差拡大の背景

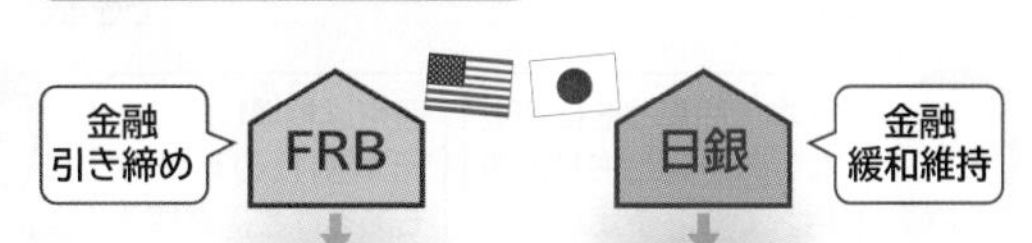

長期金利上昇　長期金利上昇抑制

確認▶日本銀行の役割を三つあげよう。
活用▶日本銀行の金融政策は何を目的としておこなわれているのか，説明しよう。

金融商品とのつきあい方

「金融商品」というと自分にはあまり関係ないと思うかもしれない。しかし，自分で金融商品を選ぶことは人生のライフプランを考えることにつながり，経済を活性化したり，社会に貢献したりすることもできる。金融商品の特徴を理解しながら，自分の人生とともに金融商品とのつきあい方を考えていこう。

金融商品とのつきあいは，人生と社会を考えること

※未成年者が株取引のために証券口座を開設するには，親権者の承諾が必要。

お正月にもらったお年玉を預けたいから，銀行に寄っていい？
○○銀行
いいよ。そういえばここ，うちの叔母さんがつとめてるんだ。

国債とか投資信託とか，金融商品の案内がけっこうあるね。
投資
預金しても利息がほとんどつかないからね。僕はお小遣いを増やすために株を買ってるんだ。※

株!?　まあユウトはお金もちだからな。僕には関係ないな～
あら，そんなことないよ。
叔母さん！

ユウトのお友達，金融商品とのつきあいは，人生と社会を考えることにもつながるんだよ。
人生と社会？どういうこと？

金融商品とは何か

金融商品とは，銀行や証券会社などの金融機関が提供・仲介する預金や株式などのことをさす。ほかにも住宅購入時などの借り入れであるローンや，人生のさまざまなリスクにそなえる保険が含まれることもあり，その内容は多岐にわたる。

金融商品の種類

おもな目的	具体的な金融商品
資産の運用	預貯金，投資信託，国債や公債，外貨預金，株式　など
お金を借りる	住宅ローン，自動車ローン，教育ローン　など
人生のリスクにそなえる	生命保険，自動車保険，学資保険　など

このうち，資産の運用のための金融商品については，つきあい方を誤ると人生に大きな影響が出るほどの損害を被ることもある。そのため，今後のライフプランを考えていくうえでは，金融商品の特徴をよく理解し，上手なつきあい方を学ぶことが重要である。

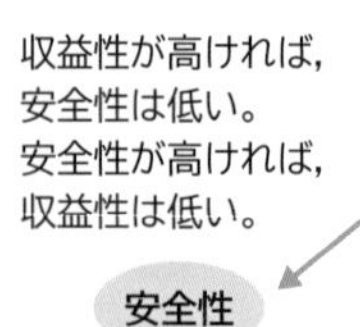

収益性が高ければ，安全性は低い。安全性が高ければ，収益性は低い。
収益性
より高い収益が期待できるか
収益性が高ければ，流動性は低い。流動性が高ければ，収益性は低い。
安全性
資金が減ることはないか
流動性
自由に現金にかえることができるか

元本・利息ともに変更なしの予定どおりの運用。でも，予定以上の収益は期待できない。
安全性は高い　収益性は低い

運用は相場しだい。元本割れの可能性もあるけど，高収入のチャンスもある。
安全性は低い　収益性は高い
この2人の資金運用は…

金融商品の「安全性」「収益性」「流動性」の関係（金融庁資料）

リスクとリターン

金融商品を選択する際のポイントはいくつかあるが，「安全性」「収益性」「流動性」の三項目を中心に考えていくことが一つの目安となる。すべてを満たす商品はないため，自分が何を目的としているのかを明確にしてから，選ぶことが重要である。

また，各金融商品には必ずリスクとリターンがある。金融商品におけるリ**スク**とは，単なる「危険性」をあらわすものではなく，「収益率の変動性」を示す。また，**リターン**とは，平均的に得られる収益率のことであり，一般的にリスクが高い商品ほどリターンが大きくなる。逆に，リスクの低いものはリターンも低くなる。金融商品のなかには「低いリスクで高いリターン（ローリスク・ハイリターン）」を掲げるものもあるが，そのようなものは存在しないことに注意しよう。

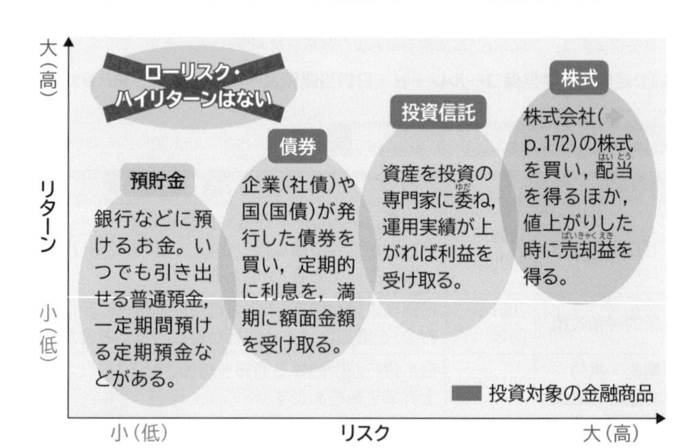

大（高）
リターン
小（低）
ローリスク・ハイリターンはない
預貯金
銀行などに預けるお金。いつでも引き出せる普通預金，一定期間預ける定期預金などがある。
債券
企業（社債）や国（国債）が発行した債券を買い，定期的に利息を，満期に額面金額を受け取る。
投資信託
資産を投資の専門家に委ね，運用実績が上がれば利益を受け取る。
株式
株式会社（➡p.172）の株式を買い，配当を得るほか，値上がりした時に売却益を得る。
投資対象の金融商品
小（低）
リスク
大（高）

金融商品のリスクとリターンのイメージ　一般的に，預貯金から債券，投資信託，株式の順にリスクとリターンが高まっていく。ただし，投資信託や株式は商品によってリスク・リターンがさまざまであるので，一概にはいえない。預貯金の特徴として，大きな利益（リターン）はないが，銀行が倒産してもペイオフ（➡p.195）の対象額を上回らない限り，元本割れすることはないという安定性がある。一方株式は高いリターンが見こめるが，元本割れなどによる損害が発生するリスクも高まる。また，**投資**は短期的な利益のみを目的とした**投機**とは異なる点を理解しよう。

WORK ライフプランから金融商品を考える

高校を卒業した後，就職や結婚，住宅購入など，さまざまなライフイベントが待っている。また，病気や失業，災害など，生活上のリスクもある。このような人生のなかで，金融商品をどのように選択し，資産を形成していくかを考えてみよう。

下の図を見て，自分の資産について，ⓐ預貯金(低リスク低リターン)，ⓑ債券(中リスク中リターン)，ⓒ株式(高リスク高リターン)の三種類の商品をどのような割合で投資するか，❶〜❸の状況で考えてみよう。また，理由もまとめ，ほかの人と比較してみよう。

❶社会人として働き始めたばかりの20代　❷結婚し，小学生の子どもがいる40代
❸子どもが自立し，仕事を退職した60代

おもなライフイベントと費用の目安	就職	結婚	出産	育児	住宅購入	介護	老後の生活費
	就職活動費 約10万円	結婚費用 約469万円	出産費用 約52万円	教育資金(子ども1人あたり) 約1,002万円	住宅購入費 約3,494万円	介護費用 約17万円/月	高齢夫婦世帯の支出 約26万円/月

年齢	20代	30代	40代	50代	60代	70代〜
平均賃金(万円) ■男性	22.1			41.7		24.6
■女性	21.6			28.0		21.8

(2022年)

※私たちの人生は多様化しており，ここで取り上げたものは一例である。　(日本FP協会資料ほか)

金融商品との上手なつきあい方

実際に金融商品を選ぼうとした場合，自分に最も有利な商品を選ぼうとするが，安全で収益性が高く，いつでも自由に現金にかえられるような商品は存在しない。また，それぞれの金融商品には特徴があり，その特徴や，自分の人生を歩んでいく上での必要なお金はどれくらいかといったことなどを総合的に考える必要がある。

金融商品への投資には**分散投資**という原則があり，この原則は「卵を一つのかごに盛(も)るな」ともたとえられる。一つのかごにのみ卵が入っている場合，かごが落ちればすべての卵が割れてしまうが，いくつかのかごに分けていれば被害は最小限ですむ。同じように，金融商品への投資も商品の種類や，対象地域，時期の分散などにより，リスクを分散することができる。

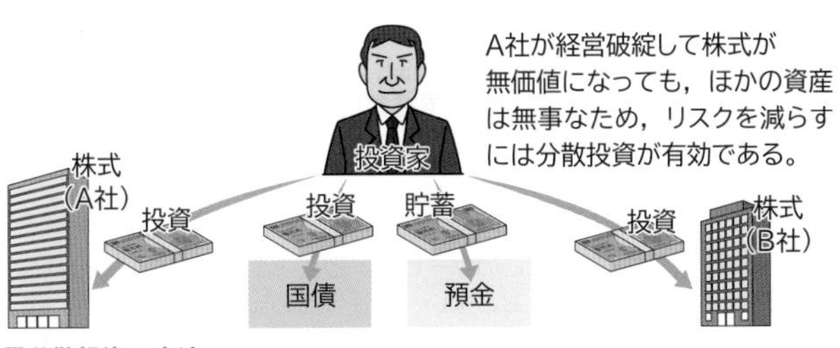

⇧分散投資の方法

社会に貢献する投資

ESG投資という投資方法が注目されている。これは，財務情報だけでなく，環境や人権，社会的責任に配慮した企業を評価した投資をさす。日本でも年々投資額が増加しており，投資家が企業に対して社会への貢献を求めることで，企業活動にも影響を与えている。こういった金融商品を選ぶことで，自分の今後の人生だけでなく，社会に貢献することもできるのである。

ESG	具体例
Environment 環境	・二酸化炭素排出量の削減 ・再生可能エネルギーの使用 ・生物多様性の確保　など
Social 社会	・職場での人権対策 ・ワーク・ライフ・バランスの確保 ・地域社会への貢献　など
Governance ガバナンス	・業績悪化に直結する不祥事(ふしょうじ)の回避 ・リスク管理のための情報開示や法令遵守(じゅんしゅ)　など

⇧ESG投資とは

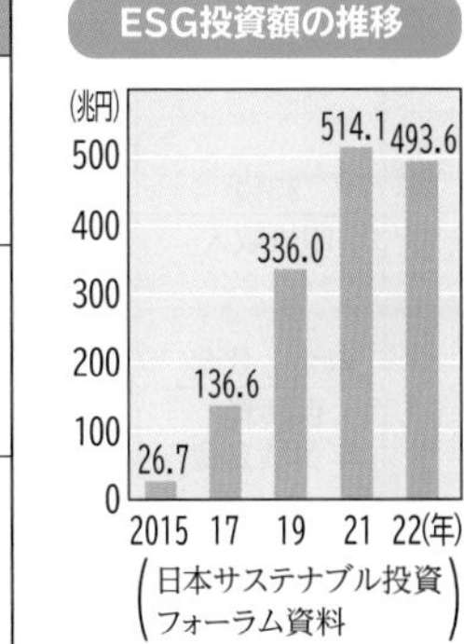

経済

ふりかえり

- □ 金融商品にはさまざまな種類があり，それぞれに特徴があるため，リスクとリターンなどをよく考えて選ぶ必要がある。
- □ 安全性，収益性，流動性のすべてをかねそなえた金融商品はなく，「ローリスク・ハイリターン」の金融商品も存在しない。
- □ 金融商品は自分のライフプランをふまえて選択する必要があるほか，金融商品によっては社会への貢献にもつながる。

SOS ▶金融サービス利用者相談室　☎0570-016811　▶金融ADR制度(金融庁)
調べる ▶東京証券取引所(日本取引所グループ)　▶投資の時間(日本証券業協会)　▶知るぽると(金融広報中央委員会)

財政のしくみと課題

課題▶なぜ政府は経済活動をするのだろうか。日本の財政には，どのような課題があるのだろうか。

クローズアップ 国家予算を家計にたとえると…

国家予算の図を見て考えよう。
①歳入が不足した場合，何でまかなっているのだろうか。
②国債費が歳出に占める割合は何%か。
③一般歳出の内訳のなかで，最も多いものは何か。

2023年度の国家予算(当初予算)

(財務省資料)

一般会計 歳入総額 114兆3,812億円

租税・印紙収入 60.7%：消費税 20.4，所得税 18.4，法人税 12.8，その他
公債金 31.1：特例公債 25.4，建設公債 5.7
その他

国債を発行して借りたお金を返す費用，いわば借金の返済。

一般会計 歳出総額 114兆3,812億円

一般歳出 63.6%：社会保障関係費 32.3，防衛関係費 5.9，公共事業 5.3，文教および科学振興 4.7，恩給 0.1，その他
国債費 22.1
地方交付税交付金等 14.3

※歳出の「その他」には，防衛力強化資金繰入れ，新型コロナおよび原油価格・物価高騰対策予備費，ウクライナ情勢経済緊急対応予備費などを含む。

国は借金を続けているけど，日本の財政は破綻しないのかなぁ……。

※2023年度予算(当初予算)の総額114兆3,812億円を年収788万円の家計におきかえて試算。四捨五入の関係で合計が一致しないことがある。

歳入が不足した分は，公債金(国債という証券を発行して集めたお金)でまかなっている。いわば国の借金である。

1年分の家計におきかえてみると…

収入	
給与(税収＋税外収入)	788万円
ローンの借り入れ(国債)	356万円
総収入(歳入)	1,144万円

ローン残高(国債残高) 1億680万円

家計はなんとかやりくりできても，ローンが重すぎる……。

支出	
家計費(一般歳出)	727万円
うち 医療費(社会保障)	369万円
防犯費(防衛)	102万円
住宅費(公共事業)	66万円
教育費(文教科学)	54万円
その他生活費	136万円
田舎や子どもへの仕送り(地方交付税交付金)	164万円
ローン返済(国債)	253万円
総支出(歳出)	1,144万円

政府がおこなう経済活動を**財政**という。政府は租税(➡p.202)と公債(借金)を元手に，社会保障制度(➡p.206)や公共事業などの経済活動をおこなっている。イメージしやすくするために，国家予算を家計におきかえてみると，現在，政府は借金の返済額以上に借金をしていることがわかる。このまま借金を続けていくと，将来世代に大きな負担を残すことになるため，政府の財政健全化が求められている(➡p.204)。

1 財政のしくみと機能

財政の目的は何だろうか。

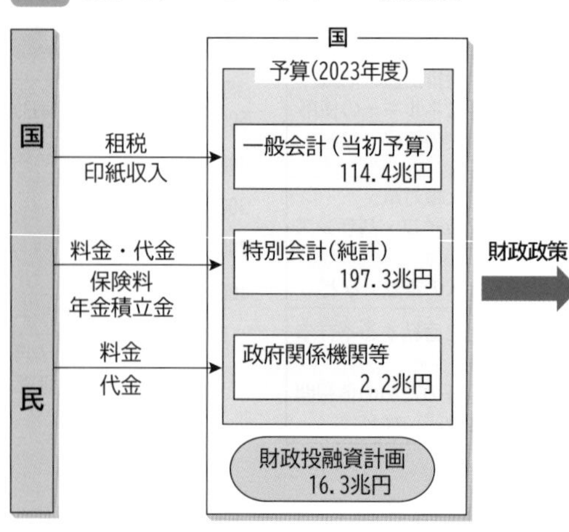

景気調整		政府は景気の動向を見ながら，景気調整をおこなう。不況の場合は減税をしたり，公共事業を計画より早く実施するなどして，国内の需要を拡大させる財政政策をおこない，景気の安定化をはかる。一方，好況の際には増税するなど，景気が過熱しないように調整している。
所得再分配		所得を市場にまかせて分配すると，貧富の差が拡大する恐れがある。そこで，政府は所得税の累進課税制度(➡p.203)や社会保障制度などを利用して所得の再分配をおこない，格差の縮小をはかっている。
資源配分		政府は国防・警察などのサービス，道路・上下水道などの公共施設(**社会資本**)の供給をおこない，国民生活の安定・向上をはかっている。これらは，市場原理にまかせていると適正に供給されないため，政府が供給をおこなう。

解説 **政府の経済活動へのかかわり方が課題** 20世紀には政府が国民の生活を積極的に保障する福祉国家(➡p.57)が理想とされ，それまでの「小さな政府」から「大きな政府」(➡p.183)へと，政府の役割は大幅に拡大した。しかし，少子高齢化や経済成長の停滞などにより税収が伸び悩み，財政に占める公債費の割合が高くなることで，自由に使えるお金が少なくなる**財政の硬直化**が進んでいる。このため，経済活動において何をどれだけ政府が担うべきかが問われるようになっている。

プラスα **国債を増やす前に税金の無駄遣いの見直しを** 会計検査院の報告によると，2021年度の税金の無駄遣いや徴収漏れが約455億円にものぼったという。国民の納めた税金は，有効に使ってほしいものである。

財政，社会資本，財政の硬直化，ビルトイン・スタビライザー，フィスカル・ポリシー，公共財➡p.283

2 財政の景気調整機能

	不況期	好況期
景気の自動安定化装置（ビルトイン・スタビライザー）	●累進課税による税負担減 ●社会保障給付などの増加	●累進課税による税負担増 ●社会保障給付などの減少
景気安定化のための裁量的財政政策（フィスカル・ポリシー）	●公共事業の増加 ●減税	●公共事業の抑制 ●増税

財政政策がとられない場合
財政政策がとられる場合
●財政収入減少
●財政支出増加
有効需要の維持
有効需要の抑制
●財政収入増加
●財政支出減少

解説 **二つの景気調整機能**　景気の安定をはかるための財政政策には，税制や社会保障制度によって自動的に調整するように制度を設計する**ビルトイン・スタビライザー**と，人為的・裁量的に調整する**フィスカル・ポリシー**がある。

ビルトイン・スタビライザーは，累進課税制度や社会保障制度によって，好況期や不況期における有効需要(➡p.183)の増減の行きすぎを自動的に緩和するしくみである。しかし，この機能だけでは不十分なので，政府は公共支出や税金を意図的に振り分けることで景気変動を調整するフィスカル・ポリシーをとっている。

3 特別会計の規模と使途

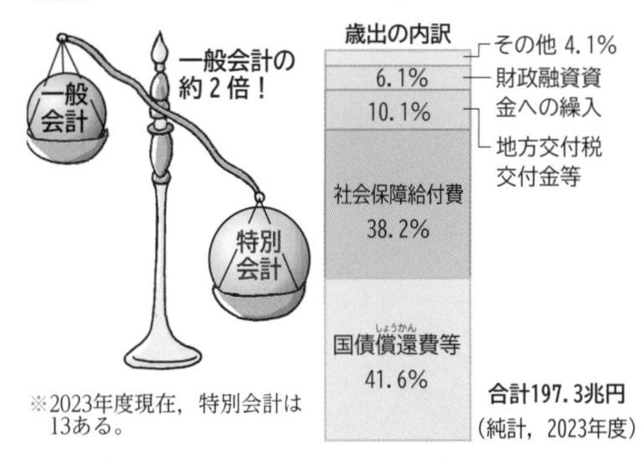

解説 **一般会計よりも大きい特別会計**　政府の基本的な経費は一般会計から支出されている。しかし，一般会計だけでは税金を納める側と予算を受け取る側の関係が不明朗となる。このため，特定の歳入は特定の支出だけに使われるように，一般会計とは切り離されている。これを**特別会計**といい，年金に関するものや東日本大震災の復興に関するものなどがある。特別会計は一般会計の約２倍にものぼり，無駄遣いになりやすいとの批判もある。

4 公債（国債）の発行

Q 公債発行額が急激に増えたのはいつだろうか。その背景には，何があるのだろうか。

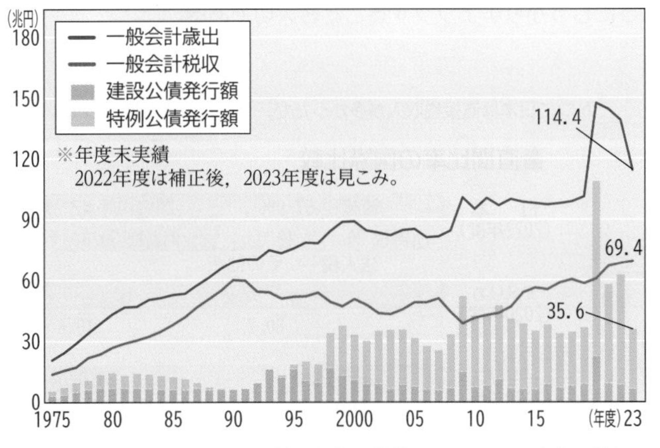

⇧一般会計歳出・税収と新規公債発行額の推移（財務省資料）　歳出と税収の差は拡大し，その分を公債で穴埋めする状況が続いている。

公債……国や地方公共団体が資金を調達するために発行する債券。国が発行する**国債**と地方公共団体が発行する**地方債**がある。
建設公債（建設国債）……財政法で発行が認められている公債。道路や公共施設の建設といった社会資本の整備費用にあてられる。
特例公債（赤字国債）……人件費などの事務的諸経費などにあてられる。本来は発行が認められていないため，特例法を成立させて発行している。バブル経済期の一時期を除いて発行され続けている。

解説 **なかなか減らせない国の借金**　日本の財政支出のなかには，社会保障費や地方交付税交付金のように法律によって支出が義務づけられているものも多い。したがって，不景気で税収が不足したからといって簡単には歳出を削れない。そのため，不足分は借金（**公債**）によってまかなうことが常態化し，いまや一般会計予算に占める公債依存度は約30%になっている。公債は借金なので返済しなければならないが，新たに発行される分が積み重なり，公債残高は膨大な金額となっている(➡p.204)。

経済

Topic フリーライダー（ただ乗り）の問題

政府が供給する警察や国防，道路など，国民生活に必要な財やサービスを**公共財**とよぶ。公共財は，税金から意外に高い予算が使われている(➡p.202)。しかし，たとえば警察や消防を民営化しようという話はあまり聞かない。なぜなら，こうした不特定多数が利用できる公共財は，費用を出さずにサービスを利用する人（フリーライダー）が必ずあらわれるという問題をもつからである。たとえば，ごみの処理費用を支払わない人がいたとしても，「だからごみ処理はしません」というわけにはいかない。そのため政府は税金をあらかじめ徴収しておき，国民のために公共財を供給しているのである。

助けて下さい！
利用料を払っている人しか助けられないんだ。
ごみ収集がないから，町がごみだらけ！
これは困るな…

確認▶財政の目的を三つあげよう。
活用▶このまま公債を発行し続けると，私たちの生活はどのような影響を受けると考えられるだろうか。

租税の意義と役割

課題▶租税のあり方について大切なこととは何だろうか。

クローズアップ 税金は何に使われているの？

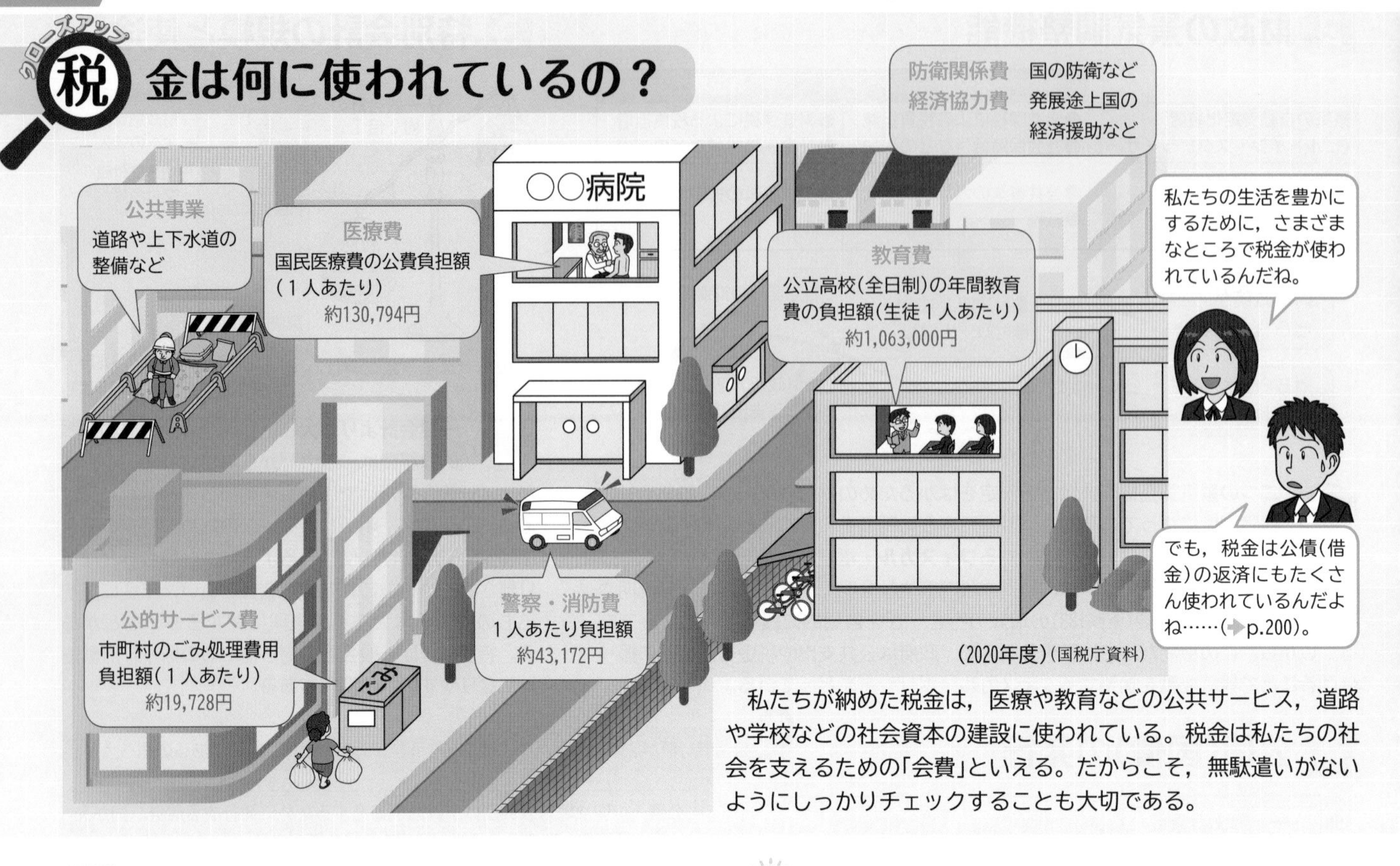

（2020年度）（国税庁資料）

私たちが納めた税金は，医療や教育などの公共サービス，道路や学校などの社会資本の建設に使われている。税金は私たちの社会を支えるための「会費」といえる。だからこそ，無駄遣いがないようにしっかりチェックすることも大切である。

1 日本の税金

かつて日本は直接税収入が多かったが，消費税収入も増加している。

■日本の租税体系

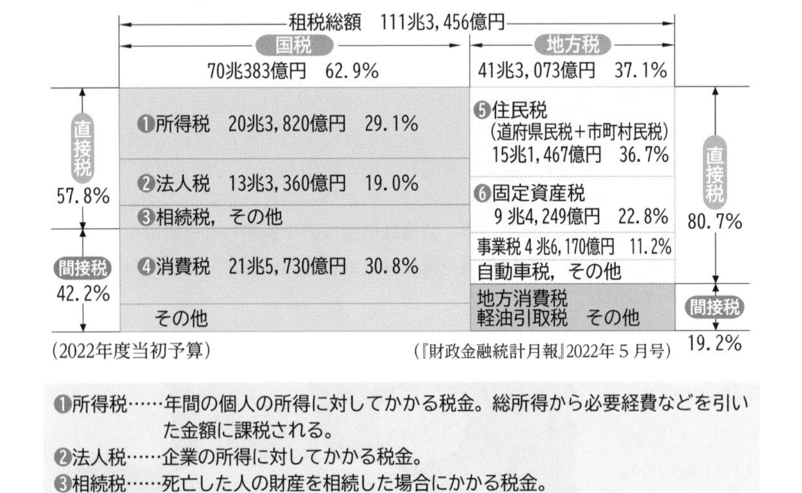

租税総額　111兆3,456億円

	国税　70兆383億円　62.9%	地方税　41兆3,073億円　37.1%	
直接税 57.8%	❶所得税　20兆3,820億円　29.1%	❺住民税（道府県民税＋市町村民税）15兆1,467億円　36.7%	直接税 80.7%
	❷法人税　13兆3,360億円　19.0%	❻固定資産税　9兆4,249億円　22.8%	
	❸相続税，その他	事業税 4兆6,170億円　11.2%	
間接税 42.2%	❹消費税　21兆5,730億円　30.8%	自動車税，その他	
	その他	地方消費税 軽油引取税　その他	間接税 19.2%

（2022年度当初予算）　（『財政金融統計月報』2022年5月号）

❶所得税……年間の個人の所得に対してかかる税金。総所得から必要経費などを引いた金額に課税される。
❷法人税……企業の所得に対してかかる税金。
❸相続税……死亡した人の財産を相続した場合にかかる税金。
❹消費税……商品やサービスの消費にかかる税金。
❺住民税……市町村民税と道府県民税とをあわせたもの。
❻固定資産税……不動産（土地や建物）にかかる税金。

解説 **私たちが納める税**　**租税**は，財政を支える重要な役割を果たしている。この租税を負担するのは私たち国民である。租税には，国に納める**国税**と，地方公共団体に納める**地方税**とがある。また，税を納める人と実際にその税を負担する人が同じ税を**直接税**，両者が異なる場合を**間接税**とよぶ。

■直間比率の国際比較

国	直接税	間接税等	所得税	法人税	その他（直接税）	消費税
日本（2022年度）	57.8%	42.2%	29.1	19.0	その他	30.8
アメリカ（2020年度）	92.2	7.8	80.7	10.6		
イギリス（2020年度）	61.0	39.0	42.1	11.1		22.1
ドイツ（2020年）	49.2	50.8	40.4	3.8		33.3
フランス（2020年）	49.5	50.5	24.0	16.1		43.4

（財務省資料）

解説 **直接税か間接税か**　税は所得，資産，消費など，さまざまなものに課税が可能である。何にどれだけ課税するかは，国民性や歴史の違いを背景（はいけい）として，国ごとに異（こと）なる。アメリカは直接税の割合が高く，ドイツやフランスは比較的，間接税の割合が高い。

日本は，1949年のシャウプ勧告によって税制の基礎が築（きず）かれてから，所得税中心主義がとられ，直接税の割合が高かった。しかし，消費税が導入されて以降は間接税の割合が増え，**直間比率**（ちょっかんひりつ）の見直しが進んでいる。

プラスα **世界のユニークな税**　ハンガリーの「ポテトチップス税」は，肥満防止を目的に塩分や糖分の高い食料や飲料に課せられる税金である。オーストラリアの大学は国が授業料を負担する国立大学が多いが，一定以上の収入がある大卒者に「学位税」を課すことで，教育を支えている。

2 公平性の考え方

Q 所得税の累進課税制度や消費税について，垂直的公平・水平的公平の視点から，制度の特徴と課題を考えよう。

解説 **公平・中立・簡素**　税金は私たちの社会を支えるための費用であるため，みんなが広く公平に分かちあう必要がある。税の徴収に関しては，①公平であること，②課税が個人や企業の経済活動に対して中立である（選択をゆがめない）こと，③税制のしくみが簡素でわかりやすいこと，の三つを原則としている。

3 所得税のしくみ

課税される所得金額※	税率
195万円以下	5％
195万円をこえ330万円以下	10%
330万円をこえ695万円以下	20%
695万円をこえ900万円以下	23%
900万円をこえ1,800万円以下	33%
1,800万円をこえ4,000万円以下	40%
4,000万円超	45%

所得税額の計算例
（課税される所得が500万円の場合）
①195万×５％＝9.75万円
②（330万－195万）×10%＝13.5万円
③（500万－330万）×20%＝34万円
➡**課税額＝①＋②＋③＝57.25万円**

※年収から必要経費や扶養控除などの諸控除を引いた額。

個人所得課税負担額の国際比較　（財務省資料）

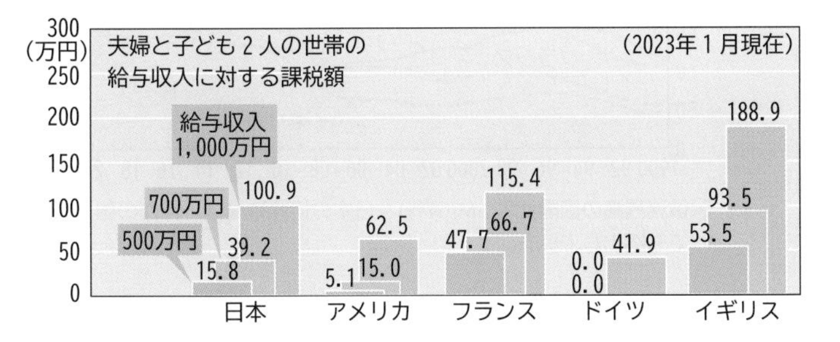

所得税の納め方

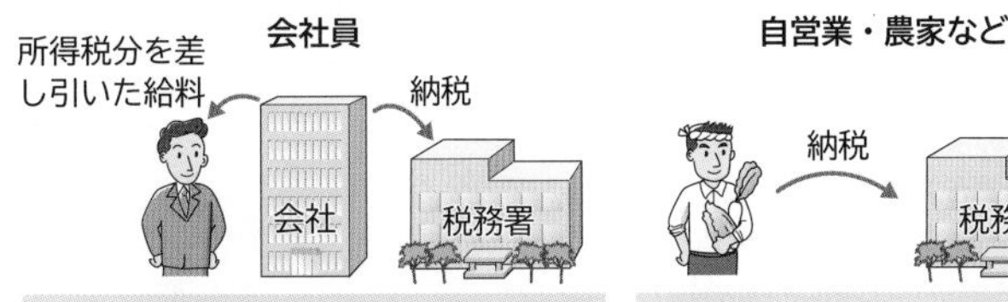

勤め先の会社が会社員の給料から所得税分を差し引いて納税する（源泉徴収）。

１年間の所得税額を本人が計算して税務署に申告する（確定申告）。

解説 **所得に応じた負担は公平か**　**所得税**では所得が多い人ほど税率が高くなる**累進課税制度**が採用されている。所得の多い人から少ない人へと再分配がおこなわれるので，所得格差を抑える効果がある。一方で，サラリーマンと自営業者などでは，税務署による所得金額の把握（捕捉率）に違いがあり，税負担が不公平という問題も指摘されている。

4 消費税のしくみ

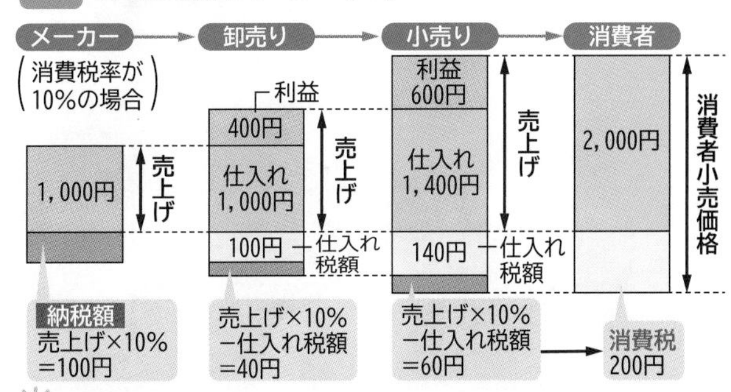

消費者が負担した税金200円は，各業者が売り上げに応じて分担し，納めている。

解説 **広く薄くかかる税金**　**消費税**は，1989年から税率３％で実施され，その後何度かの引き上げを経て，現在は税率10%となっている。消費税はあらゆる商品に課税されるため，多くの人から広く薄く税金を集めることができる一方で，低所得者ほど相対的に負担感が大きくなる**逆進性**という問題もある。

Topic なぜ消費税率が各国で大きく違うのか

世界では，消費税にあたる付加価値税が各国で見られる。しかしその税率は，ヨーロッパ諸国では20%以上の国が多いのに対して，アジア諸国では10%程度の国が多い。アメリカは国として消費税の制度がない。なぜ税率が国によって大きく異なるのだろうか。

まず，国民が高い社会保障サービスを受けるために高額な税負担を受け入れるかどうかという点である。スウェーデンなどの北欧では，医療や教育などで誰もが困らないような生活支援策を国が提供しており，その分の費用として国民が高い税金を払うのは当然だと考えている。

次に，消費税の課題である逆進性に対して配慮されていれば，高い税率も受け入れるという点である。たとえばイギリスでは，食料品や水，医薬品など，生活必需品の税率をなくし，低所得者の負担を軽くするしくみを設けている。日本でも2019年より，生活必需品に対する軽減税率が導入されている。

	日本	ドイツ	イギリス	スウェーデン
標準税率	10%	19%	20%	25%
ゼロ税率	なし	なし	食料品，水道水，新聞，雑誌，書籍，医薬品など	なし
軽減税率	酒類，外食を除く飲食料品（８％），新聞（８％）	食料品（７%），水道水（７%），新聞，雑誌，書籍（７%）など	家庭用燃料および電力（５％）など	食料品（12%）新聞，雑誌，書籍（６％）など

⇧**各国の付加価値税の税率**（2023年１月現在）（財務省資料）

経済

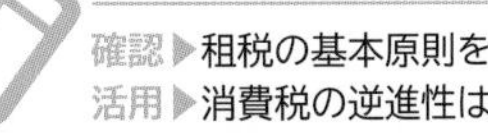
確認▶租税の基本原則を三つあげよう。
活用▶消費税の逆進性は租税の基本原則のどんな点で問題があるだろうか。また，逆進性に対する方策を考えよう。

消費税の増税前日に定期券などを買い求める客であふれる駅の窓口(2019年)

いまを読み解く

財政再建のために何が必要だろうか

日本は税収が不足した時に公債(借金)を発行してまかなってきたが，返済額よりも発行額の方が多い状況が常態化し，公債残高は膨大な金額となっている。公債増加の背景を理解したうえで，財政健全化のための方策を考えよう。

課題の把握　増え続ける国の借金

Q なぜ国債は増え続けているのだろうか。p.200の国家予算の図とあわせて考えよう。

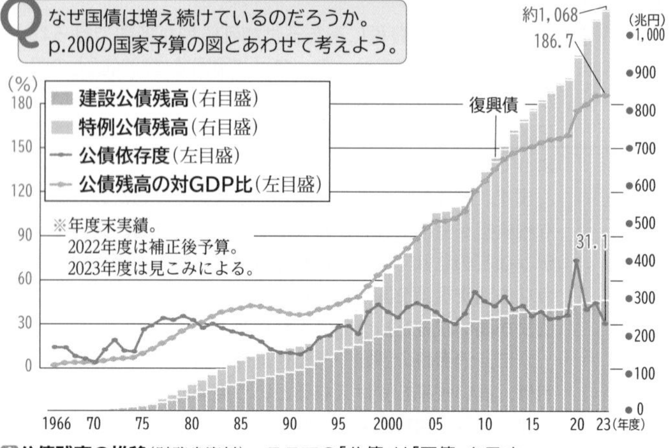

公債残高の推移(財務省資料)　ここでの「公債」は「国債」を示す。

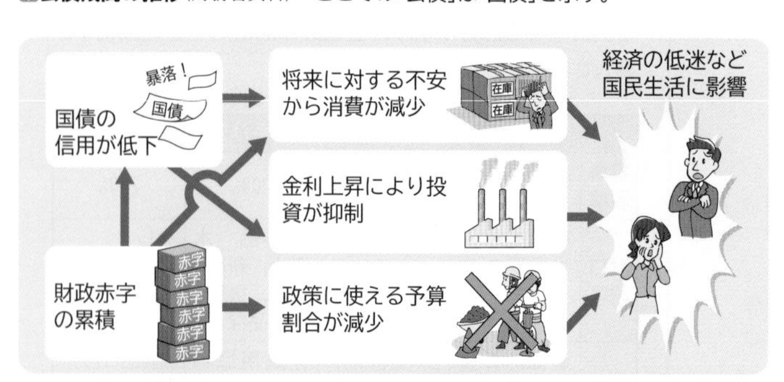

このまま国債残高が増えると　国債の信用が低下すると，国債を大量に保有している金融機関は大きな損失を受け，経済に悪影響が出る。そして金融危機を防ぐために日本銀行が国債を大量に買い支えると，通貨が大量に発行されることで通貨の信用が失われ，制御不能なインフレに陥る恐れもある。日本経済がこのような事態になると，私たちの生活に大きな影響が出ると考えられる。

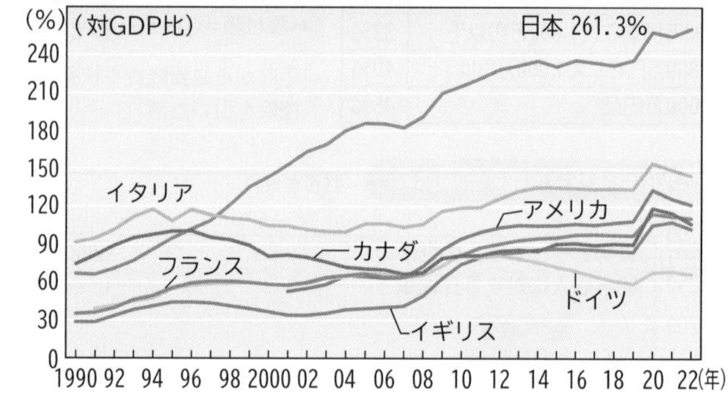

債務残高の国際比較(IMF資料)　日本の債務残高は，ほかの国とくらべても突出している。

国債・財融債(財投債)保有状況(日本銀行資料)　日本の国債の保有者の約8割は国内の金融機関である。このため，簡単に売買されることがなく，経済はもちこたえている。しかし，このまま財政再建をはからずに国債を大量に発行し続けると，金融市場から日本の財政が持続できないと判断される恐れがある。

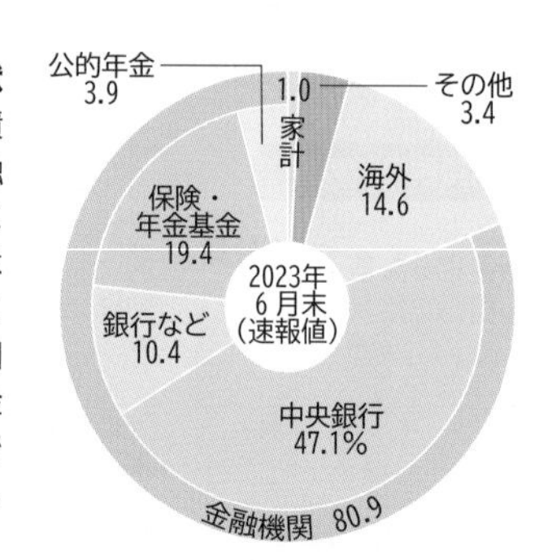

解説 **持続可能な財政をめざして**　少子高齢化(→p.210)が進行するなか，このまま国債による借金を続けていくと，財政の硬直化(→p.200)がさらに進み，国家財政が破綻しかねない。財政再建のためには，国民や企業の負担を重くして税収を増やすか，歳出を切り詰めるしか方法はない。持続可能な財政にするために，今から考えていかねばならない。

考える視点 A 私たちの受益と負担のあり方

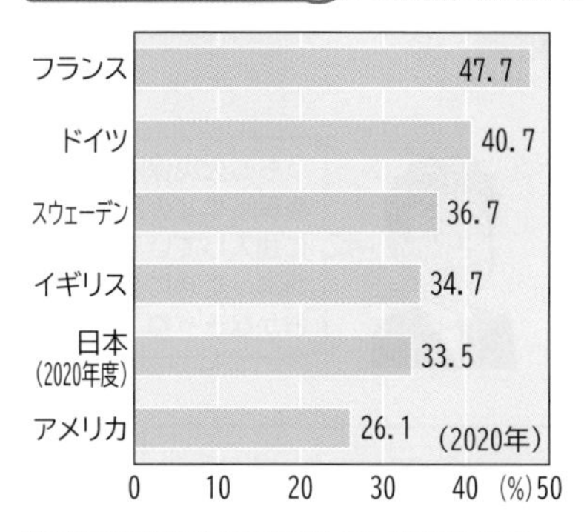

⬆国民負担率(対GDP比)の国際比較(財務省資料) 2023年度の日本の国民負担率(対GDP比)は，34.5%となっている。

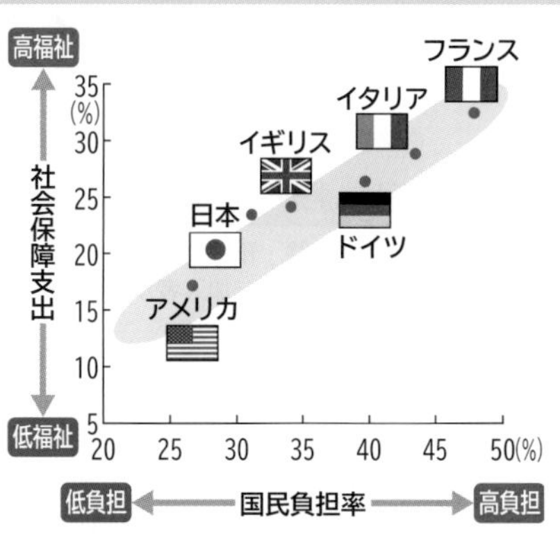

⬆受益(社会保障支出)と負担(国民負担率)のバランスの国際比較(財務省資料)

受益と負担のバランスを回復するには，次の三つを組みあわせた改革が必要だよ。
①経済規模(GDP)を大きくする
②社会保障支出を見直す
③国民負担を見直す

解説 **適切な受益と負担のバランス** 持続可能な財政にするために，適切な受益と負担のバランスを考えることが重要である。欧米諸国と比較すると，日本は国民が受ける社会保障サービスにくらべ，税や社会保険料などの国民負担率が低くなっている。これは一見(いっけん)，現在を生きる私たちにはよいように見えるが，背景には毎年発行されている多くの公債があり，将来世代に負担を先送りしているだけにすぎない。

考える視点 B 政府の歳入と歳出のあり方

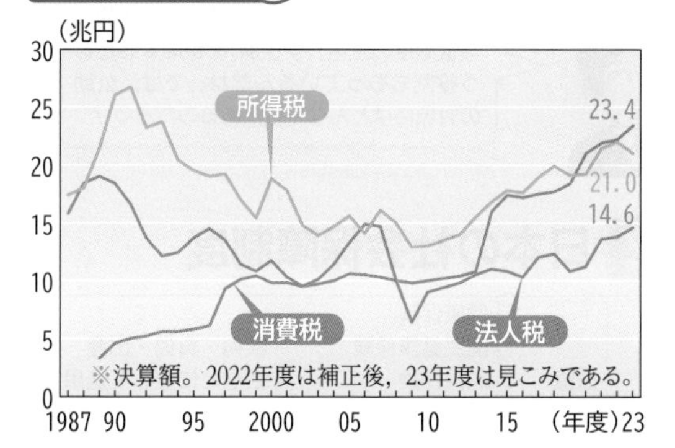

⬆**税収の推移**(財務省資料) 所得税は現役世代がおもに負担するため少子高齢化の影響を受けやすく，法人税は景気の動向に影響を受けやすい。一方，消費税はあらゆる世代に広く薄く負担を求める税なので，景気の変化に左右されにくく，安定した税収が期待できる長所がある。

公平・公正な社会の実現	所得などを把握しやすくなるため，税負担を不当に免(まぬか)れることを防止するとともに，本当に困っている人に必要な支援をおこなうことができる。
行政の効率化	これまでは複数の機関が管理していた個人情報を共通の番号でまとめることで，事務処理がスムーズになる。
国民の利便性の向上	添付書類の削減など，行政手続きが簡素化される。

⬆**マイナンバー制度の目的** マイナンバー制度は2016年に導入され，社会保障，税，災害対策の行政手続きなど，さまざまな用途での利用が進んでいる。一方で，個人情報漏洩(ろうえい)や不正使用などの問題も指摘されている。

解説 **歳入増加のために** これ以上国債による借金を増やさないために，政府もさまざまな対応を進めている。まず，社会保障費や公共事業費などの歳出削減を検討している。また，消費税の税率の引き上げなどをおこない，歳入を増やそうとしている。

また，捕捉率(➡p.203)の違いによる税負担の不公平を解消し，効率的で公平な社会保障給付が実現できるよう，住民一人ひとりに個人番号を指定する**マイナンバー制度**(社会保障・税番号制度)も導入されている。

考える視点 C プライマリー・バランス(基礎的財政収支)の均衡

➡**プライマリー・バランス(基礎的財政収支)の均衡(きんこう)**(財務省資料) プライマリー・バランスが均衡している状態でも，国債の金利が経済成長率を上回っていれば，国内総生産(GDP)に対する債務残高の割合は上昇する。

基礎的財政収支赤字		基礎的財政収支均衡	
歳入	歳出	歳入	歳出
公債金	国債費	公債金	国債費
	赤字		
税収	一般歳出など	税収	一般歳出など

解説 **実現への道は険(けわ)しい** プライマリー・バランス(基礎的財政収支)とは，新たな国債発行に頼らずに，一般歳出などの政策的支出を，その年度の税収などでまかなえているかどうかを示す数値である。政府は毎年の国債発行額をその年の国債費の支払いと同額にし(プライマリー・バランスの均衡化)，さらには2025年の黒字化をめざしているが，新型コロナウイルス感染症対策関連の支出の増加や税収減により，その達成は困難な状況である。

経済

ふりかえり

財政再建をできるだけ早く実行するためには，税負担などの歳入改革と，社会保障費用などの歳出のバランスをとることが必要である。持続可能な財政を実現するためにも，国民全体で議論を重ね，合意を形成していくことが求められている。

視点A▶持続可能な財政にするために，私たちの負担と受益のあり方から考えることが大切である。
視点B▶財政を持続可能にするために，政府の歳入と歳出のあり方から考えることが大切である。
視点C▶まずはプライマリー・バランスの均衡をめざすことが必要である。

まとめる 財政再建のために何が必要か，自分の考えを書こう。
発　展 海外で財政再建を実現した国の事例を調べ，日本に導入できるか考えてみよう。

社会保障のしくみ

課題▶社会保障制度はどのようなしくみで成り立っているのだろうか。

クローズアップ 社会保障制度を，自助，共助，公助から考える

日本の社会保障制度は，自分の生活や健康は自分で守るという**自助**を基本としながらも，自分だけでは対応が困難な加齢や失業，介護などのリスクに対しては，国民が保険料を負担して助けあう**共助**で支えている。さらに自助や共助でも対応しきれない状況に対しては，国が必要な生活保障をおこなう**公助**で補完するというしくみをとっている。

自助
自分の生活や命，財産などは自分で守る
●民間保険・預貯金など
●民間保険は，加入者からの保険料で運営

社会保障制度

共助
自分たちの生活や命は，社会全体で協力しながら守る
●社会保険（医療，年金，雇用，労災，介護）
●財源は，保険料と公費（税金や公債など）による

公助
すべての国民の最低限度の生活や，命は政府が守る
●公的扶助，社会福祉，公衆衛生
●公的扶助と社会福祉の財源は，すべて公費（税金や公債など）による

うちも火災保険や自動車保険などの民間保険に加入しているよ。何かあった時にそなえておかなきゃね。

民間保険では対応が難しい内容が，社会保険の対象となっているんだね。どんな特徴があるかな？

社会保障制度は，国民の「健康で文化的な最低限度の生活」（→p.84）を保障するという役割ももっているんだね。では，公助の対象にはどんな特徴があるのだろう？

1 社会保障制度のあゆみ

※国名がない事項は，日本の社会保障制度

■ 福祉六法

年	事項
1601	（英）エリザベス救貧法制定……公的扶助のはじまり
1874	恤救規則制定……日本の公的扶助のはじまり
1883	（独）ビスマルクの疾病保険法制定……社会保険のはじまり
1922	健康保険法制定（1927年施行）……日本の医療保険のはじまり
1935	（米）社会保障法制定……ニューディール政策（→p.182）の一環
1942	（英）**ベバリッジ報告**……「ゆりかごから墓場まで」のスローガンを掲げる
1946	**生活保護法**制定（1950年に全面改正）
1947	労働者災害補償保険法，失業保険法，**児童福祉法**制定
1949	**身体障害者福祉法**制定
1958	国民健康保険法全面改正……国民皆保険実現
1959	国民年金法制定……国民皆年金実現
1960	精神薄弱者福祉法制定（1999年，**知的障害者福祉法**に改正）
1961	「**国民皆保険**」「**国民皆年金**」の実施
1963	**老人福祉法**制定
1964	母子福祉法制定（2014年，**母子及び父子並びに寡婦福祉法**に改正）
1973	老人医療費無料化……「福祉元年」とよばれる
1974	雇用保険法制定（旧失業保険法の改正，1975年施行）
1985	国民年金法改正……**基礎年金制度**を導入
1995	育児・介護休業法制定（1999年施行）→p.163
1997	介護保険法制定（2000年施行，2005年改正）→p.213
2002	健康保険法改正……2003年度から被保険者本人負担３割に
2005	障害者自立支援法制定（2006年度施行，2012年，障害者総合支援法に改正）→p.209
2007	日本年金機構法……2010年に社会保険庁を廃止
2008	後期高齢者医療制度（長寿医療制度）開始
2012	社会保障・税一体改革関連法制定……2016年よりマイナンバー制度（→p.205）が導入

解説 **社会保障制度整備の背景**　資本主義経済（→p.182）の発展は私たちの生活を豊かにしたが，同時に貧富の差の拡大などの弊害も生んだ。貧困の背景となる病気や失業，加齢などのリスクを取り除く政策として，各国で**社会保障制度**が取り入れられていった。

2 日本の社会保障制度

区分		制度	内容
社会保険	医療	健康保険 国民健康保険 船員保険 各種共済組合 後期高齢者医療制度	疾病・負傷・出産・死亡などに際して適用される。
	年金	厚生年金　国民年金	老齢・障害などに際して支給される。
	雇用	雇用保険	失業・雇用対策
	労災	労働者災害補償保険	労働・通勤災害
	介護	介護保険	介護サービスの提供
公的扶助	生活保護	生活扶助　介護扶助 教育扶助　出産扶助 住宅扶助　生業扶助 医療扶助　葬祭扶助	生活困窮者に対して，最低限度の生活を保障する。その費用は全額公費による負担。
社会福祉	児童福祉 母子福祉 老人福祉 障害者福祉		児童・母子・高齢者・障害者に対する援助。施設・サービスなどを提供，全額公費による。
保健医療・公衆衛生	保健医療	結核予防　予防接種 感染症予防 精神衛生	国民の健康の維持・増進をはかる。
	環境政策	上下水道 公害対策	環境の整備，公共サービスの提供

解説 **四つの柱で構成される日本の社会保障制度**　日本国憲法は第25条で，「すべて国民は，健康で文化的な最低限度の生活を営む権利を有する」と国民の**生存権**を保障したうえで，社会保障が国の責任であることを明記している。これに基づいて，日本の社会保障制度は，**社会保険**，**公的扶助**，**社会福祉**，**保健医療・公衆衛生**の四つを柱として成り立っている。

年金の種類　年金というと老齢年金（高齢者が受け取る年金）を想像することが多いが，このほかに障害年金や遺族年金もある。障害年金は，病気やけがで生活が制限されるようになった時に受け取る年金で，遺族年金は，年金の被保険者が亡くなった時にその遺族に支給される年金である。

用語解説 ベバリッジ報告，社会保険，公的扶助，社会福祉，保健医療・公衆衛生，積立方式・賦課方式➡p.283

3 公的年金制度

Q 被保険者（支払う人）と受給者（受け取る人）の割合はどう変化しているのだろうか。

■公的年金制度のしくみ

制度	被保険者	財源 保険料※1（2023年4月）	財源 国庫負担	支給開始年齢※2	老齢（退職）基礎年金等月額平均（2023年4月）
国民年金	20歳以上60歳未満の自営業者・学生など	1万6,520円（月額）	基礎年金にかかる費用の2分の1	65歳	6万6,250円
国民年金	会社員・公務員など	－			
国民年金	会社員・公務員などの配偶者	－			
厚生年金	70歳未満の会社員・船員など	18.3%		男性64歳 女性62歳	22万4,482円 平均的なサラリーマン夫婦
厚生年金	公務員など				

※1：%は月収に対する比率。労使で半分ずつを負担。会社員・公務員などは厚生年金の保険料に国民年金（基礎年金）の保険料も含む。
※2：厚生年金は段階的に65歳まで引き上げられる。　（厚生労働省資料）

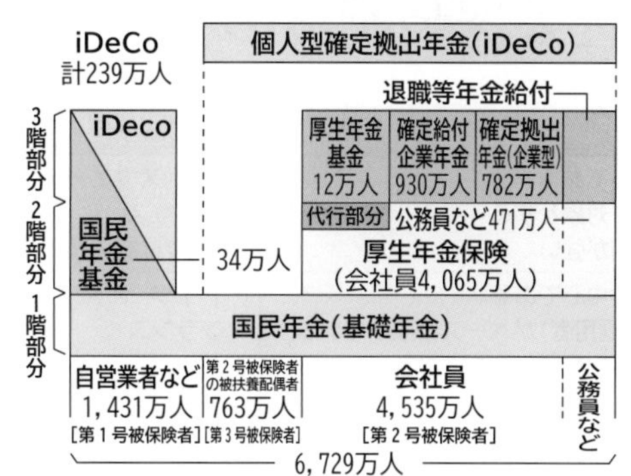

※1階・2階は公的年金。3階は企業や団体が運営する企業年金や公務員独自の年金。
（2022年3月末現在）

解説 高齢社会の基盤を支える制度 日本の公的年金制度は，20歳以上60歳未満が加入する国民年金と，これに加えて会社員や公務員などが加入する厚生年金保険がある。さらに公的年金を補完する制度として，確定給付企業年金や確定拠出年金がある。

■年金の負担と給付

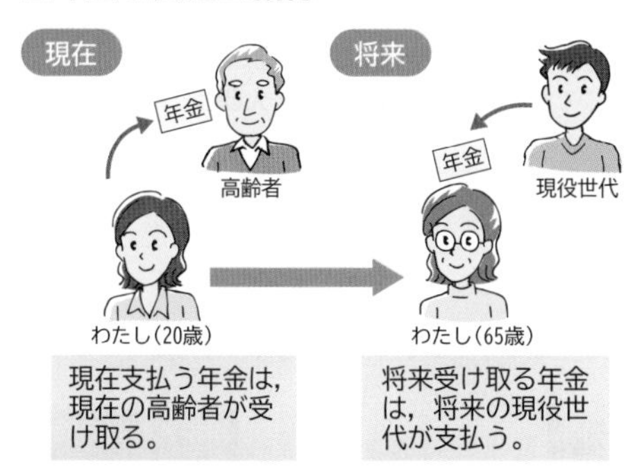

⬆賦課方式のしくみ

(万人) 4,000 3,500 3,000 2,500 2,000 1,500 1,000 500
被保険者（支払う人） 2,194
受給者（受け取る人 老齢・退年相当） 3,304
※第2号被保険者を除く　（厚生労働省資料）
1986 90 95 2000 05 10 15 21（年度）

⬆年金の被保険者と受給者の推移

解説 持続可能な年金制度にするために かつての日本の年金制度は，自分が支払った保険料を将来受け取る**積立方式**をとっていたが，インフレに弱いという欠点があった。そのため，現在は，現役世代が保険料を負担して高齢者を支える**世代間扶養**の考えを基礎とした**賦課方式**がとられている。賦課方式は高齢化が進むと現役世代の負担が重くなるという欠点があり，高齢化が急激に進む日本では，今後の年金制度のあり方が議論されている。

4 医療保険制度

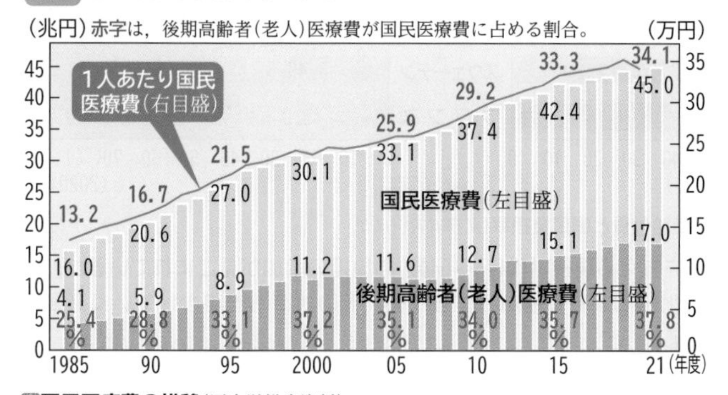

⬆国民医療費の推移（厚生労働省資料）

年齢	医療費の自己負担率（2023年11月現在）
義務教育就学前	2割
義務教育就学後～69歳	3割
70～74歳	2割（現役並み所得者は3割）
75歳～	1割（一定以上の所得者は2割，現役並み所得者は3割）

解説 増える自己負担と医療費 高齢化が進めば，必然的に国民医療費も増加する。**医療保険**を維持するため，医療費の自己負担率の引き上げなどの改革がおこなわれている。また，75歳以上を対象として**後期高齢者医療制度**が導入されている。

5 雇用保険制度

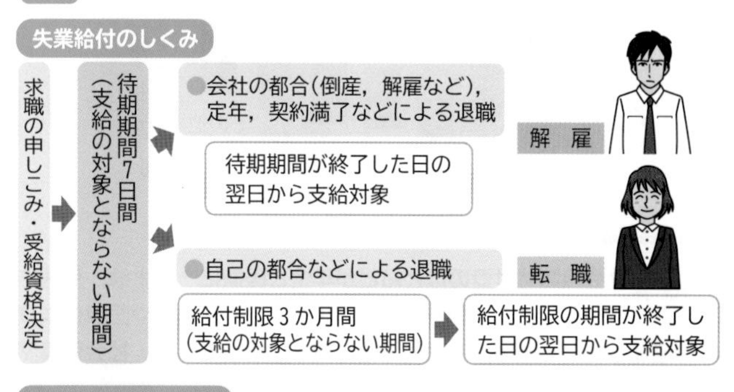

雇用保険の加入条件 ※公務員，会社役員は加入不可

1週間の労働時間	20時間以上

正社員に加え，正社員でない場合でも，31日以上の雇用見こみがあれば加入可能

●31日以上の雇用見こみとは？
31日以上雇用が継続しないことが明確である場合を除いて適用。雇用条件が31日未満であっても，31日以上の雇用が見こまれる場合は適用

解説 政府が運営する強制保険制度 **雇用保険**は，労働者が失業した場合や，労働者がみずからの職業能力を向上させるために教育訓練を受けた場合などに給付をおこなう。雇用保険は，労働者を雇う事業者は必ず加入しなければならないが，非正規労働者（➡p.161）の加入率の低さが問題となっている。

確認▶日本の社会保障制度の四本柱をあげよう。
活用▶公的年金制度のしくみについて，「世代間扶養」のことばを使って説明しよう。

これからの社会保障

課題▶これからの社会保障制度を考えるには，どのような視点が必要なのだろうか。

クローズアップ さまざまな社会保障制度の考え方

モデル	特徴	例
Ⓐ租税中心型 (普遍主義モデル)	・租税中心である ・全住民を対象とする ・平等志向が強い	・北欧(スウェーデンなど) ・イギリス (近年はⒸに接近)
Ⓑ社会保険中心型 (社会保険モデル)	・社会保険中心である ・職域(被雇用者)がベースとなっている ・所得比例的な給付をおこなう	・ドイツ ・フランス
Ⓒ市場重視型 (自助努力モデル)	・民間保険中心である ・国家の介入を最低限にする ・自立自助やボランティアを奨励する	・アメリカ

(広井良典『日本の社会保障』岩波新書参照)

(国立社会保障・人口問題研究所資料)

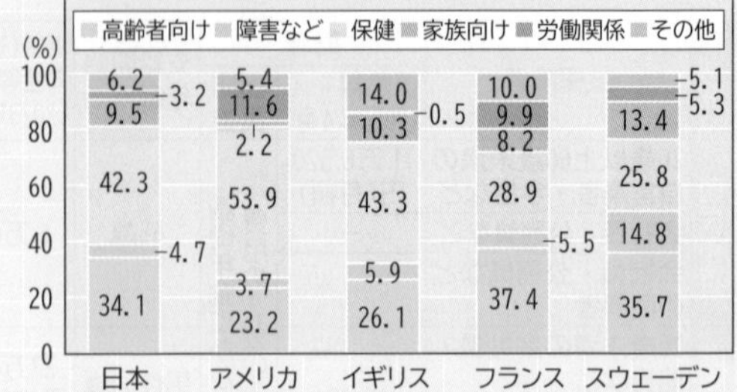

政策分野別社会支出の国際比較　各国とくらべると，日本は高齢者向けの政策(年金など)が手厚く，家族向けの政策(児童手当など)がやや弱い傾向にある。

日本の社会保障制度は，どの形に近いんだろう。

高福祉・高負担

○医療費などの自己負担が少ない。
○給付も多いので，国民が必ず直面する加齢に対し不安を軽減できる。
×税金や社会保険料の負担が重い。
×少子高齢化など人口構造が変化すると，サービスの維持が困難になる。

低福祉・低負担

○公的な医療保険の対象が高齢者や身体障害者などに限定されるので，財政や社会保障制度は持続可能になる。
○人生設計に応じて民間保険を選択でき，一人ひとりにあったリスク対応ができる。
×低所得者は人生のリスクに対し，対応できなくなる。
×無保険者が増加し，社会不安が増大する危険性がある。

1 社会保障給付費と国民負担率

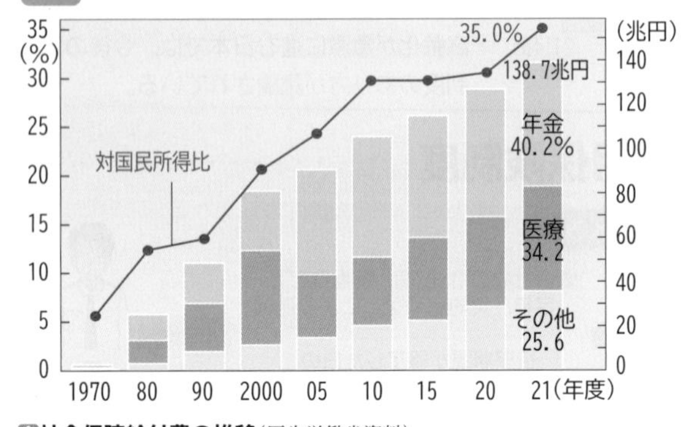

社会保障給付費の推移(厚生労働省資料)

社会支出の対国民所得比　社会支出とは社会保障に関する支出であり，社会保障給付費などが含まれる。

租税・社会保障負担の対国民所得比

国	社会支出の対国民所得比(%)(2020年度)	租税負担率	社会保障負担率	計(%)(2020年)
日本	36.1 (2021年度)	28.1	18.7	46.8 (2023年度)
アメリカ	36.7	23.8	8.5	32.3
イギリス	30.4	34.3	11.7	46.0
スウェーデン	38.7 (2019年度)	49.5	5.1	54.5
フランス	52.1	45.0	24.9	69.9

社会保障給付費と国民負担率(財務省資料ほか)

解説　社会保障給付費のほとんどが年金と医療に　日本は，他国に例を見ないほどの速さで高齢化が進行し，年金や医療保険費用が増加しているため，社会保障給付費も急増している。社会保障制度を支える現役世代(15〜64歳)の負担の増加が見こまれているが，少子化(➡p.210)も進んでいるため，その対策も充実させていく必要がある。

2 社会保障関係費の推移 (厚生労働省資料)

Q 資料1の社会保障給付費の推移の図とあわせ，グラフの推移の背景を考えよう。

一般会計総額に占める割合(%)　14.2　19.3　17.5　19.7　29.5　34.9　32.3

1965: 失業対策費 12.9%／保健衛生対策費 17.9／社会保険費 40.4／社会福祉費 8.4／生活保護費 20.4

1980: 4.6／4.9／62.2／16.7／11.6

1990: 3.0／4.8／61.9／20.7／9.5

2000: 2.3／3.2／65.3／21.8／7.3

2010: 1.2／1.6／74.6／14.4／8.2

2020: 1.4／0.1／34.9／33.9／9.4／8.5／11.7

2023: 36.9兆　雇用労災対策費 0.1／保健衛生対策費 1.3／年金給付費 35.5／医療給付費 32.9／介護給付費 10.0／少子化対策費 8.5／生活扶助等社会福祉費 11.7

(数字は構成比)　(兆円) 0 10 20 30 40　1965 80 90 2000 10 20 23(年度)

※折れ線グラフは社会保障関係費(右目盛)。
※当初予算ベース。グラフの数値は社会保障関係費に占める割合(%)。
※2009，16年度に区分が見直された。

解説　歳出の約3割が社会保障関係費　社会保障給付費の増加は，財政にも影響を与えている。1961年に「国民皆保険」「国民皆年金」が確立し，高度経済成長期の税収増を基盤に社会保障関係費も伸び続けた。バブル経済崩壊などを経て税収が減少しても，高齢化の進行により社会保障関係費は増大を続け財政を圧迫している。

プラスα　**ベーシックインカム**　世界各国で格差拡大や貧困問題が指摘されるなか，生きていくために最低限必要な現金を，政府が国民に無条件で配るベーシックインカムという制度が注目されている。フィンランドやドイツなどで実験的に導入され，その効果が研究されている。

3 生活保護

■生活保護申請の流れ

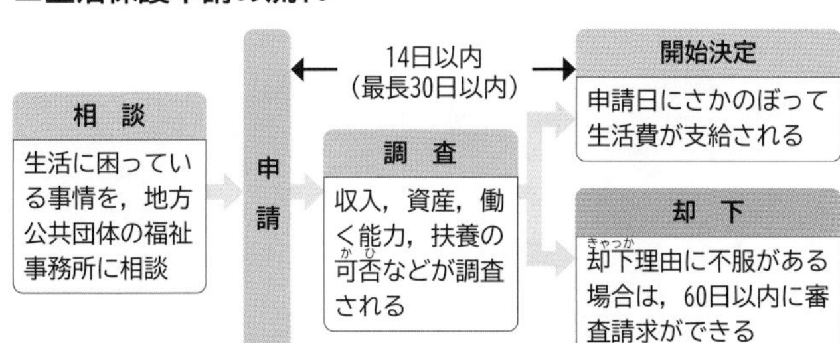

生活保護基準（2023年度）	東京都区部など（１級地－１）	地方郡部など（３級地－２）
３人世帯(33歳男，29歳女，４歳子)	158,760円	139,630円
高齢単身世帯(68歳女)	77,980円	66,300円
高齢夫婦世帯(68歳男，65歳女)	121,480円	106,350円
母子世帯(30歳女，４歳子，２歳子)	190,550円	168,360円

※冬期加算，児童養育加算，母子加算を含む。　（厚生労働省資料）

最低生活費 …生活扶助＋教育扶助＋住宅扶助（＋医療扶助＋介護扶助）

収入 ➡保護が適用されないケース

収入｜支給される保護費 ➡保護が適用されるケース

解説 **最後のセーフティネット**　**公的扶助(生活保護)**は，日本国憲法第25条が保障する「健康で文化的な最低限度の生活」を営むうえで最後のセーフティネット(安全網)であり，生活困窮者が自立することを目的としている。生活保護の種類は，生活扶助，教育扶助，住宅扶助，医療扶助，介護扶助，出産扶助，生業扶助，葬祭扶助の８種類である。申請は，保護を必要とする人が地方公共団体の福祉事務所でおこない，収入や資産の有無などを審査される。収入をもとにして最低生活費に届かない部分が扶助額となる。

■生活保護受給世帯数の推移

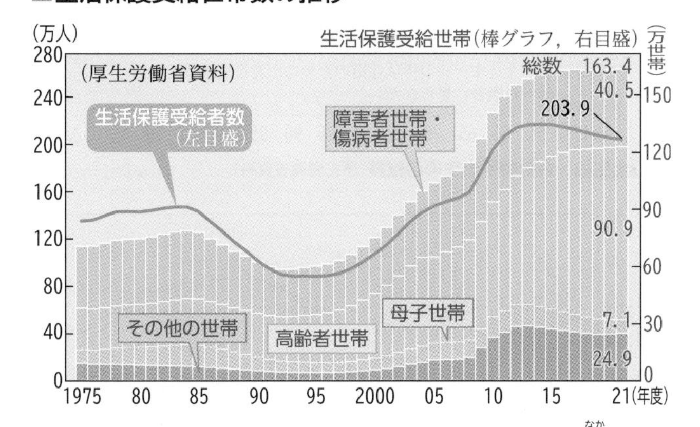

解説 **増える被保護世帯**　バブル経済が崩壊した1990年半ば頃から，都市部を中心に生活保護を受ける世帯が増加した。近年は高齢者世帯の割合が特に増加している。また，所得を隠して生活保護を申請する生活保護費の不正受給や，役所による生活保護申請の拒否などの問題も発生している。

4 障害者福祉

⇧**障害者とともに働くパン工場**(兵庫県)

解説 **障害者の自立をめざして**　障害者が自立するためのサービス向上と地域格差の是正などを目的として，2006年に障害者自立支援法が制定された。しかし，対象者が限られ，支援が必要な人がサービスを受けられないことがあった。また，サービスの内容に応じて負担がかかるため，特に重度の障害者の負担が重くなるなどの批判が出ていた。これらの問題を解決し，障害をもつ人も社会参加しやすく，適切な支援を受けられることをめざして，2012年に法律が改正され，名称も**障害者総合支援法**に変更された。

5 だれもが暮らしやすい社会へ

Q 次のような場所で，困る人はいないだろうか。想像してみよう。

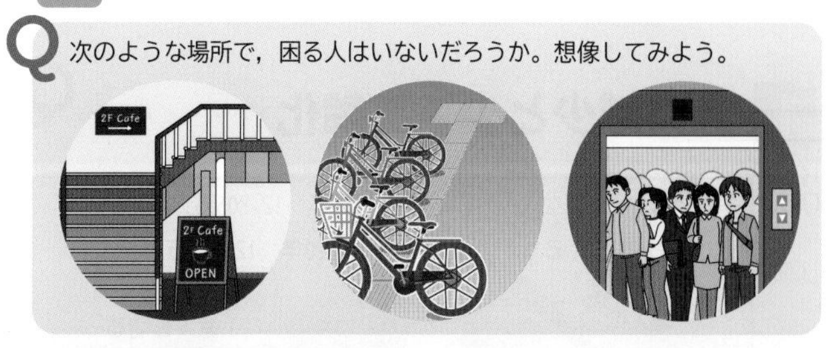

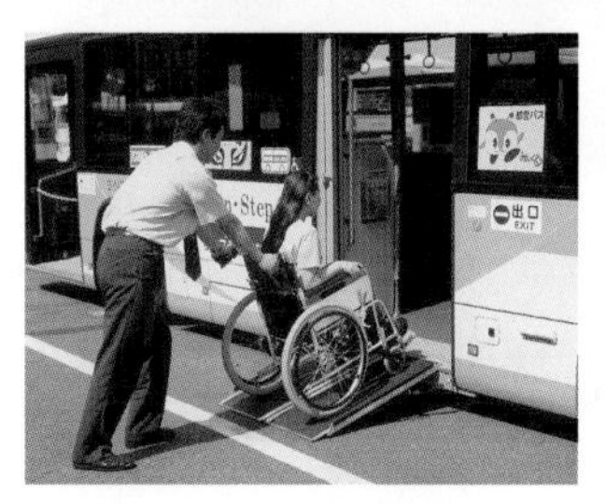

⇧**ノンステップバス**　段差をなくすことで乗り降りしやすくなっている。

⇧**ピクトグラム**　ことばがわからない人や色の区別がつかない人も理解しやすくなっている。

解説 **ノーマライゼーションの考え方**　**社会福祉**は，社会生活を営むうえで支援が必要な子どもや高齢者，障害者，母子家庭などに福祉サービスを提供するものである。日本は，社会保険にくらべて社会福祉サービスが立ち遅れていることが課題となっている。あらゆる人が障害の有無や年齢の違いにかかわらず，ともに生活していくことができる**ノーマライゼーション**の考え方に基づいた社会をめざすことが重要である。この考えに基づき，あらゆる人々が使いやすいデザインである**ユニバーサルデザイン**や，障害を取り除いた**バリアフリー**が，社会のさまざまな場面で取り入れられている。

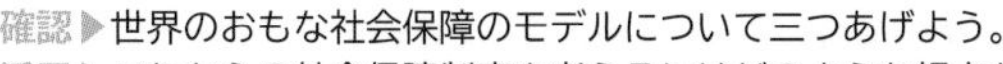
確認▶世界のおもな社会保障のモデルについて三つあげよう。

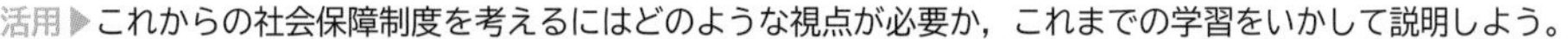
活用▶これからの社会保障制度を考えるにはどのような視点が必要か，これまでの学習をいかして説明しよう。

経済

少子高齢社会

課題▶日本の少子高齢化はどのように進行し，どのような対策がとられているのだろうか。

クローズアップ 変わる家族の形，変わらない共生の姿

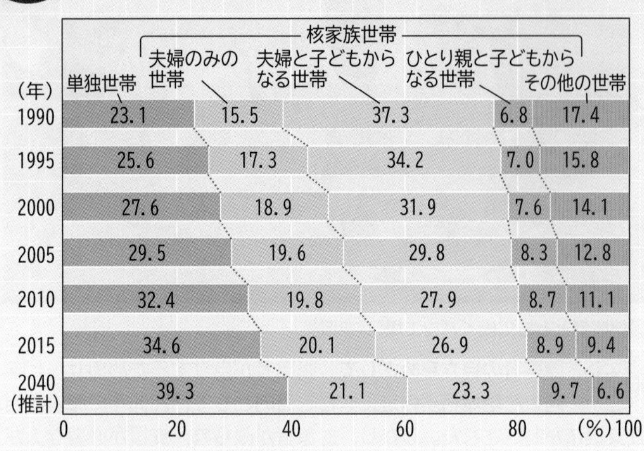

世帯類型の構成割合の推移(厚生労働省資料)　25年の間に，単独世帯や夫婦のみの世帯が増加し，子どもをもつ世帯や祖父母など三世代で暮らす世帯が減少している。この傾向は，今後も進むと見られている。

地域の産業や文化を子どもたちに伝える高齢者(長野県)　シルバー人材センターでは，元気な高齢者たちがこれまでの知恵と経験を生かして，伝統文化の継承，家事・育児支援サービス，町の観光案内などをおこない，地域に貢献している。

人口全体の高齢者の割合が増える一方で，単独世帯や核家族世帯が増加し，高齢者と子ども・若者が交流する機会は少なくなっている。多世代が交流することは，高齢者の知恵・経験の継承(けいしょう)とともに，高齢者自身の生きがいにもつながるとして，地方公共団体などで家族にとらわれない交流の機会が設けられている。

祖父母や高齢者から教わった遊びや生活の知恵をあげてみよう。

1 人口減少と少子高齢化

Q 人口減少の背景には，少子化がある。少子化の背景には，何があるのだろうか。

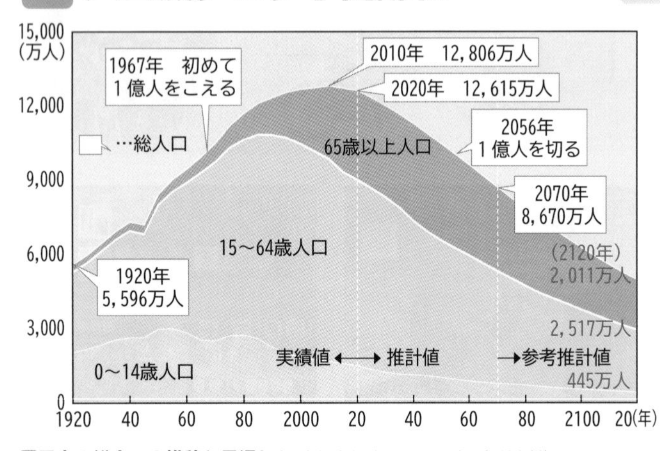

日本の総人口の推移と見通し(国立社会保障・人口問題研究所資料)

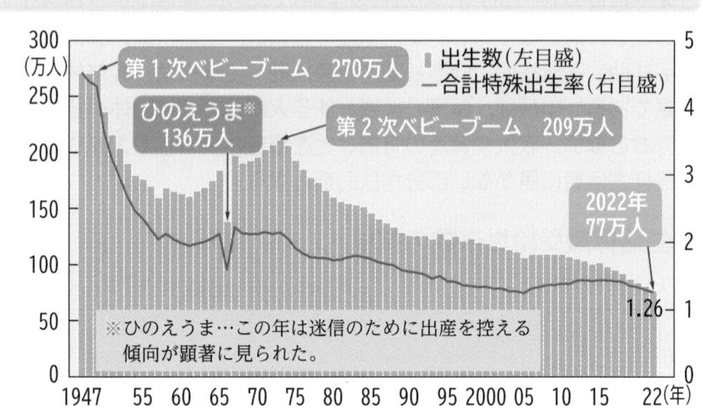

出生数・合計特殊出生率の推移(厚生労働省資料)

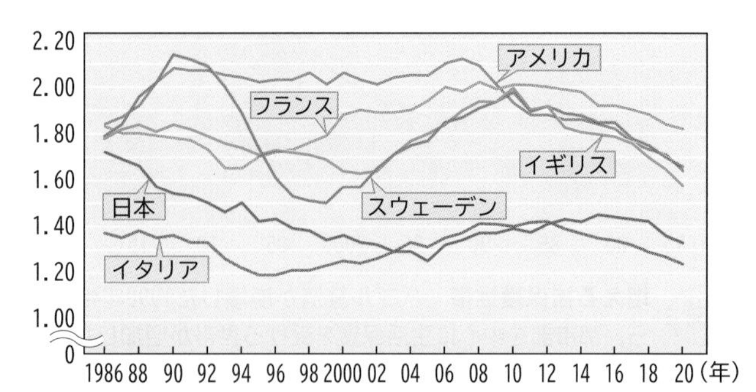

各国の合計特殊出生率の推移(内閣府資料)　日本の合計特殊出生率は，欧米諸国と比較しても低い水準となっている。

解説 **進む少子高齢化**　現在，日本は人口が自然に減少する**人口減少社会**となっている。人口減少の大きな要因は，**少子化**が進行したことである。一人の女性が生涯(しょうがい)に出産する子どもの数の平均値をあらわす**合計特殊出生率**は，日本は1.26(2022年)と，人口の維持に必要な2.07よりはるかに低い。この背景には，未婚化・晩婚化が進んだことが考えられる。結婚，出産，子育ては，私たち一人ひとりの価値観にもよるが，経済的な事情や働き方など，社会の影響も強く受けている。

一方で，医療の進歩などにより平均寿命が伸び，65歳以上の人口が総人口の約３割を占めるほど**高齢化**が進んでいる。

プラスα **少子化を克服(こくふく)したフランスに学ぶ**　フランスでは出産休暇をとる女性に保険から賃金の全額が支給され，子どもが多い家庭ほど所得税を優遇(ゆうぐう)するなど，経済支援が充実している。さらに出産と子育て，就労に関して幅広い選択ができるような環境整備や，保育サービスの充実も進んだ。

2 少子高齢化が社会に与える影響

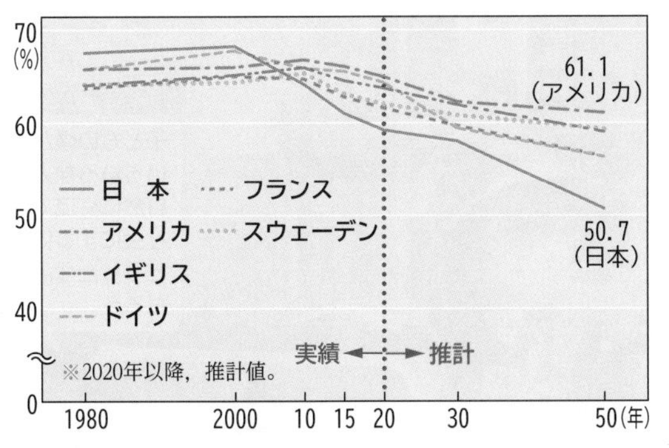

⬆各国の生産年齢人口の推移(労働政策研究・研修機構資料)

少子高齢化による影響と課題

社会保障制度(➡p.212)	現在の年金制度である賦課方式(➡p.207)を維持すると，現役世代の負担が大きくなり，保険料の大幅アップか年金支給額の大幅な削減をせまられる。 ➡年金制度の抜本的な改革が必要とする意見もある。
財政・税制	所得税など，最も多く税金を納めている世代が減少する。一方，高齢化により社会保障費は増加するため，財政の負担が大きくなる。 ➡消費税率引き上げや所得税の最高税率引き上げなどの税制改革が進められている(➡p.203)。
産業・労働市場	生産年齢人口が減少することで，働き手がいなくなり，労働者不足に陥り，経済が停滞する。 ➡女性や高齢者，外国人などの労働力を増やすことが課題となっている(➡p.162)。

解説 **生産年齢人口が減少すると**　少子高齢化が進行すると，生産活動を中心となって支える**生産年齢人口**(15～64歳の人口)が減少する。生産年齢人口の減少は，労働力人口の減少や高齢者を支える世代が減るということにつながり，経済の停滞や，現役世代の負担の増大をもたらすと考えられる。

3 少子高齢化への対応

■高齢社会への対応

1989	**ゴールドプラン策定** 高齢社会にそなえて策定された高齢者福祉計画。94年には新ゴールドプラン，99年にはゴールドプラン21が策定
1995	**育児・介護休業法制定**(➡p.163) 家族の介護のために休業できる。対象家族1人につき通算93日
2000	**介護保険制度**(➡p.213)**スタート** 介護を社会全体で支える
2004	**高年齢者雇用安定法改正** 高齢者の安定した雇用確保を目的とする。原則として65歳までは継続雇用を保障することを雇用主に義務づけ
2005	**高齢者虐待防止法制定** 高齢者への身体的虐待や心理的虐待の防止を目的とする

■少子化への対応

こども未来戦略方針(2023年)　(内閣官房資料)

こども・子育て政策の課題	・若い世代が結婚・子育ての将来展望を描けない ・子育てしづらい社会環境や子育てと両立しにくい職場環境がある ・子育ての経済的・精神的負担感や子育て世帯の不公平感が存在する

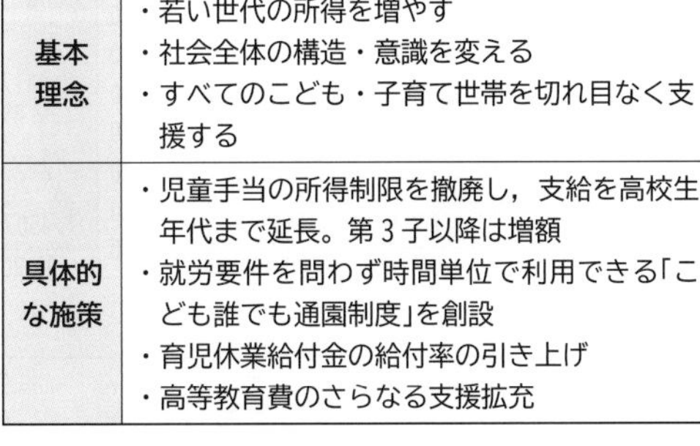

基本理念	・若い世代の所得を増やす ・社会全体の構造・意識を変える ・すべてのこども・子育て世帯を切れ目なく支援する
具体的な施策	・児童手当の所得制限を撤廃し，支給を高校生年代まで延長。第3子以降は増額 ・就労要件を問わず時間単位で利用できる「こども誰でも通園制度」を創設 ・育児休業給付金の給付率の引き上げ ・高等教育費のさらなる支援拡充

⬆**企業見学をするブリヂストンの企業内保育所の園児たち**(東京都)　社員の仕事と育児の両立支援のために企業内保育所が設置されている。園内には保護者が子どもたちのようすを見ることができるコミュニティスペースもある。

解説 **少子化対策は包括的に**　1989年に合計特殊出生率が1.57まで落ちこんだことを契機として，日本の少子化対策は本格化した。しかし，現在も出生率は大きく改善していない。少子化対策については，まずは課題を明確にし，社会全体で取り組んでいく必要がある。同時に，充実した対策をおこなうためには安定的な財源の確保も必要となる。

経済

Topic 少子高齢化，見方を変えると

少子高齢化について考える時，課題ばかりが目につきがちである。しかし，高齢者はその豊富な経験や多様な人間関係を職場や社会で生かすことで，若い世代に知恵や技術を伝えたり，人生設計やキャリア設計の目標となったりすることができる。また，子どもが少ないと少人数学級にしやすく，児童手当や奨学金などの給付も拡充しやすくなるという面もある。その状況を前向きにとらえ，人口減少や少子高齢社会に適応したシステムを考える視点も重要である。

➡**少人数学級できめ細やかな授業をおこなう小学校**(秋田県)

確認▶2022年の日本の合計特殊出生率を答えよう。
活用▶少子化がなぜ進んだのか原因として考えられることをあげ，その背景を考えよう。

子どもの頃から，いろいろな人々と自然に交流できる社会にするには，どうしたらよいのだろう。

⇧学童保育と高齢者施設が一体で運営されている共生型施設（千葉県佐倉市）

いまを読み解く　少子高齢社会を支える社会保障制度とは

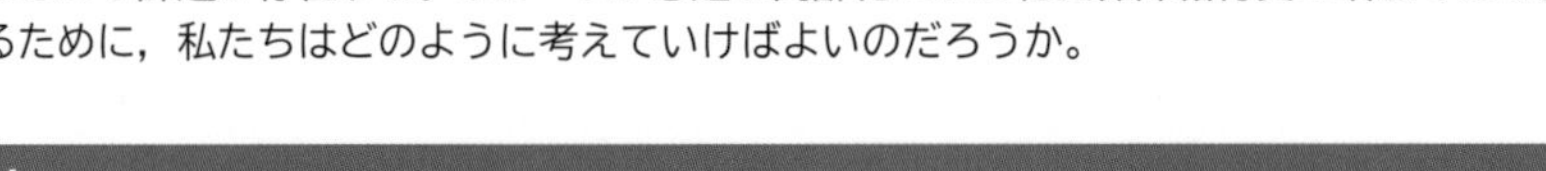

日本の少子高齢社会にはさまざまな課題が存在する。その一つが急速な高齢化による社会保障給付費の増加である。持続可能な社会保障制度とするために，私たちはどのように考えていけばよいのだろうか。

課題の把握　少子高齢社会の社会保障

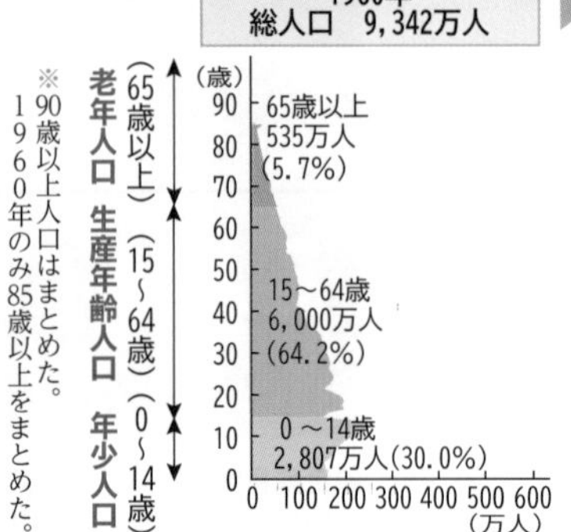
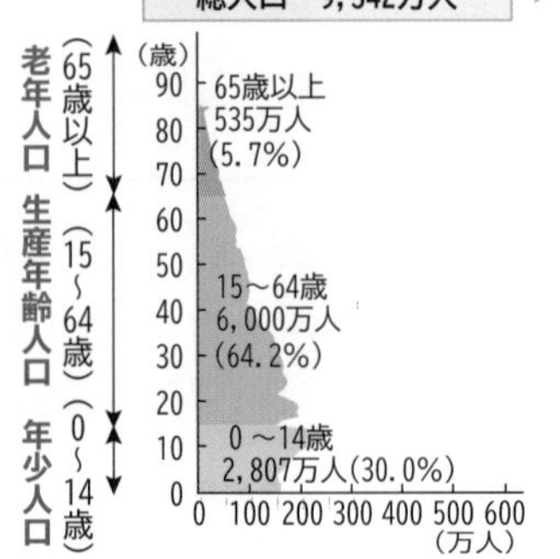

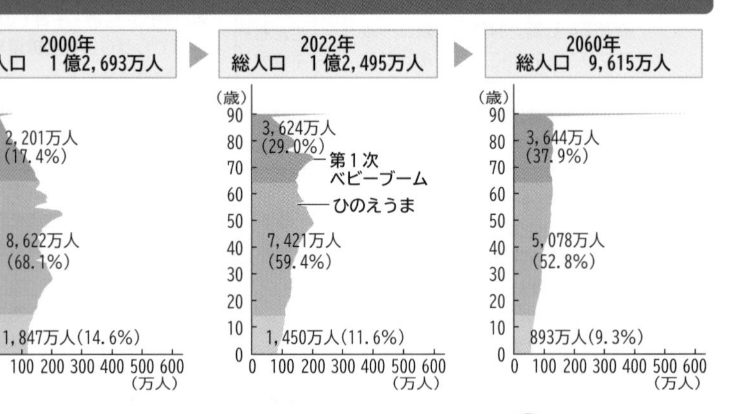

➡日本の人口ピラミッドの変化（総務省資料ほか）

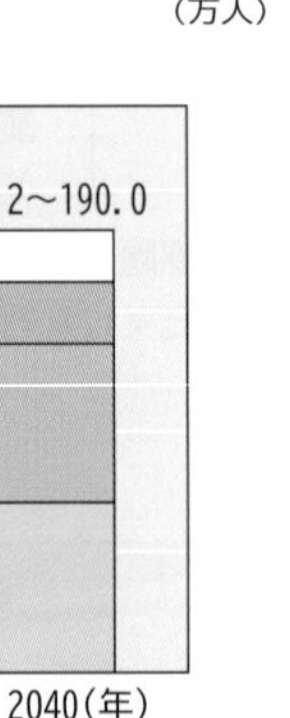

⇧社会保障給付費の見通し（総務省資料）

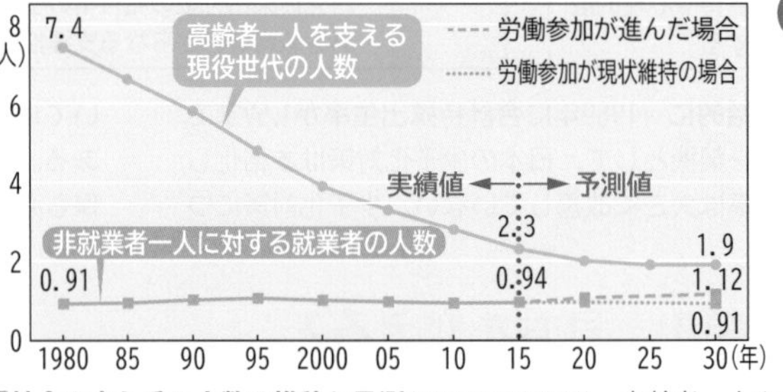

⇧社会の支え手の人数の推移と予測（厚生労働省資料）　高齢者一人を支える現役世代の人数は大きく減少しているが，非就業者（子どもも含む）と就業者の比率で見ると大きな変化はない。女性や高齢者なども含めた労働参加が適切に進んだ場合，この数字が上向く可能性もある。

Q 1980年と2030年をくらべると，高齢者一人を支える現役世代の人数はどのくらい変化する見こみだろうか。

解説　**財政の支え手は減り，社会保障費用は増加**　日本の総人口に占める65歳以上の高齢者の割合（高齢化率）は1960年は約6％であったが，現在は約30%となっている。今後しばらくは高齢化が続くと見こまれるため，年金・介護・医療などの社会保障給付費（➡p.208）が大幅に増加することが予測されている。

少子高齢化が進むと，高齢者一人を支える現役世代の人数は減り，現役世代にかかる負担は増え続ける。社会保険（➡p.206）を維持するためにも保険料収入は欠かせないが，保険料を支払うのも現役世代である。少子高齢社会に適応した社会保障制度への見直しが急務である。

介護保険➔p.283

考える視点 A 保険料負担～支える側の現役世代の立場から考える

2015年時の年齢	保険料負担額	年金給付額	倍率
70歳	1,000万円	4,400万円	4.3倍
60歳	1,400万円	4,300万円	3.2倍
50歳	1,900万円	5,300万円	2.8倍
40歳	2,400万円	5,900万円	2.4倍
30歳	2,900万円	6,800万円	2.3倍
20歳	3,400万円	7,900万円	2.3倍

厚生年金の世代ごとの負担と給付（厚生労働省資料）
現在の年金制度のままでは，支払う保険料と給付額で世代間に大きな格差が生まれるとされている。

Q 給与明細から社会保険に関する部分を探し，その額が支給総額の約何%にあたるか調べよう。

支給	基本給	時間外手当	調整手当	皆勤手当	通勤手当		
	180,400	7,350	9,020	10,000	9,000		
控除	健康保険料	厚生年金	雇用保険	介護保険	所得税	住民税	共済会費
	9,020	16,106	1,294	0	3,970	6,900	1,804
支給額合計	215,770	控除計	39,094	差引支給額		176,676	

給与明細の例　総支給額から，さまざまな税金や保険料が引かれていることがわかる。

解説 **若い世代は損なのか**　ある時点の金額だけを見ると，多くの高齢者のために保険料を負担する若い世代が損をしているように見えるかもしれない。しかし，年金や医療・介護などの社会保険は，加齢や病気などに対してみんなで支えあうしくみのものである。保険の意義は，金額ではなく生涯にわたっての安心といえる。このため，世代間の損得の対立ではなく，「生涯にわたって安心を得られるか」という視点で制度設計を考えることが重要である。

考える視点 B 介護保険～支えられる側の高齢者の立場から考える

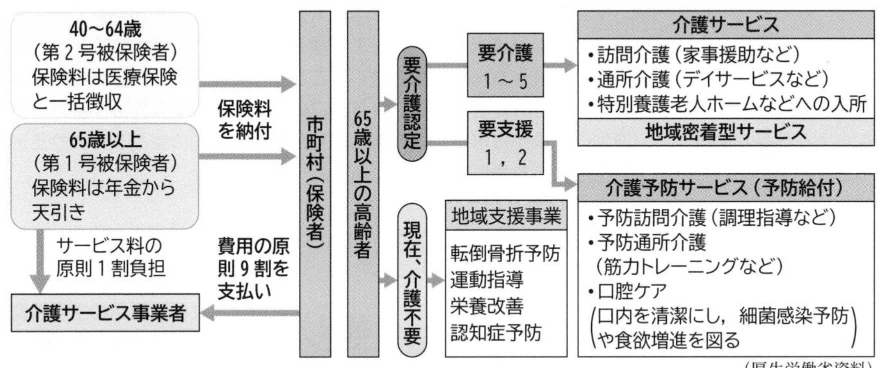

（厚生労働省資料）

要介護・要支援認定者の割合（2022年３月末現在）（厚生労働省資料）

要支援１	要支援２	要介護１	要介護２	要介護３	要介護４	要介護５
14.1%	13.8	20.7	16.9	13.3	12.7	8.5

総数690万人

解説 **高齢者を社会で支える**　高齢化や核家族化が進むなか，従来の家族中心の介護では十分な対応が困難になった。そこで，2000年より介護を社会全体で支えるための**介護保険制度**が実施されている。介護保険は，40歳以上の国民を被保険者とし，介護が必要と認められた人に介護サービスの費用が給付されるものである。
　高齢化が進行するにつれて，今後さらに介護給付費が増えると予測される。このため，被保険者の対象を拡大したり，所得に応じてサービスを受ける高齢者の負担を増やしたりすることで，介護保険制度を持続可能にすることが求められている。

考える視点 C 支える側と支えられる側が共有しなければならない課題

社会保障の給付水準を引き上げ，そのための負担増もやむを得ない	11.6%
社会保障の給付水準を維持し，少子高齢化による負担増はやむを得ない	27.7
社会保障の給付水準をある程度引き下げつつ，ある程度の負担増もやむを得ない	13.4
社会保障の給付水準を引き下げ，従来どおりの負担とするべき	7.5
社会保障の給付水準を大幅に引き下げ，負担を減らすべき	7.7

（2019年）

社会保障の給付と負担についての考え方（厚生労働省「社会保障に関する意識調査」）

かつては，高齢者中心に使われていた。
現在の用途は，高齢者に加えて子育て支援にも拡大している。

消費税の使い道の変化（財務省資料）

解説 **支える人と支えられる人がともに協力する社会をめざして**　2014年と2019年におこなわれた消費税率の引き上げによる増収分は，子育て支援なども含めた社会保障費にあてられている。少子高齢社会においては，従来の「若者が高齢者を支える」という形だけでは限界があり，「多くの支え手がさまざまな立場の人を支える」ことがめざされている。

経済

ふりかえり

　少子高齢社会を支える社会保障制度とは，少子高齢化のなかでも社会保障制度を持続可能にする，つまり将来も機能し続けるものにしなくてはならない。少子化対策のさらなる拡充や高齢者支援の方法，負担と給付のあり方などを考えていくことが必要である。

視点A▶支える側の現役世代の立場から，いざという時に対応できる社会保障制度にする。
視点B▶支えられる側の高齢者の立場から，持続可能な社会保障制度の負担と給付にする。
視点C▶現役世代と高齢者がともに協力する社会をめざして，おたがいを支えあう具体的なあり方や支援策を考える。

まとめる▶少子高齢社会を支える社会保障制度において，どのような考えが必要か，自分の考えを書こう。
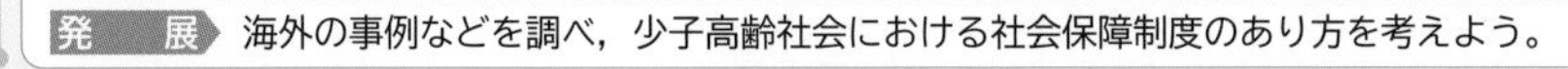
発展▶海外の事例などを調べ，少子高齢社会における社会保障制度のあり方を考えよう。

国際分業と貿易

課題▶国際分業が進むことによるメリットとデメリットは何だろうか。

クローズアップ 国際分業で変わる自動車業界

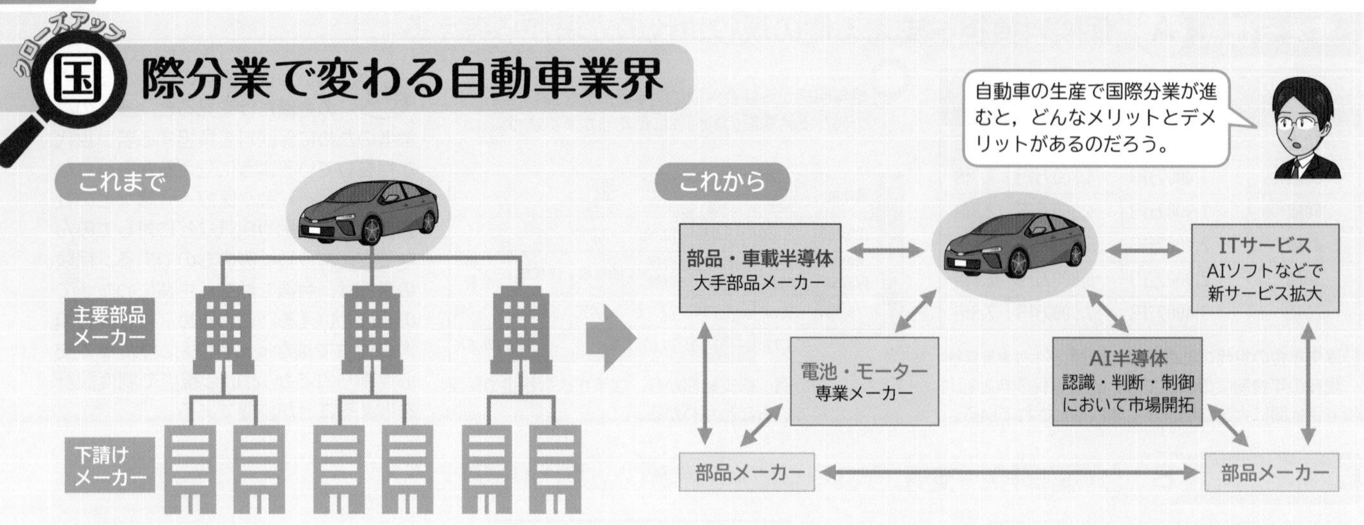

自動車の生産は従来，多くの部品や工程が必要であり，自動車メーカーが下請け会社や関連企業に自社製品向けの部品の生産をさせ，グループを形成することが多かった(➡p.177)。しかし，電気自動車や自動運転車などの技術革新により，今までのような膨大な部品が必要なくなり，代わりにほかの産業との連携が必要になってきている。たとえば，自動運転にはAI(人工知能)(➡p.170)が欠かせないが，それを自動車メーカーが自前でつくることは不可能であり，欧米の半導体メーカーとの提携が必要になる。このように自動車業界は，従来の垂直型の分業から水平型の分業に切りかわり，各国の製品をあわせる形で生産する方式に変わりつつある。

1 自由貿易と保護貿易

自由貿易

関税などの貿易上の制限をおこなわずに，国際分業の下，各国が自由に貿易をおこなう。

行きすぎた保護貿易は，自由貿易による国際分業の利益を損なってしまう。各国が関税や輸入量の制限などをなくし，自由に貿易をすれば，すべての国の利益が増える。

⇧**リカード**(1772～1823)
イギリスの経済学者。
主著『経済学および課税の原理』

対立

保護貿易

国内産業を守るために，**関税**をかけたり輸入制限をおこなったりして，輸入を抑える。

自由貿易は競争力がある先進国に有利である。これではいつまでたっても，農業国のような国は経済発展できない。競争力があまりない発展途上国には，国内産業を保護し育成する保護貿易が必要だ。

リスト(1789～1846)⇧
ドイツの経済学者。
主著『政治経済学の国民的体系』

解説 **自由貿易と保護貿易の主張の背景**　今日の貿易の基本原則である**自由貿易**の必要性を明らかにしたのは，イギリスの**リカード**である。リカードは，世界経済をリードしていた18世紀のイギリスを背景に，**比較生産費説**を唱え，国際分業と自由貿易の進展が，相互の利益になることを説いた。他方，当時農業中心の発展途上国であったドイツの**リスト**は，国内の幼稚産業を保護する**保護貿易**を唱えた。現在の国際貿易は，自由貿易を基礎としながら，保護貿易も取り入れている。

2 垂直的分業と水平的分業

●**垂直的分業**

原材料，部品，工業製品などの生産の各段階で分業をおこなう。おもに，先進工業国と発展途上国の間の貿易で見られる。

●**水平的分業**

自動車と飛行機など，異なる工業製品で分業をおこなう。おもに，先進国間の貿易で見られる。

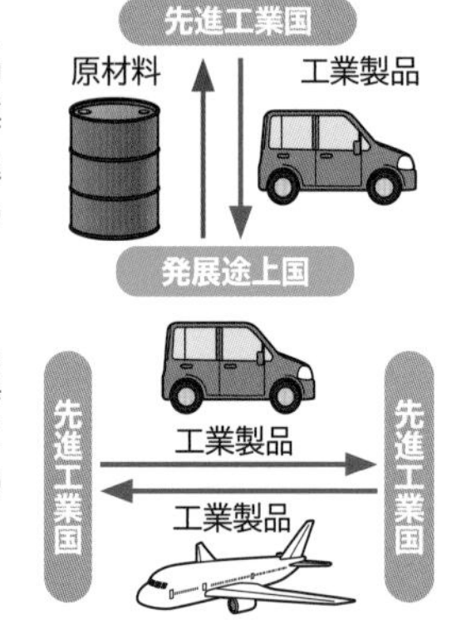

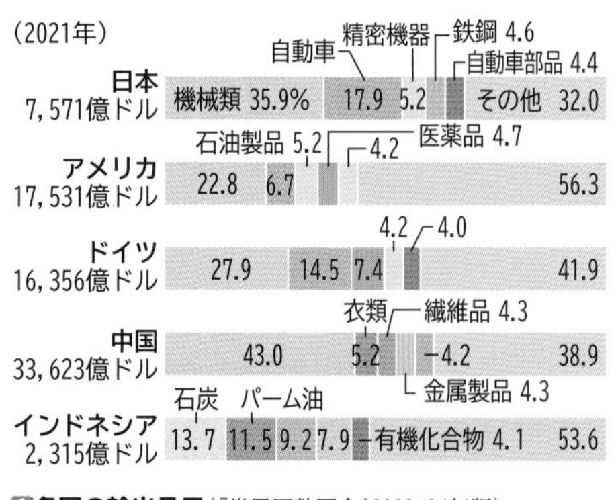

⇧**各国の輸出品目**(『世界国勢図会』2023/24年版)

解説 **進む国際分業**　グローバル化する社会でますます進む**国際分業**は，垂直的分業と水平的分業に分けることができる。**垂直的分業**はおもに先進国と発展途上国との間でおこなわれ，**水平的分業**は先進国間でおこなわれる。中国のように経済発展がめざましい新興国では，徐々に垂直的分業から水平的分業に移りつつある。

確認▶リカードが唱えた，国際分業の利益を示した理論を何というか。

活用▶国際分業が進むと，国内のどのような人々が恩恵を受け，どのような人々が影響を受けるか考えよう。

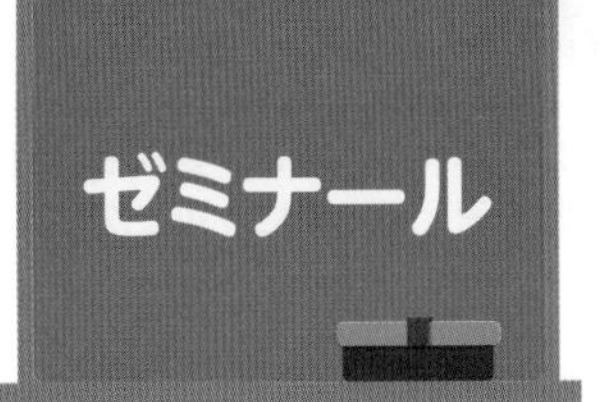

比較生産費説

用語解説 関税→p.283

中国で組み立てられたスマートフォンを使い，東南アジアで生産された衣類を着る……このような世界規模での分業体制の意義を説いたのがリカードである。リカードは比較生産費説を唱え，自由貿易によって世界全体で生産量が高まるとした。比較生産費説の特徴と，その問題点を考えていこう。

文化祭の準備，うまく進められるかな？

班に分かれて分業しましょう。美術が得意な人は装飾係を，力のある人は運搬係をやって…。
うちのクラスは，ひとつずつを全員で一斉に取り組もう。その方が最終的に早く終わるはずだよ。

さくらのクラス
それぞれの得意分野だから，集中してどんどん進められるよ！

ダイチのクラス
人数が多すぎて，私たちあまっちゃったんだけど…。
えーと…それじゃ廊下に貼るポスター描いてくれる？
えーっ？ オレ絵なんて描けないよ！

文化祭前日…
うぇーっ
はぁー
まだできない…今日は居残りだ！

わーい完成！早くできたから今日は前夜祭といきますか！
おぉ

「得意分野」を生かす比較生産費説

リカードは，主著『経済学および課税の原理』において，生産コストに差がある場合，**絶対優位**(他国と比較し，生産コストが最も低い)をもたなくても，**比較優位**をもつ商品の生産に**特化**し，貿易を通じておたがいの利益を最大化できるということを論理的に明らかにした。

この比較生産費説は，現在でも国際経済における自由貿易の基礎となっている考え方である。この理論を，日本とフランスにおける小麦とワインの生産を例に考えてみよう。そして，この比較生産費説における問題点についても考えよう。

特化前　（人型1つ…5人）

	小麦1単位の生産に必要な人数	ワイン1単位の生産に必要な人数
日本	20人	30人
フランス	15人	10人
2か国の合計	2単位	2単位

（小麦もワインもフランスが絶対優位）

特化後

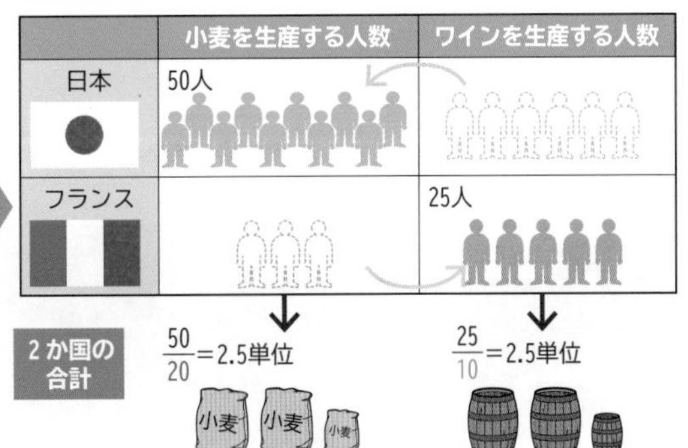

	小麦を生産する人数	ワインを生産する人数
日本	50人	
フランス		25人
2か国の合計	$\frac{50}{20}$=2.5単位	$\frac{25}{10}$=2.5単位

それぞれの得意分野に特化すると，働いている人数は変わらないのに，総生産量が増えているよ！

ダイチ▷小麦もワインも，フランスの方が少ない人数で生産できるなら，フランスは貿易する必要はないんじゃないの？

中村先生▷一見(いっけん)そのように見えるね。リカードはこの状況を絶対優位とよんだよ。でも，ここで「小麦とワイン，くらべるとこちらの方が得意」という「比較優位」という考えをもち出すことで，フランスにも貿易の利益があることを明らかにしたんだ。

さくら▷同じ国内で，1単位の生産に必要な労働力をくらべると，日本は小麦の生産の方が，フランスはワインの生産の方が，少ない労働力で生産できるね。これが比較優位なんだね。

はるか▷なんだか手品みたい！

中村先生▷このように，各国が小麦とワインの両方を生産するよりも，おたがい得意なものに特化すれば，生産量も拡大することになるよ。

ユウト▷世界全体の生産量が増え，これを貿易することで消費できる量も増え，利益があがっていくね。こうして，世界の貿易は拡大していってるんだね。

ダイチ▷でも，日本でワインを生産する人，フランスで小麦を生産する人は，そう簡単に生産物を変えられるのかな。

中村先生▷実際の問題としては影響を受ける産業も出てくるから，自由貿易の負(ふ)の側面も大切だね。「国家の規模が同程度」などの前提条件もあるので，比較生産費説も絶対ではないことに注意しよう。

ふりかえり

- □ 比較生産費説では，他国と比較して必ずしも優位にあるものでなくとも，自国内で比較優位にあるものに生産を特化する。
- □ リカードは，国際分業とその後の自由貿易で世界全体での生産量が増え，利益が上がっていくと主張した。
- □ リカードの考えは今日の自由貿易の根拠の一つとなっているが，自由貿易の推進で影響を受ける産業も少なくない。

第二次世界大戦後の国際経済のあゆみ

第二次世界大戦後の国際経済体制として築きあげられたブレトンウッズ体制は1970年代に崩壊し，変動相場制に移行するなかで，経済のグローバル化が進展していった。現在の国際経済の課題を考えるために，第二次世界大戦後の国際経済の動きを確認しよう。

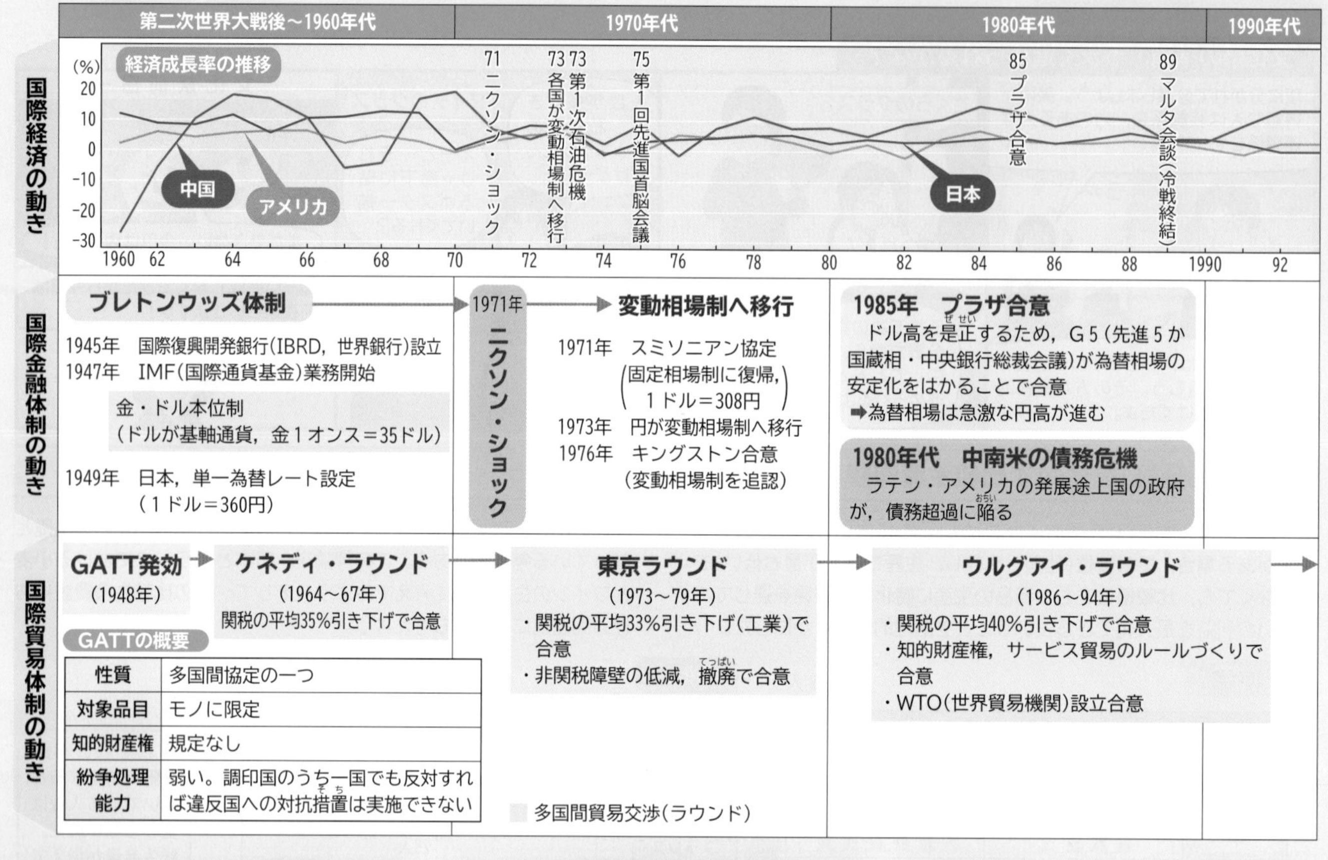

性質	多国間協定の一つ
対象品目	モノに限定
知的財産権	規定なし
紛争処理能力	弱い。調印国のうち一国でも反対すれば違反国への対抗措置は実施できない

世界銀行からの融資も受けて完成した東海道新幹線

第1回先進国首脳会議(フランス・ランブイエ)

プラザ合意のために集まった各国通貨当局の担当者

❶ ブレトンウッズ体制

第二次世界大戦後の国際経済体制として築かれたのが**ブレトンウッズ体制**である。具体的には，**IMF(国際通貨基金)**が国際金融や為替相場の安定化を目的として設立され，**国際復興開発銀行(IBRD，世界銀行)**が各国の経済面での復興や援助を目的として設立された。アメリカの経済力を背景に，金との交換が保証されたドルを基軸通貨とする**固定相場制**が採用され，「金ドル本位制」ともよばれた。また，第二次世界大戦が世界恐慌(➡p.182)後の各国のブロック経済をもたらしたとの反省から，**GATT(関税および貿易に関する一般協定)**が結ばれた。これは，関税や各種輸出入規制などに関する貿易障壁を取り除き，多国間での自由貿易を維持・拡大することが目的であった。

❷ ブレトンウッズ体制の崩壊，変動相場制へ

ブレトンウッズ体制，特に「金ドル本位制」はアメリカの圧倒的な経済的優位によって成立していた。しかし，日本や西欧諸国の経済発展が進む一方で，アメリカの経常収支が悪化したり，ベトナム戦争(➡p.142)により財政収支が悪化したりしたことで，ドルに対する信認が揺らぎはじめる。そして，1971年の**ニクソン・ショック**により金とドルの交換停止が発表されると，各国は固定相場の維持をめざして同年末に**スミソニアン協定**を結んだ。しかしそれも長続きせず，1973年には**変動相場制**に移行することとなった(1976年の**キングストン合意**で正式に移行)。一方で，第1次石油危機への対応から，1975年には第1回**先進国首脳会議(サミット)**が開催された。

プラザ合意➡p.281　ブレトンウッズ体制，ニクソン・ショック，GATT，WTO➡p.283

GATTやWTOは，次の三原則により自由貿易を実現しようとしているよ。
①**自由**……関税・非関税障壁(輸入数量制限など)を軽減，撤廃　②**無差別**……特定の国を優遇(ゆうぐう)または差別せず，すべての国に同様の条件を適用して貿易(最恵国待遇(さいけいこくたいぐう))　③**多角主義**……交渉は，二国間ではなく多国間でおこなう(ラウンド)

1990年代	2000年代	2010年代	2020年代～

93 EU(欧州連合)発足
97 アジア通貨危機
08 リーマン・ショック
10 ユーロ危機
10 中国のGDP世界第二位
20～21 新型コロナウイルス感染症拡大による経済悪化

93　94　96　98　2000　02　04　06　08　10　12　14　16　18　20　22(年)

1993年11月　EU(欧州連合)発足
1999年：単一通貨ユーロ導入(2002年～市場流通開始)
2007年：リスボン条約調印
2010年：ユーロ危機
2020年：イギリスがEUから離脱

2000年代～　中国と新興国の台頭
2000年代～：BRICS諸国が台頭
2015年：アジアインフラ投資銀行(AIIB)発足

1997年　アジア通貨危機
タイでの通貨危機を契機に，アジア全体に通貨危機が拡大

2008年　リーマン・ショック
アメリカのサブプライム・ローン問題を契機に，世界的な金融危機が発生

➡ **WTO発足**(1995年) ➡ **ドーハ・ラウンド**(2001年～) ➡ **FTA締結の動きが活発化**

WTOの概要

性質	法的拘束力(こうそく)をもつ国際機関
対象品目	モノに加えてサービスにも拡大
知的財産権	規定あり
紛争処理能力	強い。加盟国は訴えられた場合に裁判を拒否できず，全加盟国が反対しない限り，違反国に対抗措置を実施できる

ドーハ・ラウンド
(2001年～)
・農産物の市場開放，特定国の特定品をねらった反ダンピングの濫用(らんよう)防止，環境分野も交渉
➡交渉難航(なんこう)

2010年代後半～　米中の貿易対立
覇権争いもからみ，米中間で「貿易戦争」ともよばれる対立が発生

2022年～　ロシアがウクライナに侵攻
ウクライナ情勢が不安定化して資源価格が高騰(こうとう)

↑ユーロの導入を祝(いわ)う花火

↑荷物をもって会社を出るリーマン・ブラザーズの社員

↑経済発展が進むインドのバンガロール

❸ 経済のグローバル化の進展

変動相場制に移行したことは国家間の資金移動を進めたが，同時に為替相場の不安定性という課題をかかえることになる。1985年の**プラザ合意**のような，国際的な枠(わく)組みが必要になってきた。そのようななかで起こったのが1990年代の**アジア通貨危機**であった。アジア通貨危機の影響はアジア全体に広がり，冷戦終結も相(あい)まって**経済のグローバル化**がより一層進むなかで，もはや一国の経済政策だけでは対応できず，国際協調における対応が必要になってきた。経済のグローバル化に対し，ヨーロッパでは**EU(欧州連合)**(➡p.230)が発足し，国家の枠組みをこえた組織が生まれた。一方で，貿易面では**WTO(世界貿易機関)**が発足し，自由貿易への取り組みが強化されていった。

❹ 新たな国際協調体制の模索(もさく)

第二次世界大戦後，世界経済をけん引してきたアメリカの影響力が衰(おとろ)え，代わって台頭(たいとう)してきたのが**BRICS**(ブリックス)(➡p.223)などの新興国である。なかでも中国の台頭はめざましく，アジアインフラ投資銀行(AIIB)などを設立し，世界経済への影響力も強めている。一方で，アメリカとの間では「貿易戦争」とも称される貿易摩擦(まさつ)が起こっている。また，アメリカでの**リーマン・ショック**(➡p.225)が世界的な経済危機をもたらしたように，世界規模での経済的な結びつきがより一層強まっている。しかし，WTO移行後の最初の交渉である**ドーハ・ラウンド**が暗礁(あんしょう)に乗り上げるなど，国際的なパワーバランスの変化とともに，国際協調の難しさも明らかになってきている。

国際収支と為替相場

課題▶日本の国際収支にはどのような特徴があり，どのような歴史をたどってきたのだろうか。

YOKOSO！「観光立国」日本へ

京都を訪れる外国人観光客

多言語に対応したスマートフォンを使って観光する外国人観光客(福岡県)

この20年あまりの間に，日本の国際収支にはさまざまな変化が起こっている。最大の特徴は，日本の「稼ぎ頭」が変わってきたことである。以前は，日本の経常収支黒字のほとんどを貿易収支が生み出していた。しかし，東日本大震災とそれにともなう福島第一原子力発電所の事故(➡p.246)により，火力発電に用いる資源の輸入が増加したこともあり，貿易黒字は減少している。それに代わって増えてきたのが，第一次所得収支と旅行収支である。サービス収支の一部である旅行収支は，訪日外国人観光客の増加により2015年には黒字になった。一方で，新型コロナウイルス感染症の拡大で2020年には外国人観光客が激減するなど，観光業は苦戦を強いられた。

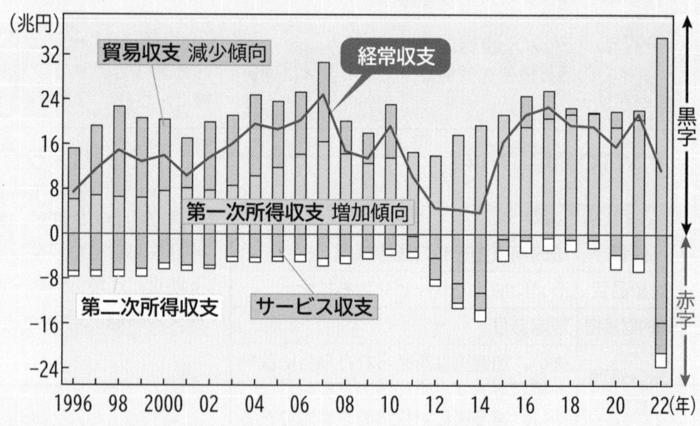

日本の経常収支の変化(財務省資料)　第一次所得収支は，バブル経済期に海外に投資した利益が日本にもたらされ，黒字額が大きく伸びた。

訪日外国人観光客の増加は，日本の国際収支の特徴を大きく変えたんだね。

1 日本の国際収支

日本は経常収支の黒字が続いているが，現在は第一次所得収支の黒字が大きな要因となっている。

- 経常収支 115,466
  - 貿易・サービス収支 -211,638：自動車の輸出や海外旅行先での買い物など，財・サービスの取り引きによる収支
    - 貿易収支 -157,436
      - 輸出 987,688
      - 輸入 1,145,124
    - サービス収支 -54,202
  - 第一次所得収支 351,857：直接投資や証券投資から得られる配当や利子，雇用者報酬などの収支
  - 第二次所得収支 -24,753：食料品や医薬品などの消費財の海外援助や国際機関への拠出金など，対価をともなわない収支
- 金融収支 64,922：海外での工場建設や，外国の債券・株式を取得した場合などの収支
- 資本移転等収支 -1,144：道路など社会資本への無償資金援助など
- 誤差脱漏 -49,400：統計上の誤差や漏れ

投資収益(海外資産からの利益)：金融収支 → 第一次所得収支

(2022年 単位：億円)

(日本銀行資料)

Q 次の事例は国際収支のどれにあてはまるだろうか。
①日本の石油会社がサウジアラビアから原油を輸入した時に支払った代金。
②日本人がニューヨークのホテルで支払った宿泊代。
③日本のJリーグで活躍するブラジル人サッカー選手が，ブラジルの家族に送金したお金。
④日本人がドイツ企業の株式を購入した代金。
⑤日本政府が，農業用水供給用のダムをスーダンに建設するため，無償で援助した資金。
⑥日本人が保有する韓国企業の株式に対する配当金。

解説 **国の「家計簿」をあらわす国際収支**　**国際収支**は，国家間の経済取り引きの収入と支出を，一年間にわたって記録したものである。国際収支は，大きく**経常収支**，**金融収支**，**資本移転等収支**に分けることができる。経常収支は，**貿易・サービス収支**，**第一次所得収支**，**第二次所得収支**に分かれる。経常収支や経常移転等収支では，各項目の受取額が支払額よりも多い場合を黒字，その逆を赤字とする。また，金融収支は資産から負債を除いた対外純資産の増減に注目し，資産の増加をプラス(黒字)，減少をマイナス(赤字)とする。そのため，国家の経済状態を知る一つの指標となっている。

プラスα **国際収支と人生は似ている？**　働き始めた頃は経済的に厳しいが，徐々に余裕が生まれ，老後は貯えを切り崩しながら生活する…というライフスタイルは，国際収支にも似た傾向がある。国際収支発展段階説といい，当初の債務国から，徐々に黒字が増えていくようすを六段階で示している。

2 おもな国の国際収支

2022年	貿易収支	サービス収支	第一次所得収支	第二次所得収支	経常収支	金融収支
アメリカ	▲11,910	2,457	1,774	▲1,759	▲9,438	▲6,771
フランス	▲1,443	546	811	▲481	▲567	▲600
ドイツ	1,186	▲310	1,576	▲725	1,727	2,437
中国	669	▲923	▲1,936	191	4,019	3,142
韓国	151	▲55	229	▲26	298	388
インド	▲2,685	1,325	▲418	973	▲804	▲824
南アフリカ共和国	139	▲55	▲86	▲16	▲18	▲42
オーストラリア	1,124	▲152	▲761	▲16	195	154

(単位：億ドル，▲はマイナス)　(『世界国勢図会』2023/24年版)

解説 **国際収支から見える各国の状況**　アメリカは貿易収支の赤字(➡p.224)だけでなく財政赤字もかかえており，これを**双子の赤字**とよぶ。近年経済発展が著しい中国は，世界各国に輸出しているため，貿易収支の黒字額は世界有数である。

3 国際収支と為替相場の関係

為替相場に反映される要素

- 地政学リスク，要人の発言
- 内外の金利差　金利の高い国の通貨⬆　低い国の通貨⬇
- 経常収支　貿易などで外貨を稼ぐ国の通貨⬆　稼げない国の通貨⬇
- 購買力平価　日本で120円のものがアメリカで1ドルなら1ドル＝120円に

短期 → 長期

解説 **貿易立国から投資立国へ**　2000年代前半頃までの日本においては，経常収支と為替相場に密接な関係が見られた。たとえば，貿易黒字が拡大すると，ドルから円に交換しようとする動きが高まり，円高(➡p.220)になった。円高になると輸出が減少するため貿易黒字が縮小し，経常収支の黒字も縮小した。しかし現在，この関係は崩れてきている。たとえば2010年代前半には，東日本大震災にともなう輸入増加で貿易赤字になっても円高状態が続いた。この背景には，為替市場に影響をおよぼす要因が，おもに貿易取り引きから資本取り引きへ交代したことがあげられる。日本の経常収支の黒字もそのほとんどが第一次所得収支による投資での黒字になったように，実物ではなくマネー取り引きが為替相場に影響を与えている。

4 為替のしくみ

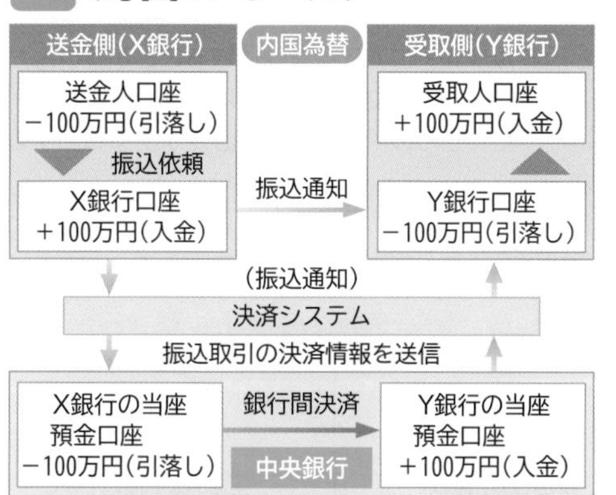

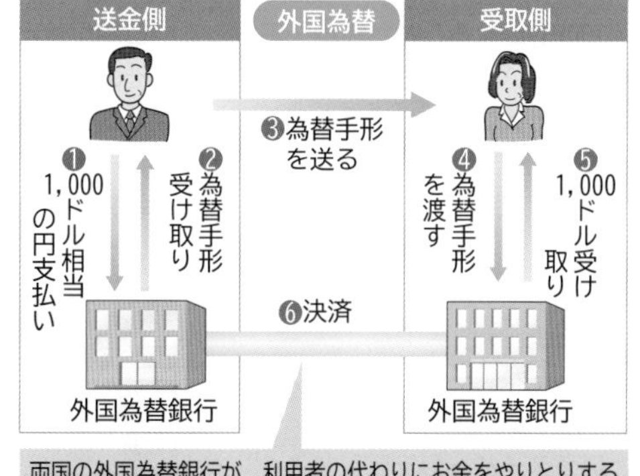

解説 **現金を用いない決済**　現金輸送の費用とリスクを回避するために，現金を直接移動させないで，帳簿上で決済するしくみを**為替**という。国内でおこなわれるものを内国為替，通貨が異なる二国間でおこなわれるものを**外国為替**という。具体的な例としては，銀行振込や貿易取引の決済，小切手による支払いなど，幅広く用いられている。

5 円相場の推移

Q 戦後の日本の円相場にはどのような特徴があるのだろうか。

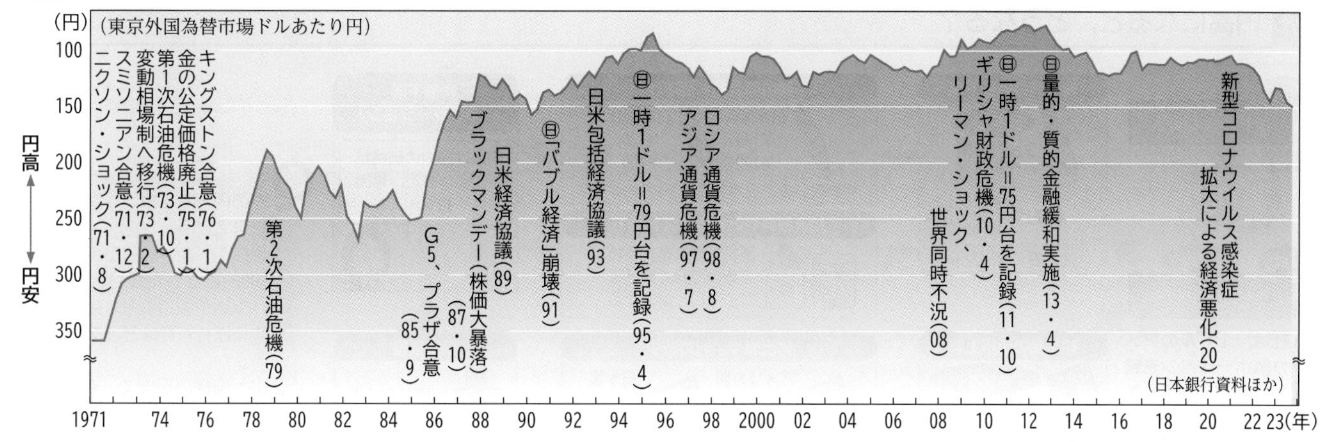

解説 **為替相場は国力の反映**　1973年に固定相場制から変動相場制に移行した後，円相場は基本的に円高で推移してきたが，2020年代には円安傾向も見られる。短期的な為替相場は，その時々の経済情勢を反映して激しく乱高下するが，長期的な為替相場は，一国の経済力・政治の安定度など，その国の総合的な国力を反映すると考えられる。急激な為替相場の動きは経済に深刻な影響を与えるため，各国の通貨当局はつねに為替相場の安定に取り組んでいる。

確認▶国際収支にはどのような項目があるかあげよう。
活用▶現在の日本の国際収支には，どのような特徴があるのか説明しよう。

経済

ゼミナール

円高・円安

毎日のニュースで報道されるように，「円」の価値は日々変わっているが，それはどういうことなのだろうか。また，円高や円安により，私たちの生活だけでなく，日本経済全体に時として深刻な影響がおよぶことがある。為替相場のしくみと，それによる経済への影響を考えていこう。

「安くなる」から「お得になる」？

進む円安
安いんだったら，この夏の海外旅行，お得に行けるんじゃない？

外貨両替 EXCHANGE
100ドルの両替ですね。1万2,000円です。
あれ，以前の旅行では1万円で100ドルもらえたような…。

そんな感じで，予算オーバーしちゃったんだよ～。
さくら，円安だからって海外の製品が安くなるわけじゃないよ。
え，そうなの？
授業で先生がいってたじゃない…。
円高とは，たとえば1ドル200円だったものが1ドル100円になるなど，外国のお金に対する円の価値が高くなることです。

なぜ円高・円安になるのか？

ダイチ▷「1ドル＝200円」から「1ドル＝100円」になることが**円高**？円の数字は小さくなっているのに，なぜ円高というのだろう？

ユウト▷自分が1万円をもっていて，ドルと交換する時のことを考えてみて。1ドル＝200円だと50ドルと交換できるけど，1ドル＝100円だと……。

はるか▷100ドルと交換できるよ。倍だね！

中村先生▷そう，たくさんのドルと交換できるから，円の価値が高くなったといえるね。だから円高というんだよ。

さくら▷金額ではなくて価値の高さをさすんだね。そういえば，以前CMでも「円高だと海外旅行がお得」って見たな。勘違いしてた。

はるか▷以前は「円高還元(かんげん)セール開催」というスーパーのチラシもよく見たよ。なぜ円高になるんだろう？

中村先生▷円がほしいと思う人が多いと，円高になるよ。具体的には，日本が輸出すると，ドルやユーロで代金を受け取ることが多いんだ。そのお金を日本で使うには，円に交換しなくてはいけないよね。

ダイチ▷輸出が多いと，たくさんの円に交換する必要が出るね。すると円高になるのか！

中村先生▷そのとおり。逆に考えると，輸入が増えると**円安**になるということだよ。そのほかにも，さまざまな原因があるよ。

	円 高	円 安
国内の金利	高い	低い
物 価	低い	高い
株 価	高い	低い
貿 易	黒字(輸出増加)	赤字(輸入増加)

↑円高・円安のおもな原因

円高になると，どうなる？

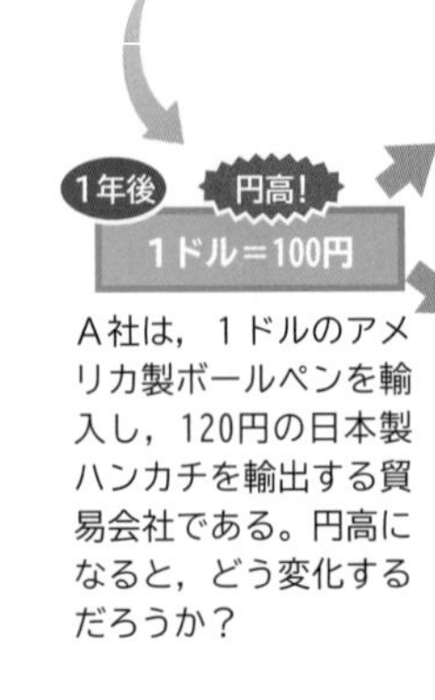
現在
1ドル＝120円
1年後
円高！
1ドル＝100円
A社は，1ドルのアメリカ製ボールペンを輸入し，120円の日本製ハンカチを輸出する貿易会社である。円高になると，どう変化するだろうか？

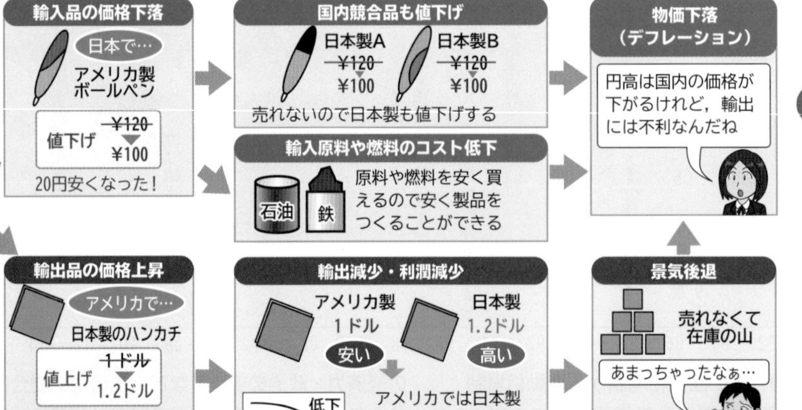
輸入品の価格下落
日本で…
アメリカ製ボールペン
値下げ ¥120 ¥100
20円安くなった！
国内競合品も値下げ
日本製A ¥120 ¥100
日本製B ¥120 ¥100
売れないので日本製も値下げする
輸入原料や燃料のコスト低下
石油
鉄
原料や燃料を安く買えるので安く製品をつくることができる
物価下落（デフレーション）
円高は国内の価格が下がるけれど，輸出には不利なんだね
輸出品の価格上昇
アメリカで…
日本製のハンカチ
値上げ 1ドル 1.2ドル
1ドルだと100円にしかならないので値上げする
輸出減少・利潤減少
アメリカ製 1ドル 安い
日本製 1.2ドル 高い
低下
輸出と利潤
アメリカでは日本製は高くなるので売れなくなる。
輸出減少・利潤減少
景気後退
売れなくて在庫の山
あまっちゃったなぁ…
不況に…

Q 左の内容をふまえ，次の問いを考えよう。

①現在1ドル＝80円が1ドル＝100円になった場合，日本のハンカチ製造会社B社が輸入する原材料費はどうなるのだろうか。

②①と同様の円安で，A社が80円のハンカチをアメリカで販売する場合，何ドルで販売するだろうか。また，その時，アメリカの1ドルのハンカチとくらべて，どちらが売れる可能性が高いだろうか。

円高・円安どちらがよい？

円高・円安ともにメリットとデメリットがあり，円安になると，円高とは逆の現象が起きる。たとえば，円安だと輸出品の価格が下がり，輸出が増加することで，日本の景気はよくなるだろう。一方で，輸入品の価格が上昇すれば，国内の物価が上昇することも考えられる。

円高		円安
・輸入品の価格が下がり，安く買える ・海外旅行の費用が安くなる ・国内の企業が海外の企業を買収しやすくなる	メリット	・輸出品の価格が下がり，輸出が増加する ・日本を訪れる外国人旅行者が増加する ・外国資産を円に換金すると，為替差益が発生する
・輸出品の価格が上昇し，輸出が減少する ・起業が海外に生活拠点を移し，産業の空洞化が進む ・海外資産を円に換金すると，為替差損が発生する	デメリット	・海外旅行の費用が高くなる ・輸入品の価格が上昇し，国内物価は高くなる ・日本で働く外国人が自国の通貨に換金して，家族に送金すると損失が出る

円安 訪日客3割増
外資ホテル、出張客戻る
はとバス英語ツアー好調
2月、初の70万人突破

⇧円安の影響について報じる新聞記事
(「日本経済新聞」2013年3月22日)

⇦食品売り場の「円高還元セール」
(2011年)

それでは，円高と円安のどちらが好ましいかといえば，どちらとも一長一短であり，いずれも極端な円高や円安は好ましくない。一方，自国通貨安は輸出に有利になるため，先進国を中心に通貨安を指向する傾向がある。

外国為替市場

はるか▷外国と貿易をする場合は，円をドルやユーロにかえる，通貨の交換が欠かせないんだね。でも，通貨を交換するにはどうすればよいんだろう？

中村先生▷国際間の通貨の交換比率を**外国為替相場（為替レート）**とよび，通貨の取り引きがおこなわれる場は，**外国為替市場**とよばれているよ。

ダイチ▷外国為替市場？そんな名前の建物見たことないなあ。

中村先生▷「外国為替市場」は通貨の取り引きをする場の全体をさすので，その名前の建物があるわけではないんだよ。異なる通貨を交換したい場合，身近なものの一つは銀行だね。たとえば，海外旅行者のために，100ドルパック，1,000ドルパックのように，パック詰めしたドルを扱っているよ。

ユウト▷でも，変動相場制だからその値段は一定じゃないよね。ドルが何円と交換できるかは，どこで決まるんだろう。

中村先生▷下の図を見てごらん。特別な場所や建物はないけれど，世界中に，電話回線やインターネットで結ばれた，目に見えない外国為替市場があるんだよ。

さくら▷世界中にあるなら，24時間ずっと外国為替相場は動いていて，そこで値段が決まっているんだね。

中村先生▷そのとおり。外国為替市場での取り引きのほとんどは，銀行や保険会社などの機関投資家が利益を求めておこなっているんだよ。残りの1割程度は，輸出をおこなう企業が，海外での売り上げを自国通貨に交換しているんだ。

⇦**銀行のディーリングルーム**
かつてはブローカー（仲介業者）が多くのディーラー（通貨の取り引きをする人）とつながって取り引きしていたが，現在は，ディーラーどうしがパソコンを使って直接取り引きすることが多い。

ディーラーのやりとり例

❶売りたい人買いたい人，双方価格を出して下さい。
❷1ドル＝78円30銭ならば買います。1ドル＝78円40銭ならば売ります。
❸1ドル＝78円30銭で，1,000ドル売ります。
❹OK，取り引き成立です。ありがとう。

24時間眠らない外国為替市場

日本時間（時） 0 2 4 6 8 10 12 14 16 18 20 22 24
- ウェリントン（ニュージーランド）
- シドニー（オーストラリア）
- 東京（日本）
- 香港（中国）
- シンガポール
- チューリッヒ（スイス）
- ロンドン（イギリス）
- ニューヨーク（アメリカ）

※その時間におもに取り引きされている市場をあらわす。

順位	国	取引額	世界シェア
1	イギリス	3兆5,764億ドル	43.1%
2	アメリカ	1兆3,701億ドル	16.5%
3	シンガポール	6,333億ドル	7.6%
4	香港	6,321億ドル	7.6%
5	日本	3,755億ドル	4.5%

⇦**国別の1日あたり外国為替取引額**（2019年）（上田ハーロー株式会社資料）

ふりかえり

- □ 1ドル＝120円から100円になると円のドルに対する価値が高くなるので，「円高（逆は円安）」となる。
- □ 通貨の交換は外国為替市場でおこなわれており，24時間，世界のどこかの外国為替市場が稼働している。
- □ 円高と円安，どちらも極端な変動は経済への影響が大きいため，時として日本銀行が為替介入をおこなう。

グローバル化する経済(1)

課題▶経済のグローバル化が進んだことによる恩恵にはどのようなものがあるのだろうか。

クローズアップ WASYOKUにも変化？

⬅イギリスで人気のカツカレー　ムスリム(イスラームの信徒)への配慮から，鶏肉のカツとなっている。

外国では，意外な日本食が流行しているんだね。

➡ニューヨークに出店するラーメン店

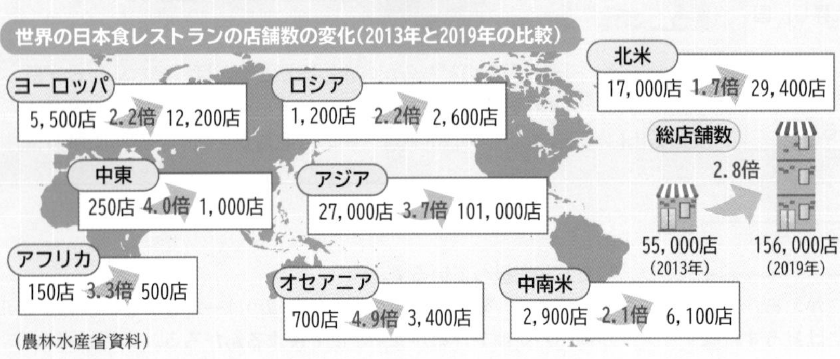

(農林水産省資料)

外国人が好きな「WASYOKU(和食)」と聞いて何を思い浮かべるだろうか。寿司，天ぷら……。もちろん，伝統的な和食の人気も根強いが，海外では新しい和食の人気も高い。たとえば，イギリスではカツカレーが大人気である。また，日本のラーメンは世界各地で親しまれている。経済のグローバル化が進むなかで，日本も和食や日本の食材など，さまざまな食文化の海外への発信を強化している。

1 現在の国際経済の特徴

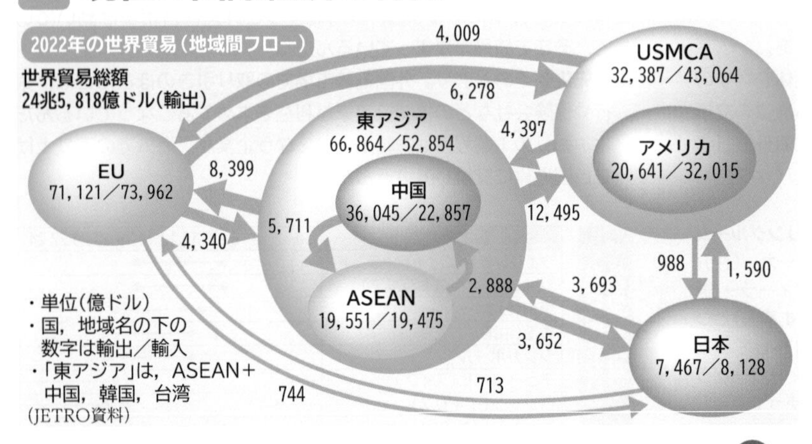

(JETRO資料)

解説　経済のグローバル化と台頭する保護主義　財・サービス，資本，情報などが国境をこえて流通し，地球規模で経済や政治，文化などの結びつきが生まれることを**グローバル化**という。特に，今日の国際社会において，経済面では他国との関係なしには成り立たないほど，世界的な関係が強まっている。

一方で，他国との経済的な関係で自国が不利益を被るなどした場合，自国の利益を最優先しようとする**保護主義**が台頭してくる。世界各地で形成される地域的経済統合(➡p.228)も，域外に対して排他的になれば，第二次世界大戦前のブロック経済のようになりかねない。グローバル化が進むことによる利益と課題の両側面をとらえる必要がある。

2 貿易の拡大

(『世界国勢図会』2023/24年版ほか)

Q　輸出，輸入のそれぞれで，どのような国の伸びが顕著だろうか。

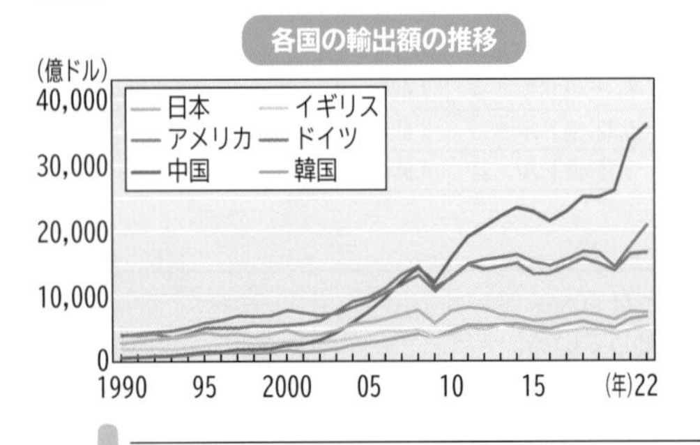

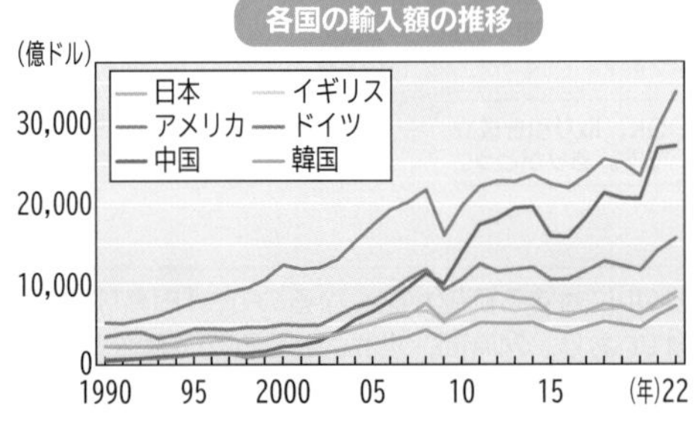

解説　拡大する貿易　ICT(情報通信技術)や運送技術の進歩もあり，各国の貿易額は1990年代から急激に拡大している。特に中国の貿易額の拡大はめざましく，「世界の工場」とも称される。経済のグローバル化によって各国は密接につながっており，今後もさらなる貿易の拡大が予想される。

プラスα　中国は「監視社会」　中国ではICT(情報通信技術)を活用した国民の「監視」が進んでいる。国内に数億台の監視カメラがあり，顔認証技術も活用しながら国民の監視を強めている。新型コロナウイルス感染症の拡大防止には力を発揮したが，人権侵害に対する懸念は消えない。

BRICS，アジアインフラ投資銀行➡p.283

3 新興国の台頭

新興国は急激な発展ゆえの代償も少なくない。

■BRICSの概況 （『世界国勢図会』2023/24年版ほか）

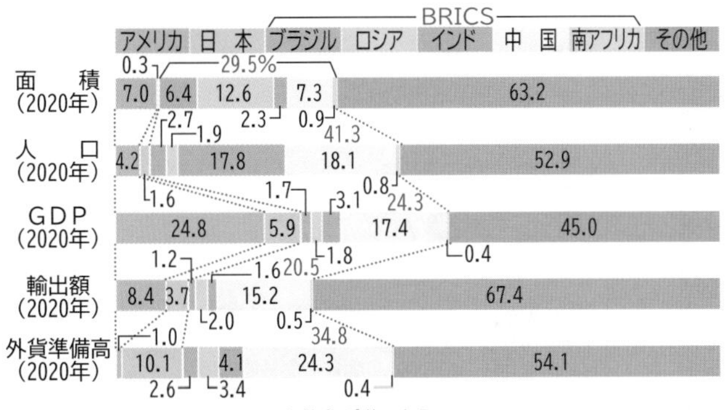

※人口は2022年。［ ］内は1人あたりGDP(2021年)

	概　況	特　徴
B ブラジル	面積：851.0万㎢ 人口：2.15億人 GDP：1兆6,090億ドル ［7,507ドル］	鉱物資源や農産品が豊富である。1990年代前半のハイパーインフレは克服したが，近年もインフレ傾向である。日本からの移民も多い。
R ロシア	面積：1,709.8万㎢ 人口：1.45億人 GDP：1兆7,788億ドル ［12,259ドル］	石油や天然ガスなどの豊富なエネルギー資源により経済成長を果たすが，ウクライナ侵攻に対する経済制裁など，国際社会での孤立を深めている。
I インド	面積：328.7万㎢ 人口：14.17億人 GDP：3兆2,015億ドル ［2,274ドル］	人口は2023年に中国を抜いて世界一になった。成長の背景にはIT産業があり，人材の育成にも力を注いでいるが，カースト制度による差別が根強く残る。
C 中国	面積：960万㎢ 人口：14.26億人 GDP：17兆7,341億ドル ［12,437ドル］	2010年にGDPで日本を抜いて世界第2位になった。豊富な人口をかかえ巨大な市場を背景に，投資も拡大している。少子高齢化が進んでいる。
S 南アフリカ共和国	面積：122.1万㎢ 人口：0.60億人 GDP：4,190億ドル ［7,055ドル］	1991年のアパルトヘイト廃止で，欧米の経済制裁が解除された。主要産業は金やダイヤモンドなどの鉱業であるが，第3次産業の割合も高い。

解説 **台頭する新興国の象徴「BRICS」**　先進国の経済的な発展が頭打ちとなってきた2000年代，**BRICS**とよばれる新興国が急激な経済成長を見せた。これらの国々は広大な国土面積，豊富な天然資源，労働力の源泉となる膨大な人口などの共通点があり，国際社会における存在感も高まっている。一方で，国内の経済格差の問題や財政赤字の拡大など，共通する課題も多い。そのようななか，BRICSは新興国・発展途上国の枠組みとして，2024年よりサウジアラビアやイランなどが加わることとなった。

■「大国」中国の光と影

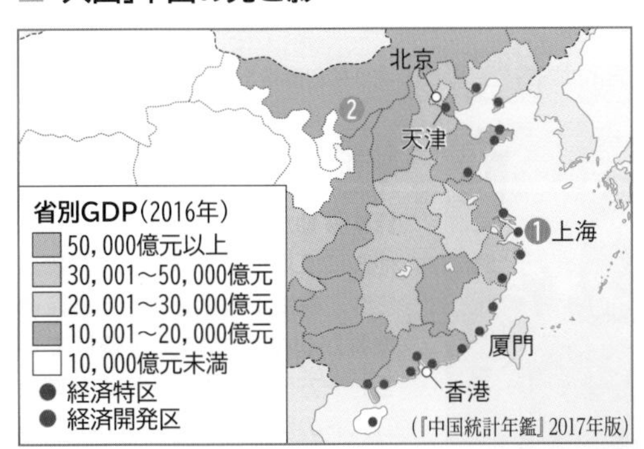

⬅大都市と地方の格差
❶経済発展をとげ，人口は中国の都市のうちで二位，GDPは中国最大の規模である上海の高層ビル群
❷不動産バブルによって建設が止まり，廃墟と化す内陸部の建設現場

解説 **経済成長の影で**　経済発展がめざましい中国は，現在アメリカと並ぶ「大国」とも称される。また，「一帯一路構想」によって中国を中心とした経済圏を確立しようとしたり，アジアの発展途上国を支援するアジアインフラ投資銀行(AIIB)を設立したりと，国際金融面でも影響を強めようとしている。一方で，経済特区が集中する沿岸部と内陸部の経済格差は拡大している。内陸部の経済発展を国家主導で進めようとしている反面，不動産バブルが発生したり，経済発展の裏で，都市部を中心に深刻な環境問題が発生したりしている。一人っ子政策(➡p.235)による少子高齢化も進むなど，課題は多い。

■存在感を増すG20

⬆**第18回主要20か国・地域(G20)首脳会議**(インド・ニューデリー，2023年)

先進国・新興国の各グループの枠組み

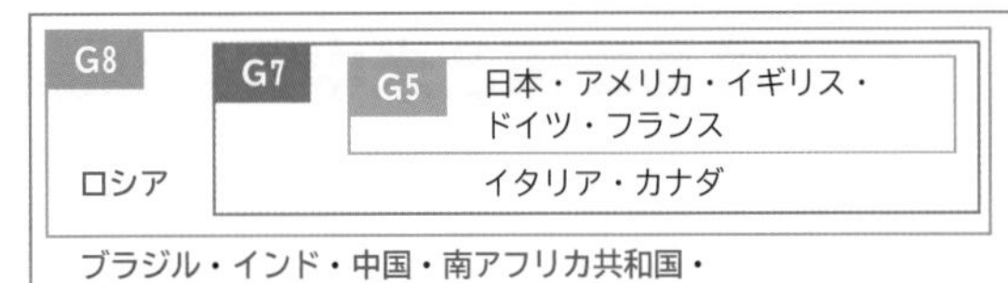

・赤字はBRICSを示す。
・EUはG8(G7)サミットにも参加している。

解説 **世界のリーダーが終結**　1970年代より，先進国の首脳がその時々の経済問題を討議する**主要国首脳会議(サミット)**が開催されている。しかし，グローバル化のなかで先進国だけでは世界規模の経済問題に対応できなくなった。現在では，G7に中国やインドなども加えた20か国・地域(**G20**)首脳会議も重視されている。

確認▶経済のグローバル化が進んだことによる恩恵を，自分の経験や学習内容をもとにまとめよう。
活用▶グローバル化の恩恵がもたらされなかった人々にとって，経済のグローバル化はどのような影響があったのか考えよう。

グローバル化する経済(2)

課題▶経済のグローバル化により，世界にはどのような負の影響があったのだろうか。

クローズアップ ウォール街を占拠せよ～私たちは99%

⇧ウォール街で起こった抗議デモのようす(2011年)

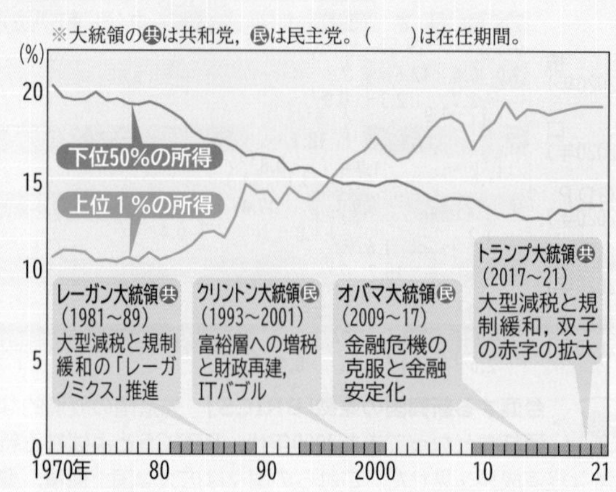

⇧アメリカにおける上位１%と下位50%の所得の割合の推移
(World Inequality Database資料ほか)

「ウォール街を占拠せよ(Occupy Wall Street)」とよばれる抗議活動は，「私たちは99%」というスローガンが示すように，アメリカの富をわずか１%の富裕層が独占している不公平に対する不満が原動力となって発生した。実際に，アメリカや世界規模での富の偏在は進んでおり，これは，経済のグローバル化がもたらした「負の側面」といえるであろう。

アメリカではこの半世紀で所得最上位層と下位層の割合が逆転し，格差が拡大しているね。

1 国際資本移動と産業の空洞化

Q 産業の空洞化は国内経済にどのような影響をおよぼすのだろうか。

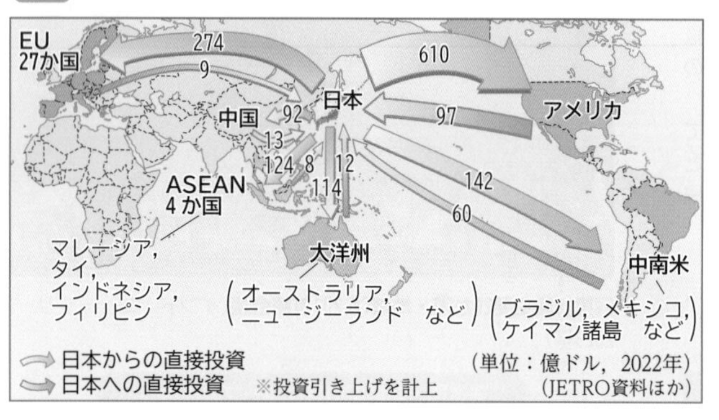

⇧厳しい経営が続く日本の製造業

解説 **加速する国際資本移動とものづくりの衰退**　国際資本移動がより一層活発になり，他国に工場などを建設する**直接投資**や，株式や国債を購入する**証券投資**がいずれも拡大を続けている。一方で，日本の製造業が製造コストの削減を目的に海外に工場を移転した結果，国内の生産拠点が相次いで閉鎖に追いこまれるなど，**産業の空洞化**も進んでいる。

2 日米貿易摩擦と米中貿易摩擦

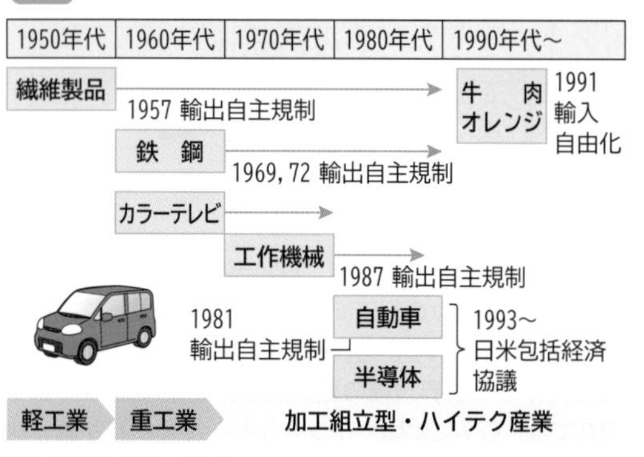

⇧日米貿易摩擦の推移

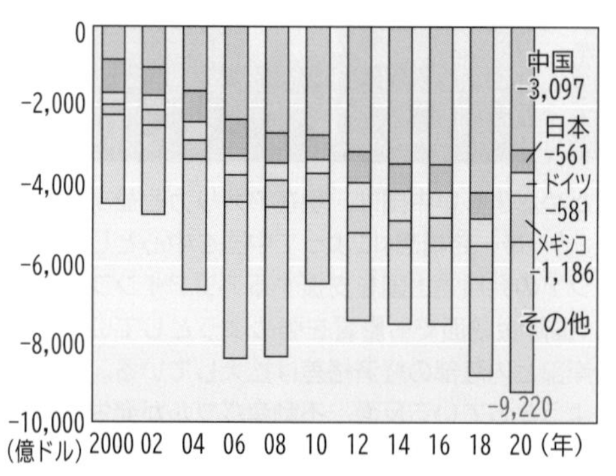

⇧アメリカの相手国別貿易収支の推移(米商務省資料)

解説 **貿易摩擦**　1950年代頃から**日米貿易摩擦**が顕在化し，特に1980年代にかけて自動車などで日本の貿易黒字がふくらみ，両国の対立が激化した。一方，アメリカは2000年代から相対的に中国に対する貿易赤字が急激に拡大し，今日では覇権争いもあいまって，貿易戦争ともいえる事態が起こっている。

プラスα **何もしないと格差は広がる**　フランスの経済学者トマ・ピケティは，「r」を資本収益率(土地や株式などの資本から得られる利益の割合)，「g」を経済成長率として，「r>g」を過去の経済指標から明らかにし，政府が何も対策をとらないと富裕層はますます富み，格差は広がると主張した。

3 リーマン・ショックと世界同時不況

Q なぜアメリカで起こった金融危機が世界に波及したのだろうか。

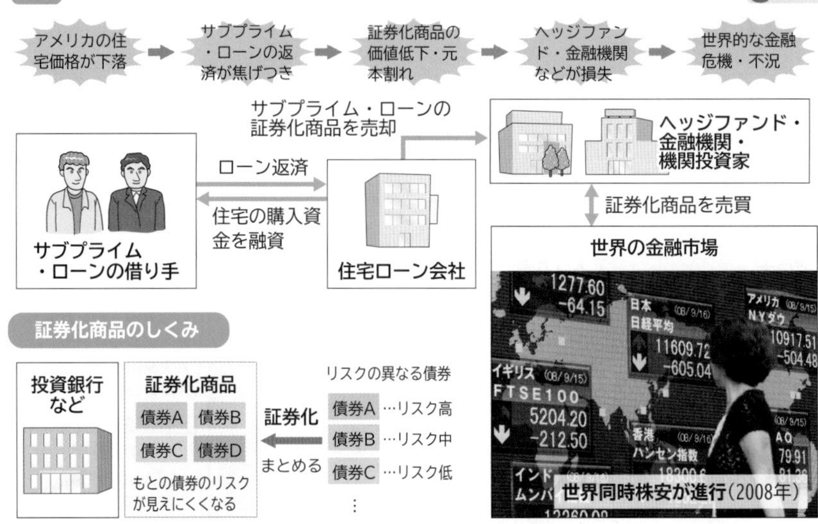

世界同時株安が進行（2008年）

解説　アメリカ発「100年に1度」の金融危機　アメリカの大手証券会社リーマン・ブラザーズが2008年に破綻したことで発生した世界的な金融危機（**リーマン・ショック**）は，経済のグローバル化の負の側面を顕在化させた。この背景には，**サブプライム・ローン**とよばれる低所得者向けの住宅ローンがアメリカの住宅価格の上昇を背景に拡大したことにある。

本来はリスクが高いサブプライム・ローンの証券がほかの証券とまとめて販売されて世界中に流通し，それが不良債権化すると金融機関は大きな損害を受けた。これが金融不安を引き起こし，世界的な連鎖で金融危機が起こったのである。日本では「派遣切り」がおこなわれるなど，企業業績が急激に悪化したことで失業者が増加し，消費が低迷するという悪循環に陥った（→p.167）。

4 ユーロ危機とイギリスのEU離脱

Q イギリスのEU離脱は，経済のグローバル化に何をもたらすのだろうか。

2009年10月 債務危機の発生
ギリシャ
ギリシャ財政破綻
金融機関　ヨーロッパの銀行に波及
ユーロ圏のアイルランド，スペイン，ポルトガルなどに影響
欧州財政危機に！
ユーロの信用急落

↑ユーロ危機の流れ

↑**EU離脱の国民投票の結果を喜ぶイギリスの人々**（2016年）　2020年にイギリスはEUを離脱した。

解説　「経済のグローバル化の象徴」がもたらす危機　EU（欧州連合）（→p.230）は，単一市場の形成や共通通貨ユーロの導入など，国家の枠組みをこえた共同体で，経済のグローバル化の象徴的な存在となっている。しかし，それが裏目に出たのがユーロ危機である。2009年に起きたギリシャの債務危機が発端となり，ユーロ圏全体の金融危機につながった。また，2016年のイギリスの国民投票の結果，EU離脱派が過半数となると，世界的な株安につながった。統合は，経済のグローバル化の象徴であるがゆえに，その深化にはリスクもかかえている。

Topic コロナ後の世界経済の新たなリスク

2020～21年の新型コロナウイルス感染症の世界的な拡大は，経済面にも大きな影響をおよぼした。2022年に入ると人々の消費は回復し，人の動きもコロナ禍前に戻りつつあるが，新たな不安要素となっているのがロシアによるウクライナ侵攻（→p.2，146）である。

ロシアは天然ガスや原油など，世界有数のエネルギー生産国である。特にロシアに資源を頼っていたヨーロッパ諸国においては，「脱ロシア」がエネルギー価格の高騰をまねき，その影響は多岐にわたった。物価の高騰は世界経済の新たなリスクとなり，国家によっては政治不安につながるケースも見られている。

一方，日本では円安が進んだ（→p.219）。この背景には物価高を抑えるために各国が政策金利を引き下げたことに対して，日本が金融政策を維持したことで，金利差が広がったことなどがある（→p.197）。かつて円安は輸出を促進し，日本経済にはプラスとされてきた。しかし，海外に生産拠点をもつ日本企業が増えたことなどから，むしろ円安による輸入価格の上昇をはじめとした負の影響がめだつようになっている。円の価値の低下は，日本経済の相対的地位の低下にもつながることが懸念されている。

↑**燃料不足を受けて，燃料販売の中止が決定したガソリンスタンド**（2022年，クロアチア）

ロシアのウクライナ侵攻が世界経済にもたらす影響　（読売新聞資料）

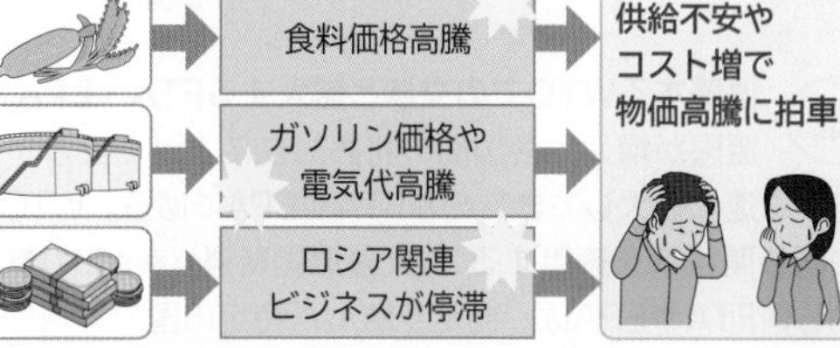

経済

確認▶経済のグローバル化が進んだことによる弊害を，自分の経験や学習内容をもとにまとめよう。
活用▶経済のグローバル化が進むなかで，世界が負の影響を軽減するために必要なことを考えよう。

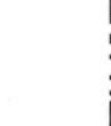

FTA・EPA

課題▶日本はFTA・EPAを進めているが，多国間での協定を結ぶ背景には何があるのだろうか。

クローズアップ 日本のFTA・EPA締結の状況

日本のFTA・EPA等の取り組み (2023年11月現在)

日本は当初，**FTA(自由貿易協定)**や**EPA(経済連携協定)**はWTOの原則に反するとして，締結(ていけつ)には消極的であった。日本の農業分野が交渉のネックになることも原因の一つである。しかし，世界各国がFTAやEPAの締結を進めるなかで，日本も2002年にシンガポールとのEPAを締結し，その後，締結国を少しずつ増やしている。

近年ではアメリカや中国など自国の利益を優先し，保護主義にかたむく国があるなか，日本は**CPTPP**やEUとのEPAを締結し，2020年には**RCEP(アールセップ)(地域的な包括(ほうかつ)的経済連携)協定**の署名をおこなう(2022年発効)など，FTA・EPAに積極的な姿勢を見せている。人口減少により国内市場の縮小が進む日本は，FTA・EPAにより海外市場に活路(かつろ)を見いだそうとしているのだ。一方で，FTAやEPAは必ずしもよいことばかりではない。それらをふまえて，今後の日本の貿易はどうしていくべきか，考えなければならない。

FTA・EPAでよいこと・困ること

日本とタイのEPA締結により実現！
タイで生産した日本企業の自動車を逆輸入　販売価格 99万円！

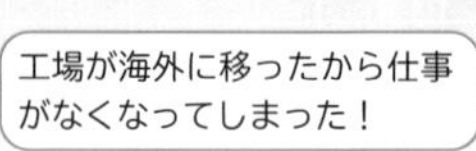

消費者：安く買えて助かる。
国内のライバル企業：そんな価格で出されたらかなわない。うちも工場を海外に移すか…。
自動車を生産した企業：海外で生産したから，人件費などのコストがおさえられた。
日本の労働者：工場が海外に移ったから仕事がなくなってしまった！
現地の労働者：仕事が得られた。
立場によって状況が異なるんだね。いいことばかりでもないようだよ…。

1 FTA・EPA

Q WTOの下での体制とFTA・EPAはどこが異なるのだろうか。

WTOとFTA・EPAの違い (外務省資料)

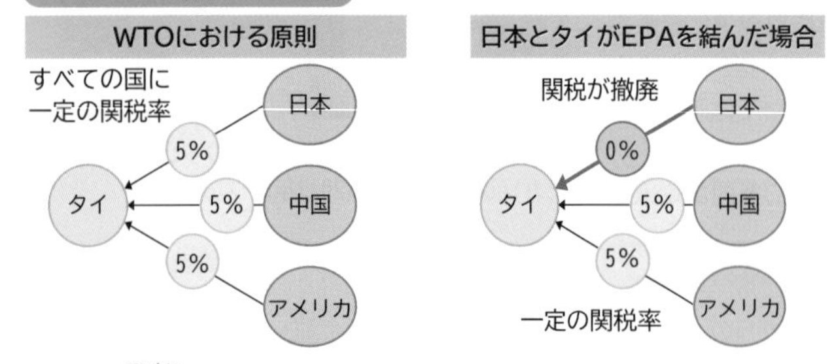

FTAとEPA (JETRO資料参照)

EPA(経済連携協定)	
投資規制撤廃	人的交流の拡大
各分野の協力	知的財産制度，競争政策の調和
FTA(自由貿易協定)	
物品の関税を削減・撤廃	
サービス貿易の障壁等を削減・撤廃	

EPA(経済連携協定)
FTAを柱に，ヒト，モノ，カネの移動の自由化，円滑化をはかり，幅広い経済関係の強化をはかる協定。

FTA(自由貿易協定)
2か国以上の国や地域の間で，関税などの規定を削減・撤廃する協定。

解説 **停滞(ていたい)するWTOでの交渉と拡大するFTA・EPA** WTOの加盟国が増え，各国間の利害対立によって交渉が停滞するなかで，急速に拡大してきたのがFTAやEPAである。WTOはすべての国に同じ関税率を適用すること(最恵国待遇)(➡p.217)を原則とする。しかし，FTAやEPAは，協定を結んだ特定の国や地域に対してのみ，例外として関税を撤廃(てっぱい)できる。

また，FTAとEPAの違いは，EPAの方がより幅広い経済関係の強化をはかることができる点にある。EPAには関税の撤廃やサービス貿易における障壁の削減・撤廃だけでなく，投資や人の移動の自由化，知的財産の保護などが含まれる。たとえば，インドネシアとEPAを締結した日本は，看護師や介護福祉士の候補者の受け入れを開始した。

プラスα **EU離脱後の日英関係** 2020年に日本はイギリスとの間でEPAを締結した(2021年発効)。この背景には，イギリスのEU離脱にともなう混乱を回避し，さらにはCPTPPにイギリスを加え，CPTPPの勢力を拡大したいとの思惑(おもわく)がある。2023年7月にイギリスはCPTPPに署名した。

用語解説 FTA，EPA，TPP，RCEP→p.284

2 TPP協定とCPTPP

Q アメリカ離脱後でも，CPTPPを締結した意味はどこにあるのだろうか。

世界のGDPに占める割合（2015年）

TPP11参加国	アメリカ	BRICS	EU	その他
13.1%	24.3	22.5	22.0	18.1

77.3兆ドル

TPP参加国GDPの割合（2015年）

アメリカ	日本	カナダ	その他※
65.0%→離脱	15.8	5.6	13.6

※その他は，オーストラリア，メキシコ，マレーシア，シンガポール，チリ，ペルー，ニュージーランド，ベトナム，ブルネイ

■日本の関税撤廃率（〔 〕内は即時撤廃率）
工業製品：100%〔95.3%〕
農林水産物：81%〔51.3%〕
■相手国の平均関税撤廃率（〔 〕内は即時撤廃率）
工業製品：99.9%〔86.9%〕
農林水産物：98.5%〔84.5%〕
※全品目のうち，関税を撤廃した品目の割合。

解説 **11か国での署名**　2013年から日本も交渉に参加した**TPP（環太平洋パートナーシップ）協定**は，2016年にアメリカを含む12か国で署名された。しかし，自国第一主義を掲げるトランプ政権の誕生により，発効のめどが立たなくなった。そこで，アメリカを除く11か国での早期発効をめざして交渉が続けられ，2018年にCPTPP（環太平洋パートナーシップに関する包括的および先進的な協定）が締結された。2023年には，原加盟国以外では初めてとなるイギリスの加盟が合意された。中国や台湾も加盟を申請している。

3 日本とEU（欧州連合）のEPA

	品目	EPA発効前の関税	EPA発効後
輸入 EU→日本	ワイン	15%，または1Lあたり125円	即時撤廃
	パスタ	1kgあたり30円	11年目に撤廃
	チーズ	原則29.8%	16年目に撤廃
輸出 日本→EU	自動車	10%	8年目に撤廃
	自動車部品	3～5%程度	大半を即時撤廃
	日本酒	1Lあたり0.077ユーロ	即時撤廃

⇧日欧EPAの概要

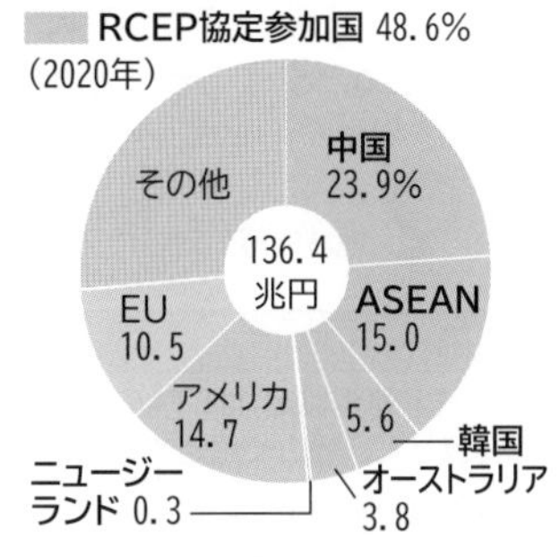

⇧日本の対EU貿易（『日本国勢図会』2023/24年版）

解説 **CPTPPに次ぐ大型のEPA**　日本は対EUの貿易額が中国，アメリカに次ぐ第3位であり，2019年に発効したEUとのEPAは，日本にとってCPTPPに次ぐ多国間での自由貿易協定となった。これにより，日本の主要輸出品目である自動車の関税が最終的には撤廃され，自動車産業の市場拡大が見こまれるとともに，投資の拡大も期待される。

一方で，締結によって影響を受けることが懸念されるのが日本の農林水産業（→p.178）である。特に畜産業界において，酪農家の数が減少するなかで，酪農業の衰退に拍車をかける恐れもある。

4 RCEP（地域的な包括的経済連携）協定

⇧オンラインで開催されたRCEP協定の署名式（2020年）

RCEP協定参加国 48.6%（2020年）

国・地域	割合(%)
中国	23.9
ASEAN	15.0
韓国	5.6
オーストラリア	3.8
ニュージーランド	0.3
アメリカ	14.7
EU	10.5
その他	

総額 136.4兆円

⇧日本の貿易総額に占めるRCEP協定参加国の割合（『日本国勢図会』2022/23年版）

解説 **中国や韓国との初の自由貿易協定**　2020年，アジアの15か国が**RCEP協定**の署名式をおこなった。交渉開始から約8年の歳月を経た2022年，RCEP協定は発効した。当初の予定からインドが離脱したことで規模は縮小したが，世界の人口とGDPの約3割を占める巨大な自由貿易協定の誕生である。RCEP協定の枠組みでは，9割程度の工業品で日本から輸出する際の関税を段階的に撤廃するため，自動車部品などの輸出拡大が期待されている。一方で，TPP協定ほどの関税撤廃は実現せず，かつ，インドが交渉から離脱したことで，中国の影響力が増すことも懸念されている。

これからの日本の貿易を考えよう

自由貿易協定のメリットとデメリットをふまえて，日本のこれからの貿易はどうあるべきか，選択・判断の手がかりとなる二つの考え方を活用して主張を明確にし，自分の考えをまとめよう。

行為の結果である個人や社会全体の幸福を重視する考え方

自由貿易協定で日本からの輸出が拡大し，日本経済全体が成長して多くの人の生活によい影響が出るという幸福の増加分と，輸入の拡大で衰退する産業が出るという幸福の減少分を合算し，個人や社会全体の幸福が最大限になるような選択・判断をおこなう。

行為の動機となる公正などの義務を重視する考え方

自由貿易協定により，日本経済が成長して社会全体の幸福が最大になっても，輸入の拡大で衰退する産業が出る。特に日本の農林水産業の衰退に拍車をかけることも考慮し，公正な貿易制度を整えることは私たちの義務であると考え，選択・判断をおこなう。

確認▶FTAとEPAの違いをまとめよう。
活用▶自由貿易協定の影響をふまえて，日本の自由貿易協定への取り組みは今後も継続していくべきか，考えよう。

地域的経済統合

課題▶地域的経済統合が世界中で進められる背景には，何があるのだろうか。

クローズアップ 東南アジアと日本企業

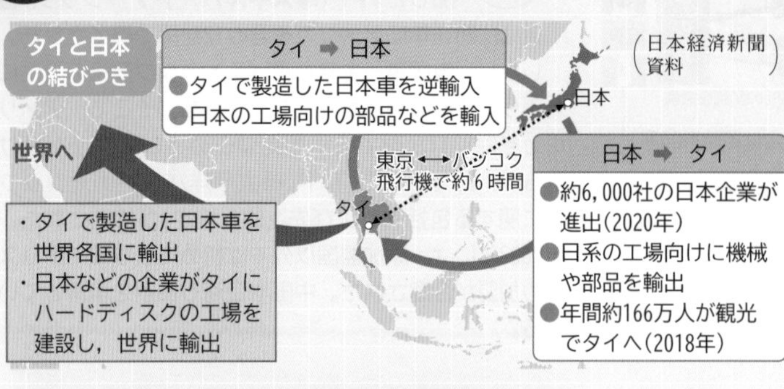

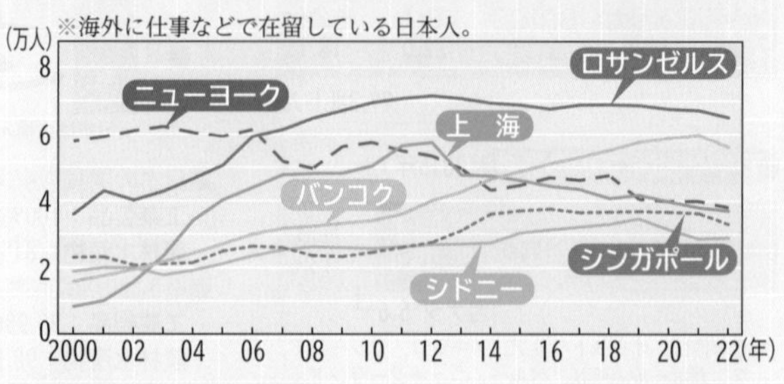

⬆**都市別在留邦人※数の推移**（外務省資料） 日本企業の海外進出先は中国やアメリカが多いが，インドや東南アジア諸国の伸びも大きい。

⬅**日系自動車メーカーのタイ工場で働く人々** 日系自動車メーカーは，タイの自動車生産台数のシェア9割弱を占めている。

➡**タイの日本人学校で学ぶ子どもたち**

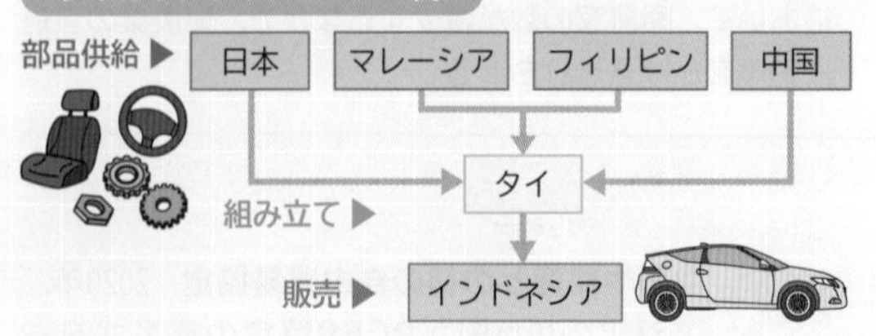

ASEAN（アセアン）**（東南アジア諸国連合）**に加盟する10か国は，**AEC（ASEAN経済共同体）**を結び，経済的な結びつきを強めている。日本企業も製造業を中心に，これらの国々に積極的に進出している。特に在留邦人（ほうじん）数が多いのがタイである。東南アジアでは，タイを中心にサプライチェーンが発達している。日本の自動車メーカーの例を見ると，各国で生産されたものがタイに集約され，タイで組み立てられたものがほかの東南アジア諸国で販売されている。そのため，タイで働く日本人も増加している。

1 地域的経済統合の形態

地域的経済統合のそれぞれの段階で，どのようなことが可能になるのだろうか。

形態		内容	EU	USMCA	MERCOSUR	AEC
地域貿易協定	FTA（自由貿易協定）	加盟国は物品の関税や輸入割当を撤廃する。EPA（経済連携協定）はFTAの一種であり，物品だけでなくサービスや知的財産の保護など，幅広く規定する。		○		○
	関税同盟	域内では関税や輸入割当を撤廃し，域外に対しては共通の関税率を規定する。	○		○	
共同市場		域内の関税・貿易障壁を撤廃するだけでなく，域内での労働・資本などの生産要素の国際間移動も自由化される。	○	○（労働市場の統合はなし）	○	
経済同盟		域内の経済政策もある程度調整・調和させる。	○		○	
完全経済同盟		域内の経済関係の諸機関が統合され，経済政策を完全に統一した，最も進んだ経済統合。	○			

表の下に向かうほど，統合度は深まっている。

解説 **地域的経済統合の深化** **地域的経済統合**とは，複数国間で締結され，国民経済のように国家間での経済が統合されることをさす。FTA（自由貿易協定）やEPA（経済連携協定）（➡p.226）もその一つの形態であり，貿易協定を足がかりに，経済統合を進めていく例も少なくない。現在，世界で最も経済統合が進んでいるのが**EU（欧州連合）**（➡p.230）である。同じ地域的経済統合であるASEAN経済共同体（AEC）が，加盟国の国家主権を維持する形で共同体を構築（こうちく）したのに対し，EUでは，加盟国が主権の一部を委（ゆだ）ねる形で統合を進めたというように，経済面では一つの国家のように統合が進んでいる。

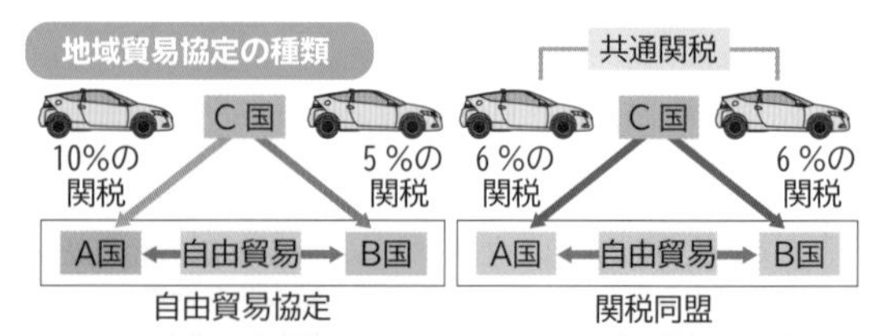

地域貿易協定はGATTの規定に基づき，一定の要件を満たすことを条件に，WTO体制の例外として認められている。

アメリカ大陸の巨大な自由貿易協定 1990年代頃から，NAFTA（現在のUSMCA）とMERCOSURをあわせた米州自由貿易地域（FTAA）について議論されている。実現すれば世界最大の自由貿易圏が誕生するが，アメリカとブラジルの対立などがあり，交渉が進んでいない。

用語解説 地域的経済統合，ASEAN，APEC，EU→p.284

2 地域的経済統合

Q それぞれの地域的経済統合にはどのような特徴があるのだろうか。

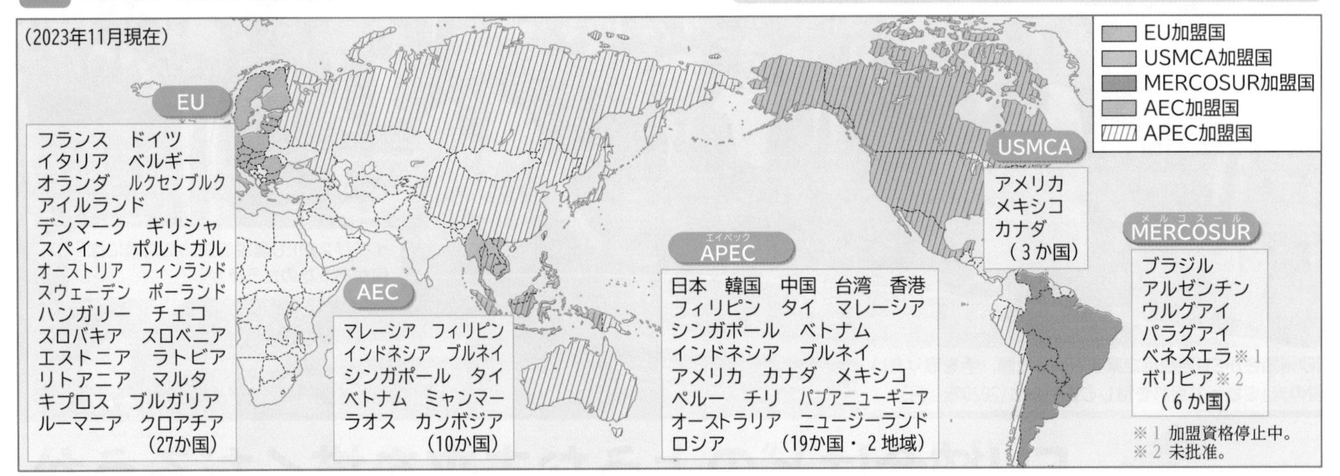

EU(欧州連合) →p.230	発足：1993年　人口(2020年)：4億4,732万人　GDP(2022年)：16兆6,426億ドル
USMCA (アメリカ・メキシコ・カナダ協定)	発足：2020年　人口(2021年)：5億200万人　GDP(2021年)：26兆5,763億ドル 1994年に北米3か国で発足し，世界最大の統一市場となったNAFTA(北米自由貿易協定)が前身。トランプ米大統領(当時)の提唱により見直しが進められ，2020年7月に新しい枠組みとしてUSMCAが発効した。
MERCOSUR (南米共同市場)	発足：1995年　人口(2021年)：3億1,000万人　GDP(2021年)：2兆3,482億ドル 関税同盟として発足した。域内関税を原則撤廃しながら貿易自由化をめざして対外共通関税の創設や共通貿易政策などを導入し，財やサービスの自由な流通をはかっている。
AEC (ASEAN経済共同体)	発足：2015年　人口(2021年)：6億7,400万人　GDP(2021年)：約3兆3,403億ドル 1967年に結成されたASEAN(東南アジア諸国連合)に加盟する10か国によって発足した経済連携の枠組み。
APEC (アジア太平洋経済協力)	発足：1989年　人口(2012年)：27億6,316万人　GDP(2013年)：38兆9,980億ドル オーストラリアのホーク首相の提唱により設立され，アジア・太平洋地域の経済協力の強化をはかっている。ほかの地域的経済統合とは異なり，「開かれた経済協力」を掲げ，かつ参加国の自主性を重視している。

解説 恩恵を受ける国と取り残される国 地域的経済統合は，地理的に近い国家や経済的な結びつきの強い国家間で結ばれることが多い。それぞれの地域的経済統合は加盟国の状況やおたがいの求めるものに特徴があるが，経済規模が大きい国や資源が豊かな国などは地域貿易協定を多数結んでおり，経済のグローバル化(→p.222)の恩恵を受けているといえる。一方で，地域的経済統合から取り残された国も少なくない。そういった国々では，ますます経済的な格差が拡大する要因となり，自国に不利な状況でも加盟せざるを得ないなど，負の側面も見逃すことができない。

3 ASEAN諸国に進出する日本企業

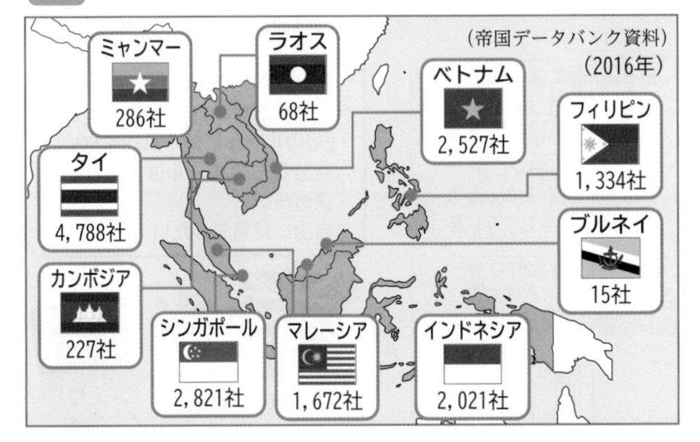

解説 「エマージング・マーケット(新しい成長市場)」としてのASEAN ASEAN諸国に日本企業が進出する背景として，人件費の安さや，人口構造が若い世代が多く，消費の拡大が見こまれることなどがある。ASEANの発展とともに，加盟国間の人やモノの移動がさらに活発になり，日本企業の進出も続くと考えられる。

4 USMCA(アメリカ・メキシコ・カナダ協定)

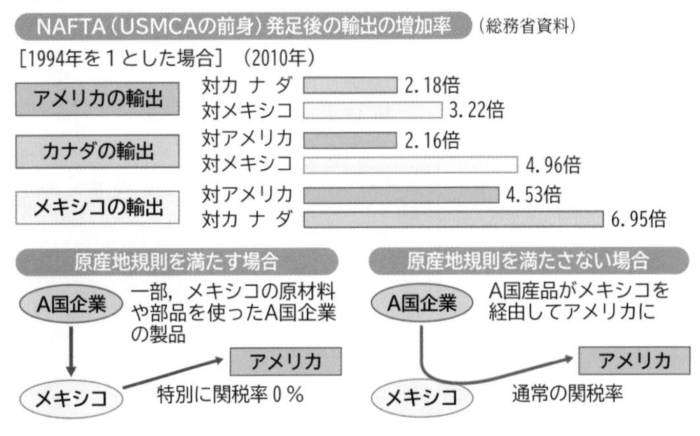

解説 三か国間の経済連携協定 北米の三国間の自由貿易協定である**USMCA**では，域内の貿易で，関税上の優遇措置を受けるためには原材料の一定割合以上が北米産でなければならないという原産地規則(ローカルコンテント)が定められている。以前の協定である**NAFTA(北米自由貿易協定)**と比較すると，域内原産割合が引き上げられている。

確認▶地域的経済統合にはどのようなものがあるか，あげよう。
活用▶地域的経済統合が進めばどんな効果があるか，またどのような国や人々に負の影響がおよぶか考えよう。

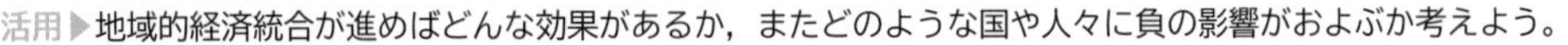

⇧欧州議会がEU離脱協定案を可決した際，手を取りあい「蛍の光」を歌って別れを惜しむ議員たち(2020年１月)

EU統合はどのような未来を描くだろうか

長きにわたり戦乱が続いたヨーロッパに恒久の平和をもたらすという理念のもとに始まったEUは，財政問題や移民問題，イギリスの離脱などさまざまな問題に揺れている。EUは今後も統合をすすめていくべきだろうか。

課題の把握　EUのあゆみと課題

1952 ECSC(欧州石炭鉄鋼共同体) ▶
1958 EEC(欧州経済共同体) ▶
1958 EURATOM(欧州原子力共同体) ▶

1967　EC(欧州共同体)

●原加盟国（６か国）　フランス・西ドイツ・イタリア・ベルギー・オランダ・ルクセンブルク

1968　関税同盟完成(域内関税の撤廃)

●加盟国の増加
- 1973　イギリス，デンマーク，アイルランド
- 1981　ギリシャ
- 1986　スペイン，ポルトガル

1979　EMS(欧州通貨制度)発足
1992　欧州連合条約(**マーストリヒト条約**)調印
1993　市場統合(単一市場)がスタート

▶ **1993.11　EU(欧州連合)**

1995　オーストリア，フィンランド，スウェーデン加盟
1999　共通単一通貨**ユーロ**(**EURO**)発行(2002年より流通)
2004　東欧諸国など10か国が加盟
2007　ブルガリア，ルーマニアが加盟
2009　政治統合を推進するリスボン条約発効
　　➡EU大統領やEU外相などが設置される
2010　EU，ギリシャとアイルランドに金融支援
2013　クロアチアが加盟，28か国に
2016　イギリスの国民投票で，EU離脱派が過半数
2020　イギリスが離脱，27か国に

⇧EUのあゆみ

Q　EU加盟国間には，経済面でどのような特徴があるだろうか。

GDP(2021年)
- 20,000億ドル以上
- 10,000～19,999億ドル
- 5,000～9,999億ドル
- 4,999億ドル以下

赤字 ユーロ導入国(20か国)
人口(2022年)
１人あたりGDP(2021年)

国	人口	１人あたりGDP
アイルランド	502万人	10.1万ドル
ドイツ	8,337万人	5.1万ドル
フランス	6,463万人	4.4万ドル
スペイン	4,756万人	3.0万ドル
ルクセンブルク	65万人	13.4万ドル
イタリア	5,904万人	3.6万ドル
エストニア	133万人	2.8万ドル
ルーマニア	1,966万人	1.5万ドル
ブルガリア	678万人	1.2万ドル
キプロス	125万人	3.2万ドル

スウェーデン　フィンランド　ラトビア　リトアニア　デンマーク　オランダ　ベルギー　ポーランド　スロバキア　チェコ　ハンガリー　クロアチア　オーストリア　スロベニア　ギリシャ　ポルトガル　マルタ

⇧EU加盟国の特徴(『世界国勢図会』2023/24年版)　(2023年11月現在)

- EUのなかで移動してくる移民に仕事が奪われる
- EUのルールに縛られたくない。自分たちのルールは自分たちで決めたい
- 自由に貿易をしたい

⇧イギリスがEU離脱を決めた背景

解説　**ひとつのヨーロッパをめざして**　1967年のECの発足以来，EUは世界で最も進んだ地域的経済統合(➡p.228)として統合の深化を続けた。統合が進んだことで生じた経済的利益は大きく，ヨーロッパ全体の発展に寄与している。

しかし，そんなEUから初めて離脱を表明したのが，イギリスであった。国家の枠をこえたルールに反発し，移民の増加も離脱を決める要因の一つとなった。国家の経済規模や歴史，文化の違いを乗りこえて成立したEUの今後のあり方が問われている。

用語解説 EU➔p.284

考える視点 A EUの経済統合がもたらした恩恵

ヒトの移動の自由

EU域内で取得した免許・資格は域内どこでも通用する（大学卒業資格，教員資格，医者・弁護士・看護師の資格など）。

資本の移動の自由

EU域内どこからでも貯蓄・投資可能。

モノの移動の自由

トラックでEU域内の国境を通過する場合，通関・検疫の廃止。

サービスの移動の自由

自動車保険などのEU域内適用。

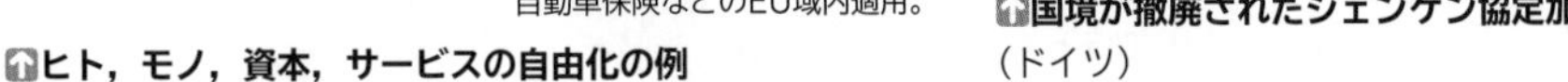

⇧ヒト，モノ，資本，サービスの自由化の例

⇧国境が撤廃されたシェンゲン協定加盟国（ドイツ）

解説 **統合がもたらした経済成長**　EUの経済統合が進んだことにより，EU圏内の貿易が活発になった。そのことにより，各国に経済成長をもたらしたことは一つの恩恵といえるであろう。特に，ドイツなどの経済大国はEU圏内への輸出量を増やし，それが結果的にはEU全体の経済成長につながっている。また，モノやカネだけでなく，シェンゲン協定によりヒトの移動も自由になり，労働力の移動も可能となった。また，通貨の統合により，企業の経済活動も円滑化された。

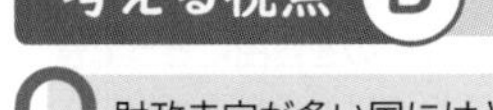

考える視点 B 「超国家的な組織」がかかえる課題

Q 財政赤字が多い国にはどのような特徴があるか，p.230の地図も使って考えよう。

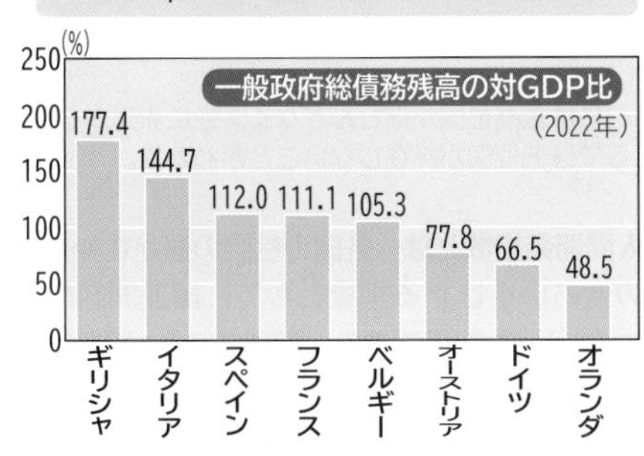

⇧おもなEU加盟国の財政状況（『世界国勢図会』2023/24年版）

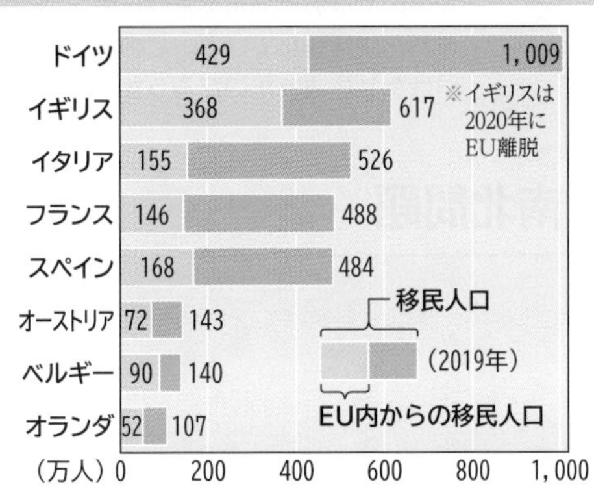

⇧EU諸国の移民人口（EU統計局資料）

解説 **EUがかかえる課題**　EU統合による問題点の一つが，各国の経済状況の違いである。おもに南欧の国々は財政赤字の割合が高い一方，ドイツのように堅実（けんじつ）な財政収支を維持している国もある。そもそも経済規模が違うため，ユーロの下（もと）で単一の金融政策を実施するには限界があり，経済政策でも足並みをそろえるのは難しい。また，ヒトの移動が自由になったがゆえの移民の増加が，治安（ちあん）の悪化や自国民の就労率の低下などにつながると懸念する声もある。

考える視点 C 「ブレグジット（Brexit：イギリスのEU離脱）」後のイギリスとEU

⇧EU離脱に反対し，再投票を求める抗議活動

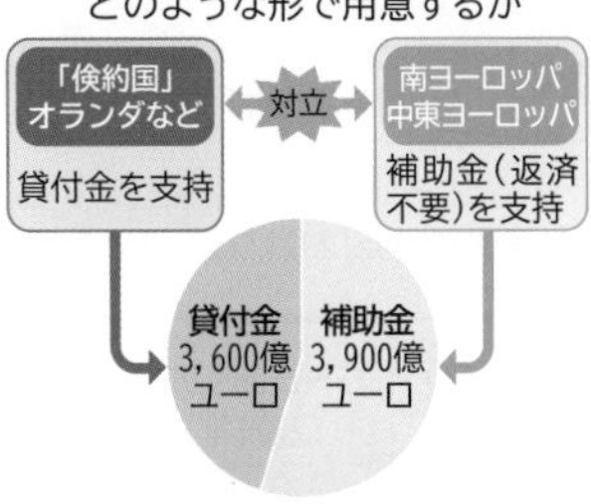

⇧新型コロナウイルス感染症へのEU復興債の創設

解説 **「ブレグジット（Brexit）」後の現実**　2020年1月にイギリスがEUから離脱した後もなお，イギリスとEUの間では通商協定をめぐって混乱が続いている。イギリスではEU離脱に反対する声も根強く，まさに泥沼（どろぬま）に陥った状態である。

一方，新型コロナウイルス感染症拡大に対し，EUは復興基金を創設し，感染拡大で経済状況が悪化している加盟国への支援を決めた。感染拡大の危機を前に，イギリス離脱後のEUの団結力を示した形となった。

ふりかえり

過去何度も危機を乗りこえてきたEUにとっても，イギリスの離脱はその存在価値を問われかねない事態となっている。加盟国内ではEU懐疑（かいぎ）派が勢力を伸ばしたり，ポピュリズムや強権政治に進む国もある。そのようななかで，新型コロナウイルス感染症拡大に対する復興基金の創設は，EUの存在価値を示した一例ともいえる。経済だけでなく政治統合も進めるEUの今後が注目されている。

視点A▶EUの経済統合により，各国は貿易の拡大などを通じて経済成長し，ヒトやモノの移動が活発化した。

視点B▶加盟国間の経済規模や経済状況が違うため，共通の経済政策には限界があり，移民の問題も生じている。

視点C▶イギリスは離脱後も混乱が続く一方で，EUは新型コロナウイルス感染症拡大に対する復興基金創設を通じて団結力を示した。

まとめる イギリスのEU離脱から考えるEUの課題は何だろうか。離脱を推進した人々の主張からも考えよう。

発展 EUは今後も政治や経済の統合を進めるべきだろうか。根拠を示して自分の意見をまとめよう。

南北問題

課題▶先進国と発展途上国の間には，どのような格差があるのだろうか。

クローズアップ どんなに汚くてもこの水を飲むしかない

濁った水を飲む少年(トーゴ)　安全な水を確保できない結果，不衛生な環境や汚染された水によって約36万人の5歳未満児が，下痢によって命を落としている(2017年)。

世界では約20億人もの人々が，安全に管理された飲み水を使用できず，その国のほとんどが，アフリカ・アジアの発展途上国に集中している。一方で，先進国ではありあまる食料に囲まれた生活をしている。この違いはなぜ生まれたのだろうか。

ビュッフェスタイルの食事　テーブルにまとめて多くの料理がのせられ，利用者は好きなものを自由にとって食べることができる。一方で消費される以上の料理が提供されるため，大量の食べ残しが発生し，廃棄される場合も多い。

1 人間開発指数から見た南北問題

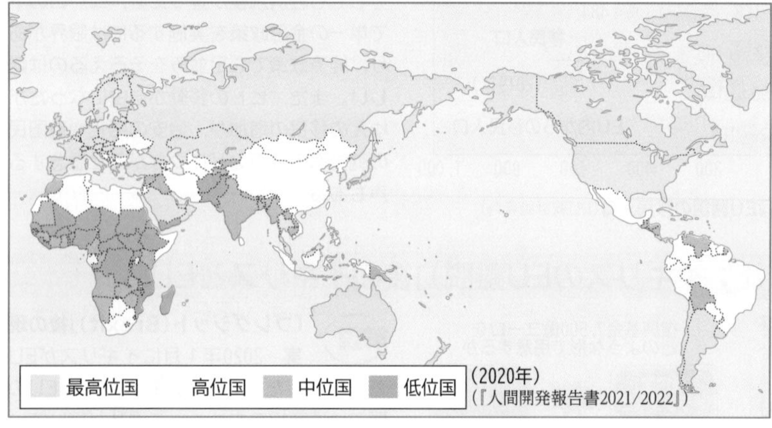

(2020年)(『人間開発報告書2021/2022』)

赤道付近には最高位国がほとんどなく，逆に赤道から遠いところでは低位国が存在しないことがわかる。

解説 **人間開発指数とは**　各国の社会の豊かさや進歩の度あいをはかる指標として，国連開発計画(UNDP)が設定した数値である。1990年に『人間開発報告書』で発表された。「保健」「教育」「所得」という人間開発の三つの側面に関して，出生時平均余命，識字率と就学率，一人あたりGDPなどの指標の平均達成度をもとに評価される。低位国はアフリカに集中しており，中位国まで含めるとほとんどがアフリカとアジアの国ばかりであることがわかる。

このように，**先進国**の大半が地球の北側に位置し，**発展途上国**はその南側にあることから，両者の格差の問題は**南北問題**とよばれる。

2 先進国と発展途上国

(『世界国勢図会』2023/24年版ほか)

発展途上国で男女の格差が大きくなる理由を考えよう。

	人口(億人)(2022年)	人口増減率(%)(2012〜22年平均)	平均寿命(年)(2019年)	GNI(兆ドル)(2021年)	1人あたりGNI(万ドル)(2021年)	1人1日あたり熱量供給量(kcal)(2020年)	医師数(人)(人口1万人あたり)(2020年)	15歳以上の識字率(%)(2018年) 男	女
日本	1.25	-0.2	84	5.13	4.12	2,679	26.1	調査なし(初等教育就学率は男女とも100%)	
アメリカ	3.38	0.7	79	23.62	7.01	3,926	35.6	調査なし(初等教育就学率は男女とも100%)	
インド	14.17	1.1	71	3.15	0.22	2,599	7.4	82.4	65.8
エチオピア	1.23	2.7	69	0.10	0.08	2,407	1.1	59.2	44.4

解説 **先進国と発展途上国をくらべると**　先進国である日本とアメリカは，GNIが高く経済的に豊かであり，識字率も医師数の状況でも発展途上国をはるかに上回っている。発展途上国は，経済的な指標が低く，教育，保健という面でも先進国よりかなり低いレベルである。さらに細かく見ると，先進国にくらべて男女間での格差がより大きいという特徴も見られる。

ジェンダー不平等指数　UNDPが実施する，リプロダクティブ・ヘルス／ライツ(➡p.235)，エンパワーメント，労働市場という三つの側面における男女間の達成度の格差を反映する指標。2022年の調査では，最も不平等指数が低い国はデンマークで，日本は191か国中22位である。

3 モノカルチャー経済

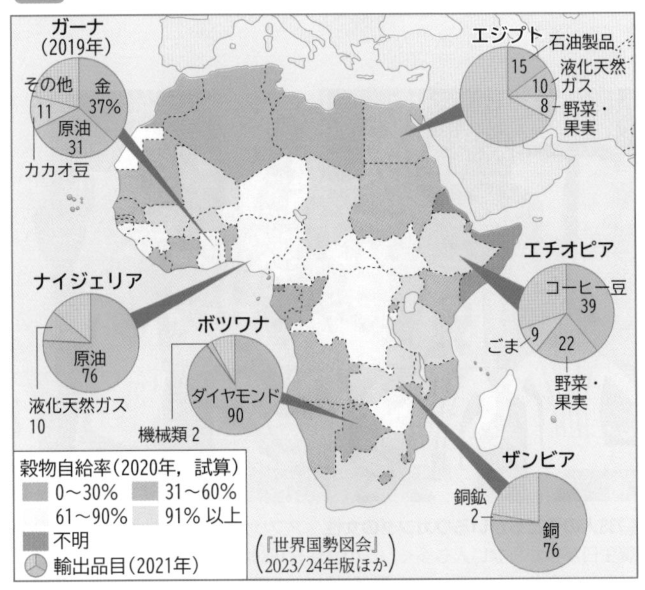

解説 **植民地時代から始まったモノカルチャー経済**　特定の農産物や地下資源といった一次産品に依存する経済を**モノカルチャー経済**という。アフリカの国々の多くは，かつて欧米諸国の植民地支配を受けており，その国の産業の原料供給地とされていた。独立後の現在も，その状況から脱却できていない国が多い。

輸出向けにつくられる農産物の多くは，コーヒーやカカオなど主食にならない作物であるため，主食となる穀物は輸入に頼らざるを得ない状況になっている。また，一次産品は工業製品などとくらべて価格の変動が大きく，経済状態が不安定になりやすい。

4 南南問題

➡中東の産油国アラブ首長国連邦のドバイにそびえ立つ「ブルジュ・ハリファ」　高さは828mで，世界で最も高いビルである。中にはホテルや高級マンション，オフィスなどの施設が入っている。

解説 **発展途上国間の格差**　発展途上国のなかでも，急速に経済発展をとげているNIEs（新興工業経済地域）やBRICS（➡p.223）などの新興国，豊富な石油資源をもつ中東の産油国などでは，豊かさを享受できる国民も増えてきた。一方で，いまだに深刻な貧困や飢餓の問題をかかえ，開発の遅れを解消できない**後発発展途上国**（**LDC**）もある。さらに，他国や国際機関，民間企業に対する**対外債務**を積み重ね，返済が難しくなっている国も少なくない。このような発展途上国間の格差の問題を**南南問題**という。

5 南北問題解決のための国際的取り組み

■UNCTAD（国連貿易開発会議）

国連において，おもに貿易と開発に関する南北問題を協議するために1964年に設立されたのが**UNCTAD**である。そのおもな目標は，発展途上国が開発や貧困削減，世界経済への統合のための原動力として貿易と投資を利用できるようにすることである。

回	開催地	年	おもな内容
1	ジュネーブ	1964	プレビッシュ報告に基づき，貿易や援助に関する目標が設定された。
3	サンティアゴ	1972	GNP（現在はGNI）の0.7%をODA（政府開発援助）にあてるという目標を決議（➡p.249）。
6	ベオグラード	1983	最貧国への援助強化。
7	ジュネーブ	1987	一次産品の価格下落問題を討議。
15	ジュネーブ	2021	バルバドスとのハイブリッド開催。テーマは「不平等及び脆弱性から全ての人の繁栄へ」。

■資源ナショナリズム

先進国による資源の支配が発展途上国の経済発展を妨げていたことから，1974年には国連総会で**NIEO**（**新国際経済秩序**）**樹立宣言**が採択され，発展途上国が自国の天然資源の活用と経済活動に対する主権をもつこと（恒久主権）が盛りこまれた。

Topic マイクロクレジット

マイクロクレジットは，一般の銀行から融資を受けられない貧しい人々を対象に，無担保・低金利で融資することで，新規事業の立ち上げや事業の拡大を促進するサービスである。無償援助ではなく，あくまでも自助努力による貧困からの脱出・経済的自立を促している。このサービスは，バングラデシュの経済学者ムハマド=ユヌスが考案し，実際にグラミン銀行を創設・運営して成果をあげた。

現在では世界中に広がり，預金や送金，保険などにまでサービスが拡大していることから，マイクロファイナンスという用語が使われるようになっている。日本でも，2018年よりグラミン日本としてサービスを開始している。

⬆グラミン銀行の借り手の女性たち（バングラデシュ）　グラミン銀行の借り手のほとんどは女性であり，女性の経済的自立を支えるサービスの一つとなっている。

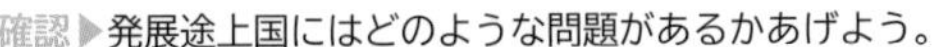
確認▶発展途上国にはどのような問題があるかあげよう。
活用▶南北問題に対して，国際社会はどのような取り組みをおこなっているかまとめよう。

人口問題と食料問題

課題▶先進国の人口減少が進む一方で，発展途上国ではなぜ人口が爆発しているのだろうか。

クローズアップ 発展途上国の人口爆発

世界の人口は急速に増加し，2022年には約80億人となっている。このような状況を**人口爆発**といい，背景には発展途上国の著しい人口増加がある。人口爆発は食料問題をはじめ，貧困問題などさまざまな社会的な問題の要因となっている。

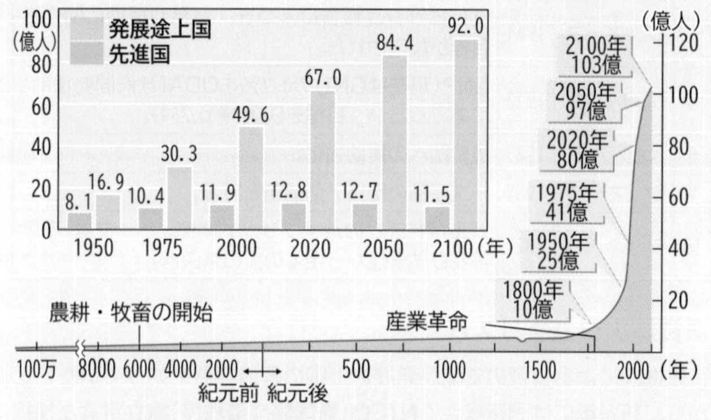

世界人口の増加と先進国・発展途上国の人口の推移(『人口の動向』2023年版ほか) 世界の人口は産業革命以降，急増していることがわかる。

38人の子どもがいるウガンダの女性 アフリカの貧しい地域では，自分の誕生日がわからない人も多く，この女性も1980年前後に生まれたということしかわからないという。12歳頃に結婚し，その後40人程度の子どもを出産。しかし子どもたちの何人かは亡くなり，多くは教育費の未払いで学校に行けず，料理や洗濯，薪拾いをしているという。

水くみのために学校に行けない子ども達(エチオピア) 水道施設が整っていない発展途上国では，家族が使う水を確保するために，長い距離を歩いて水をくみに行かなければならず，子どもたちの多くがこのような仕事を担っている。

日本は少子化で人口が減少している(➡p.210)のに，発展途上国では人口が爆発しているんだね。

人口爆発の背景について，発展途上国の女性や子どもに注目すると，何が見えるのだろう。

1 人口爆発

Q 現在の発展途上国や先進国は，人口転換のグラフのどこにあたるだろうか。

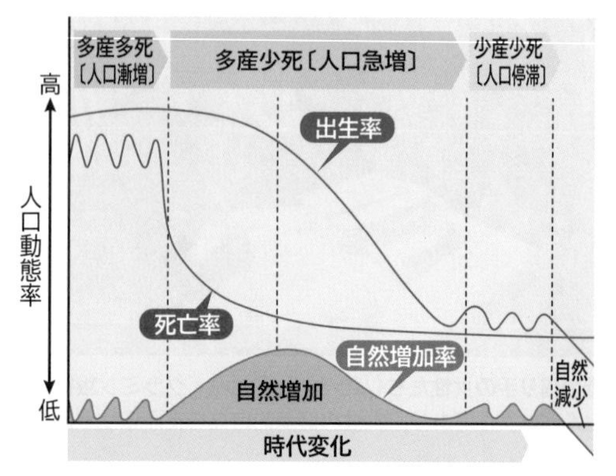

人口転換モデル(内閣府資料)

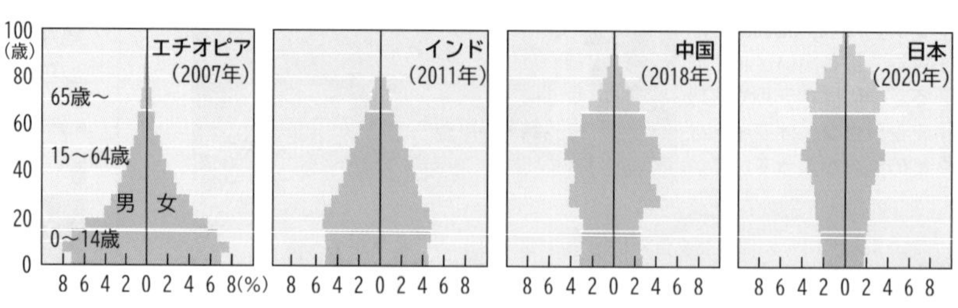

各国の人口ピラミッド(『世界国勢図会』2020/21年版ほか) 男女別に年齢ごとの人口をあらわしたグラフを人口ピラミッドという。多産少死の状況が続くと，人口爆発となる。

解説 **社会の発展にともなう人口の変化** 人口転換モデルは，現在の先進国が経験してきた人口についての変化をあらわしている。社会の発展にともない，人口が多産多死から多産少死を経て，やがて少産少死に変化してきた状況をさす。社会が十分に発展していない段階では，医療衛生状況が悪く，出生率・死亡率ともに高い。社会がしだいに発展してくると，医療衛生状況が改善されて死亡率が低下するのに対し，出生率はすぐには低下しない。この状態が続くと，いわゆる人口爆発となる。現在の発展途上国がこの段階にあるといえる。しかし，さらに社会が発展すると出生率も下がるため，現在の多くの先進国のように少子高齢化(➡p.210)が進むことになる。

プラスα **食料自給率が低くても** 日本は食料自給率が低い(➡p.179)が，それでも食料不足にならないのは，豊かな経済力によって大量の食料(農産物)を輸入できるためである。発展途上国では，食料不足であってもその解消のために穀物を輸入する経済的余裕がなく，飢餓につながってしまう。

2 地図から見る人口・食料問題

Q 下の二つの地図を見くらべて，数値がともに高い地域をさがそう。

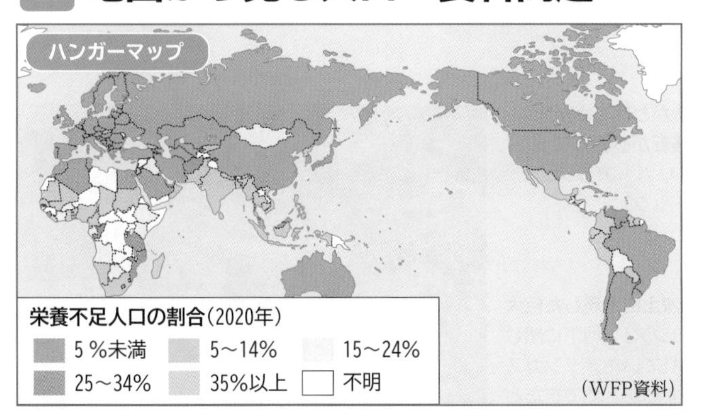

合計特殊出生率

合計特殊出生率(2020年)
2.45未満　2.45～3.13　3.14～3.98
3.99以上　不明
(世界銀行資料)

解説 **飢餓と人口増加**　全人口に占める栄養不足の状態にある人の割合を示すハンガーマップを見ると，アフリカ諸国を中心に深刻な栄養不足になっていることがわかる。一方，一人の女性が一生のうちに産む子どもの数を示す合計特殊出生率の地図を見ると，飢餓が問題になっている地域では，出生率も高いことがわかる。飢餓と人口爆発が結びついている問題を解決するためには，発展途上国の経済発展と社会構造の変革が必要だが，妊娠・出産・避妊などについて女性みずからが決定権をもつとの考え方である**リプロダクティブ・ヘルツ／ライツ**を推進する必要もある。

発展途上国の状況
- 貧困のために子どもが貴重な労働力になっているうえ，社会保障制度が整っていないことから，老後は子どもに頼らざるを得ない。
- 衛生状況が整っていないところでは，幼くして命を落とす子どもも多いため，子どもをたくさんもうけようとする。

女性が結婚や出産のタイミングを自分で決められず，若くして妊娠出産をくり返す場合が多い。

3 飽食と飢餓

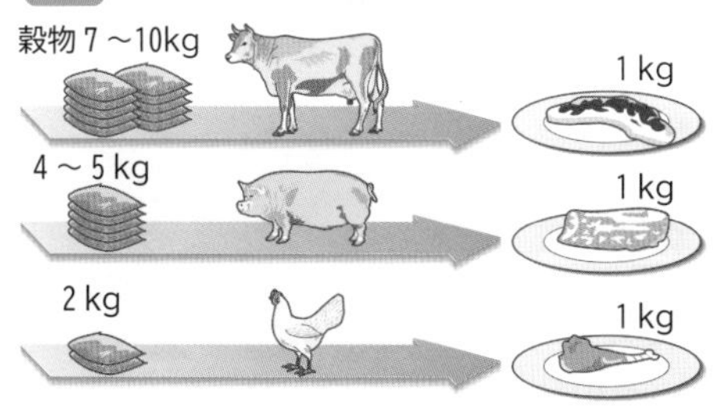

肉1kgをつくるのに必要な飼料

※飼育法などによって数値は変動する。牛を牧草で飼えば穀物消費は少なくてすむが，肉質低下や過放牧による自然破壊といった問題が起こる。

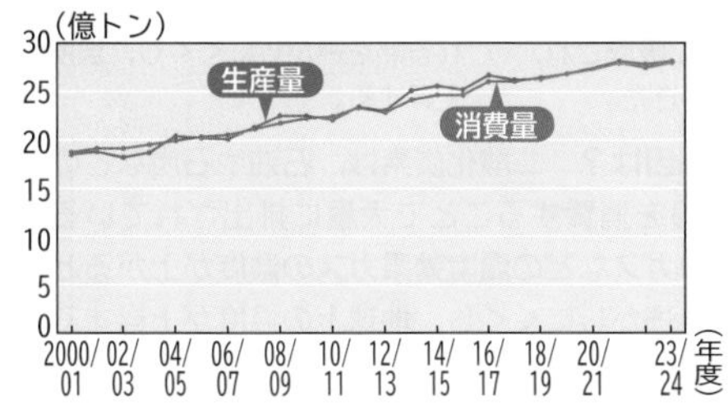

世界の穀物の生産量と消費量の推移
(農林水産省資料)

解説 **飢餓の要因**　世界では，約7億3,500万人が飢餓に苦しんでいるといわれる。世界全体の穀物(こくもつ)の生産量と消費量を見るとほぼ均衡(きんこう)しており，人々が生きるのに十分な穀物が生産されていることがわかるが，なぜ飢餓に苦しむ人がたくさんいるのだろうか。

実は，穀物の多くは家畜(かちく)を太らせるための飼料として利用されている。肉の生産のためにはその何倍もの穀物が必要であり，肉を大量に消費すれば，その分大量の穀物が飼料として消費されることになる。つまり，肉食を中心とした先進国の食習慣が世界の食料問題の原因の一つになっている。また，近年では，バイオ燃料をつくるために消費される穀物量が増えている。バイオ燃料は二酸化炭素の排出削減につながり，地球温暖化対策(➡p.240)として活用が期待されているが，食料問題には大きな影響を与えている。

Topic 中国の「一人っ子政策」の限界

一人っ子政策は，中国で人口増加に歯止めをかけるために1979年に導入された制度である。一組の夫婦がもつ子どもは一人までとする国家による産児制限制度で，この制度によって中国はある程度の人口抑制に成功した。

ところがこのままの状況が続くと，高齢化へのそなえが不十分なまま，急速に少子・高齢社会へ突入することがわかってきた。そこで，中国政府は一人っ子政策を緩和(かんわ)し，2016年に二人まで産んでもよいという制度に変更し，さらに2021年に三人目まで容認する方針を発表した。しかし，制度が変更された後も出生数は増えていない。都市部では教育費が高騰(こうとう)し，二人目の出産に慎重(しんちょう)な家庭が多いとされるうえに，女性の社会進出が進んだことや，子どもをもつという家族観自体が変化していることなどが背景にあると考えられている。

⬆一人っ子政策の厳守(げんしゅ)を求める看板

確認▶人口爆発はどのような地域で起こっているだろうか。
活用▶人口爆発の原因として，学んだこと・調べたことをまとめよう。

経済

地球環境問題

課題▶地球環境問題にはどのようなものがあり，どのような影響を与えているのだろうか。

クローズアップ 永久凍土もとける？～地球温暖化

⬅永久凍土がとけて水が入りこみ，移転が必要になった村（アメリカ・アラスカ州ニュートック）

➡永久凍土に出現した巨大な穴（ロシア）　地下に閉じこめられていたメタンガスが爆発することでできたと考えられている。

現在，地球温暖化の進行によって海面の上昇だけでなく，シベリアや北米大陸に広がる永久凍土（複数年凍結した状態が続く土壌や地盤）が徐々にとけはじめているという。経済発展によって私たちの生活は豊かになるが，一方で，地球温暖化のような地球規模の環境問題が深刻化している。

1 地球温暖化

Q 世界の二酸化炭素の排出量は，どう変化しているのだろうか。その背景には何があるのだろうか。

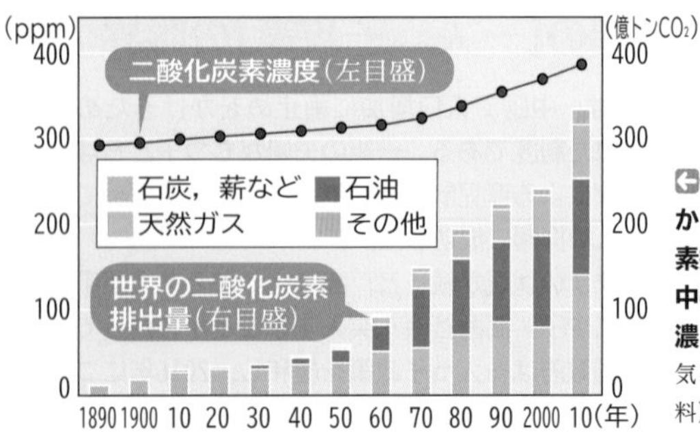

⬅化石燃料などからの二酸化炭素排出量と大気中の二酸化炭素濃度の変化（電気事業連合会資料）

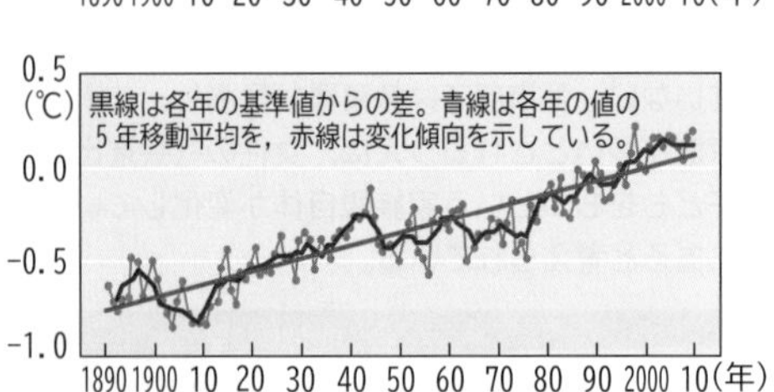

⬅世界の年平均気温の推移（気象庁資料）

地球温暖化のしくみ

太陽からのエネルギーの大部分は地表にあたると宇宙に向け放射されるが，一部は温室効果ガスに吸収され，地表を適度な温度に保ってきた。

二酸化炭素などの温室効果ガスの濃度が上がると，地表から放出される熱を逃がしにくくし，温度が上昇する。

解説 地球温暖化の原因は？　二酸化炭素は，石油や石炭などの化石燃料（➡p.242）を消費することで大量に排出されている。この二酸化炭素やフロンガスなどの**温室効果ガス**の濃度が上がると，地表から放出される熱を逃がしにくくし，地球上の温度が上昇する。これが**地球温暖化**である。

2 酸性雨

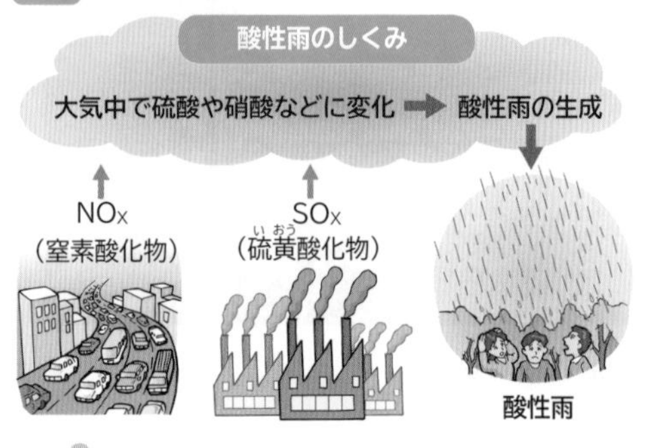

⬆立ち枯れとなった針葉樹（中国）　酸性雨が森に降り続けると，木々が枯れてしまう。

解説 pH5.6以下が酸性雨

酸性雨の原因は，化石燃料を燃やすことで大気中に汚染物質が排出され，それが上空で化学変化を起こし，雨にとけることで発生する。汚染物質は，風とともに移動するため，汚染物質の発生場所から遠く離れたところで酸性雨が降る場合もある。

永久凍土での建築物　永久凍土が広がるところでも，0℃をこえる夏季は，表面がとけしばしば湿地が形成される。このようなところでは，熱が地面に伝わらないようにするために，建築物は地下深くまで差しこんだ支柱の上につくられ高床式となっている。

用語解説 地球温暖化，酸性雨，オゾン層の破壊，砂漠化➡p.284

3 オゾン層の破壊

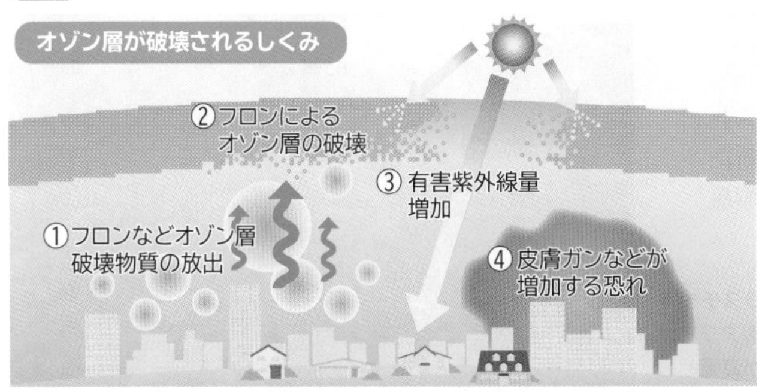

オゾン層のオゾン量が減少すれば，オゾンホールは拡大する。

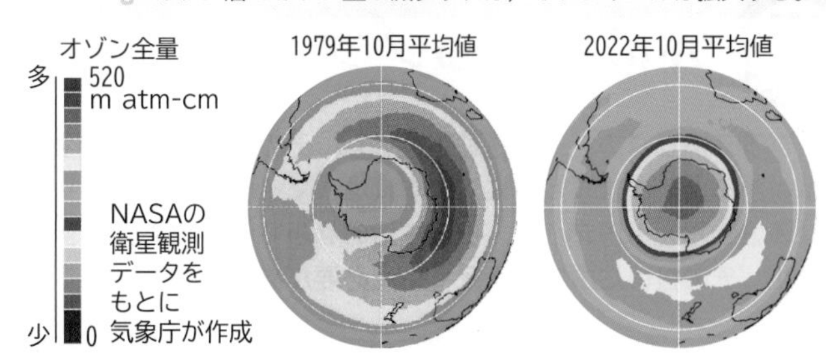

オゾンホールの縮小(気象庁資料)　灰色の部分がオゾンホール。現在南極付近のオゾン層は回復傾向にあると考えられている。

解説 **オゾンは地球の宇宙服**　地上から10～50km上空の成層圏には，オゾンが多く含まれる**オゾン層**がある。オゾンは，太陽からの有害な紫外線のほとんどを吸収するため，地球の宇宙服といわれる。このオゾン層が，エアコンや冷蔵庫に使われていたフロンガスによって破壊されることがわかっている。このため，国際社会は，フロンガスを規制する**モントリオール議定書**を1987年に採択するなどの取り組みを進めた。その結果，南極付近のオゾンホール(オゾン層が薄くなっている箇所)が縮小傾向にあることが確認されている。

4 砂漠化

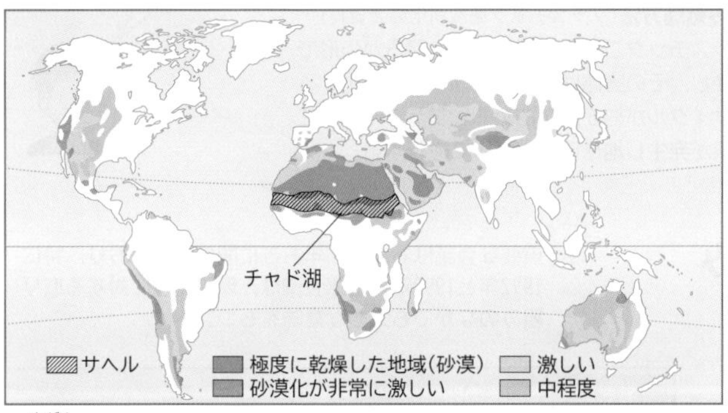

砂漠化が進む地域(国連砂漠化防止会議資料)　砂漠の周辺地域などを中心に，植生が失われ砂漠化が進行している。特に，アフリカのサハラ砂漠の南側のサヘルとよばれる地域で深刻化している。

薪炭材の過剰採取(エチオピア)　発展途上国では，薪は重要な燃料であり，自然に生えている樹木を伐採している。

家畜の過剰放牧(ナミビア)　家畜頭数を増やしすぎると，わずかな緑が食べ尽くされてしまう。これも砂漠化の原因の一つとなっている。

解説 **発展途上国の人口増加(➡p.234)も原因**　**砂漠化**の原因として，地球全体の気候変動が影響していると考えられているが，人為的要因も大きい。薪炭材の過剰採取や家畜の過剰放牧のほか，乾燥した大地に水をまく灌漑によって起こる土壌の塩性化など，燃料や食料を得るための活動が砂漠化の進行を進めている。

5 森林破壊

焼畑による森林破壊(コートジボワール)　焼畑とは森林を燃やし，残った灰を肥料として使う伝統的な農法。雨が多い地域では，森林は10年ほどで再生するので，そのバランスをとりながらおこなわれてきた。しかし近年，人口増加のためにバランスが崩れ，森林破壊につながっているところもある。

解説 **森林破壊と野生生物種の減少**　森林は，さまざまな生物が生息する場であるとともに，二酸化炭素を吸収し，酸素を供給する「地球の肺」の役割も果たしている。しかし，焼畑や木材の伐採など，人類が経済発展のために木材を過剰に使用してきたため，大規模な熱帯林の減少が起きている。これにより，地球温暖化や多くの生物種の減少(➡p.46)につながっている。

6 海洋汚染

モーリシャス沿岸で座礁した貨物船(➡p.150)　2020年に日本企業の貨物船が座礁し，約1,000トンの重油が海に流出した。

解説 **進行する海洋汚染**　海にはさまざまな汚染物質が排出される。プラスチックなどのごみ(➡p.238)や工場排水が陸上から流出してくる場合もあるが，船舶や海底油田などの事故によって，原油などが流出する場合もある。海洋汚染によって，生態系(➡p.46)の破壊など深刻な環境破壊がもたらされる。

確認▶地球環境問題の具体例をあげよう。
活用▶地球環境問題の原因にはどのような特徴があるか考えよう。

私たちの地球を守るために

課題▶地球環境を守るために，国際社会はどのような取り組みをおこなっているのだろうか。

クローズアップ 世界に広がるプラスチック汚染

プラスチックのごみは処理が難しく，そのリサイクルには多額のコストがかかる。そのまま海洋に流出すれば，マイクロプラスチックという新たな環境問題を引き起こす。日常生活のなかで頻繁(ひんぱん)に使うプラスチック製品だが，その扱いについて考えていく必要がある。

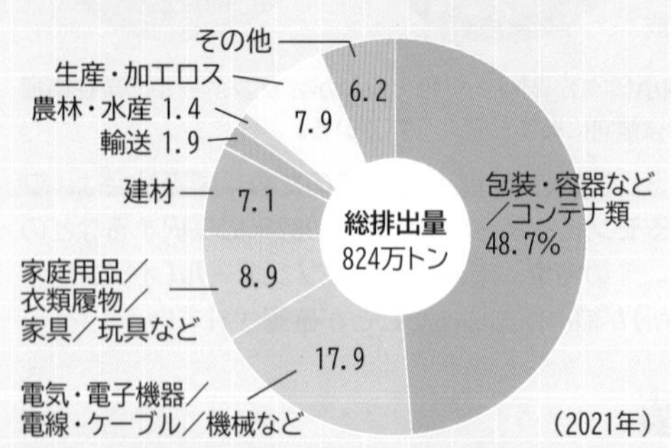

⇧日本で発生するプラスチックごみの内訳(プラスチック循環利用協会資料)　最も大きな割合を占めているのは容器包装で，全体の約5割を占める。このため，レジ袋の有料化や使い捨てストローやスプーンの見直しなど，削減への取り組みが進んでいる。

⇨マレーシアの違法プラスチック処理施設　日本から東南アジア諸国にプラスチックごみが資源として輸出されている。なかには違法処理施設に運ばれて放置されているものもあり，問題となっている。

(2021年)

サーマルリサイクル	再生利用	単純焼却・埋め立て	その他
62.0%	21.5	13.1	3.5

⇧日本のプラスチックごみ処理方法(プラスチック循環利用協会資料)
日本で排出されているプラスチックごみの8割以上は，何らかの形で有効利用されている。しかし，その実態は，ごみを燃やして発生する熱を利用するサーマルリサイクルが約6割を占める。プラスチックごみを燃やせば，二酸化炭素が発生し地球温暖化対策に逆行する。

プラスチックは便利だけれど，社会全体としては大きな負担になっているんだね。

1 地球環境問題に対する国際的な取り組み

1971	ラムサール条約●水鳥とその生息地の湿地(しっち)保護 生・自 (➡3)
1972	**国連人間環境会議**(ストックホルム)
	●「かけがえのない地球(only one earth)」をスローガンに**人間環境宣言**を採択
	●UNEP(国連環境計画)を設立(1973年)本部：ナイロビ
	世界遺産条約 生・自 (➡2)
1973	ワシントン条約●絶滅の恐れのある野生動植物の保護
1982	ナイロビ国連環境会議
1987	モントリオール議定書 オ
	●オゾン層破壊の原因であるフロンガス規制(➡p.237)
1989	バーゼル条約 廃 ●有害廃棄物(はいきぶつ)の越境(えっきょう)移動の規制
1992	**国連環境開発会議(地球サミット)**(リオデジャネイロ)
	●「持続可能な開発」を基本理念として，気候変動枠(わく)組み条約(➡p.240)，生物多様性条約，リオ宣言，アジェンダ21などを採択
1994	砂漠化防止条約 砂
1997	**地球温暖化防止京都会議**(京都) 温
	●温室効果ガス排出量削減目標を定めた**京都議定書**を採択(2005年発効(はっこう))
2002	**持続可能な開発に関する世界首脳会議(環境・開発サミット)**(ヨハネスブルグ)
2010	国連生物多様性条約第10回締約国会議(名古屋) 生・自
	●遺伝資源の利用と利益配分を定めた**名古屋議定書**を採択(2014年発効)
2012	国連持続可能な開発会議(リオ＋20)(リオデジャネイロ)
2015	第21回気候変動枠組み条約締約国会議(パリ) 温
	●すべての締約国が参加する温室効果ガス削減の新たな枠組み(**パリ協定**)を採択(2016年発効)

地球環境問題の各分野に対する取り組み
温…地球温暖化　オ…オゾン層の破壊　砂…砂漠化
生・自…生物種の保護，自然保護　廃…有害廃棄物

重要な会議はおよそ10年おきに開催されており，特に1972年と1992年の国際会議は，環境問題に対する取り組みのなかでも大きな意味をもつ。

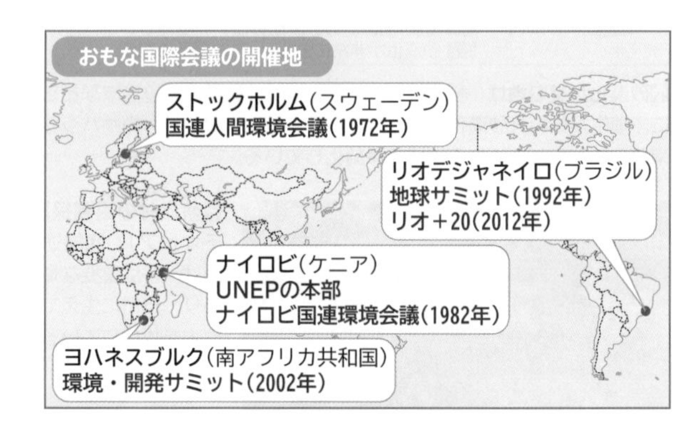

⇦国連人間環境会議(1972年，スウェーデン)　環境問題が初めて国際的に検討された。

解説　**地球環境問題に対する国際的な取り組み**　現在は国境をこえた地球環境問題が深刻化しており，世界全体が協力しなければ対応できない問題が多い。現在，地球環境問題に対する国際的な取り組みは，**UNEP(ユネップ)(国連環境計画)**を中心に進められている。

プラスα　**日本のプラスチック削減の取り組み**　2020年からレジ袋の有料化が小売店に義務づけられ，レジ袋の辞退率は約8割となった。その一方で，オンラインショップではレジ袋の売り上げが大幅に増えているという。生ごみを捨てる時など，家庭でレジ袋が再利用されていたことが大きい。

2 世界遺産を守る

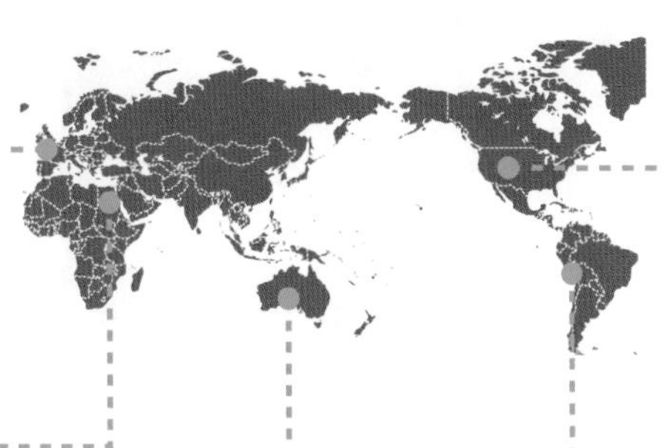

2022年５月現在，世界遺産条約加盟国：194か国
(日本は1992年に加盟)
世界遺産リストに登録されている世界遺産：1,199
(文化遺産933，自然遺産227，複合遺産39)

モン・サン=ミシェル(フランス)　フランス西部の湾に浮かぶ小島に立つ修道院。かつては要塞として利用されていた。

グランドキャニオン(アメリカ)　コロラド川がコロラド高原を侵食して形成された峡谷。谷の深さは最高1,800mに達する。

アブ・シンベル神殿(エジプト)　この神殿の保存運動がきっかけとなり，世界の貴重な遺産を開発などから守る世界遺産が創設された。

ウルル-カタ・ジュタ国立公園(オーストラリア)　ウルル(別名エアーズロック)は世界最大級の一枚岩。先住民アボリジニの聖地の一つでもある。

マチュピチュ(ペルー)　標高約2,000mの高地にあるインカ帝国時代の遺跡。周囲を断崖や山で囲まれており，遺跡となった後の発見が遅れた。

解説 **世界遺産とは**　**世界遺産条約**(世界の文化遺産及び自然遺産の保護に関する条約)に基づき，人類にとって普遍的な価値をもつものが登録される。文化的な価値のあるものを「文化遺産」，自然的に価値があるものを「自然遺産」とよび，両方の価値を兼ねそなえるものを「複合遺産」とよぶ。条約に加盟している締約国は，必要な立法・行政措置や国内機関の設置が求められるため，世界遺産の指定は世界の普遍的価値をもつ物件を守ることにつながる。

3 ラムサール条約

ラムサール条約登録地の釧路湿原(上)とタンチョウ(左)

解説 **水鳥と湿地の保護のために**　**ラムサール条約**の正式名称は，「特に水鳥の生息地として国際的に重要な湿地に関する条約」といい，水鳥の生息地保全のために，湿地の生態系と生物多様性の保護を目的としている。保護の対象は，一般的な湿地だけでなく，湖や池，河川，海岸なども含まれる。

Topic 危機から救われた世界遺産

武力紛争や開発などによって重大な危機にさらされている世界遺産は，「危機にさらされている世界遺産リスト(危機遺産リスト)」に登録され，危機を取り除く努力がなされる。カンボジアのアンコール・ワットも，内戦によって施設内の仏像などが破壊され，1992年に世界遺産に登録されると同時に危機遺産に登録された。しかしその後，日本やフランスが積極的に修復支援をおこない，2004年に危機遺産から解除された。

アンコール・ワット(カンボジア)

確認▶地球環境を守るためのおもな国際会議をあげよう。
活用▶地球環境保全のために，日本はどのような役割を果たすことができるか考えよう。

高潮で冠水したマーシャル諸島マジュロ環礁のエジット島 地球温暖化による海面上昇は急激なスピードで進行している。このままでは，標高の低い島の水没や大規模な水害の頻発などが予測されている。

いまを読み解く

地球温暖化にどのような対策がとられているのだろうか

人類は，豊かな社会をつくるために大量の化石燃料を消費し，大量の温室効果ガスを排出してきた。その結果，地球温暖化が進行し，温暖化を原因とする異常現象が各地で起きるなど取り返しのつかない事態に発展しつつある。地球温暖化を止めるために，国際社会はどのような対策をとるべきだろうか。

課題の把握 地球温暖化の現状と国際的な取り組み

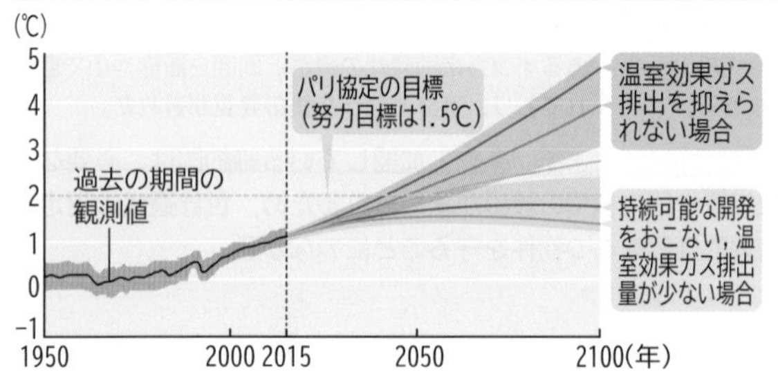

世界平均気温の変化(IPCC資料)

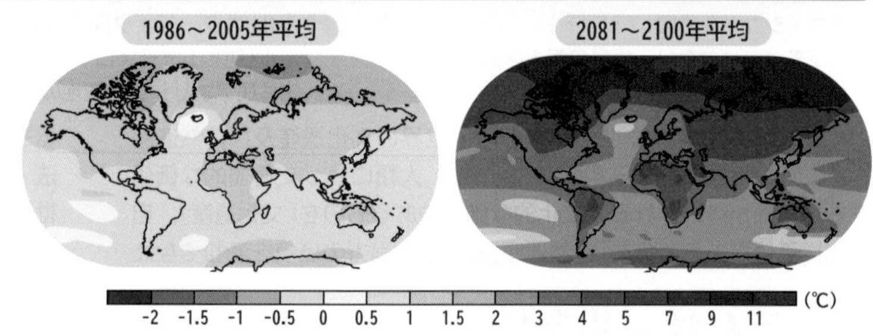

年平均地上気温変化(IPCC資料)

国際的な温室効果ガス排出抑制のためのルールづくり

1992年 **国連環境開発会議(地球サミット)**……気候変動枠組み条約調印
➡以降，この条約の参加国による会議で国際的な取り組みが検討

1997年 **京都議定書**……2020年までの地球温暖化対策の目標
- 先進国のみに排出抑制義務(先進国に不公平感➡一部の国が離脱)
- 削減目標を達成しやすくする**排出権取引**の制度が導入

2015年 **パリ協定**……2020年以降の地球温暖化対策の目標
- すべての国が排出抑制の計画を立てて独自に目標を提出
- 排出権取引など京都議定書で導入された制度を活用

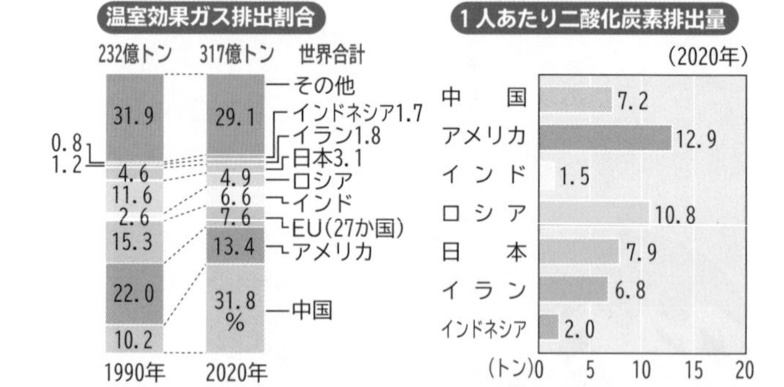

各国の温室効果ガス排出割合と1人あたり二酸化炭素排出量(環境省資料ほか)

解説 **IPCCによる予測** **IPCC(気候変動に関する政府間パネル)**は地球温暖化について科学的な分析をおこなう国際機関である。そのIPCCが2021年に出した報告書によれば，大気中の二酸化炭素濃度は一貫して増加しており，今後有効な温暖化対策が実施されなければ，今世紀末には，気温上昇は最大約5℃に達する恐れがあるというものだった。

京都議定書は，地球温暖化に対する初めての国際的取り決めであったが，発展途上国に二酸化炭素排出削減義務が課せられておらず，二酸化炭素排出量の多いアメリカも途中離脱したため，きわめて不十分な対策となった。**パリ協定**は，削減目標の達成義務は課せられないものの，すべての国が参加する国際的枠組みをつくることができた。

用語解説 京都議定書，パリ協定，排出権取引，炭素税➡p.284

考える視点 A 新エネルギーの利用拡大と課題

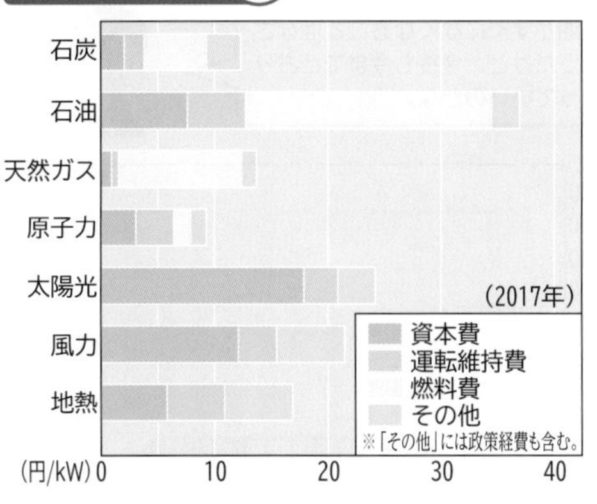

発電コストの比較(資源エネルギー庁資料)　燃料費が大きくかかる石油が最も発電コストが高い。太陽光や風力は燃料費がかからないが，施設を設置する際にかかる費用である資本費が高い。

太陽光パネル(鳥取県)

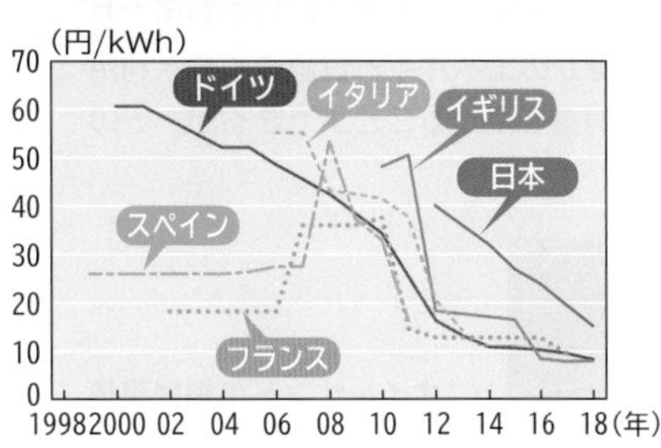

太陽光発電の国際比較(資源エネルギー庁資料)

解説 **新エネルギーの発電コスト**　太陽光や風力などの新エネルギー(➡p.245)は，二酸化炭素を排出しないため，その利用拡大は温暖化対策に有効である。新エネルギーの問題点として従来から指摘されていた発電コストが高いという点も，技術革新などによって克服されようとしている。新エネルギーは自然状況に左右されるため，電気の安定供給という点に不安があるが，ほかの発電方法と組みあわせることによって供給量を拡大させていけば，きわめて有効な温暖化対策となると考えられている。

考える視点 B 温室効果ガスの排出量削減に有効な制度の導入

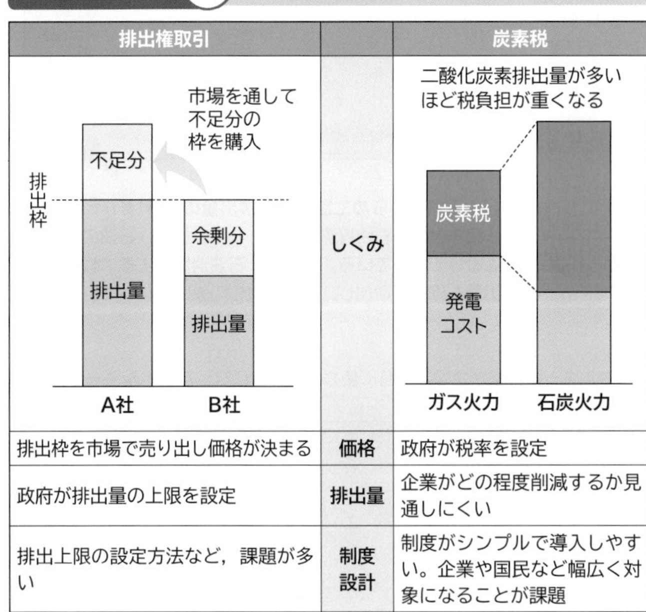

排出権取引		炭素税
市場を通して不足分の枠を購入 不足分／排出枠／排出量／余剰分／排出量 A社　B社	しくみ	二酸化炭素排出量が多いほど税負担が重くなる 炭素税／発電コスト ガス火力　石炭火力
排出枠を市場で売り出し価格が決まる	価格	政府が税率を設定
政府が排出量の上限を設定	排出量	企業がどの程度削減するか見通しにくい
排出上限の設定方法など，課題が多い	制度設計	制度がシンプルで導入しやすい。企業や国民など幅広く対象になることが課題

排出権取引と炭素税(日本経済新聞資料ほか)　排出権取引と炭素税は負担のしくみが異なる。排出権取引では，排出許容量をオーバーした国や企業は，オーバー分の排出量を購入する。高い技術をもった国や企業は，その能力を生かし排出許容量を下回るように努力し，あまった分を販売することで利益をあげようとするので，地球温暖化対策になると考えられている。

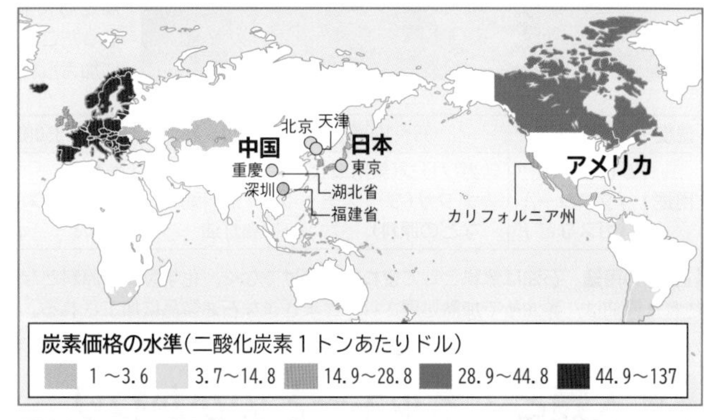

排出権取引と炭素税の導入状況(世界銀行資料ほか)　炭素の価格は国や都市によって異なる。世界銀行はパリ協定の達成のためには，各国の炭素価格の水準を二酸化炭素１トンあたり40～80ドル程度にする必要があるとしており，現在の状況では目標の到達が厳しいことがわかる。

解説 **二酸化炭素排出抑制のために**　二酸化炭素排出を抑制する有効な手段に，排出される炭素に値段をつける**カーボンプライシング**がある。その代表的な方法には，**排出権取引**と**炭素税**がある。このうち排出権取引は，京都議定書の時に導入され，パリ協定にも生かされており，排出抑制に有効な排出権取引のルールの確立が期待されている。日本では炭素税にあたるものとして，地球温暖化対策税が導入されている。地球温暖化対策税の税率は低く，パリ協定の目標達成にはほど遠いが，その値上げには産業界からの強い反対がある。

経済

ふりかえり

　地球温暖化は着実に進行し，このままでは世界が取り返しのつかない状況になってしまう。現在までに，さまざまな国際的な取り組みがおこなわれてきており，京都議定書やパリ協定などの成果もあがっている。しかし，現状では気温の上昇を食い止めることができていない。各国において，積極的な新エネルギーの利用拡大や排出権取引の有効的な導入などによって，地球温暖化を止める努力を続けなければならない。

視点A▶新エネルギーを拡大させることは，地球温暖化対策にとってきわめて有効な手段である。高い発電コストや不安定な供給などの課題を克服していくことが期待されている。

視点B▶カーボンプライシングは，地球温暖化対策にとって有効な手段で，特に排出権取引は京都議定書に導入され，パリ協定でも活用されている。

まとめる 地球温暖化にどのような対策がとられているのか，まとめよう。

発　展 新エネルギーや排出権取引の利用拡大のためにどのような条件や環境が必要か，考えよう。

資源・エネルギー問題

課題▶今後も石油などの化石燃料に依存し続けてよいのだろうか。

クローズアップ 石油の可採年数と消費

石油がすぐになくなることはなさそうだけど，今後も今までどおり使っていいのかな。

可採年数とは，技術的・経済的に利用できる確認埋蔵量を，年間の消費量で割った数字である。1970年代には原油の可採年数は約30年だった。しかし，その後の採掘技術の進歩や新しい油田の発見で確認埋蔵量が増加したため，可採年数は以前より長くなり，最近では50～60年の間で推移している。石油は一次エネルギーとして利用されるうえ，さまざまな化学製品の原料になる点で，ほかのエネルギー資源にくらべ利用価値が高い。可採年数は低下しておらず，今後も消費し続けることができるが，その消費は地球温暖化の原因となる(➡p.236)。

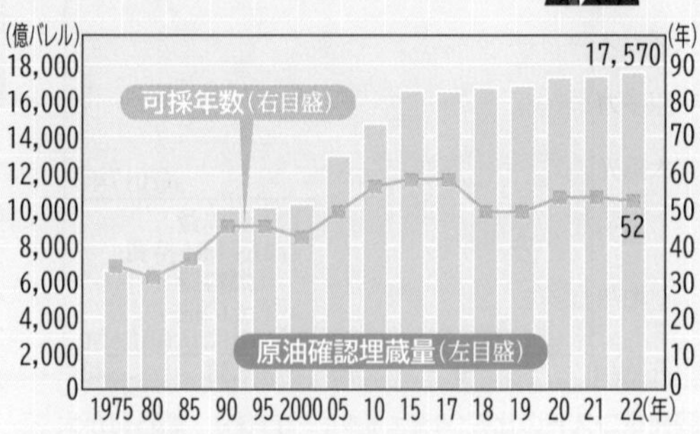

⬆**石油の確認埋蔵量と可採年数の推移**(石油連盟資料)

⬅**オイルサンドの採掘現場**(カナダ) オイルサンドとは，冷えると固まるタール状の油がまじった砂のこと。大量の熱湯で油を分離させる。技術革新によって，新たに石油として利用できるようになったことから，確認埋蔵量に加えられている。

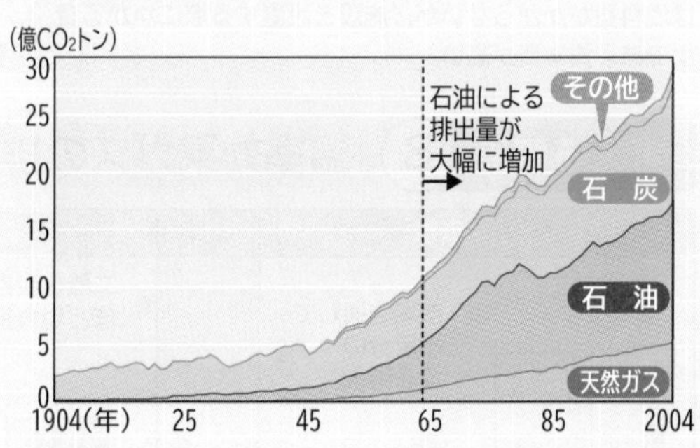

⬆**化石燃料からの二酸化炭素排出量の推移**(農林水産省資料)

毎年大量の石油資源が消費されているが，石油の可採年数はむしろのびている。ただし，石油消費による二酸化炭素排出量も確実に増加し，地球温暖化の原因となっている。

温度	35度以下	35～180度	170～250度	240～350度	350度以上
用途	●LPガス(タクシー，ガスなど)	●ガソリン(乗用車など) ●ナフサ(プラスチックなどの原料)	●ジェット燃料油 ●灯油	●軽油(トラックなど)	●重油 ●アスファルト

⬆**石油の用途** 石油は燃料として使われるだけでなく，化学製品の原料となる。地下から採掘された原油は，製油所で加熱処理され，さまざまな石油製品に加工される。

1 人類とエネルギーとのかかわり

Q エネルギー消費量が急増した時に使われるようになったエネルギーは何か。

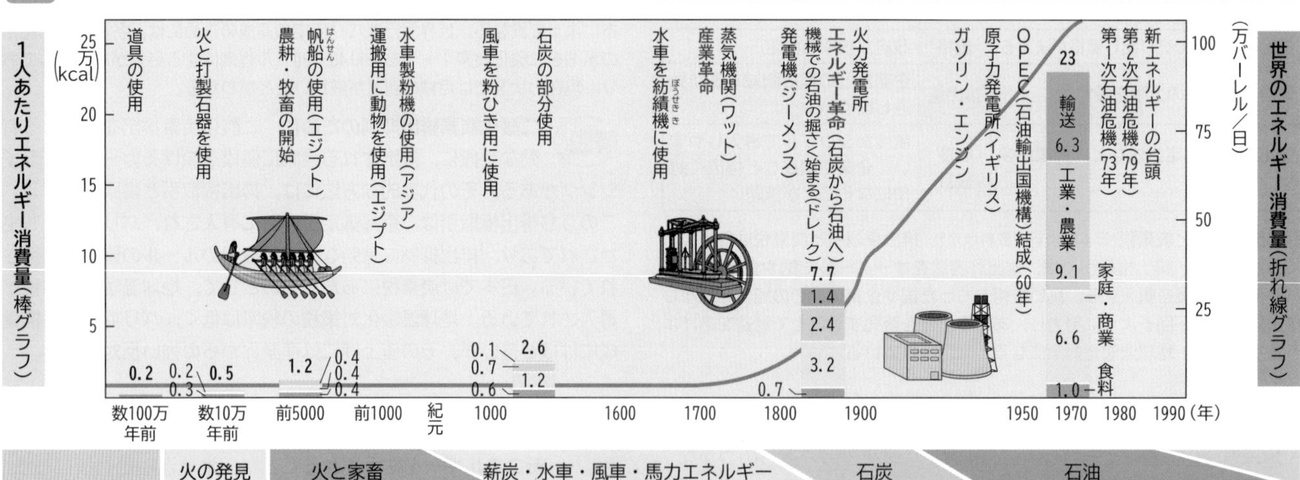

(総合研究開発機構「エネルギーを考える」ほか)

解説 **人類とエネルギー** 18世紀後半からヨーロッパで始まった産業革命と**化石燃料**(石炭，石油，天然ガス)の使用をきっかけとして，エネルギーを大量消費する社会ができあがった。現在，消費されるエネルギーの大部分は化石燃料や，それによってつくられた電力である。

一次エネルギー……自然界に存在し形を変えないで利用するエネルギー。〔例〕水力，風力，石油，石炭，天然ガス
二次エネルギー……一次エネルギーを加工・変形させたエネルギー。〔例〕電力，液化天然ガス

プラスα **石油は何からできたの？** 何億年も前に海にいたプランクトンの死がいが海の底にたまり地中に埋もれた後，長い時間をかけて熱や圧力を受けてできたものと考えられている。

用語解説 化石燃料，シェール革命➡p.284

2 世界の石油の状況

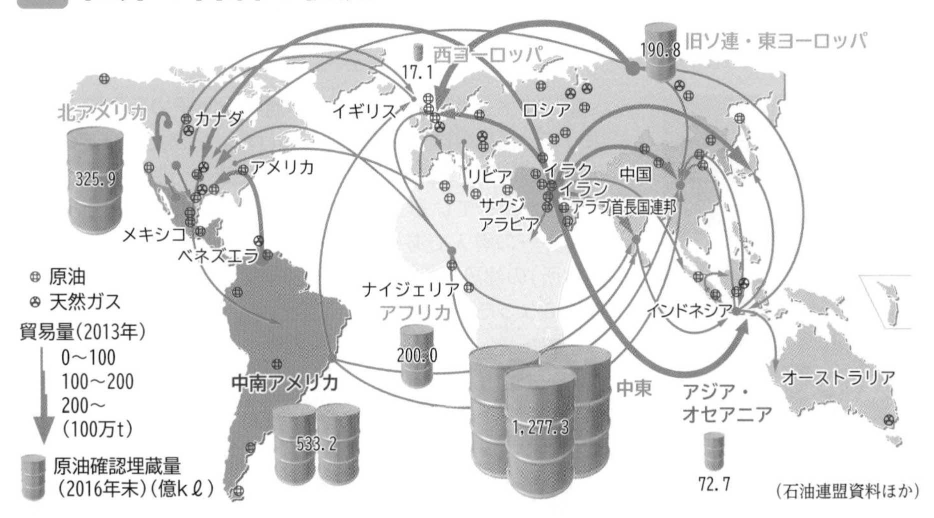

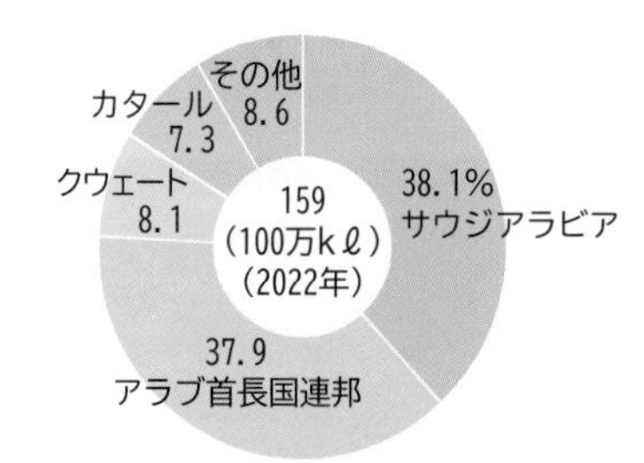

日本の原油輸入先(『日本国勢図会』2023/24年版)

解説 **高い中東依存度**　現在，世界では大量の原油が中東地域から世界に輸出されている。特に日本は，中東からの輸入に依存しており，その割合は輸入量全体の90%を占める。

3 世界のエネルギー供給量

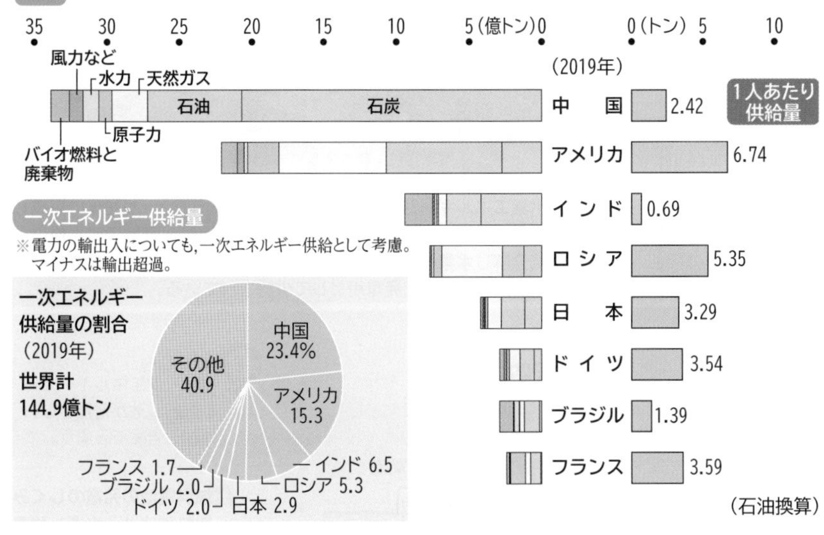

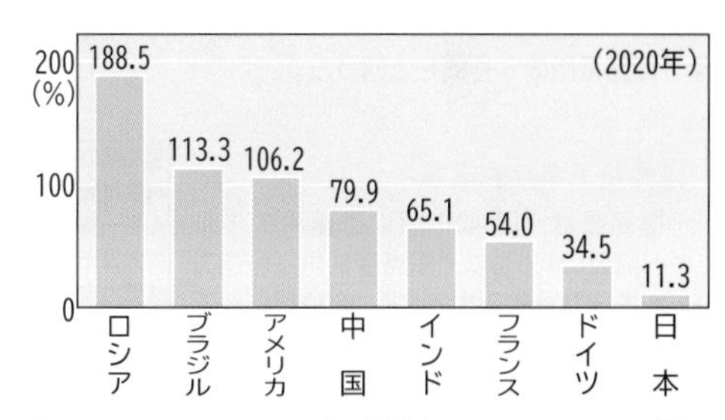

主要国の一次エネルギー自給率(『世界国勢図会』2023/24年版)

解説 **世界のエネルギー供給の特徴**　エネルギー供給量全体で比較すると，中国はアメリカの約1.5倍のエネルギーが供給されているが，1人あたり供給量で比較すると，アメリカは中国の約3倍にのぼる。また，日本のエネルギー自給率は主要国のなかでも低く，輸入に依存している。

Topic シェール革命の現在

シェールとは，頁岩(けつがん)という薄くはがれやすい性質をもつ岩石のことである。アメリカではこのシェール層内の資源の開発が進み，そこから採掘される天然ガスや石油(シェールガス・シェールオイル)の量が2000年代後半から大幅に増加した。天然ガスの輸入国であったアメリカが輸出国に転ずることで，世界経済に大きな影響を与え，**シェール革命**とよばれた。

ところが，2020年の新型コロナウイルス感染症の世界的な拡大(➡p.225)で，人の移動が制限されたため，原油の需要と価格が大幅に低下してしまい，シェールガスやシェールオイルの採掘をおこなっている企業の業績が悪化し，破綻する企業も出ている(➡p.256)。

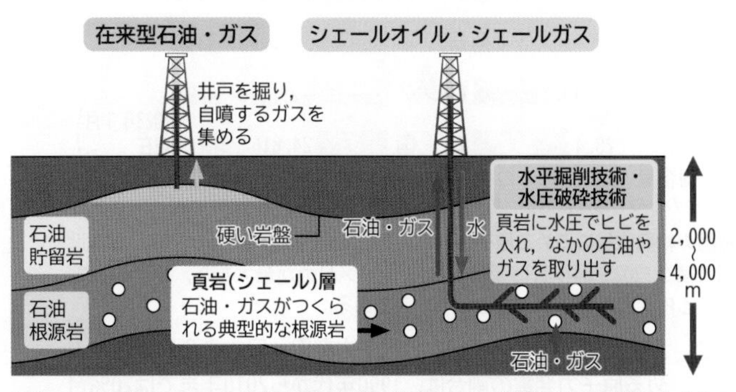

シェールガス・シェールオイルの採掘　地下の深い位置にある頁岩のなかに閉じこめられているため，その採掘は困難だった。新しい採掘技術の確立で本格的な生産が可能になったが，採掘コストが高いため，石油や天然ガスの国際価格が下がると採算があわなくなる。

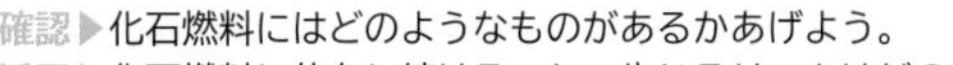
確認▶化石燃料にはどのようなものがあるかあげよう。

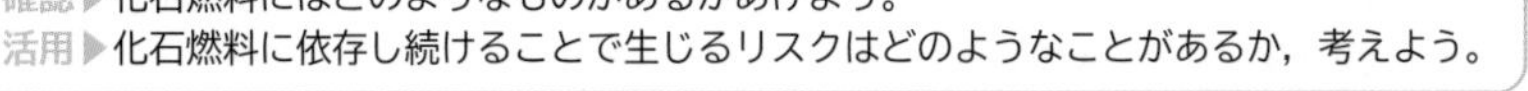
活用▶化石燃料に依存し続けることで生じるリスクはどのようなことがあるか，考えよう。

資源問題の解決をめざして

課題▶新エネルギーを活用した社会をつくるためには，どのようなことが課題になるだろうか。

クローズアップ 次世代の「新エネルギー社会」の創造～福島の挑戦

福島県の浜通りに設置されたメガソーラー（福島県富岡町）　このメガソーラーの完成で，福島県内のメガソーラーの最大出力は，爆発事故を起こした福島第一原子力発電所の３号機を上回った。

東日本大震災の時に起きた福島第一原子力発電所事故によって，福島県は大きな打撃を受けた。いまだに立ち入り禁止などの制限区域が残るなか，さまざまな分野で復興に向けた動きが起きている。その一つが，原発にかわる再生可能エネルギーの導入である。県内にメガソーラー（大規模太陽光発電所）の建設が進められ，2020年にはその発電能力が全国首位になった。

福島県のチャレンジは，同じ試みを進めようとしているほかの地方公共団体にとっていいモデルになるね。

福島新エネ社会構想

福島県は，「2040年頃には県内エネルギー需要の100%以上相当量を再生可能エネルギーから生み出すこと」を目標にしている。国や県，研究機関，企業，電力会社や再生エネルギーの業界団体などが参加し，計画が進められている。

写真提供：新エネルギー・産業技術総合開発機構(NEDO)

福島水素エネルギー研究フィールド（福島県浪江町）　2020年に完成した世界最大級の水素製造装置をそなえた施設。太陽光発電設備を使い，水を電気分解し水素を生成する。ここでつくられた水素は，燃料電池をそなえた公共施設などに発電用として供給されている。

1 原子力発電 →p.246

総発電量に占める割合	国	設備容量
17.9(%)	アメリカ	98,420(千kW)（92基）
63.0	フランス	64,040(56基)
4.7	中国	55,596(53基)
5.0	日本	33,083(33基)※
19.2	ロシア	29,510(34基)
28.4	韓国	24,816(25基)

（2022年）　（2023年１月現在）

(注)設備容量は運転中のものを示す。(　)内は運転中の基数。
※停止中のものも含んだ数値。廃炉予定のものは除く(→p.246)

各国の総発電量に占める原子力発電の割合と原子力発電所の設備容量（『世界国勢図会』2023/24年版）　設備容量ではアメリカが最大だが，原子力発電に対する依存度が最も高いのはフランスである。

解説 **見直しをせまられる日本の原子力発電**　日本の全発電量に占める原子力発電の割合は，1990年代から2010年までは20%台であり，主要電源の一つであった。しかし2011年の福島第一原子力発電所の事故をきっかけに，ほとんどの原子力発電所は運転を停止し，現在も運転を再開していないところが多い。原子力発電に依存しない社会の構築のために，エネルギー政策の見直しが求められている。

2 燃料電池

Q クリーンエネルギーである燃料電池が普及しない理由を考えてみよう。

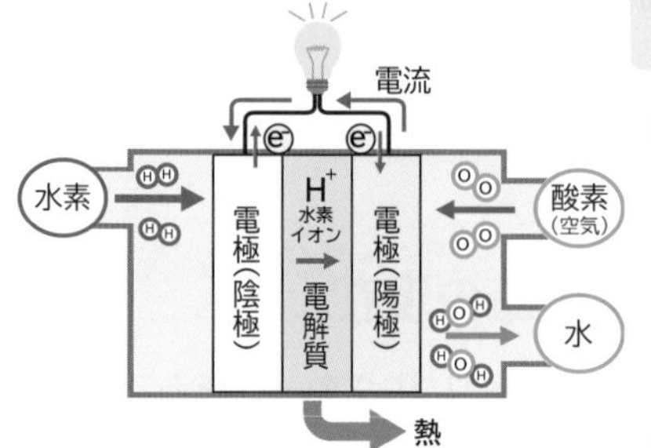

燃料電池の発電のしくみ
燃料電池は，水素と酸素を電気化学反応させることにより電気を発生させるしくみ。電池という名前がついているが，充電した電気をためておくものではなく，発電装置の一つである。

燃料電池自動車　発電装置として燃料電池を搭載した自動車が開発されている。

解説 **クリーンエネルギーの燃料電池**　燃料電池は，水素を燃やさずに，酸素との化学反応により電気を直接取り出す。そのため排出されるのは水だけで二酸化炭素などの有害な排出物がなく，地球温暖化対策にきわめて有効である。しかし燃料電池の燃料となる水素は，化石燃料である天然ガスを加工してつくるのが一般的である。

プラスα **普及が進まない燃料電池車**　日本の燃料電池車の保有台数はわずか6,981台(2021年)。燃料電池車の価格が一般のガソリン車にくらべかなり高額であるうえ，燃料を補給するための水素ステーションが少ないことなどが原因となっていると考えられる。

➡p.284

3 おもな新エネルギー

新エネルギーは，発電に際し二酸化炭素を排出せず，多くは発電に必要な原料を購入する必要もない。

太陽光発電

世界最大級のメガソーラー(アメリカ)

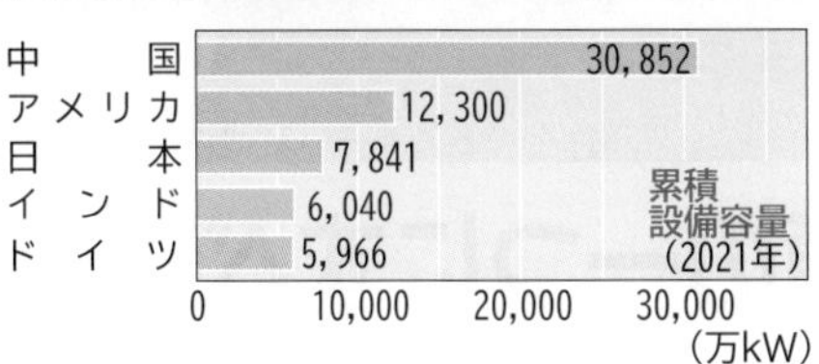

太陽光発電は日射量の多い地域での利用が進んでおり，なかにはメガソーラーとよばれる大規模発電施設もつくられている。小規模な設備でも発電できるため，一般家庭にも広く普及している。

風力発電

世界最大の洋上風力発電所(イギリス)

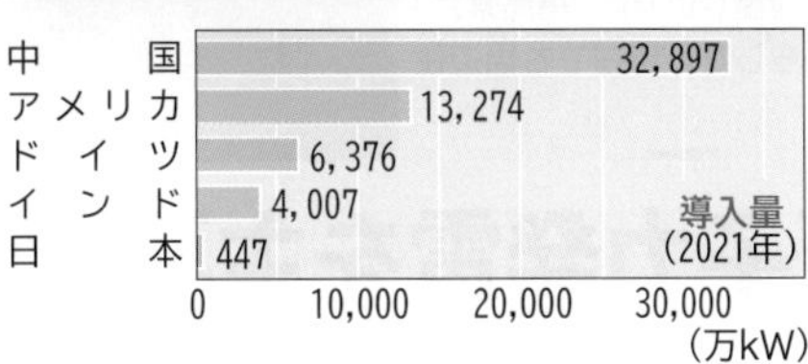

風車をまわし発電する風力発電は，電力への変換効率が高く，年々建設コストが低下していることから，新エネルギーのなかでは世界で最も多く利用が進んでいる発電方式である。

地熱発電

地熱発電所と発電所から出る熱水を利用した温浴施設(アイスランド)

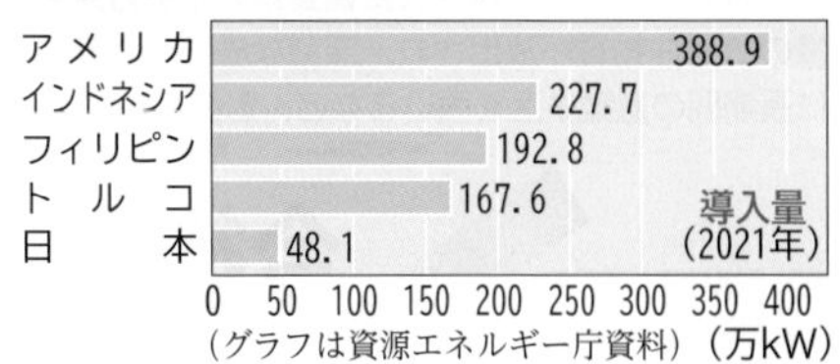

(グラフは資源エネルギー庁資料)

地熱発電は，地下にある高温・高圧の蒸気などを利用して発電する。火山国である日本では有望だが，地熱を得られる場所の多くが国立公園内にあって発電場所が限定されるなどの問題が指摘されている。

バイオマス発電

木質チップを活用したバイオマス発電所(フィンランド)

生物に由来するエネルギーで，家畜の糞尿や製材工場の残材などのような廃棄物を原料として発電する場合と，サトウキビやとうもろこしなどの農作物から原料を得て発電する場合がある(➡p.235)。

小水力発電

小水力発電施設(長野県須坂市)

水力発電のなかでも，ダムに併設される大規模なものとは異なり，中小河川や用水路などの水流を利用しておこなう小規模な水力発電。設置に際して費用があまりかからないという利点がある。

■日本の新エネルギー発電電力量の推移

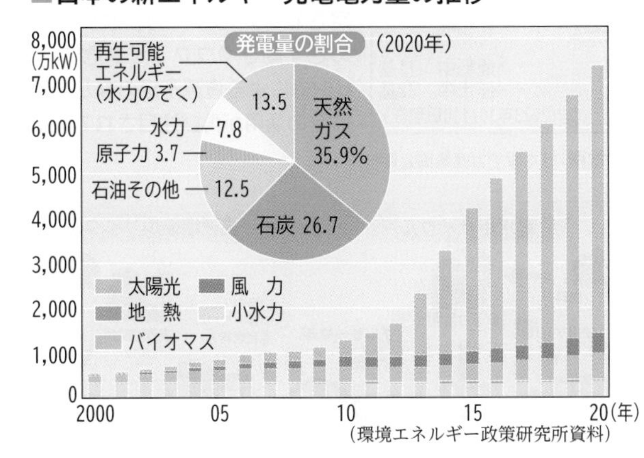

(環境エネルギー政策研究所資料)

解説 **日本の新エネルギー**　再生可能エネルギーで発電した電気を，電力会社が一定価格で一定期間買い取る**固定価格買取制度**が導入された2012年以降，新エネルギーの発電量が飛躍的に増加した。しかし，発電量全体に占める割合は，大規模水力発電を除けば約7％にすぎない。

Topic スマホはレアメタルの宝庫

スマートフォンや携帯電話は，多くの人にとってなくてはならないものになっている。平均3～4年で買いかえられるため，廃棄されたり，使われなくなった機器が毎年大量に発生する。これらの機器のなかにはさまざまな**レアメタル**(希少金属)が潜在しており，このような金属資源は「都市鉱山」といわれ注目されている。資源の乏しい日本にとって，スマートフォンなどの適切な回収・再資源化はきわめて重要である。2013年からは小型家電リサイクル法が施行され，再資源化の促進がはかられている。

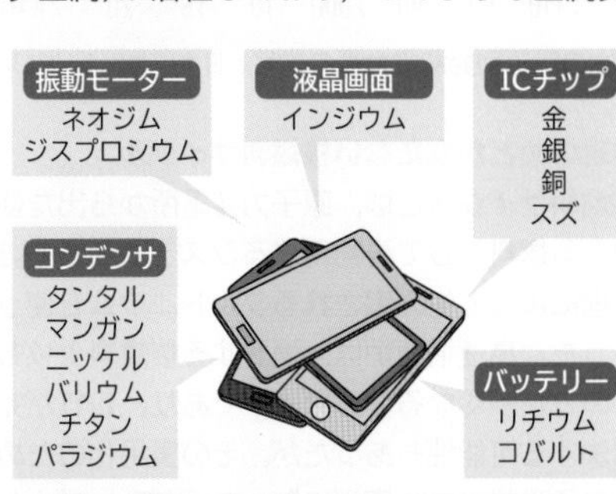

スマートフォンに使われているレアメタル(産業技術総合研究所資料)

確認▶再生可能な新エネルギーの種類をあげよう。
活用▶新エネルギーの普及をはかるために私たちにできることを考えよう。

原子力発電所が事故を起こした場合，取り返しのつかないことになるんだね。

水素爆発によって破壊された福島第一原子力発電所の建屋(2011年，福島県)
大量の放射性物質が放出され，深刻な放射能汚染をもたらした。現在でも周辺住民に長期間の避難生活を強いるなど，影響は続いている。

今後も原子力発電を主要電源の一つにすべきか

原子力発電は，かつて日本の主力電源の一つとして積極的に推進されてきた。化石燃料や再生可能エネルギーにはない利点をもつ原子力発電は，地球温暖化対策の決め手となるはずだったが，福島第一原子力発電所の事故によって，大きな見直しがせまられた。原子力発電は，今後のエネルギー政策においてどのように位置づけるべきだろうか。

課題の把握　原子力発電の特徴

❶重要なエネルギー源であった原子力発電

原子力発電は，政治的に安定した国からの原料輸入が可能であり，資源の乏しい日本にとっては貴重な電源である。また，自然に左右される新エネルギーと異なり電力の安定供給が可能で，発電の際に二酸化炭素をほとんど出さない。このため，東日本大震災前には，地球温暖化対策の牽引役として，日本の発電電力量の約30%をまかなうまでになっていた。

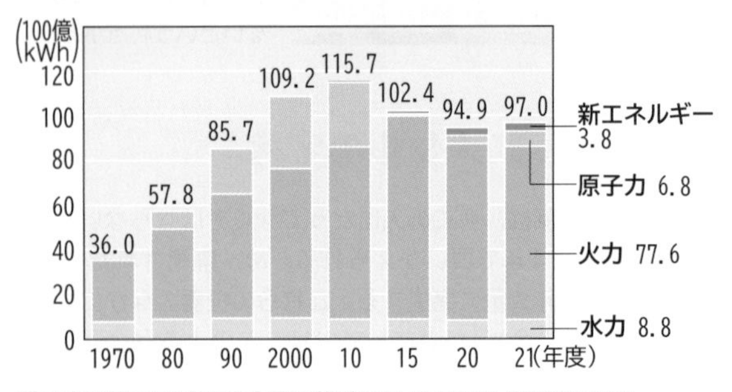

日本の電源別発電電力量の推移(『日本国勢図会』2023/24年版)

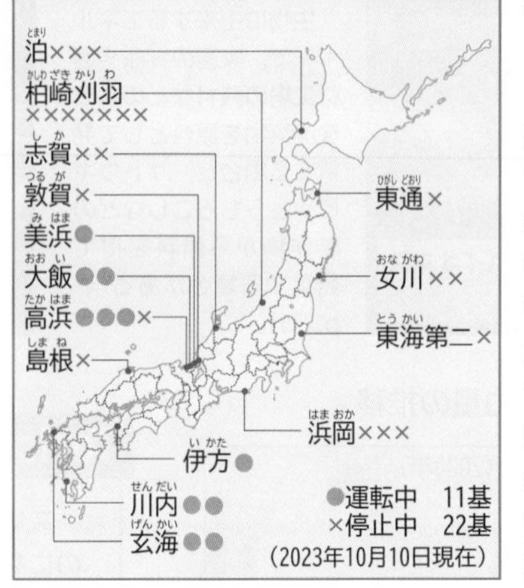

日本の原子力発電所(日本原子力産業協会資料)

❷震災後の政策の転換が進む原子力発電所

2011年の東日本大震災後，54基あった日本の原子力発電所はすべて運転が停止された。その後，原発に対する新しい規制基準が施行され，従来よりも厳しい安全基準をクリアしなければならなくなった。原発を運転できる期間も法律で原則40年(最長20年延長可)と規定されている。一方，脱炭素をめざす動きやウクライナ危機(➡p.146)による資源不足のなかで，原発の活用が再び注目されている。

❸実現のめどが立たない核燃料サイクル

核燃料サイクルとは，原子力発電所から出た使用ずみ核燃料を再処理し，発電に使える燃料として再利用するシステムである。当初考えられていたサイクルは，再処理によって生み出されるプルトニウムを使って高速増殖炉で発電していくことだった。高速増殖炉は，消費する核燃料よりも発電によって新たに生成する核燃料の方が多くなる夢の原子炉であり，これが完成すればエネルギー問題が一気に解決する可能性もあったが，その実用化のために建設された「もんじゅ」は，たび重なる事故のため廃炉になった。現在は，プルトニウムとウランを混ぜてつくったMOX燃料を使って発電している。しかし，発電の際に発生するプルトニウムを使い切れないうえに，放射性廃棄物処理の問題は未解決のままである。

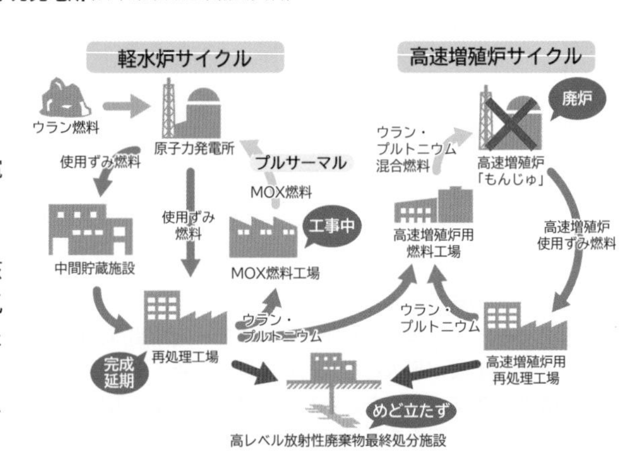

考える視点 A 原子力発電のもつ課題

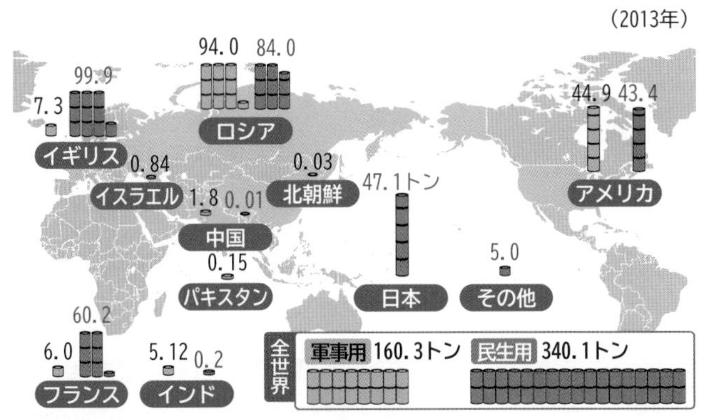

⇧**世界のプルトニウム保有量**(「AERA」2015年11月23日号ほかを参照)　プルトニウムは核兵器に転用可能である。プルトニウムの保有量について，核保有国(➡p.138)を除けば日本が突出している。

発生場所	放射性廃棄物の種類		埋設する場所／期間
原子力発電所	低レベル放射性廃棄物	L3(コンクリート・金属など)	地下0～25m／50年
		L2(廃液・手袋など)	地下50m未満／300～400年
		L1(制御棒など)	地下70m超／300～400年(その後，国が10万年管理)
再処理施設	高レベル放射性廃棄物	使用ずみ燃料	地下300m超／10万年

⇧**放射性廃棄物の種類と処分方法**(資源エネルギー庁資料ほか)

⇦**フィンランドで建設中の高レベル放射性廃棄物の最終処分場「オンカロ」**　地下約400mに廃棄物を埋め，10万年にわたって保管する計画である。

解説　**たまり続けるプルトニウムと放射性廃棄物**　原子力発電所が稼働することによって，処理が困難な物質がたまり続けている。一つはプルトニウムで，これは核兵器に転用が可能なきわめて危険な物質である。日本のプルトニウム保有量は原爆1,350発分に相当し，世界から厳しい目が向けられている。もう一つは放射性物質を含んだ放射性廃棄物である。特に高レベル放射性廃棄物は，放射線のレベルが減退するまで何万年もかかるため，その最終処分場はいまだに決まっておらず，年々その量は増え続けている。

考える視点 B 原子力発電についての世界の動き

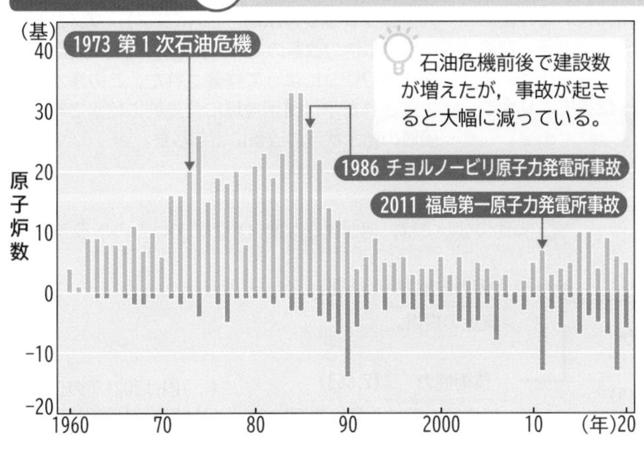

⇧**世界の原子力発電所の送電開始と閉鎖の推移**(日本原子力産業協会資料)

18か国・地域 57基 (約6,200万kW) (2019年)	中国 21%	韓国 11	アラブ首長国連邦 9	インド 9	ロシア 8	アメリカ 8	日本 4	その他 30

⇧**建設中の原子力発電所がある国**(日本原子力産業協会資料)

⇦**チョルノービリ(チェルノブイリ)原子力発電所事故**(ウクライナ)　事故から40年近くたった今も，事故の後遺症(こういしょう)に苦しむ人々がいる。

解説　**脱原発？推進？世界の動向**　現在原子力発電所を建設している国は，中国やインドといった新興国に多く，経済発展を優先させる国では原子力発電の必要性が高いことがわかる。フランスのように原子力発電への依存が高い国があるものの，先進国では新しく発電所を建設する国は少なく，2023年に脱原発を達成したドイツのような例もある。背景には，新エネルギー(➡p.245)の普及が進んでいることがある。

このようななかで日本は，2022年から始まったウクライナ危機(➡p.146)によって，世界のエネルギー供給が不安定化するなかで，原発の長期運転を認め，次世代の原子炉開発に取り組む方針を決めるなど，再び原発推進の方向へと政策を転換した。

ふりかえり

原子力発電は地球温暖化対策に有効で，新エネルギーにくらべ安定的に電気の供給ができる電源である。しかし，生命や健康に致命的な影響を与える放射性物質を原料とする発電であるために，事故が起きれば取り返しのつかない事態をまねく。また，プルトニウムや放射性廃棄物の問題もいまだ解決されていない。今後のエネルギー構成のなかで原子力発電をどう位置づけるか，エネルギー政策上の大きな課題となっている。

視点A▶原子力発電には事故が起こったら取り返しのつかない事態になるという問題のほかに，運転によって発生するプルトニウムの問題や，放射性廃棄物処理の問題がある。

視点B▶経済発展を優先させる発展途上国では原発の新たな建設が進められているが，多くの先進国では原発依存に消極的で，一部の国では脱原発の方向に舵(かじ)を切っている。

まとめる　今後も原子力発電を主要電源の一つにすべきか，原子力発電のメリットとデメリットをふまえてまとめよう。

発　展　エネルギー構成のベストミックスを考えよう。

国際協力と日本の役割

課題▶日本は国際社会のためにどのような貢献をしているのだろうか。

クローズアップ 世界に貢献する日本のODA

ODA（政府開発援助）とは，先進国の政府が発展途上国に対し，経済の開発や福祉の向上を目的としておこなう援助である。ODAは，**OECD（経済協力開発機構）**の下部組織である**DAC（開発援助委員会）**を中心に実施されており，日本では**JICA（国際協力機構）**が実施している。

日本はODAにより，毎年多額の資金や高い技術を世界の国々のために使い，国際貢献している。

日本のODA実績の割合
（2021年）（『開発協力白書』2022年版）

区分	割合（%）
二国間	73.7
無償資金協力	20.7
技術協力	15.4
円借款	37.7
国際機関向け	26.3

日本の資金や技術がいろいろな分野で国際貢献のために使われているんだね。

ジャカルタ都市高速鉄道（インドネシア）　2006年にインドネシアとの間に18億6,900万円を限度とする円借款貸付契約を結び，鉄道が整備された。ジャカルタは交通渋滞と大気汚染が深刻な問題となっており，この鉄道によって大きく改善されることが期待されている。

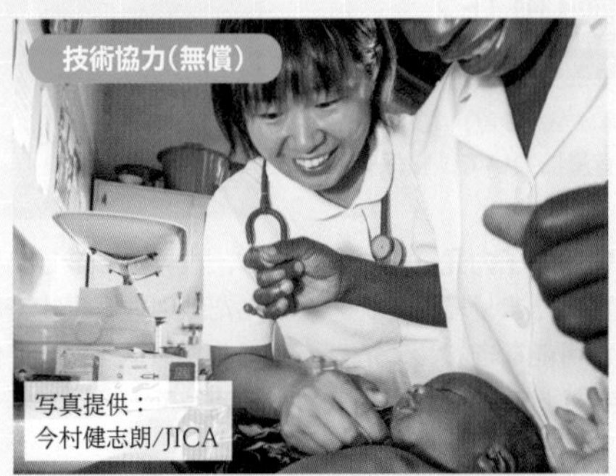

技術協力（無償）
写真提供：今村健志朗/JICA

病院で子どもの容態確認の補助をする海外協力隊員（マラウイ）　JICAが実施するJICA海外協力隊も，ODAを通じた国際貢献の一つである。20歳から応募でき，活動内容に応じて1～2年派遣される。実際の活動内容は派遣国・職種により大きく異なり多岐にわたる。

プンプレック浄水場（カンボジア）　プノンペンの水道事情の改善のため，日本の無償資金協力（25億8,000万円）によって整備された。この浄水場で生産された水は貧困地域に優先的に給水され，貧困層の給水状況の改善に寄与した。

1 ODAのしくみと現状

Q 援助のなかでは，何が大きな割合を占めているのだろうか。

- ODA（政府開発援助）(17,310)
  - 二国間 (12,761)
    - 贈与 (6,241)　発展途上国側に返済の義務がない援助。
      - 無償資金協力 (3,578)　資金の提供。
      - 技術協力 (2,663)　研修員の受け入れ，専門家の派遣など。JICA海外協力隊の派遣も含む。
    - 有償資金協力（円借款）(6,519)　低金利で長期間にわたって資金を貸し出す形でおこなわれる。
  - 国際機関向け (4,549)　WFP（世界食糧計画）や，IBRD（世界銀行）などの国際機関に対して資金協力をおこなう。

※（　）内は2021年の日本のODA実績（億円）。
（『開発協力白書』2022年版）

ODAの条件比較（2019～20年平均）

項目	DAC平均	日本
贈与比較	82.6%	39.2
グラント・エレメント※	92.1	81.0
アンタイド比率（2020年）	89.9	92.3

※贈与の場合は100%となり，貸し付けの金利や返済期間が厳しいほど，数値が低下する。

ODAの条件比較（外務省資料）　日本のODAの贈与比率の低さには批判もあるが，返済義務を課すことで，相手国の自助努力を促すという側面もある。

つばさ橋（2015年完成）
きずな橋（2001年完成）
日本とカンボジアの国旗

カンボジア紙幣に描かれた橋　カンボジアの500リエル札には，日本の無償資金協力で建設された「きずな橋」と「つばさ橋」，日本の国旗が描かれている。

解説 さまざまなODA　ODA（政府開発援助）には，さまざまな種類がある。援助先で分けると，直接発展途上国を支援する二国間援助と，国際機関に資金を供出する援助がある。二国間援助には，返済義務のない贈与があり，このなかには資金の供与（無償資金協力）と専門家の派遣などをおこなう援助（技術協力）がある。有償資金協力は返済義務のある援助であり，発展途上国が経済的に自立するために必要な資金を低金利で貸し出すものである。返済義務を設けることで，発展途上国自身がみずからの事業として取り組む意識を高めることにつながる。

プラスα　国際協力の日　日本のODAは，1954年にアジアや太平洋地域の国々の経済や社会の発展を支援するコロンボ計画に参加したことから始まった。参加を決めた10月6日は「国際協力の日」と定められている。

2 ODAの推移と地域別配分

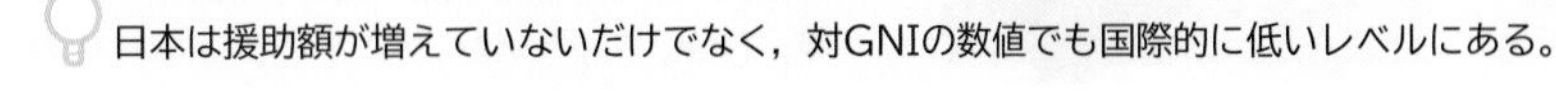

日本は援助額が増えていないだけでなく，対GNIの数値でも国際的に低いレベルにある。

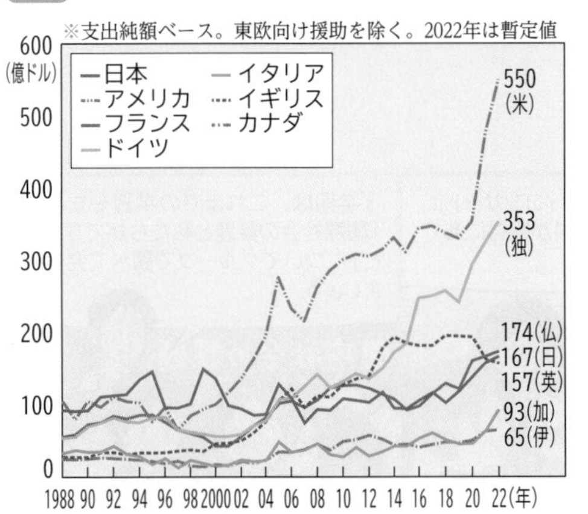

先進国のODAの推移(外務省資料)

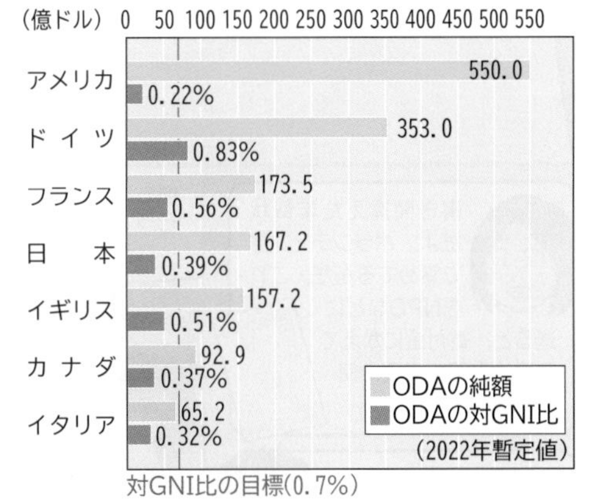

おもな国のODA実績(外務省資料)

地域	1980年	2021年
その他	1.8	16.4
中南米	5.9	4.0
サブサハラ・アフリカ(中・南アフリカ)	10.8	9.5
中東・北アフリカ	8.8	11.0
アジア	72.8	59.1%

日本の地域別配分の推移(『開発協力白書』2022年版)

■世界で活躍する海外協力隊

現地の選手やコーチにサッカーを指導する海外協力隊員

青年海外協力隊の派遣実績 (JICA資料)

地域別派遣実績

地域	人数・割合
アフリカ	39%
アジア	25
北米・中南米	22
中東	9
大洋州	3
ヨーロッパ	1

職種別派遣実績

職種	人数・割合
人的資源	55%
保健・医療	15
計画・行政	14
社会福祉	5
商業・観光	4
その他	7

(2023年3月現在派遣中のもの)

解説 日本のODAの特徴 1990年代の日本のODAは10年連続世界1位であった。2022年の実績は第4位だが，対GNI比では0.39%と，国際的な目標となっている0.7%に遠くおよばない。国民一人あたりの負担額では，1位のノルウェーの6分の1以下という状況である。また，日本のODAの特徴としてアジア重視という面が強かったが，近年は中東やアフリカへの援助の割合が増えている。

3 日本のODAの方針と原則

開発協力大綱(2015年閣議決定，2023年改定)	
目的	・国際社会の平和と安定，繁栄により積極的に貢献 ・日本の平和と安全の維持など，国益の確保に貢献 ・ODAは開発のためのさまざまな活動の中核
基本方針	①新たな時代の「人間の安全保障」 ②発展途上国との共創(社会的価値の創出と日本への還流) ③開発協力の国際的ルールの普及・実践
重点課題	①気候変動・保健・人道危機のほか，デジタルや食料・エネルギーなどの経済強靭化にも対処 ②法の支配に基づく自由で開かれた国際秩序の維持・強化 ➡「自由で開かれたインド太平洋」実現のための取り組み推進を明記

解説 ODA大綱の改定 ODA大綱とは，日本の援助政策の基本原則を定めたものであるが，2015年に見直しがおこなわれ，名称も**開発協力大綱**に変更された。開発協力大綱では，非軍事分野での他国軍への支援，気候変動による問題をかかえる島嶼国への協力，民間投資との連携など，それまでのODAの枠に入らない取り組みも明記された。また，「国益の確保に貢献する」との表現で，日本の安全保障や経済成長に役立つ対外協力に積極的に取り組むことが明示された。

Topic ガーナの医療拠点「野口研」

ガーナは，病原菌の研究で世界的に有名な野口英世が，黄熱病研究の途上で亡くなった地である。この野口英世の功績を記念して，日本の無償資金協力によって1979年に野口記念医学研究所(通称「野口研」)が設立された。この施設は，アフリカ医療支援の象徴的な研究施設となっていたが，2020年から流行した新型コロナウイルス感染症への対応では，ガーナのPCR検査の8割以上を実施し，他国の検査も担うことで西アフリカのコロナ感染対策の拠点となった。

野口記念医学研究所(ガーナ)

確認▶ODAにはどのような種類があるのかあげよう。
活用▶発展途上国に生活する多くの人々が望む援助はどのようなものか，話しあおう。

学びを社会へ

私たちにできる国際協力

SDGs(持続可能な開発目標)の目標でもあげられている，世界の貧困問題の解決のために，各国や企業，NGOやNPOなどがさまざまな取り組みをおこなっている。そのなかには，私たち個人が参加できる活動も多い。国際社会の課題の解決のために，私たちができることはないか調べてみよう。

身近なことから取り組もう

あけましておめでとう！
さくら，何もってるの？

書き間違えた年賀状だよ。ボランティア部で集めてるんだ。これをNPOなどに送ると，寄付金にかえて発展途上国の支援に使われるんだよ。
え，すごい！僕も何枚かあるからもってくるね。

僕もこの間，チャリティコンサートに行ってきたよ。入場料が寄付にあてられるんだって。
世界の貧困問題解決のために，私たちができることっていろいろありそうだね。

3学期は，これまでの学習をもとに「国際社会の課題と私たちができること」についてグループで調べて発表しましょう。
国際社会の課題
朝話したことを，もっと深めてみようよ！

国際社会の課題解決のために私たちができること

ユウト▷まずこれまで学んだことを整理しよう。SDGsの前身であるMDGsの最終報告を見ると，まだまだ解決されていない問題も多いことがわかるね(➡p.152)。

はるか▷積み残された問題の多くは，発展途上国の貧困が原因だね。朝話した書き損じハガキやチャリティコンサートのように，私たちにも何かできることはないかな。

さくら▷私が所属しているボランティア部では，SDGsを意識した活動をおこなっている企業(➡p.174)やNGO(➡p.151)について調べているよ。書き損じハガキの活動も，そのなかで知ったんだ。

ダイチ▷自分一人でできることには限界があるけど，企業やNGOの活動に参加することで，僕たちも貧困問題解決などのための国際協力ができるかもしれないんだね。

ユウト▷では，みんなでどんな活動があるか調べてみよう。

ユウト▷僕とはるかは日本のNGOについて調べてみたよ。現在，日本ではNGOは400以上あるといわれ，社会課題を解決するため，世界100か国以上で活躍しているよ。

はるか▷ただ，日本のNGOの多くは欧米にくらべると規模が小さく，人材や資金の確保などで課題をかかえていることもわかったよ。

ダイチ▷僕とさくらはSDGsの目標達成のために取り組んでいるNGOを調べたよ。たとえば，ユネスコ憲章の理念に基づき，国内外で活動をおこなう日本ユネスコ協会連盟という団体があったよ。

さくら▷日本ユネスコ協会連盟は，教育の機会がもてない子どもたちに無償で学ぶ機会を提供する「世界寺子屋運動」をおこなっているんだ。この運動の一環として「書きそんじハガキ・キャンペーン」も実施されていて，私たちも参加することができるよ。

はるか▷発展途上国の貧困問題解決というと身がまえてしまうけど，身近なことから取り組めるんだね。

⇧**NPOの支援によって実施されている給食事業**(ベナン)　書き損じハガキ回収などによってNPOが集めた資金は，発展途上国のさまざまな問題解決のために使われている。

その手に教科書を
公益社団法人
日本ユネスコ協会連盟
書き損じはがき11枚で，この子は1か月学校に通うことができます
あなたの書き損じはがきがこの子の未来を創ります。

⇧**「世界寺子屋運動」リーフレット**(2017年度受賞作品)　日本ユネスコ協会連盟は，小・中・高校を対象に，「寺子屋リーフレット制作プロジェクト」を実施している。参加校は「世界寺子屋運動」について学習し，「書きそんじハガキ」回収活動への協力をよびかけるオリジナルのリーフレットを制作する。課題を調べて発信し，行動につなげる学習プロジェクトである。

用語解説 フェアトレード→p.284

WORK 私たちのSDGs実践

このほかにも，古着や古本を送ったり，募金をしたりと，僕たちにできる国際協力がいろいろあるよ。

国際貢献のために私たちが参加できる活動は意外にも多くある。クラスや班で話しあって，参加してみよう。

書き損じハガキの回収

書き損じたハガキやあまった年賀状などを集めてNGOなどに送ると，発展途上国の援助につながる。全国のさまざまなNGOがこの活動をおこなっている。

書き損じハガキでできること（日本ユネスコ協会連盟資料）

- カンボジア　11枚で一人が1か月学べる
- ネパール　1枚で鉛筆7本
- アフガニスタン　1枚でノート2冊
- ミャンマー　1枚でボールペン4本

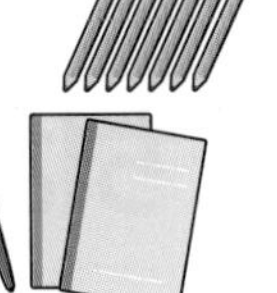

書き損じハガキが現金になるまで（日本ユネスコ協会の例）

家で書き損じハガキを集めて送る
送付先で，ハガキの金額ごとに仕分け

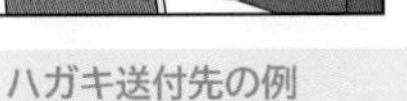

ハガキ送付先の例
公益社団法人 日本ユネスコ協会
NPO法人 シャプラニール
NPO法人 ハンガー・フリー・ワールド

使用ずみ切手の回収

すでに郵送され消印（けしいん）を押された切手も，それを収集しているコレクターがいるため，集めて売却（ばいきゃく）すればお金が集まる。これを国際協力のために役立てているNGOがある。

切手送付先の例
公益社団法人
日本キリスト教海外医療協会

使用ずみ切手でできること（日本キリスト教海外医療協会資料）

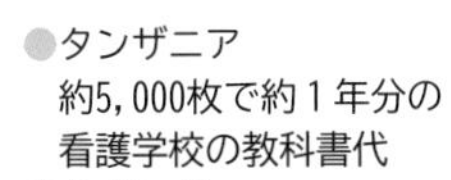

- タンザニア
  約5,000枚で約1年分の看護学校の教科書代
- ウガンダ
  約22,000枚で助産師学校の1か月間の学費相当
- バングラデシュ
  約80,000枚で理学療法の技術や理論を学ぶ研修費相当

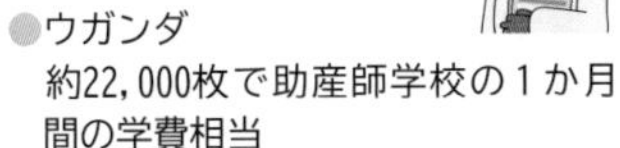

ボランティア預金

銀行に預けた預金の利子のうち，一定の割合が国際協力をおこなう団体に寄付金として送られる。

ボランティア預金のしくみ
（中国銀行の定期預金の例）

預け入れ → 満期 → 利息の20%をAMDA（アムダ）に寄付

利子の一部を寄付できる商品の例
ゆうちょ銀行
➡利子の20%がJICAへの寄付金となる。
三菱東京UFJ銀行
➡利子の50%がユネスコなどへの寄付金となる。寄付金の送付先は複数の団体から選べる。

チャリティイベント

コンサートやマラソン大会などで，入場料収入やグッズ販売などの収益を社会貢献のための寄付にあてるイベントが各地で開催されている。参加者も楽しめ寄付にも協力できるということで，人気を集めている。

フェアトレード商品の購入

フェアトレードとは，直訳すると「公平・公正な貿易」。つまり，原料や製品を適正な価格で継続的に購入することにより，立場の弱い生産者や労働者の生活を支え，経済的な自立を促す貿易のしくみである。

国際フェアトレード認証ラベルのついたチョコレート※　フェアトレード商品には，認証ラベルがつけられている。

※2021年9月時点。商品の規格やパッケージが変更になる場合や，販売が終了となる場合があります。

ふりかえり

- □ 国際協力をおこなう主体として，国連などの国際機関や国・地方公共団体だけでなく，個人としての活動も求められている。
- □ 個人として参加できる国際協力活動にはさまざまなものがあり，インターネットなどで十分に調べてから参加する必要がある。
- □ NGOは個人が国際協力に参加するための機会や場を提供してくれる。クラスや班などでその活動内容などを調べてみよう。

調べる ▶日本ユネスコ協会連盟　▶日本キリスト教海外医療協会　▶NPO法人 ハンガー・フリー・ワールド

「男らしさ」「女らしさ」って何だろう。
そもそも，その二択なのかな。

➡多様な制服　これまで学校の制服は「男性用」「女性用」とはっきり分かれているものも多かったが，現在はさまざまな選択肢から自由に選べる形に見直す学校が増えている。

写真提供：トンボ学生服

いまを読み解く　+SDGs

ジェンダーに対して私たちはどう向きあうべきか

「人間は二度生まれる。一度目は人間として，二度目は男として，女として」とルソーはいった(➡p.18)。「男」「女」という性別は，身体的なものだけではなく，社会的なものや精神的なものなどさまざまな形で見られ，それらに違和感をもつ人もいる。この「性」と，どのように向きあって生きていけばよいのだろうか。

課題の把握　ジェンダーとは何か

問題　ドライブ中の父と息子が交通事故を起こし，病院に運ばれた。手術室に駆けつけた医師は，運ばれてきた子どもを見て，「この子は私の息子だ！」といった。これはどういうことだろう？

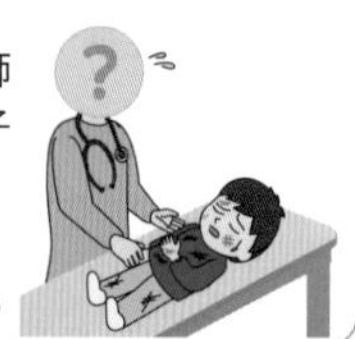

答：医師は女性で，事故にあった息子の母親だった。

解説　**社会的・文化的につくられた性差**　上の問いについて，すぐ正解できただろうか，もしくは「医師」と聞いて男性だと思いこんでしまい，答えに驚いた人もいるのではないだろうか。

私たちは男性，女性として身体的な違いをもって生まれている。このような生物学的な性(セクシュアリティ)に対して，社会的・文化的につくられた性差を**ジェンダー**という。「男性は外で働き，女性は家庭を守る(➡p.162)」「リーダーは男性」「女性は優しい」などのように，ジェンダーに対して固定的な考えをもつ人は少なくない。その結果，固定的な考えが偏見につながったり，多様な生き方をせばめたりすることが起きてきた。

現実に，二つの性の関係は，二つの電極の関係とは全く異なっている。なぜなら，一般にman〔という言葉〕を用いて人間全体を指すことにも示唆されているように，man〔という言葉〕はポジティブで中立的なものをイメージしており，反対にwoman〔という言葉〕はたんにネガティブなものをイメージしているからである。

女を解放することは，女が男とともに支えている関係の中に女を閉じ込めることを拒むことであって，その関係を否定することではない。女が自分は自分のために存在していると言おうとも，やはり男のためにも，存在し続けるだろう。……人間のカップルがその真の形を見出すのは，人類の半分の隷属状態と隷属状態がもたらす偽善のすべてがなくなるときである。

（ボーヴォワール『第二の性』）

解説　**人＝man？**　フランスの哲学者ボーヴォワール(➡p.66)は，女性は男性とは異なるもの(the other)として定義されてきたと述べる。「人は女に生まれるのではない，女になるのだ」という有名なことばはここに由来する。彼女は，女性が男性のために生きること(もちろん，男性が女性のために生きることも)を否定するのではなく，同時に自分のためにも存在しているのであり，どちらかがどちらかに従属しているという状態を批判した。

⬅多様な性の利用者を想定したトイレ(名古屋大学)　これまで多くのトイレでは右の写真のような図が用いられ，わかりやすい反面，色使いやその形にジェンダーの固定的な考えが見られた。実際の社会には，男性／女性という分け方やその固定観念に苦しむ人も多く，ジェンダーに配慮した取り組みが求められている。トイレにおいては，男女関係なく誰でも入れ，個人のプライバシーは守られる「オールジェンダートイレ」の導入が進んでいる。

考える視点 A 「人権」＝かつては「男」の権利？

⇧**オランプ＝ド＝グージュ**(1748～93) フランスの劇作家，女優。

女性および女性市民の権利宣言(1791年)
第1条 女性は自由なものとして生まれ，かつ，権利において男性と平等なものとして生存する。社会的差別は，共同の利益に基づくものでなければ，設けることができない。
人および市民の権利宣言(フランス人権宣言)(1789年)
第1条 人は，自由，かつ，権利において平等なものとして生まれ，生存する。社会的差別は，共同の利益に基づくものでなければ，設けることができない。
(『女の人権宣言』オリヴィエ＝ブラン：著，辻村みよ子：訳，岩波書店)

Q グージュの「女性および女性市民の権利宣言」とフランス人権宣言を比較し，どのような関係にあるか考えよう。

解説 **無視されてきた女性の「権利」** 市民革命によって基本的人権の保障がうたわれるようになったが，実はそこで示された「人間」とは，「男性」をさしていたのかもしれない。これに気づいたグージュは「人および市民の権利宣言(フランス人権宣言)」(➡p.59)に対して「女性および女性市民の権利宣言」を発表した。しかしこれが「反革命的」であるとして彼女は処刑された。

J.S.ミル(➡p.39)は，自由が認められている19世紀の時代に，女性が社会的に従属的な地位におかれていることは，社会全体に不利益だと主張した。彼はイギリスで初めて女性参政権を促す法案を議会に提出したが，実現しなかった。女性の選挙権が世界的に定着するのは20世紀になってからである。

考える視点 B ジェンダーと将来の選択

男女の進学先や大学進学率には明確な違いが見られる。

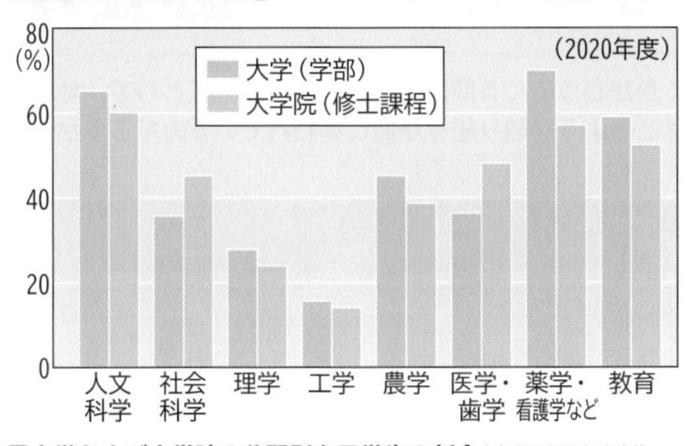

⇧**大学および大学院の分野別女子学生の割合**(文部科学省資料)

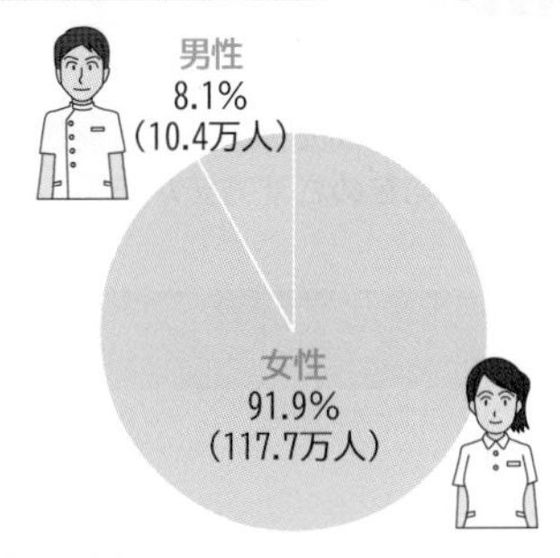

⇧**看護師の男女比**(厚生労働省資料)

解説 **本当に自由な進路選択？** 大学の進学先を見ると，文系や看護系などでは女性比率が高く，理学系や工学系では男性比率が高いなど，選択する分野に差が見られる。また，職業においても，男性の割合が高い職業，女性の割合が高い職業があり，看護師や保育士(➡p.162)などは，依然として男性割合が非常に低い。これらをどこまで「自由な進路選択」の結果と見ることができるだろうか。

考える視点 C 結婚したらどちらの名字になる？

⇧**夫婦別姓を求める裁判に向かう人々**(2021年) 最高裁はこれまで二度，民法の夫婦同姓の規定は合憲と判断している。

イギリス アメリカ	姓の変更は基本的に自由
オーストラリア フランス	同姓，別姓，結合姓のいずれも可
ドイツ	同姓が原則。別姓，結合姓も可
中国	別姓が原則。同姓，結合姓も可
イタリア	夫は自分の姓，妻は自分の姓または結合姓
韓国	別姓が原則

※結合姓……自分の姓を相手の姓の前または後においたもの。

⇧**夫婦の姓に関する各国の制度**(毎日新聞社資料) 多くの国で別姓も認められている。

解説 **依然として残る「女はイエに入る」** 現在の日本の法律では，結婚したら夫もしくは妻のどちらかの姓に統一することになっている(夫婦同姓)。しかし，現実には夫の姓を選ぶ夫婦が圧倒的に多い。大日本帝国憲法(➡p.68)下の民法に見られる「イエ制度」では男がイエを継ぎ，女は結婚して相手のイエに入るというしくみがあったが，現在でもその影響が強く残っているという声もある。

現在，夫婦別姓を可能とする制度を導入するべきという議論もあがっている(➡p.81)が，家族の一体感が失われるという声や子どもをどちらの姓にするかという問題が指摘されることもあって，実現していない。

ふりかえり

私たちは生物学的に，男性／女性としての体をもって生まれてくる。しかし，性は単に生まれつきのものだけではなく，社会的・文化的に形成されてきた側面もある。それはともすれば，男性である／女性である，という理由だけで生き方を決めてしまうことにもなる。女性差別が問題となることが多いが，男性に対する抑圧もある。私たちは，真の平等を求めて，世の中のあり方を考えていく必要がある。

視点A▶これまで，女性の権利は無視されてきた側面があった。女性参政権が一般化したのは20世紀に入ってからである。
視点B▶進学率や進学する分野などにはっきりと男女差があるのは社会的・文化的な背景が影響している可能性がある。
視点C▶日本では結婚後は夫の姓に統一する夫婦が圧倒的に多い。夫婦別姓を求める声も多いが課題も残る。

まとめる ジェンダーの不平等にはどのようなものがあるかあげ，どう向きあうべきか自分の考えを書こう。

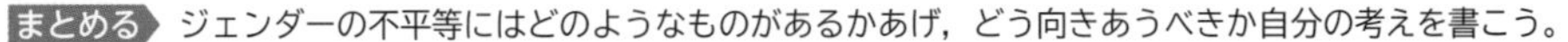

発展 男性が抑圧されていると思われる点として，どのようなものがあるだろうか。

民泊で食卓を囲む旅行客と島民たち（長崎県五島列島・小値賀町）

いまを読み解く +SDGs

持続可能な地方公共団体には何が必要か

地方財政の健全化は，地方公共団体の持続可能性に大きくかかわってくる問題である。一つの方法として，地域活性化により地方財政の健全化をめざす方法がある。全国ではどのような取り組みがおこなわれているのだろうか。

課題の把握　地方財政の現状

■地方財政の課題

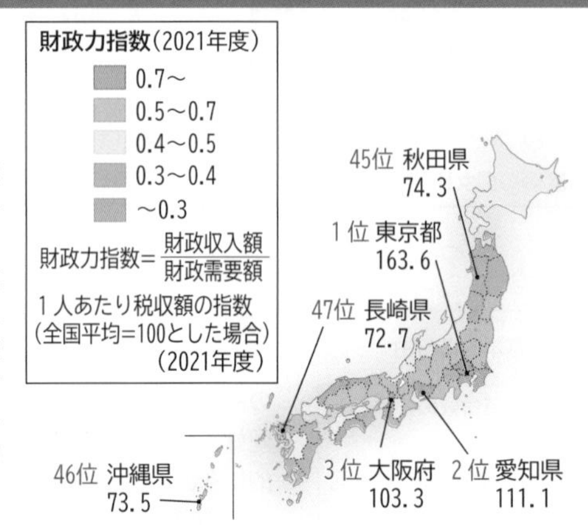

格差拡大が進む地方財政（『地方財政白書』2023年版）　ひとくちに地方公共団体といっても，それぞれ人口や法人数が異なるため，集まる税収には大きな差がある。この格差を是正するために，地方交付税交付金制度があるが，それでも地方公共団体間の財政力の差は依然として大きい。

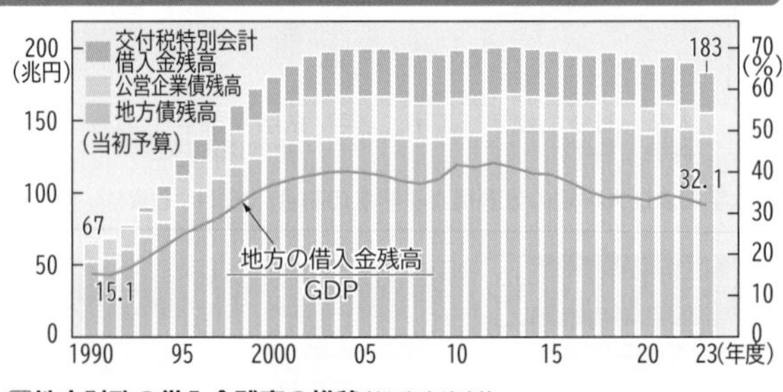

地方財政の借入金残高の推移（総務省資料）

地方公共団体の借金は30年前の約3倍なんだね。返せるのかなぁ……。

■三位一体の改革

税源移譲➡2004～06年度で約3兆円を移譲
所得税などの国税を減らし，住民税などの地方税を増やすことで，地方公共団体が地域の実情にあわせて税金の使いみちを決める自由度を増やす。

補助金削減
➡2006年度までに約4.7兆円を削減
国が地方公共団体に使いみちを指定している補助金を削減する。

地方交付税改革
➡2004～06年度で約5.1兆円を削減
地方公共団体の税収の格差を調整するための地方交付税のしくみを見直す。

三位一体の改革　国と地方の税制や財政のしくみを見直す改革として，「地方にできることは地方に」という方針の下，小泉政権（➡p.104）で三位一体の改革がおし進められた。しかし，税源移譲が不十分で，地方財政の悪化につながるなど，十分な成果があがらなかったとする意見もある。

■平成の大合併

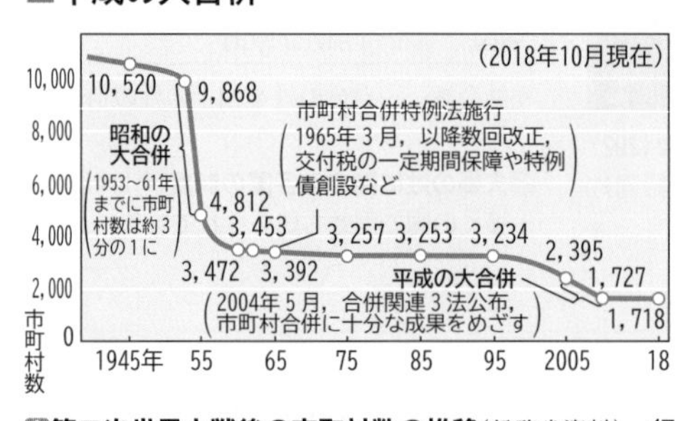

第二次世界大戦後の市町村数の推移（総務省資料）　行政の効率化や財政の健全化をはかるため，「平成の大合併」といわれる市町村合併が推進された。合併によって，用途が重複する施設の解消や公務員数削減など財政支出が削減した一方，合併による区域の広がりなどから，行政と住民相互の連帯感の弱まりなどが指摘されている。

地方財政の課題に，地方公共団体はどう取り組んでいるのだろう。

解説　**厳しい地方財政**　国の財政（➡p.200）と同様，地方公共団体の財政も厳しい状況にある。財政の健全化には，財政支出の見直しと財政収入の増加が欠かせない。地域を活性化させ税収の増加をめざす動きとしてどのような取り組みがあるか，三つの視点から，地方自治の未来を考えよう。

考える視点 A 企業の誘致～徳島県神山町

古民家を改修したオフィス　移住してきた人だけでなく，現地の雇用創出にもつながっている。

コワーキングスペース　さまざまな設備をそろえ，本格的に移住する前に試すことができる。

解説 **人が人をよぶ町**　人口が減り続け限界集落となりつつあった徳島県神山町。しかし2005年に町全域に光ファイバー網を設置したことなどをきっかけにIT系のベンチャー企業がサテライトオフィスを開設し，自然のなかで働く魅力を発信するとまた新たな企業が集まり……という形で，人々が移住するようになっている。さらに，NPOが中心となり共同の仕事場(コワーキングスペース)を設置した。これにより，企業だけでなく，大学のオフィスや県の駐在施設など，多様な人材が集まる新しいビジネスコミュニティが生まれている。

考える視点 B 地域の資源を活用～長崎県五島列島小値賀町

一日一組限定のホームステイ　約30軒の民家で，里帰りしたような体験を味わうことができる。

島の日常を体験　釣った魚をさばいたり，食事をつくったり，島民にとっては日常である自然とともにある暮らしを体験できる。

解説 **観光資源がなくても観光客を集める**　長崎県五島列島の一番北にある小値賀町。「小値賀には，なにもありません。あるのは自然と共存し，身の丈にあった暮らしのひとつひとつ」(小値賀町ウェブサイトより)と，一般家庭にホームステイし，島暮らしを体験できる民泊事業や，古民家をリノベーションして，宿泊施設として提供する事業を展開している。特別な観光地などがないなか，島での生活体験そのものを観光資源として提供したことで大きな成功をおさめ，ほかの地域でも実践可能な町おこしのモデルケースとして注目を集めている。

考える視点 C ふるさと納税の活用～北海道上士幌町

移住希望者に向けた「おためし住宅」　子育て世代や退職後のシニア世代などの関心を集めている。

認定こども園の整備　ふるさと納税を活用し，保育料は完全無料になっている。

解説 **ふるさと納税で子育てしやすい町づくり**　酪農や農業，林業などの第一次産業が盛んな北海道上士幌町。少子高齢化が進み，人口の自然減少が進んでいた町は，ふるさと納税で集まった寄付金の一部を積み立てて「子育て少子化対策夢基金」を設立した。地方に住みたいという若い夫婦にとって，安心して子育てができること，教育の環境が整っていることは何より大切と，認定こども園の設立や子育て支援策の充実などの取り組みをおこなうことで，移住者が増え，人口減少の歯止めにつながっている。

ケーススタディ

ふりかえり

地方自治は，私たちの生活の一番身近な行政である。人口減少・過疎化などにより，財政的に厳しい状態の地方公共団体もある。しかし，移住者・定住者や観光客を増やす方法を工夫したり，住民の多様なニーズにこたえるために民間企業もまきこんだりと，それぞれの個性や特性をいかし，持続可能な自治体の姿を模索し，実践し続けている地域もたくさんある。

視点A▶企業を誘致することで，仕事や人を増やす。
視点B▶今ある観光資源に目を向け，観光客や移住者を増やす。
視点C▶ふるさと納税を活用しながら，子育て政策を充実させ，若い世代の移住者を増やす。

まとめる　持続可能な地方公共団体には何が必要か，自分の考えを書こう。

発　展　今住んでいる地方公共団体が持続可能であるために，私たちにはどのようなことができるのだろうか。

稼働停止しているシェールガス採掘施設（アメリカ）　新型コロナウイルス感染症の感染拡大による原油価格暴落により，倒産した企業も多い（➡p.243）。

新型コロナウイルス感染症は，エネルギー事情にどんな影響を与えたのかな。

いまを読み解く ＋SDGs

新型コロナがエネルギー事情に与えた影響とは

2020年に世界に拡大した新型コロナウイルス感染症は，世界経済の急激な減速，私たちのライフスタイルの変化など，大きな影響をもたらした。エネルギー消費においても，化石燃料から再生可能エネルギーへの転換が着実に進行している。コロナ後を見すえたエネルギー事情の変化について考えよう。

課題の把握　コロナ禍によるエネルギー消費と環境への影響

ロックダウンにより人通りが消えた街（2020年，フランス）　新型コロナウイルス感染症の拡大を防ぐため，世界ではロックダウン（都市封鎖）をおこなう都市も多く見られ，人々の移動は大きく制限された。

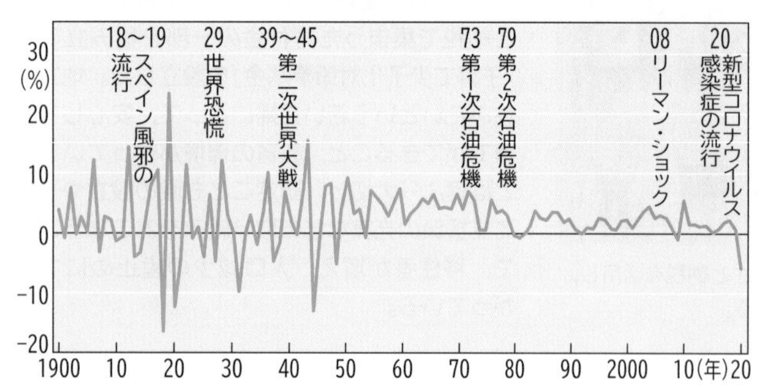

エネルギー需要の増加率（IEA資料）

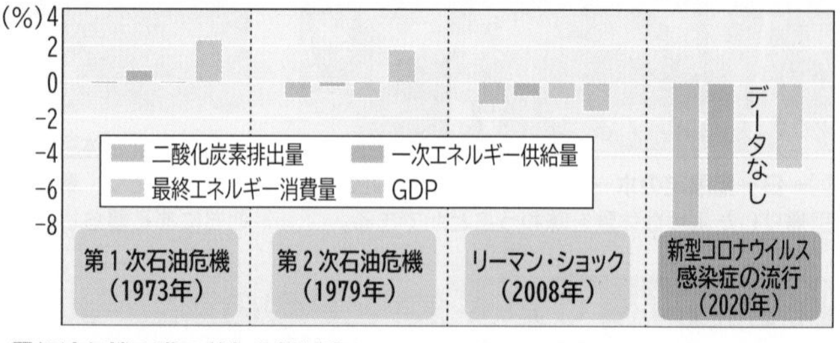

経済危機の際の前年比増減率（資源エネルギー庁資料）

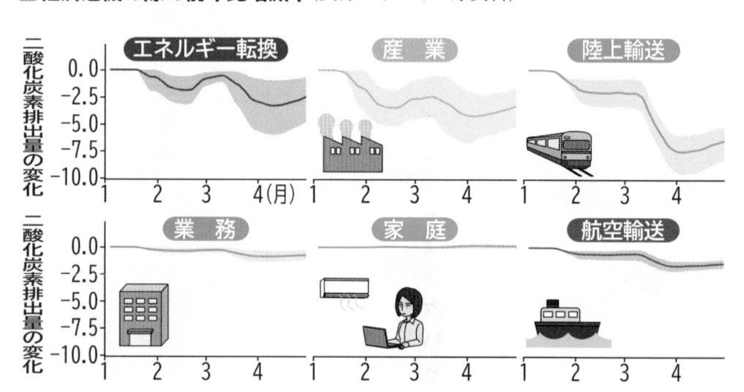

部門別二酸化炭素排出量の推移（2020年）（nature climate change資料）　新型コロナウイルス感染症における二酸化炭素排出量で，減少幅が大きいのは運輸部門で，移動の制限が大きく影響していると考えられる。一方，家庭部門はむしろ増加しているが，これは，感染拡大を抑えるために在宅勤務（リモートワーク）が推進された結果と見ることができる。

解説　**エネルギー需要と二酸化炭素排出量の変化**　新型コロナウイルス感染症の感染拡大による世界経済の後退にともない，エネルギー需要も減少し，第二次世界大戦以来の大幅な落ちこみとなることが予想されている。IEA（国際エネルギー機関）によると，2020年の世界の電力需要は2019年比で6％の減少となり，それにともない2020年の世界の二酸化炭素の排出量も，2019年から8％減少すると見こまれている。これは過去最大の減少幅であり，リーマン・ショック（➡p.225）時の約6倍である。

考える視点 A コロナ禍における化石燃料と再生可能エネルギー

Q エネルギー消費が大きく落ちこむなかで，再生可能エネルギーの消費だけが増加する見こみなのはなぜだろうか。

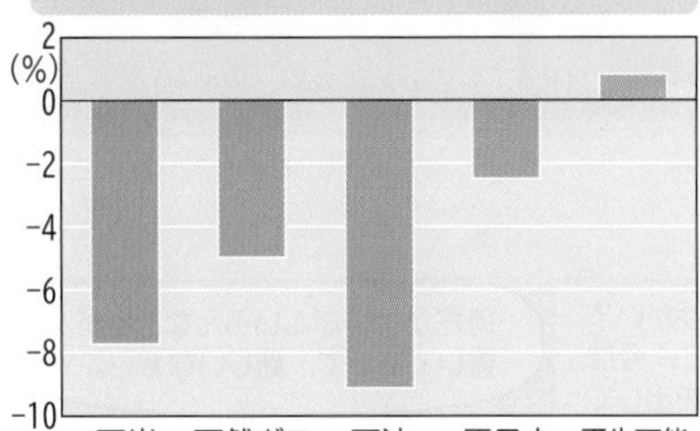

エネルギー源別需要予測（IEA資料）　2020年の需要予測を見ると，2019年にくらべ石油や石炭といった化石燃料によるエネルギー消費が大きく減少する見こみであるのに対し，再生可能エネルギーのみが増加する見こみとなっている。

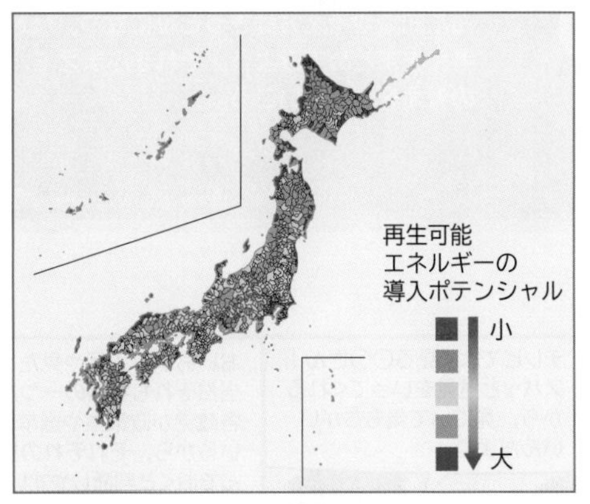

再生可能エネルギーの可能性（環境省資料）　環境省が自然状況のデータをもとに試算した結果，日本にはエネルギー需要量の最大約1.8倍の再生可能エネルギー供給力があるとされた。試算では，ほとんどの地方でエネルギーの地産地消が可能となっている。

原子力発電	約0.6km^2

新エネルギーで代替する場合

太陽光発電	約58km^2 山手線の内側面積とほぼ同じ面積
風力発電	約214km^2 山手線の内側面積の約3.4倍

原子力発電1基分と同じ発電量を得るために必要な面積（資源エネルギー庁資料）　太陽光発電は広い面積に太陽光パネルをしき詰める必要があり，風力発電はある程度の間隔をあけて設置する必要があるので，広い敷地が必要となる。

解説 **変わるエネルギー供給**　コロナ禍によって世界的にエネルギー需要が落ちこんでいる。需要が減った場合，まず発電を止めるのは燃料費のかかる化石燃料（➡p.242）による発電施設である。太陽光や風力などの再生可能エネルギー（➡p.245）は燃料費の負担がないため，発電は継続される。また，再生可能エネルギーはそれぞれの地域にある資源を利用できる地産地消型のエネルギーであり，人や物の移動が制限されても影響を受けることが少なく，その価値が見直されている。一方，大規模発電所での発電を基本とする集中型の電力供給システムでは，大災害で発電所が被害を受けた場合，広範囲で電力供給がストップする危険性が大きい。

考える視点 B 今後も進む脱炭素化の動きとエネルギー転換の可能性

多くの国や企業で，脱炭素によって経済復興を実現しようとする取り組みがおこなわれている。

イギリス	再生可能エネルギーや水素投資などで25万人分の雇用拡大
フランス	航空会社支援で国内線を廃止
カナダ	化石燃料産業の脱炭素化を経済支援
アメリカ	バイデン大統領就任後，2兆ドルの脱炭素投資
EU	約1兆8,000億ユーロをグリーン・デジタル分野に投資

各国・地域の脱炭素の動き（日本経済新聞資料）
新型コロナウイルス感染症による影響で停滞した社会に対し，脱炭素をおこない持続可能な循環型の社会をつくりあげるための投資をおこなう動きが各国・地域で進んでいる。

アップル社の本社がある「Apple Park」（アメリカ）　屋上に太陽光パネルが設置され，Apple Parkで使用される電力はすべて再生可能エネルギーによってまかなわれている。

アップル社の挑戦
①世界の全事業所の使用電力がすべて再生可能エネルギー
②アップル社の取引先にも再生可能エネルギー100%を求める
➡取引先企業も含めた事業全体で，2030年までに温室効果ガスの実質ゼロをめざす

解説 **各国政府や企業で進む脱炭素への取り組み**　新型コロナウイルス感染症の影響が深刻化するなかで，各国政府によって脱炭素による取り組みが進んでいる。また，iPhoneなどで知られるアップル社のように，脱炭素化に積極的な企業も見られる。経済界においては，脱炭素への取り組みをビジネスの取り引き条件にする動きもあり，再生可能エネルギーの主力電源化がさらに進むと予想される。

ふりかえり

コロナ禍をきっかけとして，世界の化石燃料の消費が縮小する一方で，分散型エネルギーとして高く評価された再生可能エネルギーの需要は着実に拡大した。その後，感染症が鎮静化し世界経済が回復する一方で，ウクライナ危機によるエネルギー供給の不安定化で，化石燃料の価格が高騰し，世界経済は大きな影響を受けた。このようななかで，国際情勢の変動に左右されることがない再生可能エネルギーへの転換が，今後さらに進むかどうかが注目されている。

視点A▶新型コロナウイルス感染症の感染拡大をきっかけに化石燃料の消費が減り，それに代わって再生可能エネルギーの需要が増加している。

視点B▶世界の脱炭素化の動きは，各国政府だけでなく大企業などにも広がり，再生可能エネルギーの主力電源化はさらに進む可能性がある。

まとめる　新型コロナがエネルギー事情に与えた影響について，自分の考えをまとめよう。

発　展　コロナ後の社会では，エネルギー転換のほかにどのような変化が起きるか考えよう。

学習のまとめ

選挙から見る私たちの未来

私たちも18歳になると，選挙で投票をおこなう。選挙は，日本のさまざまな課題に対して自分の意見を国や地方に伝えることができる重要な機会である。その時に，「公共」で学んだ知識や考え方はきっと役に立つ。「公共」の学習の最後に，さまざまな論点から自分の考えをまとめてみよう。それをふまえて，これからも日本や世界のできごとに対し，自分の考えを深めていこう。

投票する人，どうやって選ぶ？

もうすぐ衆議院議員の総選挙なんですね。
〇田△助に一票を!
みんなが選挙権を得られるのは18歳からだけど，もし，今選挙権をもっていたら，誰に投票する？

テレビでよく見る○○さん！スパッと意見をいってくれるから，見ていて気もちがいいんだよね。

私は△△さんがいいな。若くてスマートだし，清潔な感じがするから。

おいおい…人柄や見た目だけかい？当然それも要素の一つだけど，今は各政党が政策集や選挙公約を出しているから，それぞれの主張をよく読んでおくと判断しやすいよ。

何だかずいぶんいろんなことが書いてあって，難しいなぁ…。
それじゃ，具体的な例をあげて考えてみよう。

●若者の社会保障から考えると……

国の予算（一般会計）のうち，約３割が社会保障関係費にあてられている（➡p.200）。その内訳は……

※当初予算

社会保障関係費の内訳（2023年度）

年金	医療	介護	少子化対策	生活扶助等社会福祉費	保健衛生対策費	雇用労災対策費
35.5%	32.9	10.0	8.5	11.7	1.3	0.1

ダイチ▷日本は世界有数の長寿（ちょうじゅ）社会。僕も年をとっても健康で安心して暮らしたいな。政府には医療保険や年金保険，介護保険を手厚くして，高齢者の経済的負担を軽くしてほしいね。

はるか▷私は老後よりもその前の生活が心配だよ……。就職してもリストラの不安もあるし，非正規雇用だと生活が不安定になりやすいし，結婚・出産したら仕事と育児が両立できるかなど，心配は尽（つ）きない。若者向けの社会保障に予算を使ってほしいよ。

さくら▷でも，高齢者は今までたくさん働いて，たくさん納税をしてきたよ。私は，若く元気なうちに負担を大きくして，老後に安心して暮らせる社会が，希望ある社会だと思うな。

ユウト▷少子化が進んで若者が少ないうえに，正社員になることが難しい社会だと，納税額自体が減っていくんじゃないかな。就職支援だけでなく，児童福祉を充実させて，たくさんの子どもを育てられる社会にしないといけないね。

●さまざまな論点から考えよう～あなたならどうする？

各論点の二つの主張から，自分の考えに近いものを選んで○をつけよう。

1．安楽死は認められるべきか ➡p.53

安楽死は認められるべきだ		安楽死は認められるべきではない	
死が確実なら，自然な死をむかえたいという本人の意思を尊重すべきである。 多額の医療費で，家族の負担が大きい。		生きる価値があるかないかを選別する考え方につながる。 医師には，患者の延命のために全力を尽（つ）くす義務がある。	

2．夫婦別姓は認められるべきか ➡p.81, 253

夫婦別姓も選べるようにすべきだ		夫婦別姓は認められない	
姓変更にともなうさまざまな手続きの負担や，姓が変わることによるアイデンティティの喪失（そうしつ）感を夫婦のどちらかだけに負（お）わせるのは不平等である。		同じ姓であることで家族の一体感が強まる。 別姓になると子どもの姓のあり方が問題になる。	

3．永住外国人の地方参政権は認められるべきか

➡p.82

永住外国人の地方参政権は認めるべきだ		永住外国人の地方参政権は認めるべきでない	
外国人でも税金を納めているのだから，その使いみちにかかわる選挙への参加を認めるべきだ。		日本国籍をもたない外国人に，日本の将来を左右する選挙の責任を負わせることが不安だ。	

4．集団的自衛権は行使すべきか

➡p.135

集団的自衛権を行使すべきだ		集団的自衛権は行使すべきでない	
同盟国を守る集団的自衛権は国連憲章で認められた権利であり，行使は当然だ。		同盟国が始めた戦争にまきこまれてしまう恐れがある。	

5．沖縄の米軍基地はどうあるべきか

➡p.136

沖縄の米軍基地は現状維持		沖縄の米軍基地を国内もしくは海外に移転すべきだ	
沖縄は米軍がどこへ向かうにも最適な場所だ。 日本を守る米軍基地が海外にあっては意味がない。		沖縄の負担が大きいので，国内に分散配置すべきだ。日本を防衛するには米軍は多すぎるので，海外移転すべきだ。	

6．政府は経済にどのようにかかわるべきか

➡p.183

小さな政府がよい		大きな政府がよい	
税金や社会保険料などの負担は少ない方がいい。 介護や医療に自己負担が増えるのは当たり前の話だ。		国が国民生活を支えるために税金を多く負担しよう。 介護や医療，教育などは，みな無料が望ましい。	

7．借金返済vs景気回復

➡p.204

国債発行額を減らして増税し，借金を減らすべきだ		景気と社会的弱者に配慮して増税は延期すべきだ	
これ以上借金を増やしては国が破綻してしまう。 景気回復を待っていたらいつまでも増税できない。		景気が回復すれば自然と税収も増える。 景気回復策をおこなわないまま増税すると不景気になる。	

8．自由貿易vs保護貿易（農業）

➡p.227

農産物の貿易をもっと自由化すべきだ		国内の農産物はある程度保護すべきだ	
世界に誇れる味・安全性なので，勝負すべきだ。 安価な農産物を輸入して，消費者の利益を拡大すべきだ。		国際競争力の低い農産物は，関税や輸入規制で守るべきだ。外国から農産物が流入すれば，食料自給率がより下がってしまう。	

9．再生可能エネルギーは推進すべきか

➡p.244, 256

再生可能エネルギーを推進すべきだ		バランスをとったエネルギー構成を検討すべきだ	
地球温暖化の原因となる二酸化炭素を排出せず，エネルギーの輸入も必要ない再生可能エネルギーを積極的に推進すべきだ。		再生可能エネルギーは天候に左右されるなど，供給が不安定である。化石燃料や原子力もバランスよく組みあわせたエネルギー構成を検討すべきだ。	

10. ………………………………

自分で論点と対立する主張を示して考えよう。

この１年間「公共」の授業で学んだことがたくさん出てきたね。

「公共」で学んだことを基礎として，新しい課題が出てきたらその都度考え，選挙や生活のなかでいかしていこう。

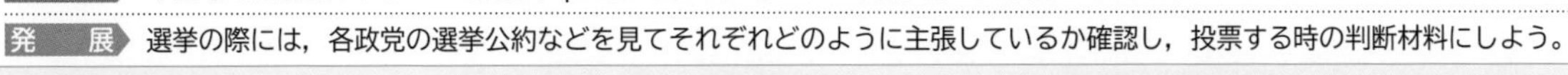
まとめる　今回考えた論点のうち一つを選び，p.260～265も参考にして小論文形式で自分の意見を示そう。
発　展　選挙の際には，各政党の選挙公約などを見てそれぞれどのように主張しているか確認し，投票する時の判断材料にしよう。

学習のまとめ

小論文を書く前に

「公共」を学ぶなかで，さまざまな課題について問題意識をもち，自分の考えをもてるようになったら，今度は自分のことばでまとめてみよう。自分の意見を論理的に相手に伝えるために，大学入試でもよく課される小論文の書き方の基本を身につけよう。

① 小論文と作文の違い

●小論文とは

①ある事柄や現代社会の課題について，②自分の経験や具体例などの根拠をもとに考察したことを，③第三者が理解できるよう，筋道(すじみち)を立てて述べた客観的かつ論理的な文章である。

●作文とは

①自分が考えたり，体験したりしたことを相手に伝えるために，②自由かつ思いのままに述べた主観的な文章である。

● 2つの文章を比較してみよう

文章A

私が高校生になったお祝いに，祖父母がスマートフォンを買ってくれました。スマートフォンは，電話以外にもメッセージを送ったり，インターネットを使えたりと便利です。私は使いすぎたり犯罪に巻きこまれたりしないように注意したいと思います。

文章B

スマートフォンの普及率は飛躍的に増加し，多くの高校生も使用している。スマートフォンを使うと，いつでもどこでも友人と連絡をとることができ，待ちあわせなどで非常に便利である。一方で，電話やメッセージが来ていないかとスマートフォンをつねに気にするあまり，家族間のコミュニケーションがおろそかになってしまったり，生活が不規則になってしまうことがある。

本来道具であるはずのスマートフォンに振り回されることがないように，使用時間を決めたり，人と会話している時には使用しないなど，適切な使用方法を考えることが必要である。

文章Aは自分の経験や感想が中心だけど，文章Bには主張とそれを裏づける根拠などが具体的・論理的に書かれているね。

文章Aが作文で文章Bが小論文か。同じスマートフォンをテーマにしても，ずいぶん書き方や内容が違うんだね。

文章に慣れるために

誰でも最初から論理的な文章がすらすら書けることはない。まずは日ごろから新聞や本など文章作成のプロが書いたものを読む習慣をつけ，文章に慣れることから始めよう。その際，音読をしながら読んだり，文章を写したりすることで，よい文体や文章のリズムを身につけることができる。

また，新聞の社説や投書欄などを読むと，知識を得られるだけでなく，さまざまな意見や立場から考えることができる。学校の図書館も活用し，さまざまな新聞や本を読むようにしよう。

② 小論文の出題形式

大学入試の小論文の出題形式は，おもに下の三つに分けられる。これらの課題に対して，一問の指定字数が600～800字，制限時間60～80分で出題されることが多い。

テーマ型	「10年後の私」や「日本の国際貢献のあり方」など，指定されたテーマについて述べるもので，比較的自由に展開できるが，自分で事例などをあげて書く必要がある。
課題文型	課題文が与えられて，その内容を考察したうえで，自分の考えを述べるもの。与えられた課題文(情報)を的確に判断し，読み取る能力も問われている。
データ型	グラフや表などのデータが与えられて，その内容を読み取り，指定されたテーマについて自分の考えを述べるもの。データを正確に読み取って記述する能力，具体的なデータを活用して考察を深める能力が求められている。

③ 文章を書く時のルール

❶文章はていねいな字で，はっきり大きく書く

字のうまい下手は別として，ていねいにはっきり大きく書くと，採点者の印象もよい。

❷句読点(、。)は適切な位置につける

読点(、)が不適切な位置にあると読みづらい。場合によっては，読み手に違った意味あいで伝わる可能性もある。

【読点を入れる位置の例】

・「しかし」「また」などの接続詞の後
・「…ので」「…と」などの接続助詞の後
・文の意味や主語・述語の関係を明確にしたい時

❸送りがなや同音異義の漢字は正しく使う

明らかに間違ったかなづかいや漢字だけでなく，「対称／対象／対照」「会う／合う」「関心／感心」などの同音異義語には特に注意する。日頃から辞書を引く習慣をつけておきたい。

❹文の語尾は「～だ」「～である」調を使用し，小論文全体で統一する

文の語尾には「～です」「～ます」調と「～だ」「～である」調がある。また，「～と考える」「～といえよう」などの文末表現を使用すると，小論文の印象が引き締まる。ただし，文末表現のくり返しの使用は避けよう。

❺話しことばや俗語，流行語をそのまま小論文に使用しない

×あんまり→○あまり／×オレ的には～→○私は～／×してる→○している，などがある。話しことばや俗語などを小論文に使用すると，文章全体が幼稚な印象となり評価も低くなる。

❻接続詞は適切に使う

「しかし」「また」などの接続詞も小論文中に多用されるが，適切に使われていないと，読み手に誤解を与えてしまうことがある。前後の文の関係を適切に伝える接続詞を選びたい。

一方で，接続詞を使いすぎると文章が読みにくくなる。接続詞がなくても意味が通じる場合は削ることも考えよう。

小論文を書く手順

小論文では，客観的な根拠をもとに自分の意見を示さなければならない。相手を納得させる論理的な文章を書くために，しっかり準備してのぞもう。

① 課題を正確に読み取る

まず課題をよく読み，出題者がどんな課題や条件を要求しているか，正しく把握する。

何を主張したいのか明確でない小論文は評価が低い。出題された内容に対して，「是(ぜ)か非(ひ)か」「具体的に何をしなければならないのか」「(社会の課題に対する)自分の姿勢はどうか」などを，はっきりと小論文のなかに書く必要がある。

課題：
「日本の非正規雇用の増加」について，あなたの考えを述べなさい。

不景気でリストラ
不安定な雇用
明日からもう来なくていいよ
就職内定率厳しく
非正規雇用の増加
非正規雇用労働者が増えているね。非正規雇用の増加が，私たちの生活や将来にどんな影響を与えるのかを書いて，非正規雇用の長所や短所を分析する内容にしよう。

② 考えの根拠を集める

小論文で重要な点は，根拠が明確であることや論点が定まっていること，そして読み手を納得させる具体的な内容が論理的に書かれていることである。まずは思いつくことを紙の上にどんどん書いていこう。

ここで多くのことが書けるように，日ごろの生活のなかで新聞やニュースを見て知識を蓄(たくわ)えておくことが重要である。

小論文の練習であれば，この時，教科書や資料集で関連する項目を確認したり，図書館で関連書籍をさがしたり，インターネットで官公庁のウェブサイトを見るなどして，具体的な資料を調べてみよう。そして，書き出すべき材料を加えていこう。

③ 小論文全体の流れを考える

②で書き出したメモをもとに，全体の構成を考えてみよう。小論文は「序論・本論・結論」の三段構成で書くのが基本である。この三段構成で最も大切なのが，本論である。本論で自分の意見や根拠，事例をあげて展開する。次に大切なのが序論である。序論では，自分が論じるテーマの理由や背景，主題(書き手が明らかにしたい内容)を書く。最後に結論では，主題で書いた内容を表現を変えて示し，小論文を終える。

序論	テーマの理由や背景，主題(大学の卒業論文などでは仮説ともいう)を書く。
本論	序論であげた理由や背景，課題について，事例と根拠を示しながら自分の主張を書く。課題や問題点について，客観的に分析・考察するために，数値例や反対の立場，異なった視点からも書いて，説得力がある内容にする。
結論	序論の主題，本論での主張に基づき，自分の主張を述べる。

小論文は構想メモをできるだけ詳しく書いて，取捨選択しながら書くことが，説得力のある小論文になるかどうかの分かれ目だよ。日頃の授業では知識を増やし，構成メモを書く練習をたくさん経験して考えられれば，内容がテーマからずれたり，途中で論理や展開に行き詰まったりしないよ。

●構想メモ

序論(第一段落)
- 非正規雇用が増えた背景・理由　バブル崩壊後長引く不況や外国人労働者の増加などにより経済環境が変化した。
- 正規雇用だけでなくパートやアルバイト，契約社員など多様な働き方がある。
- 非正規雇用の長所と短所を分析し，みずからの働き方の価値観を獲得する必要がある。

本論(第二段落)
- 非正規雇用割合の増加と不本意非正規の減少(データを示す)。
- ライフスタイルへの考え方や人生の時期によっては，非正規雇用と正規雇用の長所，短所を考え，それぞれを選択することもありうる。
- 正規雇用の長所や問題点を分析し，非正規雇用と比較する。

結論(第三段落)
- 非正規雇用を選択する注意点と，自分が働くことへの価値観や考え方を書く。
- よりよい人生設計をするために，さまざまな働き方があることを示す。

④ 清書・推敲

清書した後は書きっぱなしではなく，必ず読み返して推敲(すいこう)しよう。各段落ごとに誤字・脱字，文章表現，課題に対応した主張ができているか，論理的に展開できているかなどをもう一度確認する。書いた後は，友人や先生に添削(てんさく)してもらって自分の小論文をふり返り，別の問題にチャレンジしよう。

小論文を書こう

ここまでで学んだ小論文の書き方をふまえて，さまざまな分野の現代社会の課題について，自分の考えを小論文でまとめてみよう。

課題：「格差問題」とはどのような問題かを考え，その解決策について，あなたの考えを述べなさい。

STEP 1　「格差問題」で問題になっていることはどのようなことか，あげてみよう。

●新聞やテレビで報道されている内容から考えよう。
●格差拡大の現状，格差がさらに拡大すると，どのような問題点が出現するか，さまざまな視点から考えよう。

STEP 2　なぜ「格差問題」が発生したのか，いろいろな視点から考えてみよう。

●STEP 1であげた問題の背景には，何があるのかを考えよう。たとえば，経済環境やどのように社会が変化したかなど，いろいろあげてみよう。

STEP 3　「格差問題」に対してどのような対策があるか，考えてみよう。

●格差拡大により生じる経済や社会の変化の面などから考えよう。
●貧困層の立場や生活から考え，貧困層が増えると，社会へどのようなマイナスの影響があるかどうかについても考えよう。

STEP 4　「格差問題」について，あなたが最も主張したい内容を簡潔にまとめよう。

●STEP 1～4であげた内容をふまえ，格差問題に対し，最も主張したいことをあげよう。
●どんな格差縮減策や支援策があるか，優先順位はどうあるべきかなど，さまざまな視点から考えよう。
●より深刻な課題，解決が急がれるものなどの観点から，優先順位が高い問題を選び，解決策を示そう。

STEP 5　STEP 1～4をふまえて，「格差問題」の解決策について，あなたの考えを200字以内で述べてみよう。

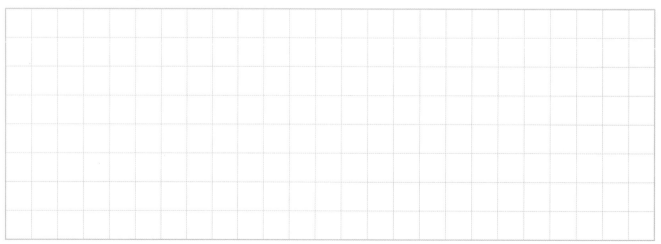

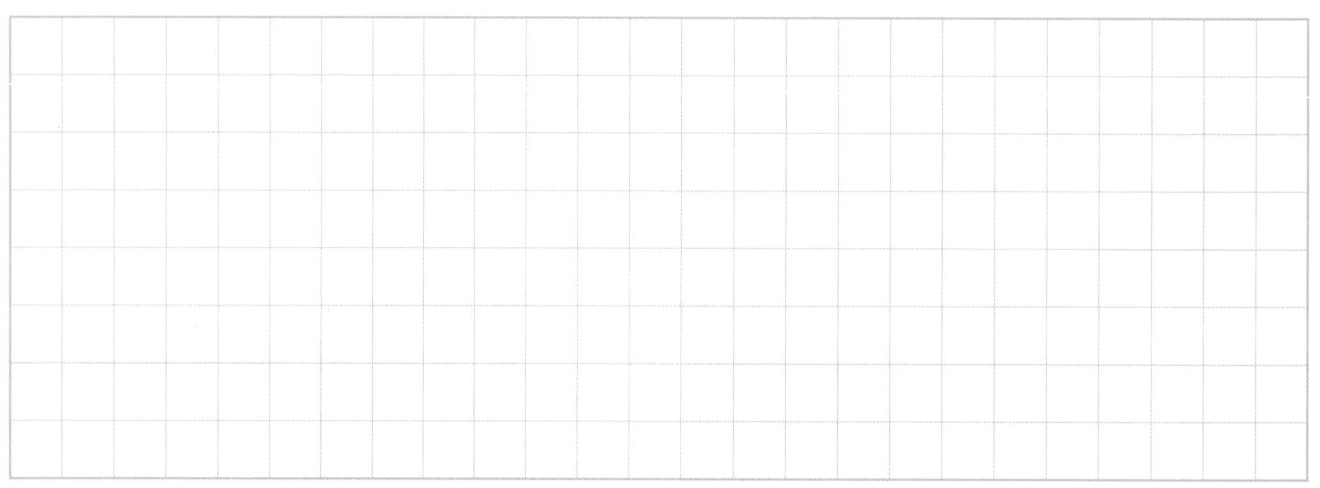

データ型小論文「平均寿命と健康寿命」

課　題

次の「平均寿命と健康寿命の差」の資料を見て，今後の日本において，医療または福祉に従事する者が果たすべき役割について，あなたの考えを600字以内で述べなさい。

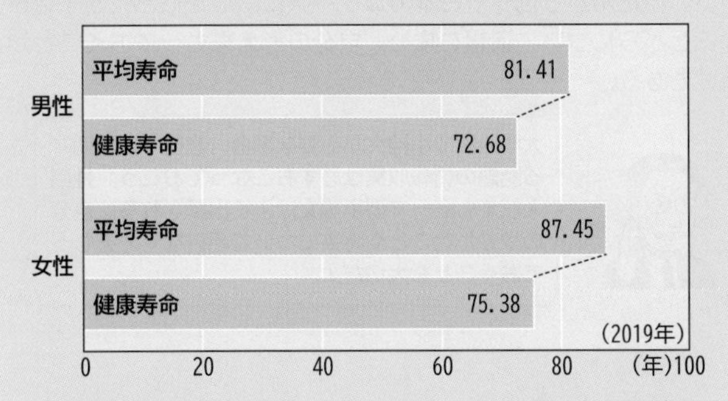

平均寿命と健康寿命の差(厚生労働省資料)　健康寿命とは，健康上の問題で日常生活が制限されることなく生活できる期間を意味する。

●課題へのアプローチ

データ型小論文の場合，データを正しく読み取り，問題点を見つけることができているかが評価のポイントとなる。今回は一つのグラフから，男性と女性の平均寿命と健康寿命の特徴・問題点を読み取り，今後も続くと予測される高齢社会における男女の生き方と，それを支える医療・福祉従事者のあり方や役割について考えたい。

〔グラフから読み取れる特徴〕

- 平均寿命と健康寿命の差が，男性は約９年，女性は約12年である。
- 女性の方が男性より健康上の問題で日常生活が制限される期間が長くなる。

●おちいりやすいパターン

高齢社会が進展し，平均寿命がのび，長生きすることばかりを評価しないようにしたい。不健康な時期がのびると，どのような課題が生じるのかを具体的に考える必要がある。この課題に対して，高齢者が生活の質を向上させるために，医療・福祉従事者はどんな姿勢が必要なのかを提案できるようにしたい。

●評価のポイント

①統計を正確に読み取り，具体的な数値例を使い記述できているか。
②統計の全体的な傾向を把握して記述されているか。
③設問が「今後の日本において，医療または福祉に従事する者が果たすべき役割」なので，男女の平均寿命と健康寿命の差による課題について，「あなたの意見」が具体的な記述で述べられているか。
④今後しばらく高齢社会が続くことを前提に，医療従事者が，高齢者の生活の質を上げる視点や提案が書かれているか。

データ型小論文のポイント

論文の展開とともに，「出題されたグラフの活用」が大きな評価のポイントとなる。最初に，グラフの特徴を読み取ったうえで，そこからわかる問題点を明らかにしよう。

解答例文の構成

第一段落【序論】　データの読み取りと問題点の提示
グラフから，男性・女性の平均寿命と健康寿命の差から読み取れること，この差に対し，医療，福祉従事者に求められる役割を示す。

第二段落【本論】　問題点の分析・考察
男女の平均寿命と健康寿命の差，高齢社会における高齢者の生活の質，高齢社会の健康や生活の質を支える医療・福祉従事者に求められる具体的な姿勢を述べる。

第三段落【結論】　問題解決策の提示
第二段落の考察をふまえ，男女の平均寿命と健康寿命の差を小さくする医療・福祉従事者の役割をまとめる。

●解答例文

グラフから，平均寿命と健康寿命の差は男性が約９年，女性が約12年と読み取れる。女性の方が平均寿命と健康寿命の差が大きく，不健康な時期が長いと考えられる。今後も進展すると予測される高齢社会において，医療・福祉従事者はこの平均寿命と健康寿命の差を埋める支援が必要である。

今後平均寿命がのびることにともない，健康寿命との差が拡大すると，医療費や介護費用を多く消費する期間が長くなると考えられる。高齢者の疾病予防と健康増進のためには，地域の保健師や介護福祉士の支援が欠かせない。たとえば，医療・福祉従事者が連携して，地域の高齢者を日常的な行事や子育てなど，現役世代を支援する活動に参加させることがある。この活動には，地域の清掃，子どもたちや同世代の高齢者の見守り活動などが考えられる。高齢者が医療・福祉従事者とともに地域で行動する場面を増やせれば，自然と生きがいや意欲がもてるようになり，生活の質も向上し，健康寿命がのびる可能性がある。医療・福祉従事者が地域で高齢者をまきこむ取り組みを，できれば65歳前後から始めて，平均寿命と健康寿命の差を小さくする取り組みが求められている。

できるだけ不健康な時期を短くするためには，平均寿命と健康寿命の差をなくす必要がある。60歳代後半から地域で高齢者が生き生きと活動するためには，地域の事情を最もよく知る地元の医療・福祉従事者の支援や役割が欠かせないといえる。

(596字)

テーマ型小論文「死刑制度」

課題

死刑制度について，あなたの考えを600字以内で述べなさい。

●課題へのアプローチ

テーマ型小論文の場合，テーマが漠然として何から書いてよいかわからなくなる場合がある。短いテーマのなかにも，出題者が知りたい内容が隠されているので，テーマにあることばは必ず使用しよう。まずは，このテーマについての肯定面，否定面を考えてみよう。テーマに対し，事例をあげ，分析しながら自分の主張を明確にすると自然と根拠に基づいた説得力がある小論文が書けるようになる。

今回は「死刑制度」がテーマなので，まず教科書や資料集(➡p.78)を活用し，「死刑制度」の是非について考えよう。そのうえで，あなたが主張したい主題を，根拠をあげて論じよう。

〔肯定面〕
- 殺人犯は自分の命で罪を償い，責任を果たすべきである。
- 犯罪を抑止するためには，死刑以上は考えられない。
- 現実に遺族や被害者が犯人の死刑を望むことが少なくない。

〔否定面〕
- 国家であっても殺人は許されない。
- 「誰でもよいから殺したかった」殺人犯に，死刑は抑止力が機能しない。
- 冤罪の可能性が現実に存在しており，死刑が執行されてしまうと失われた命は回復できない。

●おちいりやすいパターン

死刑制度に対しては，多くの意見や論点があるので，さまざまな事例を小論文に入れすぎると，主張したい内容や分析の過程がぼやけてしまうことがある。死刑制度について，どのような点に焦点をあてているかを確認しながら，論点を明確化したい。

●評価のポイント

①短い課題のなかにあることばを活用し，その定義や現状，導き出される課題などが具体的な記述で書かれているか。
②死刑制度など，考え方や立場により賛否が異なる課題に対しては，まず，立場や賛否が分かれる理由を論じ，その後に自分が明らかにしたい明確な主題が書かれているか。
③テーマ型小論文は，出題内容に対する主題を，特に明確に書く必要がある。出題の条件が「あなたの考え」なので，あなたの死刑制度に対する賛否が書かれているか。
④「死刑制度」に対するテーマ型小論文なので，死刑制度のあり方や課題をしっかり理解したうえで，それにこたえる分析と根拠が書かれているか。

テーマ型小論文のポイント

テーマ型小論文は，課題文型やデータ型にくらべると自由に展開できるので，一見書きやすそうに見える。しかしその分テーマが大きく，何を論じればいいのかわからなくなってしまうことも多い。ふだんから世界や日本のニュースに関心をもち，さまざまなことがらについて情報を集め，自分の考えをもっておくことが重要である。

大学入試で小論文が必要な場合，志望学部に関する話題の情報収集は必ずおこなっておこう。推薦入試でもテーマ型小論文はよく出題される。自分のやりたいことや将来について明確な考えをもっておくことも大切だよ。

解答例文の構成

第一段落【序論】 論点の提示
テーマである「死刑制度」について，現在の状況や課題を示す。そのうえで主張したい主題を明確に示す。

第二段落【本論】 問題点の分析・考察
第一段落で示した死刑制度の是非について分析し，主題に対する事例，根拠を具体的に示しながら考察する。

第三段落【結論】 問題解決策の提示
第二段落の死刑制度の是非に対する考察をふまえて，序論で主張した主題をまとめる。

●解答例文

日本においては，世論調査でも８割前後の国民が，死刑の存続はやむをえないと回答している。しかし，国際社会では死刑制度を廃止する国が多い。私は死刑制度を存続するか否かについて，廃止が望ましいとする立場である。

日本の死刑制度への世論調査の結果と廃止国が多い国際社会の現状には，大きな隔たりがある。死刑制度を肯定する根拠として，殺人犯は自分の命で償い，責任を果たすべきであり，犯罪抑止からも死刑以上は考えられないとする考えがあげられる。一方，死刑を否定する根拠は，自暴自棄の殺人犯に死刑の犯罪抑止力は機能しないこと，冤罪や誤判の可能性が完全には否定できず，死刑を執行すれば命は回復できないことがあげられる。私は仮に死刑制度を存続させたとしても，「誰でもよいから殺したかった」殺人犯に犯罪抑止力が機能せず，誤判や冤罪が完全に否定できない以上，死刑制度の存続に賛成できない。死刑を残し，抑止力に期待し，国家が加害者の殺人犯に死刑で報いたとしても，被害者の感情は完全には回復できない点からも賛成できない。

死刑制度の存続については，依拠する立場や根拠から，賛成・反対どちらの意見が出てきてもおかしくない。私はこの死刑制度の存続について，最終的には国民の判断にかかっていると考える。一人の国民として抑止力，誤判や冤罪が完全に否定できない以上，死刑制度には反対の立場である。

(577字)

課題文型小論文「女性議員ゼロ議会」

課題

以下は新聞記事の一部である。この記事を読んで「女性議員ゼロ議会」を克服するために，どんな方法が考えられるか。あなたの考えを600字以内で述べなさい。

「政治は男性」の壁　崩そう

1,788ある地方議会の約2割は，男性議員しかいない「女性ゼロ」議会だ。人口は男女がほぼ半々なのに，女性地方議員は全国平均で1割あまり。政治にもっと多様な声を反映させようと，女性たちが各地で今春の統一地方選に名乗りを上げている。その道のりから，日本に残る「壁」が見えてくる。

……候補者男女均等法ができて初となる統一地方選。鹿児島県内の女性地方議員は64人で，全体の8.7％にとどまる。

……県内の女性史を研究する山崎喜久枝さんによると，鹿児島の集落の会合では男性が前に座り，女性は後ろで茶や軽食の準備をするのが，日常の風景。議論の中心は男性で「女が意見をするものではない，という意識が男にも女にもある」という。垂水市役所では課長以上の幹部職員に，女性が登用されたことはない。

……南さつま市議の平神さんは言う。「女性が政治分野で認められていけば，地域や家庭でも男女平等の意識が進むはず」

（「朝日新聞」2019年2月17日をもとに作成）

●課題へのアプローチ

課題文型小論文の場合，すぐに課題文を読もうとしてしまうが，まず与えられた課題をしっかり把握してから，何を読み取る必要があるのかについて，確認することが大切である。

今回の課題文では，全国の地方議会の約2割が「女性議員ゼロ議会」という現状から，政治の場面に女性をどのように増やすかについて，考えることが求められている。

●おちいりやすいパターン

「女性は政治家になる努力をすべきだ」「男性が女性を政治の世界にとけこみやすいようにする必要がある」など上から目線で主張するような形にならないよう注意したい。

「女性議員ゼロ議会」の背景や，「女性議員ゼロ議会」を克服（こくふく）する具体的な政策や制度の提案をしながら，多面的に考察することが大切である。

●評価のポイント

①課題文を読みこんで，そこにあることばを活用し，その定義や現状，導き出される課題などが，設問の条件に即して具体的な記述で書かれているか。

②地方議員のなり手不足から生じる課題を明らかにし，その課題の解決策を明確な主題として書いているか。

③与えられた課題文を無視せず，その主張を活用して書かれているか。一方で，自分の主張や分析を示し，課題文のなかにあることばをなぞるだけになっていないか。

課題文型小論文のポイント

課題文を読む前に，課題で要求されていることを正確に読み取り，課題文の要点をつかむことが重要である。また，問題点が示された課題文では，対応案や解決策までを考える必要がある。問題提起だけで終わらないよう注意したい。

解答例文の構成

第一段落【序論】　課題文の読み取りと問題点の提示
課題文から，「女性議員ゼロ議会」が問題になっていることやその背景，自分の主張を示す。

第二段落【本論】　問題点の分析・考察
「女性議員ゼロ議会」が生じる背景や問題点をもとに，「女性議員ゼロ議会」を克服する目的や方法を提示する。

第三段落【結論】　結論の提示
第二段落の「女性議員ゼロ議会」の背景や問題点に対する考察をふまえて，序論で主張した主題をまとめる。

●解答例文

課題文にある日本に残る「壁」の背景とは，やはり根強く残る「政治は男性中心でおこなうもの」とし，女性は男性を支える側になるべきだとする考え方ではないだろうか。もし今後も政治の場が男性ばかりで議論されるようであれば，女性の経験や考え方などは，なかなか政治に反映されないだろう。多様な考え方や意見をもとにした政策決定を普及させるためには，地方議会ばかりでなく，できるだけ多くの議会で，女性が議員として参画する数を増やしていく必要がある。

政治が男性中心になる理由として，「壁」の背景以外に女性立候補者の数の少なさが考えられる。人口は男女がほぼ半分にもかかわらず，女性の議員立候補者はなかなか増えない。女性の視点からの政策や地方議会の「なり手不足」を克服するためにも，「女性議員ゼロ議会」の減少が望まれる。この対策として，クォータ制の導入を提案する。クォータ制とは「割り当て」を意味し，議会選挙で候補者や議席の一定割合を，あらかじめ男女に割り当てる制度である。現在「女性議員ゼロ議会」を減少させる制度としてこのクォータ制を導入できれば，少なくとも女性の立候補者の数を増やすための試みとして，有効な手段になりうると考える。

政治は男女がともに参画し，多様な考え方や意見をもとに議論し決めていく過程こそが，今後求められる。このためには「女性議員ゼロ議会」を減らす制度づくりが必要であろう。

（586字）

いまをもっと知るための本

「公共」の学習に興味をもつ，学んだことがもっと知りたくなる本を51冊紹介。
なかには難しめの本もあるが，興味をもったらどんどん挑戦してみよう。

青年期・倫理

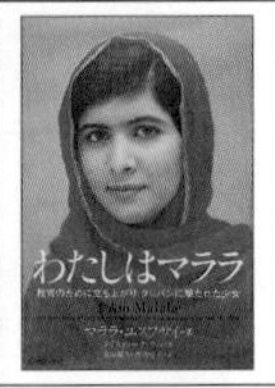

『わたしはマララ』
マララ＝ユスフザイ　学研
パキスタンでイスラーム武装勢力に銃撃されながらも，「子どもに教育を」と訴え，ノーベル平和賞を受賞した16歳の少女の手記(➡p.54)。

『赤ちゃん本部長』
竹内佐千子　講談社
武田本部長47歳。ある朝突然，頭の中はそのままで体が生後８か月の赤ちゃんに。ジェンダーや精神疾患，働き方について考えさせられる。

『ぼくはイエローでホワイトで，ちょっとブルー』
ブレイディみかこ　新潮文庫
日本人とアイルランド人の間に生まれた子どもが，人種差別やジェンダーなどの悩みに直面しながら成長する姿を描く。

『12歳からの現代思想』
岡本裕一朗　ちくま新書
現代思想で問題にされていること(性，環境，心，コミュニケーション，民主主義など)について，新たな視点や発想を得ることができる。

『公共哲学　政治における道徳を考える』
マイケル＝サンデル　ちくま学芸文庫
私たちの社会をつくる「政治」を，どのような理念とルールによって組み立てていけばよいのかを解説している。

『約束のネバーランド』
白井カイウ・出水ぽすか　集英社
食べるとは何か？　幸せとは？　生きるとは？　「鬼の食べ物」として育てられた子どもたちの冒険を通じて，命や社会について問いかける。

『はじめて学ぶ生命倫理』
小林亜津子　ちくまプリマー新書
この「いのち」の始まりと終わりは誰が決めるのだろうか。最先端の医療が投げかける疑問にどう向きあうべきか，考えることができる。

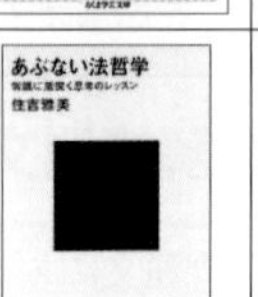

『あぶない法哲学』
住吉雅美　講談社現代新書
「社会が壊れるのは法律のせい？」「私の命，売れますか？」常識を徹底的に疑い，常識に盾突いて法や正義について考える「悪魔」の一冊。

『自分で考える勇気　カント哲学入門』
御子柴善之　岩波ジュニア新書
自分で考えるとはどういうこと？　哲学者カントを身近な視点からときほぐす，哲学への最初の一歩(➡p.40)。

『じぶん・この不思議な存在』
鷲田清一　講談社現代新書
「じぶんって何？」ふだん意識することはなくても，逃れることができず，時に際立つこの存在。現代文頻出の著者が送る，迷宮への入り口。

『ふしぎなキリスト教』
橋爪大三郎・大澤真幸　講談社現代新書
一神教とは何か？　イエスとは誰か？　知っているようで知らないキリスト教について，二人の社会学者が語る入門書。

『normal?』
井手上漠　講談社
故郷の隠岐諸島で撮影された写真と，これまでの人生をつづったエッセイで構成。資料集で取り上げた「カラフル」の背景を感じることができる(➡p.26)。

『注文をまちがえる料理店』
小国士朗　あさ出版
料理店で働く認知症の方や訪れたお客さんなど，料理店で本当に起きた13の物語。多様な人々とのつきあい方が見えてくる(➡p.27)。

『君たちはどう生きるか』
吉野源三郎　岩波文庫
知的好奇心旺盛な15歳のコペル君が「おじさん」との対話を通じて，いかに生きるべきかを考える姿をやさしいことばでつづった名著。

『ブッタとシッタカブッタ』
小泉吉宏　KADOKAWA
この本の主人公は悩めるブタ・シッタカブッタと「あなた自身」。シッタカブッタの何気ない日常から，私たちの心のしくみやものの見方が見えてくる。

法・政治

『すべては救済のために』
デニ＝ムクウェゲ　あすなろ書房
2018年にノーベル平和賞を受賞したムクウェゲ医師。コンゴで性的テロ撲滅のために，世界を動かし，命をかけて闘う医師の衝撃の自伝(➡p.55)。

『夜と霧』
ヴィクトール＝E＝フランクル　みすず書房
第二次世界大戦中に強制収容所にとらわれ，生還した心理学者の手記。生きるとは？　人間とは？　過酷な状況で考察した。

『最新 世界紛争地図』
パスカル＝ボニファス・ユベール＝ヴェドリーヌ　ディスカヴァー・トゥエンティワン
地図とともに具体的な紛争問題を取り上げ，その原因や今後の進展を予測。

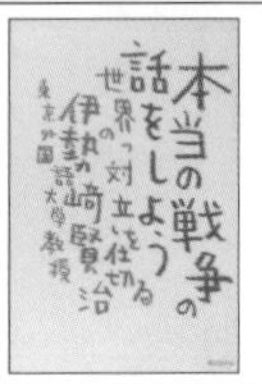

『本当の戦争の話をしよう』
伊勢崎賢治　朝日出版社
平和を訴えても悪を排除しても戦争はなくならない，と著者は高校生を前に説く。著者が紛争の現場で得た経験から，日本人と戦争のこれからを考える。

『社会をちょっと変えてみた』
駒崎弘樹・秋山訓子　岩波書店
議員でもない「ふつうの人」が政治を動かした７つの事例と，当事者による実践方法の解説。「選挙」でも「デモ」でもない，社会の変え方が記されている。

『ぼくらの民主主義なんだぜ』
高橋源一郎　朝日新書
民主主義は完成した政治システムではなく，自分たちで成長させていくもの。自分自身で考え，判断し，行動することの大切さが伝わってくる。

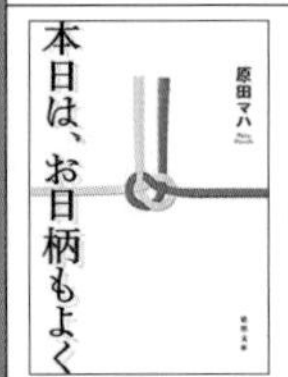

『本日は，お日柄もよく』
原田マハ　徳間文庫
主人公は，政権交代をめざす野党のスピーチライター。ことばのもつ力や大切さを改めて感じさせられる。政治のしくみや選挙の流れもつかめる小説。

『地方自治のしくみがわかる本』
村林守　岩波ジュニア新書
私たちの一番身近な行政であり，政策決定に直接かかわれることの多い地方自治。そのシステムや，地方自治の過去・現在・未来について説いている。

『きみのまちに未来はあるか？』
除本理史・佐無田光　岩波ジュニア新書
もともと地域がもっている魅力をもとに地域づくりを進める事例を紹介。未来へ続く地域のあり方が提案されている。

法・政治

『世界史を突き動かした英仏独三国志』
関眞興　ウェッジ
ヨーロッパの大国である英仏独がどのような関係を築いてきたのかを解説。「三国志」が現代の国家関係へ与えた影響を理解できる。

『はじめて学ぶ　みんなの政治』
国分良成：監修　晶文社
政治の役割は？　政府がなかったらどうなる？　民主主義は多数決と同じ？　イギリスで生まれた政治入門書。イラストも多く，読みやすい。

『国際連合』
明石康　岩波新書
国連事務次長をつとめた著者(➡p.124)が，国連のあゆみをふり返り，現代の国際社会の課題について，国連に何ができるのかを問う。

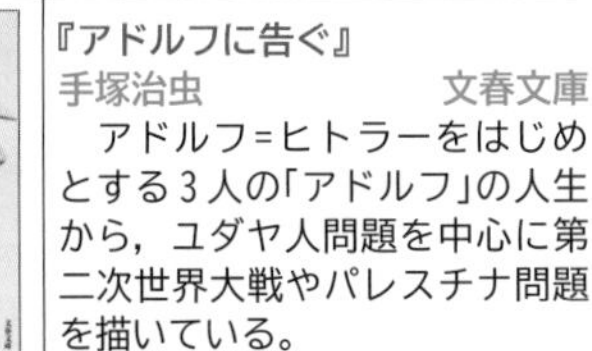

『アドルフに告ぐ』
手塚治虫　文春文庫
アドルフ=ヒトラーをはじめとする3人の「アドルフ」の人生から，ユダヤ人問題を中心に第二次世界大戦やパレスチナ問題を描いている。

『進撃の巨人』
諫山創　講談社
圧倒的な力をもつ巨人とそれにあらがう人類との戦いから始まり，立場によって異なる正義や善悪の世界を描いている。

『広島平和記念資料館は問いかける』
志賀賢治　岩波新書
第二次世界大戦の終戦から75年以上がすぎた今，あの戦争の，あの原爆の，何を私たちは語り継いでいくべきなのか。改めて問う。

『民主主義とは何か』
宇野重規　講談社現代新書
誰もが聞いたことのある「民主主義」。あなたは意味を説明できるだろうか。多数決か？　それとも平等第一か？　基本に戻って問いに答える。

『この世界の片隅に』
こうの史代　双葉社
第二次世界大戦下の広島で暮らす，主人公すずやその家族の日常を丁寧に描くことで，それを壊す戦争や原爆の悲惨さが浮かびあがる。

『一九八四年』
ジョージ=オーウェル　早川書房
独裁者「ビッグブラザー」が支配する社会。人々は行動が監視され，気づけば思想まで支配されている…。架空の世界を通じて，現代社会の姿を考えさせられる。

経済

『世界の半分が飢えるのはなぜ？』
ジャン=ジグレール　合同出版
飢餓問題の研究者である著者が，親子の会話のかたちをとりながら，人々が飢える理由，そして，世界が貧困を生む理由を示す。

『動物園で会える絶滅危惧動物』
ナショナルジオグラフィック
日経ナショナルジオグラフィック社
各国の温暖化対策や日本の取り組みをわかりやすく紹介しながら，地球温暖化問題について丁寧に解説した入門書。

『世界遺産　理想と現実のはざまで』
中村俊介　岩波新書
世界遺産は年々その登録数が増えている。そのようななかで生じている問題点や矛盾点を，きめ細かい取材から明らかにしている。

『さとやま　生物多様性と生態系模様』
鷲谷いづみ　岩波ジュニア新書
里山とは，人間の管理によって，多様な生物を育んできた場である。里山の成立過程を考え，その再生の試みを紹介している。

『世界の国　1位と最下位　国際情勢の基礎を知ろう』
眞淳平　岩波ジュニア新書
国土面積や貧困率など，さまざまな分野における上位と下位の国々を紹介し，その歴史的な背景や社会状況を解説。

『地球温暖化は解決できるのか』
小西雅子　岩波ジュニア新書
著者はNGOの専門スタッフ。地球温暖化対策の国際会議のようすを紹介するとともに，パリ協定の意義や今後の課題についてわかりやすく解説。

『子どもの貧困Ⅱ』
阿部彩　岩波新書
日本は豊かな国ではないのか？　子どもの貧困対策で費用対効果が高い政策とは？　筆者による子どもの貧困への対処法が冷静かつ熱く語られている。

『オイコノミア』
NHK Eテレ「オイコノミア」制作班・又吉直樹　朝日新聞出版
人生設計，給料，恋愛など身近なテーマから経済学について考える。経済の考え方を学びながら人生をEnjoyしよう！

『ヘンテコノミクス』
菅俊一・高橋秀明・佐藤雅彦　マガジンハウス
経済学は「人間は合理的に行動する」ことを前提としているが，実際はどうだろうか。人間の経済行動の真実がわかる。

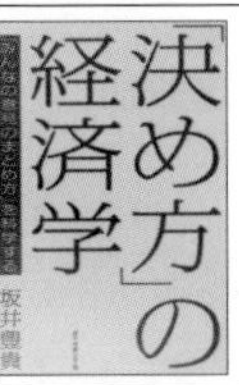

『「決め方」の経済学』
坂井豊貴　ダイヤモンド社
多数決は学校で定番の「意見のまとめ方」だが，この方法は本当に適切だろうか。さまざまな例をあげ，よりよい「意見のまとめ方」を考えられる。

『365日　#Tシャツ起業家』
秋元里奈　KADOKAWA
起業経験ゼロの著者が，生産者と消費者を直接つなぐ「食べチョク」を立ち上げ，大きく成長させるまでの挑戦の記録。起業への力がわいてくる本。

『神去なあなあ日常』
三浦しをん　徳間書店
高校卒業と同時に，林業に従事することになった主人公の成長物語。自然を畏怖しながらも敬意を払い，自然と共存する村人たちの描写に魅了される。

『アメリカの高校生が学んでいるお金の教科書』
アンドリュー=O=スミス　SBクリエイティブ
金融商品のリスクとリターンとは？　投資詐欺はなぜ起こる？　お金の基礎を学べる一冊。

『なぜ僕らは働くのか』
佳奈　学研プラス
働くとは何だろう？　生きるとは？　幸せとは？　青年期に漠然と抱く不安を，中学生の主人公の目線で，マンガと図解でわかりやすく解説している。

『こどもSDGs』
秋山宏次郎：監修　カンゼン
社会で起こっている問題や身の回りの問題を通じて，なぜSDGsが必要なのかを理解できる。社会をよくするために自分にできることを考えられる1冊。

公共の学び方

『僕らが毎日やっている最強の読み方』
池上彰・佐藤優　東洋経済新報社
ネットとの距離のとり方に悩む人に読んでほしい。「時間の無駄だった」本を避け，良書に多く出会うためにも読む価値あり。

『フェイクニュースがあふれる世界に生きる君たちへ』
森達也　ミツイパブリッシング
メディアのつくり方を通して，「隠されているもの」を想像しながら，情報にふれることの大切さを説く。

『自分の頭で考える　日本の論点』
出口治明　幻冬舎新書
新型コロナウイルス感染症，憲法改正，LGBTQなどさまざまな課題について，どのように考えていけばよいか，その思考方法について提示している。

第二次世界大戦後の歴代内閣・政党政治のあゆみ

●表の見方

政権与党	首相写真 (生没年) 首相(内閣)の ニックネーム 在任期間 景気など	代 名前 在任期間(在任日数) ■与党など 在任中のおもなできごと ➲退陣の理由

非政党内閣

43 東久邇宮稔彦 1945.8～45.10(在任54日)

(1887～1990)
反骨の宮様

■史上初の皇族内閣
1945. 9 降伏文書調印
➲10 GHQが戦前の国体の全面否定を指令。内閣は終戦処理の一段落を理由に総辞職

(1872～1951)

44 幣原喜重郎 1945.10～46.5(在任226日)

1945.11 財閥解体指令
12 第1次農地改革指令
1946. 4 新選挙法による普通選挙の実施(初の女性参政権行使)
5 極東国際軍事裁判開廷
➲5 食料危機の混乱や退陣要求により，総辞職

日本自由党・日本進歩党

(1878～1967)
ワンマン宰相

45 吉田茂① 1946.5～47.5(在任368日)

1946. 9 労働関係調整法公布
11 日本国憲法公布(1947.5施行)
12 傾斜生産方式閣議決定
1947. 1 マッカーサー，2・1ゼネストを中止
4 独占禁止法公布，労働基準法公布
➲5 4月の総選挙の結果，社会党が第一党になり，総辞職

日本社会党など3党

(1887～1978)

46 片山哲 1947.5～48.3(在任296日)

■与党：日本社会党・民主党・国民協同党
1947.12 新民法公布
1948. 1 帝銀事件
➲2 炭鉱国家管理問題で閣内が対立，総辞職

民主党など3党

(1887～1959)

47 芦田均 1948.3～48.10(在任220日)

■与党：民主党・日本社会党・国民協同党
1948. 6 ベルリン封鎖はじまる
7 政令201号により，公務員のスト権剥奪
➲10 昭和電工事件により，総辞職

民主自由党→自由党

②1948.10～49.2
③1949.2～52.10
④1952.10～53.5
⑤1953.5～54.12
特需景気(1950)

48～51 吉田茂②～⑤ 1948.10～54.12(在任2,248日)

■与党：②・③民主自由党
④・⑤自由党
1948.11 極東国際軍事裁判判決
12 GHQ，経済安定九原則を指令
1949. 3 ドッジ・ライン発表
4 NATO(北大西洋条約機構)成立
単一為替レート設定(1ドル=360円)
1950. 6 朝鮮戦争勃発 8 警察予備隊発足
1951. 9 サンフランシスコ平和条約，日米安全保障条約調印
1952. 8 日本，IMF・世界銀行に加盟
10 警察予備隊を保安隊に改組
1954. 7 自衛隊発足
➲12 反吉田勢力の内閣不信任案議決を前に総辞職

日本民主党→自民党

(1883～1959)
①1954.12～55.3
②1955.3～55.11
③1955.11～56.12
神武景気(1954.12～57.6)
設備投資ブーム(1956)

52～54 鳩山一郎①～③ 1954.12～56.12(在任745日)

■与党：①・②日本民主党
③自由民主党
1955. 4 アジア・アフリカ会議
5 ワルシャワ条約機構(WTO)設立
9 日本，GATT加盟。砂川事件
10 社会党再統一
11 日本民主党と自由党が合同し，自由民主党結成━►55年体制成立
1956. 7 「もはや戦後ではない」(『経済白書』)
10 日ソ共同宣言調印，日ソ国交回復
12 日本，国連加盟
➲ 首相，引退表明。総辞職

自民党

(1884～1973)

55 石橋湛山 1956.12～57.2(在任65日)

➲57. 2 首相病気のため，総辞職

(1896～1987)
昭和の妖怪
①1957.2～58.6
②1958.6～60.7
なべ底不況(1957)
岩戸景気(1959)

56・57 岸信介①・② 1957.2～60.7(在任1,241日)

1957. 8 朝日訴訟
1958.10 日米安保条約改正交渉開始
12 国民健康保険法改正
1959. 4 最低賃金法公布，国民年金法公布
1960. 1 日米新安保条約調印
➲7 新安保批准書交換(6月)の後，新安保をめぐる混乱の責任をとって総辞職

(1899～1965)
①1960.7～60.12
②1960.12～63.12
③1963.12～64.11
オリンピック景気(1962.11～64.10)
40年不況(1964.11～65.10)

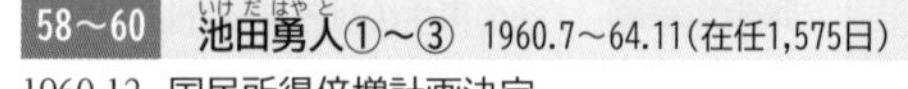

58～60 池田勇人①～③ 1960.7～64.11(在任1,575日)

1960.12 国民所得倍増計画決定
1961. 6 農業基本法公布・施行
8 「ベルリンの壁」構築
9 第1回非同盟諸国首脳会議
1962.10 キューバ危機。中印国境紛争激化
1963. 7 中小企業基本法公布
8 PTBT(部分的核実験禁止条約)調印
1964. 4 日本，OECD加盟
9 『宴のあと』事件に判決
10 東海道新幹線開通。東京五輪開催
➲11 首相病気により，総辞職

(1901～75)
政界の団十郎
①1964.11～67.2
②1967.2～70.1
③1970.1～72.7

61～63 佐藤栄作①～③ 1964.11～72.7(在任2,798日)

1965. 2 アメリカ，北爆開始
6 日韓基本条約調印
1966. 1 戦後初の赤字国債発行
8 中国文化大革命はじまる
1967. 7 EC(欧州共同体)成立
8 公害対策基本法公布
ASEAN設立
1968. 3 南ベトナムでアメリカ軍が大量虐殺
7 NPT(核兵器拡散防止条約)調印
※ 日本，GNP資本主義国で第2位に
1969. 3 中ソ武力衝突
1970. 3 大阪万博開催 6 日米安保自動延長
1971. 6 沖縄返還協定調印
7 環境庁設置
8 ニクソン・ショック(金とドルの交換停止)
12 スミソニアン合意
1972. 6 国連人間環境会議開催
➲7 首相，引退表明。総辞職

自民党

64・65 田中角栄①・② 1972.7～74.12(在任886日)

(1918～93)
今太閤

①1972.7～72.12
②1972.12～74.12
土地ブーム(1972)

1972. 9 日中共同声明(日中国交正常化)
1973. 2 円，変動相場制に移行
　　9 札幌地裁，長沼訴訟で自衛隊に違憲判決
　　10 第4次中東戦争──▶第1次石油危機
1974. 5 新国際経済秩序(NIEO)樹立宣言
➡12 田中金脈問題により，総辞職

66 三木武夫 1974.12～76.12(在任747日)

(1907～88)
クリーン三木
不況深刻(1975)

1975. 4 ベトナム戦争終結
　　11 第1回先進国首脳会議(サミット)開催
1976. 2 ロッキード事件発覚
　　7 田中前首相逮捕
➡12 ロッキード事件の真相解明に対する党内の反発と，任期満了にともなう総選挙での自民党敗北により，総辞職

67 福田赳夫 1976.12～78.12(在任714日)

(1905～95)
昭和の黄門

1978. 5 第1回国連軍縮特別総会
　　8 日中平和友好条約調印
➡12 自民党総裁予備選挙での敗北により，総辞職

68・69 大平正芳①・② 1978.12～80.6(在任554日)

(1910～80)
讃岐の鈍牛

①1978.12～79.11
②1979.11～80.6

1979. 3 アメリカ・スリーマイル島で原発事故
　　6 東京サミット開催
　　10 衆院選挙で自民党が単独過半数割る
　　※ 第2次石油危機
1980. 1 エジプト，イスラエル国交樹立
➡ 6 初の衆参同日選挙中，大平首相の急死により，総辞職

70 鈴木善幸 1980.7～82.11(在任864日)

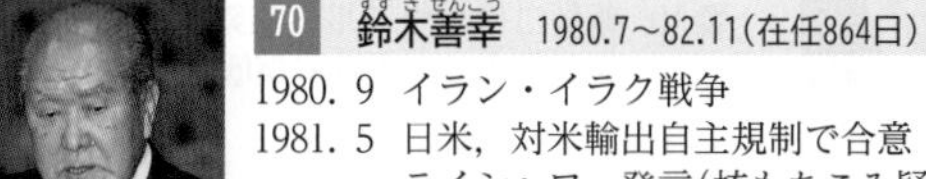

(1911～2004)

1980. 9 イラン・イラク戦争
1981. 5 日米，対米輸出自主規制で合意
　　ライシャワー発言(核もちこみ疑惑)
1982. 4 フォークランド紛争
➡11 自民党総裁選に鈴木首相出馬せず，総辞職

自民党(・新自由クラブ)

71～73 中曽根康弘①～③ 1982.11～87.11(在任1,806日)

(1918～2019)
風見鶏

①1982.11～83.12
②1983.12～86.7
③1986.7～87.11
円高不況(1985.7～86.11)
バブル景気(1986.12～91.2)

■与党：①・③自由民主党
　　②自由民主党・新自由クラブ
1983. 1 中曽根首相訪米，「不沈空母」発言
　　6 旧全国区に比例代表制導入
　　国債発行残高100兆円突破
1985. 4 電電公社，専売公社が民営化
　　5 男女雇用機会均等法成立
　　9 プラザ合意
1986. 4 チョルノービリ(チェルノブイリ)原発事故
1987. 2 ルーブル合意　4 国鉄分割民営化
　　5 1987年度予算成立。防衛費，対GNP比1％枠突破
➡11 後継者に竹下登を指名後，総辞職

自民党

74 竹下登 1987.11～89.6(在任576日)

(1924～2000)
選挙の神様

1988. 5 ソ連，アフガニスタン撤退開始
　　6 日米牛肉・オレンジ交渉決着
　　7 リクルート事件が問題化
1989. 1 昭和天皇逝去，平成に改元
　　4 消費税実施(税率3％)
➡ 6 消費税導入とリクルート事件への批判高まり，総辞職

自民党

75 宇野宗佑 1989.6～89.8(在任69日)

(1922～98)

1989. 6 中国で天安門事件起こる
　　宇野首相の女性スキャンダル発覚
➡ 8 参議院選挙で与野党の議席が逆転し，総辞職

76・77 海部俊樹①・② 1989.8～91.11(在任818日)

(1931～2022)

①1989.8～90.2
②1990.2～91.11
バブル経済崩壊(1991)

1989. 9 日米構造協議開始
　　12 米ソ，マルタ会談。冷戦終結を宣言
1990. 8 イラク，クウェート侵攻
　　10 統一ドイツ誕生(首都ベルリン)
1991. 1 湾岸戦争勃発
　　4 自衛隊掃海艇，ペルシャ湾へ派遣
　　7 米ソ，START Ⅰ 調印
➡11 政治改革の失敗などで総辞職

78 宮澤喜一 1991.11～93.8(在任644日)

(1919～2007)
自民党の徳川慶喜

1991.12 ソ連消滅
1992. 6 地球サミット開催(ブラジル)
　　PKO協力法成立
➡93. 8 内閣不信任案可決後，衆院解散。自民党過半数割れにより総辞職

非自民8会派

79 細川護熙 1993.8～94.4(在任263日)

(1938～)
お殿様

■与党：非自民8会派──▶55年体制崩壊
社会党・新生党・公明党・日本新党・さきがけ・民社党・社会民主連合・民主改革連合
1993. 9 パレスチナ暫定自治協定調印
　　11 EU(欧州連合)発足
　　環境基本法公布
　　12 日本，コメの部分開放決断
　　ウルグアイ・ラウンド妥結
1994. 1 政治改革関連4法成立
　　2 日米包括経済協議物別れ
➡ 4 佐川急便グループからの不正資金提供疑惑のなかで総辞職

非自民5党

80 羽田孜 1994.4～94.6(在任64日)

(1935～2017)

■与党：非自民5党
新生党・日本新党・民社党・公明党・自由党
1994. 6 はじめて1ドル=100円を突破
➡ 6 内閣不信任案成立前に退陣を表明，総辞職

社会党など3党

81 村山富市 1994.6～96.1(在任561日)

(1924～)

■与党：日本社会党・自由民主党・さきがけ
1995. 1 阪神・淡路大震災発生
　　3 地下鉄サリン事件
　　8 「戦後50年」の首相談話
➡96. 1 首相が突然退陣を表明，総辞職

自民党など3党

82・83 橋本龍太郎①・② 1996.1～98.7(在任932日)

(1937～2006)

①1996.1～96.11
②1996.11～98.7

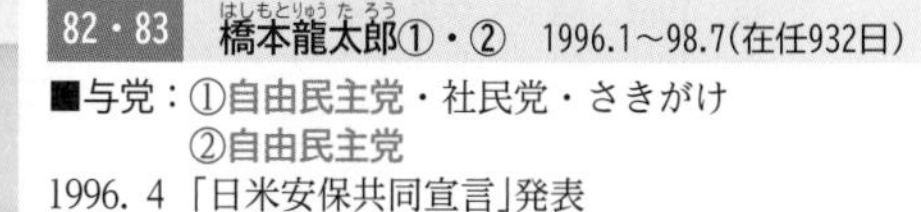

■与党：①自由民主党・社民党・さきがけ
　　②自由民主党
1996. 4 「日米安保共同宣言」発表
　　9 国連総会，CTBT採択
1997. 4 消費税5％に　6 臓器移植法成立
　　9 日米間でガイドライン改定
➡98. 7 参議院選挙で自民党敗北，総辞職

自民党など3党

84 小渕恵三 1998.7～2000.4(在任616日)

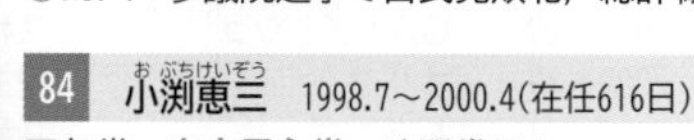

(1937～2000)

■与党：自由民主党・公明党ほか
1999. 1 EUの単一通貨「ユーロ」誕生
　　7 中央省庁等改革関連法成立
　　9 茨城県東海村で臨界事故
➡2000.4 首相の病気入院により，総辞職

自民党など3党

(1937～　)
①2000.4～00.7
②2000.7～01.4

85・86 森喜朗（もりよしろう）①・② 2000.4～01.4(在任387日)

■与党：自由民主党・公明党・保守党
2000. 5 「神の国」発言
　　　6 朝鮮半島で南北首脳会談
　　　7 九州・沖縄サミット開催
　　　　2千円札発行
➡01. 4 失言などによる低支持率のため，総辞職

自民党・公明党（・保守党）

(1942～　)
小泉劇場
①2001.4～03.11
②2003.11～05.9
③2005.9～06.9

87～89 小泉純一郎（こいずみじゅんいちろう）①～③ 2001.4～06.9(在任1,980日)

■与党：①自由民主党・公明党・保守党(保守新党)
　　　②・③自由民主党・公明党
2001. 9 日本国内でBSEの牛を確認
　　　　アメリカ同時多発テロ事件発生
　　10 テロ対策特別措置法成立
2002. 9 日朝首脳会談
2003. 3 イラク戦争勃発
　　　4 日本郵政公社発足
　　　6 有事関連3法成立
2004. 5 ＥＵ25か国体制に
　　　6 自衛隊，多国籍軍参加
2005. 2 京都議定書発効
　　10 郵政民営化法成立
➡06. 9 後継に安倍晋三を指名後，総辞職

自民党・公明党

(1954～2022)

90 安倍晋三（あべしんぞう）① 2006.9～07.9(在任366日)

2006.12 教育基本法改正
2007. 1 防衛省発足　5 国民投票法成立
　　　7 参議院で自民党惨敗，「ねじれ国会」に
　　　8 アメリカでサブプライム・ローン問題が表面化
　➡ 9 首相が突然退陣を表明，総辞職

(1936～　)

91 福田康夫（ふくだやすお） 2007.9～08.9(在任365日)

2007.10 日本郵政グループ発足
2008. 1 薬害C型肝炎被害者救済法成立
　　　　補給支援特別措置法，衆議院で再可決
　　　4 後期高齢者医療制度スタート
　➡ 9 首相が突然退陣を表明，総辞職

(1940～　)
ローゼン麻生

92 麻生太郎（あそうたろう） 2008.9～09.9(在任358日)

2008.11 第1回G20金融サミット開催
2009. 5 裁判員制度開始
　　　6 臓器移植法改正
　　　9 消費者庁設置
　➡ 9 8月の衆議院解散・総選挙で，与野党逆転。
　　　総辞職──►政権交代

民主党など3党

(1947～　)

93 鳩山由紀夫（はとやまゆきお） 2009.9～10.6(在任266日)

■与党：民主党，社民党(のち離脱)・国民新党
2009. 9 国家戦略室・行政刷新会議発足
　　11 「事業仕分け」スタート
➡10. 6 普天間飛行場移設問題の行きづまりなどにより，支持率が低迷するなか総辞職

民主党・国民新党

(1946～　)

94 菅直人（かんなおと） 2010.6～11.9(在任452日)

2010.12 ジャスミン革命──►「アラブの春」へ
2011. 3 東日本大震災発生
　➡ 9 東日本大震災後の政府の対応に批判が集まり，支持率が低迷するなか，一定の目処がついたとして総辞職

(1957～　)
どじょう宰相

95 野田佳彦（のだよしひこ） 2011.9～12.12(在任482日)

2011.10 1ドル=75円台となり，戦後最高値を更新
　　12 北朝鮮の金正日総書記が死亡
2012. 8 社会保障・税一体改革関連法成立
　➡12 衆議院解散・総選挙で，与野党逆転。総辞職
　　　──►政権交代

自民党・公明党

(1954～2022)
アベノミクス
②2012.12～14.12
③2014.12～17.11
④2017.11～20.9

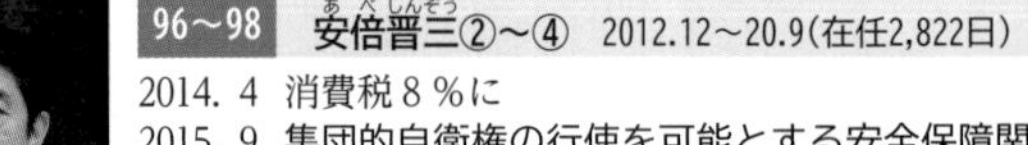

96～98 安倍晋三（あべしんぞう）②～④ 2012.12～20.9(在任2,822日)

2014. 4 消費税8％に
2015. 9 集団的自衛権の行使を可能とする安全保障関連法成立
　　12 パリ協定採択(2016.11発効)
2016. 7 18，19歳，初の国政選挙
2017. 7 核兵器禁止条約採択(日本は不参加)
2018. 6 初の米朝首脳会談
　　　　成年年齢を18歳に引き下げる民法の改正法が成立(2022年4月施行)
2019. 5 令和に改元　10 消費税10％に
2020　　新型コロナウイルス感染症の拡大
　➡ 9 首相が体調不良により退陣を表明，総辞職

(1948～　)
令和おじさん

99 菅義偉（すがよしひで） 2020.9～21.10(在任384日)

2021. 7 東京オリンピック・パラリンピック開催(～9月)
　➡10 新型コロナウイルス感染症の政府の対応に批判が集まり，支持率が低迷するなか総辞職

(1957～　)
①2021.10～21.11
②2021.11～

100・101 岸田文雄（きしだふみお）①・② 2021.10～

2022. 2 ロシアがウクライナに侵攻
　　　7 参院選の選挙応援演説中に安倍元首相が銃撃され死亡
2023. 5 G7広島サミット開催

●アメリカ歴代大統領(32代以降)㉜は，代数を示す。

代	在任	大統領	政党
㉜	1933～45	F.ローズベルト＊1	民主党
㉝	1945～53	トルーマン	民主党
㉞	1953～61	アイゼンハウアー	共和党
㉟	1961～63	ケネディ＊2	民主党
㊱	1963～69	L.ジョンソン	民主党
㊲	1969～74	ニクソン＊3	共和党
㊳	1974～77	フォード	共和党
㊴	1977～81	カーター	民主党
㊵	1981～89	レーガン	共和党
㊶	1989～93	G.ブッシュ	共和党
㊷	1993～2001	クリントン	民主党
㊸	2001～09	G.W.ブッシュ	共和党
㊹	2009～17	オバマ	民主党
㊺	2017～21	トランプ	共和党
㊻	2021～	バイデン	民主党

＊1　1945年4月，4期目に脳出血で死亡
＊2　1963年11月，遊説中，テキサス州ダラスで暗殺
＊3　1974年8月，ウォーターゲート事件で引責辞任

●ソ連・ロシアの歴代指導者

〈ソ連・共産党指導者(書記長)〉
1922～53　スターリン
　(1966年以前は第一書記)
1953～64　フルシチョフ
1964～82　ブレジネフ
1982～84　アンドロポフ
1984～85　チェルネンコ
1985～91　ゴルバチョフ
　(1990年，ソ連大統領就任)
＊1991年，ソ連消滅
〈ロシア大統領〉
1991～99　エリツィン
2000～08　プーチン
2008～12　メドベージェフ
2012～　プーチン

●中国の歴代指導者

〈中央人民政府主席〉
1949～54　毛沢東（もうたくとう）
〈国家主席〉
1954～59　毛沢東
1959～68　劉少奇（りゅうしょうき）
＊1975～82　廃止
1983～88　李先念（りせんねん）
1988～93　楊尚昆（ようしょうこん）
1993～2003　江沢民（こうたくみん）
2003～13　胡錦濤（こきんとう）
2013～　習近平（しゅうきんぺい）

〈中国共産党主席〉
1949～76　毛沢東
1976～81　華国鋒（かこくほう）
〈中国共産党総書記〉
1981～87　胡耀邦（こようほう）
1987～89　趙紫陽（ちょうしよう）
1989～2002　江沢民
2002～12　胡錦濤
2012～　習近平

＊1977～97年の最高指導者は鄧小平（とうしょうへい）

日本国憲法／大日本帝国憲法

日本国憲法の語句解説や英文，学習でよく使う法令などは，プラスウェブで配信しています。

日本国憲法

●公布　1946(昭和21)年11月3日　●施行　1947(昭和22)年5月3日

日本国民は，正当に選挙された国会における代表者を通じて行動し，われらとわれらの子孫のために，諸国民との協和による成果と，わが国全土にわたつて自由のもたらす恵沢を確保し，政府の行為によつて再び戦争の惨禍が起ることのないやうにすることを決意し，ここに主権が国民に存することを宣言し，この憲法を確定する。そもそも国政は，国民の厳粛な信託によるものであつて，その権威は国民に由来し，その権力は国民の代表者がこれを行使し，その福利は国民がこれを享受する。これは人類普遍の原理であり，この憲法は，かかる原理に基くものである。われらは，これに反する一切の憲法，法令及び詔勅を排除する。

日本国民は，恒久の平和を念願し，人間相互の関係を支配する崇高な理想を深く自覚するのであつて，平和を愛する諸国民の公正と信義に信頼して，われらの安全と生存を保持しようと決意した。われらは，平和を維持し，専制と隷従，圧迫と偏狭を地上から永遠に除去しようと努めてゐる国際社会において，名誉ある地位を占めたいと思ふ。われらは，全世界の国民が，ひとしく恐怖と欠乏から免かれ，平和のうちに生存する権利を有することを確認する。

われらは，いづれの国家も，自国のことのみに専念して他国を無視してはならないのであつて，政治道徳の法則は，普遍的なものであり，この法則に従ふことは，自国の主権を維持し，他国と対等関係に立たうとする各国の責務であると信ずる。

日本国民は，国家の名誉にかけ，全力をあげてこの崇高な理想と目的を達成することを誓ふ。

第1章　天皇

第1条【天皇の地位・国民主権】　天皇は，日本国の象徴であり日本国民統合の象徴であつて，この地位は，主権の存する日本国民の総意に基く。

第2条【皇位の継承】　皇位は，世襲のものであつて，国会の議決した皇室典範の定めるところにより，これを継承する。

第3条【天皇の国事行為に対する内閣の助言と承認】　天皇の国事に関するすべての行為には，内閣の助言と承認を必要とし，内閣が，その責任を負ふ。

第4条【天皇の権能の限界，天皇の国事行為の委任】　①　天皇は，この憲法の定める国事に関する行為のみを行ひ，国政に関する権能を有しない。

②　天皇は，法律の定めるところにより，その国事に関する行為を委任することができる。

第5条【摂政】　皇室典範の定めるところにより摂政を置くときは，摂政は，天皇の名でその国事に関する行為を行ふ。この場合には，前条第1項の規定を準用する。

第6条【天皇の任命権】　①　天皇は，国会の指名に基いて，内閣総理大臣を任命する。

②　天皇は，内閣の指名に基いて，最高裁判所の長たる裁判官を任命する。

第7条【天皇の国事行為】　天皇は，内閣の助言と承認により，国民のために，左の国事に関する行為を行ふ。

1　憲法改正，法律，政令及び条約を公布すること。

2　国会を召集すること。

3　衆議院を解散すること。

4　国会議員の総選挙の施行を公示すること。

5　国務大臣及び法律の定めるその他の官吏の任免並びに全権委任状及び大使及び公使の信任状を認証すること。

6　大赦，特赦，減刑，刑の執行の免除及び復権を認証すること。

7　栄典を授与すること。

8　批准書及び法律の定めるその他の外交文書を認証すること。

9　外国の大使及び公使を接受すること。

10　儀式を行ふこと。

第8条【皇室の財産授受】　皇室に財産を譲り渡し，又は皇室が，財産を譲り受け，若しくは賜与することは，国会の議決に基かなければならない。

第2章　戦争の放棄

第9条【戦争の放棄，戦力及び交戦権の否認】　①　日本国民は，正義と秩序を基調とする国際平和を誠実に希求し，国権の発動たる戦争と，武力による威嚇又は武力の行使は，国際紛争を解決する手段としては，永久にこれを放棄する。

②　前項の目的を達するため，陸海空軍その他の戦力は，これを保持しない。国の交戦権は，これを認めない。

第3章　国民の権利及び義務

第10条【国民の要件】　日本国民たる要件は，法律でこれを定める。

第11条【基本的人権の享有】　国民は，すべての基本的人権の享有を妨げられない。この憲法が国民に保障する基本的人権は，侵すことのできない永久の権利として，現在及び将来の国民に与へられる。

第12条【自由・権利の保持の責任とその濫用の禁止】　この憲法が国民に保障する自由及び権利は，国民の不断の努力によつて，これを保持しなければならない。又，国民は，これを濫用してはならないのであつて，常に公共の福祉のためにこれを利用する責任を負ふ。

第13条【個人の尊重・幸福追求権・公共の福祉】　すべて国民は，個人として尊重される。生命，自由及び幸福追求に対する国民の権利については，公共の福祉に反しない限り，立法その他の国政の上で，最大の尊重を必要とする。

第14条【法の下の平等，貴族の禁止，栄典】　①　すべて国民は，法の下に平等であつて，人種，信条，性別，社会的身分又は門地により，政治的，経済的又は社会的関係において，差別されない。

②　華族その他の貴族の制度は，これを認めない。

③　栄誉，勲章その他の栄典の授与は，いかなる特権も伴はない。栄典の授与は，現にこれを有し，又は将来これを受ける者の一代に限り，その効力を有する。

第15条【公務員の選定及び罷免の権利，公務員の本質，普通選挙の保障，秘密投票の保障】　①　公務員を選定し，及びこれを罷免することは，国民固有の権利である。

②　すべて公務員は，全体の奉仕者であつて，一部の奉仕者ではない。

③　公務員の選挙については，成年者による普通選挙を保障する。

④　すべて選挙における投票の秘密は，これを侵してはならない。選

挙人は，その選択に関し公的にも私的にも責任を問はれない。

第16条【請願権】 何人も，損害の救済，公務員の罷免，法律，命令又は規則の制定，廃止又は改正その他の事項に関し，平穏に請願する権利を有し，何人も，かかる請願をしたためにいかなる差別待遇も受けない。

第17条【国及び公共団体の賠償責任】 何人も，公務員の不法行為により，損害を受けたときは，法律の定めるところにより，国又は公共団体に，その賠償を求めることができる。

第18条【奴隷的拘束及び苦役からの自由】 何人も，いかなる奴隷的拘束も受けない。又，犯罪に因る処罰の場合を除いては，その意に反する苦役に服させられない。

第19条【思想及び良心の自由】 思想及び良心の自由は，これを侵してはならない。

第20条【信教の自由】 ① 信教の自由は，何人に対してもこれを保障する。いかなる宗教団体も，国から特権を受け，又は政治上の権力を行使してはならない。

② 何人も，宗教上の行為，祝典，儀式又は行事に参加することを強制されない。

③ 国及びその機関は，宗教教育その他いかなる宗教的活動もしてはならない。

第21条【集会・結社・表現の自由，通信の秘密】 ① 集会，結社及び言論，出版その他一切の表現の自由は，これを保障する。

② 検閲は，これをしてはならない。通信の秘密は，これを侵してはならない。

第22条【居住・移転及び職業選択の自由，外国移住及び国籍離脱の自由】 ① 何人も，公共の福祉に反しない限り，居住，移転及び職業選択の自由を有する。

② 何人も，外国に移住し，又は国籍を離脱する自由を侵されない。

第23条【学問の自由】 学問の自由は，これを保障する。

第24条【家族生活における個人の尊厳と両性の平等】 ① 婚姻は，両性の合意のみに基いて成立し，夫婦が同等の権利を有することを基本として，相互の協力により，維持されなければならない。

② 配偶者の選択，財産権，相続，住居の選定，離婚並びに婚姻及び家族に関するその他の事項に関しては，法律は，個人の尊厳と両性の本質的平等に立脚して，制定されなければならない。

第25条【生存権，国の社会的使命】 ① すべて国民は，健康で文化的な最低限度の生活を営む権利を有する。

② 国は，すべての生活部面について，社会福祉，社会保障及び公衆衛生の向上及び増進に努めなければならない。

第26条【教育を受ける権利，教育を受けさせる義務】 ① すべて国民は，法律の定めるところにより，その能力に応じて，ひとしく教育を受ける権利を有する。

② すべて国民は，法律の定めるところにより，その保護する子女に普通教育を受けさせる義務を負ふ。義務教育は，これを無償とする。

第27条【勤労の権利及び義務，勤労条件の基準，児童酷使の禁止】

① すべて国民は，勤労の権利を有し，義務を負ふ。

② 賃金，就業時間，休息その他の勤労条件に関する基準は，法律でこれを定める。

③ 児童は，これを酷使してはならない。

第28条【勤労者の団結権】 勤労者の団結する権利及び団体交渉その他の団体行動をする権利は，これを保障する。

第29条【財産権】 ① 財産権は，これを侵してはならない。

② 財産権の内容は，公共の福祉に適合するやうに，法律でこれを定める。

③ 私有財産は，正当な補償の下に，これを公共のために用ひることができる。

第30条【納税の義務】 国民は，法律の定めるところにより，納税の義務を負ふ。

第31条【法定の手続の保障】 何人も，法律の定める手続によらなければ，その生命若しくは自由を奪はれ，又はその他の刑罰を科せられない。

第32条【裁判を受ける権利】 何人も，裁判所において裁判を受ける権利を奪はれない。

第33条【逮捕の要件】 何人も，現行犯として逮捕される場合を除いては，権限を有する司法官憲が発し，且つ理由となつてゐる犯罪を明示する令状によらなければ，逮捕されない。

第34条【抑留・拘禁の要件，不法拘禁に対する保障】 何人も，理由を直ちに告げられ，且つ，直ちに弁護人に依頼する権利を与へられなければ，抑留又は拘禁されない。又，何人も，正当な理由がなければ，拘禁されず，要求があれば，その理由は，直ちに本人及びその弁護人の出席する公開の法廷で示されなければならない。

第35条【住居の不可侵】 ① 何人も，その住居，書類及び所持品について，侵入，捜索及び押収を受けることのない権利は，第33条の場合を除いては，正当な理由に基いて発せられ，且つ捜索する場所及び押収する物を明示する令状がなければ，侵されない。

② 捜索又は押収は，権限を有する司法官憲が発する各別の令状により，これを行ふ。

第36条【拷問及び残虐刑の禁止】 公務員による拷問及び残虐な刑罰は，絶対にこれを禁ずる。

第37条【刑事被告人の権利】 ① すべて刑事事件においては，被告人は，公平な裁判所の迅速な公開裁判を受ける権利を有する。

② 刑事被告人は，すべての証人に対して審問する機会を充分に与へられ，又，公費で自己のために強制的手続により証人を求める権利を有する。

③ 刑事被告人は，いかなる場合にも，資格を有する弁護人を依頼することができる。被告人が自らこれを依頼することができないときは，国でこれを附する。

第38条【自己に不利益な供述，自白の証拠能力】 ① 何人も，自己に不利益な供述を強要されない。

② 強制，拷問若しくは脅迫による自白又は不当に長く抑留若しくは拘禁された後の自白は，これを証拠とすることができない。

③ 何人も，自己に不利益な唯一の証拠が本人の自白である場合には，有罪とされ，又は刑罰を科せられない。

第39条【遡及処罰の禁止・一事不再理】 何人も，実行の時に適法であつた行為又は既に無罪とされた行為については，刑事上の責任を問はれない。又，同一の犯罪について，重ねて刑事上の責任を問はれない。

第40条【刑事補償】 何人も，抑留又は拘禁された後，無罪の裁判を受けたときは，法律の定めるところにより，国にその補償を求めることができる。

第4章 国会

第41条【国会の地位・立法権】 国会は，国権の最高機関であつて，国の唯一の立法機関である。

第42条【両院制】 国会は，衆議院及び参議院の両議院でこれを構成する。

第43条【両議院の組織・代表】 ① 両議院は，全国民を代表する選挙された議員でこれを組織する。

② 両議院の議員の定数は，法律でこれを定める。

第44条【議員及び選挙人の資格】 両議院の議員及びその選挙人の資格は，法律でこれを定める。但し，人種，信条，性別，社会的身分，門地，教育，財産又は収入によつて差別してはならない。

第45条【衆議院議員の任期】 衆議院議員の任期は，4年とする。但し，衆議院解散の場合には，その期間満了前に終了する。

第46条【参議院議員の任期】 参議院議員の任期は，6年とし，3年ごとに議員の半数を改選する。

第47条【選挙に関する事項】 選挙区，投票の方法その他両議院の議員の選挙に関する事項は，法律でこれを定める。

第48条【両議院議員兼職の禁止】 何人も，同時に両議院の議員たることはできない。

第49条【議員の歳費】 両議院の議員は，法律の定めるところにより，国庫から相当額の歳費を受ける。

第50条【議員の不逮捕特権】 両議院の議員は，法律の定める場合を除いては，国会の会期中逮捕されず，会期前に逮捕された議員は，その議院の要求があれば，会期中これを釈放しなければならない。

第51条【議員の発言・表決の無責任】 両議院の議員は，議院で行つた演説，討論又は表決について，院外で責任を問はれない。

第52条【常会】 国会の常会は，毎年1回これを召集する。

第53条【臨時会】 内閣は，国会の臨時会の召集を決定することができる。いづれかの議院の総議員の4分の1以上の要求があれば，内閣は，その召集を決定しなければならない。

第54条【衆議院の解散・特別会，参議院の緊急集会】 ① 衆議院が解散されたときは，解散の日から40日以内に，衆議院議員の総選挙を行ひ，その選挙の日から30日以内に，国会を召集しなければならない。

② 衆議院が解散されたときは，参議院は，同時に閉会となる。但し，内閣は，国に緊急の必要があるときは，参議院の緊急集会を求めることができる。

③ 前項但書の緊急集会において採られた措置は，臨時のものであつて，次の国会開会の後10日以内に，衆議院の同意がない場合には，その効力を失ふ。

第55条【資格争訟の裁判】 両議院は，各々その議員の資格に関する争訟を裁判する。但し，議員の議席を失はせるには，出席議員の3分の2以上の多数による議決を必要とする。

第56条【定足数，表決】 ① 両議院は，各々その総議員の3分の1以上の出席がなければ，議事を開き議決することができない。

② 両議院の議事は，この憲法に特別の定のある場合を除いては，出席議員の過半数でこれを決し，可否同数のときは，議長の決するところによる。

第57条【会議の公開，会議録，表決の記載】 ① 両議院の会議は，公開とする。但し，出席議員の3分の2以上の多数で議決したときは，秘密会を開くことができる。

② 両議院は，各々その会議の記録を保存し，秘密会の記録の中で特に秘密を要すると認められるもの以外は，これを公表し，且つ一般に頒布しなければならない。

③ 出席議員の5分の1以上の要求があれば，各議員の表決は，これを会議録に記載しなければならない。

第58条【役員の選任，議院規則・懲罰】 ① 両議院は，各々その議長その他の役員を選任する。

② 両議院は，各々その会議その他の手続及び内部の規律に関する規則を定め，又，院内の秩序をみだした議員を懲罰することができる。但し，議員を除名するには，出席議員の3分の2以上の多数による議決を必要とする。

第59条【法律案の議決，衆議院の優越】 ① 法律案は，この憲法に特別の定のある場合を除いては，両議院で可決したとき法律となる。

② 衆議院で可決し，参議院でこれと異なつた議決をした法律案は，衆議院で出席議員の3分の2以上の多数で再び可決したときは，法律となる。

③ 前項の規定は，法律の定めるところにより，衆議院が，両議院の協議会を開くことを求めることを妨げない。

④ 参議院が，衆議院の可決した法律案を受け取つた後，国会休会中の期間を除いて60日以内に，議決しないときは，衆議院は，参議院がその法律案を否決したものとみなすことができる。

第60条【衆議院の予算先議，予算議決に関する衆議院の優越】

① 予算は，さきに衆議院に提出しなければならない。

② 予算について，参議院で衆議院と異なつた議決をした場合に，法律の定めるところにより，両議院の協議会を開いても意見が一致しないとき，又は参議院が，衆議院の可決した予算を受け取つた後，国会休会中の期間を除いて30日以内に，議決しないときは，衆議院の議決を国会の議決とする。

第61条【条約の承認に関する衆議院の優越】 条約の締結に必要な国会の承認については，前条第2項の規定を準用する。

第62条【議院の国政調査権】 両議院は，各々国政に関する調査を行ひ，これに関して，証人の出頭及び証言並びに記録の提出を要求することができる。

第63条【閣僚の議院出席の権利と義務】 内閣総理大臣その他の国務大臣は，両議院の一に議席を有すると有しないとにかかはらず，何時でも議案について発言するため議院に出席することができる。又，答弁又は説明のため出席を求められたときは，出席しなければならない。

第64条【弾劾裁判所】 ① 国会は，罷免の訴追を受けた裁判官を裁判するため，両議院の議員で組織する弾劾裁判所を設ける。

② 弾劾に関する事項は，法律でこれを定める。

第5章 内閣

第65条【行政権】 行政権は，内閣に属する。

第66条【内閣の組織，国会に対する連帯責任】 ① 内閣は，法律の定めるところにより，その首長たる内閣総理大臣及びその他の国務大臣でこれを組織する。

② 内閣総理大臣その他の国務大臣は，文民でなければならない。

③ 内閣は，行政権の行使について，国会に対し連帯して責任を負ふ。

第67条【内閣総理大臣の指名，衆議院の優越】 ① 内閣総理大臣は，国会議員の中から国会の議決で，これを指名する。この指名は，他のすべての案件に先だつて，これを行ふ。

② 衆議院と参議院とが異なつた指名の議決をした場合に，法律の定めるところにより，両議院の協議会を開いても意見が一致しないとき，又は衆議院が指名の議決をした後，国会休会中の期間を除いて10日以内に，参議院が，指名の議決をしないときは，衆議院の議決を国会の議決とする。

第68条【国務大臣の任命及び罷免】 ① 内閣総理大臣は，国務大臣を任命する。但し，その過半数は，国会議員の中から選ばれなければならない。

② 内閣総理大臣は，任意に国務大臣を罷免することができる。

第69条【内閣不信任決議の効果】 内閣は，衆議院で不信任の決議案を可決し，又は信任の決議案を否決したときは，10日以内に衆議院が解散されない限り，総辞職をしなければならない。

第70条【内閣総理大臣の欠缺・新国会の召集と内閣の総辞職】 内閣総理大臣が欠けたとき，又は衆議院議員総選挙の後に初めて国会の召集があつたときは，内閣は，総辞職をしなければならない。

第71条【総辞職後の内閣】 前2条の場合には，内閣は，あらたに内閣総理大臣が任命されるまで引き続きその職務を行ふ。

第72条【内閣総理大臣の職務】 内閣総理大臣は，内閣を代表して議案を国会に提出し，一般国務及び外交関係について国会に報告し，並びに行政各部を指揮監督する。

第73条【内閣の職務】 内閣は，他の一般行政事務の外，左の事務を行ふ。

1　法律を誠実に執行し，国務を総理すること。
2　外交関係を処理すること。
3　条約を締結すること。但し，事前に，時宜によつては事後に，国会の承認を経ることを必要とする。
4　法律の定める基準に従ひ，官吏に関する事務を掌理すること。
5　予算を作成して国会に提出すること。
6　この憲法及び法律の規定を実施するために，政令を制定すること。但し，政令には，特にその法律の委任がある場合を除いては，罰則を設けることができない。
7　大赦，特赦，減刑，刑の執行の免除及び復権を決定すること。

第74条【法律・政令の署名】 法律及び政令には，すべて主任の国務大臣が署名し，内閣総理大臣が連署することを必要とする。

第75条【国務大臣の特典】 国務大臣は，その在任中，内閣総理大臣の同意がなければ，訴追されない。但し，これがため，訴追の権利は，害されない。

第6章　司法

第76条【司法権・裁判所，特別裁判所の禁止，裁判官の独立】

① すべて司法権は，最高裁判所及び法律の定めるところにより設置する下級裁判所に属する。

② 特別裁判所は，これを設置することができない。行政機関は，終審として裁判を行ふことができない。

③ すべて裁判官は，その良心に従ひ独立してその職権を行ひ，この憲法及び法律にのみ拘束される。

第77条【最高裁判所の規則制定権】 ① 最高裁判所は，訴訟に関する手続，弁護士，裁判所の内部規律及び司法事務処理に関する事項について，規則を定める権限を有する。

② 検察官は，最高裁判所の定める規則に従はなければならない。

③ 最高裁判所は，下級裁判所に関する規則を定める権限を，下級裁判所に委任することができる。

第78条【裁判官の身分の保障】 裁判官は，裁判により，心身の故障のために職務を執ることができないと決定された場合を除いては，公の弾劾によらなければ罷免されない。裁判官の懲戒処分は，行政機関がこれを行ふことはできない。

第79条【最高裁判所の裁判官，国民審査，定年，報酬】 ① 最高裁判所は，その長たる裁判官及び法律の定める員数のその他の裁判官でこれを構成し，その長たる裁判官以外の裁判官は，内閣でこれを任命する。

② 最高裁判所の裁判官の任命は，その任命後初めて行はれる衆議院議員総選挙の際国民の審査に付し，その後10年を経過した後初めて行はれる衆議院議員総選挙の際更に審査に付し，その後も同様とする。

③ 前項の場合において，投票者の多数が裁判官の罷免を可とするときは，その裁判官は，罷免される。

④ 審査に関する事項は，法律でこれを定める。

⑤ 最高裁判所の裁判官は，法律の定める年齢に達した時に退官する。

⑥ 最高裁判所の裁判官は，すべて定期に相当額の報酬を受ける。この報酬は，在任中，これを減額することができない。

第80条【下級裁判所の裁判官・任期・定年，報酬】 ① 下級裁判所の裁判官は，最高裁判所の指名した者の名簿によつて，内閣でこれを任命する。その裁判官は，任期を10年とし，再任されることができる。但し，法律の定める年齢に達した時には退官する。

② 下級裁判所の裁判官は，すべて定期に相当額の報酬を受ける。この報酬は，在任中，これを減額することができない。

第81条【法令審査権と最高裁判所】 最高裁判所は，一切の法律，命令，規則又は処分が憲法に適合するかしないかを決定する権限を有する終審裁判所である。

第82条【裁判の公開】 ① 裁判の対審及び判決は，公開法廷でこれを行ふ。

② 裁判所が，裁判官の全員一致で，公の秩序又は善良の風俗を害する虞があると決した場合には，対審は，公開しないでこれを行ふことができる。但し，政治犯罪，出版に関する犯罪又はこの憲法第3章で保障する国民の権利が問題となつてゐる事件の対審は，常にこれを公開しなければならない。

第7章　財政

第83条【財政処理の基本原則】 国の財政を処理する権限は，国会の議決に基いて，これを行使しなければならない。

第84条【課税】 あらたに租税を課し，又は現行の租税を変更するには，法律又は法律の定める条件によることを必要とする。

第85条【国費の支出及び国の債務負担】 国費を支出し，又は国が債務を負担するには，国会の議決に基くことを必要とする。

第86条【予算】 内閣は，毎会計年度の予算を作成し，国会に提出して，その審議を受け議決を経なければならない。

第87条【予備費】 ① 予見し難い予算の不足に充てるため，国会の議決に基いて予備費を設け，内閣の責任でこれを支出することができる。

② すべて予備費の支出については，内閣は，事後に国会の承諾を得なければならない。

第88条【皇室財産・皇室の費用】 すべて皇室財産は，国に属する。すべて皇室の費用は，予算に計上して国会の議決を経なければならない。

第89条【公の財産の支出又は利用の制限】 公金その他の公の財産は，宗教上の組織若しくは団体の使用，便益若しくは維持のため，又は公の支配に属しない慈善，教育若しくは博愛の事業に対し，これを支出し，又はその利用に供してはならない。

第90条【決算検査，会計検査院】 ① 国の収入支出の決算は，すべて毎年会計検査院がこれを検査し，内閣は，次の年度に，その検査報告とともに，これを国会に提出しなければならない。

② 会計検査院の組織及び権限は，法律でこれを定める。

第91条【財政状況の報告】 内閣は，国会及び国民に対し，定期に，少くとも毎年1回，国の財政状況について報告しなければならない。

第8章　地方自治

第92条【地方自治の基本原則】 地方公共団体の組織及び運営に関する事項は，地方自治の本旨に基いて，法律でこれを定める。

第93条【地方公共団体の機関，その直接選挙】 ① 地方公共団体には，法律の定めるところにより，その議事機関として議会を設置する。

② 地方公共団体の長，その議会の議員及び法律の定めるその他の吏員は，その地方公共団体の住民が，直接これを選挙する。

第94条【地方公共団体の権能】 地方公共団体は，その財産を管理し，事務を処理し，及び行政を執行する権能を有し，法律の範囲内で条例を制定することができる。

第95条【特別法の住民投票】 一の地方公共団体のみに適用される特別法は，法律の定めるところにより，その地方公共団体の住民の投票においてその過半数の同意を得なければ，国会は，これを制定することができない。

第9章 改正

第96条【改正の手続，その公布】 ① この憲法の改正は，各議院の総議員の3分の2以上の賛成で，国会が，これを発議し，国民に提案してその承認を経なければならない。この承認には，特別の国民投票又は国会の定める選挙の際行はれる投票において，その過半数の賛成を必要とする。

② 憲法改正について前項の承認を経たときは，天皇は，国民の名で，この憲法と一体を成すものとして，直ちにこれを公布する。

第10章 最高法規

第97条【基本的人権の本質】 この憲法が日本国民に保障する基本的人権は，人類の多年にわたる自由獲得の努力の成果であつて，これらの権利は，過去幾多の試錬に堪へ，現在及び将来の国民に対し，侵すことのできない永久の権利として信託されたものである。

第98条【最高法規，条約及び国際法規の遵守】 ① この憲法は，国の最高法規であつて，その条規に反する法律，命令，詔勅及び国務に関するその他の行為の全部又は一部は，その効力を有しない。

② 日本国が締結した条約及び確立された国際法規は，これを誠実に遵守することを必要とする。

第99条【憲法尊重擁護の義務】 天皇又は摂政及び国務大臣，国会議員，裁判官その他の公務員は，この憲法を尊重し擁護する義務を負ふ。

第11章 補則

第100条【憲法施行期日，準備手続】 ① この憲法は，公布の日から起算して6箇月を経過した日から，これを施行する。

② この憲法を施行するために必要な法律の制定，参議院議員の選挙及び国会召集の手続並びにこの憲法を施行するために必要な準備手続は，前項の期日よりも前に，これを行ふことができる。

第101条【経過規定――参議院未成立の間の国会】 この憲法施行の際，参議院がまだ成立してゐないときは，その成立するまでの間，衆議院は，国会としての権限を行ふ。

第102条【同前――第1期の参議院議員の任期】 この憲法による第1期の参議院議員のうち，その半数の者の任期は，これを3年とする。その議員は，法律の定めるところにより，これを定める。

第103条【同前――公務員の地位】 この憲法施行の際現に在職する国務大臣，衆議院議員及び裁判官並びにその他の公務員で，その地位に相応する地位がこの憲法で認められてゐる者は，法律で特別の定をした場合を除いては，この憲法施行のため，当然にはその地位を失ふことはない。但し，この憲法によつて，後任者が選挙又は任命されたときは，当然その地位を失ふ。

大日本帝国憲法(抄)

●発布 1889(明治22)年2月11日 ●施行 1890(明治23)年11月29日

第1章 天皇

第1条 大日本帝国ハ万世一系ノ天皇之ヲ統治ス

第3条 天皇ハ神聖ニシテ侵スヘカラス

第4条 天皇ハ国ノ元首ニシテ統治権ヲ総攬シ此ノ憲法ノ条規ニ依リ之ヲ行フ

第11条 天皇ハ陸海軍ヲ統帥ス

第14条 ① 天皇ハ戒厳ヲ宣告ス

② 戒厳ノ要件及効力ハ法律ヲ以テ之ヲ定ム

第2章 臣民権利義務

第20条 日本臣民ハ法律ノ定ムル所ニ従ヒ兵役ノ義務ヲ有ス

第21条 日本臣民ハ法律ノ定ムル所ニ従ヒ納税ノ義務ヲ有ス

第23条 日本臣民ハ法律ニ依ルニ非スシテ逮捕監禁審問処罰ヲ受クルコトナシ

第29条 日本臣民ハ法律ノ範囲内ニ於テ言論著作印行集会及結社ノ自由ヲ有ス

第3章 帝国議会

第33条 帝国議会ハ貴族院衆議院ノ両院ヲ以テ成立ス

第34条 貴族院ハ貴族院令ノ定ムル所ニ依リ皇族華族及勅任セラレタル議員ヲ以テ組織ス

第35条 衆議院ハ選挙法ノ定ムル所ニ依リ公選セラレタル議員ヲ以テ組織ス

第52条 両議院ノ議員ハ議院ニ於テ発言シタル意見及表決ニ付院外ニ於テ責ヲ負フコトナシ但シ議員自ラ其ノ言論ヲ演説刊行筆記又ハ其ノ他ノ方法ヲ以テ公布シタルトキハ一般ノ法律ニ依リ処分セラルヘシ

第4章 国務大臣及枢密顧問

第55条 ① 国務各大臣ハ天皇ヲ輔弼シ其ノ責ニ任ス

② 凡テ法律勅令其ノ他国務ニ関ル詔勅ハ国務大臣ノ副署ヲ要ス

第56条 枢密顧問ハ枢密院官制ノ定ムル所ニ依リ天皇ノ諮詢ニ応ヘ重要ノ国務ヲ審議ス

第5章 司法

第57条 ① 司法権ハ天皇ノ名ニ於テ法律ニ依リ裁判所之ヲ行フ

② 裁判所ノ構成ハ法律ヲ以テ之ヲ定ム

第58条 ① 裁判官ハ法律ニ定メタル資格ヲ具フル者ヲ以テ之ニ任ス

② 裁判官ハ刑法ノ宣告又ハ懲戒ノ処分ニ由ルノ外其ノ職ヲ免セラルヽコトナシ

第7章 補則

第73条 ① 将来此ノ憲法ノ条項ヲ改正スルノ必要アルトキハ勅命ヲ以テ議案ヲ帝国議会ノ議ニ付スヘシ

第76条 ① 法律規則命令又ハ何等ノ名称ヲ用ヰタルニ拘ラス此ノ憲法ニ矛盾セサル現行ノ法令ハ総テ遵由ノ効力ヲ有ス

用語解説

第１編　公共の扉

第１章　公共的な空間をつくる私たち

●マージナルマン(境界人)(➡p.18)　青年期について，ドイツの心理学者レヴィンが表現したことば。青年期はおとなでも子どもでもなく，位置づけがはっきりしない時期であることから名づけられた。

●第二反抗期(➡p.18)　子どもがおとなに対して反発をするようになるなど，自立して生きようとする青年期にみられる現象。親に対する第一反抗期(４～５歳頃)に対し，第二反抗期は12～14歳頃にあらわれ，親だけでなく教師，さらには社会一般に向けられ，権威に対して批判的，攻撃的な言動や態度をとるようになる。

●第二の誕生(➡p.18)　青年期の心の変化について，フランスの思想家ルソーが表現したことば。「一度目は人間として，二度目は男性として，女性として」生まれるのだといわれる。人間としてこの世界に誕生したことを第一の誕生ととらえ，自立した主体として生きようとする自覚がめばえる青年期を第二の誕生ととらえる。

●モラトリアム(猶予期間)(➡p.18)　青年期について，アメリカの心理学者エリクソンが表現したことば。青年期はアイデンティティを確立するために社会的な義務や責任を猶予(免除)されていることから，このようによんだ。

●発達課題(➡p.19)　人生のそれぞれの時期に達成されるべき課題。アメリカの心理学者ハヴィガーストは，青年期の発達課題として，「仲間と成熟した関係をもつこと」「大人から感情的独立を達成すること」「価値観および倫理体系を獲得すること」など10項目をあげている。

●アイデンティティ(自我同一性)の確立(➡p.19)　「アイデンティティ」とは，ほかの誰でもない自分らしさのことをいう。エリクソンは，青年期の発達課題をアイデンティティの確立とした。一方で，青年期には，自分が何者かわからなくなるアイデンティティの危機(拡散)を経験することも多い。

●通過儀礼(イニシエーション)(➡p.19, 34)　誕生，成人，結婚，死など，人の一生の節目におこなう儀礼。近代以前の社会では，通過儀礼が明確にあった。日本の元服をはじめ，バンジージャンプなど身体的活動をともなう地域もある。近代化にともなって見られなくなることが多く，おとなと子どもの中間に位置する青年期が重要になってくる。

●欲求(➡p.20)　人間を行動にかりたてる内的な原因をさす。身体的・生理的な人間以外の動物にもあてはまる一次的欲求と，社会的生活を送るうえで不可欠な二次的欲求に分けられる。

●防衛機制(➡p.20)　欲求が達成されず欲求不満(フラストレーション)が生じた時に，無意識のうちに心のバランスを保つメカニズムをいう。オーストリアの精神分析学者・フロイトによって解明された。「抑圧」(感情や記憶を否定し，忘れようとする)，「合理化」(理由をつけて，自分自身を正当化する)などがある。

●葛藤(コンフリクト)(➡p.21)　心のなかに対立する欲求が存在し，そのいずれをとるか迷うこと。この状態が長く続くと，情緒不安定などに陥ることがある。

●個性(パーソナリティ)(➡p.22)　能力・気質・性格の三要素からなる。個性は遺伝と環境から影響を受ける。青年期にはアイデンティティを確立し，精神的に自立していくことによって三要素が調整され，その人なりの個性が形成されていく。

●類型論(➡p.22)　個性をいくつかのパターンに分類する方法。ユングやシュプランガーの分類が知られている。これに対し，開放性や誠実性など個性を形成するいくつかの要素がどの程度備わっているかという観点から，個々人の個性を記述する特性論も提唱されている。

●官僚制(ビューロクラシー)(➡p.24)　近代に登場した，大きな組織や集団における管理システム。合理的・合法的権威を基礎とし，一般的な規則に基づいて職務が遂行されること，権限のヒエラルキーが明確であること，能力や資格などにより職務が専門分化していくこと，などを特徴とする。ウェーバーがそれらの特徴をまとめた。

●フランクフルト学派(➡p.24)　1920年代以降，ドイツのフランクフルト大学社会研究所を中心に活動した思想家たちの総称。ホルクハイマー，アドルノ，フロム，ハーバーマスなど。近代社会を批判的に分析する理論が多く提唱された。

●権威主義的パーソナリティ(➡p.24)　フロムやアドルノが唱えた近代の人間像。硬直化した思考の下で，権威を無批判的に受け入れる。これによりファシズムが台頭したといわれる。

●自民族中心主義(エスノセントリズム)(➡p.25, 26)　自民族の文化を最上とし，ほかの民族の文化，生活様式，思考方法などに対して，否定的な価値判断をすること。

●ステレオタイプ(➡p.26)　型にはまった行動や思考様式。世界の人々を類型化してとらえることは差別や偏見につながる恐れがある。

●文化相対主義(➡p.27)　世界にはさまざまな文化，宗教，習慣をもつ人が暮らしており，それらの違いによる優劣は存在しないという考え方。自己とは異なる他者を認め，他者に対する理解と対話をめざす姿勢や考え方が必要とされる。

●多文化主義(マルチカルチュラリズム)(➡p.27)　異なる民族の文化を尊重し，積極的に共存をはかっていこうとする考え方や政策。同じ地域や領土に住む人々でも，言語，文字，宗教，生活風習などは異なっているという前提に立つ。

●ソーシャルインクルージョン(社会的包摂)(➡p.27)　失業，低所得，犯罪，家庭崩壊などにより，孤立していたり排斥されていたりする人を援護し，社会の構成員として包みこんでいこうとする理念。

●アニミズム(➡p.28, 32)　ラテン語のアニマ(霊魂)に由来することばで，自然界のさまざまなものに魂などの霊的存在を見いだし，それを信仰すること。日本古来の信仰では，自然界の多くの物や事象に霊的なものが認められ，アニミズムの要素が強かった。

●神の愛(アガペー)(➡p.29)　ギリシア語で，無償の「愛」を意味する。イエス(前４～30頃)によって説かれた。

●ラマダーン(➡p.29)　イスラーム暦の９月。この一か月間の日の出から日没までの間は，断食が課せられる。

●恥の文化(➡p.30)　面目を失うことを避けようとする日本の文化。キリスト教の原罪意識に基づくアメリカの「罪の文化」と比較される。

●対抗文化(カウンター・カルチャー)(➡p.31)　社会の主流である支配的な文化に対する，反権威的な文化。若者や少数民族などの社会的弱者がおもな担い手であり，大衆的な下位文化を意味することもある。

●国学(➡p.33)　中国の古典を研究する古学に対し，『古事記』や『万葉集』などの日本の古典研究を通して，古代人の心情や生き方を研究する学問。江戸時代に確立され，本居宣長は「もののあはれ」が日本古来の情緒であると説いた。

●年中行事(➡p.35)　毎年同じ時期におこなわれる伝統的な行事。クリスマスなど，外来の行事を日本流にアレンジして定着したものもある。

●キャリア(➡p.37)　経歴や生き方の総称。社会の変化が激しい現代では，みずからが意欲をもって生き方を見いだし，キャリアを積み上げていくことが求められている。

第２章　公共的な空間における人間としてのあり方生き方

●功利主義(➡p.38)　行為によってもたらされる結果がどの程度の幸福をもたらすかを基準に，善悪を判定する倫理学の考え方。ベンサムとミルによって体系化された。行為の結果ではなく動機から善悪を判定する義務論と対比される。

●他者危害の原則(➡p.39)　他人に危害を加えたり不利益をおよぼしたりしない限り，個人の自由は最大限尊重されるという考え方。この原則から，他人に迷惑をかけない行為なら，たとえ愚かなことであっても制限されないという愚行権(➡p.66)の考え方が導かれる。

●義務論(➡p.40)　行為の動機によって善悪を判定する倫理学の考え方。カント自身の語ではないが，カントの倫理学は典型的な義務論である。みずからの実践理性が立てた道徳法則に従った(自律)行為のみが善でありうるとカントは述べた。道徳法則が私たちに命じるのは，無条件的な命令である定言命法である。

●自由(➡p.41)　英語ではfreedom。自由には二つの意味があると言われる。一つは「～からの自由」であり，強制されていないことを意味する。もう一つは「～への自由」であり，みずから何かへと向かう自由である。カントの自由は「道徳への自由」であると考えられる。

●正義(➡p.41)　多くの人が共生する社会において正しい(just)状態をいう。プラトンやアリストテレス(➡p.43)によって議論された倫理学の中心概念の一つ。ロールズは，偏りのない公正さこそが正義の核心であると説いた。

●徳(➡p.42)　ギリシア語でアレテーといい，あるものの本来のはたらきをよく発揮する卓越性を意味する。ソクラテスやプラトン，アリストテレスは，人間の魂のすばらしさとしての徳を探究した。現代になって，アリストテレスらの議論をふまえて，その人のもつ性格から倫理を考える徳倫理の考え方が提唱されている。

●道(タオ)(➡p.43)　老荘思想の基本概念の一つ。万物を育むこの宇宙の根源。儒家が人と人との関係としての仁や礼を重視したのに対し，老荘思想では人の営みを超越した原理であるこの道に従う無為自然の生き方が理想と考えられた。

●イデア(➡p.43)　プラトンは，我々の目の前にあるこの世界の事物の原型・模範である真の存在(イデア)が，イデア界に実在すると考えた。イデアは，感覚ではなく，理性によって認識することができるものとされる。

●中庸(➡p.43)　ギリシア語でメソテース。両極端を避けた，中間的なあり方や行為のこと。たとえば，「無謀」と「臆病」の間の「勇気」が中庸であるとされる。アリストテレスは，中庸を選ぶ習慣を身につけることによって善い性格が形成されると考えた(習性的徳)。

●方法的懐疑(➡p.44)　デカルトは，明らかで確実な真理に到達するために，疑うことができるものはすべて疑った結果，「私がある」ということこそが唯一の確実な真理であるという結論にいたった。この懐疑は，単に「私は何も知ることができない」という不可知論的な懐疑ではなく，むしろ真理を知るための方法としての懐疑である。

●合理論(➡p.44)　人間には理性がそなわっており，この理性を用いることで真理を把握できるという考え方。フランスやドイツなどで発展した。合理論では，理性によって知られた確実な真理から個別事象を推論する演繹法が重視された。代表的な思想家にデカルトがいる。

●経験論(➡p.44)　人間は個々のものを認識するという個別的な経験をとおしてしか物事を知ることはできないという考え方。イギリスで発展した。経験論では，経験された個別的な事象を積み上げることによって一般的真理へといたる帰納法が重視された。代表的な思想家にベーコンやロック(➡p.57)がいる。

●弁証法(➡p.45)　ヘーゲルが採用した，対立する二つのものからより高次の結論を導く思考法。語源はギリシア語のディアレクティケー。

●生態系(➡p.46)　食物連鎖などを通じて，生産者や消費者，分解者が相互にかかわりあいながらつくられているまとまり。

●世代間倫理(➡p.47)　責任は力の大きさに比例するため，無力な将来世代に対して私たちは責任を負っているという考え方。将来世代がよりよい生活を送れるよう地球環境を守っていくべきと考える。哲学者のハンス＝ヨナスが提唱した。

●ゲノム編集(➡p.48)　ゲノムとは生物の遺伝子全体を意味することばで，ゲノムの遺伝子情報を書きかえるなどして品種の改良をおこなうことをゲノム編集という。2000年にはヒトゲノムの解析がほぼ完了したが，この扱いについてはさまざまな倫理的な問題が指摘されている。

●遺伝子組換え(➡p.48)　特定の遺伝子を意図的に組換える技術。害虫に強い農作物の開発や病気の治療など，さまざまな分野で活用されているが，それが生態系や人体に与える影響についてはまだ不明な点が多い。ゲノムを直接編集するゲノム編集に対し，遺伝子組換えはほかの生物の遺伝子を組みこむ方法を採用する。

●再生医療(➡p.49)　病気，けがで失われた臓器や組織を再生させる医療。患者本人の細胞を用いるため，臓器移植のような拒絶反応がない。2007年に，京都大学の山中伸弥教授の研究チームがiPS細胞(人工多能性幹細胞)の作成に成功し，万能細胞を使った再生医療の可能性が拡大している。

●QOL(Quality of Life)(➡p.49)　ある人がどれくらい人間(自分)らしい生活を送り，幸福を感じているかをはかる尺度。現代の医療の現場では，単なる延命治療ではなく，患者の人間(自分)らしい生活，尊厳の実現のための援助が重要であると考えられる。

●インフォームド・コンセント(➡p.49)　「情報を与えられたうえでの同意」を意味する。現代の医療では，医師が専門的知識をもとに一方的に治療方針を決めるのではなく，患者がみずから治療法を選択したり，十分な説明を受けた上で治療法に同意したりできることが求められている。安楽死や臓器移植(➡p.53)で必要要件とされる本人の意思(リビング・ウィル)も，インフォームド・コンセントの一例である。

●生殖医療(➡p.50)　性行為による自然の妊娠，出産というプロセスによらず，人工授精や体外受精，代理出産など，医療技術を用いて生殖を補助するもの。私たちの生殖の可能性を広げる一方で，多くの倫理的課題もある。

●クローン技術(➡p.51)　クローンとは，同一の遺伝子をもった複数の生物のこと。クローン技術によって，牛や猫などさまざまな動物のクローンがつくられているが，人間に対するクローン技術の適用は法律で禁止されている。

●臓器移植法(➡p.53)　1997年成立。これにより，脳死と判断された体からの臓器摘出が法律的に認められた。2009年の改正では，15歳以上という年齢制限が撤廃されたほか，本人の意思が不明な場合でも，家族の承諾があれば臓器を提供できるようになった。また，親族への優先提供も可能となった。

第3章　公共的な空間における基本的原理

●公共的な空間(➡p.54)　私たちが他者とともに生き，作り出す空間。そこでは誰もが個人として尊重され，自由や権利，責任や義務をもち，民主主義社会を形成する。個人が自立しつつ連帯することを特徴とする。

●直接民主制(➡p.56)　国民(住民)が直接議論したり決定を下したりする政治制度。古代ギリシャの民会や，アメリカ植民地時代のタウンミーティングなどの事例がある。現在ではスイスの一部の州で実施されている。

●間接民主制(➡p.56)　国民(住民)が選挙で代表者(議員)を選出し，その代表者が議論して決定を下す政治制度。**議会制民主主義**や代表民主制ともいわれる。現代の国家では，国民全員が議論に参加し，決定することが難しいため，この制度がとられていることが多い。

●社会契約説(➡p.57)　17～18世紀にイギリスやフランスで主張された政治思想。国家権力が存在しない自然状態から，人々が社会設立の契約を結んで国家や政府を形成するという考え方。

●絶対王政(➡p.57)　王が絶対的な権力を行使する政治形態。王権神授説(王の権力は神から与えられたもので絶対不可侵であるという思想)が理論的根拠となっている。17世紀のフランス国王ルイ14世が残した「朕は国家なり」ということばのとおり，国王の意思が法律に優先する状態であった。

●ホッブズ(1588～1679)(➡p.57)　イギリスの思想家。著書『リバイアサン』で，人間の自然状態は「万人の万人に対する闘争」であり，その恐怖から逃れるために，各個人は自然権を統治者に譲渡する社会契約を結ぶと説いた。

●ロック(1632～1704)(➡p.57)　イギリスの思想家。著書『市民政府二論』で，人々は自然権を保障するために社会契約を結び，国家が自然権を侵害した場合には，市民は抵抗権(革命権)を行使できるとした。この思想は名誉革命を正当化し，アメリカ独立戦争に影響を与えた。

●ルソー(1712～78)(➡p.18,57,111)　フランスの思想家。著書『社会契約論』で，人間の本来の自由・平等を回復するために，すべての自然権を共同体に譲り渡さなければならないとした。そして，人民の一般意思に基づく政治をおこなうため，直接民主制を主張した。

●ゲティスバーグ演説(➡p.58)　1863年，当時の米大統領リンカーンがおこなった南北戦争の戦没者追悼の演説。そこで述べられた「人民の，人民による，人民のための政治」ということばは，国民主権に基づく民主政治の原理を簡潔に表現したものであり，日本国憲法前文にもその理念が反映されている。

●バージニア権利章典(➡p.59)　アメリカ独立戦争のさなかの1776年に採択された，いち早く独立を決定したバージニア州の憲法を構成する人権宣言。人は生まれながらの権利として，生命と自由を享受する権利をもつと述べている。自然権を初めて成文化したものである。

●フランス人権宣言(➡p.59)　1789年にフランスの国民議会で採択。正式名称は「人および市民の権利宣言」。国民主権，圧制への抵抗や思想・表現の自由，所有権の不可侵などがうたわれているほか，権力分立も提唱されている。

●ワイマール憲法(➡p.59)　1919年に制定されたドイツ共和国憲法。「人間たるに値する生活」として社会権を世界で初めて規定した憲法であり，当時最も民主的な憲法といわれた。1933年ナチス・ドイツの台頭とともに実質的に無効化された。

●世界人権宣言(➡p.60)　第二次世界大戦後の1948年に国連総会で採択。国際平和を実現するために，基本的人権の保障が不可欠であることを示した。法的な拘束力はもたない。

●国際人権規約(➡p.60)　1966年に国連総会で採択。世界人権宣言をより具体化し，法的拘束力をもたせた。社会権を保障したA規約と自由権を保障したB規約からなる。日本は1979年に批准(選択議定書を除く)。

●女子差別撤廃条約(➡p.61)　1979年に国連総会で採択。正式名称は「女子に対するあらゆる形態の差別の撤廃に関する条約」。日本は，男女雇用機会均等法の施行などの国内法の整備をおこない，1985年に批准。

●子ども(児童)の権利条約(➡p.61) 1989年に国連総会で採択。18歳未満の子どもも，おとなと同じ独立した人格をもつ権利の主体とみなした。日本は1994年に批准。

●法の支配(➡p.62) 権力者が法を定める「人の支配」に対し，政治権力は法によって規制され，法に基づいて行使されなければならないとする考え方。イギリスで発達した考えで，これにより，国民は君主に対して法に基づいて自由と権利を主張できるようになった。

●法治主義(➡p.62) 政治権力の行使は議会の制定した法律に基づくとする，ドイツで生まれた考え方。法の支配と共通するところもあるが，「法律で定めれば人権を侵害してもかまわない」という考えと結びつくこともある。

●ファシズム(➡p.62) 第一次世界大戦後の経済的混乱や社会不安が広がるドイツやイタリアなどで台頭した，全体主義的な政治思想。民主主義の否定，他国に対する侵略，排外主義を特徴とする。マス・メディアによる世論操作などを背景として国民から強い支持を受けていた。

●権力分立(➡p.62) 権力の濫用を防ぐために権力機関を複数に分割して，相互に抑制と均衡(チェック・アンド・バランス)をはかる方法。モンテスキューは立法権，行政権，司法権の分立を唱え，それが現代の多くの国で採用されている。

●立憲主義(➡p.63) 憲法を制定することによって国家権力を制限し，国民の権利が守られるようにすべきという考え方。日本の天皇のように君主がいたとしても，その権能は憲法の制約を受ける(立憲君主制)。

●議院内閣制(➡p.64, 115) 国民が選出した議員で構成される議会が，行政府の内閣を信任する制度。イギリスで発達し，日本も採用している。責任内閣制ともいわれる。

●影の内閣(シャドー・キャビネット)(➡p.64) 二大政党制をとっているイギリスでの慣例。野党は，政権交代の際にすみやかに政権を担当できるよう準備をする。

●大統領制(➡p.65) 国民により選出される大統領が行政府の最高責任者であり，立法府の議会からは厳格に独立している制度。大統領は議会に対する解散権も法案提出権もないが，議会が可決した法案に対する拒否権をもっている。典型的な大統領制はアメリカで見られる。

●権力集中制(➡p.65) 国家権力を国民全体を代表する議会などに集中し，強力な政治をおこなう制度。社会主義・共産主義体制をとる国々で採用された制度で，中国などで採用されている。

●天安門事件(➡p.65, 141) 中国の天安門広場で，当局が民衆を弾圧した事件。1989年6月4日，平和的に民主化運動を進めていた学生らに人民解放軍が武力を行使し，多数の死傷者を出した。

●実存(➡p.66) 「現実存在」のことで，今ここに，現に存在する，という意味。一般的，抽象的な「本質」に対し，個別的，具体的に存在する「この私」のこと。この実存を重視した思想を実存主義という。実存主義の思想家にはサルトル，キルケゴール，ニーチェ，ヤスパースなどがいる。

●ハラスメント(➡p.67) 性的な言動・行為によるセクシュアル・ハラスメント(セクハラ)，言葉や態度によっておこなわれる精神的な暴力であるモラル・ハラスメント(モラハラ)，職場内での優位性を背景に精神的・身体的苦痛を与えるパワー・ハラスメント(パワハラ)などがある。

●欽定憲法(➡p.68) 国王や天皇などの君主によって制定された憲法。19世紀に制定されたフランス憲法，プロイセン憲法，大日本帝国憲法などがその例である。

●臣民の権利(➡p.68) 臣民とは，天皇の臣下としての国民のこと。大日本帝国憲法において，国民の権利は主権者である天皇から恩恵的に与えられたもので，法律の範囲内で保障されていたため，きわめて不十分なものであった。

●法律の留保(➡p.68) 国民の権利は，法律に定められた範囲内で認められるにすぎないという留保条件がつくこと。

●国民投票法(➡p.70) 2010年施行。日本国憲法改正の具体的な手続きを定めた法律。憲法改正については，憲法第96条で「各議院の総議員の3分の2以上の賛成で，国会が，これを発議し，国民に提案してその承認を経なければならない」と規定されている。投票権年齢は18歳以上。

第2編 自立した主体としてよりよい社会の形成に参画する私たち

第1章 法的な主体となる私たち

●基本的人権(➡p.72) 国家権力によって侵すことのできない人間としての基本的な諸権利。自然権思想に基づき，アメリカ独立宣言，フランス人権宣言，世界人権宣言などで確認された。

●公共の福祉(➡p.73, 88) 各個人の人権が衝突した場合，その対立を調整し，すべての人の人権を確保しようとするための原理。全体のために個人を犠牲にするという考え方ではない。

●自由権(自由権的基本権)(➡p.74〜77) 国家からの自由ともいい，18〜19世紀に欧米諸国で確立した。精神的自由，人身の自由，経済的自由に大別される。日本国憲法では，経済的自由に対して，公共の福祉による制限がなされることが規定されている。

●政教分離の原則(➡p.74) 政治の宗教に対する介入を禁止する原則。ヨーロッパ諸国ではキリスト教が，明治憲法下の日本では神道が国家権力と結びつき，信教の自由を奪ったことを教訓として生まれた原則である。

●冤罪(➡p.76, 79) 無実の罪のこと。冤罪が起こる背景としては，法定手続きの保障を軽視した捜査，長時間にわたる取り調べ，客観的証拠ではなく自白に頼る捜査などが指摘されている。

●再審(➡p.76) 判決の確定後に新たな証拠などが発見され，裁判をやり直すこと。1975年に最高裁判所が，再審決定についても「疑わしきは被告人の利益に」の原則を適用すると判断(白鳥決定)してから，たびたびおこなわれている。

●黙秘権(➡p.76) 取り調べや公判の場で，被告人が自分に不利益なことは話さなくてもよいとする権利。日本国憲法第38条1項で規定されている。

●法の下の平等(➡p.80〜83) 法律上の差別的扱いを禁止すること。法律の内容が差別的であることや，平等な法律を差別的に適用することが禁止される。日本国憲法では，第14条で定められている。

●ポジティブ・アクション(➡p.81) 社会的に差別されている人々を制度的に優遇し，実質的な平等を実現しようとすること。アファーマティブ・アクションともいう。雇用や政治の面で男女格差を是正するほか，たとえば大学入試の際に，アメリカでは黒人を，インドでは最底辺のカーストの人々を優遇するなどの例もある。

●社会権(社会権的基本権)(➡p.84) 国家による自由を意味し，人間に値する生活を国家に保障してもらう権利。19世紀後半に資本主義経済が発達することで拡大した貧富の差に対応するために要求され，ワイマール憲法で初めて本格的に保障された。生存権，労働基本権，教育を受ける権利などからなる。

●プログラム規定説(➡p.84) 生存権を保障した日本国憲法第25条は，国の政策目標ないし政治的・道徳的な責務を定めたもの(プログラム規定)であって，個々の国民に対して具体的な請求権を保障したものではないとする説。朝日訴訟の際に最高裁判所が参考意見のなかで述べた。

●参政権(➡p.85) 国民が政治に参加する権利。選挙権，被選挙権，国民審査権，国民投票権，直接請求権などからなる。国民主権を実現するための権利であり，自由権にやや遅れて確立された。

●国務請求権(➡p.85) 個人の生命・自由・利益を守るため，国家に積極的な行動を求める権利。日本国憲法では，請願権，裁判を受ける権利，損害賠償請求権，刑事補償請求権が規定されている。

●新しい人権(➡p.86) 日本国憲法の明文上は規定されていないが，社会の変化にともなって主張されるようになった権利。日本では憲法第13条(個人の尊重，幸福追求権)や第25条(生存権)などを根拠に，裁判などをとおして確立されてきた。環境権，プライバシーの権利，知る権利，肖像権，自己決定権などがその例である。

●プライバシーの権利(➡p.86) 自分の情報を自分でコントロールする権利。日本では，三島由紀夫の『宴のあと』事件(1964年)により確立した。この権利は表現の自由と対立する場合が多く，柳美里の『石に泳ぐ魚』事件の最高裁判決(2002年)では，小説のモデルのプライバシーと名誉を守るために，小説の出版差し止めが認められた。

●知る権利(➡p.87) 人々が，直接または報道などをとおして間接的に，政府や企業などが保有する情報を入手する権利。1999年に制定された情報公開法は，この権利を実質的に保障するための法律である。

●環境権(➡p.87) 良好な環境を享受する権利。四大公害訴訟，大阪国際空港公害訴訟，尼崎公害訴訟などで実質的に確立されてきた。この権利を守るための法律が環境影響評価法(環境アセスメント法)(➡p.189)である。なお，最高裁判所は環境権という権利そのものは認めていない。

●自己決定権(➡p.87) 自己の生き方を他人や公権力などの介入なしに決定する権利。尊厳死や安楽死を選択する権利も，その例であるとされる。

●**肖像権**(➡p.88)　自分の承諾なしに，みだりにその肖像(顔かたちや姿)を撮影・使用されない権利。憲法第13条の個人の尊重に基づき，最高裁判所が1969年に判決のなかで認定した。

●**契約**(➡p.90)　法的な拘束力が生じる約束のこと。誰と，どんな内容，条件，形式で契約を結ぶのも自由である。口約束でも双方の合意があれば成立する。また，契約は，契約をする双方の自由な意思でおこなえる(契約自由の原則)。

●**消費者保護基本法**(➡p.90)　1968年，消費者の利益を保護することを目的として成立した法律。国や地方公共団体だけでなく，企業の消費者に対する責任，消費者の役割も明記された。2004年には消費者基本法と名称を変更して，消費者自立支援政策へと目的を変化させた。

●**情報の非対称性**(➡p.91, 187)　売り手と買い手が対等な立場で契約をするのが法律上の前提だが，実際には，売り手と買い手では情報や交渉力に大きな差がある。買い手は，売り手の説明や表示に頼るしかなく，売り手が嘘をついたり隠しごとをしたりしていても，それを判別できない。

●**製造物責任(PL)法**(➡p.91)　1994年制定。被害を受けた場合，製品に欠陥があることを立証すれば，製造者などに過失がなくても損害賠償を請求できるとした(無過失責任制度)。

●**クーリング・オフ**(➡p.92)　キャッチセールスや訪問販売など，強引な販売方法で希望しない契約をしてしまった時，一定の期間内であれば無条件で解約できる制度。自動車の契約やオンラインショッピングでの契約など，クーリング・オフができない場合もあるので注意が必要である。

●**司法権の独立**(➡p.94)　裁判を担当する司法権が，立法権・行政権などのほかの国家権力から独立していること。

●**国民審査**(➡p.94)　司法の最高機関である最高裁判所の裁判官15人について，国民が直接，職務に適切な人物かどうかを審査するしくみ。憲法第79条に規定されている参政権の一つ。

●**違憲審査権**(➡p.95)　法律・命令・規則などに基づく行政行為が憲法に違反していないかどうか審査する権限。日本では，具体的な権利・義務をめぐる裁判のなかで，裁判所が必要であると判断した場合にのみ審査される。ドイツのように憲法裁判所を設置し，事件に関係なく法令そのものを審理する形をとっている国もある。

●**司法制度改革**(➡p.96)　日本では，1999年に内閣に司法制度改革審議会を設置して以来，司法制度の改革が進められている。これまで，裁判迅速化法の制定，法科大学院(ロースクール)の設置，裁判員制度の導入，取り調べの可視化の義務化などがおこなわれている。

●**裁判員制度**(➡p.96, 97)　2004年に裁判員法が制定され，2009年から実施されている。殺人罪，強盗致死傷罪などの重大な刑事事件の第一審で，有権者から抽選で選ばれた裁判員が，裁判官と協力して，有罪か無罪かの判断と，有罪であれば量刑(刑の種類や程度の決定)をおこなう。

第2章　政治的な主体となる私たち

●**平等選挙**(➡p.101)　選挙人の投票の価値を平等に扱う選挙。普通選挙(年齢以外の条件を，選挙権や被選挙権に課さない)，直接選挙(有権者が直接，候補者を選挙する)，秘密投票(選挙人の投票の秘密を守る)とともに，日本の選挙の原則である。

●**一票の格差**(➡p.103)　選挙区ごとの定数配分によって，有権者の票の価値が選挙区間で異なること。最高裁判所は，衆議院の小選挙区部分について，2倍以上の格差を違憲状態と判断している。参議院については，著しい格差が生じた場合に違憲状態と判断している。これを解消するために，議員定数の再配分や選挙区の区割りの変更など，選挙制度の見直しが進んでいる。

●**公職選挙法**(➡p.103)　国会議員，地方公共団体の長，地方議会議員の選挙について規定した法律。公正な選挙を通じた民主政治の健全な発達をめざして規定されている。候補者は何も知らなくても，関係者が選挙違反をおこなって罪に問われると，候補者の当選は無効となる(連座制)。

●**政党**(➡p.104)　共通の政治的志向をもつメンバーによって構成され，国民の政治的利益を集約し，選挙による国民の支持に基づき政権獲得をめざす政治集団。1994年に政党助成法が制定され，政党への公費助成がなされている。

●**圧力団体**(➡p.105)　政権獲得を目的とせず，自己の集団の特定の利益を獲得するために組織され，政府や政党などに圧力をかけて政策決定に影響を与える利益団体。

●**政治資金**(➡p.105)　政治家や政党の政治活動や選挙活動などにかかわる資金。党費，寄付金，献金，機関紙(誌)発行による事業収入などからなる。このうち企業・団体からの献金は，政治腐敗や金権政治の温床になると指摘されている。1948年に制定された政治資金規正法はたびたび改正されているが，十分な成果はあがっていない。

●**パブリックコメント**(➡p.106)　政策などの策定途中で，その計画や素案を公表して広く一般から意見を募ることで，行政運営の公正さの確保と政策形成過程の透明性の向上を図るしくみ。

●**世論**(➡p.106)　公共の問題に関する国民の意見。政治を動かす大きな力になることもある。世論の形成にはマス・メディアの影響が大きい。

●**メディア・リテラシー**(➡p.15, 108)　メディアから発信される多くの情報から，必要な情報を主体的に判断し，選択し，活用する能力。リテラシーとは「読み書き能力」のことで，情報を読む力と同時に発信する力も含まれる。

●**選挙運動**(➡p.110)　特定の選挙で，特定の候補者や政党の当選を目的に投票を勧める行為。公職選挙法では，公正な選挙を実現するために選挙運動と政治活動を明確に区別し，選挙運動に対しては多くの規制を設けている。

●**衆議院**(➡p.112)　小選挙区選出289人と，11ブロックの比例代表選出176人からなる。任期は4年と短く解散があるため，民意を反映しやすいとの観点から，法律案の議決や内閣総理大臣の指名などにおいて，衆議院の優越が認められている。被選挙権は25歳以上。

●**参議院**(➡p.112)　比例代表選出100人と，都道府県を単位とする選挙区選出148人からなる。任期は6年で，3年ごとに半数ずつ改選され，解散はない。被選挙権は30歳以上。参議院は解散がなく任期も長いため，長期的な視野で審議・調査ができるという利点がある。

●**衆議院の優越**(➡p.113)　憲法によって衆議院の方が参議院より大きな権能を与えられていること。法律案の議決(第59条)・予算の議決(第60条)・条約の承認(第61条)・内閣総理大臣の指名(第67条)に優越が認められている。予算の先議権(第60条)・内閣不信任決議権(第69条)を含める場合もある。

●**委任立法**(➡p.113)　政令，内閣府令，省令など，国会が定める法律の委任に基づいて，法律の実施に必要な命令や細則など具体的な内容を国会以外の行政機関が定めること。行政機能の拡大とともに，委任立法が増える傾向にある。

●**弾劾裁判所**(➡p.113)　裁判官の身分にふさわしくない行為や職務上の義務違反を理由として，罷免の訴追を受けた裁判官を裁く裁判所。衆参7名ずつの国会議員で構成され，国会閉会中も活動できる。裁判官は身分の保障が定められており，心身の故障を除いて，弾劾裁判所によらなければ罷免されない。

●**内閣府**(➡p.114)　内閣の機能強化の観点から，内閣官房を助け，内閣の重要政策に関する企画立案および総合的な調整をおこなう機関。2001年の省庁再編にともない設置された。

●**内閣総理大臣**(➡p.115)　内閣の首長であるため，首相(相は大臣の意味)ともよばれる。国会議員のなかから衆議院の多数派の代表が内閣総理大臣に指名され，天皇が任命する。なお，内閣総理大臣と国務大臣は文民でなければならない。

●**衆議院の解散**(➡p.115)　衆議院議員の議員資格を，任期満了前に失わせること。憲法第69条に基づき内閣不信任案が可決される場合と，憲法第7条に基づく天皇の国事行為としての解散がある。解散後は40日以内に総選挙を実施，その日から30日以内に特別国会を召集し，新内閣が発足する。

●**地方自治は民主主義の学校**(➡p.116)　イギリスの政治家・政治学者ブライス(1838～1922)の『近代民主政治』(1921年)のなかの有名なことば。「地方自治は民主政治の最良の学校，その成功の最良の保証人なり」と述べ，地方自治が民主政治の基礎であることを主張した。

●**地方分権一括法**(➡p.116)　1999年制定。これにより，国と地方は「対等・協力」の関係とされ，国が地方を下部機関とみなしておこなわれてきた機関委任事務が廃止され，地方公共団体の仕事は，自治事務と法定受託事務になった。

●**条例**(➡p.117)　地方公共団体が，「法律の範囲内で」(憲法第94条)独自に制定することができる法令。住民は，有権者の50分の1以上の署名で条例の制定・改廃を請求することができる。

●**コンパクトシティ**(➡p.119)　郊外に分散した都市機能を集約し，生活圏を小さくした都市のこと。インフラ整備を効率的におこない行政サービスを充実させられる，公共交通機関の活用により環境保護につながるなどのメリットがある。

●**国家の三要素**(➡p.120)　主権，主権がおよぶ範囲である領域(領土・領空・領海)，国家に属する国民で構成される。ドイツの法学者イェリネック(1851～1911)によって唱えられた。

●国際法(➡p.121)　国際社会を基盤として形成され，国家間の関係を規律する法のこと。近代ヨーロッパの主権国家の諸関係を規律する法として発達した。国際社会の慣行を基礎として暗黙の強制力を持つ国際慣習法と，国家間の合意を文章化した条約からなる。

●国際司法裁判所(ICJ)(➡p.121)　1945年設立。国連の主要な司法機関で，国際法を適用して平和的に国際紛争を解決することを任務としている。裁判官は15名で，国連の安全保障理事会と総会で選出される。オランダのハーグに所在。

●国際刑事裁判所(ICC)(➡p.121)　2003年設立。個人が犯した集団殺害や戦争犯罪など，重大な国際犯罪を訴追・処罰するために設置された国際的裁判所。日本は2007年に加盟。

●国際連合(➡p.124～127)　第二次世界大戦後の1945年10月，国際連合憲章の発効とともに成立した国際平和機構。国際社会の平和・安全の維持をおもな目的とする。

●国際連盟(➡p.125)　第一次世界大戦後にウィルソン米大統領の平和原則14か条を受けて設立された，史上初の国際平和機構。しかし，当のアメリカは当初から不参加だった上，日本，ドイツ，イタリアが次々と脱退したため，平和を維持する機能を失っていった。

●安全保障理事会(➡p.125)　国連の主要機関で，国際平和と安全の維持を目的とする。表決の際に拒否権を行使できる5常任理事国(米・英・仏・ロ・中)と，任期2年の10非常任理事国の計15か国からなる。安保理の決定は法的拘束力をもち，国連加盟国はそれに従わなければならない。

●国連憲章(➡p.125)　国連の目的と原則，主要機関の構成と任務，国際紛争の解決方式など国連の基本事項について定めた条約。国連憲章の改正には，総会構成国の3分の2の多数による採択と，安保理の5常任理事国を含む加盟国の3分の2の批准が必要となっている。

●PKO(国連平和維持活動)(➡p.126)　紛争当事国の要請と同意を前提として，国連加盟国が自発的に部隊・人員を現地に派遣しておこなう活動。

●統治行為論(➡p.131)　国防や外交など，高度の政治的判断を必要とする国家の行為(統治行為)は司法の判断になじまないとする考え方。

●集団的自衛権(➡p.132, 135)　同盟関係にある国への武力攻撃を実力で阻止する権利。長年，日本国憲法では許されないとされてきたが，2014年に集団的自衛権の限定的な行使を可能とする閣議決定がなされた。

●PKO協力法(➡p.133)　1992年に制定された，PKO(国連平和維持活動)に参加するための法律。参加のための5原則として，①当事者の停戦合意，②紛争当事国の受け入れ同意，③中立的立場の厳守，④①～③が満たされなくなった場合の独自判断による撤収が可能，⑤隊員の生命・身体防護に限定した武器使用を掲げている。

●安全保障関連法(➡p.135)　2015年に成立した平和安全法制整備法と国際平和支援法の総称。集団的自衛権を限定的に行使することを前提とした法律であり，懸念も指摘されている。

●日米地位協定(➡p.136)　1960年の日米安保条約の改定にともなって締結された協定で，施設の提供や経費の分担など在日米軍の取り扱いについて定めている。米兵が日本国内で起こした犯罪であってもアメリカが一次裁判権をもつなど，日本に不利な点が多いと指摘されている。

●普天間飛行場(➡p.137)　沖縄の在日米軍基地。住宅密集地にあり，墜落事故，騒音，米兵による犯罪，環境汚染などが問題となっている。辺野古沖への移設が日米間で合意されているが，反対する者も多く，移設工事は難航している。

●NPT(核兵器拡散防止条約)(➡p.138)　1968年に国連総会で調印。核兵器を新たに保有することと，核保有国が非核保有国に核兵器を渡すことを同時に禁止している。IAEAが監視にあたる。

●IAEA(国際原子力機関)(➡p.138)　1957年に設立した原子力の平和利用のための国際機関。プルトニウムの軍事転用の査察，核の軍事利用への転用防止，原発事故の原因究明などをおこなう。

●CTBT(包括的核実験禁止条約)(➡p.139)　1996年の国連総会で採択。地下核実験を含むあらゆる核爆発実験を禁止する条約。なお，未臨界実験などの爆発をともなわない実験は禁止されていない。一部の発効要件国が未批准のため未発効。

●冷戦(➡p.140～143)　第二次世界大戦に激化した米ソの対立。直接の戦争にはいたらなかったことから冷戦とよばれる。1946年にはチャーチル英首相が「鉄のカーテン」演説をおこない，米ソの緊張状態について言及している。

●第三世界(➡p.140, 143)　米ソ対立が激化するなかで，東西どちらの陣営にも属さず平和共存路線を進んだアジア・アフリカ諸国。第一世界とは先進資本主義国を，第二世界とは社会主義国をさす。

●朝鮮戦争(➡p.142)　米ソの代理戦争の一つ。第二次世界大戦後，朝鮮半島は南北に分裂していた。1950年に北朝鮮が韓国に侵攻したことから，北朝鮮・中国義勇軍と，米軍を中心とする「国連軍」が対立し，戦争へと発展した。1953年，北緯38度線を軍事境界線として休戦協定が結ばれた。

●ベトナム戦争(➡p.142)　米ソの代理戦争の一つ。1960年，ベトナム統一をめざす南ベトナム解放民族戦線(ベトコン)の結成により，南ベトナム・米軍と，北ベトナム・ベトコンとの間で紛争が発生し，10年以上続いた。米軍は北ベトナムに対して空爆をおこなったが(北爆)，国内外から批判を浴び1973年に撤退した。

●キューバ危機(➡p.142)　キューバ革命によって親米政権を倒したカストロ政権は，社会主義を志向していった。1962年，ソ連がキューバにミサイル基地の建設を計画したことをきっかけに米ソ間の緊張が高まった。ソ連が基地の設置を取りやめたことで危機は回避されたが，これをきっかけに，米ソの首脳が緊急時に直接話しあえるようにホット・ラインが設置された。

●平和10原則(➡p.143)　1955年のアジア・アフリカ会議で発表された，世界平和のための10原則。1954年に周恩来とネルーとの会談で発表された平和5原則がもとになっている。

●湾岸戦争(➡p.144)　1990年のイラクによるクウェート侵攻に対して，1991年にアメリカを中心とした国連軍がイラクを攻撃したことで始まった戦争。国連安保理では，米ソが共同してイラクに対する強制撤退要求を決議した。

●アメリカ同時多発テロ事件(➡p.145)　2011年9月11日にアメリカで発生したテロ事件。ブッシュ米大統領は，ウサマ=ビンラディンひきいるイスラーム過激派テロ組織アルカイダの犯行と断定し，アルカイダの本拠地があったアフガニスタンに，イギリスとともに軍事攻撃をおこなった。

●アラブの春(➡p.145)　2010～12年に中東・北アフリカのアラブ諸国で発生した大規模な反政府デモ。チュニジアでは政治腐敗やインフレ，失業などの生活への不満を背景に反政府デモが激化し，2011年には長期独裁政権が崩壊した(ジャスミン革命)。チュニジアの民主化の動きは中東諸国に広がり，エジプトやリビアなどで政権崩壊が連鎖し，一連の政変は「アラブの春」とよばれた。しかし，これにより政情不安や内戦を招いた国もあり，「アラブの春」は失敗したという指摘もある。

●「イスラーム国(IS)」(➡p.145)　「アラブの春」で混乱したシリアで勢力を拡大したイスラーム過激派組織。インターネットを使って世界各地から戦闘員を集め，非人道的な活動を展開した。「イスラーム国」と自称しているが，国際社会から国家として認められているわけではない。

●難民(➡p.148)　難民条約の定義では，人種，宗教，国籍，政治的意見や特定の社会集団に属するなどの理由で，母国にいると迫害を受ける，またはその恐れがあるなどのため，ほかの国に逃れた人々のことをさす。UNHCR(国連難民高等弁務官事務所)によって，保護が進められている。

●パレスチナ問題(➡p.148)　パレスチナの土地をめぐるユダヤ人とアラブ人の対立によって生じているさまざまな紛争問題。第一次世界大戦当時のイギリスの外交政策の影響で，ユダヤ人とアラブ人の双方がパレスチナの地にみずからの国家建設をめざしたことが，両者の対立をより深刻化させるきっかけとなった。

●難民条約(➡p.149)　1951年に国連の全権委員会議で採択された「難民の地位に関する条約」と，1967年に採択された「難民の地位に関する議定書」の総称。日本は1981年に批准。

●NGO(非政府組織)(➡p.151)　一般的には，国際協力にたずさわる非政府組織をさす。飢餓救済の援助活動や，環境保護にかかわる活動などを非営利でおこなう。国際的なNGOとして，国境なき医師団やアムネスティ・インターナショナルなどがある。日本では1998年にNPO法(特定非営利活動促進法)が制定され，NPO(非営利組織)によるボランティア活動も活発化している。

●SDGs(持続可能な開発目標)(➡p.152)　2015年までの国際社会における目標を定めたMDGs(ミレニアム開発目標)を継承・発展させ，2030年までの解決をめざした目標・行動指針。2015年に国連総会で採択された。17項目の目標には，貧困や飢餓対策，持続可能な開発，ジェンダー平等，気候変動対策などがある。

●人間の安全保障(➡p.152)　紛争，テロ，貧困など，生命や尊厳を脅かすあらゆるものを脅威とみなし，個々の人間を守ろうとする考え方。インド出身の経済学者センの影響を受け，1994年，UNDPが「人間開発報告」で提唱した。

●UNDP(国連開発計画)(➡p.152)　技術協力などを中心に，発展途上国に対するさまざまな援助を目的として，1966年に設立された国連の機関。

第3章　経済的な主体となる私たち

●経済主体(➡p.154)　社会には経済活動に参加する単位として，生産活動の中心となる企業，消費活動をおこなう家計，財政活動をおこなう政府の三つの主体がある。
●資源の希少性(➡p.154)　私たちの欲求は無限であるのに対して，お金や時間などの資源は有限である状態。
●機会費用(➡p.155)　同時に二つ以上のものを選択できない状況の時，一方を選択した結果，得ることができなくなった利益のこと。
●労働基本権(➡p.156)　勤労権と労働三権(団結権・団体交渉権・団体行動権)をあわせたもので，労働者の最も基本的な権利。憲法第27条で勤労権，第28条で労働三権の保障を明記している。労働基本権を具体的に保障するために，労働三法やそのほかの労働関係法が定められた。
●労働三法(➡p.156)　労働基準法は，賃金・労働時間などの労働基準について，労働者の不利にならないように最低基準を定めている。労働組合法は，労働三権の内容とともに労働協約などを規定している。労働関係調整法では，争議行為によって労使間の対立が深刻化し，自主的な解決が困難になった時，労働委員会が斡旋(あっせん)・調停(ちょうてい)・仲裁(ちゅうさい)などの調整ができるようになっている。
●人事院勧告(かんこく)制度(➡p.156)　公務員の団体交渉権の制限と争議行為の禁止の代わりに設けられた制度。人事院は，給与や休暇などについて，国会や関係大臣その他の諸機関の長に対して勧告をおこなう。
●不当労働行為(➡p.157)　使用者による労働組合運動への妨害，介入行為。たとえば組合の運営への介入や団体交渉の拒否などがあり，これらの行為は労働組合法によって禁止されている。
●終身雇用制(➡p.160)　年功序列型賃金・企業別組合とともに日本的雇用制度の柱であった。新卒者を正社員として採用し，定年まで雇用する制度。長期的視野にたって人材を育成できるが，経済の自由化・グローバル化のなかで，労働の流動化が進展し，多様な雇用形態に移行している。
●働き方改革関連法(➡p.161)　2018年制定。長時間労働の是正や，多様で柔軟(じゅうなん)な働き方の実現をめざした法整備。時間外労働の上限規制の見直し，フレックスタイム制の見直しに加え，労働者のワーク・ライフ・バランスを実現するためのさまざまな取り組みが推進されている。
●男女雇用機会均等法(➡p.163)　1979年に国連で採択された女子差別撤廃条約を批准するため，国内法整備の一環として制定。雇用における男女の機会均等と待遇の平等，女性労働者の健康の保護をはかる法律である。1997年の改正では，男女の均等な扱いが努力目標から義務規定となった。2006年の改正では，妊娠・出産などを理由とする退職の強要や配置転換が禁止された。
●育児・介護休業法(➡p.163)　1991年に制定された育児休業法に介護休業制度が導入されて，1995年，育児・介護休業法となった。育児や介護をおこなう労働者が，仕事と家庭生活を両立できることをめざした法律である。複数回の改正を経て，看護休暇の拡充や父親の育児休暇の促進が定められた。
●国民所得倍増計画(➡p.164)　1960年に池田内閣が閣議決定した，10年間で国民所得の倍増をめざすという経済政策。高度経済成長をさらに加速させ年平均10%の経済成長を達成した一方で，公害や農業の不振(ふしん)などの問題も発生した。
●プラザ合意(➡p.166)　1985年，ニューヨークのプラザホテルで開催されたG5での合意事項。日本や西ドイツの貿易黒字に対して，アメリカは貿易赤字が増大しており，これを是正するために「ドル高是正に向けた協調介入」が合意された。これにより，日本は円高不況に陥った。
●バブル経済(➡p.165, 166)　モノの価格が本来の価値以上に泡(あわ)(バブル)のようにふくらむ経済状態。日本では1985年頃に発生したが，景気の過熱を抑える金融(きんゆう)政策がとられた結果，1991年頃に崩壊(ほうかい)し，大量の不良債権が発生した。
●構造改革(➡p.167)　小泉内閣(2001年成立)がおこなった経済政策。特殊法人の統廃合，郵政民営化，地方交付税の見直しなどがおこなわれた。
●産業構造の高度化(➡p.169)　経済が発展するにしたがって，経済活動の比重が第1次産業(農・林・漁業)から第2次産業(鉱・建設・製造業)，第3次産業(金融・情報通信・サービス業など)に移っていくこと。ペティ・クラークの法則ともよばれる。
●Society5.0(➡p.169)　サイバー空間とフィジカル空間を高度に融合(ゆうごう)させたシステムにより，経済発展と社会的課題の解決を両立する人間中心の新たな社会のこと。Society5.0で実現する社会は，IoTですべての人とモノがつながり，さまざまな知識や情報が共有され，今までにない新たな価値を生み出す。
●IoT(➡p.171)　「モノのインターネット(Internet of Things)」を意味し，あらゆるモノをインターネットにつなげることで，新たな付加価値を生み出すものをいう。
●知的財産権(➡p.171)　発明，ソフトウェア，ブランドなど，人間の知的な活動による創作物を総称して知的財産とよぶが，そのうち，特許権，著作権，商標権，実用新案権，営業秘密など，法令によって権利などの形で保護される権利が知的財産権である。知的所有権ともよばれる。
●株式会社(➡p.172)　会社企業の代表的な企業形態で，株式(株券)を多数発行することで，巨額の資本金を調達する。株式は原則として，自由に売買できる。最高決定機関は株主総会であるが，株主は直接には経営にあたらず，専門家に経営を委(ゆだ)ねる(所有と経営の分離)。
●有限責任(➡p.172)　会社の債務に対しては，出資額の範囲で責任を負えばよいというもの。株式会社の株主は有限責任であり，原則として会社に出資するだけで経営には参加しない。それに対して，合名会社や合資会社を構成する無限責任の社員は，会社の財産で債務を返済できない時は，自己の財産を返済にあてなければいけない。そのため業務執行権をもち，経営に大きく介入できる。
●コーポレート・ガバナンス(企業統治)(➡p.172, 175)　企業が社会や個人のために，どのような活動の方向にあるかを示す考え方。企業の活動は株主，従業員，取引先など，多くの利害関係者(ステークホルダー)と関係しており，経営者の暴走を阻止するために，相互の利害関係を調整していく。
●規模の利益(スケールメリット)(➡p.173, 186)　生産などの規模を拡大することで，分業がより効率化し，大量生産によるコストダウンが可能となること。
●企業の社会的責任(CSR)(➡p.174)　地球環境問題や貧困問題など，さまざまな問題への対応が求められるなかで，企業にも社会的な責任が必要とされている。法律を守るだけではなく，社会貢献活動や社会的事業などをとおして，積極的に社会に貢献することが期待されている。
●経済の二重構造(➡p.176)　大企業と中小企業の間などに賃金や生産性などで大きな格差が存在すること。1957年の『経済白書』による分析から，広く使用されるようになった。
●農地法(➡p.179)　1952年制定。農業生産の基盤である農地を確保し，食料の安定供給に資するため，農地の転用制限などを定めた法律。2009年の改正では農業への新規参入を促進するために大幅な見直しがおこなわれた。
●ミニマム・アクセス(➡p.179)　コメの関税化を延期する代わりに日本が受け入れたコメの最低輸入量。初年度は国内消費量の4%，6年間で8%まで拡大することが義務づけられていたが，1999年にはコメも全面関税化されたため，7.2%となった。
●食料・農業・農村基本法(➡p.179)　農業基本法に代わり1999年に制定。①食料の安定供給の確保，②農業の多面的機能の十分な発揮，③農業の持続的な発展，④農村の振興の4つを基本理念とし，農業における市場原理の活用をめざす。
●食料の安全保障(➡p.179)　戦争や異常気象などの事態にそなえて，食料を安定的に確保すること。海外からの食料輸入がとだえる可能性も考慮して，食料自給率を高めておくことは安全保障上からも重要である。
●フードマイレージ(➡p.179)　食料の輸送量に輸送距離をかけあわせた指標。食料の供給構造を物量とその輸送距離から把握することで，食料の安定供給や安全性の確保，海外からの食料の輸入が地球環境に与える負荷(ふか)などに意識を向けるきっかけとなる。
●産業革命(➡p.182)　18世紀後半のイギリスで起こり世界各地に広がった産業・社会全体の大変革。当時のイギリスでは，蒸気機関などの発明によって生産技術が飛躍(ひやく)的に向上するとともに，工場制機械工業の導入で，工業製品の大量生産がなされるようになった。
●資本主義(➡p.182)　生産手段の私有と市場経済における自由競争を特徴とする。18世紀後半のイギリスで確立した。
●アダム=スミス(1723〜90)(➡p.182)　イギリスの経済学者で，「経済学の父」とよばれる。主著『国富論』。資本主義経済における自由競争の利点を説き，最低限のモラルの上での人々の利己心が公益につながり，「見えざる手」によって社会全体の利益となる望ましい状況が達成されると主張した。

●社会主義(➡p.182)　生産手段の国有化と中央政府による集権的な計画経済を特徴とする。1922年に世界最初の社会主義国としてソ連が誕生し，東欧やアジアなどにも社会主義国が広がった。しかし，社会主義経済には労働意欲を刺激するしくみがなかったため，経済は停滞し，多くの社会主義国は崩壊した。

●マルクス(1818～83)(➡p.182)　ドイツの経済学者・哲学者。主著『資本論』。資本主義経済は貧富の差の拡大や恐慌などの問題を引き起こすとして，社会主義経済への転換を主張した。

●ケインズ(1883～1946)(➡p.182)　イギリスの経済学者。主著『雇用・利子および貨幣の一般理論』。資本主義経済下で発生する失業者を救済するために，政府が経済活動に積極的に介入し，有効需要をつくり出すべきだと説いた(修正資本主義)。

●フリードマン(1912～2006)(➡p.182)　アメリカの経済学者。古典派経済学の流れをくみ，貨幣政策の重要性を説くマネタリズムの体系を確立した。1976年にノーベル経済学賞を受賞。

●有効需要(➡p.183)　購買力によって裏づけられた需要のこと。商品を得たいという欲求だけでは，経済上の需要とならない。ケインズは，有効需要の大きさが生産や雇用の水準を決定すると主張した。

●経済特区(➡p.183)　1978年から，中国では鄧小平による改革開放政策が実施され，外国の資本や技術の導入を目的に，社会主義体制と区別して各地に経済特区が設けられることとなった。中国の経済特区に進出した外国企業には，所得税など税制面での優遇や関税免除などの特典がある。

●社会主義市場経済(➡p.183)　中国でおこなわれている，社会主義の政治体制をとりながら，経済は市場経済のしくみを導入するという経済運営の方針。

●小さな政府(➡p.183)　政府の役割は，国防など必要最小限にとどめるという考え方。財政負担が少なくすむ一方で，社会的弱者に対する救済がないという問題がある。

●大きな政府(➡p.183)　政府が積極的に国民の生活を保障するという考え方。資本主義の発展にともない，失業や貧困などの弊害があらわれたことから，ケインズらによって一般的となった。

●需要・供給(➡p.184)　財・サービスが取り引きされる市場において，買い手が買いたい量を需要，売り手が売りたい量を供給という。財やサービスの価格は，需要と供給の関係で決まる。

●価格の自動調節機能(市場機構)(➡p.185)　完全自由競争のもとでは，価格の上下によって需要量と供給量が調整されて，適正な均衡価格と数量に落ち着く。アダム=スミスは，このはたらきを「見えざる手」と表現した。

●寡占(➡p.186)　少数の企業でその産業の売上額の大部分を占めていること。売り手が1社だと独占，卸売市場や株式市場のように売り手と買い手が多数いる市場は完全競争市場とよばれる。

●カルテル(➡p.187)　独占・寡占市場の一形態で，同じ産業の企業どうしが生産量や価格について協定を結び，競争をおこなわないことをさす。このような市場の競争に影響をおよぼす行為は，独占禁止法で規制されている。そのほか，企業結合の形態としては，同じ産業の企業が合併するトラストや，業種が異なる企業を一つの資本系列に統合するコンツェルンがある。

●市場の失敗(➡p.187)　市場経済に委ねるだけでは市場がうまく機能しないことがある。これを市場の失敗という。寡占・独占のほか，フリーライダーが使用可能な公共財(➡p.201)では市場自体が成立しない。また，外部経済・外部不経済のように市場の外で利益や不利益をもたらす場合があったり，情報の非対称性(➡p.91)によって消費者の利益が損なわれたりすることもある。

●管理価格(➡p.187)　商品の生産・販売について独占や寡占状態にある時，一定の高い利潤を確保できるように，1社もしくは数社が商品の需要・供給を無視して決める価格。消費者に不利益となるため，規制が必要となる。

●四大公害訴訟(➡p.188)　四日市ぜんそく，水俣病，新潟水俣病，イタイイタイ病の公害病患者らが，公害を引き起こした企業に損害賠償を求めて起こした訴訟。いずれも原告側の勝訴が確定して，企業の責任が明らかにされた。

●汚染者負担の原則(PPP)(➡p.188)　企業が公害を発生させた場合，被害者救済だけでなく，公害除去費用や公害防止のための費用を企業が負担しなければならないこと，公害防止費用は製品価格に反映させ，国の補助をおこなわないことなどを原則とした。1972年，OECD(経済協力開発機構)の環境委員会が加盟国に勧告した。

●環境基本法(➡p.189)　1967年に成立した公害対策基本法は，ゴミ問題などの都市公害や生活型公害，地球環境問題を念頭に置いていなかった。これらに対処するために，1933年，公害対策基本法に代わって環境基本法が制定された。

●濃度規制(➡p.189)　工場からの排出ガスなどの汚染物質の濃度を一定基準以下に制限し，企業などに個別に基準を守らせようとするもの。しかし，濃度を基準とする規制では，汚染物質の排出量に対する規制が弱いのが現実であった。

●総量規制(➡p.189)　環境保全や公害防止の観点から，一定地域ごとに排出される大気汚染や水質汚濁などの汚染物質の総量や基準値を定めて，その地域の総排出量を規制しようとするもの。

●環境アセスメント(環境影響評価)(➡p.189)　公共事業や地域開発にあたって，それが自然環境に与える影響を事前に調査・予測・評価し，計画に反映させること。1997年，アセスメントの結果を公表する環境影響評価法(環境アセスメント法)が制定された。

●ナショナル・トラスト運動(➡p.189)　自然環境や歴史環境を保護するために，住民らが土地を買い取って保全していこうとする自然保護活動のこと。19世紀末にイギリスで始まった。

●国内総生産(GDP)(➡p.190)　一国で一定期間内に生産された生産物価格の総合計から，中間生産物を引いたもの。GDPの大きさは一国の経済規模をはかる指標となり，一人あたりのGDPの大きさは，その国の豊かさをはかる目安にもなる。

●国民総所得(GNI)(➡p.190)　国民が1年間に受け取った所得の合計。これは国民総生産(GNP)を所得面からとらえたものでもあり，三面等価の原則から，その名目の金額は等しい。

●経済成長率(➡p.191)　国民経済の規模が拡大することを経済成長といい，経済成長率は1年間のGDPの増加率ではかられる。物価の変動分を考えない名目経済成長率と，物価の変動分を差し引いた実質経済成長率があり，経済の実力をはかる場合には，実質経済成長率の方が重視される。

●景気変動(➡p.192)　資本主義経済において，経済活動が活発になったり，停滞したりすること。景気変動には好況，後退，不況，回復の4局面がある。なお，景気後退が急激で大規模な場合を恐慌といい，企業の倒産が増加したり失業者が大量に発生したりする。

●インフレーション(インフレ)(➡p.193)　物価が継続的に上昇し，貨幣価値が下がる現象。超過需要が原因のディマンド・プル・インフレ，費用上昇による価格転嫁が原因のコスト・プッシュ・インフレなどがある。

●デフレーション(デフレ)(➡p.193)　物価が継続的に下落し，貨幣価値が上昇する現象。デフレは，有効需要(購買力をともなった需要)の不足から供給過剰となる場合や，生産性が向上し費用が低下する場合などに発生するといわれる。デフレスパイラルとは，物価の持続的な下落が発生しながら，実体経済が縮小する現象である。

●スタグフレーション(➡p.193)　不況下でも物価が上昇すること。スタグネーション(景気停滞)とインフレーション(物価上昇)の合成語。従来は，需要が減退する不況下では物価は下がると考えられていた。しかし，第1次石油危機後には，深刻な不況下でインフレが進行した。

●フィンテック(Fintech)(➡p.194)　金融(Finance)と技術(Technology)を組み合わせた造語で，金融サービスと情報技術を結びつけたさまざまな金融サービスのこと。身近な例では，キャッシュレス決済や暗号資産などがある。

●マネーストック(➡p.195)　経済全体に流通している通貨の量。日本銀行が直接供給する通貨量であるマネタリーベース(現金通貨＋日銀当座預金)が，市中銀行の信用創造を経ることで増加する。現金通貨と預金通貨(M1)に，定期性預金とCD(譲渡性預金)を加えた額(M3)が代表的な指標である。

●金融の自由化(➡p.195)　政府や中央銀行による金融業界に対しての規制を緩和すること。金利の自由化，金融業への参入の自由化，各種手数料の自由化，金融商品開発・販売の自由化など。

●信用創造(➡p.195)　銀行は預金の受け入れと貸し出しを繰り返すことで，銀行組織全体として最初の預金額の数倍の預金を生み出すことができる。このしくみは，銀行が貸したお金が返ってくるという信用によって成り立っていることから，信用創造とよばれる。

●金融ビッグバン(➡p.195)　イギリスのサッチャー政権が1980年代におこなった一連の金融自由化政策。日本では1990年代後半に橋本内閣が推進し，日本版金融ビッグバンとよばれ，自由・公正・国際化を3原則とした。

●中央銀行(➡p.196)　国家の金融の中心となる銀行で，日本では**日本銀行**(日銀)がそれにあたる。日銀は，紙幣を発行する日本で唯一の**発券銀行**であり，**銀行の銀行**として，市中銀行に対して預金・貸出などをおこない，**政府の銀行**として，国庫金の出納などをおこなっている。

●管理通貨制度(➡p.196)　中央銀行が保有する金の量に縛られず，経済の状況に応じて貨幣の発行量を管理する制度。1929年の世界恐慌を受けて，景気対策のために自由に紙幣を発行する必要にせまられたため，主要国は**金本位制**を廃止して管理通貨制度に移行した。貨幣に金や銀の裏づけがないことから，過剰に発行されると貨幣価値が失われ，インフレを引き起こしやすくなる。

●コールレート(➡p.197)　銀行間で短期資金を貸し借りする時の金利。

●公定歩合(➡p.197)　中央銀行が民間金融機関に融資する時の利子率。かつての日本では公定歩合操作が金融政策の中心であったが，1994年に金利が自由化され，公定歩合の政策金利としての実質的意義がなくなったため，現在は無担保コールレートを政策金利としている。

●ゼロ金利政策(➡p.197)　中央銀行が政策金利を0％近くまで誘導し，景気や物価を押し上げる金融政策。1999年，日本銀行は無担保コールレート(翌日物)の金利を史上最低(当時)の0.15％に誘導することを決定した。

●量的緩和政策(➡p.197)　日銀当座預金残高(市中銀行が日本銀行に預けておくお金)を増加させる金融政策。

●元本(➡p.198)　お金を貸し借りする際のもとの金額のこと。元本に対して利子率をかけて算出される金額が利息である。100万円を貸し借りする場合，100万円が元本である。利子率5％で1年間借りた場合に支払う5万円(100万円×0.05)が利息である。この場合，借り手は貸し手に元利合計105万円を支払わなければならない。

●ESG投資(➡p.199)　環境(Environment)・社会(Social)・企業統治(Governance)に配慮している企業を重視・選別しておこなう投資。日本での投資額も急拡大しており，脱炭素の動きとともに今後も拡大が見込まれる。

●財政(➡p.200)　政府がおこなう経済活動のこと。政府は租税や公債をもとに経済活動をおこない，私たちの生活や経済活動を安定させ，よりよい社会づくりをめざす。

●社会資本(➡p.200)　私たちの生活の向上と発展に必要な社会共有の資産。産業用道路・港湾施設など，産業の発展に必要な生産関連社会資本と，住宅・上下水道など，私たちの生活に必要な生活関連社会資本とに大別される。

●財政の硬直化(➡p.200, 204)　公債残高の増加により，財政の歳出において公債が占める割合が高くなり，自由に使えるお金が少なくなること。

●ビルトイン・スタビライザー(自動安定化装置)(➡p.201)　財政政策によって，景気変動を自動的に調整するように制度を設計する方法。好況期と不況期では逆の対策をとるが，社会保障制度や累進課税制度などのしくみによって調整する。

●フィスカル・ポリシー(裁量的財政政策)(➡p.201)　経済成長，完全雇用の維持，インフレ防止など景気の安定をめざして政府が意図的に有効需要を上下させながらおこなう財政政策。不況時には，積極的な公共支出や減税などにより有効需要を増大させる政策を選択する。好況時には反対の政策がおこなわれる。

●公共財(➡p.187, 201)　道路，公園，警察など誰もが自由に利用できる財・サービス。費用を出さずに利用するフリーライダーが必ず現れることから，民間企業ではなく政府が供給する。

●租税(税金)(➡p.202)　租税は，負担能力に応じて国民(家計)や企業から政府に納められる。納付先により国税と地方税に分類される。また，納税者と実際の税負担者が同一の場合を直接税，異なる場合を間接税という。国税では直接税と間接税の割合は6対4程度だが，地方税においては8割以上が直接税である。

●垂直的公平・水平的公平(➡p.203)　税の公平性には2つの考え方がある。垂直的公平とは，所得の高い人にはより大きな税負担を求めるという考えで，水平的公平性とは，所得が同等であれば税負担も同等にするという考えである。

●累進課税(➡p.203)　所得が高くなるにつれて課税対象の金額が上がり，より高い税率が適用される課税のしくみ。所得税や相続税などで累進課税が適用される。納税者は，所得額に応じた支払い能力により課税され，累進課税制度は所得再分配の機能をもつ。

●逆進性(➡p.203)　低所得者ほど相対的に負担感が大きくなるという性質。税率が一定の消費税などに見られる。

●ベバリッジ報告(➡p.206)　1942年にイギリスの経済学者ベバリッジが提唱した社会保障制度のモデル。「ゆりかごから墓場まで」をスローガンに，国家が最低限度の生活を保障し，社会保障制度は社会保険を基本に，特に必要な場合は公的扶助を，最低限度をこえる場合は任意保険でという方法で社会保障を実現した。

●社会保険(➡p.206)　公的扶助，社会福祉，保健医療・公衆衛生とともに日本の社会保障制度の4本柱の一つ。社会保険とは，国民が疾病，失業などの生活上のリスクにそなえるため，あらかじめ保険料を支払っておき，該当する事態になれば給付を受けられるしくみ。

●公的扶助(➡p.206, 209)　生活困窮者に対して，国が最低限度の生活を保障する制度。費用は全額公費負担。扶助の内容は生活保護法に規定され生活扶助や介護扶助など8種類がある。保護を必要とする人は市などに設置されている福祉事務所に受給を申請する。

●社会福祉(➡p.206, 209)　社会生活を営む上で，高齢者，障害者，母子家庭など社会的保護や援助を必要とする者に対してサービスや施設を提供する。福祉六法といわれる保護法があり，費用は全額公費負担。

●保健医療・公衆衛生(➡p.206)　保健医療では感染症予防や精神衛生を保持し，疾病を防ぎ国民の健康維持や増進をはかっている。公衆衛生(環境政策)では公害防止や上下水道の整備など，環境の整備，公共サービスを提供している。

●積立方式・賦課方式(➡p.207)　かつての日本の年金制度は，みずからが支払った保険料を将来受け取る積立方式を採用していたが，現在は現役世代が保険料を負担し，高齢者を支える世代間扶養の考えを基礎とした賦課方式をとっている。

●ノーマライゼーション(➡p.209)　高齢者も障害者もすべての人がともに生活していくことができるという考え方。

●バリアフリー(➡p.209)　身体が不自由な人が生活する上で障害となるものをなくすこと。たとえば，エレベーターの設置や，段差・隙間を解消する設備の設置などが考えられる。

●人口減少社会(➡p.210)　人口が自然に減少する社会のこと。日本も少子化の進行により，現在人口減少社会となっている。

●少子化(➡p.210)　出生数や合計特殊出生率が低下して，子どもの数が減少すること。この原因としては，経済事情，価値観の変化などを背景に未婚化や晩婚化が進んだことが考えられる。

●介護保険(➡p.213)　高齢社会を支えていくために2000年からスタートした制度。40歳以上を被保険者とし，介護を要する状態の認定に基づいて福祉サービス・医療サービスを提供する。

●関税(➡p.214)　輸入品にかかる税金。財政収入以外に国内産業保護を目的に設定されることもある。

●ブレトンウッズ体制(➡p.216)　1944年に結ばれたブレトンウッズ協定により設立された**IMF(国際通貨基金)**と**国際復興開発銀行(IBRD，世界銀行)**を中心とする体制。戦後の国際経済の基礎となった。

●ニクソン・ショック(➡p.216)　1971年，ニクソン米大統領は金とドルの交換停止を柱としたドル防衛策を発表した。背景には，軍事費の膨張や，アメリカの多国籍企業の海外投資によるドルの流出などがある。その後，ブレトンウッズ体制は崩壊し，世界経済や国際通貨体制が混乱した。

●GATT(関税および貿易に関する一般協定)(➡p.216)　1948年発効。自由貿易の拡大と世界経済の発展を目的とし，**自由・無差別・多角主義**(多国間で交渉をおこなう)の三原則を掲げた。

●WTO(世界貿易機関)(➡p.217)　GATTを発展的に解消し，その理念を引き継いで1995年に発足した国際機関。現在は160か国以上が参加してラウンド(多国間貿易交渉)を重ねているが，加盟国が増えたために意見の対立も多く，交渉がまとまりにくくなっている。

●BRICS(➡p.223)　2000年代に急速な経済成長をとげたブラジル，ロシア，インド，中国，南アフリカ共和国のそれぞれの国名の頭文字をとった造語。豊富な資源や労働力を有するなど共通の特徴がみられる。

●アジアインフラ投資銀行(AIIB)(➡p.223)　中国が主導する，おもにアジア向けの国際開発金融機関。参加国は100か国をこえているが，日本やアメリカは参加を見送っている。中国が主導しての設立は，IMF(国際通貨基金)やIBRD(国際復興開発銀行)への対抗といった意味もある。

●産業の空洞化(➡p.224)　日本企業が海外に進出した結果，日本国内の工場や雇用機会が縮小する現象。為替相場で自国通貨の価値が上昇すると，賃金や生産コストが外国にくらべて相対的に高まり，産業自体の価格競争力が失われてしまう。日本では1985年のプラザ合意以後，急激な円高で自動車や家電産業の多くが工場を海外移転させ，産業の空洞化が深刻化した。

●リーマン・ショック(➡p.217, 225)　2008年，アメリカの大手投資銀行リーマン・ブラザーズが経営破綻したのを契機に，世界中に拡散した連鎖的な経済・金融危機。背景には，2000年代前半のアメリカでの住宅バブル期に，貸し倒れリスクが高い住宅ローンを証券化した商品や金融保険が多く市場に出回ったことがある(サブプライム・ローン問題)。この結果，金融不安が引き起こされ，世界の金融市場は大混乱となった。

●FTA(自由貿易協定)(➡p.226)　関税や規制の撤廃など，貿易の自由化や経済活動の活性化を目的として，特定の国や地域との間で締結される協定。

●EPA(経済連携協定)(➡p.226)　FTAの一種で，貿易分野だけでなく，人の移動や投資規定などを含んだ包括的な協定。日本は2002年にシンガポールと締結して以降，アジア地域やメキシコ，スイス，EUなどとEPAを締結している。

●TPP(環太平洋パートナーシップ)協定(➡p.227)　太平洋を囲む国々の間で，輸入品にかける関税を撤廃するなどして，自由貿易を広めようという協定。日本やアメリカ，チリ，オーストラリア，タイなど，太平洋を囲む12か国が参加し，2015年に大筋合意した。しかし，2017年にアメリカが離脱を表明したため，残る11か国で「環太平洋パートナーシップに関する包括的および先進的な協定(CPTPP)」に合意し，2018年に発効した。

●RCEP(地域的な包括的経済連携)協定(➡p.227)　日本・中国・韓国・ASEAN10か国に，オーストラリアとニュージーランドを加えた15か国が参加する自由貿易の協定。2022年に発効した。世界の人口とGDPの約3割を占めている。一方で，参加国全体での関税の撤廃率は品目数で見ると約9割と，CPTPPと比較すると低い値である。

●地域的経済統合(➡p.228)　近接する複数の加盟国が関税や輸入数量制限などの貿易障壁の撤廃をめざして，市場経済を統合すること。一方で，非加盟国に対して貿易制限を維持することで，加盟国の経済力を高めることを目的とする。EUやUSMCA(アメリカ・メキシコ・カナダ協定)など。

●ASEAN(東南アジア諸国連合)(➡p.228)　1967年，インドネシア，マレーシア，フィリピン，シンガポール，タイの東南アジア5か国で結成された。経済，社会，文化の域内協力を進めることを目的としている。現在の加盟国は10か国となっている。2015年にはAEC(ASEAN経済共同体)を発足させた。

●APEC(アジア太平洋経済協力)(➡p.229)　1989年，アジア・環太平洋地域の経済協力を目的として発足した。設立当初の参加国は12か国だったが，現在は21か国・地域が参加している。APECは「開かれた地域主義」をめざし，ほかの地域的経済統合とは異なり，参加国の自主性を重視している。

●EU(欧州連合)(➡p.229, 230)　第二次世界大戦後，ドイツとフランスの対立解消をめざして，1952年にECSC(欧州石炭鉄鋼共同体)が設立された。ECSCはEEC(欧州経済共同体)，EURATOM(欧州原子力共同体)と統合し，1967年にEC(欧州共同体)となった。1993年にはEUとなり，1999年には共通単一通貨ユーロが発行された。その後，東欧諸国が加盟するなど拡大を続けたが，一方で加盟国間の経済格差や移民対応など，多くの問題をかかえている。2020年にはイギリスが離脱し，現在の加盟国数は27か国となっている。

●モノカルチャー経済(➡p.233)　一国の経済が数品目の農産物や鉱物資源の生産と輸出に依存している状態のこと。アフリカ諸国など，多くの発展途上国の経済構造がこれに当てはまる。

●南南問題(➡p.233)　1970年代頃から表面化した発展途上国間の格差の問題。「南」とは発展途上国のことで，発展途上国のなかでも資源の豊富な産油国や新興国と，後発発展途上国(LDC)との間には格差が生じている。

●地球温暖化(➡p.236)　化石燃料の大量消費により発生した二酸化炭素などの温室効果ガスの濃度の上昇により，地表から熱が逃げにくくなり(温室効果)，地球の気温が上昇する現象。大雨や干ばつなどの異常気象や，海水面の上昇などの原因になっていると考えられている。

●酸性雨(➡p.236)　pH(水素イオン濃度)値が5.6以下の雨。化石燃料を燃やして排出された窒素酸化物や硫黄酸化物が原因となっている。これらの汚染物質は風に乗って移動するため，その影響は国境をこえて広い範囲におよぶ。

●オゾン層の破壊(➡p.237)　オゾン層は地上から10～50kmの成層圏に存在し，太陽光に含まれる紫外線のうち有害なものの大部分を吸収している。オゾン層が破壊されると，皮膚がんや白内障になりやすく，植物の生育にも大きな影響を与えるといわれている。

●砂漠化(➡p.237)　土地が荒れ，植物が失われることで砂漠のような状態になること。アフリカのサヘルとよばれる地域や，アジアの砂漠周辺で特に進行している。過放牧や土壌の塩性化など，人間の活動が大きな原因と考えられている。

●国連人間環境会議(➡p.238)　1972年にスウェーデンのストックホルムで開催された国際会議。スローガンは「かけがえのない地球(only one earth)」。世界初の地球環境をテーマとした大規模な国際会議で，人間環境宣言が採択された。

●UNEP(国連環境計画)(➡p.238)　地球環境問題全般に対して専門的に取り組む国連組織。国連人間環境会議での決議に基づき発足した。本部はケニアのナイロビ。

●国連環境開発会議(地球サミット)(➡p.238)　1992年にブラジルのリオデジャネイロで地球環境問題をテーマに開催された国際会議。アジェンダ21，気候変動枠組み条約，生物多様性条約などが採択された。

●世界遺産条約(➡p.239)　正式名称は「世界の文化遺産及び自然遺産の保護に関する条約」。1972年にユネスコの総会で採択された。2021年8月現在，1154件の世界遺産が登録されており，このうち日本の世界遺産は25件(文化遺産20件，自然遺産5件)となっている。

●ラムサール条約(➡p.239)　1971年調印。正式名称は「特に水鳥の生息地として国際的に重要な湿地に関する条約」といい，生物種の保護のうえで貴重な湿地などの保全を進めることを目的としている。

●京都議定書(➡p.240)　1997年に京都で開催された地球温暖化防止京都会議(COP3)で採択された地球温暖化対策の議定書。2005年発効。先進国の温室効果ガス排出量の削減目標が設定され，その達成をより容易にするために排出権取引などの制度が導入された。

●パリ協定(➡p.240)　2015年にパリで開催された第21回気候変動枠組み条約締約国会議(COP21)において結ばれた地球温暖化対策の協定。発展途上国を含むすべての締約国が5年ごとに温室効果ガスの削減目標を国連に提出することが義務づけられた。これにより，世界の地球温暖化対策が進展することが期待されている。

●排出権取引(➡p.241)　各国ごとに温室効果ガスの排出量の上限を取り決め，上限をこえて排出した国が，上限に達していない国から，排出量の枠を買い取ることができる制度。このしくみは，現在のパリ協定でもいかされている。

●炭素税(➡p.241)　二酸化炭素の排出量を抑制するため，炭素の含有率や量に応じて石油，石炭，天然ガスなどに課する税金のこと。炭素税による税収は，おもに地球温暖化対策に使われる。

●化石燃料(➡p.242)　動植物の死骸が，長い年月をかけて地中で変質し，人類が利用できるエネルギー資源となったもの。石油や石炭，天然ガスなどがこれにあたる。再生産できないため，限りのある資源である。

●シェール革命(➡p.243)　採掘技術の進展により，アメリカでは，頁岩から採掘できるシェールガス・シェールオイルの量が2000年代後半から飛躍的に増加した。このシェールガス・シェールオイルの増産が，世界のエネルギー事情に大きな変化をおよぼしたことをシェール革命という。

●新エネルギー(➡p.245)　化石燃料に代わるエネルギー。太陽光・風力・地熱など，再生可能で二酸化炭素を排出しないクリーンエネルギーであり，その開発が世界的に進められている。

●レアメタル(➡p.245)　スマートフォンなどに使用されている，インジウムやニッケルなどの希少金属。2013年には小型家電リサイクル法が施行され，これらの再資源化の促進がはかられている。

●福島第一原子力発電所事故(➡p.246)　2011年3月に起きた東日本大震災の被害を受けて発生した事故。水素爆発によって広い範囲に放射性物質が拡散し，周辺住民に長期間の避難生活を強いるなど，深刻な影響を与えている。

●ODA(政府開発援助)(➡p.248)　先進国が発展途上国に対しておこなう援助のこと。先進国が発展途上国に貸与や無償の援助を直接おこなう二国間援助と，世界銀行などの国際機関に資金を供出する援助がある。OECD(経済協力開発機構)のDAC(開発援助委員会)を中心におこなわれている。

●フェアトレード(➡p.250)　発展途上国の農産物や原料，食品や工芸品などの製品は，現地の人々の貴重な現金収入である。NPOや企業などがこれらの商品を継続的に購入し，公正な価格で販売することで，立場の弱い発展途上国の生産者や労働者の生活改善と自立を促す運動をフェアトレードという。

※複数のページで扱った用語は，関連度の高いページを赤字で示しました。

あ

い

う・え・お

か

き

く・け

こ

※複数のページで扱った用語は，関連度の高いページを赤字で示しました。

さ

し

す・せ・そ

た

索引

※複数のページで扱った用語は，関連度の高いページを赤字で示しました。

欧文の略称

●写真・資料提供者(敬称略・五十音順)

(株)アキラニ，朝日新聞社，朝日新聞フォトアーカイブ，特定非営利活動法人アシャンテママ，(株)アドレス，アフロ，あらはま海苔合同会社，石川県農林水産部，イオンリテール(株)，(株)イノフィス，岩波書店，(株)ウェザーニューズ，上田地域シルバー人材センター，(株)WOTA，特定非営利活動法人ウォーターエイドジャパン，大本山永平寺，(株)エクサウィザーズ，(株)大垣共立銀行，オーシャンソリューションテクノロジー(株)，沖縄県宜野湾市，小樽境町通り商店街，特定非営利活動法人おぢかアイランドツーリズム協会，外務省，鹿児島県立奄美高等学校家政科，学研プラス，神山バレー・サテライトオフィス・コンプレックス，(株)Gab，共同通信社，京都大学iPS細胞研究所，京都大学学術出版会，近畿大学／京都大学，グッドネーバーズ・ジャパン，(株)久原本家グループ本社，慶應義塾福澤研究センター，ゲッティイメージズ，高知県商工会議所連合会，国際協力機構(JICA)，国際連合，国土交通省京浜河川事務所，コクヨ(株)，国境なき医師団，(一社)Colabo，ColBase，財務省，佐藤正彦，参議院事務局，三省堂，シーピーシー・フォト，(株)ジェーシービー，時事通信フォト，特定非営利活動法人SHIP，(株)ジャパン・フラワー・コーポレーション，寿福寺，特定非営利活動法人地雷廃絶日本キャンペーン，新エネルギー・産業技術総合開発機構(NEDO)，総本山知恩院，ダイヤモンド社，(株)TOUCH TO GO，(一社)Change.org Japan，秩父観光協会，千葉県立津田沼高等学校弓道部，中央公論新社，中国新聞社，(株)ディスカバリー・ネクスト，寺口千尋，東京国際空港ターミナル(株)，東京新聞社，東京大学史料編纂所，東京都立川市，東宝(株)，トップハット，トヨタ自動車(株)，(株)トンボ，内閣広報室，長崎原爆資料館，(一社)長崎国際観光コンベンション協会，名島若菜，日経BP社，日本経済新聞社，日本コカ・コーラ(株)，日本赤十字社，日本マクドナルド(株)，日本ユニセフ協会，日本ユネスコ協会連盟，パナソニック(株)，特定非営利活動法人はままつ子育てネットワークぴっぴ，特定非営利活動法人ハンガー・フリー・ワールド，PPS通信社，PIXTA，弘前公園総合情報サイト，広島県福山市，広島労働局，特定非営利活動法人フェアトレード・ラベル・ジャパン，特定非営利活動法人プラス・アーツ，プラスジャック(株)，(株)プラットイーズ，(株)ブリヂストン，認定NPO法人フローレンス，文藝春秋，勉誠出版，VOICE PROJECT，防衛省，法務省，北海道上士幌町，毎日新聞社，丸川照司，三井住友信託銀行(株)，(株)三豊AI開発，本居宣長記念館，森ビル(株)，(株)ヤクルト本社，UNHCR，UN Photo，社会福祉法人ユーカリ優都会，有斐閣，ユニフォトプレスインターナショナル，横浜市立横浜商業高等学校茶道部，読売新聞社，(株)ローソン，worldmapper.org

p.32・もののけ姫：©1997 Studio Ghibli・ND
p.33・林羅山：『林羅山肖像』東京大学史料編纂所所蔵
p.40・カント：Ullstein Bild/アフロ
p.33・日蓮　所蔵先：妙法華寺，画像提供：東京国立博物館，Image：TNM Image Archives
p.33・伊藤仁斎：『伊藤仁斎画像』東京大学史料編纂所所蔵
p.41・ロールズ：Frederic REGLAIN/GAMMA/アフロ

アラスカ
(アメリカ合衆国)
グリーンランド
(デンマーク)
カナダ
バンクーバー
モントリオール
オタワ
シカゴ
ニューヨーク
サンフランシスコ
アメリカ合衆国
ワシントン
ロサンゼルス
ニューオーリンズ
メキシコ
メキシコシティ
西サハラ
モーリタニア
カーボベルデ
セネガル
ガンビア
ギニアビサウ
ギニア
シエラレオネ
リベリア
バマコ
カラカス
ガイアナ
スリナム
ギアナ
(仏領)
ベネズエラ
ボゴタ
コロンビア
キト
エクアドル
ペルー
リマ
ブラジル
ブラジリア
ラパス
ボリビア
パラグアイ
リオデジャネイロ
サンパウロ
アスンシオン
チリ
サンチアゴ
ウルグアイ
モンテビデオ
ブエノスアイレス
アルゼンチン
米州機構 OAS(35か国)
アメリカ カナダ メキシコ
ドミニカ国 セントルシア
セントビンセント ガイアナ
アンティグア・バーブーダ
セントクリストファー・ネービス
キューバ ハイチ ジャマイカ
ベリーズ ホンジュラス
バハマ グアテマラ パナマ
エルサルバドル ニカラグア
コスタリカ グレナダ スリナム
ドミニカ共和国 バルバドス
コロンビア エクアドル ペルー
トリニダード・トバゴ チリ
南米共同市場
MERCOSUR(6か国)
ブラジル アルゼンチン
ウルグアイ パラグアイ
ベネズエラ ボリビア
石油輸出国機構
OPEC(13か国)
ベネズエラ イラン
アンゴラ ナイジェリア
ガボン 赤道ギニア
コンゴ共和国
アラブ石油輸出国機構
OAPEC(10か国)
アルジェリア イラク
クウェート リビア
サウジアラビア
アラブ首長国連邦
バーレーン エジプト
シリア カタール
中央アメリカ
バハマ
キューバ
セントクリストファー・ネービス
メキシコ
ジャマイカ
ドミニカ共和国
ベリーズ
ハイチ
アンティグア・バーブーダ
ドミニカ国
グアテマラ
ホンジュラス
セントルシア
セントビンセント・グレナディーン諸島
バルバドス
ニカラグア
グレナダ
エルサルバドル
コスタリカ
トリニダード・トバゴ
パナマ
ベネズエラ
コロンビア
500km
ヨーロッパ
タリン
エストニア
リガ
ラトビア
アイルランド
ダブリン
イギリス
アムステルダム
デンマーク
コペンハーゲン
リトアニア
オランダ
ビリニュス
ミンスク
ロシア
ベルリン
ワルシャワ
ベラルーシ
ロンドン
ブリュッセル
ドイツ
ポーランド
キーウ
(キエフ)
ベルギー
ルクセンブルク
プラハ
パリ
チェコ
ウクライナ
リヒテンシュタイン
スロバキア
ウィーン
モルドバ
ベルン
ブダペスト
キシナウ
フランス
スイス
オーストリア
ハンガリー
ルーマニア
スロベニア
クロアチア
ベオグラード
ブカレスト
アンドラ
ボスニア・ヘルツェゴビナ
セルビア
サンマリノ
イタリア
コソボ
ブルガリア
ポルトガル
マドリード
モナコ
ソフィア
ローマ
モンテネグロ
アンカラ
スペイン
バチカン市国
ティラナ
北マケドニア
アルバニア
トルコ
ギリシャ
リスボン
アテネ
世界の地勢
アラスカ湾
ロッキー山脈
アパラチア山脈
ミシシッピ川
メキシコ湾
西インド諸島
ユカタン半島
カリブ海
太平洋
パナマ地峡
アンデス山脈